Backen

Parragon

Bath · New York · Singapore · Hong Kong · Cologne · Delhi · Melbourne

Korinthenbrot mit Zimt

Ergibt 1 Laib

350 g Mehl
1 Prise Salz
1 EL Backpulver
1 EL gemahlener Zimt
150 g Butter, in kleinen Stücken
125 g brauner Zucker
175 g Korinthen
geriebene Schale von 1 Orange
5–6 EL Orangensaft
6 EL Milch
2 Eier, leicht verquirlt

1 Eine 20–25 cm große Kastenform einfetten und den Boden mit Backpapier auslegen.

2 Mehl, Salz, Backpulver und Zimt in eine große Schüssel sieben. Die Butter mit den Fingern darin so lange verreiben, bis ein krümeliger Teig entsteht.

3 Zucker, Korinthen und Orangenschale einrühren. Orangensaft, Milch und Eier mischen, zu den trockenen Zutaten geben und gründlich vermengen.

4 Den Teig in die vorbereitete Form füllen und eine kleine Mulde in die Mitte drücken, damit er gleichmäßig aufgehen kann.

5 Den Laib bei 180 °C im vorgeheizten Backofen 60–70 Minuten backen, bis ein in die Mitte gestochener Metallspieß teigfrei bleibt.

6 Das fertige Brot kurz abkühlen lassen. Dann aus der Form nehmen und auf einem Rost vollständig auskühlen lassen.

TIPP

Der Teig muss nach der Zugabe der flüssigen Zutaten rasch verarbeitet werden, da das Backpulver sofort zu reagieren beginnt.

Bananen-Orangen-Preiselbeerbrot

Ergibt 1 Laib

175 g Mehl
2 gehäufte TL Backpulver
150 g brauner Zucker
2 Bananen, zerdrückt
50 g Zitronat und Orangeat
25 g gemischte Nüsse, gehackt
50 g getrocknete Preiselbeeren
5–6 EL Orangensaft
2 Eier, verquirlt
150 ml Sonnenblumenöl
75 g Puderzucker, gesiebt
geriebene Schale von 1 Orange

TIPP

Dieses Brot ist einige Tage haltbar, wenn es eingewickelt kühl und trocken gelagert wird.

1 Eine 20–25 cm große Kastenform einfetten und den Boden mit Backpapier auslegen.

2 Mehl und Backpulver in eine Schüssel sieben. Dann Zucker, Bananen, Zitronat, Orangeat, Nüsse und Preiselbeeren einrühren.

3 Orangensaft, Eier und Öl verrühren. Zu den trockenen Zutaten geben und gut vermengen, bis ein glatter Teig entsteht. Den fertigen Teig in die vorbereitete Form geben.

4 Den Laib bei 180 °C im vorgeheizten Backofen etwa 1 Stunde backen, bis er fest geworden ist und ein in die Mitte gestochener Metallspieß teigfrei bleibt.

5 Das fertige Brot aus dem Ofen nehmen und auf einem Rost abkühlen lassen.

6 Den Puderzucker mit etwas Wasser mischen. Das Brot damit bestreichen und die Orangenschale darüber streuen. Die Glasur vor dem Servieren durchhärten lassen.

2

3

3

Bananen-Dattel-Brot

Ergibt 1 Laib

225 g Mehl

$2^1/_4$ TL Backpulver

100 g Butter, in kleinen Stücken

75 g Zucker

125 g Datteln, entsteint und gehackt

2 Bananen, grob zerdrückt

2 Eier, leicht verquirlt

2 EL Honig

TIPP

Das Brot ist einige Tage haltbar, wenn es gut eingewickelt, kühl und trocken gelagert wird.

VARIATION

Man kann die Datteln auch durch andere getrocknete Früchte wie Pflaumen oder Aprikosen ersetzen.

1 Eine 20–25 cm große Kastenform einfetten und den Boden mit Backpapier auslegen.

2 Mehl und Backpulver in eine Schüssel sieben. Manuell mit der Butter zu einem krümeligen Teig verarbeiten.

3 Zucker, Datteln, Bananen, Eier und Honig darunter mengen und zu einem glatten Teig verarbeiten, der leicht vom Löffel tropft.

4 Den fertigen Teig in die vorbereitete Kastenform geben und mit einem Messer glatt streichen.

5 Den Laib bei 160 °C im vorgeheizten Backofen etwa 1 Stunde backen, bis er goldbraun ist und ein in die Mitte gestochener Metallspieß teigfrei bleibt.

6 Das fertige Brot in der Form auskühlen lassen. Dann auf ein Rost legen.

7 Warm oder kalt in dicke Scheiben geschnitten servieren.

Früchtebrot mit Erdbeer-Apfel-Mus

Ergibt 1 Laib

175 g Haferflocken
100 g brauner Zucker
1 TL gemahlener Zimt
125 g Sultaninen
175 g Rosinen
2 EL Malzextrakt
300 ml ungesüßter Apfelsaft
175 g Vollkornmehl
1½ TL Backpulver

FRUCHT-MUS

250 g Erdbeeren, gewaschen und geputzt
2 Dessertäpfel, geschält, entkernt, gehackt und mit 1 TL Zitronensaft beträufelt
300 ml ungesüßter Apfelsaft

DEKORATION

Erdbeeren
Apfelspalten

1 Eine 20–25cm große Kastenform einfetten oder mit Backpapier auslegen. Haferflocken, Zucker, Zimt, Sultaninen, Rosinen und Malzextrakt in eine Schüssel geben. Den Apfelsaft zugießen, umrühren und 30 Minuten quellen lassen.

2 Mehl und Backpulver in die Mischung sieben, Kleierückstände aus dem Sieb unterrühren.

3 Den Teig in die Form geben und bei 180 °C im vorgeheizten Backofen 1½ Stunden backen.

4 Anschließend 10 Minuten abkühlen lassen, auf ein Gitter stürzen und auskühlen lassen.

5 Für das Fruchtkompott Erdbeeren und Äpfel in einen Topf geben und den Apfelsaft zugießen. Aufkochen, dann abgedeckt 30 Minuten leicht kochen. Das Fruchtkompott kräftig durchrühren und in ein vorgewärmtes Einmachglas füllen. Abkühlen lassen, beschriften und verschließen.

6 Das Früchtebrot mit 2 Esslöffeln Fruchtkompott servieren, mit Apfelspalten und Erdbeeren garnieren.

Schokoladenbrot

Ergibt 1 Laib

450 g Mehl

25 g Kakaopulver

1 TL Salz

1 Päckchen Trockenhefe

25 g brauner Zucker

1 EL Öl

300 ml lauwarmes Wasser

3

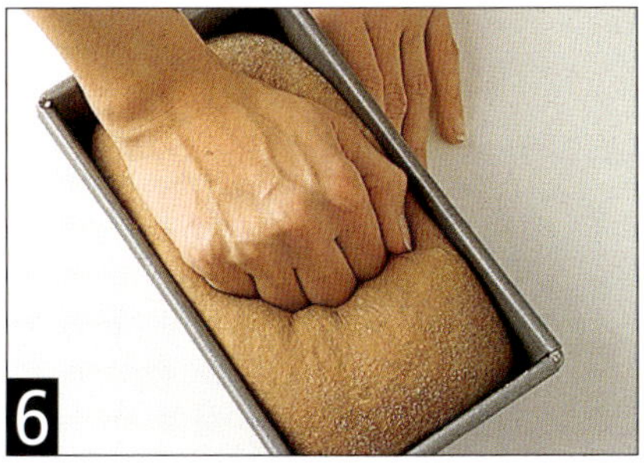

6

1 Eine 20–25 cm große Kastenform leicht einfetten.

2 Mehl und Kakaopulver in eine große Schüssel sieben. Salz, Trockenhefe und Zucker unterrühren.

3 Öl und Wasser zugeben und zu einem festen Teig verarbeiten.

4 Den Teig auf einer leicht bemehlten Arbeitsfläche etwa 5 Minuten glatt kneten.

5 In eine eingefettete Schüssel geben, abdecken und an einem warmen Ort etwa 1 Stunde gehen lassen, bis sich das Volumen verdoppelt hat.

6 Den aufgegangenen Teig noch einmal kurz durchkneten, in die vorbereitete Form geben und weitere 30 Minuten an einem warmen Ort gehen lassen.

7 Anschließend bei 200 °C im vorgeheizten Backofen 25–30 Minuten backen. Ist das Brot durchgebacken, klingt es hohl, wenn man auf die Unterseite klopft.

8 Das fertige Brot auf einem Rost abkühlen lassen und in Scheiben geschnitten servieren.

Dattel-Honig-Brot

Ergibt 1 Laib

250 g Mehl Type 550

75 g Mehl Type 1050

1 Päckchen Trockenhefe

½ TL Salz

200 ml lauwarmes Wasser

3 EL Sonnenblumenöl

3 EL Honig

75 g Datteln, gehackt

2 EL Sesamsaat

TIPP

Zum Aufgehen können Sie den Teig auch zugedeckt über warmes Wasser stellen.

1 Eine 20–25 cm große Kastenform einfetten.

2 Das gesamte Mehl in eine Schüssel sieben und mit Trockenhefe und Salz vermengen. Wasser, Öl und Honig zugießen und zu einem festen Teig verarbeiten.

3 Den Teig auf einer leicht bemehlten Arbeitsfläche etwa 5 Minuten glatt kneten.

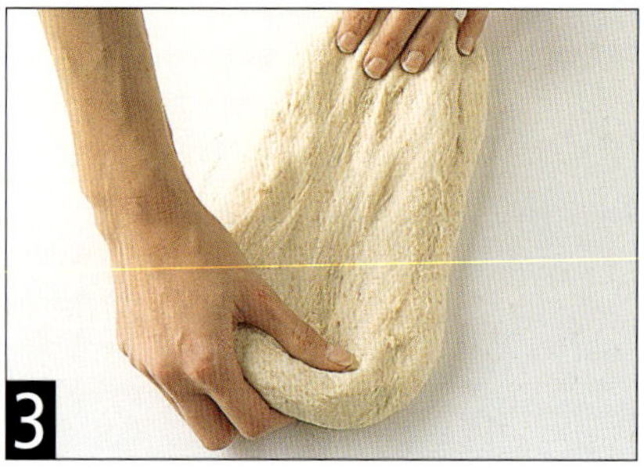

4 In einer eingefetteten Schüssel abgedeckt an einem warmen Ort etwa 1 Stunde gehen lassen, bis sich das Volumen verdoppelt hat.

5 Datteln und Sesam in den Teig kneten und diesen in die vorbereitete Form geben.

6 Abdecken und an einem warmen Ort 30 Minuten gehen lassen.

7 Den Laib bei 220 °C im vorgeheizten Backofen 30 Minuten backen, bis er hohl klingt, wenn man dagegen klopft.

8 Das fertige Brot auf einem Rost abkühlen lassen und in dicke Scheiben geschnitten servieren.

Mangozopf

Ergibt 1 Zopf

450 g Mehl

1 TL Salz

1 Päckchen Trockenhefe

1 TL gemahlener Ingwer

50 g brauner Zucker

40 g Butter, in kleinen Stücken

1 kleine Mango, geschält, entsteint und püriert

250 ml lauwarmes Wasser

2 EL klarer Honig

125 g Sultaninen

1 Ei, verquirlt

Puderzucker, zum Bestäuben

1 Ein Backblech einfetten. Mehl und Salz in eine große Schüssel sieben. Trockenhefe, Ingwer und Zucker untermischen und die Butter mit den Fingern darin verreiben.

2 Mangopüree, Wasser und Honig zugeben und zu einem festen Teig verarbeiten.

3 Von Hand auf einer leicht bemehlten Arbeitsfläche oder mit den Knethaken eines elektrischen Rührgeräts etwa 5 Minuten glatt kneten. Dann in eine eingefettete Schüssel geben, abdecken und an einem warmen Ort etwa 1 Stunde gehen lassen, bis sich sein Volumen verdoppelt hat.

4 Die Sultaninen in den Teig kneten. Diesen zu 2 etwa 25 cm langen Strängen formen. Vorsichtig umeinander drehen und die Enden festdrücken. Den so entstandenen Zopf auf das vorbereite Backblech legen, abdecken und weitere 40 Minuten gehen lassen.

5 Den Zopf mit dem Ei bestreichen und bei 220 °C im vorgeheizten Backofen 30 Minuten goldbraun backen. Abkühlen lassen und vor dem Servieren mit Puderzucker bestäuben.

TIPP

Wenn das Brot durchgebacken ist, klingt es hohl, wenn man von unten dagegen klopft.

1

2

Zitrusbrot

Ergibt 1 Laib

450 g Mehl
½ TL Salz
50 g Zucker
1 Päckchen Trockenhefe
50 g Butter, in kleinen Stücken
5–6 EL Orangensaft
4 EL Zitronensaft
3–4 EL Limettensaft
150 ml lauwarmes Wasser
1 Orange
1 Zitrone
1 Limette
1 EL klarer Honig

1 Ein Backblech leicht einfetten. Mehl und Salz in eine Schüssel sieben.

2 Gründlich mit Zucker und Trockenhefe vermengen.

3 Die Butter mit den Fingern in der Mehlmischung verreiben. Fruchtsäfte und Wasser zugießen und zu einem festen Teig verarbeiten.

4 Den Teig auf einer leicht bemehlten Arbeitsfläche etwa 5 Minuten glatt kneten. In eine eingefettete Schüssel geben, abdecken und an einem warmen Ort etwa 1 Stunde gehen lassen.

5 Die Schalen der Zitrusfrüchte reiben und in den Teig kneten.

6 Den Teig zu 2 unterschiedlich großen flachen Kugeln formen.

7 Die größere Kugel auf das Backblech geben, die kleinere auf die größere setzen.

8 Mit einem bemehlten Finger in die Mitte der oberen Teigkugel ein Loch drücken. Den Teig abdecken und weitere 40 Minuten gehen lassen.

9 Den aufgegangenen Teig bei 220 °C im vorgeheizten Backofen 35 Minuten backen. Anschließend mit Honig bestreichen.

6

5

8

Schneckenkranz

Ergibt 1 Kranz

245 g Mehl

½ TL Salz

1 Päckchen Trockenhefe

25 g Butter, in kleinen Stücken

125 ml lauwarme Milch

1 Ei, verquirlt

FÜLLUNG

50 g weiche Butter

50 g brauner Zucker

25 g Haselnüsse, gehackt

25 g kandierter Ingwer, gehackt

50 g Zitronat und Orangeat

1 EL Rum oder Weinbrand

GLASUR

100 g Puderzucker

2 EL Zitronensaft

1 Ein Backblech einfetten. Mehl, Salz und Hefe in einer Schüssel mischen, Butter einkneten, Milch und Ei zugeben und zu einem festen Teig verarbeiten.

2 Den Teig in einer eingefetteten Schüssel abgedeckt etwa 40 Minuten gehen lassen. Noch einmal kurz durchkneten und zu einem 30 cm x 24 cm großen Rechteck ausrollen.

2

3 Für die Füllung Butter und Zucker schaumig schlagen. Haselnüsse, Ingwer, Zitronat, Orangeat und Rum oder Weinbrand zugeben. Den Teig mit dieser Mischung belegen; dabei einen Rand von 2½ cm freilassen.

3

4 Den Teig von einer langen Seite her aufrollen und in je 5 cm dicke Scheiben schneiden. Diese in Kranzform so auf das Backblech legen, dass sie sich gerade berühren. Abdecken und noch einmal 30 Minuten gehen lassen.

4

5 Den Kranz bei 190 °C im vorgeheizten Backofen 20–30 Minuten goldbraun backen.

6 Puderzucker und Zitronensaft mischen. Den fertigen Kranz etwas abkühlen lassen und mit der Glasur beträufeln.

Preiselbeer-Muffins

Ergibt 18 Stück

225 g Mehl
2 TL Backpulver
1 Prise Salz
50 g Zucker
50 g Butter, zerlassen
2 Eier, verquirlt
200 ml Milch
100 g frische Preiselbeeren
2 TL frisch geriebener Parmesan

1 Zwei Muffinbleche leicht einfetten. Mehl, Backpulver und Salz in eine Schüssel sieben und mit dem Zucker vermengen.

2 Butter, Eier und Milch in einer zweiten Schüssel verquirlen, dann zu den trockenen Zutaten geben. Vorsichtig, aber gründlich vermengen, dann die Preiselbeeren unterheben.

3 Den Teig in die vorbereiteten Formen füllen.

4 Jede Teigportion mit geriebenem Parmesan bestreuen.

5 Bei 200 °C im vorgeheizten Backofen 20 Minuten goldbraun backen.

6 Die fertigen Muffins in der Form etwas abkühlen lassen, dann auf ein Rost legen und vor dem Servieren ganz auskühlen lassen.

Rosinenschnecken

Ergibt 12 Stück

225 g Mehl
½ TL Salz
1 Päckchen Trockenhefe
25 g Butter, in kleinen Stücken
1 Ei, verquirlt
125 ml lauwarme Milch
2 EL Ahornsirup

FÜLLUNG
50 g weiche Butter
2 TL gemahlener Zimt
50 g brauner Zucker
50 g Korinthen

1 Eine Backform mit einer Seitenlänge von 24 cm einfetten.

2 Mehl und Salz in eine Schüssel sieben. Trockenhefe einrühren. Butter mit den Fingern in der Mischung verreiben, bis ein krümeliger Teig entsteht. Ei und Milch zugeben und zu einem glatten Teig verarbeiten.

3 Den Teig in einer eingefetteten Schüssel abgedeckt an einem warmen Ort etwa 40 Minuten gehen lassen, bis sich sein Volumen verdoppelt hat.

4 Den Teig erneut 1 Minute kneten und zu einem 30 cm x 24 cm großen Rechteck ausrollen.

5 Für die Füllung Butter, Zimt und Zucker schaumig schlagen. Die Mischung auf den Teig streichen, dabei einen Rand von 2½ cm lassen. Anschließend die Korinthen über die Mischung streuen.

6 Den Teig von der langen Seite her aufrollen und vorsichtig zusammendrücken. Die Rolle in 12 Scheiben schneiden. Diese in die Form geben, abdecken und 30 Minuten gehen lassen.

7 Die Schnecken bei 190 °C im vorgeheizten Backofen 20–30 Minuten backen, bis sie gut aufgegangen sind. Mit Sirup bestreichen, etwas abkühlen lassen, aber noch warm servieren.

Knuspriger Früchtekuchen

Für 8 Personen

100 g weiche Butter

100 g Zucker

2 Eier, verquirlt

50 g Mehl, gesiebt

1 1/2 TL Backpulver

100 g Polenta

225 g gemischte Trockenfrüchte

25 g Pinienkerne

geriebene Schale von 1 Zitrone

4 EL Zitronensaft

2 EL Milch

VARIATION

Für einen etwas leichteren Kuchen anstelle der Polenta 150 g Mehl und 1 1/2 Teelöffel Backpulver verwenden.

1 Eine Backform von 18 cm Ø einfetten oder mit Backpapier auslegen.

2 Butter und Zucker in einer Schüssel schaumig schlagen.

3 Nach und nach die Eier zugeben und jeweils gründlich verquirlen.

4 Mehl, Backpulver und Polenta gründlich unterrühren.

5 Trockenfrüchte, Pinienkerne, Zitronenschale, Zitronensaft und Milch einrühren.

6 Den fertigen Teig in die vorbereitete Form füllen und glatt streichen.

7 Den Kuchen bei 180 °C im vorgeheizten Backofen 1 Stunde backen, bis ein in die Mitte gestochener Metallspieß teigfrei bleibt.

8 Den fertigen Kuchen vor dem Servieren in der Form abkühlen lassen.

Klementinenkuchen

Für 8 Personen

2 Klementinen

175 g weiche Butter

175 g Zucker

3 Eier, verquirlt

175 g Mehl

2 TL Backpulver

3 EL gemahlene Mandeln

3 EL Schlagsahne

DEKORATION

6 EL Klementinensaft

2 EL feiner Zucker

3 Stücke weißer Würfelzucker, zerstoßen

TIPP

Statt von Hand die Klementinenschale zusammen mit dem Zucker in der Küchenmaschine zerkleinern. Die Mischung dann mit der Butter in eine Schüssel geben und gut verquirlen.

1 Eine runde Kuchenform von 18 cm Ø einfetten und mit Backpapier auslegen.

2 Klementinenschale dünn abschälen und fein hacken. Die Schale in eine Schüssel geben und mit Butter und Zucker schaumig schlagen.

3 Nach und nach die Eier zugeben und jeweils gründlich verquirlen.

4 Mehl und Backpulver vorsichtig untermischen, dann Mandeln und Sahne zufügen und den fertigen Teig in die vorbereitete Form geben.

5 Den Teig bei 180 °C im vorgeheizten Backofen 55–60 Minuten backen, bis ein in die Mitte gestochener Metallspieß teigfrei bleibt. Den fertigen Kuchen etwas abkühlen lassen.

6 Für die Glasur Klementinensaft und Zucker in einem kleinen Topf zum Kochen bringen und 5 Minuten köcheln lassen.

7 Die Glasur über den Kuchen träufeln, bis sie aufgesogen ist. Dann mit dem zerstoßenen Würfelzucker bestreuen.

2

4

7

Kümmel-Sandkuchen

Für 8 Personen

220 g weiche Butter
175 g brauner Zucker
3 Eier, verquirlt
350 g Mehl
3½ TL Backpulver
1 EL Kümmel
geriebene Schale von 1 Zitrone
6 EL Milch
etwas Zitronat

1 Eine 20–25 cm große Kastenform einfetten und mit Backpapier auslegen.

2 Die Butter und den Zucker in einer Schüssel schaumig schlagen.

2

4

3 Nach und nach die Eier zugeben und jeweils gründlich verquirlen.

4 Mehl und Backpulver in die Mischung sieben und gut unterrühren.

5 Kümmel, Zitronenschale und Milch zugeben und alle Zutaten gut vermengen.

6 Den fertigen Teig in die vorbereitete Form geben und glatt streichen.

7 Den Kuchen bei 160 °C im vorgeheizten Backofen 20 Minuten backen.

5

TIPP

Zitronat finden Sie in jedem Supermarkt. Sie können auch Zitronat und Orangeat gemischt verwenden.

8 Aus dem Ofen nehmen, mit etwas Zitronat bestreuen und weitere 40 Minuten backen, bis er gut aufgegangen ist und ein in die Mitte gestochener Metallspieß teigfrei bleibt.

9 Den fertigen Kuchen in der Form kurz abkühlen lassen, dann auf ein Rost legen und vor dem Servieren gänzlich auskühlen lassen.

Zitronenkuchen mit Sirup

Für 8 Personen

200 g Mehl

2 TL Backpulver

200 g Zucker

4 Eier

150 g saure Sahne

geriebene Schale von 1 Zitrone

4 EL Zitronensaft

150 ml Sonnenblumenöl

SIRUP

4 EL Puderzucker

3 EL Zitronensaft

1 Eine Springform von 20 cm Ø einfetten.

2 Mehl und Backpulver in eine Schüssel sieben und mit dem Zucker vermengen.

3 In einer zweiten Schüssel Eier, saure Sahne, Zitronenschale, Zitronensaft und Öl verquirlen.

4 Diese Mischung zu den trockenen Zutaten geben und zu einem glatten Teig verarbeiten.

5 Den Teig in die vorbereitete Form geben und bei 180 °C im vorgeheizten Backofen 45–60 Minuten goldbraun backen.

6 Währenddessen für den Sirup Puderzucker und Zitronensaft in einen kleinen Topf geben. Bei geringer Hitze so lange unter Rühren erwärmen, bis die Mischung Bläschen wirft und eindickt.

7 Den Kuchen aus dem Ofen nehmen und mit einem dünnen Spieß einstechen. Dann den Sirup auf dem Kuchen verstreichen. Vor dem Servieren in der Form ganz auskühlen lassen.

TIPP

Man sticht die Oberfläche des Kuchens ein, damit der Kuchen den Sirup besser aufnimmt.

Apfelkuchen mit Cidre

Für 8 Personen

225 g Mehl

3 TL Backpulver

75 g Butter, in kleinen Stücken

75 g Zucker

50 g getrocknete Apfelscheiben, gehackt

75 g Rosinen

150 ml süßer Cidre

1 Ei, verquirlt

175 g Himbeeren

1 Eine Kuchenform von 20 cm Ø einfetten und mit Backpapier auslegen.

2 Mehl und Backpulver in eine Schüssel sieben. Die Butter mit den Fingern darin verreiben, bis ein krümeliger Teig entsteht.

3 Zucker, Apfel und Rosinen zugeben und gut unterrühren.

4 Cidre und Ei zugießen und zu einem weichen Teig verarbeiten. Die Himbeeren untermischen, möglichst ohne sie zu zerquetschen.

5 Den Teig in die vorbereitete Form geben.

6 Den Kuchen bei 190 °C im vorgeheizten Backofen 40 Minuten leicht goldbraun backen.

7 In der Form etwas abkühlen lassen, dann auf ein Rost legen und vor dem Servieren gänzlich auskühlen lassen.

3

4

4

Orangen-Gugelhupf

Für 4 Personen

225 g weiche Butter
225 g Zucker
4 Eier, getrennt
425 g Mehl
3 TL Backpulver
1 Prise Salz
300 ml frisch gepresster Orangensaft
1 EL Orangenblütenwasser
1 TL geriebene Orangenschale

SIRUP
200 ml Orangensaft
200 g Kristallzucker

1 Eine 24–26 cm große Gugelhupfform einfetten.

2 Butter und Zucker in einer Schüssel schaumig schlagen. Nach und nach das Eigelb zugeben und gut mit der Buttermischung verquirlen.

3 Mehl, Backpulver und Salz in eine Schüssel sieben. Nach und nach mit dem Orangensaft zu der Butter-Ei-Masse geben und gut vermengen. Danach das Orangenblütenwasser und die Orangenschale einrühren.

3

4 Das Eiweiß steif schlagen und unter die Mischung heben.

4

5 Den fertigen Teig in die vorbereitete Form geben und bei 180 °C im vorgeheizten Backofen 50–55 Minuten backen, bis ein in die Mitte gestochener Metallspieß teigfrei bleibt.

6 Orangensaft und Zucker in einem Topf zum Kochen bringen und 5 Minuten köcheln lassen, bis der Zucker aufgelöst ist.

7 Den Kuchen aus dem Ofen nehmen, 10 Minuten in der Form abkühlen lassen, die Oberfläche einstechen und mit der Hälfte des Sirups bestreichen. Dann den Kuchen erneut 10 Minuten abkühlen lassen, auf ein Rost stürzen und mit dem restlichen Sirup bestreichen. Warm oder kalt servieren.

7

Karotten-Ingwer-Kuchen

Für 10 Personen

225 g Mehl

1 TL Backpulver

1 TL Natron

2 TL gemahlener Ingwer

$^1/_2$ TL Salz

175 g hellbrauner Zucker

225 g Karotten, gerieben

2 Stücke kandierter Ingwer, gehackt

25 g frische Ingwerwurzel, gerieben

60 g Rosinen

2 Eier, verquirlt

3 EL Maiskeimöl

Saft von 1 Orange

GLASUR

225 g Frischkäse

4 EL Puderzucker

1 Tropfen Vanillearoma

DEKORATION

Karotte, gerieben

kandierter Ingwer

gemahlener Ingwer

1 Eine Kuchenform (20 cm Ø) leicht einfetten und mit Backpapier auslegen.

2 Mehl, Backpulver, Natron, Ingwerpulver und Salz in eine Schüssel sieben. Zucker, Karotten, kandierten und frischen Ingwer und Rosinen unterrühren. Eier, Öl und Orangensaft mischen und zum Teig geben. Alle Zutaten gründlich vermengen.

3 Den Teig in die Form geben und bei 180 °C im vorgeheizten Backofen 60–75 Minuten backen, bis der Kuchen fest ist. In der Form auskühlen lassen.

4 Für die Glasur den Frischkäse in einer Schüssel geschmeidig schlagen. Puderzucker hineinsieben und Vanillearoma einrühren.

5 Den Kuchen aus der Form lösen und die Oberseite mit der Glasur bestreichen. Dekorieren und servieren.

Erdbeerrolle

Für 8 Personen

3 große Eier

125 g Zucker

125 g Mehl

1 EL heißes Wasser

FÜLLUNG

200 g Magerquark oder fettarmer Naturjoghurt

5 Tropfen Bittermandelaroma

225 g kleine Erdbeeren

1 EL Mandelblättchen, geröstet, und 1 TL Puderzucker, zum Dekorieren

1

3

5

1 Ein Backblech (35 cm x 25 cm) mit Backpapier auslegen. Die Eier mit dem Zucker in eine Schüssel geben und im heißem Wasserbad dick und cremig schlagen.

2 Die Schüssel vom Topf nehmen. Das Mehl hineinsieben, heißes Wasser zugeben und unterheben. Den Teig auf das Blech streichen und bei 220 °C im vorgeheizten Backofen 8–10 Minuten backen, bis er fest ist.

3 Den Biskuitboden auf ein großes Stück Backpapier legen und mit dem Backpapier aufrollen. Die Rolle in ein Geschirrtuch hüllen und abkühlen lassen.

4 Für die Füllung Quark und Bittermandelaroma verrühren. Einige Erdbeeren für die Dekoration beiseite legen, die übrigen waschen, entstielen und in Scheiben schneiden. Die Creme in den Kühlschrank stellen.

5 Den Boden entrollen, mit der Quarkcreme bestreichen und mit den Erdbeeren belegen. Vorsichtig (ohne Backpapier) wieder aufrollen. Mit Puderzucker bestäuben und mit Mandelblättchen und den restlichen Erdbeeren dekorieren.

Festlicher Früchtekuchen

Für 4 Personen

175 g ungesüßte Datteln, entsteint
125 g dickfleischige Trockenpflaumen, entsteint
200 ml ungesüßter Orangensaft
2 EL Sirup
1 TL geriebene Zitronenschale
1 TL geriebene Orangenschale
225 g Vollkornmehl
1 TL Backpulver
1 TL Lebkuchen-Gewürzmischung
125 g Rosinen
125 g Sultaninen
125 g Korinthen
125 g getrocknete Preiselbeeren
3 große Eier, getrennt
Puderzucker, zum Bestäuben

DEKORATION
1 EL Aprikosenmarmelade, erwärmt
175 g Zuckerguss
Orangen- und Zitronenzesten

1 Eine runde Backform (20 cm Ø) einfetten und mit Backpapier auslegen. Datteln und Pflaumen würfeln und in einen Topf mit dem Orangensaft 10 Minuten kochen. Vom Herd nehmen und die Früchte zu Püree verrühren. Sirup, Orangen- und Zitronenschale zugeben, abkühlen lassen.

2 Mehl, Backpulver und Gewürzmischung in eine Schüssel sieben. Trockenfrüchte unterrühren und eine Vertiefung in die Mitte drücken. Die Pflaumen-Dattel-Mischung mit dem Eigelb verrühren. Separat das Eiweiß steif schlagen. Früchtepüree zum Teig geben und unterrühren.

3 Den Eischnee unterheben. Den Teig in die Form geben und bei 170 °C im vorgeheizten Backofen 1½ Stunden backen. In der Form auskühlen lassen.

4 Kuchen aus der Form nehmen und mit der Marmelade bestreichen. Zuckerguss darüber pinseln. Fest werden lassen und mit den Zesten dekorieren.

Kokosnusskuchen

Für 6–8 Personen

225 g Mehl
2 TL Backpulver
1 Prise Salz
100 g Butter, in kleinen Stücken
100 g Farin-Zucker
100 g Kokosraspel, plus etwas mehr, zum Dekorieren
2 Eier, verquirlt
4 EL Milch

1 Eine 20–25 cm große Kastenform einfetten und den Boden mit Backpapier auslegen.

2

2 Mehl, Backpulver und Salz in eine Schüssel sieben. Die Butter mit den Fingern in der Mehlmischung verreiben, bis ein krümeliger Teig entsteht.

3 Zucker, Kokosraspel, Eier und so viel Milch unterrühren, bis der Teig vom Löffel tropft.

3

3

4 Den fertigen Teig in die vorbereitete Form geben, glatt streichen und bei 160 °C im vorgeheizten Backofen 30 Minuten backen.

5 Den Kuchen herausnehmen, mit Kokosraspel bestreuen und weitere 30 Minuten goldbraun backen, bis ein in die Mitte gestochener Metallspieß teigfrei bleibt.

6 Den fertigen Kuchen zunächst in der Form etwas abkühlen lassen, dann auf ein Rost legen und vor dem Servieren ganz auskühlen lassen.

Orangen-Mandel-Kuchen

Für 8 Personen

4 Eier, getrennt
125 g Zucker
geriebene Schale und Saft von
  2 Orangen
geriebene Schale und Saft von
  1 Zitrone
125 g gemahlene Mandeln
200 g Mehl
2 TL Backpulver
ORANGENCREME
200 g Schlagsahne
1 TL Zimt
2 TL Zucker
2 EL Mandelblättchen, geröstet
Puderzucker, zum Bestäuben

VARIATION

Sirup für den Kuchen: Geriebene Schale von 2 Orangen, 75 g Zucker und 2 Esslöffel Wasser 5 Minuten kochen, bis eine dickflüssige Masse entsteht. Vor dem Servieren 1 Esslöffel Orangenlikör einrühren.

1 Eine Springform von 18 cm Ø einfetten oder mit Backpapier auslegen.

2 Eigelb und Zucker schaumig rühren. Dann die Orangenschale und die Hälfte der Zitronenschale unterheben.

TIPP

Schüssel, Schneebesen und Sahne vor dem Schlagen gut kühlen. Sahne dickflüssig schlagen, dann langsam bis zur gewünschten Steife schlagen.

3 Orangen- und Zitronensaft sowie die Mandeln unter die Eigelbmasse rühren. Dann Mehl und Backpulver zufügen.

4 Eiweiß steif schlagen und vorsichtig unter die Mischung heben.

5 Den Teig in die vorbereitete Backform füllen und 35–40 Minuten bei 180 °C goldbraun backen, bis er so fest ist, dass er leicht nachgibt, wenn man leicht auf ihn drückt. Aus dem Ofen nehmen, 10 Minuten in der Form abkühlen lassen, dann herausnehmen.

6 Die Sahne mit Zimt, Zucker und Orangenschale mischen und steif schlagen. Sobald der Kuchen abgekühlt ist, mit den gerösteten Mandeln belegen, mit Puderzucker bestäuben und mit der Orangencreme servieren.

Mandelschnitten

Ergibt 8 Stück

3 Eier

75 g gemahlene Mandeln

200 g Milchpulver

200 g Zucker

½ TL Safranfäden

100 g Butter

25 g Mandelblättchen

1 Eier in einer Schüssel verquirlen und beiseite stellen.

2 Gemahlene Mandeln, Milchpulver, Zucker und Safran in eine große Rührschüssel geben und gut vermengen.

3 Butter in einem kleinen Topf zerlassen. Über die trockenen Zutaten geben und verrühren, bis alle Zutaten gut vermischt sind.

4 Die verquirlten Eier in die Mischung geben und gut unterrühren.

5 Teig in eine flache feuerfeste, 15–20 cm große Form geben und im vorgeheizten Backofen bei 160 °C 45 Minuten backen. Mit einem Holzspieß prüfen, ob der Kuchen fertig ist – es darf kein Teig mehr daran kleben.

6 Den Mandelkuchen in Schnitten aufschneiden. Die Mandelschnitten mit Mandelblättchen dekorieren und auf einem Servierteller anrichten. Heiß oder kalt servieren.

TIPP

Mandelschnitten können heiß oder kalt serviert werden. Man kann sie 1 Tag oder sogar 1 Woche im Voraus zubereiten und dann aufwärmen. Sie lassen sich auch einfrieren.

2

3

4

Birnen-Ingwer-Kuchen

Für 6 Personen

200 g weiche Butter
150 g Zucker
200 g Mehl, gesiebt
2 TL Backpulver
3 TL gemahlener Ingwer
3 Eier, verquirlt
500 g Birnen, entkernt und in dünne Scheiben geschnitten
1 EL brauner Zucker
Eiscreme oder Schlagsahne, zum Servieren

TIPP

Normaler Haushaltszucker ist süßer als brauner Rohrzucker. Wenn einmal Zucker in Ihrer Vorratskammer verklumpt sein sollte, werfen Sie ihn nicht fort. Wickeln Sie die Packung in ein sauberes, feuchtes Küchentuch und erhitzen Sie sie bei mittlerer Hitze in der Mikrowelle, bis der Zucker wieder streufähig ist.

1 Eine Springform von 22 cm Ø einfetten oder mit Backpapier auslegen.

2 175 g Butter, Zucker, Mehl, Backpulver, Ingwer und Eier mit dem Handrührgerät zu einem glatten Teig verarbeiten.

2

3 Den Teig in die Backform geben. Die Oberfläche glätten.

3

4 Die Birnen fächerförmig auf dem Teig verteilen. Mit Zucker bestreuen. Die restliche Butter in Flöckchen über den Teig geben.

5 Den Kuchen 35–40 Minuten bei 180 °C im vorgeheizten Backofen goldbraun backen (Druckprobe machen).

4

6 Den Kuchen noch warm servieren und nach Belieben mit einer Kugel Eiscreme oder etwas Sahne dekorieren.

VARIATION

Ersetzen Sie den Ingwer durch 2 Teelöffel Zimt und den braunen Zucker durch Vanillezucker.

Mandel-Kaffee-Streusel

Für 8 Personen

280 g Mehl
1 EL Backpulver
80 g Zucker
150 ml Milch
2 Eier
100 g Butter, zerlassen, abgekühlt
2 EL löslicher Kaffee, mit 1 EL heißem Wasser gemischt
50 g Mandeln, gehackt
Puderzucker, zum Bestäuben

STREUSEL
75 g Mehl
½ TL Backpulver
75 g Farin-Zucker
25 g Butter, in kleinen Stücken
1 TL Lebkuchen-Gewürzmischung
1 EL Wasser

1 Eine Springform (24 cm Ø) einfetten oder mit Backpapier auslegen. Mehl und Backpulver in eine Schüssel sieben und mit Zucker mischen.

2 Milch, Eier, Butter und Kaffee verquirlen und zu dem Mehl geben. Die Mandeln vorsichtig unterrühren. Den fertigen Teig in die vorbereitete Backform füllen.

3 Für die Streusel Mehl, Backpulver und Farin-Zucker mischen.

4 Die Butter mit den Fingern darin verreiben, bis ein krümeliger Teig entsteht. Lebkuchen-Gewürzmischung und Wasser zugeben und zu Streuseln verarbeiten. Die Streusel über den vorbereiteten Teig streuen.

5 Den Kuchen bei 190 °C im vorgeheizten Backofen 50–60 Minuten backen. Wenn die Streusel zu schnell braun werden, die Form mit Alufolie abdecken. Den fertigen Kuchen in der Form etwas abkühlen lassen, dann herausnehmen und kurz vor dem Servieren mit Puderzucker bestreuen.

Ingwerbrot

Ergibt 12 Stück

150 g Butter

175 g brauner Zucker

2 EL Zuckerrübensirup

225 g Mehl

1 TL Backpulver

2 TL Natron

2 TL gemahlener Ingwer

150 ml Milch

1 Ei, verquirlt

2 Äpfel, geschält, entkernt, gehackt und mit 1 EL Zitronensaft beträufelt

VARIATION

Für ein stärkeres Ingweraroma in Schritt 3 zusätzlich 25 g fein gehackten kandierten Ingwer zugeben.

1 Eine Kuchenform von 24 cm Seitenlänge einfetten und mit Backpapier auslegen.

2 Butter, Zucker und Sirup in einem kleinen Topf vorsichtig schmelzen. Anschließend abkühlen lassen.

3 Mehl, Backpulver, Natron und Ingwer in einer Schüssel vermischen.

4 Zuerst Milch, Ei und die Buttermischung, dann die Äpfel zugeben.

5 Alle Zutaten vorsichtig vermengen und den fertigen Teig in die vorbereitete Form geben.

6 Bei 170 °C im vorgeheizten Backofen 30–35 Minuten backen, bis der Kuchen aufgegangen ist und ein in die Mitte gestochener Metallspieß teigfrei bleibt.

7 Den fertigen Kuchen in der Form etwas abkühlen lassen, dann herausnehmen und in 12 Stücke schneiden.

2

4

5

Apfel-Brombeer-Zuckerkuchen

Für 10 Personen

- 350 g Kochapfel, entkernt, geschält und klein gewürfelt
- 3 EL Zitronensaft
- 300 g Vollkorn-Weizenmehl
- 3½ TL Backpulver
- 1 TL Zimt, plus etwas mehr, zum Bestäuben
- 175 g Brombeeren, plus etwas mehr, zum Dekorieren
- 175 g brauner Zucker
- 1 Ei, verquirlt
- 200 g Frischkäse
- 60 g weiße oder braune Zuckerwürfel, grob zerkleinert
- 1 Dessertapfel, in Scheiben, zum Dekorieren

VARIATION

Ersetzen Sie die Brombeeren durch Blaubeeren. Verwenden Sie Tiefkühlware, wenn Sie keine frischen Beeren bekommen.

1 Eine 20–25 cm große Kastenform einfetten und mit Backpapier auslegen. Die Äpfel mit dem Zitronensaft in einem Topf aufkochen, abdecken und 10 Minuten köcheln lassen, bis sie weich sind und zerfallen. Pürieren und zum Abkühlen beiseite stellen.

2 Mehl, Backpulver und Zimt in eine Schüssel sieben und mit 120 g Brombeeren und dem Zucker vermengen.

3 Eine Mulde in der Mitte des Teigs formen und Ei, Frischkäse und Apfelpüree hineingeben. Gründlich vermengen. Den Teig in die Kastenform geben und glatt streichen.

4 Die restlichen Brombeeren darauf verteilen, in den Teig drücken und mit dem zerkleinerten Zucker bestreuen. Bei 190 °C im vorgeheizten Ofen 40–45 Minuten backen, dann in der Form abkühlen lassen.

5 Den Kuchen aus der Form heben und das Backpapier entfernen. Mit Zimt bestäuben sowie mit Brombeeren und Apfelscheiben dekorieren.

Apfel-Scones

Ergibt 8 Stück

etwas Butter, zum Einfetten
225 g Mehl
2 TL Backpulver
1 EL Zucker
1 Prise Salz
75 g Butter, in kleinen Stücken
1 Apfel, geschält, entkernt und gehackt
1 Ei, verquirlt
2 EL Zuckerrübensirup
75 ml Milch

1 Ein Backblech leicht mit Butter einfetten.

2 Mehl, Backpulver, Zucker und Salz in eine Schüssel sieben.

3 Butter mit den Fingern in der Mischung verreiben, bis ein krümeliger Teig entsteht.

4 Die Apfelstücke zugeben und unterrühren.

5 Ei, Sirup und Milch verquirlen. Zu den trockenen Zutaten geben und zu einem glatten Teig verarbeiten.

6 Den Teig auf einer leicht bemehlten Arbeitsfläche 2 cm dick ausrollen und 8 runde Scheiben von 5 cm Ø ausstechen.

7 Die Scheiben auf das vorbereitete Backblech legen und bei 220 °C im vorgeheizten Backofen 8–10 Minuten backen.

5

6

8 Die fertigen Scones auf einem Rost abkühlen lassen. Halbiert mit etwas Butter servieren.

Apfelküsse

Ergibt 4 Stück

150 g Mehl
½ TL Salz
1 TL Backpulver
1 EL Zucker
25 g Butter, in kleinen Stücken
50 ml Milch

FÜLLUNG
3 Äpfel, geschält, entkernt und in Scheiben geschnitten
100 g Zucker
1 EL Zitronensaft
1 TL gemahlener Zimt
300 ml Wasser
150 g Sahne, leicht geschlagen
Puderzucker, zum Bestäuben

1 Ein Backblech leicht einfetten. Mehl, Salz, Backpulver und Zucker in einer Schüssel mischen. Die Butter mit den Fingern darin verreiben, bis ein krümeliger Teig entsteht.

2 Die Milch zugeben und zu einem glatten Teig verarbeiten. Den Teig kurz durchkneten und 1 cm dick ausrollen. 4 runde Scheiben von 5 cm Ø ausstechen und auf das vorbereitete Backblech legen.

2

2

3 Die Scheiben bei 220 °C im vorgeheizten Backofen etwa 15 Minuten backen, bis sie aufgegangen und leicht gebräunt sind. Anschließend abkühlen lassen.

4

4 Für die Füllung Apfelscheiben, Zucker, Zitronensaft, Zimt und Wasser in einem Topf zum Kochen bringen und ohne Deckel 5–10 Minuten köcheln lassen, bis die Äpfel weich sind. Etwas abkühlen lassen, dann die Äpfel aus dem Topf nehmen.

5 Die gebackenen Teigscheiben horizontal halbieren. Die unteren Hälften mit je 1 Viertel Apfelscheiben und Sahne belegen. Die andere Hälfte darüber legen und mit Puderzucker bestäuben. Servieren.

Kirsch-Scones

Ergibt 8 Stück

225 g Mehl

2 TL Backpulver

1 EL Zucker

1 Prise Salz

75 g Butter, in kleinen Stücken

40 g kandierte Kirschen, gehackt

40 g Sultaninen

1 Ei, verquirlt

50 ml Milch

TIPP

Man kann die Kirschbrötchen sehr gut einfrieren – sie halten sich bis zu 1 Monat.

1 Ein Backblech leicht einfetten. Mehl, Backpulver, Zucker und Salz in eine große Schüssel sieben.

2 Mit der Butter zu einem krümeligen Teig verarbeiten.

3 Die Kirschen und die Sultaninen in den Teig einrühren. Anschließend das Ei zugeben und gut unterrühren.

3

4 Für die Glasur 1 Esslöffel Milch zurückbehalten, den Rest zu dem Früchteteig geben und zu einem weichen Teig verarbeiten.

4

5 Den Teig auf einer bemehlten Arbeitsfläche 2 cm dick ausrollen und 8 runde Scheiben von 5 cm Ø ausstechen.

5

6 Die Scheiben auf das vorbereitete Backblech legen und mit der zurückbehaltenen Milch bestreichen.

7 Bei 220 °C im vorgeheizten Ofen 8–10 Minuten goldbraun backen.

8 Die Scones auf einem Rost auskühlen lassen. Zum Servieren aufschneiden und mit Butter bestreichen.

Shortbread

Ergibt 8 Stück

125 g weiche Butter
40 g Kristallzucker
25 g Puderzucker
225 g Mehl
1 Prise Salz
2 TL Orangenblütenwasser
feiner Zucker, zum Bestreuen

1 Eine Springform von 20 cm Ø leicht einfetten.

2 Butter, Kristallzucker und Puderzucker in einer Schüssel schaumig schlagen.

3 Mehl und Salz hineinsieben, Orangenblütenwasser zufügen und zu einem glatten Teig verarbeiten.

4 Teig auf einer leicht bemehlten Arbeitsfläche zu einer runden Scheibe von 20 cm Ø ausrollen und in die Springform einpassen. Mehrfach einstechen und mit einem Messer 8 Dreiecke in die Oberfläche ritzen.

5 Bei 160 °C im vorgeheizten Backofen 30–35 Minuten goldbraun und knusprig backen.

6 Das fertige Shortbread mit Zucker bestreuen und entlang der eingeritzten Linien einschneiden.

7 In der Form abkühlen lassen und bis zum Verzehr in einem luftdicht verschließbaren Behälter aufbewahren.

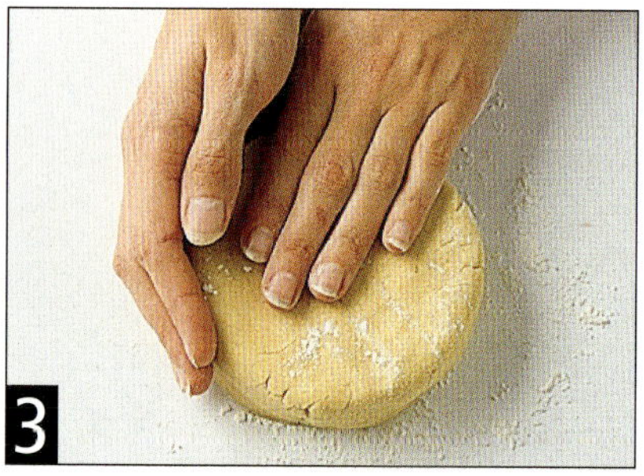
3

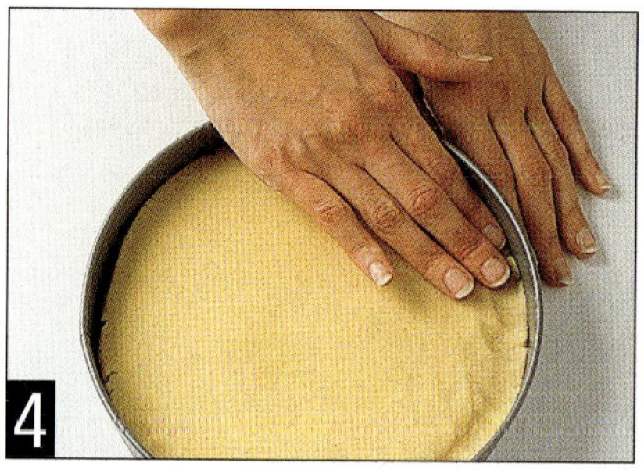
4

4

Zitronenplätzchen

Ergibt 50 Stück

100 g weiche Butter
125 g Zucker
geriebene Schale von 1 Zitrone
1 Ei, verquirlt
4 EL Zitronensaft
350 g Mehl
1 TL Backpulver
1 EL Milch
Puderzucker, zum Bestäuben

1 Mehrere Backbleche leicht einfetten.

2 Butter, Zucker und Zitronenschale in einer Schüssel schaumig verquirlen.

3 Nach und nach das Ei und den Zitronensaft zugeben und gut mit den anderen Zutaten mischen.

4 Mehl und Backpulver in die Mischung sieben und gut unterrühren. Die Milch zugießen und zu einem glatten Teig verarbeiten.

5 Den Teig auf eine leicht bemehlte Arbeitsfläche geben und in etwa 50 gleich große Stücke teilen.

6 Jedes Stück von Hand zu einem Stäbchen rollen und dieses zu einem „S" formen.

7 Die Zitronenplätzchen auf die Backbleche verteilen und bei 170 °C im vorgeheizten Backofen 15–20 Minuten backen. Auf einem Rost abkühlen lassen und vor dem Servieren mit Puderzucker bestäuben.

VARIATION

Sie können diesen Plätzchen beliebige Formen geben – lassen Sie Ihrer Fantasie freien Lauf.

2

4

6

Ingwerplätzchen

Ergibt 30 Stück

150 g Mehl
3½ TL Backpulver
1 Prise Salz
200 g Zucker
1 TL gemahlener Ingwer
1 TL Natron
125 g Butter
75 g heller Sirup
1 Ei, verquirlt
1 TL geriebene Orangenschale

TIPP
Kekse im luftdicht verschlossenen Behälter aufbewahren und innerhalb einer Woche verzehren.

VARIATION
Für eine weniger traditionelle, aber ebenso köstliche Version ersetzen Sie den Ingwer durch 1 Esslöffel Lebkuchen-Gewürz und die Orangenschale durch Zitronenschale.

1 Mehrere Backbleche leicht einfetten.

2 Mehl, Backpulver, Salz, Zucker, Ingwer und Natron in eine große Schüssel sieben.

3 Butter und Sirup bei schwacher Hitze in einem Topf erwärmen, bis die Butter ganz zerlassen ist.

4 Etwas abkühlen lassen und zu den trockenen Zutaten gießen.

5 Eier und Orangenschale zugeben und gründlich vermengen.

3

6 Den Teig mit den Händen zu 30 gleich großen Kugeln formen.

7 Die Kugeln mit genügend Abstand auf die vorbereiteten Backbleche legen und leicht flach drücken.

8 Die Plätzchen bei 160 °C im vorgeheizten Backofen 15–20 Minuten backen. Vor dem Servieren auf einem Rost abkühlen lassen.

4

7

Zimtschnitten

Ergibt 12 Stück

250 g weiche Butter
250 g Zucker
3 Eier, verquirlt
250 g Mehl
2½ TL Backpulver
½ TL Natron
1 EL gemahlener Zimt
150 g saure Sahne
100 g Sonnenblumenkerne

TIPP
Die Zimtschnitten lassen sich gut einfrieren und sind dann etwa 1 Monat haltbar.

1 Eine Backform mit einer Seitenlänge von 24 cm einfetten und den Boden mit Backpapier auslegen.

2 Butter und Zucker in einer großen Schüssel schaumig schlagen.

3 Nach und nach die Eier zugeben und jeweils gründlich mit der Buttermischung verquirlen.

4 Mehl, Backpulver, Natron und Zimt in die Butter-Ei-Mischung sieben und mit einem Metalllöffel vorsichtig unterheben.

5 Saure Sahne und Sonnenblumenkerne zufügen und ebenfalls gut unterrühren.

6 Den Teig in die Form geben und mit der Rückseite eines Löffels oder mit einem Messer glatt streichen.

7 Den Teig bei 180 °C im vorgeheizten Backofen 45 Minuten backen, bis er fest geworden ist.

8 Die Teigränder mit einem stumpfen Messer von der Form lösen und den Teig auf einem Rost auskühlen lassen. Vor dem Servieren in 12 Stücke schneiden.

4

3

5

Haselnuss-Schnitten

Ergibt 16 Stück

150 g Mehl
1 TL Backpulver
1 Prise Salz
100 g Butter, in kleinen Stücken
150 g brauner Zucker
1 Ei, verquirlt
4 EL Milch
100 g Haselnüsse, halbiert
Farin-Zucker, zum Bestreuen (nach Belieben)

1 Eine quadratische 24-cm-Backform einfetten und den Boden mit Backpapier auslegen.

2 Mehl, Backpulver und Salz in eine große Schüssel sieben.

3 Die Butter mit den Fingern darin verreiben, bis ein krümeliger Teig entsteht. Dann den Zucker einrühren.

4 Ei, Milch und Nüsse zugeben und gründlich zu einem weichen Teig verrühren.

5 Den Teig in die vorbereitete Form geben, glatt streichen und nach Belieben mit Farin-Zucker bestreuen.

6 Bei 180 °C im vorgeheizten Backofen etwa 25 Minuten backen, bis er fest ist.

VARIATION

Die Milch kann durch die gleiche Menge kalten, starken, schwarzen Kaffee ersetzt werden. Je stärker, desto besser!

3

4

5

7 Die Haselnuss-Schnitten 10 Minuten abkühlen lassen, aus der Form lösen und auf einem Rost ganz auskühlen lassen. Zum Servieren in kleine Quadrate schneiden.

Müslikekse

Ergibt 10 Stück

50 g Butter, plus Butter zum Einfetten

125 g Zucker

1 Ei, verquirlt

50 g Mehl

½ TL Salz

½ TL Backpulver

175 g Haferflocken

125 g Rosinen

2 EL Sesamsaat

TIPP

Diese Kekse bleiben in einem luftdicht verschließbaren Behälter besonders lange frisch.

1 Mit etwas Butter 2 Backbleche leicht einfetten.

2 Butter und Zucker in einer großen Schüssel schaumig schlagen.

3 Nach und nach das Ei zugeben und gut mit der Buttermischung verquirlen.

4 Mehl, Salz und Backpulver in die Mischung sieben und gut verrühren. Haferflocken, Rosinen und Sesam zugeben und gut untermischen.

5 Mit einem Löffel 10 Häufchen aus dem fertigen Teig stechen. Die Häufchen mit reichlich Abstand auf die Backbleche geben und mit dem Löffel leicht flach drücken.

6 Bei 180 °C im vorgeheizten Backofen 15 Minuten backen.

7 Die fertigen Kekse auf den Blechen etwas abkühlen lassen.

8 Die Kekse vor dem Servieren auf einem Rost ganz auskühlen lassen.

Sultaninos

Ergibt 8 Stück

- 200 g Mehl
- 2 TL Backpulver
- 100 g Butter, in kleinen Stücken
- 75 g Farin-Zucker
- 100 g Sultaninen
- 25 g kandierte Kirschen, fein gehackt
- 1 Ei, verquirlt
- 2 EL Milch

TIPP

Die trockenen Zutaten im Voraus mischen und die flüssigen erst kurz vor dem Backen zufügen.

1 Ein Backblech leicht einfetten. Mehl und Backpulver in eine Schüssel sieben.

2 Die Butter mit den Fingern darin verreiben, bis ein krümeliger Teig entsteht.

3 Zucker, Sultaninen und Kirschen zugeben.

4 Ei und Milch zufügen und zu einem weichen Teig verarbeiten.

5 Mit einem Löffel 8 Häufchen aus dem Teig formen und unter genügend Abstand auf das Backblech geben (sie gehen beim Backen auf).

6 Bei 200 °C im vorgeheizten Backofen 15–20 Minuten backen, bis sie fest sind.

7 Die fertigen Sultaninos vom Blech nehmen und entweder sehr heiß servieren oder vor dem Verzehr auf einem Rost abkühlen lassen.

2

3

5

Zitrusmonde

Ergibt 25 Stück

100 g weiche Butter
75 g Zucker
1 Ei, getrennt
200 g Mehl, gesiebt
geriebene Schale von 1 Orange
geriebene Schale von 1 Zitrone
geriebene Schale von 1 Limette
2–3 EL Orangensaft
feiner Zucker, zum Bestreuen (nach Belieben)

3

4

1 Zwei Backbleche leicht einfetten. Butter und Zucker in einer Schüssel schaumig schlagen.

2 Dann nach und nach das Eigelb untermischen.

3 Mehl zugeben und gut unterrühren. Die Zitrusschalen einrühren und mit genügend Orangensaft zu einem glatten Teig verarbeiten.

4 Den Teig auf einer leicht bemehlten Arbeitsfläche ausrollen. Scheiben von 7½ cm Ø ausstechen. Etwa 1 Viertel des Teigs von den Scheiben abstechen, sodass kleine Halbmonde entstehen. Die abgestochenen Reste erneut ausrollen und verarbeiten, bis etwa 25 Monde entstanden sind.

5 Die Monde auf die vorbereiteten Backbleche legen und mit einer Gabel einstechen.

6 Das Eiweiß in einer Schüssel leicht verquirlen und die Monde damit bestreichen. Nach Belieben etwas Zucker darüber streuen.

7 Die Monde bei 200 °C im vorgeheizten Backofen 12–15 Minuten backen. Vor dem Servieren abkühlen lassen.

Kokosriegel

Ergibt 16 Stück

200 g Butter
200 g Farin Zucker
2 EL heller Sirup
275 g Haferflocken
100 g Kokosraspel
75 g kandierte Kirschen, gehackt

TIPP

In einem luftdichten Behälter gelagert sind die Riegel 1 Woche, tiefgefroren sogar bis zu 1 Monat haltbar.

VARIATION

Einfache Haferkekse: 120 g Butter mit 3 Esslöffeln Zucker und 3 Esslöffeln Sirup bei schwacher Hitze in einem Topf zerlassen. 175 g Haferflocken gut unterrühren, dann wie oben beschrieben auf ein Backblech verteilen und backen.

1 Ein 30 cm x 24 cm großes Backblech leicht einfetten.

2 Butter, Farin-Zucker und Sirup in einem großen Topf erhitzen, bis sich der Zucker auflöst.

3 Haferflocken, Kokosraspel und kandierte Kirschen zugeben und mit der Zuckermischung überziehen.

4 Die Kokos-Zucker-Mischung auf das Backblech geben und mit einem Tortenheber andrücken.

5 Bei 170 °C im vorgeheizten Backofen etwa 30 Minuten backen.

6 Aus dem Ofen nehmen und etwa 10 Minuten auf dem Blech abkühlen lassen.

7 Mit einem scharfen Messer in etwa 16 Riegel schneiden.

8 Die fertigen Riegel auf einem Rost ganz abkühlen lassen.

Erdnussbutter-Cookies

Ergibt 20 Stück

125 g weiche Butter, plus etwas mehr, zum Einfetten
150 g grobe Erdnussbutter
225 g Kristallzucker
1 Ei, leicht verquirlt
150 g Mehl
½ TL Backpulver
1 Prise Salz
75 g ungesalzene Erdnüsse, gehackt

TIPP

Wenn man die Kekse vor dem Backen mit etwas Farin-Zucker bestreut, werden sie knuspriger und glänzen mehr.

VARIATION

Eine etwas andere Geschmacksnote: Den Kristallzucker durch braunen Zucker ersetzen und 1 Teelöffel Lebkuchen-Gewürzmischung untermischen.

1 Zwei Backbleche leicht mit Butter einfetten.

2 Butter und Erdnussbutter in einer großen Schüssel vermengen.

2

3 Nach und nach den Zucker zugeben und gut unterrühren.

4 Langsam das Ei zufügen und gründlich untermischen.

5 Mehl, Backpulver und Salz in die Erdnussbutter-Mischung sieben.

6 Die Erdnüsse zugeben und alles zu einem weichen Teig verarbeiten. Den Teig in Frischhaltefolie einwickeln und 30 Minuten kalt stellen.

6

7 Aus dem Teig 20 Kugeln formen. Die Kugeln mit einem Abstand von jeweils 5 cm auf die vorbereiteten Bleche legen und mit der Hand leicht flach drücken.

8 Die Kekse bei 190 °C im vorgeheizten Backofen 15 Minuten goldbraun backen. Vor dem Servieren auf einem Rost abkühlen lassen.

7

Aprikosen-Preiselbeer-Kuchen

Für 8 Personen

TEIG

150 g Mehl

25 g Zucker

125 g Butter, in kleinen Stücken

1 EL Wasser

FÜLLUNG

200 g Butter

200 g Zucker

1 Ei

2 Eigelb

40 g Mehl, gesiebt

175 g gemahlene Mandeln

4 EL Schlagsahne

400 g Aprikosenhälften aus der Dose, abgetropft

125 g frische Preiselbeeren

1 Für den Teig Mehl und Zucker in einer Schüssel mischen. Die Butter mit den Fingern darin verreiben. Wasser zufügen und alles zu einem weichen Teig verarbeiten. Den Teig in Frischhaltefolie wickeln und 30 Minuten kalt stellen.

2 Den Teig ausrollen und in eine Springform (24 cm Ø) einpassen. Den Boden mit einer Gabel einstechen und erneut 30 Minuten kalt stellen.

3 Den Teig mit Backpapier und Backbohnen bedecken und bei 190 °C im vorgeheizten Backofen 15 Minuten blind backen. Papier und Bohnen entfernen und den Teig weitere 15 Minuten backen.

4 Für die Füllung Butter und Zucker schaumig schlagen. Ei und Eigelb zugeben, dann Mehl, Mandeln und Sahne einrühren.

5 Aprikosen und Preiselbeeren auf dem Teig verteilen, darauf den Mandelschaum mit einem Löffel geben.

6 Den Kuchen 1 Stunde backen, bis die Füllung stockt. Kurz abkühlen lassen und warm oder kalt servieren.

Käsekuchen mit Pinienkernen

Für 8 Personen

TEIG

150 g Mehl

25 g Zucker

125 g Butter, in kleinen Stücken

1 EL Wasser

FÜLLUNG

350 g Quark

4 EL Schlagsahne

3 Eier

125 g Zucker

geriebene Schale von 1 Orange

100 g Pinienkerne

Puderzucker, zum Bestäuben

1 Für den Teig Mehl und Zucker in einer Schüssel mischen. Die Butter mit den Fingern darin verreiben. Das Wasser zufügen und alles zu einem weichen Teig verarbeiten. Den Teig in Frischhaltefolie wickeln und 30 Minuten kalt stellen.

2 Den Teig auf einer leicht bemehlten Arbeitsfläche ausrollen und in eine Springform (24 cm Ø) einpassen. Den Boden mit einer Gabel einstechen und erneut 30 Minuten kalt stellen.

3 Den Teig mit Backpapier und Backbohnen bedecken und bei 190 °C im vorgeheizten Backofen 15 Minuten blind backen. Papier und Backbohnen entfernen und den Teig weitere 15 Minuten backen.

4 Für die Füllung Quark, Sahne, Eier, Zucker, Orangenschale und die Hälfte der Pinienkerne vermengen. Auf dem Teigboden verteilen und mit den restlichen Pinienkernen bestreuen.

5 Den Kuchen bei 170 °C im vorgeheizten Backofen 35 Minuten backen, bis die Füllung fest geworden ist. Aus dem Ofen nehmen, abkühlen lassen und vor dem Servieren mit Puderzucker bestäuben.

VARIATION

Sie können die Pinienkerne auch durch Mandelblättchen ersetzen.

Italienischer Brotauflauf

Für 4 Personen

1 EL Butter

2 kleine Äpfel, geschält, entkernt und in Ringe geschnitten

75 g Zucker

2 EL Weißwein

100 g Brot, in Scheiben geschnitten und ohne Rinde

300 ml Halbrahm (siehe Tipp)

2 Eier, verquirlt

Zesten von 1 Orange

VARIATION

Dem Auflauf einige, eventuell zerkleinerte Trockenfrüchte, etwa Aprikosen, zugeben.

1 Eine Auflaufform leicht mit der Butter einfetten.

2 Die Apfelringe auf dem Boden der Form verteilen und mit der Hälfte des Zuckers bestreuen.

2

3 Den Wein über die Äpfel gießen. Die Brotscheiben darauf legen und mit den Händen leicht andrücken.

3

4 Rahm, Eier, den restlichen Zucker und die Orangenschale vermengen, über die Brotscheiben gießen und 30 Sekunden einziehen lassen.

5 Auflauf 25 Minuten bei 180 °C im vorgeheizten Backofen goldbraun und fest backen. Etwas auskühlen lassen, aber noch warm servieren.

3

TIPP

Halbrahm ist bei uns nur selten erhältlich. Es handelt sich um Sahne mit 25 % Fettgehalt, die nicht kochfest ist, aber als Bindemittel verwendet werden kann. Als Ersatz kann man Sahne und Milch im Verhältnis 3:1 mischen.

Crème-Brûlée-Törtchen

Für 6 Personen

TEIG

150 g Mehl

25 g Zucker

125 g Butter, in kleinen Stücken

1 EL Wasser

FÜLLUNG

4 Eigelb

50 g Zucker

400 g Schlagsahne

5 Tropfen Vanillearoma

DEKORATION

Farin-Zucker

1 Für den Teig Mehl und Zucker in einer Schüssel mischen. Die Butter mit den Fingern darin verreiben. Wasser zufügen und zu einem weichen Teig verarbeiten. In Frischhaltefolie wickeln und 30 Minuten kalt stellen.

2 Den Teig ausrollen und in sechs Tortelettförmchen (10 cm Ø) einpassen. Mit einer Gabel einstechen und weitere 20 Minuten kalt stellen.

3 Den Teig mit Backpapier und Backbohnen bedecken und im vorgeheizten Backofen bei 190 °C

15 Minuten blind backen. Dann Papier und Bohnen entfernen und den Teig weitere 10 Minuten backen.

4 Eigelb und Zucker verquirlen. Sahne und Vanille erhitzen und unter ständigem Rühren zugießen.

5 In einem Topf unter Rühren erwärmen, bis die Creme eindickt. Nicht aufkochen, da sie sonst gerinnt.

6 Die Creme etwas abkühlen lassen, auf die Tortelettförmchen verteilen, ganz abkühlen lassen und über Nacht kalt stellen.

7 Mit Farin-Zucker bestreuen, einige Minuten unter einem sehr heißen Grill bräunen und vor dem Servieren 2 Stunden kalt stellen.

Gebackene Birnen mit Zimt

Für 4 Personen

4 reife Birnen
2 EL Zitronensaft
4 EL brauner Zucker
1 TL gemahlener Zimt
60 g Halbfettmargarine
Vanillesauce
Zitronenzesten, zum Dekorieren

1

2

2

1 Die Birnen schälen, der Länge nach halbieren und entkernen. Mit Zitronensaft bepinseln, damit sie nicht braun werden. Mit der gewölbten Seite nach oben in einen beschichteten Bräter legen.

2 Zucker, Zimt und Margarine in einem kleinen Topf bei geringer Hitze unter Rühren erwärmen, bis der Zucker schmilzt. Nicht zu stark erhitzen, sonst verliert die Margarine zu viel Wasser. Danach die Mischung über die Birnen träufeln.

3 Die Birnen bei 200 °C im vorgeheizten Backofen 20–25 Minuten weich und goldbraun backen. Dabei von Zeit zu Zeit mit der Zuckerlösung begießen.

4 Die Vanillesauce erhitzen und auf 4 Dessertteller verteilen.

5 Auf jedem Teller 2 Birnenhälften anrichten, mit Zitronenzesten dekorieren und servieren.

Pavlova

Für 6 Personen

3 Eiweiß

1 Prise Salz

175 g Zucker

300 g Sahne, leicht geschlagen

frische Früchte nach Wahl
(z. B. Himbeeren, Erdbeeren, Pfirsiche, Maracujas und Physalis)

1 Ein Backblech mit Backpapier auslegen. Dann das Eiweiß salzen und steif schlagen.

2

1

4

2 Nach und nach den Zucker unterrühren, wobei sich jede Portion ganz auflösen soll.

3 Drei Viertel des Eischnees als runde Scheibe von etwa 20 cm Ø auf das Backblech streichen.

4 Den restlichen Eischnee löffelweise auf den Rand der Scheibe geben, sodass ein Nest entsteht.

5 Das Eischnee-Nest im vorgeheizten Backofen 75 Minuten bei 140 °C backen.

6 Abschalten, aber die Pavlova nicht herausnehmen, sondern im Backofen ganz abkühlen lassen.

7 Die Pavlova auf eine Kuchenplatte geben. Mit der geschlagenen Sahne bestreichen und mit der Früchtemischung belegen.

Mincemeat-Trauben-Tasche

Für 4 Personen

500 g Blätterteig
410 g Mincemeat (siehe Tipp)
100 g Trauben, halbiert und entkernt
1 Ei, verquirlt, zum Bestreichen
Farin-Zucker, zum Bestreuen

TIPP

Mincemeat besteht aus getrockneten, eingelegten Früchten und ist in britischen Lebensmittelgeschäften oder über das Internet erhältlich.

VARIATION

Für einen intensiveren Geschmack geben Sie 2 Teelöffel Sherry an das Mincemeat.

1 Ein Backblech leicht einfetten und die Arbeitsfläche leicht bemehlen.

2 Den Teig darauf ausrollen und in 2 Rechtecke teilen.

3 Auf das Backblech 1 Teigrechteck legen und die Ränder mit Wasser bestreichen.

4 Mincemeat und Trauben in einer Schüssel vermengen und die Mischung auf das Teigstück verteilen; dabei einen Rand von etwa $2^1/_2$ cm aussparen.

5 Das zweite Teigstück längs falten und entlang der Faltkante mehrere Male schräg einschneiden; dabei ebenfalls einen Rand von etwa $2^1/_2$ cm stehen lassen.

6 Das Teigstück wieder aufklappen, über das belegte Rechteck legen,

die aufeinander liegenden Ränder gut zusammendrücken und leicht einkräuseln.

7 Die Teigoberfläche mit dem Ei bestreichen und mit Farin-Zucker bestreuen.

8 Die Teigtasche im vorgeheizten Backofen bei 220 °C 15 Minuten backen. Dann auf 180 °C reduzieren und die Tasche weitere 30 Minuten goldbraun backen.

9 Auf ein Rost legen und vor dem Servieren abkühlen lassen.

Sirup-Sahne-Kuchen

Für 8 Personen

250 g Mürbeteig
350 g heller Sirup
125 g frische Semmelbrösel
125 g Schlagsahne
geriebene Schale von 1/2 Zitrone oder Orange
2 EL Zitronen- oder Orangensaft
Vanillesauce, zum Servieren

TIPP

Das Abmessen von Sirup ist schwierig, weil er klebrig ist. Von einem vorher in heißes Wasser getauchten Löffel löst er sich leichter und vollständiger.

VARIATION

Mit dem zurückbehaltenen Teig können Sie auch ein Gittermuster gestalten.

1 Den Teig ausrollen und in eine Springform (20 cm Ø) einpassen; überschüssigen Teig für die Dekoration zurückbehalten. Den Teig in der Form mehrmals mit einer Gabel einstechen. Dann kalt stellen.

2 Mit einem scharfen Messer oder einer kleinen Ausstechform beliebige Figuren wie Blätter, Herzen oder Sterne als Dekoration aus dem zurückbehaltenen Teig formen.

3 Sirup, Semmelbrösel, Sahne, Zitronen- oder Orangenschale und -saft in einer Schüssel verrühren.

4 Diese Mischung auf den gekühlten Teig in die Form geben und die Oberfläche rundum mit den vorbereiteten Figuren belegen.

5 Den Kuchen bei 190 °C im vorgeheizten Backofen 35–40 Minuten backen, bis die Füllung fest ist.

6 Den fertigen Kuchen abkühlen lassen, aus der Form nehmen und mit Vanillesauce servieren.

3

2

4

Käse-Schinken-Brot

Ergibt 1 Laib

225 g Mehl
4 TL Backpulver
1 TL Salz
1 TL Paprikapulver
75 g Butter, in kleinen Stücken
125 g reifer herzhafter Hartkäse, gerieben
75 g geräucherter Schinken
2 Eier, verquirlt
150 ml Milch

TIPP

Dieses Brot ist nicht lange haltbar und wird am besten am Tag der Zubereitung verzehrt.

1 Eine kleine Kastenform einfetten und den Boden mit Backpapier auslegen.

2 Mehl, Backpulver, Salz und Paprikapulver in eine Schüssel sieben und mischen.

3 Mit der Butter zu einem krümeligen Teig verarbeiten. Käse und klein gehackten Schinken einrühren.

4 Eier und Milch zugeben und gut vermischen.

5 Den fertigen Teig in die vorbereitete Form füllen.

6 Anschließend bei 180 °C im vorgeheizten Backofen 1 Stunde backen, bis er gut aufgegangen ist.

7 Das fertige Brot in der Form etwas abkühlen lassen. Dann auf einem Rost ganz auskühlen lassen.

8 In dicke Scheiben schneiden und servieren.

Zwiebelkuchen

Für 4 Personen

250 g Mürbeteig
40 g Butter
75 g durchwachsener Speck, gewürfelt
700 g Zwiebeln, geschält und in feinen Ringen
2 Eier, verquirlt
50 g Parmesan, gerieben
1 TL getrockneter Salbei
Salz und Pfeffer

VARIATION

Für einen vegetarischen Zwiebelkuchen ersetzt man den Speck durch die gleiche Menge gehackter Pilze.

1 Den Teig auf einer leicht bemehlten Arbeitsfläche ausrollen und in eine Springform (24 cm Ø) einpassen.

2 Den Teig mit einer Gabel einstechen und 30 Minuten kalt stellen.

3 Die Butter in einem Topf erhitzen. Speck und Zwiebeln darin bei geringer Hitze etwa 25 Minuten dünsten. Werden die Zwiebeln braun, 1 Esslöffel Wasser zugeben.

4 Die Eier unterrühren. Käse und Salbei zugeben, mit Salz und Pfeffer würzen und gut vermengen.

5 Die Mischung auf dem Teig in der Form verteilen.

6 Den Zwiebelkuchen bei 180 °C im vorgeheizten Backofen 20–30 Minuten backen, bis die Füllung stockt und goldbraun geworden ist.

7 Anschließend einige Minuten in der Form abkühlen lassen und warm oder kalt servieren.

Tomatenbrötchen

Ergibt 8 Stück

225 g Mehl

½ TL Salz

1 Päckchen Trockenhefe

100 g Butter, zerlassen und leicht abgekühlt

3 EL Milch, erwärmt

2 Eier, verquirlt

50 g getrocknete Tomaten in Öl, gut abgetropft und fein gehackt

Milch, zum Bestreichen

VARIATION

Für zusätzliches Aroma geben Sie in Schritt 5 fein gehackte Sardellenfilets oder Oliven zum Teig.

1 Ein Backblech leicht einfetten. Mehl und Salz in eine große Schüssel sieben und mit der Trockenhefe vermengen.

2 Butter, Milch und Eier zugeben und zu einem Teig verarbeiten.

3 Den Teig von Hand auf einer leicht bemehlten Arbeitsfläche oder mit den Knethaken eines elektrischen Rührgeräts etwa 5 Minuten glatt kneten.

3

4 Den Teig in eine eingefettete Schüssel geben, abdecken und an einem warmen Ort 1–1½ Stunden gehen lassen, bis sich sein Volumen verdoppelt hat. Anschließend erneut einige Minuten durchkneten.

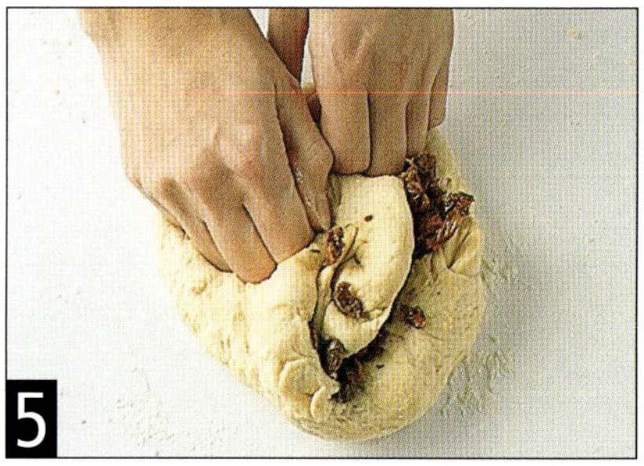

5

5 Die Tomaten in den Teig kneten. Die Arbeitsfläche dazu gegebenenfalls etwas stärker mit Mehl bestäuben, da die Tomaten sehr fetthaltig sind.

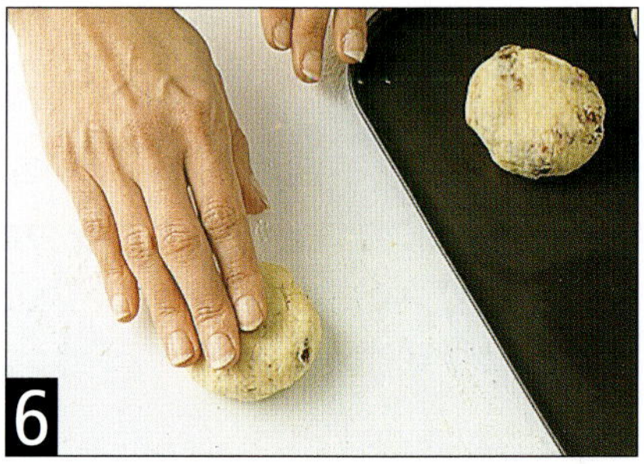

6

6 Den Teig zu 8 kleinen Kugeln formen und diese auf das Backblech legen. Abdecken und weitere 30 Minuten gehen lassen, bis sich ihr Volumen verdoppelt hat.

7 Die Teigkugeln mit Milch bestreichen und bei 230 °C im vorgeheizten Backofen 10–15 Minuten goldbraun backen.

8 Die fertigen Brötchen auf einem Rost vor dem Servieren leicht abkühlen lassen.

Gewürzbrot

Ergibt 1 Laib

325 g Mehl

3 TL Backpulver

1 Msp. Salz

1 Msp. Cayennepfeffer

2 TL Currypulver

2 TL Mohn

25 g Butter, in kleinen Stücken

150 ml Milch

1 Ei, verquirlt

1 Ein Backblech leicht mit Butter einfetten.

2 Mehl, Backpulver, Salz, Cayennepfeffer, Currypulver und Mohn in eine große Schüssel sieben und mischen.

3 Die Butter mit den Fingern darin verreiben, bis ein krümeliger Teig entsteht.

4 Milch und Ei zugeben und zu einem festen Teig verrühren.

5 Einige Minuten auf einer leicht bemehlten Arbeitsfläche glatt kneten.

6 Anschließend zu einem runden Laib formen und oben kreuzförmig einschneiden.

7 Den Laib bei 190 °C im vorgeheizten Ofen 45 Minuten backen.

8 Das fertige Brot auf einem Rost abkühlen lassen und in Stücken oder Scheiben servieren.

TIPP

Wenn das Brot zu schnell braun wird, decken Sie es bis zum Ende der Backzeit mit Alufolie ab.

4

6

Mini-Focaccia

Ergibt 4 Stück

350 g Mehl

$^{1}/_{2}$ TL Salz

1 Päckchen Trockenhefe

2 EL Olivenöl

250 ml lauwarmes Wasser

100 g grüne oder schwarze Oliven, entsteint und halbiert

BELAG

2 rote Zwiebeln, in Ringen

2 EL Olivenöl

1 TL Meersalz

1 EL frische Thymianblätter

1 Ein Backblech leicht einfetten. Mehl und Salz in eine große Schüssel sieben und mit der Trockenhefe vermengen. Olivenöl und Wasser zugeben und zu einem festen Teig verarbeiten.

2 Den Teig manuell auf einer leicht bemehlten Arbeitsfläche etwa 5 Minuten glatt kneten oder 7–8 Minuten mit den Knethaken eines elektrischen Rührgeräts verarbeiten.

3 In eine eingefettete Schüssel geben, abdecken und an einem warmen Ort 1–1$^{1}/_{2}$ Stunden gehen lassen, bis sich das Volumen verdoppelt hat. Dann erneut 1–2 Minuten kneten.

4 Die Hälfte der Oliven in den Teig kneten. Dann den Teig vierteln und 4 Fladen daraus formen. Diese auf das vorbereitete Backblech legen und mit den Fingern oben leicht eindrücken.

5 Zwiebeln und restliche Oliven auf die Fladen legen. Mit Olivenöl beträufeln und mit Meersalz und Thymianblättern bestreuen. Die Fladen abdecken und weitere 30 Minuten an einem warmen Ort gehen lassen.

6 Die Fladen bei 190 °C im vorgeheizten Backofen 20–25 Minuten backen, bis sie außen goldbraun und innen durchgebacken sind.

7 Vor dem Servieren auf einem Rost auskühlen lassen.

VARIATION

Aus der gleichen Teigmenge können Sie auch 1 großen Focaccia-Laib herstellen.

Joghurtbrot

Ergibt 1 Laib

300 g Mehl
300 g Weizen-Vollkornmehl
2 TL Backpulver
1 TL Natron
2 EL Zucker
1 TL Salz
1 Ei, verquirlt
425 g Naturjoghurt

VARIATION

Für eine fruchtige Variante fügt man in Schritt 2 den trockenen Zutaten 125 g Rosinen hinzu.

1 Ein Backblech leicht einfetten und mit Mehl bestäuben.

2 Mehl, Backpulver, Natron, Zucker und Salz in eine große Schüssel sieben.

3 Ei und Joghurt verrühren und zu den trockenen Zutaten geben. Alles gut vermengen und zu einem weichen, klebrigen Teig verarbeiten.

3

3

4 Den Teig auf einer leicht bemehlten Arbeitsfläche einige Minuten glatt kneten und zu einem runden, etwa 5 cm hohen Laib formen.

5 Den Laib auf das vorbereitete Backblech legen und oben kreuzförmig einschneiden.

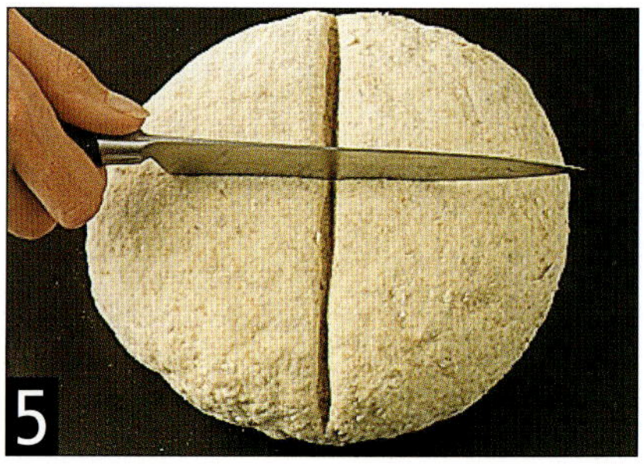
5

6 Das Brot bei 190 °C im vorgeheizten Backofen etwa 40 Minuten goldbraun backen.

7 Auf einem Rost abkühlen lassen und in Scheiben geschnitten servieren.

Knoblauchbrötchen

Ergibt 8 Stück

12 Knoblauchzehen
350 ml Milch
450 g Mehl
1 TL Salz
1 Päckchen Trockenhefe
1 TL gemischte getrocknete Kräuter (z. B. Majoran, Basilikum, Oregano und Thymian)
2 EL Sonnenblumenöl
1 Ei, verquirlt
Milch, zum Bestreichen
grobes Salz, zum Bestreuen

2

4

5

1 Ein Backblech einfetten oder mit Backpapier auslegen.

2 Die Knoblauchzehen schälen und mit der Milch in einem Topf 15 Minuten köcheln lassen. Die leicht abgekühlte Masse pürieren.

3 Mehl und Salz in eine große Schüssel sieben. Mit der Trockenhefe und den Kräutern vermengen.

4 Knoblauch-Milch-Püree, Öl und Ei zugeben und zu einem festen Teig verarbeiten.

5 Den Teig auf einer leicht bemehlten Arbeitsfläche einige Minuten sanft weich und geschmeidig kneten.

6 In einer eingefetteten Schüssel abgedeckt an einem warmen Ort etwa 1 Stunde gehen lassen, bis sich das Volumen verdoppelt hat.

7 Den aufgegangenen Teig erneut 2 Minuten kneten. Dann 8 runde Brötchen daraus formen und diese auf das vorbereitete Backblech legen. Die Brötchen oben mit einem Messer einschneiden, abdecken und weitere 15 Minuten gehen lassen.

8 Die Brötchen mit Milch bestreichen und mit grobem Salz bestreuen.

9 Bei 220 °C im vorgeheizten Backofen 15–20 Minuten backen. Die fertigen Brötchen vor dem Servieren auf einem Rost abkühlen lassen.

Käse-Senf-Scones

Ergibt 8 Stück

225 g Mehl
1 Prise Salz
3 TL Backpulver
50 g Butter, in kleinen Stücken
125 g reifer herzhafter Käse, gerieben
1 TL Senfpulver
150 ml Milch
Pfeffer (nach Belieben)

2

3

5

1 Ein Backblech leicht einfetten. Mehl, Salz und Backpulver in eine Schüssel sieben.

2 Die Butter mit den Fingern in der Mehlmischung verreiben, bis ein krümeliger Teig entsteht.

3 Käse, Senfpulver und so viel Milch einrühren, dass ein glatter Teig entsteht.

4 Den Teig auf einer leicht bemehlten Arbeitsfläche vorsichtig kneten und zu einer etwa 2 1/2 cm dicken Scheibe formen.

5 Die Scheibe in 8 kleine Keile schneiden. Mit etwas Milch bestreichen und nach Belieben mit Pfeffer bestreuen.

6 Die Teigkeile bei 220 °C im vorgeheizten Backofen 10–15 Minuten goldbraun backen.

7 Die fertigen Scones vor dem Servieren etwas abkühlen lassen.

Parragon Books Ltd
Queen Street House
4 Queen Street
Bath BA1 1HE, UK

Satz: KONTUR Medienteam, Köln
Koordination: trans texas publishing, Köln

ISBN 978-1-4454-1282-5

Printed in China

HINWEIS

Sind Zutaten in Löffelmengen angegeben, ist immer ein gestrichener Löffel gemeint. Ein Teelöffel entspricht 5 ml, ein Esslöffel 15 ml. Sofern nichts anderes angegeben ist, wird Vollmilch (3,5 % Fett) verwendet. Bei Eiern und einzelnen Gemüsesorten, z. B. Kartoffeln, verwenden Sie mittelgroße Exemplare. Pfeffer sollte stets frisch gemahlen sein. Sofern die Schale von Zitrusfrüchten benötigt wird, verwenden Sie unbedingt unbehandelte Früchte.

Kinder, ältere Menschen, Schwangere, Kranke und Rekonvaleszenten sollten auf Gerichte mit rohen oder nur leicht gegarten Eiern verzichten.

Zu diesem Buch

Einer der in aller Welt verschlungenen Gesellschaftsromane von Barbara Taylor Bradford!

Christina Crowthers Mutter muß einen haßerfüllten Streit zwischen ihrer Tochter und ihrer Enkelin Kyle schlichten. Sie erinnert sich an ihre eigene Jugend, ihren Weg aus unverschuldetem Unglück – Verwandte verstießen die vierzehnjährige Waise. Durch aufopferungsvolle Arbeit in einem Krankenhaus ermöglichte sie Christinas Studium der Künste an Londons Royal Academy. Die Tochter folgte allerdings nicht den hochfliegenden Plänen der Mutter, sondern entschied sich für eine Karriere als Geschäftsfrau. Die inzwischen verheiratete Christina, von Erfolg verwöhnt, bietet nun ihrer Tochter alle Annehmlichkeiten dieser Welt. Doch auch Kyle verfolgt ihren eigenen Traum vom Glück.

Foto: Cris Alexander

Barbara Taylor Bradford, geboren 1933 in Leeds, schrieb schon als Kind Kurzgeschichten. Mit sechzehn Jahren wurde sie Reporterin bei der «Yorkshire Evening Post». Später war sie für zahlreiche englische Tageszeitungen und Modemagazine tätig. 1963 heiratete sie den amerikanischen Filmproduzenten Robert Bradford und zog nach New York. Sie wurde Herausgeberin einer Zeitschrift, schrieb Sachbücher und Romane, mit denen sie eine weltweit gelesene Autorin wurde: gesamte Auflage über 24 Millionen Exemplare. In der Reihe der rororo-Taschenbücher liegt bereits ihr Gesellschaftsroman «Bewahrt den Traum» (Nr. 12794) vor, der auch in der zweiteiligen Fernsehverfilmung unter dem Titel «Des Lebens bittere Süße» 1990 im ZDF ein großer Erfolg wurde. Im Wunderlich Verlag erschien überdies «Und greifen nach den Sternen» (1989).

Barbara
Taylor Bradford

Wer Liebe sät

Roman

Deutsch von
Sonja Schleichert

rororo

Rowohlt

Die Originalausgabe erschien 1986 unter dem Titel «Act of Will»
bei Doubleday & Company, Inc., Garden City, New York
Umschlaggestaltung Nina Rothfos
(Foto: Erwin Blumenfeld)

Veröffentlicht im Rowohlt Taschenbuch Verlag GmbH,
Reinbek bei Hamburg, Januar 1991

Gesamtherstellung Clausen & Bosse, Leck
Printed in Germany
1480-ISBN 3 499 12865 9

In Liebe dem Angedenken meiner Eltern Freda und Winston Taylor gewidmet. Sie schenkte mir das Wichtigste, das eine Mutter ihrem Kind geben kann – das Bestreben nach Vortrefflichkeit. Er lehrte mich, beherzt und aufrecht meinen Weg zu gehen.

Mit all meiner Liebe ist dieses Buch auch meinem Mann Bob gewidmet, dessen Liebe und Unterstützung der ihren gleichkommt.

Prolog
Audra, Christina und Kyle
1978

Audra Crowther saß im Wohnzimmer des Penthouse ihrer Tochter in Manhattan auf dem Sofa. Sie hielt sich kerzengerade und hatte ihre Hände so fest zu Fäusten geballt, daß die Knöchel ganz weiß waren, während sie von ihrer Tochter Christina zu ihrer Enkelin Kyle blickte.

Die beiden jüngeren Frauen standen mit blassen Gesichtern in der Mitte des Zimmers, und wenn sie einander anschauten, blitzten ihre Augen. Die zornigen Worte, die sie sich vor ein paar Minuten an den Kopf geworfen hatten, hallten immer noch in der warmen Nachmittagsluft wider.

Audra fühlte sich hilflos. Sie wußte, daß es die reine Zeitverschwendung sein würde, ihnen Vorhaltungen zu machen, sie zur Vernunft bringen zu wollen, zumindest in diesem Augenblick. Jede glaubte sich im Recht, und keine Überredungskunst der Welt würde sie dazu bringen, ihren Standpunkt aufzugeben oder sich darum zu bemühen, auch die andere Seite zu bedenken.

Sogar ihre Kleidung war wie eine trennende Uniform und betonte ihre wesentliche Andersartigkeit, entfernte sie noch mehr voneinander: Kyle trug Jeans und Turnschuhe, und ihr einziges Zugeständnis an Eleganz war das weiße Voilehemd aus der Schweiz – diese Kombination verlieh ihr ein seltsam verletzliches, kindliches Aussehen mit ihrem klaren Gesicht und dem langen, offen herabhängenden Haar. Christina dagegen trug ein teures, wunderschön geschneidertes Kleid und eine dazu passende taillierte Jacke aus Rohseide, die sicherlich ihr eigenes Couture-Etikett trug. Die silbergraue Seide paßte perfekt zu ihrem kastanienbraunen Haar, auf dem rotgoldene Lichter tanzten, und betonte außerdem ihre hinreißenden, rauchgrauen Augen, die immer das Schönste an ihr gewesen waren. Schlank und untadelig gepflegt, sah man ihr die siebenundvierzig Jahre kein bißchen an.

Industriemagnatin kontra Studentin ... Etablierte kontra Rebellin ... Mutter kontra Tochter, dachte Audra und unterdrückte ein Seufzen. Nun ja, es war nicht das erste Mal, daß eine Mutter und deren Tochter über Kreuz lagen – ein jahrhundertealter Konflikt.

Plötzlich durchbrach Kyle das lange Schweigen und sagte scharf: «Und da ist noch etwas, Mutter – du hattest überhaupt kein Recht, die arme Grandma in alles hineinzuziehen und sie aus England kommen zu lassen, besonders, wo doch ...»

«Habe ich auch gar nicht!» konterte Christina heftig. «Dein Vater war es, der meine ...»

«Ja, ja, schieb nur alles auf Dad», fiel Kyle ihr mit schneidender Stimme ins Wort.

«Aber es war dein Vater, der meine Mutter angerufen hat», protestierte Christina. Hilfesuchend wandte sie sich an Audra. «Stimmt's, Mummy?»

Audra richtete ihre ganze Aufmerksamkeit auf ihre Enkelin. «Ja, das stimmt, Kyle.»

Kyle warf ihre schwarze Haarmähne zurück und steckte dann heftig ihre Hände in die Taschen der Jeans, ihre Bewegungen waren abrupt und trotzig. Die großen braunen Augen, die sonst immer so sanft wie ein Reh dreinschauten, blitzten weiterhin aufgebracht. «Er dachte wohl, daß wir jemanden brauchen, der unseren Streit schlichtet. Nun, das ist nicht der Fall ... es gibt nichts zu schlichten ...» Sie hielt inne, schwang ihren langgliedrigen Körper in Audras Richtung und lächelte zögernd. «Tut mir leid, Gran, ich wollte nicht unhöflich sein, aber man hätte dich nicht dazu bewegen sollen, um die halbe Welt zu reisen, bloß weil es meinen Eltern aufgegangen ist, daß sie mich nicht *beeinflussen* können, nicht mehr *im Griff haben.*» Kyle ließ ein ungewohnt rauhes Lachen ertönen. «Verstehst du, das ganze Problem besteht darin, daß mich meine Eltern wie ein Kind behandeln, Grandma. Man sollte denken, ich sei neun Jahre alt, keine *neunzehn*, wenn man sieht, wie lächerlich sie sich aufführen.»

Bevor Audra auch nur die Gelegenheit hatte, etwas zu diesen heftigen Anschuldigungen zu sagen, wirbelte Kyle herum und sah Christina an. Ihre Stimme wurde schrill, und sie sagte hastig: «Nichts wird mich dazu bringen, daß ich meinen Entschluß aufgebe, Mutter. *Nichts* und *niemand*. Nicht einmal Grandma. Ich werde mein Leben so leben, wie ich es will. Es ist mein Leben und gehört niemand anderem. Du und Dad, ihr könnt mich ohne einen Pfennig auf die Straße setzen. Das ist mir völlig egal. Dann besorge ich mir eben einen Job, der mich während meines Studiums über Wasser hält. Ich brauche eure Hilfe nicht!»

«Weder dein Vater noch ich haben jemals etwas davon gesagt, daß wir dich auf die Straße setzen wollen», rief Christina, wütend darüber, daß Kyle ihr so etwas unterstellte. «*Dein* Problem ist, daß du offenbar nicht fähig bist, vernünftig über dieses Thema zu sprechen. Und *ruhig*. Jedesmal, wenn wir versuchen, uns mit dir darüber zu unterhalten, kriegst du einen Anfall!»

«Ausgerechnet du mußt das sagen! Bist du etwa ruhig!»

Christinas Mund wurde schmal vor Zorn, aber sie bemühte sich, ihrer aufsteigenden Entrüstung Herr zu werden. «Das ist auch nur zu verständlich», entgegnete sie kalt. «Ich habe ein ungeheures Imperium errichtet, eine internationale Modeproduktion, die Millionen Dollar wert ist, und du bist mein einziges Kind, meine *Erbin*. Wir sind immer davon ausgegangen, daß du eines Tages meine Nachfolgerin werden würdest. Wir *alle* gingen davon aus. Mit diesem Gedanken bist du ausgebildet worden. Und nun, aus heiterem Himmel, sagst du mir, daß du die Firma nicht haben willst. Ich bin einfach vollkommen . . .»

«Nein, ich will sie nicht!» schrie Kyle. «Hast du das denn immer noch nicht begriffen, Mutter? Ich sage dir das schon tagelang! Ich interessiere mich kein bißchen für dein blödes Imperium! Von mir aus kann sonstwas damit passieren, kann es *zusammenbrechen*! Das ist dein Problem, nicht meins!»

Christina wich zurück und hielt den Atem an. Die wilde Art, mit der Kyle ihr diese Worte entgegengeschleudert hatte, entsetzte sie ebenso wie deren Inhalt.

Audra, die ihre Betroffenheit sah, sagte streng: «Nun reiß dich mal ein bißchen zusammen, Kyle.»

Sofort wurde es Kyle klar, daß sie zu weit gegangen war, und verlegen biß sie sich auf die Lippen. Ihr Hals bedeckte sich mit hektischen roten Flecken, die dann auch auf ihren glatten, jungen Wangen erschienen. Verstohlen blickte sie zu ihrer Großmutter hinüber, die so bleich und still auf dem Sofa saß. Sie sah die Trauer und Enttäuschung, die sich in Audras aufrichtigen blauen Augen spiegelten, sah den milden Vorwurf, der aus ihrem sanften Gesicht sprach. Unbehagen und Scham überfielen sie. Sie hatte sich vor ihrer Großmutter blamiert, die sie so liebte, und das konnte sie nicht ertragen. Sie brach in Tränen aus und lief weg, bevor sie sich selbst noch mehr Schande machen konnte, und knallte die Tür zu.

Christina sah sprachlos hinter ihr her.

Sie war verletzt, wütend und so angespannt, daß man ihre Schulterblätter durch die dünne Seidenjacke hervorstechen sah. «Ist das die Möglichkeit!» explodierte sie und machte einen Schritt nach vorn, offenbar in der Absicht, Kyle nachzugehen.

«Nein, nein, laß sie», sagte Audra bestimmt und stand mühsam auf, ging eilig durchs Zimmer. Sie nahm Christina beim Arm und führte sie zum Sofa zurück.

Sanft zwang sie ihre Tochter, neben ihr Platz zu nehmen, und sagte dann: «Es hat keinen Sinn, so weiterzumachen. Ihr heizt euch nur gegenseitig auf, und du weißt selbst, daß das im Zorn Gesagte hinterher schwer zurückzunehmen ist. Du mußt zugeben, daß ihr momentan beide überreizt seid.»

«Ja, da hast du wohl recht.» Geistesabwesend fuhr Christina sich durch die Haare und ließ sich dann in die Kissen sinken. Sie fühlte sich elend und ohnmächtig. Aber dann sprang sie wieder auf und fing an, ruhelos vor dem Kamin auf und ab zu schreiten.

Audra beobachtete sie und machte sich noch mehr Sorgen.

So hatte sie Christina noch nie gesehen – so erregt, so verstört und mit solch strapazierter Geduld. Normalerweise war sie immer beherrscht, ganz gleich, in welcher Situation. Aber man hatte ihre Welt noch nie derart ins Wanken gebracht wie jetzt, und Audra wußte, daß Kyles Worte, wenn diese auch gedankenlos in der Hitze des Gefechts vorgebracht worden waren und nicht wirklich böse gemeint waren, Christina dennoch verletzt hatten.

Um die Kränkung abzumildern, sagte Audra so tröstlich sie es vermochte: «Kyle hat es nicht so gemeint, Christie. Daß es ihr egal ist, wenn das Geschäft zusammenbricht. Natürlich ist es ihr nicht egal, sie hat dich doch gern, Liebe.»

«Schöne Art, das auszudrücken», murrte Christina, ohne ihre Mutter anzusehen, und ging weiter im Zimmer auf und ab, noch immer von dem Schmerz betäubt, den ihre Tochter ihr zugefügt hatte.

Audra seufzte, und da sie alles verstand, schwieg sie. Erleichtert, daß das Geschrei ein Ende gefunden hatte, rückte sie in die Ecke des Sofas und wartete darauf, daß Christina sich beruhigen würde. Im Raum fiel kaum ein Laut, nur das leise Rascheln von Seide gegen Seide, wenn Christina die Beine bewegte, das Ticken der großen Messinguhr auf einer Kommode zwischen den Glastüren, der gedämpfte Verkehrslärm, der sich vom Sutton Place zu den Türen emporwand, die an diesem lieblichen Tag in der Mitte des Monats Mai weit offenstanden. Sie blickte zur Terrasse, die mit Sonnenflecken gesprenkelt war und in einer Pracht von Grüngewächsen und blühenden Pflanzen erstrahlte. Etwas abwesend, überlegte sie, ob die rosa Azaleen dort hinpassen.

Dann sah sie wieder in den Raum hinein und ließ ihren Blick umherschweifen. Für den Bruchteil einer Sekunde war ihre Besorgnis aufgehoben, als sie das liebliche Interieur auf sich einwirken ließ mit seinen Pfirsich-, Aprikosen- und Cremetönen, die Schönheit, die sie umgab . . . die unbezahlbaren Kunstschätze an den Wänden: zwei Cézannes, ein Gauguin . . . die eleganten alten englischen Möbel mit ihrem dunkelglänzenden Holz . . . die Bronzeskulptur von Arp . . . diese

Blumenfülle in hohen Kristallvasen . . . und all das erhellt vom Licht der alten chinesischen Porzellanlampen mit Seidenschirmen.

Was für einen hervorragenden Geschmack Christina und Alex doch haben, dachte Audra und war plötzlich von mütterlichem Stolz auf ihre Tochter und ihren Schwiegersohn erfüllt. Dieser wurde nicht bloß von der Anmut hervorgerufen, mit der sie vor kurzem diesen Raum eingerichtet hatten, sondern war echter Stolz auf sie als Menschen, auf all das, was sie in ihrem gemeinsamen Leben geschaffen hatten. Ihre Beziehung war harmonisch, ihre Ehe war in all den Jahren nie in Gefahr gewesen, und dafür war Audra dankbar.

Sie ließ ihre Gedanken auf Alex Newman verweilen. Er war ein sanfter Mann, einer der umsichtigsten Menschen, denen sie je begegnet war. Zu ihr war er wie ein liebevoller Sohn gewesen. Sie wünschte, daß er in diesem Augenblick hiersein könnte. Vielleicht hätte er den Streit, der zwischen Mutter und Tochter ausgebrochen war, auch nicht zu schlichten vermocht, aber mit seinem Takt, seiner Fröhlichkeit und seiner Verehrung für Christina hatte er immer eine beruhigende Wirkung auf sie.

Audra wandte den Kopf und sah zur großen Uhr hinüber. Enttäuscht stellte sie fest, daß es erst zehn Minuten vor fünf war. Alex kam nie vor sieben Uhr von der Arbeit. Aber heute würde er vielleicht früher kommen, da sie um acht Uhr essen gehen wollten. Als sie an den vor ihr liegenden Abend dachte, sank ihr der Mut. Falls sich Kyles Gemütsverfassung in den nächsten Stunden nicht radikal änderte, würde es ein unbehaglicher Abend werden.

Als hätte sie Audras Gedanken gelesen, sagte Christina plötzlich: «Ich habe eigentlich gar keine Lust, zu Jack und Betsy Morgan zum Essen zu gehen, obwohl sie sehr nett sind und dich auch so gern mögen, Mummy. Nein, nicht, wenn Kyle so aufsässiger Laune ist.»

Endlich blieb Christina stehen und sah ihrer Mutter in die Augen; sie lächelte traurig, und ihre grauen Augen waren von Sorge erfüllt. Zum ersten Mal bemerkte sie die Erschöpfung in

Audras Gesichtsausdruck, und stirnrunzelnd biß sie sich auf die Lippen.

«Du mußt ja todmüde und ganz aus dem Rhythmus gebracht sein, Liebe!» rief sie. «Wie egoistisch wir doch alle gewesen sind, seitdem du gestern angekommen bist! Wir haben dich überhaupt nicht verschnaufen lassen. Ich will dich nun etwas ruhen lassen, bevor wir essen.»

«Nein, jetzt nicht, Christina. Mir geht es gut, wirklich», sagte Audra.

Christina schritt zum Sofa, setzte sich neben Audra und ergriff ihre Hand. Sie hielt diese ganz fest und sah in das gefurchte Gesicht ihrer Mutter, ganz von der tiefen, treuen Liebe erfüllt, die sie für Audra empfand. Dann schüttelte sie den Kopf, und ihr rauchgrauer Blick war sehr zärtlich, als sie sagte: «Kyle hat zwar in mancher Hinsicht verschrobene Ansichten, aber eigentlich hat sie recht, daß wir dich *ganz unnötig* hierhergeschleift haben . . .» Unvermittelt brach sie ab, von Schuldbewußtsein übermannt. Ihre Mutter war siebzig Jahre alt, fast einundsiebzig, und sollte in ihrem Alter nicht mit Problemen konfrontiert werden. Sie und Alex müßten in der Lage sein, allein mit ihrer widerspenstigen Tochter fertig zu werden. Bei dem Gedanken an ihr Versagen rief Christina gereizt: «Wir sind nicht fair zu dir gewesen, haben einfach erwartet, daß du dich um uns und unser Problem kümmerst, wenn du zu Hause sein und den Garten pflegen oder einen deiner kleinen Tagesausflüge an die See unternehmen könntest – auf jeden Fall deine Ruhe hättest. Alex und ich müssen dir wie ein paar Trottel vorkommen.»

«Das ist doch Unsinn.» Audra drückte Christinas schlanke Hand, so anders als ihre, die von Arthritis verkrümmt war. «Ich würde immer kommen, wenn du mich brauchst, auch wenn ich die dreitausend Meilen zu Fuß gehen müßte. Ich liebe dich, Christie, und ich liebe meine Enkelin und Alex. Es ist für mich unerträglich, euch alle so unglücklich zu wissen.»

Mit angespannter Stimme zog Christina sie ins Vertrauen: «Es ist so falsch von Kyle, ihre Kurse am Modeinstitut abzubrechen und verächtlich meine Firma zurückzuweisen. Es war ein langgehegter Traum von mir, daß ich ihr eines Tages die Firma übergeben könnte.» Diese Worte blieben ihr fast in der Kehle stecken, und sie mußte sich erst fassen, bevor sie weiterreden konnte. «Ach Mum, wofür ist denn das alles gewesen? Was ist meine ganze Arbeit wert gewesen, wenn Kyle weggeht?» Christina traten Tränen in die Augen, sie wandte den Kopf ab und blinzelte.

Audra fühlte sich von Mitgefühl überwältigt, ihre Tochter tat ihr sehr leid. Um sie zu trösten, murmelte sie leise: «Aber meine süße Christie, es hat dir doch auch viel Spaß gemacht und Befriedigung geschenkt, Kleider zu entwerfen, und es ist dir doch immer wichtig und eine Herausforderung gewesen, dir einen Namen in der Modewelt zu machen. Das, was dir gelungen ist, deine atemberaubenden Erfolge – das muß dich doch sehr glücklich machen . . .» Audra brach ab. Sie war nicht in der Lage, ihren Satz zu beenden. Wie leer die Worte klingen, dachte sie.

Ich, nur ich, weiß, was Christina geopfert hat, und was es sie gekostet hat, ihr Imperium zu gründen. Sie hat dafür einen hohen Preis gezahlt, einen schrecklich hohen Preis. Deshalb sieht sie alles so leidenschaftlich und kann es nicht ertragen, daß Kyle ihr Werk zurückweist.

Nachdem es Christina gelungen war, ihre Fassung wiederzugewinnen, sagte sie etwas gelassener: «Die letzten beiden Wochen mit Kyle waren die reine Hölle, Mutter. Sie ist einfach verbohrt, ihre Unnachgiebigkeit erstaunt mich. Macht mich regelrecht verrückt. Ich habe noch nie einen Menschen so erlebt.»

Tatsächlich nicht? dachte Audra. Sie warf ihrer Tochter einen überraschten Seitenblick zu, schwieg aber weise. Jetzt war nicht die Zeit, alte Geschichten auszugraben; es gab ohnehin schon einen zu großen Konflikt in dieser Familie. Audra setzte eine zuversichtliche Miene auf und sagte: «Seit sie ein kleines Kind war, sind Kyle und ich immer gute Freundinnen gewesen. Das ist doch einer der Gründe, warum wir entschieden haben, daß ich nach New York kommen sollte, nicht wahr? Auf jeden Fall habe ich versprochen, den morgigen Tag mit ihr zu verbringen. Ich bin davon überzeugt, daß sie sich aussprechen möchte, und ich will ihr gern zuhören.»

«Aber du wirst doch auch mit ihr *reden*, oder? Sie nicht nur anhören?» Ohne auf eine Antwort zu warten, redete Christina hastig weiter: «Sie hört auf dich und will dir gefallen. Du wirst sie doch zur Vernunft bringen, nicht wahr, Mummy?»

Audra nickte, obwohl sie da ihre Zweifel hatte, und es gelang ihr, aufmunternd zu sagen: «Ja, natürlich, wir werden schon alles in den Griff bekommen, Christie.»

Zum ersten Mal seit Tagen fühlte Christina, wie ein Teil der Sorgen von ihr abfiel, und ihre müden Augen strahlten heller. Sie beugte sich dicht zu Audra hinab, küßte ihre runzlige Wange und legte dann den Kopf auf die Schulter ihrer Mutter: «Ich bin so froh, daß du hier bist, Mam. Du bist so ein Trost für mich, und ich weiß, daß es dir gelingen wird, alles wieder in Ordnung zu bringen, so wie immer.»

Mam, wiederholte Audra für sich im stillen. Schon seit Jahren hieß sie Mummy oder Mum oder Mutter. *Mam* war ein Kinderwort. Es jetzt, nach all den Jahren, plötzlich zu hören, ließ Audra zusammenzucken. Es rief so viele Erinnerungen hervor, die nicht alle glücklich waren. Dann erfüllten sie Liebe und Herzlichkeit, und sie konnte einen Augenblick lang nicht sprechen. Automatisch hob sie die Hand und streichelte Christinas glänzendes Haar. Es stimmt, alte Gewohnheiten vergehen nur sehr schwer, dachte Audra, beugte sich herab und küßte den Scheitel ihrer Tochter. All das Geld, all die Macht, all der Ruhm, und sie ist immer noch mein kleines Mädchen. Ich kann es nicht ertragen, daß sie so leidet. Aber da ist auch noch Kyle, meine einzige Enkelin, und auch sie soll nicht unglücklich sein. Was für ein Dilemma. Zwischen diesen beiden über dünnes Eis gleiten. O Gott, woher soll ich bloß die Weisheit und Kraft nehmen, der einen zu helfen, ohne der anderen weh zu tun?

Audra merkte, daß ihre Tochter auf eine Antwort wartete, und zwang ihre Sorgen brüsk nieder. «Ich kann nur *versuchen*, die Sache für dich einzurenken, Christie», sagte sie leise. «Ich habe dir ja schon bei meiner Ankunft gesagt, daß ich keine

Partei ergreifen will. Denn schließlich stimmt es, wenn Kyle sagt, daß es *ihr* Leben ist. Und sie hat das Recht dazu, es so zu leben, wie sie es will.»

Christina richtete sich auf und nickte langsam. «Ja», sagte sie maßvoll, «ich verstehe, was du damit sagen willst. Aber sie ist noch so jung und unerfahren, sie kann doch noch gar nicht wissen, was sie will. Zumindest im Augenblick noch nicht.» Christina stand auf, ging zu einer der hohen Glastüren hinüber und sah auf die Terrasse hinaus. Dann drehte sie sich um und warf Audra einen durchdringenden Blick zu. «Meine Firma einfach so abzutun, das ist doch nicht bloß dumm, sondern auch unverantwortlich von ihr, findest du nicht?»

«Ja, ja», fühlte sich Audra gezwungen, ihr beizupflichten, trotzdem hatte sie das Bedürfnis, ihre Enkelin zu verteidigen, und fügte hinzu: «Aber Kyle ist ein intelligentes, temperamentvolles und unabhängiges Mädchen. Und weißt du was – für jemanden in ihrem Alter finde ich sie sehr reif.» Audra hielt inne und dachte: Ich habe sowieso schon zuviel gesagt, also kann ich ebensogut gleich alles loswerden. Sie holte tief Luft und sagte so bestimmt sie konnte: «Ich möchte nur, daß du auch ein bißchen an *ihre* Bedürfnisse, *ihre* Wünsche denkst, ebenso wie an deine eigenen. Das mußt du mir versprechen.»

Christina war überrascht, und es trat ein kurzes Schweigen ein, bevor sie murmelte: «In Ordnung . . . ja . . . ich verspreche es.»

Audra merkte etwas Zögerndes, Widerstrebendes in diesem Versprechen. Langsam und bedächtig sagte sie: «Vor ganz langer Zeit habe ich dir gesagt, daß einem ein Kind nur einige Jahre über geliehen ist, Christina. Das darfst du niemals vergessen.»

Christina starrte Audra an, und ein ganz merkwürdiger Ausdruck trat in ihr Gesicht. Sie machte den Mund auf, um etwas zu sagen, und schloß ihn wieder. Dann drehte sie sich um und ließ ihren Blick wieder auf der Terrasse verweilen, während sie über die Worte ihrer Mutter nachdachte.

Gedankenversunken schob sich Audra eine silbrige Haarsträhne aus dem Gesicht und lehnte sich zurück, wartete, beobachtete. Sie sah, wie die Schultern ihrer Tochter mutlos herabsanken, sah sofort den ernsten Zug um ihren hübschen Mund. Ja, sie erinnert sich daran, dachte Audra. Für heute habe ich genug gesagt. Es wäre klüger, die Dinge erst einmal auf sich beruhen zu lassen.

Sie hielt sich an der Sofalehne fest und zog sich etwas unsicher hoch, die Erschöpfung hatte sie nun doch eingeholt. «Ich möchte mich vor dem Abendessen gern ein bißchen hinlegen, vielleicht auch ein wenig schlafen», sagte sie.

«Ja, natürlich, mach das nur», erwiderte Christina. Rasch trat sie an Audras Seite, legte ihr liebevoll den Arm um die Schultern und geleitete sie aus dem Zimmer.

Eine halbe Stunde später war Audra immer noch hellwach, was sie sehr ärgerte. Auch wenn sie sich bemüht hatte einzuschlafen, konnte sie es doch nicht. Christina hatte sie zur Gästesuite am anderen Ende des Penthouse begleitet, die Vorhänge zugezogen, die Kissen aufgeschüttelt und sich überall zu schaffen gemacht, bis Audra sie schließlich ungeduldig hinausgewunken hatte. Froh darüber, endlich allein zu sein, hatte Audra sich ausgezogen, einen Morgenrock übergestreift und sich voller Erleichterung auf dem Bett ausgestreckt. Jeder Knochen ihres Körpers schmerzte, sie war von der Zeitverschiebung erschöpft, und in ihren Händen und Knien pulsierte schmerzhaft die Arthritis. Aber sowie ihr Kopf das Kissen berührte, fingen ihre Gedanken an, sich zu überschlagen.

Vor allen Dingen fragte sich Audra, ob sie vielleicht einen Fehler gemacht hatte, nach New York zu kommen. Wäre es nicht klüger gewesen, Alex' Bitte abzulehnen und sie sich selbst zu überlassen, damit sie ihren Kampf untereinander ausfechten konnten? Und es würde ein Kampf werden, da war Audra sich sicher. Ein Kräftemessen. Christie würde es ausfechten, keinen Rückzieher machen, zäh bis zum Ende; Kyle würde sich festrennen, denn sie war ebenso hartnäckig und entschlossen zu gewinnen, ganz gleich, was es alle kostete. Der Einsatz war so hoch, daß keiner von ihnen anders handeln konnte. Was sollte es bloß für ein Ende nehmen? Sie fürchtete eine Katastrophe. Sie konnten nicht beide siegen. Und die Verliererin wäre bitter und rachsüchtig.

Ich muß einen Weg finden, um ihnen zu helfen, sagte Audra sich; dann fragte sie sich voller Bestürzung wie. Wenn schon Alex, der so diplomatisch und überzeugend war, nicht vermocht hatte, ihre Differenzen auszugleichen, dann würde es ihr auch nicht gelingen, Einfluß auf die beiden zu nehmen. Ich *muß* mir etwas einfallen lassen, murmelte sie vor sich hin.

Erschöpft seufzend machte Audra ihre Augen wieder auf und stellte sich der Tatsache, daß sie keinen Schlaf finden würde. Das weiträumige Schlafzimmer sah im sanften Licht, das durch die Vorhänge floß, so still aus wie immer. Sonst fühlte sie sich in diesem blauweißen, mit eleganten Möbeln und üppigem Komfort ausgestatteten Raum sofort wohl. Aber heute abend stellte sich dieses Gefühl leider nicht ein.

Audra zitterte. Vom East River kam der frühabendliche Wind durchs offene Fenster. Es war jetzt kühl, und es lag eine unangenehme Feuchtigkeit in der Luft, die durch ihre Gelenke zu dringen schien. Sie zitterte wieder, zog die Steppdecke höher und griff nach ihren Tabletten. Sie steckte eine in den Mund und spülte sie mit einem Schluck Wasser hinunter, erinnerte sich, daß es schon die dritte war heute; der Arzt hatte sie davor gewarnt, nicht mehr als vier an einem Tag zu nehmen.

Manchmal machte sie sich über ihre Arthritis Gedanken, fragte sich, ob nicht ihr schweres Leben zu ihrem jetzigen Zustand beigetragen hatte. Doktor Findlay verneinte dies zwar, aber wenn sie an das endlose Schrubben, Saubermachen, Waschen und Bügeln dachte, die Plackerei, die so lange ihr Leben bestimmt hatte, konnte sie sich dieses Gedankens nicht erwehren. Nun ja, diese Zeit war lange vorbei. Jetzt im Alter hatte sie es leicht.

Als sie das Wasserglas auf das Bettschränkchen stellte, fiel ihr Blick auf das Foto, welches neben der kobaltblauen gläsernen Lampe stand. Audra drehte sich auf die Seite, stützte sich auf einen Ellbogen und betrachtete es nachdenklich.

Drei Gesichter sahen sie an. Christinas, Kyles und ihr eigenes.

Das Foto war im vergangenen Sommer entstanden, in ihrem Rosengarten in Yorkshire. Welch ein unglaublich glücklicher Tag war das doch gewesen ... ihr siebzigster Geburtstag. Auch das Wetter war prachtvoll gewesen, wie man auf dem Farbfoto erkennen konnte.

Nach einer kleinen Teeparty auf der Terrasse hatte Alex unbedingt dieses Bild machen wollen. Um den feierlichen Anlaß zu würdigen und für die Nachwelt, hatte er lachend gesagt, als er sie neben der alten, steinernen Sonnenuhr aufstellte, ein paar Schritte von ihren schönsten gekreuzten Teerosen entfernt.

Drei Generationen, sagte sie leise. Aber wir sehen nicht aus, als seien wir miteinander verwandt. Genausogut könnten wir Fremde sein, drei Frauen, die so unterschiedlich wie möglich sind. Und dennoch sind wir uns sehr ähnlich, tief im Innersten.

Vor fast einem halben Jahrhundert sagte man mir, daß ich einen unbeugsamen Willen hätte, unnachgiebig sei und von einer schrecklichen Kraft in mir angetrieben. Damals war ich wütend und verletzt. Dennoch war es die Wahrheit. Und sie haben diese Eigenschaften von mir geerbt ... meine Tochter, meine Enkelin. Als Christina noch ein Kind war, faßte ich einen Entschluß, der unser aller Leben unwiderruflich änderte. Und dann, als junge Frau, wiederholte Christina dieses Muster und faßte einen eigenen Entschluß, der genauso gravierend war wie meiner. Und nun ist Kyle an der Reihe ... sie ist drauf und dran, dasselbe zu machen. Und genau wie damals wird unser Leben nie mehr so sein wie zuvor.

Abrupt setzte Audra sich auf, und ein plötzliches Verstehen malte sich auf ihrem Gesicht. «Es ist meine Schuld», sagte sie laut in den stillen Raum hinein, und dann dachte sie: Wenn ich anders gehandelt hätte, wäre jetzt alles anders. Alles, was sich *jetzt* ereignet, weist in die Zeit zurück, da ich eine junge Frau war. *Ursache und Wirkung*. Jede unserer Handlungen, ob sie nun wichtig oder geringfügig ist, hat ihre unausweichlichen Konsequenzen. Es ist, als würfe man einen Kiesel ins Wasser und beobachte dann, wie sich die Kreise ausbreiten ... immer weiter, immer größer.

Audra fiel in die Kissen zurück, lag da und ließ ihre Gedanken treiben. Sie kreisten nur um Kyle.

Der Schmerz in ihren Händen und Knien ließ nach, und ihr Körper wurde wärmer unter der Steppdecke. Schließlich machte sie die Augen zu.

Neunzehnhundertsechsundzwanzig, überlegte sie schläfrig . . . schon so lange her . . . aber nicht so lange, daß ich mich nicht mehr erinnern könnte, wie *ich* gewesen bin damals . . . als *ich* so alt war wie Kyle.

Audra
1926–1951

I

Es war ihr Geburtstag.
Der dritte Juni des Jahres 1926, sie war neunzehn Jahre alt geworden.

Audra Kenton stand am Fenster ihres Zimmers im Fever Hospital von Ripon, Yorkshire, wo sie als Schwester arbeitete, und sah in den Hintergarten hinaus. Gedankenverloren beobachtete sie das Spiel von Licht und Schatten auf dem Rasen. Das Sonnenlicht fiel durch die Blätterkuppeln der beiden hohen Eichen, die neben der alten Steinmauer wuchsen. Ein sanfter Wind wehte, in dem die Blätter rauschten und bebten, und sie leuchteten grün auf, wenn die Sonne auf sie fiel. Es war strahlend und mild, ein Tag, der einladend wirkte.

Die Oberin hatte Audra den Nachmittag freigegeben, weil es ihr Geburtstag war. Jedoch konnte sie nirgendwohin gehen und hatte niemanden, mit dem sie feiern konnte. *Sie war ganz allein auf der Welt.*

Audra besaß nur eine einzige Freundin, Gwen Thornton, ebenfalls Schwester am Fever Hospital. Gestern hatte man Gwen nach Hause, nach Horsforth beordert. Ihre Mutter war krank, und man brauchte sie. Schon vor Wochen hatte Gwen ihren freien Tag mit dem einer anderen Schwester getauscht, damit sie mit Audra zusammensein und dieses feierliche Ereignis mit ihr gemeinsam begehen konnte, es sollte ein ganz besonders schöner Tag werden. Und nun waren alle ihre großartigen Pläne geplatzt.

Audra lehnte den Kopf an den Fensterrahmen und seufzte, als sie an die vielen leeren Stunden dachte, die sich vor ihr erstreckten. Unerwartet wurde ihr die Kehle eng, und sie fühlte, wie sich Tränen hinter ihren Augen sammelten, als

Trauer und bittere Enttäuschung sie durchströmten. Aber nach ein paar Sekunden blinzelte sie, räusperte sich und gewann ihre Haltung zurück. Entschlossen schob sie die negativen Gefühle beiseite, die sie kurz überkommen hatten, und weigerte sich, in Selbstmitleid zu zerfließen. Audra verachtete so etwas bei anderen und fand, es sei ein Zeichen von Schwäche. *Sie war stark*. Das hatte ihre Mutter immer gesagt, und ihre Mutter hatte sich selten geirrt.

Dann wandte sie sich vom Fenster ab, ging zum Stuhl hinüber und ließ sich schwer darauf nieder, überlegte, was sie nun mit sich anfangen sollte.

Natürlich könnte sie lesen, ein bißchen sticken oder die Zeichnung der Bluse fertigmachen, die sie gerade entwarf und für sich nähen wollte – wenn sie sich den Stoff leisten konnte. Keine dieser Beschäftigungen reizte sie. Nicht heute. Nicht an ihrem Geburtstag.

Sie hatte sich schon so darauf gefreut, etwas mit ihrer Freundin zu unternehmen, einmal im Leben ein paar sorglose Stunden zu genießen. Audra hatte in der letzten Zeit nicht viel zu feiern gehabt, Festlichkeiten gehörten der Vergangenheit an, waren nun eine Seltenheit. Tatsächlich hatte sich ihr Leben im Laufe der letzten Jahre so grundlegend, so unerbittlich geändert, daß sie es kaum als ihr eigenes wiedererkennen konnte.

Sich jetzt einem dieser profanen Hobbies zuzuwenden, mit denen sie sich gewöhnlich die freie Zeit vertrieb, wäre viel schlimmer, als einfach nur auf dem Stuhl zu sitzen und nichts zu tun. Alle wären sie nur ein kläglicher Ersatz für die Pläne, die Gwen und sie geschmiedet hatten.

Audra hatte sich schon seit langem dazu erzogen, das Zimmer, in dem sie im Krankenhaus wohnte, nicht mehr wahrzunehmen. Aber nun, da sie es im hellen Sonnenschein sah, wurde sie sich schmerzlich seiner Häßlichkeit und seines Mangels an Komfort bewußt. In vornehme, wenn auch etwas verarmte Verhältnisse hineingeboren, war Audra eine wohlerzogene junge Frau mit Geschmack. Von letzterem besaß sie im Übermaß. Sie hatte eine ausgeprägte künstlerische Ader, und die Strenge der kargen Ausstattung und der Anstaltsfarben wurde ihrem kritischen Blick plötzlich schmerzhaft deutlich. Es beleidigte ihren guten Geschmack.

Die Wände ihr gegenüber waren in einem trübseligen Beige gestrichen, das an Haferschleim erinnerte. Der Fußboden war mit scheußlichem grauen Linoleum bedeckt. Das eiserne Bettgestell, der klapprige Nachttisch und die Kommode waren nur für ihre Schäbigkeit und ihre Ausführung unter Gesichtspunkten der Nützlichkeit bemerkenswert. Das Zimmer war von eisiger Öde, eigentlich stets unerträglich, aber besonders an diesem sonnigen Nachmittag. Sie mußte seiner bedrückenden Enge einen kurzen Augenblick lang entfliehen, egal wohin.

Ihr Blick fiel auf das Kleid, das auf dem Bett lag, von ihr dorthin gelegt. Es war neu. Sie hatte ein ganzes Jahr lang gespart, jede Woche einen Schilling zurückgelegt, um sich ein Geburtstagsgeschenk kaufen zu können.

Samstag vor zwei Wochen war sie mit Gwen nach Harrogate gefahren. Sie waren stundenlang herumgewandert, hatten Schaufensterauslagen betrachtet und all die schönen Sachen bewundert, die dort lagen und von denen sie wußten, daß sie sich diese niemals würden leisten können. Audra dachte glücklich und voller Zuneigung an Gwen, als sie sich an diesen Tag erinnerte.

Die Freundin fühlte sich besonders von Juweliergeschäften angezogen, so daß Audra ständig die Augen mit den Händen beschirmen und gottergeben irgendeinen Tand hinter der Scheibe bewundern mußte, der Gwen aufgefallen war. «O *Audra!* Sieh dir *das* doch mal an!» rief Gwen immer wieder und wies dabei auf eine Brosche, einen Ring oder einen Anhänger. Einmal hatte sie Audra heftig beim Arm gepackt und ehrfürchtig geflüstert: «Hast du je einen so großartigen Armreif gesehen, Audra! Die Steine könnten wirklich echt sein, sie strahlen wie Diamanten. *Dir* würde das toll stehen, Audra. Laß uns hineingehen . . . anschauen kostet nichts.»

Audra hatte verlegen gelächelt und nur den Kopf geschüttelt, kein Wort dazu gesagt. Sie hatte an den Schmuck ihrer

Mutter gedacht, der so viel schöner gewesen war als all diese schäbigen Nachahmungen.

Schließlich waren Audra Gwens aufgeregte Rufe und dringliche Seitenstöße zuviel geworden, ärgerlich brachte sie ihre Freundin mit einem strengen Blick zum Schweigen und sagte scharf, sie solle nun endlich den Mund halten. Sofort tat ihr der harte Ton leid, und sie entschuldigte sich rasch bei Gwen. Und dann hatte sie ihr zum hundertsten Mal auseinandergesetzt, daß *sie* kein Geld übrig hätte für Klimbim wie Broschen und Armbänder, alberne Hüte und Flaschen mit Devon Violets-Duftwasser – nur ein paar der Dinge, nach denen es Gwen beständig verlangte.

«Du weißt doch, daß ich mir nur Kleider kaufe.» Mit einem kleinen, bedauernden Lächeln fügte Audra hinzu: «Und nur die allerpraktischsten Sachen, die ich finden kann, Gwen. Sachen, die lange halten.»

Und dann, keine zehn Minuten nachdem sie diese Worte gesprochen hatte, sah Audra das Kleid im Schaufenster von Madame Stella. Sie hatte sich sofort darin verliebt. Es war eine Pracht, allein für Feste geschaffen, ein Hauch aus luftigem, spinnwebenleichten Musselin. Mitten im Schaufenster geschickt um ein Gestell drapiert, war es das einzige ausgestellte Kleidungsstück. Drum herum lagen Accessoires verstreut – ein breitkrempiger Damenhut aus feinem, cremefarbenen Strohgeflecht, ein Sonnenschirm aus gerüschter, cremefarbener Seide und drei lange Perlenketten. All das erschien Audra als Inbegriff der Eleganz, aber besonders das Kleid. Es war sehr unpraktisch, offensichtlich teuer und unglaublich schön. Sie hatte es lange angesehen, ohne zu wissen, wann und wo sie es anziehen würde, und es hatte sie dennoch schmerzlich danach verlangt.

Sie war zurückgeblieben und wollte sich nicht von der Stelle rühren, als Gwen, die schlau die Sehnsucht auf ihrem Gesicht erkannt hatte, die Tür aufstieß und darauf bestand, daß sie hineingehen und nach dem Preis fragen sollten. Trotz Audras Widerstreben und ihrer zähen Weigerung einzutreten, machte Gwen nicht den Eindruck, als ließe sie sich ihren Willen nehmen. Audras Arm wie in einem Schraubstock haltend, hatte sie die Freundin in Madame Stellas Geschäft geschleppt.

Beide Mädchen hatten damit gerechnet, daß das Kleid teuer sein würde. Aber sie waren doch wie betäubt, als sie hören mußten, daß es drei Guineen kostete. Audra wollte gleich wieder hinausgehen. Die schreckliche Gwen hielt sie zurück und schaffte es irgendwie, sie in das Ankleidezimmer zu bringen, bevor es ihr gelang, höflich zu entkommen. Da Audra keinen peinlichen Auftritt vor der Verkäuferin riskieren wollte, blieb ihr nichts anderes übrig, als das Kleid anzuprobieren.

Es war die Farbe, die sie so gefangennahm – ein klares, strahlendes Blau, das sie an den Rittersporn von High Cleugh erinnerte. Auch ohne Gwen konnte sie im großen Drehspiegel erkennen, daß es wie für sie geschaffen war.

Audra war an jenem Nachmittag von ihrem eigenen Spiegelbild überrascht gewesen. Zum ersten Mal seit Jahren hatte sie sich eingestanden, daß sie hübsch aussah. Meistens hatte sie sich sonst als «graue Maus» bezeichnet und glaubte allen Ernstes, dies sei die Wahrheit. Aber damit tat sie sich unrecht.

Audra Kenton war keine klassische Schönheit, aber sie war auch nicht unscheinbar. Sie befand sich irgendwo dazwischen. Es lag eine gewisse Hartnäckigkeit in ihrem klar geschnittenen Gesicht. Diese spiegelte sich im entschlossenen Kinn wider und in ihrem strengen Mund, der jedoch sehr schön sein konnte, wenn sie lächelte. Am schönsten waren ihr makelloser, cremefarbener Teint, das glänzende, hellbraune Haar, das im Sommer von einem Goldschimmer übergossen war, und ihre lieblichen Augen. Diese waren überhaupt das Auffallendste an ihr. Groß und weit auseinanderstehend, waren sie von goldbraunen, dichten Wimpern umgeben und von schöngewölbten Augenbrauen betont. Ihre Farbe war einzigartig und brachte Leute dazu, zweimal hinzusehen. Sie waren von einem tiefen, strahlenden, ganz ungewöhnlichen Blau.

Als Audra sich im Spiegel des Ankleidezimmers betrachtete, war es ihr nicht entgangen, wie das Blau des Musselins die Farbe ihrer Augen verstärkte. Sie sah auch, daß ihr der schwungvolle Schnitt des Kleides stand und ihre Vorzüge betonte. Audra war klein, bloß 1,57 Meter groß, und ihre geringe Größe hatte ihr immer viel Kummer gemacht. Aber sie war trotz ihrer Kleinheit gut proportioniert, und das Kleid betonte ihre hübsche Figur. Der über Kreuz geschnittene, kurze Rock, der sich weit bauschte, lenkte die Aufmerksamkeit auf ihre gutgeformten Beine und schlanken Fesseln.

So hatte sie schließlich, nach etwas Zögern, weil es so teuer war, und ein bißchen Getuschel mit Gwen, das Kleid gekauft. Um die benötigten drei Pfund und drei Schillinge zusammenzubekommen, hatte Audra ihre sämtlichen Ersparnisse, zwei Pfund und zwölf Schillinge, geopfert und jeden Penny Kleingeld in ihrem Portemonnaie – das war alles, was sie auf der Welt besaß –, und dazu noch einen Schilling und sechs Pennies, die sie sich von Gwen geborgt hatte.

«Guck doch nicht so traurig», hatte Gwen ihr zugeflüstert, als sie darauf warteten, daß die Verkäuferin das Kleid einpacken sollte. «Es ist jeden Penny wert. Außerdem wird es Zeit, daß du dir auch mal was Schönes gönnst.»

Audra hatte nicht den geringsten Zweifel, daß dieses Kleid das schönste war, was sie seit ihrer Kindheit besessen hatte. Und eine Erinnerung tauchte auf an ein anderes Mal, da sie in Harrogate einkaufen gewesen war – mit ihrer Mutter und Onkel Peter. Es mußte 1919 gewesen sein, gerade nachdem er aus dem Weltkrieg zurückgekehrt war. Damals war sie zwölf Jahre alt gewesen, und er hatte ihr ein rosa Partykleid gekauft, das sie ebenso überwältigt hatte wie der blaue Musselin jetzt.

Als sie aus Madame Stellas Geschäft getreten waren, hatte Audra Gwen von jenem Ausflug erzählt und vom hübschen rosa Kleid, ihr mehr aus ihrem früheren Leben anvertraut, und Gwen war ganz gespannt und neugierig gewesen. Audra, die von Natur aus zurückhaltend war, hatte trotzdem einige ihrer Fragen beantwortet, da sie Gwen nicht durch Geheimnistuerei beleidigen wollte. Danach waren sie untergehakt gemächlich den «Stray» entlanggeschlendert, ein grünes Parkstück, das mit schönen Blumen bedeckt war, die unter den schattigen Bäumen einen natürlichen, bunten Gobelin bildeten. Gwen hatte sie in Betty's Café geleitet, den schicken Tearoom an der Parade, von dem aus man auf den Stray blicken konnte, und hatte großzügig für sie beide gezahlt, da Audra ihr ganzes Geld ausgegeben hatte. Wie sie es ihr bei Madame Stella versprochen hatte, als Audra unschlüssig dastand, lieh sie ihr auch das Geld für die Rückfahrkarte nach Ripon. Und Audra hatte sich wieder einmal gesagt, was für ein Glück sie doch hatte, Gwen als Freundin zu besitzen.

Am Ende ihres Tagesausflugs, auf dem Weg zur Bushaltestelle, kamen sie an den Arcadian Rooms vorüber. Dort fanden jeden Nachmittag Tanztees im Palm Court statt. Jeder wußte, daß das *der* Ort war, das schickste Lokal der Kleinstadt, wo die hiesigen Verführer Foxtrott und Tango zu den Klängen von Stan Stanton and His Syncopated Strollers tanzten.

Die jungen Frauen wollten schon seit Wochen in den Palm Court gehen. Gwen hatte von ihrem Bruder Charleston gelernt und lehrte ihn Audra während ihrer dienstfreien Stunden. Audra war überrascht und ganz aufgeregt gewesen, als Gwen ihr ankündigte, daß sie mit ihr an ihrem Geburtstag zum Tanztee im Palm Court gehen würde. «Das soll mein Geschenk sein», hatte Gwen ihr freudestrahlend gesagt. «Und du ziehst dann dein neues Kleid an, und alle werden dich bewundern.» Die beiden waren vor Aufregung und Vorfreude schier geplatzt, als sie mit dem Bus zurück nach Ripon fuhren, und seitdem hatten sie die Tage gezählt.

Aber es würde keinen Ausflug nach Harrogate geben. Keinen Tanztee im Palm Court der Arcadian Rooms. Niemand, der sie in ihrem neuen Kleid bewundern würde. Audra seufzte. Vorhin hatte sie es noch zu ihrem eigenen Vergnügen anziehen wollen, obwohl sie nicht so genau wußte, wohin sie damit allein gehen sollte. Aber nun überlegte sie es sich anders.

Audra war vor allem praktisch, und sie sah ein, daß es dumm wäre, es womöglich zu zerknittern oder zu beschmutzen. Sie sollte das Kleid besser für eine andere Festlichkeit aufsparen, dachte sie. Und die wird bestimmt kommen, nun, da ich eine Freundin wie Gwen habe. Vielleicht gehen wir im

August zum Gartenfest der Kirche, außerdem hat Gwen im September Geburtstag. Das müssen wir feiern. Ja, irgend etwas wird schon kommen, beruhigte sie sich, und ihr angeborener Optimismus gewann wieder die Oberhand, wie er es immer tat.

Audra war mit einem sonnigen Gemüt und einer heiteren Seele gesegnet. Diese Eigenschaften, gepaart mit ihrem starken Willen und ihrer Intelligenz, hatten sie in der Vergangenheit gerettet. Sie hatten ihr geholfen, auf die lebensbejahendste Weise mit ihren Problemen fertig zu werden. Sie gestattete ihren Sorgen nie, sie lange zu bedrücken, und bemühte sich immer um eine vorteilhafte Lösung. Und wenn diese nicht möglich war, versuchte sie, nicht unnötig darüber nachzudenken.

Nun raffte sie sich auf, hob das blaue Kleid vom Bett auf und hängte es wieder in den Kleiderschrank in der Ecke.

Nachdem sie aus ihrer blauweißgestreiften Schwesterntracht geschlüpft und sie weggehängt hatte, sah sie ihre anderen Kleider an und überlegte, was sie zu ihrem Landspaziergang anziehen sollte.

Sie besaß keine besonders reichhaltige Garderobe, aber ihre wenigen Kleider waren von guter Qualität, und weil sie anspruchsvoll war, sahen sie stets makellos aus. Aus Sparsamkeit nähte sich Audra ihre Sommergarderobe selbst. Dies waren meist leichte Kleider in dunkleren Farben. In ihrer praktischen Art wußte sie, daß solche länger ansehnlich blieben als die in helleren Tönen. Schließlich hielt ihre Hand bei einem marineblauen Baumwollkleid mit tiefgezogener Taille und einem mit Weiß abgesetzten Matrosenkragen inne. Sie zog es aus dem Schrank, nahm die bequemen schwarzen Lederschuhe mit den flachen Absätzen und kleidete sich an.

Plötzlich fiel ihr Gwen ein. Wie egoistisch ich doch bin, ermahnte sie sich. Hier stehe ich und mache mir Gedanken um meinen Geburtstag, während die arme Gwen ihre kranke Mutter pflegen muß. Audra wünschte, sie könnte gleich nach Horsforth fahren und Gwen helfen, aber es war viel zu weit für einen einzigen freien Nachmittag. Gwen war sicher völlig erschöpft, ganz davon abgesehen, daß sie sich bestimmt große Sorgen machte. Dann hellte sich Audras Gesicht auf, als sie ihren Kragen zurechtrückte und sich umdrehte, um sich in dem kleinen Spiegel zu betrachten, der auf der Kommode stand. Gwens Vater war Arzt, und ihr Bruder Charlie studierte an der Universität von Leeds Medizin. Mrs. Thornton befand sich in guten Händen. Bald würde es ihr wieder besser gehen, und ehe man sich's versah, wäre Gwen wieder im Krankenhaus.

Als sie das Zimmer verließ und den Flur entlangeilte, fiel Audra auf, wie sehr sie inzwischen an der Freundin hing. Seit Gwen vor einem Jahr am Krankenhaus angefangen hatte, war ihr eigenes Leben schöner und viel erträglicher geworden. Bis dahin hatte keine der anderen Schwestern versucht, sich mit ihr anzufreunden. Audra wußte, daß dies hauptsächlich an ihrer Herkunft lag, an ihren Manieren und ihrer feinen Art zu sprechen.

Die anderen Schwestern glaubten, sie sei hochmütig und unnahbar. Aber das stimmte überhaupt nicht. Es war nur ihre Schüchternheit, die sie von den anderen zurückhielt und sie daran hinderte, den ersten Schritt zu tun.

Und als hätte sie dies instinktiv erfaßt, kümmerte sich die glückliche, stets heitere und gesellige Gwen kein bißchen um ihre Zurückhaltung. Sie hatte Audra als das eine Mädchen ausgewählt, das sie zur Freundin haben wollte, und blieb hartnäckig, durchbrach den Schutzwall, den Audra um sich errichtet hatte. Schon in der ersten Woche ihrer Bekanntschaft waren sie unzertrennlich geworden.

Ich weiß überhaupt nicht, was ich ohne Gwen machen sollte, dachte Audra und ließ die Eingangstür des Krankenhauses hinter sich zufallen. Sie ist der einzige Mensch, den ich auf der Welt habe.

2

Eigentlich hatte sie gar nicht nach High Cleugh gehen wollen.

Aber bevor sie es merkte, war sie fast da.

Als sie das Krankenhaus hinter sich ließ, hatte Audra kein bestimmtes Ziel im Auge. Sie hatte die Straße eingeschlagen, die nach Sharow und Copt Hewick führte, zwei kleine Dörfer am Rande von Ripon.

Es gab keinen besonderen Grund, dorthin zu gehen, außer daß es hübsche kleine Ortschaften waren; der Weg war malerisch und die Landschaft rundum idyllisch und zu dieser Jahreszeit ungewöhnlich lieblich.

Als sie in Copt Hewick ankam, ging Audra langsam über das Kopfsteinpflaster der Hauptstraße, und es fiel ihr auf, wie gepflegt alles an diesem heißen Juninachmittag aussah. Die hübschen Gärten vor den sauberen Bauernhäusern prangten mit Kapuzinerkresse, Ringelblumen und Dahlien, hinter den blankgeputzten Fenstern leuchteten weiße Spitzengardinen, jede Treppe war frisch gescheuert und die Stufen mit gelbem Putzstein umlegt.

Audra sah zum Blackamoor Inn und bemerkte, daß auch der neu überholt war. Man hatte die weißen Wände und schwarzen Fensterläden frisch gestrichen, und sogar das Schild, das über der Eingangstür hing, sah aus, als hätte man es mit ein paar bunten Tupfern aus einem Malkasten verschönert.

Am Blackamoor Pub, bei dem sich mehrere Straßen kreuzten, hielt Audra an und überlegte, ob sie die Hauptstraße nach Boroughbridge oder die Nebenstraße nach Newby Hall und Skelton einschlagen sollte. Sie entschied sich für letztere, obwohl sie die Straße nicht bis zu Ende ging. Statt dessen bog sie auf halber Strecke rechts ab und ging eine enge Gasse entlang, die zu beiden Seiten von unverputzten Mauern begrenzt wurde.

Nach ein paar Schritten blieb sie schlagartig stehen, begriff sofort, wohin ihre Füße sie führten. Dann wandte sie sich halb um, wollte wieder zurückgehen. Aber sie merkte, daß sie dazu nicht imstande war.

High Cleugh zog sie an sich wie ein mächtiger Magnet.

Bei jedem Schritt sagte sich Audra, daß sie einen Fehler machte, sich ausgerechnet heute Schmerz aussetzte. Aber sie ging weiter, fast gegen ihren Willen.

Als sie schließlich das Ende des langen, gewundenen Weges erreicht hatte, kümmerte sie sich nicht länger darum, ob sie töricht war oder nicht. Sie spürte nur ihre Sehnsucht, den einen Ort zu sehen, den sie mehr als alle anderen auf der Welt liebte. Sie war schon viel zu lange nicht mehr dort gewesen.

Sie kletterte über den Tritt, der in die Mauer eingelassen war, sprang auf die lange Weide hinab und rannte durch das hohe Gras. In der leichten Brise kräuselte und wiegte es sich wie eine wogende grüne See. Überraschend kamen ein paar Kühe träge über ihren Weg getrottet, und sie ging um sie herum, warf sich vorwärts, das junge Gesicht angespannt vor Erwartung, das lange Haar hinter sich herflatternd, während sie lief.

Audra verlangsamte ihre Schritte erst, als sie die riesige Platane am Ende der Weide erreichte. Dort bückte sie sich und trat unter den ausgebreiteten Zweigen hindurch, die einen grünen, vom Himmel abgeschlossenen Baldachin formten. Sie lehnte sich an den Stamm, drückte ihr Gesicht dagegen und schloß die Augen. Sie war ganz außer Atem und keuchte vor Anstrengung.

Nach wenigen Minuten atmete sie wieder gleichmäßiger. Langsam ließ sie ihre Hand über den Baum gleiten, spürte die rauhe Beschaffenheit der Borke unter ihren Fingerspitzen und lächelte vor sich hin. Dies war ihr Baum, ihre Heimat.

Sie hatte diese Stelle «Ort der Erinnerung» getauft. Denn

genau das war es – ein Ort, an dem sie sich an alle erinnerte, die Vergangenheit noch einmal erlebte, sich des Glücks und der Freude entsann, die einst ihr gehört hatten und die es jetzt nicht mehr gab.

Hier hatten sie oft zusammengesessen. Ihre Mutter. Ihre Brüder Frederick und William. Und Onkel Peter. Und wenn sie hier unter dem Baum stand, waren sie wieder bei ihr und ihr Elend einen Augenblick lang aufgehoben.

Audra öffnete die Augen, blinzelte im kühlen, grünen Dunkel des Schattens unter der Platane und trat dann unter ihren Zweigen hervor. Sie ging um den Baum herum und blieb vor einer kleinen Senke stehen, die ein paar Meter vor ihr zum Ufer des Flusses Ure abfiel. Schließlich hob sie den Kopf und schaute über das schmale Band schnell fließenden Wassers zum bewaldeten Tal gegenüber. Da stand es, zwischen den Bäumen in ein natürliches Tal wie in eine Handfläche gekuschelt.

High Cleugh.

Das kleine, aber so schöne alte Herrenhaus, in dem sie heute vor neunzehn Jahren zur Welt gekommen war. Das Haus, in dem sie aufgewachsen und die glücklichste Zeit ihres Lebens verbracht hatte. Ihr liebes Zuhause bis vor fünf Jahren.

Sie genoß den Anblick, wie stets von der gefälligen Einfachheit des Hauses berührt, die in ihren Augen dessen große Schönheit ausmachte.

High Cleugh war ein Gebäude aus dem achtzehnten Jahrhundert, langgestreckt, niedrig und von schöner Symmetrie, die ihm eine unvergleichliche Anmut verlieh. Es war aus dem grauen Stein der Umgebung erbaut und besaß viele bleiverglaste Fenster, die jetzt im hellen Sonnenschein blinkten und glitzerten. Sie schauten auf eine Terrasse hinaus, die aus demselben alten Stein bestand und ganz um das Haus lief, nur in der Mitte von einer langen Treppe unterbrochen, die sich ihrerseits den Weg durch Rasenflächen bahnte, die zum Fluß hin abfielen. Breite, großzügig angelegte Rabatten wuchsen unter den Terrassenmauern und bildeten lebhafte Farbtupfer gegen den dunklen Stein und das frische Grün.

Aber das Meer von Rittersporn nahm das Auge vor allem gefangen und verzauberte. Dieser gedieh üppig am Ende des Rasens beim Fluß, wo seine Blüten den Boden mit einer atemberaubenden Palette von Blautönen bedeckten. Kobalt ging in ein zartes Staubblau über, das fast Weiß war, wechselte dann mit Kornblumenblau, darauf folgte ein üppiges Blauviolett, welches seinerseits an Lavendel und die lila Schattierungen der Tollkirsche angrenzte.

Der Rittersporn ihrer Mutter ... den sie über die Jahre mit soviel Sorgfalt gepflanzt und so liebevoll gepflegt hatte. Audra zog sich das Herz mit einem bittersüßen Gefühl von Freude und Schmerz zusammen. Wie sie sich danach sehnte, noch einmal in diesen Gärten zu sein! Es wäre ein leichtes, auf die andere Seite des Flusses hinüberzuhuschen. Dazu müßte sie nur dem Pfad am Ufer entlang folgen, bis sie zu den Trittsteinen käme. Jene gigantischen, flachen Platten, die von der Zeit und dem fließenden Wasser glatt geschliffen waren, erstreckten sich über die flacheste Stelle des Flusses und führten direkt in ein kleines, an das Herrenhaus angrenzendes Wäldchen.

Aber sie durfte nicht nach High Cleugh. Wenn sie es täte, wäre das ein unbefugtes Eindringen. Dort lebte jetzt eine andere Familie.

Sie ließ sich im federnden Gras nieder, zog die Knie an die Brust, legte das Kinn darauf und umschloß ihre Beine mit den Armen.

Lange Zeit sah sie unverwandt nach High Cleugh hinüber.

Dort gab es kein Zeichen von Leben. Es war, als schlummerte es im strahlenden Sonnenschein, als sei es gar nicht bewohnt. Eine Art Frieden lag über den reglosen Gärten. Kein Grashalm, kein einziges Blatt bewegte sich. Der Wind hatte nachgelassen, und die Luft war warm und lau. Kein Geräusch erklang, außer dem leisen Summen einer Biene irgendwo in der Nähe und dem Plätschern und Gurgeln des Wassers, das über die gesprenkelten Steine schäumte, wo der Fluß seinen Weg nahm.

Audras Blick wurde noch gebannter. Durch die Außenmauern sah sie in das Innere des Hauses hinein. Sie schloß die

Augen, ließ sich in ihre Träume gleiten und erinnerte sich, erinnerte sich …

Sie war im Haus.

Sie stand in der Eingangshalle mit ihren aprikosenfarbenen Wänden, der abgenutzten grünsamtenen Bank und der Palme im rostigen Messingtopf. Alles war schattig und still. Eine Zeitlang lauschte sie der Stille. Dann trat sie einen Schritt vor, ihre Tritte hallten metallisch auf dem Marmor wider. Langsam ging sie die Treppe hinauf. Diese wand sich in einer anmutigen Biegung nach oben. Im ersten Stock blieb sie stehen. Dort war ihr Zimmer. Sie ging hinein, schloß die Tür und seufzte vor Glück.

Hier umgaben sie die vertrauten, blaßgrünen Wände und erinnerten sie wie stets an das sommerliche Meer an einem nebligen Morgen in Yorkshire. Der blankgewachste Holzfußboden glänzte wie Glas unter ihren Füßen, als sie an das Himmelbett herantrat. Sie streckte die Hand aus, berührte die Tulpen, die auf die abgenutzte Überdecke gedruckt waren und fuhr mit dem Finger um ihre einst rot gewesenen Blütenblätter, die schon seit langem zur Farbe von altem Rost ausgewaschen waren. Gebrannte Siena hieß das in ihrem Malkasten. Sie schlüpfte zum Fenster und sah über die Dales hin, hörte das Rascheln der Vorhänge, die im leichten Windhauch wehten. Nelkenduft erfüllte die Sommerluft. Sie drehte sich um und erblickte eine Fülle von rosa Blüten in der mit blauem Weidenmuster verzierten Schale, die auf der Eichenkommode stand. Dann verlor sich ihr Geruch und wurde durch einen süßeren, berauschenderen Duft ersetzt. Oktoberrosen reckten ihre vollerblühten Köpfe aus der Schale, strahlendes Gelb, das sich vom Blau abhob. Es war Herbst jetzt. Die Zeit der Ernte.

Wie gut sie die wechselnden Jahreszeiten dieses Hauses kannte.

Nun war es kühler. Ein Feuer knisterte im Kamin. Sie spürte die Wärme der Flammen auf ihrem Gesicht. Schneeflocken flatterten an die Fensterscheiben. Die Gärten bestanden aus weißem Puderzucker.

Sie war nicht mehr allein im Haus.

Sie hörte das Lachen ihrer Mutter, das Rauschen ihres Seidenkleides, als sie sich zu ihr an den Kamin gesellte. Die schöne Edith Kenton. So nannte man sie hier in der Gegend.

Saphire glitzerten an ihrem Hals, an ihren kühlen, weißen Armen. Blaues Feuer auf durchscheinender Haut. Das Haar von der Farbe neuer Pennies, eine Aureole glänzenden, kupferfarbenen Lichtes um das blasse, herzförmige Gesicht. Warm und liebevoll waren die Lippen, die sich an ihre junge Wange preßten. Es umgab sie der Duft von Gardenien und Puder. Eine schlanke, elegante Hand ergriff die ihre und führte sie aus dem Zimmer.

Frederick und William warteten schon in der Halle und sangen Weihnachtslieder, als sie die Treppe hinunterkamen. Lärmende, liebe Brüder und treue Söhne. Hinter ihnen, im Eingang zum Salon, stand Onkel Peter. Er umfing sie mit seinem Lächeln und geleitete sie alle hinein.

Sie stand wie angewurzelt da.

In der Christnacht war etwas wie Zauber über dieses Zimmer gekommen. Seine verblichene Eleganz gewann eine neue, seltsame Schönheit im gedämpften, goldenen Licht. Kerzen strahlten auf einer stämmigen kleinen Fichte. Holzklötze sprühten zischend Funken im Kamin. Stechpalmenzweige waren um die Bilder und den Kaminsims gewunden und hingen in breiten, mit Schleifen verzierten Girlanden vor den Fenstern. Mistelzweige fielen vom Kronleuchter aus geschliffenem Glas herab. Papierketten bildeten umgekehrte Regenbogen und wanden sich die Decke entlang. Es duftete nach neuen Aromen, die auf ihre Sinne einstürmten. Sie roch Kiefernzapfen, Holzfeuer und Eierflip, und die saftige Gans, die im Herd briet, und Kastanien, die im Kamin geröstet wurden.

Sie setzten sich alle um das Feuer.

Dann sangen sie Weihnachtslieder und tranken aus kleinen, kristallenen Tassen Eierflip, hoben die dampfenden Eßkastanien aus ihren geplatzten Schalen. Und ihr Lachen hallte durch das ganze Haus.

Drei rote Filzstrümpfe hingen am Kaminsims. Sie machten

sie auf ... sie und Frederick und William. Ihrer war eine Fundgrube. Eine Orange, ein Apfel, ein Beutelchen Nüsse, ein neuer Penny, in etwas Seide gewickelt, ein Duftkissen, Seife, ein Meter Seidenband für ihre Haare, eine Schachtel ägyptische Datteln, Lavendelwasser und ein Gedichtbüchlein, auf dessen Deckblatt «Edith Kenton» in der flüssigen Schrift ihrer Mutter stand. Kleine Dinge, die wenig gekostet hatten, aber die ihr sehr viel bedeuteten.

Schneewehen türmten sich rings um das Haus.

Eisregen und scharfe Winde rüttelten an den Fensterscheiben und kündigten das neue Jahr an. Die Weihnachtsdekorationen waren verschwunden. Das Haus war still und traurig ohne das Lachen ihrer Mutter. Onkel Peter mußte wieder fortgehen. Sie sah die Trauer in seinem Gesicht; und die Augen ihrer Mutter, die so blau waren wie die Saphire, die sie trug, standen voller Tränen ...

Audras Gesicht war ganz naß vor Tränen. Sie hatte gar nicht gemerkt, daß sie angefangen hatte zu weinen. Nun richtete sie sich auf, wischte sich mit den Fingerspitzen die Augen und riß ihren Blick von High Cleugh los.

Sie legte sich nieder und vergrub das Antlitz im kühlen, lieblich duftenden Gras, kniff dann die Augen fest zusammen, als sie das scharfe Brennen der Tränen erneut verspürte. Aber jetzt machte sie sich nicht die Mühe, sie zu unterdrücken, sondern gestattete sich den Luxus zu weinen.

Und sie weinte um die Menschen, die sie verloren hatte, und um die Vergangenheit und wie die Dinge damals gewesen waren.

Schließlich ließ ihr Schluchzen nach. Ruhig lag sie da, sah zum porzellanblauen Himmel empor und beobachtete verträumt die dahintreibenden Wolken, ließ ihre Gedanken bei ihren Lieben verweilen und allem, was sich in den letzten Jahren ereignet hatte.

3

Audras Vater war nur eine undeutliche Erinnerung für sie. Er war 1909 gestorben, als sie erst zwei Jahre alt war. Aber ihre Mutter, Frederick und William erschienen so frisch und lebendig vor ihr, daß es war, als ständen die drei neben ihr und schauten zu, wie sie dort im Gras lag. Und Onkel Peters Bild trug sie genauso im Herzen wie das der drei anderen.

Wie unerbittlich doch ihr Leben und ihr Geschick mit dem seinen verknüpft gewesen war.

Peter Lacey war 1920 als junger Mann gestorben. Während des ersten Weltkriegs hatte er als Offizier der englischen Armee in den Gräben Frankreichs gekämpft, wo er bei der Schlacht an der Somme schwere Gasverwundungen erlitten hatte. Seine Lungen waren danach so sehr geschädigt, daß er nie wieder ganz gesund wurde. Daran war er schließlich auch gestorben. So hatte man es ihr damals erzählt.

Audras Mutter, die schöne Edith Kenton, war untröstlich gewesen. Ein knappes Jahr darauf, im Juli 1921, folgte sie ihm ins Grab. Sie war erst siebenunddreißig.

Frederick, Audras älterer Bruder, hatte ihr gesagt, daß ihre Mutter an Herzversagen gestorben sei, aber in der letzten Zeit glaubte sie, daß es ein gebrochenes Herz gewesen war. Audra war sich inzwischen sicher, daß ihre Mutter wirklich an einem gebrochenen Herzen gestorben war, als sie vor Gram um Peter Lacey verging; seit Audra zu einer jungen Frau herangewachsen war, konnte sie deren Beziehung viel besser verstehen. Natürlich waren sie ein Liebespaar gewesen. Sie hatte nicht mehr den geringsten Zweifel daran.

Als Kind hatte Audra Peters Anwesenheit nie in Frage

gestellt. Er war ihr Onkel Peter, ein entfernter Verwandter ihres Vaters – Cousin dritten Grades, hatte man ihr gesagt –, und er war immer schon dagewesen, solange sie zurückdenken konnte.

Nachdem ihr Vater Adrian Kenton an Schwindsucht gestorben war, wurde Onkel Peter ein noch eifrigerer Besucher und blieb manchmal ein, zwei Wochen lang bei ihnen in High Cleugh. Auf Grund seiner geschäftlichen Interessen und finanziellen Angelegenheiten kehrte er in regelmäßigen Abständen nach London zurück, aber er blieb nie lange fort. Und ob er nun auf einen ausgedehnten Besuch oder nur auf ein paar kurze Tage kam, waren seine Hände doch niemals leer. Meist hatte er jedem von ihnen etwas mitgebracht.

«Ist es nicht phantastisch, wie sich Onkel Peter um uns kümmert», hatte ihre Mutter eines Tages zu ihr gesagt. «Ich fürchte, daß ich ihm eine große Last bin. Er ist ein so vielbeschäftigter Mann – aber auch so gütig und großzügig, und ganz ungewöhnlich rücksichtsvoll. Er *möchte* sich um mich kümmern, und um dich und deine Brüder. Er besteht darauf und läßt nichts anderes gelten.» Edith seufzte, dann leuchtete ihr Lächeln auf. «Er ist natürlich eurem Vater sehr ergeben gewesen. Deshalb hat er auch die Verantwortung für uns übernommen, Audra.»

Aber inzwischen wußte Audra, daß es nicht die Ergebenheit gegenüber ihrem Vater gewesen war. Peter Lacey hatte ihre Mutter verehrt und war deshalb ihr Wohltäter und Beschützer geworden.

Sobald sie begriffen hatte, wie ihr Zusammenleben wirklich beschaffen war, hatte Audra es akzeptiert, und sie hatte ihrer Mutter und ihrem Onkel nie Vorwürfe gemacht oder heimlich über sie zu Gericht gesessen. Sie hatten sich sehr geliebt. Er hatte auch Ediths vaterlose Kinder geliebt und war ihnen ein Vater gewesen; er hatte sich um die Familie Kenton gekümmert, soweit es seine Möglichkeiten und seine finanzielle Lage erlaubten. Irgendwo im Hintergrund gab es eine Ehefrau und zwei Kinder, einen Jungen und ein Mädchen, sonst hätten Edith Kenton und Peter Lacey geheiratet.

Audra und William war das alles nicht so klar gewesen, solange Edith und Peter noch lebten, aber in der letzten Zeit hatte Audra sich mehrmals die Frage vorgelegt, ob wohl Frederick je einen Verdacht gehabt hatte. Schließlich war er ja der Älteste. Er war siebzehn gewesen, als Edith starb, und William fünfzehn – Audra hatte einen Monat zuvor gerade ihren vierzehnten Geburtstag gefeiert.

Die Kenton-Kinder waren beim unerwarteten Tod ihrer Mutter verzweifelt und wie gelähmt, und sie konnten es gar nicht glauben. Es kam so plötzlich. Und dann, nur eine kurze Stunde, nachdem man ihren Sarg in die Erde herabgelassen hatte, traf sie ein weiterer schwerer Schlag.

Sie waren so schockiert, daß es ihnen die Sprache verschlug, als sie erfahren mußten, daß Edith mittellos gestorben war und sie nicht nur arm waren, sondern auch kein Dach über dem Kopf besaßen. High Cleugh gehörte ihnen nicht, wie sie immer geglaubt hatten. Es hatte sogar ihrem Vater nie gehört. Er hatte es nur vom Besitzer gemietet – von Peter Lacey. Und Peter hatte Edith gestattet, weiterhin in High Cleugh zu wohnen, und seit 1909 keine Miete mehr von ihr gefordert.

Anscheinend hatte ein Nachtrag zu seinem Testament Edith nach seinem Tod geschützt – aber nicht Ediths Kinder. High Cleugh sollte ihre Heimat sein, solange sie lebte; danach fiel es wieder unter seinen Besitz. Auch die Leibrente, die er ihr ausgesetzt hatte, verlosch mit ihrem Tod.

Es gab keine gesonderte Schutzklausel für sie, wahrscheinlich, weil Peter Lacey nicht damit gerechnet hatte, daß ihre Mutter in so jungen Jahren sterben würde. Sie hatte offenbar auch nicht damit gerechnet, trotz ihres großen Kummers über seinen Tod, da sie kein Testament gemacht hatte.

Die Cousine ihrer Mutter, Alicia Drummond, erzählte dies alles den drei Waisen. Sie hatte sie nach dem Beerdigungsgottesdienst in der St. Nicholas Church und dem Begräbnis im benachbarten Friedhof des Dorfes West Tanfield mit in ihr Haus The Grange genommen. Eilig wurden die Kinder in die Bibliothek verfrachtet, ein trostloser Raum, in dem düsteres Halbdunkel herrschte, trübsinnige Ölgemälde hingen und schwere viktorianische Möbel standen, und wo später der Tee gereicht werden sollte. Onkel Percival, der Gatte von Tante Alicia, Cousine Winifred, ihre Tochter, und ihre Mutter, Großtante Frances Reynolds, hatten an der Beerdigung teilgenommen und kamen danach zum Tee hierher.

Wenn die Kenton-Kinder auch eine herzliche Abneigung gegen die Drummonds hatten, besaßen sie doch eine gewisse Zuneigung zu ihrer Großtante, die immer sehr an ihrer einzigen Nichte Edith und deren Familie gehangen hatte. Und so zog es sie automatisch zum Chesterfield-Sofa neben ihrem Sessel. Hier stellten sie sich in einer Reihe auf: ein standhaftes kleines Trio, angetan mit den allerbesten Sonntagskleidern und schwarzen Trauerarmbinden, gerade und aufrecht. Irgendwie gelang es ihnen, ihren Schmerz hinter ausdruckslosen Gesichtern zu verbergen.

Tante Alicia hatte den Tee aus der silbernen Kanne eingeschenkt und das Hausmädchen die zarten Porzellantassen herumgereicht und ihnen dann Teller mit Brunnenkresse-Sandwiches und Kümmelkuchen angeboten. Sie konnten keinen Bissen herunterbekommen.

Audra war die erste, die etwas sagte, nachdem Tante Alicia ihnen die vernichtenden Neuigkeiten über ihre Mittellosigkeit verkündet hatte. «Und was wird nun aus uns? Kommen wir jetzt ins Armenhaus?» fragte sie mit leiser, aber merkwürdig fester Stimme und sah Alicia Drummond starr und durchdringend an.

Großtante Frances rief schockiert: «Aber natürlich nicht, mein liebes Kind!», und dann streckte sie den Arm aus und streichelte Audras Hand. Sie war um vieles gütiger als ihre Tochter, und freundlich fuhr sie fort: «Ich bin leider zu alt, um euch zu mir zu nehmen. Aber ihr werdet alle in The Grange wohnen. Eure Tante Alicia und euer Onkel Percival haben großzügig angeboten, euch dreien ein schönes Zuhause zu geben.»

Die Kenton-Kinder hatten keine anderen Verwandten und mußten dieses Angebot annehmen, wenn sie auch nur unwillig zu den Drummonds zogen. Schon nach wenigen Tagen in The

Grange war ihnen klar, wie sehr sie es hier haßten. Das große viktorianische Herrenhaus war ebenso kalt und abschreckend wie Alicia Drummond, die überdies eine eingebildete, selbstgerechte, geizige und hinterhältige Frau war. Der Haushalt wurde von einem lächerlichen Stundenplan dirigiert, die Regeln waren streng, die Atmosphäre deprimierend und unangenehm, das Essen bestenfalls mittelmäßig. Die Kentons, die mit viel Liebe und Freiheit von einer Frau großgezogen worden waren, die auch eine hervorragende Köchin gewesen war, waren über das Leben in The Grange entsetzt.

Eine Woche nach Edith Kentons Beerdigung wurden Teile ihres Mobiliars und einige andere Besitztümer aus High Cleugh in den Auktionshallen von Ripon versteigert, damit man die Beerdigungskosten bezahlen und ihre Schulden begleichen konnte. Zumindest wurde den Kindern dies von ihrer Tante gesagt. Die besten Möbelstücke, einige Gemälde und ausgesuchtes Silbergeschirr wurden von Alicia Drummond nach The Grange verfrachtet. «Ich schätze mich glücklich, diese Dinge für euch aufbewahren zu dürfen, bis ihr alt genug seid, sie zu bekommen», sagte sie zu den drei jungen Kentons.

Obwohl Frederick und William dies ganz einleuchtend fanden, traute Audra, die viel klüger war als ihre Brüder, dieser Frau nicht. Und ihr Mißtrauen verstärkte sich noch, als sie nach ein paar Tagen mitansehen mußte, wie die Besitzstücke ihrer Mutter in verschiedenen Zimmern des Hauses ihrer Tante auftauchten. Und nachts, als alle schon schliefen, schlich sie den Korridor entlang bis zu dem Zimmer, das sich Frederick und William teilten. Sie hatte ihre Brüder geweckt und ihnen, am Fußende von Fredericks Bett zusammengekuschelt, von ihren Befürchtungen erzählt, geflüstert, daß sie allen Besitz ihrer Mutter in diesem Haus auf einer Liste festhalten wollte.

William kannte Audras Verstand und nickte zustimmend. Aber Frederick wurde bleich vor Schreck und fürchtete, daß man sie hinauswerfen würde, wenn sie eine einzige falsche Bewegung machten. «Sie wird beleidigt sein», flüsterte er zurück und runzelte die Stirn. «Wir können das nicht machen,

Audra. Es würde ein schlechtes Licht auf ihren Charakter werfen – als ob wir sie für unehrlich hielten.»

Audra wischte seine Einwände beiseite und zischte: «Das ist sie doch auch ganz sicher, also *müssen* wir es machen. Um uns zu schützen. Und was ist mit Mutters Schmuck? Besonders den Saphiren? Hat sie die auch, Frederick?»

Heftig schüttelte er den Kopf. «Nein, das weiß ich genau. Aber sie sind trotzdem weg. Ich habe überall nach ihnen gesucht, nachdem Mutter gestorben ist, und konnte sie nicht finden. Und als ich ihre Schubladen durchsuchte, erinnerte ich mich plötzlich, daß ich sie seit Onkel Peters Tod nicht mehr damit gesehen habe. Sie hat sie wohl verkauft, Audra, und das Geld ausgegeben, um mit uns über das letzte Jahr zu kommen. Das ist die einzige Möglichkeit.»

«Und warum hast du mir das nicht schon früher erzählt?» fragte Audra mit leiser, aber wütender Stimme und warf ihm einen vorwurfsvollen Blick zu.

«Weil ich nicht wollte, daß du dir Sorgen machst», flüsterte Frederick zurück, und dann wurde seine Stimme noch leiser, als er hinzufügte: «Aber Tante Alicia hat den anderen Schmuck von Mutter. Sie hat mir die Schachtel weggenommen . . . um sie sicher zu bewahren, hat sie gesagt.»

Obwohl sie Frederick fest versprochen hatte, daß sie nichts Unüberlegtes tun würde, womit sie womöglich das Mißfallen der Tante erregen könnte, war Audra entschlossen, eine Inventarliste anzulegen. Alicia Drummond machte ihr keinerlei Angst, aber nachdem sie alles durchdacht hatte, entschloß sie sich doch klug, auf einen passenden Augenblick zu warten, um das Thema anzuschneiden. Und dieser Augenblick kam viel eher, als Audra gedacht hatte.

Am Sonntag jener Woche kam Großtante Frances nach dem Gottesdienst mit ihnen zum Essen. Und es sollte die alte Dame höchstpersönlich sein, die Audra das Stichwort gab. Sie alle saßen in der dunklen, bedrückenden Bibliothek, und Onkel Percival schickte sich gerade an, den Erwachsenen sorgsam bemessene Gläser Sherry einzuschenken, als ihre Großtante plötzlich auf Edith Kentons Schmuck zu sprechen kam.

Aus heiterem Himmel sagte sie: «Ich finde, Audra ist alt genug, um etwas von der lieben Edith zu besitzen, ein Andenken an ihre Mutter. Vielleicht die Kameebrosche. Bitte sei doch so lieb, mir Ediths Schmuckkassette zu holen, Alicia.» Was Alicia, die mit zusammengekniffenen Lippen ihre Reizbarkeit bezwang, dann auch tat.

Die alte Dame lächelte Audra freundlich zu, nahm die Kameebrosche heraus und steckte sie ihr vorn an das Sommerkleid. «Halte sie in Ehren, mein Kind – es war ein Lieblingsstück deiner Mutter», sagte sie.

Audra versprach es und dankte ihrer Großtante. Dann nutzte sie klug den Moment. «Frederick, William, kommt doch her und schaut euch Mutters Schmuck an. Ihr müßt auch euren Teil davon erhalten, wenn wir erst erwachsen sind.»

Und als sich ihre Brüder zu ihr und ihrer Großtante gesellten, rief Audra: «Vielleicht sollte ich eine Aufstellung aller Sachen machen, so daß wir nachher darüber sprechen und entscheiden können, was jeder haben möchte. Das ist doch nur gerecht, Frederick, findest du nicht auch?»

Alles schwieg betreten.

Frederick sah sie entsetzt an, biß sich auf die Lippen; er wußte, worauf sie hinsteuerte. William mühte sich vergebens, seine Freude über ihre Verwegenheit zu verstecken, seine Augen hüpften übermütig.

Und dann, bevor jemand auch nur irgend etwas sagen konnte, lief Audra zum Schreibtisch, fand Bleistift und ein Stück Papier und ging zum Sessel ihrer Großtante zurück, wo sie sich in den Inhalt der Schmuckkassette vertiefte. Und irgendwann hielt sie in ihrer eifrigen Kritzelei inne, schaute zur silberhaarigen alten Dame empor und sagte betont beiläufig: «Großtante Frances, was meinst du, sollte ich vielleicht auch Mutters Möbel und den übrigen Besitz auflisten, den Tante Alicia hier für uns aufbewahrt? Damit meine Brüder und ich auch alles andere ehrlich zwischen uns aufteilen können.»

Großtante Frances sah sie überrascht an, dann trat ein feines Lächeln in ihre Züge. «Also, du bist ja offenbar ein sehr praktisches Kind, Audra. Das ist eine großartige Idee, besonders, da die arme liebe Edith nicht daran gedacht hat, ein Testament zu machen. Und so könnt ihr drei in Ruhe entscheiden, wie ihr das Vermögen eurer Mutter aufteilen wollt. Warum fängst du nicht schon nächste Woche an, alles aufzulisten, mein Kind?»

Audra nickte ernst und verbarg ihr Triumphgefühl hinter einer glatten Miene. «Ja, das werde ich, Großtante.»

In den Tagen, die auf diese Unterhaltung folgten, hatte Frederick, dem höchst unbehaglich zumute war, Audra gewarnt, daß dies bestimmt Folgen haben würde. Ihm war der verschlagene Ausdruck in Tante Alicias niederträchtigen kleinen dunklen Augen aufgefallen, als sie dort alle in der Bibliothek saßen, auch wenn seine Geschwister dies nicht bemerkt hatten.

Aber nichts Unrechtes passierte, und der lange, heiße Sommer war in einen kühlen Herbst übergegangen, dann kam der Winter, und das Leben in The Grange nahm ohne besondere Vorkommnisse seinen Lauf. Wenn die Kentons sich auch in der lieblosen Atmosphäre im Haus ihrer Tante nicht wohl fühlten, mußte Audra doch ihrem Lieblingsbruder William recht geben, daß sie sich zumindest in einem Punkt glücklich schätzen durften: Sie waren alle drei zusammen.

In der Woche vor Weihnachten schnappte Audra zufällig eine Bemerkung auf, die ihr kurz Angst einflößte und deren Bedeutung ihr noch lange zu schaffen machen sollte.

Eines Spätnachmittags wollte Audra ihre Großtante Frances sehen, die zu Besuch gekommen war.

Gerade berührte sie die nur angelehnte Tür zum Salon, als sie Tante Alicia mit unglaublicher Verachtung von ihrer Mutter sprechen hörte. Ihre weiteren Worte konnte sie nicht verstehen, weil Alicia ihre Stimme gesenkt hatte. Audra stand wie versteinert da, als sie Großtante Frances plötzlich entsetzt ausrufen hörte: «Aber du kannst doch nicht die Kinder für die Sünden der Mutter bestrafen, Alicia!»

Sofort ließ Audra den Türknauf fahren und zog sich schnell zurück, wollte nichts mehr hören. Außerdem wußte sie recht gut, daß man niemanden belauschen sollte.

Sie schlich den dunklen Flur zu einem der hinteren Zimmer entlang und setzte sich dort ein Weilchen hin, dachte über die seltsame Bemerkung ihrer Großtante nach. Sie hatte irgend etwas mit ihnen zu tun gehabt – das war offensichtlich. Aber sie konnte den Sinn nicht erschließen. Inwiefern hatte ihre Mutter gesündigt? Und sogleich sagte sie sich, daß ihre Mutter in ihrem ganzen Leben keine einzige Sünde begangen hatte. Trotz ihrer Jugend war Audra doch sehr wach und wußte seit langem, daß Alicia Drummond immer neidisch auf die klassische Schönheit ihrer Mutter gewesen war, auf ihren Charme und ihre vornehme Art. Und sie hatte sich noch nie eine Gelegenheit entgehen lassen, Edith Kenton schlechtzumachen. Offenbar konnte sie diesem Drang auch nach ihrem Tode nicht widerstehen.

In den nächsten Tagen überlegte Audra immer wieder, warum Alicia sie bestrafen wollte, aber schließlich gelang es ihr, diese Befürchtungen beiseite zu schieben. Sie tröstete sich mit der Gewißheit, daß, egal welche Strafe sie sich für die Kinder ausgedacht haben mochte, die Großtante dem anscheinend einen Riegel vorgeschoben hatte.

Aber es sollte sich zeigen, daß Frances Reynolds' Worte wenig oder nichts bewirkt hatten. Ganz sicher waren sie für ihre Tochter kein Hindernis gewesen.

Denn schließlich wurden die Kentons doch bestraft.

Zwei Monate später, im Februar des Jahres 1922, wurden Frederick und William als Einwanderer nach Australien geschickt, und Audra sollte im Fever Hospital für Kinder in Ripon arbeiten.

Ihre wilden Proteste und angstvollen Bitten, sie doch zusammenbleiben zu lassen, hatten nichts ausgerichtet. Der Entschlossenheit ihrer Tante waren sie hilflos ausgeliefert. Und so wurden sie wider ihren und Großtante Frances' Wunsch gezwungen, Alicia Drummond zu gehorchen.

Für die drei jungen Kentons war es ein schmerzlicher Augenblick, als sich Frederick und William an jenem bitterkalten Wintermorgen von ihrer Schwester verabschiedeten. Bevor sie sich auf den Weg nach London machten, um von dort aus das

Schiff nach Sydney zu nehmen, hatten sie sich in der Eingangshalle umarmt, sich Lebewohl gesagt und versucht, ihre Tränen zurückzuhalten.

Audra schmiegte sich an William, den sie im geheimen am meisten liebte. Ihre Gefühle drohten sie zu überwältigen, und sie hatte einen Kloß im Hals, so daß sie kaum sprechen konnte. Schließlich brachte sie heraus: «Du wirst mich doch nicht vergessen, William, hörst du?» Und dann begann sie herzzerreißend zu schluchzen, und die Tränen strömten ihr aus den Augen.

William, der sich bemühte, tapfer zu sein, und die eigenen Tränen herunterschluckte, drückte seine geliebte kleine Schwester an sich. «Nein, werd ich nicht. Werden *wir* nicht», sagte er zuversichtlich. «Und wir werden dich nachholen, sobald wir können. Das *verspreche* ich dir, Audra.»

Frederick, der genauso aufgewühlt war, strich Audra liebevoll übers Haar und bekräftigte dies Versprechen. Dann traten ihre Brüder von ihr zurück, nahmen die Koffer und verließen das Haus, ohne noch irgend etwas zu sagen.

Audra riß ihren Mantel von der Garderobe und lief hinaus. Sie stürzte die Auffahrt hinunter, rief ihre Namen, wollte diese letzten Minuten mit ihnen unbedingt verlängern. Sie hielten an, drehten sich um, warteten auf sie, und dann hakten sich die drei ein und marschierten schweigend weiter, zu erschüttert, um zu sprechen. Als sie das Tor erreicht hatten, küßten die beiden Jungen Audra schweigsam zum letzten Mal und rissen sich dann aus ihrer Umarmung los.

Eine Hand an den zitternden Mund gepreßt, um ihre Schluchzer zu ersticken, blickte Audra ihnen nach, wie sie mutig die Hauptstraße nach Ripon entlangschritten, bis sie nur noch kleine Punkte in der Ferne waren. Sie wollte hinter ihnen herlaufen und rufen: *«Wartet auf mich! Laßt mich nicht allein! Nehmt mich mit!»* Aber Audra wußte, daß dies sinnlos gewesen wäre. Sie konnten sie nicht mitnehmen. Es war nicht die Schuld ihrer Brüder, daß man sie trennte. Es war Alicia Drummonds Schuld. Sie wollte die Kinder von Edith Kenton loswerden, auf welche Art auch immer.

Erst als ihre Brüder ganz außer Sichtweite waren, konnte Audra ihren Blick von der leeren Straße abwenden. Sie ging zur Auffahrt zurück und fragte sich schweren Herzens und tief verzweifelt, ob sie ihre Brüder jemals wiedersehen würde. Australien war am anderen Ende der Welt, so weit weg wie nur möglich. Sie hatten ihr fest versprochen, sie nachzuholen, aber wie lange würde es dauern, bis sie das Geld für ihre Überfahrt zusammengespart hätten? Vielleicht ein ganzes Jahr.

Und als sich diese bedrückende Erkenntnis in Audras Gedanken drängte, sah sie zu jenem öden, finsteren Haus empor und erschauerte unwillkürlich. Und da wurde die Abneigung gegen die Cousine ihrer Mutter zu einem schrecklichen, bitteren Haß, der sie ihr ganzes Leben lang nicht mehr verlassen sollte. Audra Kenton würde es nie übers Herz bringen, Alicia Drummonds kalte und vorsätzliche Grausamkeit gegen sie und ihre Brüder zu verzeihen. Und nie würde sie den Tag vergessen, an dem man ihre Brüder fortgeschickt hatte.

Am darauffolgenden Nachmittag, ganz niedergedrückt von dem Verlust ihrer Brüder, zog Audra blaß und zitternd los, um im Fever Hospital zu leben und zu arbeiten. Und weil in jenem Jahr keine Plätze für Lehrschwestern mehr frei waren, hatte man sie als Stationshilfe angenommen.

So fing Audra Kentons hartes Leben an. Sie war erst vierzehn Jahre alt.

Am nächsten Morgen hatte man sie bei Sonnenaufgang geweckt. Nach einem Frühstück von Haferschleim, Schmalz, Brot und Tee, das sie mit den anderen kleinen Stationshilfen einnahm, hatte die alltägliche Routine ihren Anfang genommen. Audra war über die schwere Arbeit entsetzt, und da sie noch nie eine häusliche Pflicht verrichtet hatte, kam ihr der erste Tag unerträglich vor. Sie fragte sich verzweifelt, wie sie es bloß schaffen sollte. Aber sie wagte nicht, sich bei ihren Vorgesetzten zu beschweren. Sie hatte schon nach ein paar Stunden begriffen, daß man sich hier für solche wie sie nicht interessierte. In der Hierarchie des Krankenhauses war sie völlig unbedeutend, wo alle – ob Ärzte oder Krankenschwestern – schwer und gewissenhaft arbeiteten.

An ihrem zweiten Tag biß sie die Zähne zusammen, stellte sich ihrer Arbeit mit neuer Kraft und lernte so gut sie konnte, indem sie die anderen nachahmte. Gegen Ende des ersten Monats war sie ebenso tüchtig wie diese und konnte perfekt Fußböden schrubben, Badewannen scheuern, Laken waschen, Betten machen, Bettschüsseln leeren, Badezimmer und Abtritte reinigen, den Operationstrakt desinfizieren und Instrumente sterilisieren.

Und jeden Abend war sie in ihr hartes, kleines Bett im Mädchenschlafsaal gefallen, so erschöpft, daß sie ihre Umgebung und ihre unkomfortable Schlafstatt gar nicht bemerkte. Meist war sie in diesen ersten Wochen so ausgepumpt, daß sie nicht einmal mehr die Kraft hatte zu weinen. Und wenn sie doch in ihr Kissen weinte, war es nicht wegen ihrer jetzigen Lebensumstände oder ihres erbärmlichen, trostlosen Lebens. Audra weinte vor Sehnsucht nach ihren Brüdern, die für sie jetzt ebenso verloren waren wie ihre Mutter und Onkel Peter, die in ihren Gräbern lagen.

Es gab Augenblicke, wenn sie schrubbte und putzte und sich auf den Stationen abplackte, da Audra sich sorgenvoll fragte, ob *sie* dieses Verhängnis für sich und ihre Brüder herbeigeführt hatte. Schuldbewußtsein überkam sie, wenn sie sich daran erinnerte, wie unerbittlich sie darauf bestanden hatte, den Besitz ihrer Mutter aufzulisten. Aber meist siegte ihr gesunder Menschenverstand, und sie sagte sich, daß man sie auf jeden Fall bestraft hätte. Ja, sie war überzeugt, daß Alicia Drummond schon am Todestag Edith Kentons kaltblütig das Schicksal der Kinder geplant hatte.

Als man Audra aus The Grange vertrieben und ins Krankenhaus geschickt hatte, sagte Tante Alicia zu ihr, sie könne sie einmal im Monat besuchen kommen, an einem ihrer beiden freien Wochenenden, und alle Feiertage bei ihnen verbringen. Aber Audra hatte sich nur zweimal dorthin begeben, um ihre restlichen Kleider und ein paar andere Dinge zu holen. Soweit sie zurückdenken konnte, hatte sie sich in jenem scheußlichen Haus unbehaglich gefühlt, außerdem begriff sie, daß sie hier nicht erwünscht war. Und die Abneigung, die sie gegen ihre

Tante hegte, war ein weiterer triftiger Grund, diesen Ort zu meiden.

Als sie zum zweiten Mal dorthin kam, um ihre letzten Besitztümer abzuholen, mußte sie sich innerlich wappnen, um The Grange betreten zu können, und sie legte einen feierlichen Schwur ab. Sie schwor, daß sie nie wieder einen Fuß in jenes Mausoleum setzen würde, bis zu dem Tage, an dem sie den Besitz ihrer Mutter zurückfordern konnte. Und so, seit jenen ersten Monaten des Jahres 1922, da sie gelernt hatte, auf eigenen Füßen zu stehen, hatte sie in vollkommener Einsamkeit gelebt. Sie hatte gewissenhaft ihre Arbeit erledigt und sich aus allem Streit im Krankenhaus herausgehalten.

Wenn ihr tägliches Leben auch trübsinnig war und ohne all die kleinen Freuden, welche die meisten Mädchen ihres Alters genießen, gelang es ihr dennoch, sich mit Träumen von einer angenehmeren Zukunft zu ermutigen. Die Hoffnung war ihr steter Gefährte. *Das* konnte ihr niemand nehmen. Und niemand konnte ihr Vertrauen in ihre Brüder mindern. Sie war fest davon überzeugt, daß sie die Schwester nachholen würden, daß sie bald bei ihnen in Australien sein würde. Drei Monate nachdem Frederick und William England verlassen hatten, trafen nach und nach ihre Briefe ein und kamen dann ziemlich regelmäßig. Sie waren immer voller Neuigkeiten, Versprechen und sehr fröhlich – und die Seiten zerfielen beinahe, weil sie die Briefe so oft las. Audra hütete sie wie einen Schatz, denn sie waren ihre einzige Freude.

Die Routine im Krankenhaus hatte sich während Audras erstem Jahr kaum geändert. Die Arbeit war hart, auch für die kräftigsten Mädchen. Einige von ihnen waren gegangen, weil sie die tägliche Plackerei erschöpft und zwangsläufig auch ihr Interesse an der Krankenpflege zerstört hatte. Nur die wirklich Überzeugten blieben. Audra konnte nirgendwo sonst hingehen, und so blieb sie aus purer Notwendigkeit.

Aber Audra Kenton hatte etwas ganz Besonderes, man könnte es vielleicht Mumm nennen, das sie ausharren ließ, bis sie in die Schwesternausbildung hineinkommen konnte. Obwohl sie klein war, hatte sie eine ungewöhnliche körperliche Kraft, daneben eine Willensstärke und Zähigkeit, die bei einem so jungen Menschen erstaunten. Und so hatte sie weiterhin geschrubbt und saubergemacht und gewischt ... war nicht enden wollende Treppen hinauf und hinab gelaufen und endlose Stationsflure entlang ... immer auf den Beinen oder auf den Knien.

Von der schweren und eintönigen Arbeit abgesehen, konnte Audra sich nicht darüber beschweren, daß man sie schlecht behandelte. Jeder im Krankenhaus war zu ihr und den anderen kleinen Stationshilfen freundlich, und wenn das Essen auch einfach war, gab es doch reichlich und niemand mußte hungern. Audra hielt sich aufrecht, von ihrem Stoizismus gestärkt, und sagte sich immer wieder, daß noch niemand an harter Arbeit und fadem Essen gestorben sei.

Aber als das Jahr zur Neige ging, dachte sie daran, ihre Stellung zu verbesern. In Gedanken sah sie den Tag vor sich, an dem sie einen Schritt nach vorn gehen und die Leiter emporsteigen würde. Man hatte sie gegen ihren Willen zur Arbeit ins Krankenhaus geschickt, aber langsam, da sie ihre Aufgaben immer besser beherrschte, fand sie auch die Muße aufzuschauen, zu beobachten, Dinge aufzunehmen. Langsam entdeckte sie, daß ihr die Krankenpflege gefiel.

Audra würde ihren eigenen Lebensunterhalt verdienen müssen, auch wenn sie zu ihren Brüdern nach Sydney führe, und das wollte sie als Krankenschwester tun. Wenn man William glauben konnte, wäre es ein leichtes, dort eine Stelle in einem Krankenhaus zu finden. Er hatte ihr geschrieben, daß Schwestern «da unten» knapp seien, und das hatte ihren Ehrgeiz noch beflügelt.

Im Frühling des Jahres 1923, nicht lange nachdem Audras zweites Jahr am Krankenhaus begonnen hatte, bot sich ihr eine Chance. Die Oberin ging in Ruhestand, und eine Nachfolgerin trat an ihre Stelle. Sie hieß Margaret Lennox und gehörte einer neuen Art Frau an, sie hatte sehr moderne Ansichten, manche nannten sie radikal. In Nordengland war sie auf Grund ihres leidenschaftlichen Kampfes für Reformen, die das

Wohl von Frauen und Kindern betrafen, und wegen ihres generellen Engagements für Frauenrechte bekannt.

Als ihre Nachfolge bekannt wurde, ging eine Welle der Aufregung durch das Krankenhaus, und alle waren ganz gespannt, ob der Alltag von diesem Wechsel betroffen sein würde. Wie wohl meist, trat genau dies ein, denn neue Besen kehren gut, und eine neue Herrschaft, in diesem Fall die Lennox-Herrschaft, ist schnell eingeführt.

Audra, die alles mit dem ihr eigenen Scharfsinn beobachtete, begriff, daß sie keine Zeit verlieren durfte und sich sofort für die Schwesternausbildung bewerben mußte. Angeblich bevorzugte Margaret Lennox junge, ehrgeizige Mädchen, die weiterkommen wollten; man sagte, sie täte alles, um ihnen ihre rückhaltlose Unterstützung und Ermutigung zu geben.

Zwei Wochen nachdem Oberin Lennox ihre Pflichten übernommen hatte, schrieb Audra ihr einen Brief. Sie meinte, das sei eine klügere Methode, als sich direkt an sie zu wenden. Oberin Lennox befand sich in einem Wirbelwind von Aktivitäten und war seit ihrer Ankunft stets von einer Phalanx von Krankenhauspersonal umgeben.

Noch nicht einmal eine Woche später wurde Audra zu einem Gespräch bestellt. Dieses lief energisch, kurz und sehr sachlich ab. Und zehn Minuten nachdem sie hineingegangen war, marschierte Audra Kenton mit strahlendem Gesicht wieder hinaus – ihre Bewerbung war angenommen worden.

Bei ihrer herausragenden Intelligenz und ihrer raschen Auffassungsgabe wurde Audra bald eine der besten Lehrschwestern im Krankenhaus und galt als engagiert. Die neue Arbeit und ihre Lehrfächer waren eine Herausforderung, überdies verspürte sie den Wunsch zu heilen und hatte darum ein wirkliches Talent zur Krankenpflege. Die Patienten, zu denen sie eine aufrichtige Herzlichkeit empfand, empfingen all ihre Liebe, die sie in sich verschlossen hatte, seitdem ihre Brüder fortgegangen waren.

Als sie sich nun, im Gras der Böschung über dem Fluß Ure liegend, an all dies erinnerte, dachte Audra nicht an ihre Diplome und pflegerischen Erfolge der letzten vier Jahre, sondern an Frederick und William.

Ihre Brüder hatten sie am Ende doch nicht geholt.

Sie waren nicht in der Lage gewesen, das Geld für ihre Überfahrt nach Australien zusammenzulegen. Die Kenton-Jungen hatten kein Glück gehabt. Frederick hatte sich zweimal eine schwere Lungenentzündung zugezogen und schien die ganze Zeit über physisch geschwächt zu sein. Abgesehen von seinen Gesundheitsproblemen waren er und William unerfahren und ungelernt. Sie hatten es schwer gehabt, sich ihren Lebensunterhalt zu verdienen.

Sie seufzte, raffte sich auf und setzte sich hin. Als sie die Augen aufmachte, mußte sie blinzeln und sich erst an die Helligkeit gewöhnen. Der arme Frederick und der arme William hatten bloß Pech gehabt. Ihre Briefe, die nun seltener kamen, waren mit Niederlagen gespickt. Audra hatte fast jede Hoffnung aufgegeben, ihnen nach Sydney folgen zu können. Sie war weiterhin traurig darüber und vermißte sie und würde das wohl auch immer tun. Schließlich waren sie ihre einzige Familie, und sie liebte sie sehr.

Ihre Arbeit am Krankenhaus machte sie zufrieden, und dafür war sie dankbar, aber das war nicht genug. Ihr Gefühl von Vereinzelung, zu niemandem zu gehören, oder genauer, zu keiner Familie zu gehören, machte ihr Leben leer. Manchmal fand sie es unerträglich, trotz ihrer Freundschaft mit der treuen Gwen, die ihr so wichtig war.

Audra stand auf und ließ ihren Blick auf der anderen Seite des Flusses ruhen.

Das Licht hatte sich in den letzten paar Stunden geändert, und High Cleugh sah jetzt aus, als bestünde es aus polierten Steinen aus Bronze. Es lag in eine Art goldenen Schein gebadet, glitzerte wie eine Luftspiegelung in der Ferne, und selbst über den Gärten lag ein schimmernder Glanz im rosigen Sonnenuntergang. All ihr bisheriges Leben – zumindest der schönste, der glücklichste Teil davon – und ihre teuersten Erinnerungen waren mit jenem alten Haus verknüpft. Audra wurde von ihren Gefühlen übermannt und wußte plötzlich, daß sie nie aufhören würde, sich nach High Cleugh zu sehnen und nach allem, wofür es stand.

4

Die beiden saßen im Copper Kettle von Harrogate. Sie und Gwen.

Audra konnte es kaum fassen, daß sie endlich zusammen waren, nach all den Wochen. Die beiden Mädchen hatten sich seit Anfang Juni nicht mehr gesehen. Inzwischen war es Ende August, das Ende des Sommers, ein heißer, stickiger Samstag. Zum ersten Mal konnte Gwen aus Horsforth herkommen, um ihre beste Freundin zu besuchen.

Und sie hatte auch nicht bis nach Ripon fahren können, sondern Audra in ihrem Brief gebeten, sie auf halber Strecke zu treffen. Diese war sofort einverstanden und hatte den Brief umgehend beantwortet.

Und jetzt sah Audra über den Tisch hinweg, ganz rot vor Freude, und strahlte die andere an. «Wie ich mich freue, dich zu sehen, Gwen. Ich habe dich wirklich vermißt.»

«Ja, ich dich auch – kann ich dir versprechen.» Gwens rundes Engelsgesicht strahlte ebenfalls, es war von Sommersprossen übersät und sehr lebendig. Auch sie freute sich sehr über ihr Wiedersehen. «Mir ist das immer noch so *unangenehm*, daß ich an deinem Geburtstag nicht mit dir zusammensein konnte . . .» Gwen brach ab, hob die Einkaufstasche hoch, die bei ihren Füßen lag, und suchte darin herum. Dann zog sie ein Päckchen heraus, das in königsblaues Papier eingewickelt war und eine scharlachrote Schleife trug.

Mit fröhlichem Schwung schob Gwen es Audra über den Tisch. «Jedenfalls ist dies dein Geburtstagsgeschenk, Schätzchen. Ich hab's ja nicht geschafft, dich zu einem schicken Tanztee im Palm Court der Arcadian Rooms auszuführen, also habe ich dir statt dessen etwas gekauft.»

«Das brauchtest du doch nicht, das sollst du doch nicht!» protestierte Audra, aber man konnte deutlich sehen, daß ihr das Geschenk große Freude machte. Es war schon so lange her, daß man ihr etwas geschenkt hatte, und an ihrem Geburtstag hatte es nichts gegeben. Ihr Gesicht hellte sich auf, und ihre strahlend blauen Augen tanzten, als sie, aufgeregt wie ein kleines Kind, Schleife und Papier löste.

«O Gwen! Ein *Malkasten*!» Strahlend sah Audra zu ihrer Freundin auf. «Wie schön. Und wie klug von dir. Ich brauchte wirklich einen neuen. Vielen, vielen Dank.» Sie streckte ihre Hand aus und ergriff Gwens, die auf dem Tisch lag, und drückte sie herzlich.

Nun war es an Gwen, zufrieden auszusehen. «Ich habe mir wirklich den Kopf zerbrochen und versucht, etwas ... etwas ... na, eben *das Richtige* zu finden. Wo du doch so wählerisch bist. Und dann hab ich mir zufällig das Aquarell angeschaut, das du meiner Mutter zu Weihnachten gemalt hast ... der Baum, der sich im Teich bei Fountains Hall spiegelt, und da hatte ich's plötzlich. Den Malkasten, meine ich. Und da hab ich mir gesagt, das ist genau das richtige für Audra. Das ist was für ihre praktische Veranlagung, aber es wird ihr auch Freude machen.»

Gwen lehnte sich zurück und kräuselte ihr keckes, sehr sommersprossiges Näschen. Unverwandt betrachtete sie Audras Gesicht und fragte: «Das tut es doch, oder?»

«Natürlich, Gwen, sehr sogar.» Audras Augen wurden größer, und sie nickte mehrmals, wie zur Bekräftigung. Dann machte sie den glänzendschwarzen Deckel auf und schaute auf die kleinen Blöcke leuchtender Farben. Leise sagte sie sich einige der vertrauten Bezeichnungen auf: *Chromgelb ... Krapprosa ... Kobaltblau ... Jadegrün ... Gebrannte Siena ... Karminlack ... Sächsischblau ... Königspurpur ... Gebrannte Umbra ... Malagarot.* Audra liebte den Klang dieser Namen fast ebenso wie das Malen.

Seit ihrer Kindheit war Malen ihre Lieblingsbeschäftigung. Ihr Vater war ein begabter Künstler gewesen, und seine Bilder hatten sich recht gut verkauft, aber als er gerade begann, berühmt zu werden, wurde er schwerkrank. Es war Adrian Kenton nicht vergönnt gewesen, sich einen Namen zu machen, bevor er starb. Und sie hatte sein Talent geerbt, zumindest hatte ihre Mutter das immer gesagt.

Audra schloß den Deckel des Malkastens und sah auf, direkt in Gwens weichen, haselnuß-bernsteinfarbenen Blick hinein. Wie hübsch sie ist, dachte Audra, so blond und golden von der Sonne. Gwens helle Haut und ihr flachsfarbenes Haar, das in einem kurzgeschnittenen Lockenrund um ihren Kopf lag, verstärkten noch ihren engelhaften Eindruck, ebenso wie das hellblaue Kleid mit dem breiten, weißen Quäkerkragen, das sie für den heutigen Tag gewählt hatte. Sie erinnert mich an einen Chorknaben, dachte Audra, und mußte dann über diesen Vergleich lachen. Bei ihrem schönen Busen und ihrer reizvollen Figur war an Gwen Thornton nichts besonders Jungenhaftes.

Audra bemerkte, daß Gwen heute zurückhaltend gekleidet war. Normalerweise glänzte und glitzerte sie und war mit allem möglichen Schmuck behängt – Ketten und Perlen, Ohrringe, Fingerringe und Armreife. Offenbar hatte sie sich sehr angestrengt, für diese Reise nach Harrogate würdig und zurückhaltend auszusehen. Sie will mir gefallen, dachte Audra, und ihre herzlichen Gefühle für Gwen verstärkten sich noch.

Audra beugte sich vor und sagte: «Ich werde dir ein ganz besonderes Bild malen, Gwenny. Für dein Zimmer zu Hause. Hättest du gern eine Landschaft – so in der Art wie das Bild, das ich für deine Mutter gemalt habe? Oder lieber ein Stilleben, eine Blumenschale? Ach, ich weiß, was ich für dich malen werde. Die Valley Gardens hier in Harrogate. Du hast immer gesagt, das sei dein Lieblingsplatz, wenn all die Blumen blühen. Würdest du dich darüber freuen?»

«Ja, das wäre himmlisch. Vielen, vielen Dank, Audra. Ich würde ein Bild von dir in Ehren halten – meine Mutter sagt, es seien Meisterwerke. Die Valley Gardens, ja, das würde sich sehr gut an meiner Wand ausnehmen. Also ich . . .»

«Was bekommen Sie, Miss?» unterbrach die Serviererin sie

ziemlich barsch. Sie sah erst zu Gwen, dann zu Audra, und ihr Stift schwebte ungeduldig über ihrem Block.

«Wir hätten gern Tee», sagte Audra liebenswürdig und ignorierte ihre mürrische Art und wütende Haltung.

«Kännchen oder Gedeck?» fragte die Serviererin im selben unfreundlichen Ton und leckte an ihrem Stift.

Gwen sagte: «Das sollten Sie aber nicht tun. Ich hoffe, es ist kein Tintenstift. Sonst kriegen Sie eine lila Zunge und vielleicht eine Bleivergiftung.»

«Hören Sie doch auf, das werd ich ganz bestimmt nicht!» rief die Serviererin ungläubig und höhnisch, warf ihnen dann aber einen besorgten Blick zu. «Oder etwa doch!» murmelte sie und untersuchte sorgfältig die Spitze ihres Stifts. «Oh, verdammt! Es *ist* ein Tintenstift!»

Gwen nickte ernst. «Das habe ich mir gedacht. Sie sollten sofort einen Arzt aufsuchen, wenn Sie heute nacht eigenartige Symptome entwickeln, besonders, wenn sich die Zuckungen einstellen.»

«Zuckungen!» wiederholte die Serviererin schrill und wurde so weiß wie ihre Schürze.

Audra, der die junge Frau jetzt leid tat, sagte: «Wir sind Krankenschwestern und verstehen uns auf diese Dinge. Aber ich bin sicher, daß Sie noch keine Bleivergiftung bekommen, wenn Sie ein paarmal an diesem Stift lecken.»

Offenbar etwas erleichtert, nickte die Serviererin.

«Machen Sie sich keine Sorgen», beruhigte Audra sie und sagte dann energisch: «Nun zu unserer Bestellung. Ich denke, wir nehmen lieber das Tee*gedeck*. Da ist wohl alles enthalten ... Sandwiches, Scones, Marmelade, Sahne, Kuchen ... so das übliche, nicht wahr?»

«Ja», antwortete die Serviererin knapp. Sie hob den Stift zum Mund, ließ aber schnell ihre Hand fallen und flüchtete fast von ihrem Tisch weg.

Als sie außer Hörweite war, starrte Audra die fröhlich dreinschauende Gwen an und schüttelte ein wenig vorwurfsvoll den Kopf. Aber sie mußte doch über Gwens triumphierende Miene lachen. «Sie sind unverbesserlich, Miss Thornton. Und das war wirklich niederträchtig von dir. Du hast dieser armen jungen Frau den ganzen Tag verdorben.»

«Das will ich auch hoffen!» rief Gwen leicht verärgert. «Das ist doch ein richtiger Besen, Audra.»

«Vielleicht tun ihr die Füße weh – oder sie hat ein unglückliches Liebesleben.»

«Ich weiß nicht, was sie hat. Oder doch – eine ekelhafte Art, das ist sicher.»

Eine kleine Pause trat ein, dann griff Audra nach ihrer Handtasche, holte ein paar Münzen hervor und legte sie vor Gwen auf den Tisch. «Bevor ich es vergesse – das schulde ich dir noch. Ein Schilling und sechs Pennies, die ich mir geliehen habe, als ich das Kleid kaufte.»

Gwen wollte gerade sagen, es sei egal, und das Geld ablehnen, dann besann sie sich anders. Audra war sehr stolz und würde vielleicht beleidigt sein, und das könnte Gwen nicht ertragen. So nahm sie das Geld vom Tisch und sagte: «Vielen Dank, Süße.»

«Ich bin sehr froh, daß deine Mutter jetzt endlich wieder gesund ist», sagte Audra warmherzig. «Ich weiß, daß du dir in den letzten Monaten viele Sorgen gemacht und auch soviel gearbeitet hast.»

Gwen seufzte leise. «Ja, Mum ist über den Berg, Gott sei Dank. Aber ich kann dir sagen, sie war eine schwierige Patientin, Audra. Kaum im Bett zu halten. Sowie sie sich etwas kräftiger fühlte, wollte sie wieder herumlaufen.» Gwen schob den Mund vor und seufzte wieder. «Na, du kennst Mum ja – die typische Frau aus Yorkshire, unglaublich zäh und glaubt, es sei ein Verbrechen, krank zu sein. Schließlich hat mein Vater sie davon überzeugt, daß sie vorsichtig sein muß, also das ist wenigstens geklärt. Aber nun genug davon . . . erzähl mir, was es bei dir Neues gibt, Audra. Du hast in deinen Briefen nicht viel erwähnt, nur ein paar langweilige kleine Sachen aus dem langweiligen Krankenhaus.»

«Es gab auch nichts Besonderes zu erzählen», erwiderte Audra, amüsiert über den erwartungsvollen, eifrigen Zug, der plötzlich in Gwens Gesicht aufgetaucht war. «Also bestimmt nichts Umwerfendes. Du hast ja nicht lange gebraucht, um zu vergessen, daß Ripon ein schläfriges, kleines Provinznest ist und keine große Metropole wie Leeds.»

Gwen kicherte. «Natürlich hab ich's nicht vergessen, Dummchen. Aber was ich fragen wollte, wie geht es denn deinen Brüdern? Was hast du Neues von ihnen gehört?»

«Frederick soll es gesundheitlich besser gehen, hat William geschrieben. Aber im Juni war ich sehr wütend auf die beiden.» Audras Gesicht veränderte sich etwas, und das Licht in ihren Augen verdunkelte sich. «Ich dachte, sie hätten mich ganz vergessen ... und meinen Geburtstag, aber dann kam ihre Karte doch an ... zwei Wochen zu spät.»

«So sind Brüder nun mal, ab und zu ganz schön dämlich», sagte Gwen schnell, die ihre Freundin trösten wollte. Und wieder dachte sie daran, wie traurig Audras neunzehnter Geburtstag gewesen war. Sie schwor sich, das bei ihrem Geburtstag im nächsten Jahr wiedergutzumachen.

Audra fragte: «Und wie geht es deinen Brüdern?»

«Prima. Jem hat sich einen Job als Zeitungsjunge beim *Leeds Mercury* besorgt, Harry geht bei einem der führenden Architekten von Leeds in die Lehre, und unser Charlie ist in allerbester Stimmung, er ist momentan sehr zufrieden mit sich.» Ein breites Lächeln trat in Gwens Gesicht.

Neugierig sah Audra sie an. «Und warum ist Charlie so zufrieden?»

«Weil er ausgezeichnete Zensuren in seinem Examen hat, Audra. Dad ist sehr stolz auf ihn und ich auch. Jedenfalls kann der gute Charlie es kaum abwarten, daß er zurück an die Universität darf, wo doch die Sommerferien fast vorbei sind. Ach, fast hätte ich es vergessen – er läßt dir herzliche Grüße bestellen.» Gwens Augen zwinkerten frech, und sie beugte ihren hellen Kopf dichter an Audras, flüsterte ihr verschwörerisch ins Ohr: «Das habe ich dir ja schon öfter gesagt, Audra – ich glaube, unser Charlie hat was für dich übrig. Und zwar eine ganze Menge.»

Audra wurde blutrot. «Sei doch nicht so albern, Gwen, hat er bestimmt nicht.»

«Hat er doch! Er fragt immer nach dir!» schoß Gwen unerwartet heftig zurück und sah ihre Freundin zornig an. «Er hat Interesse an dir, ich weiß es.»

«Oh», konnte Audra nur sagen, die plötzlich verlegen war.

«Also, du könntest was Schlechteres kriegen, weißt du.»

«Ja», murmelte Audra und biß dann die Zähne zusammen, denn die Servierin tauchte auf.

Zu Audras großer Erleichterung ging die junge Frau direkt auf ihren Tisch zu, ein volles Tablett in der Hand. Sie fing an, mit viel Umständen und Geklapper das Teegeschirr abzuladen, und das schränkte die Unterhaltung für eine Weile stark ein.

Sobald die Serviererin wieder verschwunden war, ergriff sie die große, braune Teekanne und schenkte Gwen ein. «Ich denke, nun hat sie doch das letzte Wort gehabt.»

«O nein, das hat sie nicht, lange nicht», sagte Gwen mit einem schlauen kleinen Lächeln. «Warte nur, bis das Trinkgeld an die Reihe kommt.»

5

Gwen Thornton war ein liebevolles Mädchen, von Natur aus offenherzig und großzügig, und sie hing wirklich sehr an Audra Kenton.

Vom ersten Augenblick an fühlte sich Gwen zu Audra hingezogen. Sie hatte erkannt, daß um das zart aussehende Mädchen mit den ungewöhnlichen blauen Augen und dem schüchternen Lächeln, das manchmal so strahlend sein konnte, etwas ganz Besonderes war.

Gwen hatte schnell verstanden, warum Audra so aus der Menge herausfiel. Es war ihre Herkunft und Erziehung. Gwen, die aus einer einfachen, wenn auch gediegenen Mittelklassefamilie stammte, wußte, daß man Audras vornehme Art unmöglich nachahmen konnte. Entweder hatte man sie, oder man hatte sie nicht. Sie ließ sich nicht erwerben. Und dies hob Audra nicht nur von den anderen ab, sondern erklärte auch ihre aristokratische Zurückhaltung, ihre Manieren und ihr Selbstbewußtsein, die zutiefst in ihr verankert waren.

Aber Gwen liebte und bewunderte Audra noch aus einer Reihe von anderen Gründen, die alle zu ihrer Einzigartigkeit beitrugen. Sie war in jeder Hinsicht eine außergewöhnliche junge Frau, die unglaublich treu und liebevoll war, aber auch der unbeugsamste Mensch, den Gwen jemals getroffen hatte.

All diesen lobenswerten Eigenschaften zum Trotz mußte sich Gwen doch manchmal Sorgen um Audra machen – besonders, da jene keine Angehörigen hatte. Gwen wußte besser als irgendwer sonst, wie sehr Audra dies zu schaffen machte. Sie vermißte ihre Brüder schmerzlich und sehnte sich danach, *zu jemandem zu gehören*, wie damals, als ihre Mutter noch lebte.

Deshalb tat Gwen auch alles, damit sich ihre beste Freundin im Clan der Thorntons ganz wie zu Hause fühlen sollte, damit sie begreifen sollte, daß man sie dort ebenso gern hatte wie Gwens kleine Schwester Jenny-Rosalie und ihre Brüder Charles, Jeremy und Harry.

Als Charles, der Älteste, sich an Audra interessiert zeigte, hatte Gwen ihn sofort ermutigt und bemühte sich seither, eine Beziehung zwischen den beiden herzustellen. Aber ab und zu mußte selbst Gwen zugeben, daß dies Interesse bislang etwas einseitig war, und manchmal fragte sie sich auch, ob ihr lieber, aber ein wenig schwerfälliger Bruder wirklich der Richtige für Audra war. Doch jedesmal überzeugte Gwen sich dann wieder, daß er geradezu ideal war. Sie zweifelte nicht im geringsten, daß Charles eine gute Partie darstellte, da er doch so ein vorbildlicher junger Mann mit gesicherter Zukunft war. Wenn er erst als Arzt zugelassen war, würde er nicht mehr lange Junggeselle bleiben, und er gäbe einen hervorragenden Ehemann und Vater ab. Gwen hatte es immer schon gewußt, Charles war der geborene Familienvater.

Und für Gwen zählte das Wort *Familie* am meisten. Danach sehnte Audra sich doch so, also wollte sie ihrer Lieblingsfreundin helfen, eine eigene Familie zu gründen. Und Charlie war der Schlüssel dazu.

An diesem Nachmittag gingen Gwen wieder mal all diese Gedanken, die sie in den vergangenen Wochen oft beschäftigt hatten, durch den Kopf.

Sie und Audra schlenderten gerade durch die schönen Valley Gardens. Beide Mädchen waren froh darüber, wieder in der frischen Luft zu sein, nachdem sie so lange im lauten Café gesessen hatten.

Gwen betrachtete Audra von der Seite, als sie den abschüssigen Pfad entlanggingen. Sie sagte sich, daß sie schwerlich eine reizendere oder hübschere Schwägerin finden würde. Heute sah Audra besonders attraktiv aus in ihrem gelben Kleid, das mit Primeln bedruckt war, und dem steifen Strohhut mit dem gelben Seidenband und ebensolchen schmaleren Bändern, die hinten herabfielen. Der Hut gab ihr etwas Flottes, wohingegen das einfach geschnittene Kleid und seine sonnige Farbe ihrer Schönheit schmeichelten.

Wenn sie auch klein ist, dachte Gwen, hat sie doch Klasse von Kopf bis Fuß. Und dann, bevor sie sich beherrschen konnte, sagte sie laut: «Ja, gute Sachen in einem kleinen Zimmer.» Sie hätte sich am liebsten die Zunge abgebissen und bereute sofort, daß sie Charlies Bemerkung über Audra wiederholt hatte. Die Freundin haßte es, wenn man auf ihre kleine Statur anspielte. Gwen räusperte sich nervös.

Audra sah sie etwas verwirrt an und sagte: «Entschuldige, aber ich weiß gar nicht, was du damit sagen willst, Gwen.»

Gwen, der es klüger schien, Charlie nicht zu erwähnen, antwortete: «Ach, es war nur so ein Spruch, den meine Mutter über dich gesagt hat – das soll heißen, daß kleine Menschen oft viele wunderbare Eigenschaften haben. Hast du diese Redewendung noch nie gehört? Sagt man oft hier in Yorkshire.»

Audra schüttelte den Kopf. «Nein, habe ich nicht, aber es ist ein nettes Kompliment.»

«Ja», sagte Gwen, froh darüber, daß Audra es so gut aufgenommen hatte, und dann hakte sie sich kameradschaftlich ein. «Wo wir gerade von Mum reden – sie hat gesagt, ich könne an meinem Geburtstag ein Fest machen –, ich hoffe sehr, daß du kommst und bei uns in The Meadow wohnst, das dritte Wochenende im September. Natürlich sind Charlie, Jem und Harry auch da, und ich darf *ein paar* Freunde einladen. Aber nur ein paar. Weil Mum nach ihrer Krankheit nicht mit einem Haufen Leute fertig werden kann. Du kommst doch, Audra, nicht wahr? Ohne dich wäre es nur halb so schön.»

«Ich komme selbstverständlich gerne. Für mich wird es eine schöne Abwechslung sein, und ich bin immer gern bei euch zu Hause. Danke für die Einladung.»

Gwen lachte vergnügt. «Und dann trägst du dein tolles blaues Kleid. *Endlich*. Du wirst darin die Allerschönste sein. Alle Jungen werden sich um dich reißen.» Besonders unser Charlie, setzte Gwen im stillen hinzu und hoffte, daß er keinen Korb bekommen würde.

Audra sah zu Gwen empor, die ein paar Zentimeter größer

war als sie, und lachte mit ihr. «*Du* wirst die Allerschönste sein, schließlich ist es doch dein Geburtstag. Aber ich muß zugeben, daß ich danach lechze, mein neues Kleid anzuziehen. Und was wirst du anziehn, Gwenny?»

«Ach, das weiß ich noch nicht. Ich werde schon was Passendes finden. Und was meinst du, wen soll ich noch einladen?» Sie ließ Audra keine Zeit zu antworten und setzte hastig hinzu: «Ich will dir was sagen – laß uns doch zur Bank da drüben gehn und über die Party reden. Du bist immer so klug, Audra, und ich möchte dich in ein paar Sachen um Rat fragen. So . . . was man anbietet, und welche Getränke man serviert, und was du überhaupt vorschlagen würdest. Nun komm, Schätzchen.»

Gwen steuerte Audra auf eine Parkbank zu, die unter einer der schönen Trauerweiden stand. Die beiden Mädchen ließen sich dort nieder und steckten die Köpfe zusammen. Und die nächste halbe Stunde plauderten sie angeregt über die Feier zu Gwens zwanzigstem Geburtstag und bedachten jede Einzelheit, planten die Speisenfolge und stellten die Gästeliste zusammen.

Schließlich sagte Gwen: «Danke, Audra, du bist mir eine große Hilfe. Es wird sicher sehr schön . . .»

Audra wandte ihre Aufmerksamkeit nun den Passanten zu und dachte, wie schick doch einige Frauen aussahen, die in ihrem besten Staat einen kleinen Spaziergang machten, bevor sie um eins in eines der eleganten Hotels zum Essen gingen. Nach ihrer Kleidung zu urteilen, waren sie aus London und machten in Harrogate «die Kur». Schon in viktorianischen Zeiten war Harrogate ein berühmter Badeort gewesen, und heute kamen Leute aus der ganzen Welt hierher, um von den vierzig Wassern zu trinken, die in der Trinkhalle zur Verfügung standen, und sich der Wasserbehandlung in den königlichen Bädern zu unterziehen. Ihre Mutter hatte Harrogate wegen seiner Eleganz immer geliebt – die schöne Edith Kenton nannte es ein Relikt aus viktorianischen Zeiten und einer zivilisierteren Ära.

Ihre Mutter hatte mit ihnen oft einen Tagesausflug hierher

gemacht. Audra entsann sich eines denkwürdigen Nachmittags im Jahre 1911, als sie hierhergefahren waren, um einen Blick auf die Königinnen von England, Rußland und Polen zu erhaschen, die alle an jenem Tag in Harrogate sein sollten. Onkel Peter war bei ihnen gewesen, und er hatte sie auf seine Schultern gehoben, so daß sie über die Menge hinwegschauen konnte. Es herrschte große Aufregung, Fahnen wurden geschwenkt, und eine Blaskapelle spielte . . . Audra ließ sich in Erinnerungen einer vergangenen Zeit dahintreiben.

Gwen dagegen dachte an die Zukunft und überlegte, wie sie Audra die schreckliche Nachricht beibringen sollte. Vorhin hatte sie mit dem Gedanken gespielt, gar nichts zu sagen und irgendwann einen Brief zu schreiben. Aber Gwen wußte, daß Audra, die so aufrichtig und gerecht war, etwas Besseres von ihr verdient hatte. Sie kam zu der Einsicht, daß es eigentlich nur einen einzigen Weg gab, sie mußte ihrer Freundin noch an diesem Tag alles erzählen.

Sie streckte die Hand aus und berührte vorsichtig Audras Arm. Mit ungewöhnlich gedämpfter Stimme sagte sie dann: «Da gibt es noch etwas, was ich dir sagen möchte, bevor wir jede in unseren Bus steigen . . .»

Audra sah sie an und war sogleich ganz aufmerksam. «Du klingst plötzlich so ernst, Gwenny. Ist irgend etwas passiert?»

Gwen schluckte und räusperte sich. «Ich wollte dir das schon den ganzen Nachmittag sagen, aber ich wußte nicht, wie ich anfangen sollte. Also . . . weißt du, es ist folgendes, Audra . . . ich werde nicht wieder zurück ins Fever Hospital kommen, Audra. Tut mir leid.»

Audra starrte ihre Freundin an, ganz entgeistert über deren Worte. Es war wie eine Bombe für sie, das letzte, womit sie gerechnet hatte. «O Gwen», murmelte sie leise.

Gwen hatte sie genau beobachtet und sah den Schmerz, der nun ihre strahlendblauen Augen verschattete, sie rief ängstlich: «Bitte, bitte, sei nicht traurig, Audra. Ich fahr ja nicht nach *Australien*. Ich werde nur ein paar Zugstunden entfernt sein, entweder in Leeds oder in Horsforth. Wir können uns jederzeit sehen, und hör mal: Mum möchte, daß du Weihnachten bei uns bist, wie letztes Jahr. Und an meinem Geburtstag im nächsten Monat sind wir auch wieder zusammen.»

Audra, die Gwens Neuigkeit sehr getroffen hatte, konnte bloß nicken.

«Verstehst du, Audra, es ist so: Dad möchte, daß ich näher bei ihnen bin, wegen Mums schwachem Herzen. Er sagt, ich solle mich beim Infirmary oder dem St. James Hospital um eine Stelle bewerben und bis ich irgendwas hab, zu Hause bei Mum bleiben. Dad ist ganz eisern, Audra, ich kann ihn nicht umstimmen.»

Audra, die immer Verständnis für die Gefühle anderer hatte, hörte die Traurigkeit in Gwens Stimme, lächelte schwach und nickte: «Ich verstehe schon, Gwenny», sagte sie. Aber ihr Herz wurde schwer bei dem Gedanken, in Ripon nun ganz allein zu sein. Sie hatte das Gefühl, als ließe man sie schon wieder zurück.

Gwen kam plötzlich eine Idee. «Weißt du was, Audra? Warum bewirbst du dich nicht auch? In einem Krankenhaus in Leeds, meine ich.» Sie rückte etwas näher, nahm Audras kleine Hand und war überrascht, wie kalt diese an dem schwülen Tag heute war. Sie drückte sie fest und bettelte: «Sag ja. Bitte, Schätzchen.»

«Aber ich weiß nicht so recht, ob ich . . .»

«Warum denn nicht?» fragte Gwen, deren Stimme jetzt lauter geworden war. «Es gibt doch keinen vernünftigen Grund für dich, in Ripon zu bleiben.»

Audra blinzelte und hielt dann Gwens direktem Blick stand, erkannte sofort, daß ihre Freundin vollkommen recht hatte. Dann nickte sie bekräftigend. «Ja, das werde ich machen, Gwenny!» Und schließlich trat doch ein Lächeln in ihr Gesicht und vertrieb den Schmerz, der ihre schönen Augen verdunkelt hatte.

Gwen schlang die Arme um Audra und drückte sie fest an sich. Sie platzte fast vor Freude und war unglaublich erleichtert. Der Gedanke, ihre liebe Freundin am Fever Hospital zurücklassen zu müssen, war mehr gewesen, als das Mädchen ertragen konnte.

6

Die Oberin möchte Sie sehen, Kenton», sagte Schwester Rogers, während sie ihren Schritt verhielt und Audra mit einem strengen Blick bannte. «Sie hat gesagt, *sofort*, also beeilen Sie sich.»

Audra, die gerade bei einem Kind Temperatur gemessen hatte, nickte. «Danke. Ich werde gleich nach oben gehen.»

Sie trat vom Bett zurück, und wie stets betrachtete sie ihre jungen Patienten besorgt. Der kleine Quarantänesaal war mit Kindern belegt, die an Keuchhusten litten, und sie hatte an diesem eisigen Dezembermorgen um jedes von ihnen Angst.

Während sie gemeinsam mit der Oberschwester den Saal durchquerte und zur Tür schritt, sagte Audra leise: «Sie sind alle ein bißchen unruhig, besonders der Kleine dort am Fenster. Er ist vom Husten erschöpft und konnte deshalb auch sein Frühstück nicht bei sich behalten – Doktor Parkinson macht sich um ihn ein bißchen Sorgen. Würden Sie bitte eine Hilfsschwester herschicken, daß sie ein Auge auf ihn hat? Und natürlich auf die anderen auch?»

«Machen Sie sich keine Sorgen, ich bleibe selbst hier, bis Sie wieder zurück sind. Ich bin sicher, daß Sie nicht lange bei der Oberin bleiben werden.» Der Mund der Oberschwester wurde von einem schwachen Lächeln verschönt, und ihre Haltung wurde plötzlich freundlicher, als sie ruhig bemerkte: «Ihre Sorgfalt ist wirklich großartig, Kenton. Sie haben sich zu einer guten Schwester herausgemacht.»

Das war wirklich ein großes Lob aus dem Mund der dienstältesten Schwester, die sich von einer Stationshilfe nach oben gearbeitet hatte und als strenge Zuchtmeisterin bekannt war. Audra, ganz überrascht, erwiderte das Lächeln und reckte sich dann stolz zu ihrer ganzen Größe empor. «Danke, Schwester», sagte sie. «Ich tue mein möglichstes.»

Schwester Rogers nickte und wandte sich dann ab.

Das war so gut wie eine Entlassung, also durchquerte Audra die vordere Eingangshalle und lief die breite Haupttreppe hinauf in der Hoffnung, daß die Oberin endlich gute Nachrichten für sie haben würde. Nachdem sie beschlossen hatte, Ripon zu verlassen und sich eine Schwesternstelle in Leeds zu besorgen, hatte sich Audra der Leiterin des Krankenhauses anvertraut und sie um ihren Rat gefragt. Diese hatte ihrer Bitte entsprochen und großzügig angeboten, alles in ihrer Macht Stehende zu tun, um ihr zu helfen. Leider hatte sie bislang noch keinen Erfolg gehabt. In den Krankenhäusern von Leeds und Umgebung schien es keine freien Stellen zu geben.

Aber Audra machte sich darüber nicht viele Gedanken, da es Gwen selbst erst kürzlich gelungen war, etwas im Leeds Infirmary zu finden. Wenn sie auch ohne ihre Freundin einsam war, die ihr sonst in den dienstfreien Stunden Gesellschaft geleistet hatte, blieb Audra doch heiter und zuversichtlich, während sie ihre Arbeit erledigte.

In den letzten drei Monaten war Audra stets fest davon überzeugt gewesen, daß sich schließlich irgend etwas ergeben würde, und als sie vor dem Büro der Oberin stehenblieb, fragte sie sich, ob es wohl nun soweit sei. Sie zog ein wenig an ihren Manschetten, um sie geradezurücken, strich ihre gestärkte weiße Schürze glatt und klopfte dann an die Milchglasscheibe. Auf das Geheiß der Oberin trat sie ein.

Margaret Lennox saß hinter ihrem großen, mit Papieren übersäten Schreibtisch.

Sie trug das marineblaue, geschneiderte Kleid und das kleine weiße Musselinhäubchen, welches in der Hierarchie jedes Krankenhauses den höchsten Rang ausdrückte, und wirkte furchteinflößender denn je. Aber Audra wußte aus Erfahrung, daß diese streng aussehende Frau das gütigste Herz besaß.

Die Oberin schaute auf. Beim Anblick Audras lächelte sie, da diese ein besonderer Liebling von ihr war und sie das junge

Mädchen achtete, ja ein wenig bewunderte. Sie kannte Audras Geschichte aus den Krankenhausakten und hörte nie auf, über das Rückgrat und die Charakterstärke dieses Mädchens zu staunen.

«Ah, Audra», sagte sie freundlich, «kommen Sie doch herein und setzen Sie sich. Ich habe etwas mit Ihnen zu besprechen.»

«Ja, Oberin.» Audra ging schnell auf den Schreibtisch zu und ließ sich auf dem Holzstuhl nieder, auf dem sie so gerade wie immer saß, die Hände im Schoß gefaltet. Ihre großen blauen Augen waren unverwandt auf das Gesicht der Oberin gerichtet.

Margaret Lennox sah auf den Brief in ihrer Hand und legte ihn dann auf den Tisch. «Also, Audra – ich habe vielleicht eine Stelle für Sie in Leeds.»

Audras Gesicht leuchtete auf, und sie öffnete den Mund, um etwas zu sagen.

Aber die Oberin hob abwehrend die Hand und rief: «Einen Moment! Freuen Sie sich nicht zu früh. Ich muß dazu sagen, daß es nicht die Schwesternstelle ist, nach der Sie gesucht haben, Audra. Es ist leider nicht an einem Krankenhaus.»

«Oh», sagte Audra, «ich verstehe.» Und ihr Gesicht wurde traurig.

«Ich weiß, daß Sie enttäuscht darüber sind, daß ich Sie an keiner geeigneten Stelle unterbringen konnte», sagte die Oberin mitfühlend. «Aber ich glaube dennoch, daß Sie diese Privatstelle in Betracht ziehen sollten, besonders, da Sie ja so dringend nach Leeds wollen.»

«Natürlich, Oberin.»

«Braves Mädchen. Also Audra, ich habe hier einen Brief von einer gewissen Mrs. Irène Bell, der Frau eines bekannten Rechtsanwalts in Leeds. Sie sucht nach einem Kindermädchen und hat sich mit mir in Verbindung gesetzt, um hier am Krankenhaus eine passende Kraft zu finden. Und da habe ich natürlich sofort an Sie gedacht, Audra.»

Oberin Lennox erklärte dann, daß sie Mrs. Bell vor dem Krieg durch ihre Arbeit für die Frauenbewegung kennengelernt hatte und daß sie seitdem miteinander befreundet seien. «Ich kann Mrs. Bell gar nicht genug loben. Sie hat Hervorragendes geleistet, und ich bin sicher, daß Sie sich mit ihr gut verstehen werden. Nach ihrem Brief zu urteilen, ist es jedenfalls keine schwierige Tätigkeit. Es ist nur ein Kind, um das Sie sich kümmern müssen, ein kleiner Fünfjähriger. Die drei anderen Kinder sind groß, ich glaube, im Internat.» Die Oberin zog fragend die Augenbrauen hoch. «Was sagen Sie, Audra. Haben Sie Interesse?»

Audra hatte begierig gelauscht, und sie wußte, daß es töricht wäre, dieses Angebot einfach abzulehnen, ohne nach Einzelheiten zu fragen. Also sagte sie schnell: «Ja, Oberin.»

Diese nickte, als hätte sie es auch nicht anders erwartet, und sagte darauf: «Ich bin sicher, daß Sie mit so einer Tätigkeit spielend fertig werden.» Sie lehnte sich zurück, die Hände mit ausgestreckten Fingern aneinandergestützt, betrachtete Audra eine Weile, bevor sie sagte: «Sie können so wunderbar mit Kindern umgehen, daß Sie bestimmt ein gutes Kindermädchen abgeben. Aber Sie sind vor allem eine außergewöhnliche Krankenschwester. Sie können heilen, Audra, und das ist selten. Vergessen Sie nie, daß Sie diese bemerkenswerte Fähigkeit besitzen . . . diese Gabe.»

«Nein, das werde ich nicht», erwiderte Audra, die ganz rot geworden war vor Freude. Dann drückte sie der Oberin leise ihren Dank aus für ihre freundlichen Worte und das Vertrauen, das sie ihr ausgesprochen hatte.

Margaret Lennox fuhr fort: «Ich hätte für Sie hier am Krankenhaus so meine Pläne gehabt, Audra, und Sie wären bald befördert worden.» Mit ehrlicher Sympathie lächelte sie der jungen Frau zu und zog dann resigniert die Schultern hoch. «Na, da kann man nichts machen . . . ich jedenfalls bedaure es *sehr*, daß Sie gehen wollen, falls das denn sicher ist, Audra. Aber wie ich Ihnen gleich gesagt habe, würde ich es mir nie anmaßen, mich Ihnen in den Weg zu stellen.»

«Ja, das weiß ich, Oberin, und ich schätze auch sehr, was Sie alles für mich getan haben.»

Die Oberin lächelte flüchtig und sagte dann sachlicher: «Ich werde Mrs. Bell heute anrufen und mit ihr einen Vorstellungstermin in Leeds verabreden. Sowie ich Näheres weiß, lasse ich Sie es wissen. Und nun sollten Sie wieder an Ihre Arbeit auf der Station zurückgehen, Audra.»

«Ja, Oberin», sagte Audra und erhob sich. «Nochmals vielen Dank.»

Sie war auf dem Weg nach Leeds, um sich mit Mrs. Irène Bell vom Calpher House, Upper Armley, zu treffen.

Audra hatte das Gefühl, als sei dies ein verheißungsvoller Augenblick. Sie lachte leise über sich selbst. Schließlich war es bloß ein Vorstellungsgespräch. Aber andererseits würde sich, wenn alles gutginge, ihr Leben endlich von Grund auf ändern. Vielleicht war es sogar der Anfang eines ganz neuen Lebens.

Dieser Gedanke beflügelte ihren Schritt, als sie den Marktplatz von Ripon überquerte und zum kleinen, ländlichen Bahnhof in der North Road ging. Audras Augen strahlten, und es lag ein solcher Glanz auf ihrem jungen Gesicht, daß sich mehrere Leute nach ihr umschauten, als sie vorüberging. Aber sie bemerkte das gar nicht. Sie nahm auch das Wetter nicht wahr. Es war ein rauher Tag, ungewöhnlich kalt, und der Himmel bedeckt und schneebeladen. Aber wenn es nach ihr ginge, hätte es ebensogut mitten im Frühling sein können. Eine erwartungsvolle Erregung beherrschte sie. Noch vor einer Woche hatte sie nichts von der Familie Bell gewußt, und nun durchquerte sie halb Yorkshire, um sich um eine Stelle bei ihnen zu bewerben.

Und wenn sie die Bells nicht mochte?

Sie verhielt ihren Schritt, aber nur für den Bruchteil einer Sekunde. Dann schritt sie so flott voran wie zuvor und sagte sich, daß sie sich dann eben höflich entschuldigen und sofort gehen würde, wenn die Leute von Calpher House nicht den Eindruck vernünftiger Arbeitgeber machten.

Der Kontrolleur am Bahnhof grüßte Audra fröhlich, knipste ihre Fahrkarte ab und reichte ihr den Kontrollabschnitt. Dann tippte er höflich an seine Mütze, und sie erwiderte seinen Gruß, rannte dann den Bahnsteig entlang, auf dem der Zug nach Leeds schon eingefahren war, Dampf ausstieß und pfiff. Sie stieg schnell ein und ging in das erstbeste Erste-Klasse-Abteil. Sie setzte sich auf einen Eckplatz am Fenster, und es verblieben ihr nur noch wenige Minuten, ehe der Pfiff ertönte und der Zug losfuhr.

Bald merkte sie, daß es im Abteil wärmer war, als sie erwartet hatte. Sie streifte ihre grauen Wollhandschuhe ab, öffnete den Mantel und lehnte sich zurück, machte es sich für die Fahrt gemütlich.

Audra wußte, daß sie heute schick aussah.

Für die Reise nach Leeds hatte sie sich zu ihrem besten grauen Meltonmantel entschlossen. Auch wenn sie ihn im Ausverkauf erstanden hatte und er schon zwei Jahre alt war, war er doch immer noch modern, ein Wickelmodell mit langen, hochgerollten Aufschlägen, die an der Hüfte mit einem großen Knopf befestigt waren. Darunter trug sie einen gerade geschnittenen Wollrock und einen dazu passenden grauen Jumper, der bis über die Hüften reichte. Beides zusammen bewirkte eine schmale, röhrenförmige Silhouette, und sie fand, daß diese lange Linie und die hohen, schwarzen Schuhe mit den kubanischen Absätzen sie größer erscheinen ließen. Das freute Audra, die immer darauf bedacht war, ein paar Zentimeter größer auszusehen. Ihr einziger Schmuck waren die Kameebrosche ihrer Mutter, die sie sich vorn an den Jumper gesteckt hatte, und ihre gebraucht gekaufte, aber wie ein Schatz gehütete Uhr.

Als Audra Gwen im September besucht hatte, gab ihre Freundin ihr einen Glockenhut aus pflaumenfarbenem, angerauhtem Filz. «Einer meiner schlimmsten Käufe», hatte Gwen gesagt, als sie den Hut Audra zeigte. «Wie eine Erbse auf einem Tablett. Ich seh scheußlich damit aus, aber dir wird er bestimmt perfekt stehen, Schätzchen.» Und sie hatte recht behalten. Der Glockenhut *war* perfekt für Audra, und sie hatte ihn für eine besondere Gelegenheit aufbewahrt, trug ihn heute zum ersten Mal.

Aber nun fragte sie sich, ob er für die Vorstellung bei Mrs.

Bell nicht vielleicht zu frivol aussähe, und sie öffnete ihre Handtasche und holte einen Spiegel heraus. Was sie sah, beruhigte sie sofort wieder. Der Glockenhut, momentan der letzte Schrei, verlieh ihr etwa Elegantes, Modisches, und das tiefe Pflaumenblau war genau der richtige Farbakzent zu ihrer sonst durchgehend grauen Kleidung. Sie sah unauffällig elegant aus und war sicher, daß sie auf Mrs. Irène Bell einen guten Eindruck machen würde.

Audra sprach diesen Vornamen leise vor sich hin. Man schrieb ihn französisch und sprach ihn französisch aus, und sie fand ihn wunderschön. Und als der Zug durch die Dales auf Leeds zurumpelte, verweilten Audras Gedanken bei der Frau, die sie gleich sehen würde, und sie ließ das wenige, das sie von der Oberin über sie erfahren hatte, Revue passieren.

Soweit Audra wußte, war Irène Bell eine erfolgreiche Geschäftsfrau mit ausgeprägten geistigen Interessen, eine Art Blaustrumpf. Sie war eine engagierte Frauenrechtlerin und immer eine leidenschaftliche Anhängerin der Pankhurst-Bewegung gewesen, die soviel für die Emanzipation erreicht hatte. Nach Ansicht der Oberin gehörte Mrs. Bell auch zu den Bewunderern von Nancy Astor, der amerikanischen Frau von Lord Astor, die als erste Frau im Parlament saß. Mrs. Bell wirkte unermüdlich für die Partei der Tories in Leeds, und ihre eigenen politischen Ambitionen richteten sich ebenfalls auf das Parlament.

Audra hatte keinen Zweifel daran, daß sie eine sehr interessante Frau war, völlig anders als alle, die ihr bisher begegnet waren. Von Oberin Lennox abgesehen, die ein wirkliches Original war und die Audra verehrte, ja sogar idealisierte.

Sie sah aus dem Zugfenster, fast ohne die vorüberfliegenden Felder und Hecken wahrzunehmen, und versuchte, sich Mrs. Bell vorzustellen. Da sie eine langjährige Freundin der Oberin war und schon erwachsene Kinder hatte, kam Audra zu dem Schluß, daß sie um Mitte Vierzig sein mußte. Sofort sah sie das Bild einer strengen, ernsten Person vor sich, die vielleicht der Oberin ähneln mochte und ein Muster an Planung und Tüchtigkeit war.

Letzteres lag an dem Brief, den Audra Anfang der Woche von Mrs. Bell erhalten hatte. Er war detailliert und genau, und die Anweisungen, wie sie zum Calpher House, Upper Armley, kommen würde, überließen nichts dem Zufall. Wieder dachte Audra, zum zweiten Mal in den letzten Tagen, daß Mrs. Bell eine sehr zuvorkommende Frau sein müsse, da sie ihr ein Erste-Klasse-Billett geschickt hatte anstatt eines billigeren, wie man es hätte erwarten können. Das war wirklich sehr rücksichtsvoll und vielleicht ein gutes Omen für die Zukunft – zumindest wollte es Audra so scheinen.

Pünktlichkeit war eine ihrer Stärken, und Audra regte sich immer auf, wenn sie zu spät kam. Während der ganzen Fahrt hatte sie stets auf ihre Armbanduhr geschaut und gebetet, daß der Zug auch pünktlich ankommen würde. Zu ihrer großen Erleichterung war das der Fall. Genau um eine Minute vor zwei fuhren sie in den Hauptbahnhof von Leeds ein, also sogar noch sechzig Sekunden zu früh.

Sobald sie die kahle, schmuddelige Bahnhofshalle hinter sich gelassen hatte, wurde Audra in einen Strom von Verkehr und Fußgängern gerissen, die eilig ihren Geschäften nachgingen. Ein oder zwei Sekunden lang verwirrten und überwältigten sie der ohrenbetäubende Lärm und die fiebrige Geschäftigkeit der größten Industriestadt im Norden Englands. Die dissonanten Geräusche bildeten einen betäubenden Kontrast zur idyllischen Ruhe des schläfrigen, ländlichen Ripon.

Aber da es nichts gab, was Audra Kenton längere Zeit aus der Fassung bringen konnte, gewöhnte sie sich relativ schnell an ihre Umgebung. Nach einer kurzen Pause holte sie tief Luft, warf ihre Schultern zurück und reckte stolz den Kopf, fest entschlossen, mit allem fertig zu werden, was in dieser aufregenden neuen Welt auf sie wartete.

Die Handtasche fest unter den Arm geklemmt, marschierte sie über die Straße zum City Square, welcher vom Standbild des Schwarzen Prinzen auf seinem Schlachtroß beherrscht wurde. Ohne Schwierigkeiten fand sie die Straßenbahnhaltestelle, nach der sie gesucht hatte, und nachdem sie zehn Minuten in einer kleinen Schlange gestanden hatte, stieg sie hinter den anderen in die Bahn in Richtung Whingate. So hieß die Entstation in Upper Armley, von wo aus die Bahn in die Stadt zurückfuhr. Mrs. Bell hatte ihr gesagt, sie solle einfach bis zur letzten Station sitzen bleiben.

Eine halbe Stunde später stieg Audra aus der doppelstöckigen Straßenbahn aus, mit der sie so gern gefahren war, und blieb einen Augenblick lang stehen, sah mit wachem Interesse um sich. Schließlich konnte es ja sein, daß sie bald hier leben würde.

Zu ihrer Rechten befand sich das winzige Dreieck eines Parks, der von einem spitzenbewehrten schwarzen Eisengitter und einer säuberlich gestutzten Ligusterhecke umgeben war und der, wie Mrs. Bell geschrieben hatte, seltsamerweise Charlie Cake Park hieß. Links stand ein riesiges rotes Klinkergebäude, welches sich hinter einer niedrigen Ziegelmauer erstreckte, und sie nahm an, dies sei die West Leeds Boys' High School.

Audra wußte genau, wohin sie sich jetzt wenden mußte.

Sie ging mit flottem Schritt los, sah sich ihre Umgebung an und nahm alles mit scharf beobachtendem Blick auf. Ihr fiel auf, wie malerisch das Dorf Upper Armley war, und daß es einen seltsamen, viktorianischen Charme besaß. Und trotz des dunkel gefleckten Himmels, der finster Schnee ahnen ließ, und einer Landschaft, aus der alles Grün verschwunden war, konnte man leicht sehen, wie hübsch es hier im Sommer sein mußte.

Noch immer Mrs. Bells Anweisungen folgend, die sie schon vor Tagen ihrem ausgezeichneten Gedächtnis anvertraut hatte, schritt Audra eilig die Greenhill Road in Richtung Hill-Top hinauf, in dessen Nähe sich das Haus der Bells befand.

Es war ein schneidend kalter, windiger Nachmittag, und sie mußte ihren kleinen Glockenhut festhalten, als sie sich mühsam gegen den Wind vorankämpfte, der mit eisiger Wut über den Berg pfiff. Audra zitterte, als sie schließlich die höchste

Stelle erreicht hatte und vor einem achtunggebietenden schmiedeeisernen Tor stehenblieb, an dem ein großes, rautenförmiges Schild hing. Es war aus Messing und strahlend blankgeputzt. In Zierschnörkeln stand *Calpher House* darauf, und sie wußte, daß sie ihr Ziel erreicht hatte.

7

Irène Bell hatte gar keine Ähnlichkeit mit dem Bild, das Audra sich gemacht hatte. Die Frau, die über den prachtvollen, langen türkischen Läufer auf sie zugeschritten kam, war hochgewachsen, geschmeidig, sehr elegant und besaß das strahlendste kastanienrote Haar. Dies war zu einem glatten, modischen Bubikopf geschnitten und bog sich als Pony über nachgezogenen Brauen und samtbraunen Augen, die strahlend dreinblickten. Die hohen Wangenknochen und die schlanke, aristokratische Nase waren mit Sommersprossen übersät, der ziemlich breite Mund durch scharlachroten Lippenstift betont.

Irène Bell sah umwerfend aus, und ihre fesselnde persönliche Note konnte man fast schon Extravaganz nennen.

Mit schnellen Schritten durchquerte sie den hübschen, blauweißen Raum voller Antiquitäten, in welchem Audra auf sie wartete. In der Art, wie sie sich bewegte, konnte man gerade noch den früheren Wildfang erahnen, ja, sie strahlte etwas Ausgelassenes aus und wirkte auch viel jünger als Mitte Vierzig. Das rote Wolljerseykleid, das sie trug, betonte noch ihre Jugendlichkeit mit seinem langen, lose sitzenden Oberteil und dem ziemlich kurzen Faltenrock, der um ihre schönen Beine wirbelte.

Audra erkannte das Kleid sofort. Erst in der letzten Woche hatte sie eine Fotografie davon gesehen in einer alten Sommerausgabe von *Harper's Bazaar*, die sie an einem Secondhand-Stand auf dem Markt von Ripon gekauft hatte. Eine junge französische *Couturière* hatte es entworfen, die Gabrielle Chanel hieß und momentan in aller Munde war.

«Hallo! Hallo!» rief Mrs. Bell, verhielt ihren Schritt und

streckte ihrer Besucherin die Hand hin. «Wie ich mich *freue*, Sie kennenzulernen, Miss Kenton.»

Audra ergriff ihre Hand und spürte, wie ihre eigene sehr fest gedrückt wurde. «Guten Tag, Mrs. Bell. Auch ich freue mich sehr, Sie zu sehen.»

Irène Bell, die ihr warm und gewinnend zulächelte und ihre Hand nicht losließ, zog Audra auf die beiden riesigen Sofas zu, die vor dem Kamin einander gegenüberstanden. «Wie reizend von Ihnen, daß Sie sich auf diese lange Reise gemacht haben, Miss Kenton. Und dann bei diesem schrecklichen Wetter. So freundlich von Ihnen. Ja, *bitte* nehmen Sie doch hier Platz. Ja, genau, dicht am Feuer. Wärmen Sie sich etwas auf nach Ihrer Reise. Die Köchin macht uns eine heiße Schokolade. Cora wird es gleich bringen. Hoffentlich *mögen* Sie überhaupt heiße Schokolade. Oder ist Ihnen ein Tee lieber? Oder vielleicht ein Kaffee?»

«Nein, eine Schokolade ist gerade das richtige, vielen Dank», erwiderte Audra und setzte sich vorsichtig auf die Kante des blauen Samtsofas. Ihr wacher Blick ruhte auf Mrs. Bell, die sich auf dem anderen Sofa niedergelassen hatte.

Jetzt, da Audra sie von nahem sehen konnte, stellte sie fest, daß sie sich in Irène Bells Alter doch nicht geirrt hatte. Sie war ganz offensichtlich eine Frau von Mitte Vierzig, hatte sich aber sehr gut gehalten und war außerordentlich gepflegt. Wenn sich auch verräterische Linien um ihre Augen und ihren Mund zogen, waren diese doch sehr schwach und kaum zu sehen. Sie hatte ihre gute Figur bewahrt, und in ihrem feuerroten Haar ließ sich kein Grau ausmachen – und es war eine Naturfarbe, nicht gefärbt. Ihre Lebendigkeit, die Energie, mit der sie sich bewegte und sprach, ihre Intensität und Schnelligkeit trugen ebenfalls zu dem jugendlichen Eindruck bei.

Intuitiv wußte Audra, daß sie diese Frau mögen würde, auch wenn sie jene erst ein paar Minuten kannte. Mrs. Bell war offen und entspannt, ehrlich und nüchtern, und Audra spürte, wie sie das in vielfacher Hinsicht ansprach. Sie lehnte sich zurück, ganz locker plötzlich, und fühlte sich einfach wohl im Calpher House. Sie, die sonst Fremden gegenüber immer scheu und reserviert war, gab sich mit Mrs. Bell vollkommen entspannt.

Irène Bell kreuzte ihre langen, schlanken Beine, ließ ihre dunklen, intelligenten Augen auf Audra ruhen und musterte sie unauffällig.

Dann sagte sie mit ihrer hellen, fröhlichen Stimme: «Wissen Sie, Miss Kenton, ich komme mir ziemlich töricht vor. Daß ich Sie darum gebeten habe, zu einem Einstellungsgespräch zu kommen, wo Ihnen doch Oberin Lennox so eine großartige Beurteilung gegeben hat, daß ich Sie gleich am Telefon engagieren wollte. Ohne Sie vorher persönlich kennenzulernen.»

Wie über sich selbst lachend, funkelten ihre Samtaugen vor Humor, als sie hinzusetzte: «Aber dann fiel mir ein, wie unfair das gegen Sie wäre, Miss Kenton. Schließlich ist es wichtig, daß *Sie uns* mögen. Daß *Sie* hier im Calpher House leben und arbeiten wollen. Und da wußte ich, daß ich Ihnen die Möglichkeit geben mußte, herzukommen und sich *uns* erst einmal anzuschauen.»

Irène Bell lachte wieder, lehnte sich zurück, stützte einen Ellbogen auf den Berg von Seidenkissen und musterte Audra weiterhin diskret, um sie nicht verlegen zu machen. Sie war fasziniert von der jungen Frau vor ihr, die sich mit soviel Anmut und Würde hielt. Margaret Lennox hatte sie schon in beredten Bildern gepriesen, und die Oberin hatte offensichtlich nicht übertrieben. Audra Kenton war kleiner, als sie gedacht hatte, sogar zerbrechlich, aber physisches Durchhaltevermögen war ihr auch nicht besonders wichtig. Ihr lag an Charakterstärke, an einem feinen Wesen, Anständigkeit und einer gewinnenden Art, wenn sie ein Kindermädchen aussuchte und einstellen wollte. Und dieses Mädchen besaß jede dieser Qualitäten und noch mehr, wenn man Margaret, deren Urteil sie vertraute, glauben mochte.

«Oberin Lennox meinte, wir beide würden miteinander auskommen, Mrs. Bell, und sie sei sicher, daß ich mit der Tätigkeit hier fertig werden würde.» Audra richtete ihre klaren blauen Augen auf die andere Frau und sagte zögernd:

«Aber im ganzen war sie etwas vage. Vielleicht sind Sie so nett, mir noch ein bißchen mehr darüber zu erzählen, Mrs. Bell.»

«Du meine Güte, natürlich! Ich muß Sie doch informieren, selbstverständlich. Also lassen Sie mich sehen . . . wie Sie sicher von der Oberin wissen, würden Sie für unser jüngstes Kind die ganze Verantwortung haben. Unser einziger Sohn. Meine drei Töchter sind schon groß, die älteste, Miss Pandora, wohnt hier. Die beiden jüngeren, Felicity und Antonia, sind im Internat. Aber ich muß Ihnen etwas erklären, Miss Kenton – ich kümmere mich jeden Tag um die Geschäfte. Ich leite die Wollspinnerei, die ich von meinem Vater geerbt habe. Und dann habe ich auch einen Salon für exklusive Damenmode in Leeds. *Paris Modes*. Sie haben bestimmt schon davon gehört.»

Audra schüttelte bedauernd den Kopf. «Leider nein, Mrs. Bell. Das einzige Geschäft in Leeds, das ich kenne, ist das Kaufhaus Harte's. Dort bin ich einmal mit meiner Freundin Gwen gewesen.»

Mrs. Bell sagte: «Mein Kleidergeschäft ist nicht so groß wie Emma Hartes Kaufhaus. Aber meine aus Frankreich importierten Kleider fangen langsam an, denen Konkurrenz zu machen, die sie in ihrem Modellraum bei Harte's verkauft. Aber ich schweife ab. Eben weil ich die meiste Zeit außer Haus bin, brauche ich eine verantwortungsvolle Person, die sich ums Kinderzimmer und den Kleinen kümmert. Eine Person wie Sie. Und was Ihre Unterbringung angeht, haben Sie hier ein schönes Schlafzimmer, groß und gemütlich, mit Blick auf den Garten. Es ist im selben Stockwerk wie das Kinderzimmer und besitzt ein eigenes Badezimmer. Sie würden in der Woche einen Tag frei haben und jeden zweiten Sonntag. Eine Woche Urlaub gibt es im Jahr. Sie bekämen drei Baumwolluniformen für den Sommer und einen Sommermantel mit Hut. Dasselbe gilt für den Winter. Und was die Bezahlung angeht . . .»

Mrs. Bell unterbrach sich, als es klopfte, und sah zur Tür. Die öffnete sich und ließ ein rundliches junges Dienstmädchen herein, die etwas zu eilig voranstürzte und einen vollbeladenen Teewagen schob.

«Da sind Sie ja endlich, Cora», rief Mrs. Bell. «Aber seien Sie bitte, bitte vorsichtig. Schieben Sie den Wagen hier an den Kamin. Dies ist Miss Kenton, Cora. Die, wie ich sehr hoffe, hier zu uns nach Calpher House kommen wird. Als das neue Kindermädchen.»

Cora und der Teewagen hielten mit abruptem Geklapper. Sie starrte Audra an, kniff die Augen zusammen und betrachtete sie argwöhnisch. Dann, als sei sie zu dem Entschluß gekommen, daß sie ihr gefiele, lächelte Cora breit und machte einen halben Knicks. «Freut mich, Sie kennenzulernen, Miss», sagte sie und marschierte dann weiter die lange türkische Brücke entlang, wobei sie den Teewagen mit unbekümmerter Fahrlässigkeit handhabte.

Audra neigte anmutig den Kopf und erwiderte das Lächeln. «Guten Tag, Cora», sagte sie und krümmte sich leicht, da sie Cora gefährlich nahen sah. Sie hoffte für das Mädchen, daß nichts krachend herunterfallen würde.

Irène Bell entließ Cora mit einem Lächeln und Kopfnicken, ergriff die silberne Kanne und goß zwei große Frühstückstassen voll, wobei sie sagte: «Wir haben eine großartige Köchin, Mrs. Jackson, und der Butler heißt Mr. Agiter. Das andere Dienstmädchen, Dodie, ist Ihnen doch begegnet, als Sie kamen? Hat sie Ihnen nicht die Tür geöffnet?»

«Ja, Mrs. Bell», sagte Audra und stand auf, ging zum Teewagen hinüber, um die Tasse heißer Schokolade entgegenzunehmen, die man ihr reichte.

Irène Bell rief: «Und Sie müssen eine von unseren heißen Cornishpasteten probieren, Miss Kenton. Sie sind köstlich. Fast schon berühmt hier in der Gegend.»

«Danke.» Audra stellte die Tasse mit heißer, schäumender Schokolade auf den antiken Mahagonitisch neben dem Sofa, nahm sich eine der Fleischpasteten und ging wieder an ihren Platz.

Mrs. Bell nahm einen Schluck Schokolade und fuhr dann fort: «Wie ich gerade sagen wollte, als Cora hineinkam, würde Ihr Gehalt sechzig Pfund im Jahr betragen. Das sind zehn Pfund mehr, als ich dem vorigen Kindermädchen gezahlt habe.

Oberin Lennox meinte, weniger könnte man Ihnen nicht anbieten, da Sie dort am Krankenhaus eine so gute Ausbildung bekommen haben.» Dann beugte Irène Bell sich gespannt vor: «Wie sieht es aus, Miss Kenton, haben Sie Interesse?» Eine perfekt nachgezogene Augenbraue hob sich fragend.

Audra war über das viele Geld, das man ihr zahlen wollte, gleichzeitig überrascht und erfreut. Sie sagte: «Ich habe Interesse daran, Mrs. Bell, sehr großes. Aber ich möchte zuerst noch Ihren kleinen Jungen sehen, ehe ich endgültig zusage.» Audra sah sie offen an und lächelte aufrichtig und herzlich. «Ich bin mir ziemlich sicher, daß ich ihn mögen werde, aber ich möchte auch sicher sein, daß ich ihm sympathisch bin.»

«Wie reizend von Ihnen, Miss Kenton. Und ich bin wirklich außer mir vor Freude, daß Sie nun zu unserer kleinen Familie gehören werden.» Irène Bells Gesicht, das immer beweglich und ausdrucksvoll war, spiegelte nun etwas wie Erleichterung und Freude wider. Ihr fröhliches Lachen hallte durch das Zimmer. «Ich weiß, daß das Baby Sie mögen wird! Wie sollte es nicht? Momentan macht es gerade sein Nachmittagsschläfchen, aber nachher können Sie es gern kennenlernen. Und bevor Sie gehen, möchte ich Ihnen Calpher House zeigen. Und Sie mit dem anderen Personal bekannt machen.»

Das Auto hielt langsam vor dem Hauptpostamt am City Square an.

Gleich darauf hielt der livrierte Chauffeur die hintere Tür auf und half Audra hinaus. «Vielen Dank auch, Robertson», sagte sie und schenkte ihm ein aufrichtiges Lächeln.

«War mir ein Vergnügen, Miss. Guten Tag, Miss.» Er tippte an seine Dienstmütze und stieg schnell wieder beim Fahrersitz ein.

Audra drehte sich um und machte einen Schritt auf Gwen zu, die bei den Stufen des Postamtes stand, wo sie miteinander verabredet waren.

Gwens Augen waren weit aufgerissen. Dann fing sie sich wieder und lief auf Audra zu. Sie ergriff deren Hände und rief mit schriller, aufgeregter Stimme: «Sind wir jetzt aber schick! Einfach mit einem schicken Auto angerollt kommen. Ist das die Möglichkeit!»

Audra mußte über Gwens ungläubiges Gesicht einfach lachen. Sie erklärte ihr: «Mrs. Bell hat mich etwas länger im Calpher House festgehalten, als ich gedacht hatte. Und schließlich wurde ich ein bißchen nervös. Ich wollte ja nicht zu spät kommen und dich hier in der Kälte stehen lassen. Und deshalb hat sie mich mit dem Auto geschickt.»

«Das war aber nett von ihr!» rief Gwen, die offenbar nicht nur vom Auto, sondern auch von Mrs. Bell tief beeindruckt war. Neugierig sah sie Audra ins Gesicht und fragte: «Und was ist, hast du die Stelle angenommen?»

«Ja, Gwen, das habe ich.»

«Schätzchen, wie ich mich freue.» Gwen schlang die Arme um sie und drückte sie fest an sich. Die beiden klammerten sich aneinander, machten einen kleinen Tanz und fingen dann an, laut zu lachen.

Ihre Albernheit wurde von einer Männerstimme unterbrochen, die sagte: «Sie werden gleich kommen und euch abholen, so wie ihr euch hier aufführt – wie zwei Verrückte, und das mitten auf dem City Square.»

«Hallo, Charlie», rief Gwen und sah zu ihrem Bruder auf, der sie beide überragte und sie mit den Händen in den Taschen amüsiert beobachtete. «Du bist ja ganz pünktlich heute.»

«Bin ich das nicht immer?» Charles Thornton grinste seiner Schwester zu und schenkte Audra dann ein schüchternes Lächeln. «Hallo, Audra», sagte er, unfähig, seine bewundernden Blicke zu zügeln. Er streckte ihr die Hand hin.

Audra wurde das Herz schwer, als sie Charlie sah – sie hatte nicht damit gerechnet, daß er den Abend mit ihnen verbringen würde. So gern wäre sie mit Gwen allein gewesen. Sie hatten einander schon wochenlang nicht mehr gesehen, und es gab viele Dinge, über die sie sprechen wollten, besonders jetzt, da sie die Stelle bei den Bells angenommen hatte.

«Hallo», erwiderte Audra in ihrer ruhigen Art und nahm seine Hand, froh darüber, daß sie Handschuhe trug. Charlie hatte immer so feuchte Hände, auch wenn es kalt war. Er schwitzte eben leicht, und obwohl sie wußte, daß er nichts dafür konnte, fühlte Audra sich von dieser unglücklichen Veranlagung abgestoßen. Sie schätzte Charlie als Menschen, hatte aber nicht den Wunsch, ihn zum Freund zu haben. Dennoch war genau das Gwens Hoffnung, und sie setzte ihr Charlie dauernd vor. Audra wünschte inbrünstig, die Freundin würde damit aufhören. Charlie Thornton war ganz und gar nicht ihr Typ. Allerdings war er keineswegs unattraktiv. Er war groß, gut gebaut, hatte breite Schultern, sah wirklich sehr männlich aus, obwohl Audra argwöhnte, daß er später fett werden würde. Er hatte blondes Haar, eine helle Haut und freundliche graue Augen. Sein Gesicht paßte genau zu seinem sanften Wesen. Audra hatte den Eindruck, daß er sentimental sein konnte, und meist fand sie ihn schrecklich fad. Er war sicher ein ehrenwerter Mensch, instinktiv ahnte sie aber, daß er schwach war, seltsam unfähig.

Gwen sagte beflissen: «Charlie geht nachher mit uns ins Kino, Audra. Er lädt uns ein. Wir gehn ins Rialto nach Briggate und schauen uns den neuen Film mit Mary Pickford an. Ist das nicht nett von ihm?»

«Ja, sehr nett», stimmte Audra ihr zu und rang sich ein Lächeln ab.

Gwen übernahm wie stets die Führung und fuhr hastig fort: «Na, dann wollen wir auch nicht wortlos hier herumstehen und uns anstarren. Wir haben noch eine Stunde Zeit vor dem Kino, warum machen wir uns nicht zu Betty auf und trinken eine schöne Tasse Tee?»

Audra und Charlie fanden das eine gute Idee.

Inzwischen war es noch kälter geworden, und der Schnee, den man schon den ganzen Tag lang erwartet hatte, fiel nun in kleinen, schwebenden Flocken und bedeckte den Boden. Das Licht wurde von dem sich herabsenkenden Himmel ausgelöscht, es dämmerte rasch. Charlie hakte sich bei den beiden Mädchen ein und führte sie schnell über den City Square in Richtung Commercial Street, wo sich das Café befand. Bevor sie in diese Straße einbogen, hielten alle drei plötzlich inne und sahen wie gebannt in die Schaufenster des Harte-Kaufhauses, bezaubert von dem Anblick, der sich ihnen bot. Die Fenster waren weihnachtlich dekoriert und strahlten in der einsetzenden Dämmerung – blinkende, farbige Lichter und glitzernde Szenarios, die verschiedene Märchen abbilden sollten. Ein Fenster war Aschenbrödel gewidmet und zeigte sie, wie sie mit ihrer schimmernden Glaskutsche auf dem Ball eintraf, ein anderes Hänsel und Gretel, die vor dem Pfefferkuchenhaus standen, und ein drittes zeigte die Schneekönigin in all ihrer eisigen Pracht.

«Wie schön das ist», murmelte Audra und verweilte dort noch einen Augenblick länger als die beiden anderen, dachte an High Cleugh und die prachtvollen Weihnachten ihrer Kindheit.

«Ja, find ich auch», sagte Gwen und zerrte an ihr. «Aber nun komm weiter, Schätzchen, der Schnee fällt immer dichter. Wir sind im Handumdrehen durchgeweicht.»

Gwen hakte sie ein und ließ den Gesprächsfluß nicht abreißen, während sie die Commercial Street hinaufgingen – ihrem Ruf als Plaudertasche machte sie wieder einmal alle Ehre. Charlie, der auf der anderen Seite von Audra dahinstapfte, machte gelegentlich kurze Einwürfe, aber Audra schwieg – sie war nachdenklich.

Plötzlich kam sie sich lieblos vor, daß sie so unfreundliche Gedanken über Charlie hegte, der doch im Grunde harmlos war und es nur gut meinte. Alle Thorntons meinten es gut und waren sehr freundlich zu ihr. Mrs. Thornton sagte ihr immer wieder, sie könne The Meadow als ihr Zuhause betrachten, ja sie hatte sogar den kleinen Abstellraum hinten im zweiten Stock als Schlafzimmer für sie eingerichtet. Mrs. Thornton hatte darauf bestanden, daß sie ein paar Kleider daließ, und als sie Gwen im November besucht hatte, ließ sie einige Toilettenartikel und ein Nachthemd dort zurück, welches sie heute nacht anziehen konnte.

Nächste Woche würde sie wieder in Horsforth sein, um mit Gwen das Christfest zu verbringen, und die Thorntons würden sie wie ein Familienmitglied behandeln, als eine von ihnen, wie sie es immer taten. Sie waren so unglaublich großzügig und gütig. Und ich bin äußerst undankbar, schalt Audra sich. Sie wußte, daß Gwen sich sehr freuen würde, wenn sie nett zu Charlie wäre, also entschloß sie sich, liebenswürdig zu ihm zu sein, ohne ihn indes zu ermutigen und ihm einen falschen Eindruck zu vermitteln. *Er darf es nicht falsch verstehen.* Das wäre eine Katastrophe. Und nach den Ferien würde sie Gwen ganz sanft zu verstehen geben, daß sie nicht nach einem Ehemann Ausschau hielt.

8

Es war ein sehr kalter Morgen. *Eisig*.

Vielleicht würde es sich heute doch noch zum kältesten Tag des Winters entwickeln, dachte Audra, genau wie der Gärtner es gestern vorausgesagt hatte, als sie von ihrem Spaziergang zurückkehrte. Er hatte seine Schubkarre abgestellt und zum Himmel gesehen, dann schnupperte er mit zusammengekniffenen Augen, als könne er auf diese geheimnisvolle Weise in die Zukunft schauen.

«Morgen werden Sie sich totfriern, Miss Audra. Von der Nordsee zieht ein Wetter rauf. Wird arktisch, können Sie mir glauben, Miss.»

Sie war noch nie in der Arktis gewesen, aber es konnte dort auch nicht kälter sein als momentan in ihrem Schlafzimmer. Eiskalt war es dort, und Audra hatte das Gefühl, als sei ihre Nase, die über die Bettdecke lugte, bereits zu einem Eiszapfen geworden. Einem arktischen Eiszapfen.

Sie rutschte tiefer ins Bett hinein, zog die warme Decke über ihre Schultern und ließ ihr Gesicht fast gänzlich darunter verschwinden. Die Steppdecke war mit Eiderdaunen gefüllt – Mr. und Mrs. Bell hatten ein gutes Dutzend dieser Decken erstanden, als sie vor einigen Jahren in München Urlaub gemacht hatten.

Das hatte Mrs. Bell ihr erzählt, als sie ihre Stellung im Calpher House antrat, und hatte ihr auch erklärt, daß das Laken unter der Steppdecke das einzige sonst noch notwendige Stück Bettzeug sei. Irène Bell hatte Audra fernerhin ermahnt, nicht ihr dickes Flanellnachthemd anzuziehen, sondern statt dessen lieber ein Baumwollhemd zu wählen. Obwohl Audra dazu genickt hatte, war sie doch nicht so ganz sicher, ob sie es auch richtig verstanden hatte. Aber später am Abend, zur Schlafenszeit, hatte sie getan, wie man ihr gesagt hatte, und schon nach zehn Minuten spürte sie, wie ein wohliges Wärmegefühl ihren ganzen Körper durchdrang. Von der Steppdecke ging eine ganz erstaunliche Wärme aus, und Audra begriff, daß Mrs. Bell völlig recht gehabt hatte, was das Baumwollnachthemd anging. Alles andere wäre viel zu warm gewesen.

Sie lächelte vor sich hin, als sie an ihre erste Nacht hier dachte und ließ ihren Blick dann zur Uhr auf der Mahagonikommode schweifen, die gerade die Stunde schlug. Es war erst sechs Uhr, aber das überraschte sie kein bißchen. Sie war daran gewöhnt, um diese Zeit aufzuwachen. Das war eine alte Gewohnheit aus ihren Jahren im Krankenhaus von Ripon. Glücklicherweise gab es im Calpher House keinen so strengen Tagesablauf, und sie konnte bis sieben im Bett bleiben, manchmal auch ein bißchen länger, wenn sie Lust dazu hatte.

Audra hatte diese Stunde der Morgendämmerung richtig liebgewonnen, wenn die Familie noch schlief und niemand auf war, nur die Dienstboten im Erdgeschoß. Sie erachtete es als ihre ureigenste Stunde und genoß den Luxus, in ihrem daunigen Kokon liegenbleiben zu können, ohne sich hetzen zu müssen, einfach ihren Gedanken nachhängen zu können oder tagträumend in die Zukunft zu sehen.

Und die kam Audra an diesem Dezembermorgen des Jahres 1927 außerordentlich rosig vor.

Sicherlich konnten die Jahre, die sich vor ihr erstreckten, nicht schlimmer werden als die fünf Jahre, die vor ihrer Ankunft im Calpher House lagen. Das sagte sie sich in der letzten Zeit immer wieder. Von Natur aus optimistisch, betrachtete sie alle Dinge immer von ihrer positiven Seite und hoffte das Beste. So hielt sie es auch bei Menschen, trotz ihrer unseligen Erfahrung mit Tante Alicia Drummond. Sie begrub das schreckliche Leid, das sie von den Händen dieser unmenschlichen Frau hatte dulden müssen, in ihrem Herzen und erinnerte sich immer daran, daß nicht jeder Mensch grausam, selbstsüchtig oder unehrlich war, daß es tatsächlich auch eine

Menge gütiger Menschen auf der Welt gab. Und die Bells mitsamt ihren Angestellten von Calpher House hatten dazu beigetragen, diese Überzeugung in Audra zu verstärken. Vom ersten Tag an hatte man sie willkommen geheißen, so daß sie nie vergaß, was sie für ein Glück gehabt hatte, so einen angenehmen Ort zum Arbeiten zu finden.

Heute war es genau ein Jahr her, daß sie hier als Kindermädchen angefangen hatte.

Von dem ersten Augenblick an, da sie das Haus betrat, hatte Audra das Gefühl gehabt, hierherzugehören. Es war, als sei sie nach einer langen Reise an einen Ort zurückgekehrt, den sie immer schon gekannt hatte. Es war, als ob sie nach Hause gekommen sei . . . nach Hause, nach High Cleugh. Nicht, daß Calpher House ihrem geliebten früheren Heim auch nur im mindesten geglichen hätte; was Architektur und Inneneinrichtung betraf, waren die beiden Häuser vollkommen unterschiedlich. Aber was ihr so vertraut erschienen war, was sie mit solcher Klarheit wiedererkannt hatte, war die Gegenwart der Liebe, die in diesen Mauern herrschte.

Es war das glücklichste Jahr gewesen, das Audra seit dem Tod ihrer Mutter, seit dem Verhängnis, das über ihre kleine Familie gekommen war, verbracht hatte.

Sie paßte gut ins Calpher House.

Auf Grund ihrer Erziehung, ihrer Art und Persönlichkeit war jedermann gern mit ihr zusammen, und sie war bei der Herrschaft wie bei den Dienstboten gleichermaßen beliebt. Die Bells waren freundlich zu ihr, und die Dienstboten behandelten sie zuvorkommend und mit Respekt.

Nach Jahren der Entbehrung und des spartanischen Lebens im Krankenhaus war sie nun von unglaublichem Luxus und Komfort umgeben, wie sie es nicht einmal von High Cleugh her kannte, wo das Geld für alles außer dem Notwendigsten meist ziemlich knapp gewesen war. All ihre köstlichen kleinen Extras waren von Onkel Peter gekommen.

Die Bells waren erfolgreiche, wohlhabende Leute und konnten sich das Beste leisten. Und weil Mrs. Bell sehr großzügig war, herrschte ein Überfluß an allem.

Unglaublich köstliche Speisen kamen aus der wundersamen Küche Mrs. Jacksons, und auch Audra durfte solche Leckerbissen wie *paté de foie gras*, Kaviar und Räucherlachs mit genießen. Kristallschalen voller Bonbons, Nüsse und Fruchtgeleekonfekt standen auf kleinen Beistelltischchen im eleganten blauen Wohnzimmer, und jeder, der Lust hatte, konnte davon naschen, und selbst die Tagesmenüs des Kinderzimmers konnte man kaum *alltäglich* nennen, dazu schmeckten sie zu gut. Wenn es nach Audra ging, war die Köchin der erste Mensch, der ihrer Mutter in der Küche eine Konkurrenz sein konnte: Mrs. Jackson wartete stets mit etwas «ganz Speziellem» auf, um ihre Gaumen zu reizen. Zu sehr feierlichen Anlässen war der Butler Mr. Agiter von Mr. Bell angehalten worden, ihr ein Glas sprudelnden, eiskalten Champagner einzuschenken. Aber dieses Getränk kannte sie schon, war es doch nichts Außergewöhnliches gewesen, daß Onkel Peter eine Flasche davon mitbrachte, um den Geburtstag ihrer Mutter zu feiern – oder zum Weihnachtsfest in High Cleugh. Edith Kenton hatte ihren Kindern immer ein Gläschen davon erlaubt.

Abgesehen vom köstlichen Essen und den edlen Weinen, die im Calpher House unablässig zu fließen schienen, gab es eine Fülle von anderen Dingen, die jeweils das ihre zur allgemeinen Atmosphäre von Überfluß beitrugen.

Unzählige Schalen, Blumenvasen und exotische Gewächse verschönten jedes Zimmer im Erdgeschoß; auf den großen, runden Tischen in der Bibliothek, in Mrs. Bells Arbeitszimmer und besonders im Familienzimmer, wo sich alle des Abends versammelten, lagen die neuesten Zeitschriften und Zeitungen, gerade erschienene Romane und andere Bücher. Die Sofas und Sessel waren weich und einladend mit ihren Bergen dicker Kissen, und über die Armlehnen war vielleicht noch eine flauschige Mohairdecke aus Schottland gebreitet, damit man sie sich an kälteren Abenden um Beine und Schultern wickeln konnte.

Wenn Audra auch anfangs von all dem Luxus in diesem Haus verwirrt und etwas überwältigt gewesen war, hatte sie sich schließlich doch daran gewöhnt. Es stimmte zwar, daß sie den Komfort und das Verwöhntwerden genoß, aber es nahm in ihrem Leben keinen großen Stellenwert ein. Der wahre Grund, weshalb sie im Calpher House glücklich war, lag darin, daß ihre Arbeitgeber und das Personal wirklich gute Menschen waren, die sich um andere und deren Wohlbefinden sorgten.

Auch abgesehen von ihrer Tätigkeit war es für Audra ein gutes Jahr gewesen.

Die Briefe, die sie von ihren Brüdern erhielt, waren inzwischen viel optimistischer, atmeten den gleichen Geist wie die ersten Briefe von ihnen. Fredericks Gesundheit besserte sich mit jeder Woche, und auch ihre Lebensumstände waren viel angenehmer geworden. Endlich hatten sie beide eine gute Stelle in Sydney. William arbeitete in der Vertriebsabteilung des *Morning Herald*, und Frederick war der Privatsekretär eines Industriellen geworden, von Mr. Roland Matheson. Audra freute sich sehr für sie und war stolz darauf, wie sie gegen ihr anfängliches Pech und die entmutigenden Rückschläge angekämpft hatten. Zu wissen, daß sie nicht länger in einer schwierigen Lage steckten, machte ihr das eigene Gefühl von Verlust und die Sehnsucht nach ihnen viel erträglicher.

Und dann konnten sie und Gwen wieder einen großen Teil ihrer Freizeit gemeinsam verbringen. Mrs. Bell hatte ihr freundlicherweise mehrmals gestattet, Gwen im Calpher House übernachten zu lassen, und sie selbst war oft nach Horsforth hinübergefahren, um ihren freien Tag mit Gwen zu verbringen. Manchmal nahmen sie die Straßenbahn und fuhren in die Innenstadt von Leeds, um in den Geschäftsstraßen herumzubummeln und Schaufenster anzusehen. Langsam kannte sie sich in der Stadt gut aus. Ziemlich oft gingen sie ins Kino, und kürzlich hatten sie ihren ersten Tonfilm gesehen, *The Jazz Singer* mit Al Jolson.

Juni war für Audra ein besonders glücklicher Monat gewesen, vor allem wegen der Aufmerksamkeit, die alle ihrem zwanzigsten Geburtstag schenkten. Wie anders war es doch im Jahr zuvor gewesen, als sie diesen besonderen Tag ganz allein verbringen mußte. Die Glückwunschkarten ihrer Brüder waren diesmal nicht bloß rechtzeitig, sondern zwei Tage zu früh gekommen. Im Kinderzimmer vom Calpher House war eine kleine Feier veranstaltet worden, und sie hatte von den Bells und dem Hauspersonal Geschenke erhalten.

Am Ende der Woche, am Samstag, hatten Mrs. Thornton und Gwen ihr eine Party in The Meadow ausgerichtet. Es gab eine wundervolle sommerliche Teestunde auf dem Rasen. Der mit einem weißen Tuch bedeckte Tisch hatte sich unter der Fülle von schönen Dingen gebogen – Tomaten-Gurken-Sandwiches, ein Yorkshire Pork Pie, Biskuitkuchen, große Kannen heißen Tees und dazu noch eine mit Zuckerguß überzogene Torte, auf der in rosa *Happy Birthday, Audra* stand und die von zwanzig rosa Kerzen umgeben war. Jedes Mitglied der Familie ihrer Freundin hatte ihr ein kleines, aber liebevolles Geschenk überreicht. Nach dem Tee gingen sie nach drinnen und tanzten zu den neuesten Platten, die sie auf Gwens neuem Grammophon abspielten. Sie tanzten Charleston nach den Klängen von «Black Bottom», «Ain't She Sweet» und «Yes Sir, That's My Baby», foxtrotteten langsam zu «Blue Skies» und «Among My Souvenirs», und alle amüsierten sich an jenem Abend prächtig.

Auch Charlie war dabeigewesen, zusammen mit seinen Brüdern Jeremy und Harry, seinem besten Freund Mike Lesley und ein paar Kommilitonen von der medizinischen Fakultät. Er war immer noch sehr aufmerksam zu ihr, wann immer sich die Gelegenheit dazu bot, auch wenn Audra ihr Bestes tat, ihn zu entmutigen.

Gleich nachdem sie im Dezember davor nach Leeds gezogen war, hatte Audra Gwen gegenüber das Thema Charlie angeschnitten. So vorsichtig sie es vermochte, hatte sie ihrer Freundin erklärt, daß sie mit Charlie bei aller Sympathie nichts im Sinn hätte. Und sie hatte Gwen darum gebeten, Charlie keine Hoffnungen mehr zu machen. Gwen hatte gesagt, sie verstehe das und war sofort bereit gewesen, «das Feuer nicht mehr zu schüren». Aber Audra hatte den Schmerz in den Augen ihrer

Freundin gesehen und schnell hinzugesetzt, daß es gar nichts mit Charlie als Person zu tun hätte – daß sie sich momentan halt sowieso nicht für Männer interessierte. Dann hatte sie mit fester Stimme verkündet, daß sie nicht heiraten oder seßhaft werden wollte, ehe sie mindestens dreißig war.

Gwen hatte Audra skeptisch gemustert, sich aber jedes Kommentars enthalten. Zumindest bis letzten Monat – genauer gesagt, dem fünften November –, als sie zu ihnen nach Upper Armley gekommen war, um am Freudenfeuer teilzunehmen.

Mrs. Bell hatte Audra gesagt, sie könne Gwen über Nacht einladen, da sie beide am nächsten Tag frei hatten. Nach einer der besonderen Teemahlzeiten der Köchin gingen sie, sobald es dunkel wurde, hinaus, um sich das Freudenfeuer anzuschauen, das der Gärtner auf dem Gelände anzünden wollte. Sie hatten die Fröhlichkeit der Familie geteilt, dem Feuerwerk zugesehen, die Wunderkerzen gehalten, die Mr. Bell besorgt hatte, kochendheiße Eßkastanien und gebackene Kartoffeln gegessen, die man aus der heißen Asche gezogen hatte. Und dann waren die beiden Mädchen zur Guy Fawkes-Party und dem Tanz im Gemeindesaal von der Christ Church in der Ridge Road gegangen.

Audra hatte den jungen Mann zuerst bemerkt, als sich alle um das riesige Freudenfeuer vor dem Saal scharten, um zuzusehen, wie die Guy Fawkes-Puppe verbrannte.

Er war ganz allein, stand nahe der Veranda an die Wand gelehnt und rauchte eine Zigarette. Als er diese lässig zu Boden warf und mit der Schuhspitze ausdrückte, ließ er seinen Blick über die lärmende Menge vor dem Feuerstoß gleiten, sah sie und lächelte.

Audra erwiderte seinen Blick, und ein seltsames Gefühl, das sie noch nicht kannte, überkam sie. Plötzlich war ihr schwach und ein wenig atemlos zumute, als hätte man ihr einen Schlag versetzt.

Sein Gesicht wurde vom Feuerschein klar beleuchtet, und sie sah, daß er eine höchst eindrucksvolle Erscheinung war.

Sein dunkles Haar, das sich spitz in die breite Stirn herabzog, war zur Seite gekämmt, der Scheitel links, und er hatte dunkle Augenbrauen und helle Augen. Sein Gesicht war gut geschnitten und sensibel, aber es war die Reinheit, die darin lag, welche sie so tief rührte und solch einen unauslöschlichen Eindruck auf sie machte.

Ihre Augen begegneten sich und hielten einander fest. Er sah sie unverwandt und durchdringend an.

Sie wurde blutrot und sah schnell weg.

Einen Augenblick danach, als sie und Gwen sich abwandten und in den Gemeindesaal gehen wollten, bemerkte Audra sofort, daß er nicht mehr an die Wand gelehnt dastand, und sie war enttäuscht.

Sobald sie drinnen waren, suchten ihre Augen ihn, aber er schien spurlos verschwunden. Sie wartete darauf, daß er zurückkommen sollte, aber er kam nicht, und danach hatte der Tanz für sie allen Reiz verloren. Im Laufe des Abends konnte Audra unmöglich für längere Zeit ihren Blick von der Tür abwenden, und sie betete stumm, daß er zurückkommen möge. Etwas an ihm faszinierte sie.

Obwohl man sie mehrmals aufforderte und sie diese Angebote auch annahm, saß Audra doch den längsten Teil des Abends mit anderen Mauerblümchen auf einer langen Bank. Sie war ganz zufrieden, Beobachterin zu sein, den Tanzenden zuzuschauen, besonders Gwen, die mit allen möglichen jungen Kerlen aus der Umgebung auf dem Tanzboden herumwirbelte und augenscheinlich viel Spaß hatte. Aber Audra fand, keiner von Gwens Partnern sähe auch nur halb so gut oder faszinierend aus wie der dunkle junge Mann, der sie vorhin so gebannt hatte.

Sie hatte fast schon die Hoffnung aufgegeben, daß er noch einmal erscheinen würde, als er durch die Tür geflitzt kam, etwas abgehetzt und außer Atem, und suchenden Blicks am anderen Ende des Saals stand. Im selben Augenblick, da der Kapellmeister den letzten Tanz ansagte, entdeckte er sie, und seine Augen leuchteten auf. Schnurstracks kam er auf sie zu und fragte sie mit einem flüchtigem Lächeln, ob sie mit ihm tanzen wolle.

Audra, die von einem plötzlichen Zittern ergriffen wurde und nichts sagen konnte, nickte nur und stand auf.

Er war größer, als sie gedacht hatte, mindestens 1,75 Meter, vielleicht sogar 1,80, hatte lange Beine und breite Schultern, wenn er auch sonst sehr schlank war. Er besaß etwas Entspanntes, Natürliches, das sie gleich ansprach, und bewegte sich mit viel Selbstvertrauen und etwas Angeberei. Er führte sie zum Tanzboden, nahm sie herrisch in die Arme und schwenkte sie zu den Klängen der *Schönen Blauen Donau* herum.

Während des Tanzes machte er ein paar beiläufige Bemerkungen, aber Audra, der es die Sprache verschlagen hatte, blieb stumm. Sie hätte unmöglich etwas Zusammenhängendes herausbringen können. Einmal fragte er: «Was ist denn los, haben Sie sich die Zunge abgebissen?»

Und es gelang ihr gerade noch, «Nein» zu flüstern.

Er sah neugierig zu ihr herab und runzelte die Stirn, sagte dann aber nichts mehr, und es schien, als sei er in seine eigenen Gedanken vertieft oder konzentrierte sich auf den Tanz.

Als die Musik aufhörte, dankte er ihr höflich, begleitete sie zur Bank zurück, nickte kurz und verschwand.

Ihre Augen folgten ihm bis zur Tür. Und als er in die dunkle Winternacht hinausgetreten war, fragte sie sich, wer er wohl war und ob sie ihn jemals wiedersehen würde. Das wünschte sie sich ganz brennend.

Als sie und Gwen anschließend die Town Street hinaufeilten, um zurück zum Calpher House zu gehen, platzte Gwen plötzlich heraus: «Na, ich muß schon sagen, für jemanden, der sich nichts aus Männern macht, warst du aber ziemlich hingerissen von dem Typ, mit dem du den letzten Tanz hattest. Aber ich sag dir eins, Audra: Er taugt nichts. Ganz bestimmt nicht, Schätzchen.»

Audra fragte sie ganz überrascht: «Wie kannst du behaupten, er tauge nichts? Du *kennst* ihn doch überhaupt nicht!»

Gwen hakte Audra in der ihr eigenen, besitzergreifenden Art unter und sagte: «Ich kann schon auf den ersten Blick sehen, daß er ein richtiger Teufel ist. Die Hübschen, denen traue ich nie. *Bloß Vorsicht!* Meistens brechen sie einem armen

Mädchen das Herz, Schätzchen, oder sogar zweien oder dreien. Mit so jemandem wie unserem Charlie wärst du viel besser bedient. Und du weißt ja, was er für dich empfindet, Schätzchen. *Er hat sich nicht verändert.*»

Audra schwieg. Gwens Worte über den jungen Mann irritierten und ärgerten sie. Sie fand sie ungerechtfertigt und geradezu lächerlich. Auf jeden Fall war es dreist, und zum ersten Mal in ihrer Freundschaft war sie wütend auf Gwen. Am nächsten Morgen, wenn ihr Ärger auch keineswegs verschwunden war, vermied Audra es betont, auf den vorigen Abend anzuspielen, und sie und Gwen sprachen nicht wieder über den jungen Mann.

Aber Audra mußte dauernd an ihn denken.

In den Tagen nach der ersten Begegnung rief sie sich immer wieder bestimmte Einzelheiten jenes Abends ins Gedächtnis ... wie er auf sie herabgesehen hatte, eindringlich und nachdenklich, aus den grünsten Augen, die sie jemals gesehen hatte ... und die Verwirrung, die er in ihr ausgelöst hatte, Gefühle, von denen sie bislang geglaubt hatte, sie existierten nur in den Romanen in Mrs. Bells Bücherschrank ... die unglaubliche Anmut, mit der er sie über den Tanzboden geschwenkt hatte ... die wahrhaft klassische Schönheit seines Gesichts, so ungewöhnlich bei einem Mann.

Ihre Begegnung lag nun fast zwei Monate zurück, und Audra fragte sich immer noch, warum sie ihm in Upper Armley nie über den Weg lief. Seit jenem Abend rechnete sie damit, und sie hielt ständig nach ihm Ausschau, wenn sie mit dem ihr anvertrauten Kind unterwegs war. Audra war sicher, daß der junge Mann aus der Gegend stammte, denn sie hatte seinen hiesigen Akzent bemerkt.

Als Audra weiter an ihn dachte, klang das Echo seiner Stimme in ihr, und das Bild seines Gesichts erschien vor ihr. Und trotz der Wärme der Steppdecke zitterte sie plötzlich und wurde von einer Gänsehaut überzogen. Sie schlang die Arme um sich, umarmte sich. Sie stellte sich sein Gesicht neben ihr auf dem Kissen vor und versuchte sich auszumalen, wie es sein würde, von ihm geküßt, berührt, umschlungen zu werden. Seit ihrer kurzen Begegnung hatte der dunkle, geheimnisvolle junge Mann sie verfolgt und sich zu den unpassendsten Momenten in ihre Gedanken gedrängt.

Schließlich machte Audra wieder die Augen auf und bemühte sich, dieses ungewohnte Verlangen zu ersticken, das sich in ihr regte. Bevor sie *ihm* begegnet war, mit *ihm* getanzt hatte, waren Audra sexuelle Wünsche vollkommen unbekannt gewesen, und in der letzten Zeit verwirrten und ängstigten sie diese seltsamen, neuen Gefühle, die sie empfand, und erregten sie dennoch. Sie drückte das Gesicht ins Kissen und wollte die Erinnerung an ihn auslöschen, stellte aber wie so oft in den letzten Wochen fest, daß es ihr nicht gelang, sich vom Bild seines Gesichts, von jenen unglaublichen Augen zu befreien. Sie wußte, daß sie ihn begehrte.

Sie drehte sich auf den Rücken und lag ganz still da, starrte mit weit offenen Augen zur Decke empor, blinzelte nicht und fragte sich, was sie tun würde, wenn sie ihm nie wieder über den Weg liefe. Verzweiflung überkam sie und verschwand dann sofort wieder. Audra war überzeugt, daß sie sich wiedersehen und einander kennenlernen würden. Näher kennenlernen würden. Das wußte sie einfach.

Plötzliches Geklapper im Flur vor ihrem Schlafzimmer durchbrach die morgendliche Stille.

Audra fuhr überrascht zusammen, hob den Kopf und lauschte. Sie hörte einen gepreßten Ausruf, dann leises, unverständliches Gemurmel und danach stampfende Schritte, die ins Kinderzimmer nebenan gingen.

Audra wußte, daß es Cora war, die ihren morgendlichen Arbeiten nachging. Sie vermutete, daß das Dienstmädchen die Kohlenschütte fallen gelassen hatte, was keineswegs selten vorkam. Die unerschütterlich heitere Cora hatte sich als freundliches Herz entpuppt, war aber gleichzeitig die ungeschickteste Person, der Audra jemals begegnet war. Kein Tag verging, ohne daß irgend etwas zerbrach, und die Schuldige war leider immer die arme Cora.

Nun klopfte es laut, und Coras blankes Gesicht erschien in der Tür. «Morgen, Miss Audra.»

«Guten Morgen, Cora», sagte Audra, stützte sich auf und lächelte im schwachen Licht.

«Ist es recht, wenn ich reinkomme, Miss Audra? Um Feuer anzumachen?»

«Ja, natürlich, Cora.»

Coras rundlicher kleiner Körper, der in die rosagestreifte Morgenuniform gezwängt war, sauste wie ein rasender Kreisel durchs Zimmer. Sie knallte die Kohlenschütte und den Aschenkasten ohne weitere Umstände auf den Kamin und wirbelte dann zum großen Fenster hinüber.

«Herrgott, wie kalt es heut morgen ist, Miss. Gradezu arktisch, wie Fipps meint. Ja, er sagt, es is so kalt, daß 'nem Messingaffen die Eier abfriern, sagt er.»

«Also wirklich, Cora!»

«Hat er zu mir gesagt, Miss.»

«Aber so etwas Ordinäres sollten Sie nicht wiederholen, Cora», ermahnte Audra sie sanft.

«Nein, sollt ich wohl nich, zumindest nich in Ihrer Gegenwart, Miss Audra.» Wenn Cora dies auch entschuldigend herausgebracht hatte, warf sie Audra dennoch ein verschmitztes Lächeln zu, als sie zum Kamin zurücklief. Dann fragte sie: «Und was wern Sie morgen abend machen, Miss Audra?»

«Nichts Besonderes, Cora. Meine Freundin Miss Thornton hat in den nächsten zwei Wochen Nachtdienst im Infirmary, und so werde ich zu keinem Neujahrsfest gehen. Ich bleibe hier im Calpher House.»

«Aber Mr. Agiter macht doch immer 'ne Feier für die Angestellten, wissen Sie», Cora sah über ihre Schulter, lächelte ansteckend wie immer und setzte hinzu: «Sie warn ja so schüchtern letzten Dezember, als Sie hier angefangen sind, und wollten nicht runterkommen, aber ich hoff, daß Sie dies Jahr mit uns feiern werden, wirklich, Miss Audra.»

«Ja, das will ich auch, Cora. Mr. Agiter hat mich auch schon eingeladen, und ich freue mich darauf, um Mitternacht mit euch allen anzustoßen . . . auf 1928.»

Das Kind hieß Theophilus, kurz Theo genannt, und Audra hatte ihn wirklich liebgewonnen in dem Jahr, seitdem er ihr nun anvertraut war.

Er war ein seltsam ausschauender kleiner Junge, nicht direkt unscheinbar, aber auch nicht hübsch.

Als sie ihn zum ersten Mal sah, fand sie ihn höchst originell. Und das hatte sich als wahr erwiesen – nicht nur, was sein Aussehen betraf. Theophilus hatte ein pausbäckiges, vollkommen rundes kleines Gesicht, das einem Pudding nicht unähnlich war, aber seine Haut war rosig und weiß, nicht pappig oder teigig. Er hatte helles, glattes und seidiges Haar, das über zwei scharf beobachtende schwarze Augen herabfiel, die kleinen, glänzenden Kohlestückchen glichen. Das Haar pflegte er sich mit einer unmutigen Handbewegung aus der Stirn zu streichen.

Audra dachte oft, daß diese sehr dunklen Augen und das hellblonde Haar eigentlich gar nicht zusammenpaßten, aber so war eben Theophilus. Er schien aus lauter Ersatzteilen zu bestehen, die jedes für sich genommen ihren Reiz hatten, aber nicht dazu bestimmt waren, zueinanderzugehören.

Bei dir paßt nichts zusammen, mein kleiner Liebling, nicht wahr? murmelte Audra vor sich hin, während sie seine Haare kämmte. Sie pflegte sich immer kurz mit seinem Aussehen zu beschäftigen, bevor sie ausgingen, und der heutige Morgen bildete da keine Ausnahme. Sie legte die Bürste hin und trat mit schräggeneigtem Kopf ein Stückchen zurück, um ihn kritisch zu begutachten. Dann beugte sie sich vor und rückte seinen Schlips zurecht, nickte zufrieden, bückte sich und gab ihm einen Kuß auf die Wange.

«Jetzt bist du wirklich ausgehfertig!» rief sie, nahm seine Hand und half ihm, vom Tisch herunterzuspringen. «Du siehst heute so blank wie ein neuer Penny aus, Theo.»

Er sah sie mit seinen ernsten Augen an, die für einen Sechsjährigen merkwürdig klug und wissend dreinschauten. «Hoffentlich findet der Arzt das auch.»

Sie verbiß sich ein Lachen und sagte: «Bestimmt. Nun lauf und sag deiner Mutter auf Wiedersehen, während ich meine Sachen hole, und dann können wir losgehen.»

«Ja, das sollte ich wohl tun. Bevor sie nach Leeds fährt. Heute ist mein Taschengeld fällig.» Er machte ein entschlossenes Gesicht, marschierte mit kurzen, aber festen Schritten zur Tür und verschwand im Korridor.

Audra sah ihm nach und wandte sich lächelnd ab, ging dann durch das große, gemütlich eingerichtete Kinderzimmer. Es blieben ihr noch wenige Minuten, ehe sie dem Kleinen nachgehen mußte, und so stellte sie sich mit dem Rücken an den Kamin, wärmte sich und dachte an ihren kleinen Schützling.

Theophilus Bell hörte nie auf, Audra zu erstaunen und zu amüsieren. Er war ein frühreifes Kind, ohne dabei frech zu sein. Die Köchin nannte ihn «altmodisch», und diese Beschreibung traf genau. Audra war nicht erstaunt, daß er so war. Er hatte den größten Teil seines bislang kurzen Lebens unter Erwachsenen zugebracht, auch seine Schwestern waren viel älter als er. Pandora, die im Frühling geheiratet und aus Calpher House ausgezogen war, war jetzt zweiundzwanzig. Antonia und Felicity, die beide gerade den letzten Schliff in einem Internat in der Schweiz bekamen, waren neunzehn und achtzehn. Alle drei wohlerzogene junge Damen mit einer guten Bildung, die weit gereist waren und hier im Hause schon eine Vielzahl verschiedener Leute sowie ungewöhnliche Gedanken kennengelernt hatten. Und so waren auch sie viel älter als ihre Jahre und hatten – was weiter nicht verwunderlich war – einen gewissen Einfluß auf ihren kleinen Bruder ausgeübt. Die Mädchen nannten Theo «den Nachtrag», und obwohl Audra die Formulierung mißfiel und sie diese recht unfreundlich fand, mußte sie zugeben, daß etwas Wahres daran war. Mrs. Bell hatte ihren Sohn geboren, als sie zweiundvierzig war, lange nachdem sie aufgehört hatte, mit Kindern zu rechnen. Zu Audra hatte sie gesagt: «Theo wäre fast ein verzogener Nachzügler geworden, da haben wir noch mal Glück gehabt.»

Audra kam es wie ein kleines Wunder vor, daß die Bells nicht in den gewöhnlichen Fehler verfallen waren, Theo zu verwöhnen und zu verhätscheln, wie es so oft der Fall ist, wenn ältere Eltern erst spät den einzigen Sohn bekommen, der ihr ganzer Stolz ist. Manchmal war man natürlich zu nachsichtig gegen ihn, aber das schien ihn nicht zu beeinflussen – er stellte niemandem übertriebene Forderungen und hatte auch keine Wutausbrüche.

Eigentlich glich Theo sehr seiner Mutter. Ganz sicher hatte er Irène Bells aufgeweckte Art, ihre Intelligenz und ihren Fleiß geerbt. Und wenn einem seine Gewissenhaftigkeit manchmal auch etwas zuviel wurde, war er doch ein gutes Kind, sehr gehorsam, und er hatte Audra in den vergangenen zwölf Monaten niemals Ärger bereitet.

Zehn laute Glockenschläge, die durch das Schlafzimmer hallten, erinnerten Audra daran, wie spät es war. Theo hatte in den letzten Tagen Halsschmerzen gehabt, und obwohl es ihm jetzt besser ging, nahm sie ihn heute morgen zum Arzt, damit dieser ihn gründlich untersuche.

Sie lief schnell ins Nebenzimmer, warf einen kurzen Blick in den Spiegel, strich sich hastig übers Haar, das sie sich im Sommer gerade hatte kurz schneiden lassen, und ging dann zum Kleiderschrank in der Ecke. Dort nahm sie ihren schweren Wintermantel heraus, einen Hut sowie einen dicken Wollschal und Handschuhe in Erwartung des arktischen Wetters, das anscheinend über sie hereingebrochen war, gerade wie der Gärtner es gestern vorausgesagt hatte.

9

Er hieß Vincent Crowther und hatte etwas Rebellisches an sich.

Er kam im Jahre 1903 zur Welt, fünf Minuten vor Mitternacht, am zwölften Tag des Juni, inmitten des schrecklichsten Gewitters, dessen das neue Jahrhundert sich rühmen konnte.

Als stämmiges, kräftiges Neun-Pfund-Baby gab er schreiend seinen Einstand, schlug mit den Fäusten um sich und ließ mit einem wutrot verzerrten Gesicht seinem heftigen Temperament derart freie Bahn, daß der Arzt zur Hebamme sagte, die Ausbrüche des Babys würden nur noch vom gewalttätigen Wetter draußen übertroffen.

Seine Mutter nannte ihn für sich immer ihren Sturmvogel, und sie wunderte sich nie, als aus dem rebellischen Kind ein ebenso rebellischer Mann wurde, der obendrein noch ein Einzelgänger war und sich aus der Menge heraushob.

In gewisser Weise war er von Natur aus Mittelpunkt, ein Mensch, der andere durch die Kraft seiner Persönlichkeit, seines umwerfenden Aussehens sowie seines großen Charmes an sich fesselte. Es schadete ihm auch nicht, daß er, wie sein Vater es nannte, die «Gabe der Geschwätzigkeit» besaß.

Der Erstgeborene von Eliza und Alfred Crowthers acht Kindern konnte sich als Kind einer fast mädchenhaften Schönheit rühmen, aber als er älter wurde, wandelte sich dies zu einer ausgesprochen männlichen Attraktivität. Daß er ein ganzer Mann war, stand nie zur Debatte. Es lag wie ein strahlender Glanz über ihm. Folglich fielen ihm die Frauen wie ohnmächtig zu Füßen und hatten das getan, seit er sechzehn war. Er kannte sich gut mit ihnen aus und beherrschte alle

Tricks und Liebesspiele schon in zartem Alter. Nun war er vierundzwanzig.

Sein Aussehen blendete jeden.

Es waren die Farben, die so außergewöhnlich waren. Das schimmernde schwarze Haar und die schwarzen Brauen standen in deutlichem Gegensatz zu seiner hellen, cremefarbenen Haut und den Wangen, die stets so rosig waren wie ein Pfirsich. Dazu hatte er kühle grüne Augen von der Farbe eines hellen, durchsichtigen Turmalins, die von schwarzen Wimpern umrahmt wurden. Diese Augen, dieser Teint waren der Neid seiner Schwestern – und der meisten anderen Frauen.

Er war genau 1,78 Meter groß, muskulös und gut gebaut, und alles an ihm war fest und straff, ohne eine Unze Fett, ohne irgend etwas Schlaffes.

Immer tadellos gepflegt, hielt Vincent sich für einen Dandy, liebte Kleidung und trug sie mit viel Eleganz. Wo er auch erschien, machte er immer großen Eindruck, besonders auf dem Tanzboden. Dort kamen seine Anmut und sein gutes Aussehen noch vorteilhafter zur Geltung.

Er war Mutters Liebling.

Seine Geschwister waren sich darüber im klaren. Sie verspürten keine Eifersucht. In gewisser Hinsicht teilten sie sogar die Gefühle ihrer Mutter für ihn. Seine Brüder schauten bewundernd zu ihm auf, seine Schwestern beteten ihn an.

Nur sein Vater behandelte ihn wie einen gewöhnlichen Sterblichen.

Alfred Crowther liebte seinen Erstgeborenen, machte sich aber keine Illusionen über ihn. Als ehemaliger Hauptfeldwebel der Seaforth Highlanders war Alfred ein Veteran zweier Kriege, hatte gegen die Buren im afrikanischen Busch ebenso wie gegen die Deutschen auf den Feldern von Flandern gekämpft. Daher kannte er Männer und ihre Beweggründe, er durchschaute sie leicht – sein Sohn bildete da keine Ausnahme. Er kannte Vincent sehr gut.

Alfred sah, daß in dem Jungen eine Menge Teufelei steckte, ganz abgesehen von seiner Unbeherrschtheit und einer guten

Dosis Eitelkeit. Er fand, Vincent sei viel schöner, als ihm guttäte. Aber da Alfred ein Realist war, wußte er, daß es nicht viel Sinn hatte, sich um seinen ältesten Sohn Sorgen zu machen, der mit dem Aussehen eines Theaterstars zur Welt gekommen war. Damit zu hadern, würde die Tatsachen nicht ändern. Crowther senior glaubte, daß schließlich immer das geschah, was geschehen sollte. Seine fatalistische Einstellung ging wohl auf seine irische Mutter Martha zurück, die ihm in seiner Kindheit immer wieder gesagt hatte: «Was sein wird, wird sein, Alf, da kannst du sicher sein. Ist *vorherbestimmt*, dies Leben, das jede von uns armen Seelen in dieser harten, grausamen Welt lebt.»

Vater und Sohn waren gute Kameraden. Sie teilten sich gern ein Bier und schauten am Wochenende meist zusammen in ein Pub hinein. Oft besuchten sie auch die Pferderennen von Doncaster und York, besonders im Sommer. Aber trotz dieser gewissen männlichen Kameradschaft herrschte keine so große Nähe zwischen ihnen, wie man es hätte erwarten können. Es war seine Mutter, die Vincents Freundin war und die er ins Vertrauen zog. Das war sie immer gewesen. Und sie würde es immer sein – bis zu ihrem Tod.

Abgesehen von seinen offensichtlichen körperlichen Vorzügen war Vincent Crowther auch keineswegs ein Dummkopf. Ganz im Gegenteil. Er war aufgeweckt und intelligent, besaß eine ausgeprägte analytische Begabung, die ihm später im Leben zugute kommen würde, und ein gutes Gedächtnis.

Aber da er aus der Arbeiterklasse stammte, hatte er die staatliche Schule von Armley mit vierzehn Jahren verlassen und sich einen Job in einer der Schneiderwerkstätten besorgt. Das hatte ihn schnell gelangweilt, vorwiegend deshalb, weil seine Interessen auf einem anderen Gebiet lagen. Das Bauhandwerk zog ihn an, und oft wünschte er, Architektur studiert zu haben.

Nach der Schneiderwerkstatt war er für kurze Zeit bei einer Ziegelei in der Umgegend gewesen, bevor es ihm schließlich gelang, bei einer Baufirma unterzukommen. Er lernte immer mehr dazu in seinem Beruf – es machte ihm Spaß, im Freien zu arbeiten, und es freute und befriedigte ihn, wenn er die Bauten langsam Form annehmen, wachsen und so der ursprünglichen Vorstellung des Architekten entsprechen sah.

Manchmal sagte Vincent sich, daß er einen Abendschulkurs in Leeds machen und technisches Zeichnen lernen sollte, aber er schob dies immer wieder auf und ließ sich von anderen, vergnüglicheren Aktivitäten abhalten. Besonders gern ging er zum Tanzen, und als Junge war er ein eifriger Leser gewesen, aber sonst besaß er keine nennenswerten Hobbies. Meist verbrachte er seine freie Zeit mit seinen Kumpeln an der Theke – mit aufgestützten Armen hockte er im Schankraum irgendeines Pubs in der Nähe, trank seine Biere und vertiefte sich in die *Tissue*, eine rosa Rennzeitung, die an jedem Wochentag erschien und seine Bibel war.

Auch an diesem kalten Samstagmorgen in den letzten Tagen des Dezembers hatte er sich über die *Tissue* hergemacht und überlegte, auf welches Pferd er wohl heute bei den Rennen in Doncaster setzen sollte. Besonders intensiv dachte er über die Pferde des Ein-Uhr-Rennens nach und ging in seinem klugen Kopf die wichtigsten Punkte noch einmal durch, dachte über die Schwächen und Vorzüge der Trainer und der Jockeys sowie der einzelnen Pferde nach, überlegte sich sorgfältig die Gewinnchancen.

Vincent saß am Tisch mitten in der Küche im Erdgeschoß des Crowtherschen Hauses in Armley, eines großen, viktorianischen Terrassenhauses mit zwei Geschossen und einem riesigen Dachboden unter dem Gesims. Die Küche mit dem großen Fenster, das auf Garten und Hof hinausging, war ein geräumiger, gemütlicher Raum; man hatte sie einladend und bequem wie ein Wohnzimmer eingerichtet, wie es in dieser Gegend Sitte war.

Den Blickpunkt des Raumes bildete der offene Kamin, ein sogenannter «Yorkshire-Herd», der so hieß, weil die offene Feuerstelle mit einem angrenzenden Ofen verbunden war. Dieser Herd konnte sich außerdem einer Stange rühmen, an der man einen Kessel oder einen Schmortopf über das Feuer hängen konnte. All diese Elemente waren in einer Konstruktion vereint, die ungefähr anderthalb Meter in der Höhe und ebensoviel in der Breite maß.

Der schwarze Eisenherd wurde von einem schweren Kaminsims aus blankpoliertem Holz bedeckt. Darauf standen eine modische Pendeluhr, zwei Kerzenhalter aus Messing, ein Tabaktopf, ein Gestell, in dem Alfreds Pfeifen hingen und ein Gefäß mit Fidibussen. Der Kamin wurde von einem massiven Kamingitter umgeben, das ebenfalls aus Messing war und das eines der Mädchen jeden Freitag blankputzte. In den tanzenden Flammen des Feuers glänzte das Gitter wie Gold. Zwei mit grünem Mokett bezogene Armsessel standen beidseitig vom Kamin, zwischen sich den großen, nahtlos gewebten Teppich, auf dem blutrote Rosen vor tiefgrünem Hintergrund blühten.

Überhaupt gab es in dieser Küche eine Menge Rosen. Sie waren Elizas Lieblingsblumen. Girlanden aus rosa und weißen Zentifolien liefen die Tapete entlang, um auf scharlachrote Kletterrosen zu treffen, die sich durch das grüne Linoleum zogen, weißes Porzellan mit Rosenmuster stand in den Regalen des Geschirrschranks in der Ecke, und mit gelben Rosenblüten bestickte Kissen verteilten sich auf einem dunkelgrünen Ledersofa an der gegenüberliegenden Wand.

Es war ein heiterer, fröhlicher und einladender Raum, der zumeist das Zentrum aller Aktivitäten darstellte, das Herz des Familienlebens. Aber heute morgen war es hier ungewöhnlich leer.

Vincent war allein.

Er war froh darüber, einmal Ruhe zu haben, sich der wichtigen Arbeit, die potentiellen Gewinner herauszufinden, in vollkommener Stille hingeben zu können, ohne durch den Lärm abgelenkt zu werden, den seine Geschwister meist veranstalteten.

Er nahm noch einen Schluck Tee und blickte weiter in die Rennzeitung, vor Konzentration die Stirn gerunzelt. Schon seit einer Stunde war er in diese Beschäftigung vertieft, und schließlich war er auch zu einigen Entscheidungen gekommen, schrieb die Namen seiner Pferde auf einen Zettel und saß einen

Augenblick da, las gebannt die Liste. Dann nickte er langsam, zufrieden darüber, die beste Wahl getroffen zu haben, und griff nach seiner Schachtel Woodbines.

Er lehnte sich zurück und rauchte nachdenklich.

Ohne jeden Grund fiel ihm plötzlich das Mädchen ein. *Schon wieder.* Sie trat ihm ständig dann vor Augen, wenn er am wenigsten damit rechnete. Er war ihr erst einmal in seinem Leben begegnet, aber wenn er die Augen schloß, konnte er ihr Gesicht so deutlich vor sich sehen, in jeder Einzelheit, daß es war, als hätte er sie schon ewig gekannt.

Als sie ihm das erste Mal aufgefallen war, wie sie am Freudenfeuer beim Gemeindesaal stand, war ihm sofort und instinktiv klar gewesen – ohne daß er sie schon kannte –, daß sie nicht zu den jungen Frauen gehörte, mit denen man herumspielen konnte. *Sie war eine ernsthafte Angelegenheit.*

Und da er nicht die Absicht hatte, mit irgendeinem Mädchen etwas Ernstes zu beginnen oder sich in eine Beziehung zu stürzen, die in der schrecklichen Fessel der Ehe enden würde, war er geflohen, war eilig ins White Horse gegangen, um mit den Jungens ein Bier zu trinken und ein bißchen Darts zu spielen. Aber kurz vor zehn war er den ganzen Weg zum Gemeindesaal in der Hoffnung zurückgelaufen, den letzten Walzer mit ihr tanzen zu können.

Wie schüchtern sie gewesen war, so steif und unnachgiebig. Ihre Haltung und Art hatten ihn abgeschreckt, und er war entmutigt fortgegangen, hatte sich gefragt, warum sie überhaupt mit ihm getanzt hatte. Sie hätte seine Aufforderung leicht ablehnen können.

Aber er konnte sie nicht vergessen.

Vincent seufzte, nahm einen langen Zug von seiner Zigarette und blies Rauchkringel in die Luft, sah ihnen zu, wie sie davonschwebten und sich dann auflösten. Und er kam zu dem Entschluß, daß es eine hoffnungslose Zeitverschwendung sei, an die winzige Venus von Milo mit den strahlendblauen Augen und großartigen Beinen zu denken. Sowieso hatte sie sich offenbar in Luft aufgelöst – genau wie der Zigarettenrauch. Seit jener Nacht des Freudenfeuers hatte er es sich zur Gewohnheit gemacht, immer mal kurz bei den Kirchtänzen hereinzuschauen, um nach ihr auszuschauen, und er hatte immer die Augen offen gehalten, wenn er geschäftlich in Armley war. Nie hatte er sie getroffen. Und darüber hinaus schien niemand derjenigen, die an jedem Mittwoch und Samstag zu den Kirchtänzen gingen, zu wissen, wer sie war. Er hatte in den letzten beiden Monaten unzählige Nachforschungen über sie angestellt. Die einzige Kleinigkeit, die er herausbekommen hatte, handelte von ihrer vollbusigen blonden Freundin, die, offenbar auch namenlos, eine Krankenschwester aus dem Infirmary war. Als ob ihm das helfen würde. Seine Chancen, die blauen Augen wiederzusehen, standen eins zu tausend.

Vielleicht ist es auch gut so, murmelte er. Was *Festes*, das habe ich grade nötig ... kann ich verdammt nicht brauchen.

In diesem Augenblick flog die Eingangstür so unvermittelt und mit solcher Wucht auf, daß Vincent sich erschreckt aufrichtete. Ein eisiger Windzug fuhr durch die Küche und ließ ihn frösteln. Mit ihm traten Laurette und Maggie, zwei seiner drei Schwestern, ein.

Sie kamen vom Wochenendeinkauf, und jede trug zwei randvolle Einkaufstüten. Die Mädchen waren in marineblaue Wintermäntel eingepackt, grünschwarz karierte Schottenmützen und dazu passende lange Wollschals. Der kalte Wind hatte ihnen blankpolierte Apfelbäckchen gezaubert und ihre Nasen in knallrote Kirschen verwandelt. Ihre Augen strahlten, und sie atmeten soviel Fröhlichkeit und Lebendigkeit, daß auch auf sein Gesicht ein frohes Lächeln trat.

«Hallo, Vincent», riefen sie im Chor und grinsten.

«Hallo, ihr zwei Hübschen», sagte er und schrie dann: «Mach doch um Gottes willen die Tür zu, Maggie!»

«Tut mir leid», erwiderte die Zwölfjährige und schob diese mit dem Fuß zu, derart heftig, daß die Milchglasscheibe klapperte.

«Paß doch auf das Glas auf!» ermahnte Vincent sie und schüttelte etwas wütend den Kopf.

Maggie murmelte: «Tschuldigung», und folgte dann der älteren Schwester zur Arbeitsfläche neben dem Spülbecken, wo sie ihre Einkaufstaschen abstellte.

Laurette drehte sich zu ihrem Bruder um und begann, ihren Mantel aufzuknöpfen: «Es ist ja sehr still hier drin, Vincent. Wo sind sie denn alle?»

«Oben. Oder weggegangen.»

«Wer ist oben?» fragte Maggie, neugierig wie immer. Sie schlüpfte aus ihrem Mantel und warf ihn aufs Sofa.

«Häng den sofort auf, junges Fräulein», befahl Laurette und warf ihr einen strengen Blick zu.

Maggie zog zwar ein Gesicht, tat aber, was man ihr gesagt hatte. Dann fragte sie wieder: «Wer ist oben?»

«Unsre Mam. Sie wischt in den vorderen Zimmern Staub. Und Jack, der Danny vorliest. Mam sagt, er soll heute noch im Bett bleiben – wegen seiner schweren Erkältung», erklärte Vincent.

«Hab ich doch gewußt! Hab ich doch gleich gesagt, daß er noch nicht gesund ist!» rief Maggie schrill, wobei sie dramatisch die Augen verdrehte und ihre übertriebene Besorgnis zur Schau stellte. «Hab ich Mam doch gleich gesagt. Er hat die ganze Nacht lang gehustet. Der arme kleine Danny, er ist ja meistens krank. Aber was soll man dazu sagen, er ist schließlich auch das kleinste Ferkel im Wurf.» Sie schnalzte mitfühlend wie eine betagte Matrone, die über einen reichen Erfahrungsschatz verfügt, dann fuhr sie überlegen und allwissend fort: «Spätgeborene Babys sind oft krank.»

Vincent wandte den Kopf und bezwang seine Heiterkeit. Maggie war schon eine. Kein Mensch wußte, womit sie als nächstes kommen würde. Sein Vater sagte immer, sie sei so altklug wie eine Hundertjährige.

Laurette hingegen fand das alles gar nicht komisch und bedachte ihre kleine Schwester mit einem strengen, mißbilligenden Blick. Sie fand, Maggie ginge manchmal zu weit und hörte und sähe viel zuviel für ihr Alter. Aber sie sagte nichts. Laurette ging zum Kleiderschrank und hängte ihre Sachen weg. Dann nahm sie eine Tasse und Untertasse aus dem

Schrank über dem Ausguß und setzte sich zu Vincent an den Tisch. Sie hob den Teewärmer hoch, befühlte die Kanne und goß sich eine Tasse Tee ein.

Vincent beobachtete sie die ganze Zeit über mit liebevollem Blick. Er machte sich Sorgen um Laurette. Vor knapp einem Jahr hatte sie ihren Cousin Jimmy geheiratet, aber es hatte nicht geklappt. Vor drei Monaten war sie nach Hause zurückgekommen, zu seiner nicht geringen Erleichterung. Er hatte von vornherein geglaubt, daß diese Verbindung verflucht sei, und seinen Cousin hatte er nie besonders gemocht, ihn für einen Waschlappen gehalten.

Laurette war ein liebes Mädchen und mit ihren zweiundzwanzig Jahren Vincent im Alter am nächsten. Die beiden hatten sich immer gut verstanden. Sie sah reizend aus mit ihrem hellen, lockigen Haar, dem sensiblen Gesicht und den rauchgrauen Augen, die geheimnisvoll und tief aussahen. Groß und schlank wie sie war, hatte sie einen ähnlichen Körperbau wie ihr Bruder, aber die kleine Maggie war sein wirkliches Ebenbild mit ihrem zigeunerschwarzen Haar, dem in die Stirn gezogenen Haaransatz und den großen, grünen Augen, die Spiegel seiner eigenen waren. Olive, die mittlere Schwester, sah Laurette ähnlich, aber auch sie hatte dunkles Haar und die hellblauen Augen ihrer Mutter. Olive, die jetzt zwanzig war, hatte mit achtzehn ihre Jugendliebe geheiratet, und sie und ihr Mann Hal wohnten in der Nähe.

Maggie ging nun zu Vincent und Laurette an den Küchentisch hinüber.

Sie stellte sich neben ihren Lieblingsbruder, legte eine Hand auf seine Schulter und warf mit der anderen ein Päckchen Woodbines und das Wechselgeld vor ihn hin.

«Da sind deine Glimmstengel, Vincent. Und rauch sie nicht alle auf einmal. Denn ich geh heute nicht mehr raus. Für niemanden. Nicht einmal für dich. Also!» Sie ließ sich auf den Stuhl neben ihm fallen und sagte, wobei sie ihm einen herausfordernden Blick zuwarf: «Falls es dich interessieren sollte: Ich habe es total satt, jedermanns dummer Laufbursche zu sein!»

Er warf den Kopf zurück und brüllte vor Lachen. «Was bist du doch für ein freches Mädchen heute morgen. Aber trotzdem nett von dir, mir meine Zigaretten zu besorgen, Mäuschen.»

Laurette sagte: «Ich kann gar nicht glauben, daß alle weggegangen sind . . . an so einem kalten Tag . . . es ist schrecklich draußen, Vincent. Wo sind sie denn bloß hin?»

«Dad ist zum Friseur, will sich die Haare schneiden lassen. Und unser Frank, der hoffnungsvolle Reitersmann, ist in den Hardcastle-Ställen und hilft, die Pferde zu bewegen. Der gelehrte Bill bringt seine Bücher zur Bibliothek.»

«Ah ja.» Laurette nippte an ihrem Tee. Eine kurze Pause entstand. Dann fragte sie: «Olive ist nicht schon hier gewesen heut früh, oder?»

«Nein, noch nicht.»

«Gut, da hab ich sie nicht verpaßt. Wir wollten nämlich heute abend zu dem ‹Tanz von anno dazumal› gehen, und ich muß mich noch mit ihr verabreden. Hast du nicht Lust mitzukommen, Vincent?»

«Ich will mit!» unterbrach Maggie sie eifrig und sah ihre Schwester an. «Laß mich mit dir und Olive kommen, Laurette. *Bitte*.»

«Nein, das geht nicht, du bist noch zu klein», erwiderte Laurette. «Aber wie sieht's mit dir aus, Bruder?»

Er schüttelte den Kopf. «Nein, aber trotzdem nett, daß du gefragt hast.»

«Aber wieso denn nicht?» wollte Laurette wissen. «Es würde dir bestimmt Spaß machen. Los, komm doch mit.»

Er schüttelte den Kopf noch heftiger.

Maggie rief: «Nein, *da* will er nicht hin, Laurette! Das ist ihm zu zahm. Er geht am Samstag abend immer in das *Pub*. Und davor geht er runter zur Gemeindehalle und sieht sich kurz mal um . . . guckt sich jedes Mädchen von Kopf bis Fuß an, sagt man. Bestimmt steht er deswegen ewig vor dem Spiegel und schniegelt sich stundenlang. Kein Wunder, daß das unseren Dad wahnsinnig macht. Eitel ist er, unser Vincent, und in sich selbst verliebt. Man sollte denken, er sei ein Mädchen, so wie er ständig in den Spiegel sieht.»

Vincent funkelte sie wütend an. «Du wirst ja eine richtige kleine Mistkröte, weißt du das, Maggie?»

Maggie erstarrte auf ihrem Stuhl und kreischte: «Das läßt du lieber nicht unseren Dad hören, Vincent! Oder er knallt dir eine, daß du mitten in die nächste Woche hineinfliegst!»

«Das werden wir ja sehn!» schrie Vincent zurück.

«Nun gebt mal wieder Ruhe, ihr zwei», ermahnte Laurette sie und runzelte die Stirn. Sie drohte Maggie mit dem Finger. «Du treibst es momentan wirklich zu schlimm, also paß in Zukunft besser auf. Und was dich betrifft, Vincent, solltest du es besser wissen, als ihr Schimpfworte an den Kopf zu werfen. Auch Mam gefällt das ganz und gar nicht.»

«Ja, ja», murmelte Vincent und ärgerte sich über sich selbst, daß er sich von dem Mädchen so hatte provozieren lassen.

Maggie, die es bereute, daß sie ihn geärgert hatte, beugte sich über den Tisch, sah in sein hübsches Gesicht und stellte fest, daß jenes kalt und verschlossen dreinblickte. Bekümmert sagte sie leise: «Es tut mir leid, Vincent, wirklich.» Dann streckte sie die Hand aus und drückte seinen Arm. «Wir wollen wieder Freunde sein. Ach, und überhaupt, du wolltest mir doch etwas geben dafür, daß ich dir deine Woodbines hole.»

«Wenn du nicht aufpaßt, wird's 'ne Backpfeife sein», murrte er.

«Also so was!» rief Maggie atemlos. «Das ist das letzte Mal, daß ich dir einen Gefallen tu, Vincent Crowther. Du hältst deine Versprechen nicht.»

Ohne daß er sich erklären konnte wieso, fing er an zu lachen. Seine Augen blinkten, als er die Hand ausstreckte und seiner kleinen Schwester die Haare zerwühlte. Dann schob er ihr ein Sixpencestück hinüber. «Da, Schätzchen, das ist für dein Sparschwein.»

Maggie strahlte ihn an. «Ach nein, ich werd's gleich ausgeben. Danke.»

Vincent wurde nachdenklich. Nachdem er sich eine Zigarette angezündet hatte, sagte er leise: «Meinst du nicht, daß es an der Zeit ist, alles mit Jimmy zu regeln, Laurette? Einen Rechtsanwalt in Leeds aufsuchen . . . wegen einer Scheidung?»

«Ja, das glaube ich auch, und ich hab auch schon einen Termin bei einem Rechtsanwalt nächsten Samstag. Jimmy hat sich mit allem einverstanden erklärt», erwiderte Laurette.

«Da wird Dad sich aber mächtig freuen!» trompetete Maggie, bevor Vincent auch nur ein Wort sagen konnte. «Er hat nie viel von deiner Ehe gehalten, Laurette. Er sagt, so brächte man Geistesschwache zur Welt . . . wenn Cousins ersten Grades heiraten und Babys haben, mein ich.»

Laurette sah sie sprachlos an. Sie wurde blaß, und ihre weichen, grauen Augen schwammen plötzlich in Tränen. Schwankend erhob sie sich, rannte dann auf die Tür zu, die zur Treppe führte, und riß diese auf. «Ich geh Mam helfen», flüsterte sie mit heiserer Stimme und lief die Treppe hinauf.

Vincent war wütend auf Maggie und wandte sich ihr aufgebracht zu: «Wirst du denn nie klüger, Mädel? Immer den Mund aufreißen und ins Fettnäpfchen treten, verdammt noch mal!»

«Was hab ich denn *Falsches* gesagt?» jammerte Maggie. «Und unser Dad war doch wirklich unzufrieden darüber, daß sie Jimmy Wells heiraten wollte!»

Vincent sprang auf, vom Zorn übermannt. Er sah entsetzt auf seine kleine Schwester herab. Es bedurfte all seiner Beherrschung, daß er die Hände von ihr ließ. Er hätte sie gern geschüttelt, bis sie klapperte. Schließlich sagte er: «Du weißt doch ebensogut wie ich, wie sehr es Laurette zu schaffen gemacht hat, daß sie nicht schwanger wurde.»

Immer noch trotzig, verkündete Maggie: «Na, wenn Dad recht hat mit dem, was er sagt, ist es doch ein wahres Glück, nicht!»

Vincent verdrehte die Augen zur Decke und stöhnte: «Ach, diese Ammenmärchen . . . unser Dad ist nicht so ganz auf dem laufenden, ist ein bißchen hinter dem Mond.» Dann ging er zum Schrank hinüber und nahm seinen Mantel.

Maggie rief: «Wo willst du denn hin, Vincent?»

«Irgendwohin, nur um dir zu entkommen.»

10

Vincent sah sie durch das Fenster des Zoogeschäfts. Einen Moment lang wollte er seinen Augen nicht trauen.

Wie gelähmt stand er da und starrte. Dann legte er die Hände an sein Gesicht und rückte dichter an die Scheibe. Ja, sie war es wirklich, lebensgroß und guckte sich Wellensittiche an. Dann sah er das Kind, das neben ihr stand.

Er fühlte einen Stich im Herzen.

War sie etwa eine verheiratete Frau? Nein, unmöglich. Sie hatte damals bei dem Tanz keinen Ring getragen. Und sie war sicherlich noch zu jung, um schon ein so großes Kind zu haben. Nein, der Junge mußte ihr Bruder sein. Und sie wollte ihm einen Wellensittich kaufen, geradeso wie er sich dazu entschlossen hatte, seinem kleinen Bruder Danny irgendein Haustier zu schenken. Deshalb hatte er schließlich seine Schritte zu diesem Geschäft gelenkt.

Na gut, dachte Vincent, wenn ich hier herumstehe, bringt mich das auch nicht weiter, also geh ich rein. Automatisch griff er nach seinem Schlips und rückte den Knoten gerade, dann holte er tief Luft und machte die Tür auf.

Beim Klingeln der Glocke sah sich das Mädchen nach ihm um. Bei seinem Anblick wurden ihre Augen größer. Offensichtlich war sie genauso überrascht wie er zuvor.

Vincent lächelte sie an.

Sie lächelte zurück, und ihr Lächeln war für ihn das Schönste, was er seit langem gesehen hatte. Durch ihre freundliche Reaktion ermutigt, ging er quer durch den Laden.

Als Vincent vor ihr stehenblieb, sah er die Erwartung in ihren Augen. Er nahm seinen Hut ab, hielt ihn in den Händen und sagte: «Entschuldigen Sie . . . ich weiß nicht, ob Sie sich an mich erinnern können?»

«Aber natürlich. Wir haben den letzten Walzer im Gemeindesaal zusammen getanzt . . . am Abend des Freudenfeuers. Und ich muß mich noch bei Ihnen entschuldigen, daß ich Ihnen nicht gedankt habe. Sie haben mich sicher für sehr unhöflich gehalten.»

Sie sprach wie eine Dame. Er sah sie überrascht an und war für einen Augenblick aus der Fassung gebracht. Wieso sollte sich ein Mädchen aus offensichtlich besseren Kreisen für einen wie ihn interessieren? fragte er sich und hielt seinen Hut noch fester umklammert. Ein Gefühl schrecklicher Enttäuschung überkam ihn. Sie war außerhalb seiner Reichweite. Das war todsicher. Und genauso, wie sie bei dem Tanz stumm gewesen war, fand er jetzt keine Worte mehr und kam sich wie ein Trottel vor.

Es entstand eine verlegene Pause.

Schließlich brach das Kind ihr Schweigen. Es fragte mit seiner schrillen kleinen Stimme: «Und wie heißen *Sie*?»

Streng aber leise sagte das Mädchen zu ihm: «Das ist sehr ungehörig von dir. Erinnere dich mal an deine Manieren, junger Mann.»

«Ich heiße Vincent Crowther», sagte Vincent rasch, die Gelegenheit beim Schopfe packend. Es überraschte ihn, daß seine Stimme so normal klang, und das tat seinem angeschlagenen Selbstbewußtsein gut. Er sah auf den Kleinen herab, dankbar für dessen Anwesenheit.

Der Junge wandte sein kleines, strahlendes Gesicht Vincent zu, schob ihm die Hand hin und verkündete: «Und ich bin Theophilus Bell vom Calpher House, Upper Armley.»

Vincent schüttelte seine Hand und bemühte sich, der ungeheuren Ernsthaftigkeit des Kindes gerecht zu werden, als er sagte: «Wie es mich freut, dich kennenzulernen. Und ich hoffe, du verzeihst mir diese Bemerkung, aber du hast ja einen ganz schön langen Namen, zum Donnerwetter, mein Junge.»

«Das ist griechisch und heißt ‹der Geliebte Gottes›», erklärte Theophilus und wölbte seinen kleinen Brustkorb wichtig vor. Dann lächelte er Vincent strahlend an und fügte hinzu: «Aber Sie dürfen mich Theo nennen.»

«Das ist aber nett von dir. Vielen Dank, werde ich machen.» Vincent hob den Kopf und richtete seinen Blick auf die junge Frau. Er räusperte sich, inzwischen hatte er seine Fassung wiedergewonnen, und erinnerte sich seiner gewohnten Dreistigkeit. Er schenkte ihr sein verführerischstes Lächeln und sagte: «Nun wissen Sie, wie ich heiße. Darf ich um die Ehre bitten, auch Ihren Namen zu erfahren?»

«Ja, natürlich, Mr. Crowther. Ich heiße Audra Kenton.» Ihr Lächeln war so warm und herzlich wie das seine, und sie reichte ihm ihre Hand.

Vincent nahm sie und war überrascht von dem festen Griff, von der Kraft, die in ihrer Hand lag, als sie seine schüttelte. Und was für eine kleine Hand es war, so klein und zart wie sie selbst. Er hielt sie länger als nötig fest, konnte sie einfach nicht loslassen, als er in ihre hellen, strahlendblauen Augen sah, die ihn an Kornblumen erinnerten. Und ohne es zu wollen, dachte er: *Ich kann diese Frau nicht gehen lassen. Nie im Leben. Ich will sie haben, für immer.*

Er war ganz entsetzt über seine Gedanken.

Dann blinzelte er, gab ihre Hand schließlich frei, sah weg und fand seine Gefühlsregungen absurd. Schon die Idee an eine Ehe war absurd, und eine Ehe mit dieser Frau etwas absolut Lächerliches. Sie war anders. Etwas Besonderes. Eine Dame. Jemand, der sich kaum für jemanden wie *ihn* interessieren würde, ein Maurer, der noch in der Ausbildung steckte. Offenbar war sie mit den Bells verwandt, der Adelsfamilie des Ortes, vornehme Leute mit viel Geld und Einfluß in der Gegend. Und ganz davon abgesehen gehörte die Ehe absolut nicht zu seinen derzeitigen Plänen – er wollte noch eine Menge erleben, bevor er sich an die Schürzenbänder einer Frau fesseln ließ. Das war doch was für Trottel. Du meine Güte, im Juni war erst sein fünfundzwanzigster Geburtstag.

All diese Überlegungen fuhren Vincent in Sekundenschnelle durch den Kopf, und nun wollte er aus dem Geschäft herauslaufen, entkommen, ehe es zu spät war. Aber zu seinem Ärger merkte er, daß er sich nicht rühren konnte. Er stand wie angewurzelt da. Ihm wurde unbehaglich zumute, er fühlte sich nicht wohl in seiner Haut und mit ihr, nervös drehte er seinen weichen Filzhut in den Händen.

Theophilus zog an Vincents Mantel und flötete: «*Wir* sind auf der Suche nach einem Wellensittich, Mr. Crowther. Und was wollen *Sie* kaufen?»

Gott sei Dank, daß der Junge dabei ist, dachte Vincent. Dann sagte er: «Also, wenn ich ehrlich sein soll, weiß ich das noch nicht so genau.» Dann beugte er sich herab, ganz auf das Kind konzentriert, und sagte vertraulich: «Verstehst du, Theo, ich wollte meinem kleinen Bruder etwas schenken. Er ist vier. Aber ich habe vergessen, ihn nach seinen Wünschen zu fragen, bevor ich aus dem Haus ging. Und jetzt stehe ich sozusagen dumm da. Aber du siehst wie ein erfahrener junger Mann aus, was Haustiere angeht. Vielleicht hättest du eine Idee.»

«Hmmm. Da muß ich eine Minute nachdenken.» Theo nickte weise mit dem Kopf, stülpte die Lippen vor und machte ein tief konzentriertes Gesicht. Dann ließ er seinen scharfen Blick über das Zoogeschäft hingleiten und beugte sich zu Vincent herüber: «Es ist natürlich ein bißchen schwierig, einen angemessenen Vorschlag zu machen. Hier ist nicht gerade viel Auswahl, sehen Sie.»

Vincent platzte bei dieser Unverblümtheit laut heraus. «Das laß aber Mr. Harrison nicht hören. Er glaubt, er hätte das beste Zoogeschäft in Armley.»

«Und das hat er doch auch, es gibt hier ja nur eins», erwiderte Theo grinsend und schaute unglaublich selbstzufrieden drein.

«Kleine Jungen soll man sehen, nicht hören», bemerkte Audra. Aber das war wirklich eine sehr sanfte Zurechtweisung. Lachen stieg in ihr auf, und ihre Augen tanzten. Dann sah sie zu Vincent hinüber und zuckte die Achseln. «Was soll man dazu sagen», murmelte sie.

Vincent meinte: «Er ist ja ein ulkiger Vogel, der Kleine.»

Theos schwarze Knopfaugen, die zwischen den beiden hin

und her hüpften, blieben auf Vincent gerichtet, der ihn offenbar faszinierte. Dann sagte er: «Vielleicht sollten Sie Ihrem Bruder einen Wellensittich mitbringen. Zumindest da hat Mr. Harrison eine große Auswahl. Kommen Sie, Mr. Crowther, ich werde sie Ihnen zeigen.» Er zog Vincent am Ärmel. «Wie heißt er denn? Ihr Bruder, meine ich.»

«Danny.» Vincent ließ sich dann zu den vielen Vogelkäfigen führen, die eine Wand des Geschäfts bedeckten. Interessiert standen der Junge und er ein Weilchen davor, dann sagte Vincent fast bewundernd: «Also sie sind wirklich schön, Theo.»

Nun gesellte Audra sich zu ihnen. Vincent spürte sofort, wie sie neben ihm stehenblieb. Die Gefühle, die sie in ihm hervorrief, beunruhigten ihn ebenso wie die starke körperliche Anziehung, die er empfand. Er wollte ihre Hand nehmen, sie aus diesem Geschäft herausführen, mit ihr irgendwohin gehen, wo sie allein sein konnten. Er wollte sie fest in seine Arme nehmen, sie lieben. Das Verlangen regte sich in ihm, und er fühlte, wie ihm die Hitze ins Gesicht stieg. Er schluckte schwer und versuchte, sich auf die Vögel zu konzentrieren.

Schließlich sagte Audra: «Theo möchte den da drüben, auf der rechten Seite, Mr. Crowther. Den im grünen Käfig. Wie finden Sie ihn? Gefällt er Ihnen?»

Vincent konnte bloß nicken.

Theo rief: «Audra kauft ihn mir, Mr. Crowther!»

«Was hast du für ein Glück, mein Kleiner», brachte er mühsam hervor.

«Ja, nicht wahr. Und nun müssen Sie sich auch einen für Danny aussuchen. Sie sind leicht zu halten. Man muß nicht mit ihnen spazierengehen wie mit einem Hund, und sie brauchen auch nicht viel Futter. Sie fressen nicht viel.»

«Das stimmt», pflichtete Vincent ihm bei. Er hatte sich jetzt wieder unter Kontrolle und wechselte mit Audra einen belustigten Blick.

Unnachgiebig drängelte Theo weiter: «Sehen Sie sich den an! Was für ein hübscher Vogel. Den würde Danny bestimmt mögen. Ein schönes Exemplar eines Plattschweifsittichs . . .

der grüngelbe Körper, leuchtendblaue Wangen und Schwanzfedern, braune Streifen auf den Flügeln.»

«Plattschweifsittich», wiederholte Vincent erstaunt. Stirnrunzelnd schaute er Theo an. «Ich dachte, das seien Wellensittiche.»

«Sind sie auch. Aber der Wellensittich gehört zur Familie der Papageien, und die umfaßt dreihundertfünfzig verschiedene, buntgefiederte Untergruppen», erzählte Theo ihm stolz, erfreut über die Gelegenheit, seine Kenntnisse ausbreiten zu können. «Liebesvögel, Loris, Kakadus, Nymphensittiche und Aras, um nur einige zu nennen. Ich wollte ja einen Papagei haben. Ihm das Sprechen beibringen. Damit er ungehörige Worte sagt. Aber man muß vorsichtig sein, wenn man Papageien kauft. Wegen der Psittakose. Das ist eine Papageienkrankheit, kann auch *Menschen* anstecken. Ein bißchen wie Lungenentzündung. Aber Mr. Harrison hat sowieso keine Papageien vorrätig. Und deshalb kriege ich einen Wellensittich. Aber eines Tages werde ich bestimmt einen Papagei besitzen.»

Vincent betrachtete das Kind kopfschüttelnd und erstaunt: «Für so einen kleinen Kerl weißt du aber 'ne Menge, Theo. Du klingst, als hättest du ein Lexikon verschluckt.»

«Nein, das weiß ich von Audra», erklärte Theo ihm. «Sie ist sehr klug, müssen Sie wissen, und sie hat mir eine Menge beigebracht, seit sie bei uns ist. Meine Mutter sagt, sie sei das beste Kindermädchen, das ich jemals gehabt habe. Aber wenn Sie Danny keinen Wellensittich kaufen wollen, können Sie ja auch einen von diesen Kanarienvögeln da drüben nehmen. Sie gehören zur Familie der Finken.»

Theo lenkte Vincents Aufmerksamkeit auf die anderen Vögel und fuhr fort: «Sie sind auch hübsch, aber das Beste an ihnen ist, daß sie richtig *singen* können. Danny würde bestimmt gern einen Kanarienvogel haben. Aber man muß ihm das Singen erst beibringen. Dem Kanarienvogel, meine ich, nicht Danny.»

«Ja, ich habe das verstanden», sagte Vincent geistesabwesend. *Kindermädchen*, wiederholte er stumm. Sie war das

Kindermädchen, Herrgott noch mal, doch keine vornehme Verwandte von den Bells. Sie war eine ihrer Angestellten. Aber natürlich änderte das nichts. Audra Kenton war trotzdem eine Dame. Aber eine Dame, die für ihren Lebensunterhalt arbeitete. Verarmter Adel, dachte er.

Vielleicht war sie doch nicht außerhalb seiner Reichweite. Und Vincent machte sich neue Hoffnungen.

Die drei gingen zusammen die Town Street entlang.

Vincent trug Audra den Vogelkäfig. Sie hatten schließlich ähnliche Wellensittiche gekauft, aber Vincent hatte Joe Harrison darum gebeten, seinen noch etwas aufzubewahren, bis er später vorbeikommen würde. Und dann hatte er Audra gefragt, ob er sie und den Jungen zurück nach Calpher House begleiten dürfte. Sie hatte ja gesagt. Den Vogelkäfig in der einen Hand, hatte er ihr mit der anderen die Tür aufgehalten und sie hinausgeleitet, wobei er über beide Ohren grinste und sich zu seinem Glück heute morgen gratulierte.

Nun gingen sie zügig und wortlos im Gleichschritt nebeneinander her, empfanden das Schweigen zwischen ihnen aber als angenehm. Theo sprang voraus wie ein übermütiges kleines Hündchen.

Obwohl schon gegen Mittag, war es doch noch sehr frisch. Wenigstens hatte der Wind nachgelassen, und es herrschte jetzt eine schimmernde, kristallklare Luft. Der Himmel, der sich so hoch und unendlich über ihnen wölbte, war von einem tiefen Blau, wolkenlos, jungfräulich und in das silberne Licht einer kalten Wintersonne getaucht.

Es ist ein wunderschöner Tag geworden, dachte Audra und sah sich freudestrahlend um. Ein kleines Glücksgefühl überkam sie, erfüllte sie mit einer herrlichen inneren Wärme. An einem Tag wie diesem begriff man, daß alles im Leben möglich war. Einfach alles.

Vincent atmete tief durch und sog die eisige Luft ein, fühlte sich gesund und kräftig, so wie er es immer tat bei solch strahlendem, erfrischendem Wetter. Verstohlen betrachtete er Audra und fand sie unglaublich elegant in ihrem grauen Meltonmantel und dem pflaumenfarbenen Glockenhut. Er merkte, wie stolz es ihn machte, mit ihr zusammenzusein – und in der Town Street gesehen zu werden, der Hauptstraße von Armley, in der, wie stets an Samstagen, das Leben pulsierte.

Bevor sie Calpher House erreichten, wollte er sie einladen, beschloß Vincent nun, auch wenn er etwas unruhig war deswegen. Wenn sie ihn abwies, würde er wie ein Dummkopf dastehen – aber wenn er sie nicht fragte, würde er es nie wissen. Wohin könnte er sie ausführen, wenn sie seine Einladung annähme? Das war ein Problem. Vielleicht sollte er sie zu der Neujahrsfeier morgen bei sich zu Hause mitnehmen. Ach nein, das war keine gute Idee. Das arme Mädchen würde von seiner lärmenden Familie ganz aus der Fassung gebracht werden. Und außerdem wollte er sie bei ihrer ersten Verabredung ganz für sich haben. Fieberhaft begann er darüber nachzudenken, wohin er mit ihr gehen könnte.

Audra, die in ihre eigenen Gedanken vertieft war, hatte das Gefühl zu schweben, in solcher Hochstimmung befand sie sich. Seit zwei Monaten hatte sie an der festen Überzeugung gehangen, daß sie einander wiedersehen würden. Aber als er die Zoohandlung betreten hatte, war sie vollkommen überrascht gewesen. Zu Anfang. Und dann, nach einigen Minuten, war ihr alles ganz selbstverständlich vorgekommen. Sie wußte, daß es hatte sein sollen. Die Schüchternheit, die sie während des Tanzes befangen gemacht hatte, war wie weggewischt, und sie empfand überhaupt keine Scheu mehr vor ihm. Ganz im Gegenteil.

Er sah noch besser aus, als sie ihn in Erinnerung hatte, und war ebensogut angezogen wie damals bei dem Tanz. Er war ein charmanter junger Mann mit angenehmem Wesen, und wie er mit dem Kind umgegangen war, nahm sie nur noch mehr für ihn ein. Audra lächelte. *Einnehmen* war ein unpassendes Wort dafür. Es konnte ihre Gefühle schwerlich beschreiben. Sie hatte sich im Zoogeschäft in ihn verliebt.

Aus den Augenwinkeln sah sie zu ihm auf. Er war der

einzige Mann für sie. Der einzige, den sie jemals begehren würde.

Vincent sah herab, als sie gerade zu ihm aufschaute.

Ihre Augen begegneten sich und hielten einander für einen kurzen Moment fest. Er lächelte ihr verliebt zu. Sie lächelte ein wenig bebend zurück. In diesem Augenblick trat eine sehr intime Verständigung zwischen ihnen ein, und sie hielten beide den Atem an, sahen sich unverwandt in die Augen. Und dann, nachdem sie beide verstanden hatten, was ohne die Hilfe von Worten gesagt worden war, wandten sie sich sofort ab und gingen schweigend weiter, den Blick geradeaus gerichtet.

Schließlich sagte Vincent: «Hoffentlich denken Sie nicht, ich sei neugierig, aber seit wann arbeiten Sie für die Bells?»

«Seit einem Jahr», erwiderte Audra. «Heute ist es genau ein Jahr her, Mr. Crowther, daß ich meine Stellung im Calpher House angetreten habe. Deshalb habe ich Theo auch den Vogel gekauft. Als Geschenk zum Jahrestag.»

«Die sollten Ihnen etwas schenken», sagte er grob, bevor er sich bezähmen konnte. Aus irgendeinem Grund empfand er plötzlich etwas wie Groll gegen die Familie Bell.

Audra hatte den eigenartigen, ärgerlichen Tonfall bemerkt und sah ihn verwundert und neugierig an. Dann schenkte sie ihm ihr reizendstes Lächeln und sagte: «Das haben sie auch getan, Mr. Crowther. Heute morgen beim Frühstück.»

«Na, dann ist gut. Das freut mich.» Er räusperte sich ziemlich geräuschvoll und sagte dann: «Sie kommen nicht aus dieser Gegend, das kann ich an Ihrer Stimme hören. Das ist nicht der Akzent von Leeds. Woher kommen Sie?»

«Ich bin in Ripon groß geworden, und dort habe ich auch bis zum letzten Jahr gelebt. Sind Sie schon einmal dort gewesen?»

«Ja, zu den Rennen. Ist ein hübscher Ort.» Seine grünen Augen funkelten mutwillig. «Und Glück hat's mir auch gebracht, kann ich Ihnen sagen. Ich hab immer mal einen oder zwei Schillinge bei den Rennen in Ripon gewonnen, und ein paar nette Pubs gibt's da auch.»

Audra nickte. «Ja. Aber Sie kommen aus dieser Gegend, Mr. Crowther, nicht wahr?»

«Ja, stimmt. In Armley geboren und aufgewachsen. Aber hören Sie, nennen Sie mich doch Vincent. Sonst denk ich immer, Sie reden mit meinem Pa, wenn Sie ‹Mr. Crowther› zu mir sagen.»

Audra lachte. «Natürlich mache ich das – und Sie müssen mich Audra nennen.»

«Abgemacht», rief er und hielt dann unvermittelt inne. Er nahm ihren Arm und zwang sie sanft stehenzubleiben.

Stirnrunzelnd sah sie ihn an.

Hastig fragte er: «Würden Sie heute abend mit mir ausgehen, Audra? Ich werde mir irgendwas Nettes ausdenken. Vielleicht nach Leeds fahren, zum Tanzen. Sagen Sie ja. *Bitte.*» Er strahlte sie überaus charmant an und ließ ihre Augen nicht los.

Sie sagte: «Leider kann ich nicht. Verstehen Sie, ich . . .»

«Sie brauchen mir nichts zu erklären», unterbracht er sie ärgerlich und verletzt. «Ich verstehe schon.» Eine leichte Röte überzog sein Gesicht.

«Nein, Sie verstehen gar nichts, Vincent», erwiderte Audra bestimmt. «Ich wollte sagen, daß ich heute abend Dienst habe. Aber an meinem nächsten freien Abend würde ich gern mit Ihnen ausgehen. Ehrlich.»

«Ach so», sagte er, einen Augenblick lang etwas aus der Fassung gebracht. Aber dann fing er sich sofort wieder und strahlte sie an. «Also gut. Und wann *haben* Sie das nächste Mal frei?»

«Nächsten Mittwoch.»

Sein Gesicht verfiel. «So lange noch. Na, da kann man nichts machen. Aber dann müssen wir zum Kirchtanz gehen. Hätten Sie dazu Lust?»

«Ja, das würde mir Spaß machen . . . mit Ihnen.» Unsicher lächelte sie ihn an, war plötzlich schüchtern.

Vincent sah sie lange an. «Ja», sagte er, «mir auch, Audra.» Dann gingen sie weiter.

Kurze Zeit darauf standen sie vor dem Tor von Calpher House, an dem Theo schon auf sie wartete. Sie hielten an, und

Vincent wandte sich zu Audra: «Dann hole ich Sie hier am Mittwoch ab, Punkt sieben.»

«Aber machen Sie sich doch keine Umstände, Vincent. Ich finde schon allein zum Gemeindesaal.»

«*Nein*. Ich will nicht, daß Sie allein dorthin gehen.»

«Na gut», sagte sie.

Er überreichte ihr den Vogelkäfig.

«Auf Wiedersehen, Mr. Crowther», rief Theophilus. «Hoffentlich sehen wir uns bald wieder. Dann können Sie mir erzählen, ob Danny sich über den Wellensittich gefreut hat.»

«Werd ich machen, Theo. Mach's gut, Kleiner.»

Vincent wirbelte noch einmal zu Audra herum. Mit der Andeutung eines Lächelns nahm er seinen Hut ab und war dann verschwunden.

Audra sah ihm nach, wie er mit langen, energischen Schritten den Berg hinunterging. Einmal drehte er sich um, entdeckte sie und winkte. Sie winkte zurück. Und dann nahm sie Theo bei der Hand und führte ihn die Auffahrt entlang, wobei sie dem lustig daherplaudernden Kind kaum zuhörte.

Als sie sich dem Haus näherten, schaute Audra hoch und betrachtete es, dachte an die schöne Zeit, die sie hier im letzten Jahr verbracht hatte. Und dann wußte sie plötzlich, daß sie nicht mehr lange im Calpher House wohnen würde.

Heute fängt alles an, dachte sie. Heute fängt mein Leben mit Vincent Crowther an.

Er ist mein Schicksal. Ich bin seins.

Fünf Monate später waren sie verheiratet.

Einige Leute wunderten sich, andere nicht.

Die Hochzeit wurde in der Christ Church in Upper Armley an einem sonnigen Samstag im Juni gefeiert, ein paar Tage nach Audras und eine Woche vor Vincents Geburtstag.

Die Braut trug Blau. Es war ein einfaches, aber elegantes Nachmittagskleid aus Crêpe de Chine, das sie selbst entworfen, zugeschnitten und mit Hilfe einer Schneiderin von *Paris Modes* genäht hatte, dem exklusiven Kleidergeschäft von Mrs.

Bell in Leeds. Ihr Hut war aus blauer Seide, mit Chiffon umhüllt, ihre Schuhe mit den Louisabsätzen aus grauem Wildleder, ebenso wie ihre ellbogenlangen Handschuhe. Sie trug ein Bukett aus rosa Rosen, Maiglöckchen und Stephanotis.

Gwen Thornton war Audras Brautjungfer und Laurette Crowther ihre verheiratete Brautführerin.

Sie trugen beide dieselben taubengrauen, mit gelben Rosen bedruckten Georgettekleider, Glockenhüte aus bestickter grauer Seide und Sträußchen von gelben Rosen.

Als sich die beiden in der Eingangshalle von Calpher House aufgeregt an ihr zu schaffen machten, dachte Audra wieder, wie reizend sie doch aussahen, beide so hochgewachsen und blond, so jung und frisch. Sie war stolz darauf, sie zu ihrem Gefolge zu haben.

Mr. Bell hatte sich freundlicherweise bereit erklärt, sie zum Altar zu führen. So war es sein Arm, auf den Audra sich stützte, während sie den Gang der schönen alten anglikanischen Kirche mit ihrer normannischen Architektur und den prachtvollen Buntglasfenstern entlangschritt.

Als die Orgelmusik anschwoll und die Klänge des Chorals «O Perfect Love» das Gewölbe erbeben ließen, wurde es Audra eng in der Kehle. Ihre Augen füllten sich mit Tränen, und sie sehnte sich schmerzlich nach ihren Brüdern. Aber da sie wußte, daß sie sich jetzt nicht gehenlassen durfte, nahm sie sich streng zusammen. Sie reckte den Kopf höher und sah zum Altar hin, wo Vincent mit seinem Bruder Frank, der Trauzeuge war, auf sie wartete.

Die Liebe, die sein Gesicht erleuchtete, und die ehrliche Bewunderung in seinen Augen trösteten und beruhigten sie, und sie fand ihn wunderschön in seinem dunkelblauen, neuen Anzug und dem gestärkten weißen Hemd mit der silbergrauen Seidenkrawatte.

Sowie sie beim Altar angelangt waren, trat Mr. Bell zur Seite. Vincent nahm seinen Platz ein. Seine Gegenwart und das freundliche Gesicht des Vikars vertrieben sofort das Gefühl von Einsamkeit, das sie kurz zuvor empfunden hatte.

Es war, als strömten die Worte von Ehrwürden Baxter über

Audra hinweg . . . im Guten und im Schlechten . . . arm oder reich . . . in gesunden und in kranken Tagen . . . allen anderen entsagend. Natürlich entsagte sie allen anderen. Wie könnte sie jemals einen anderen als Vincent begehren? Eine undenkbare Vorstellung.

Ehe sie es recht begriffen hatte, war die Zeremonie zu Ende.

Sie waren verheiratet. Sie war jetzt Mrs. Vincent Crowther.

Wieder durchschritt sie den Gang, diesmal am Arm ihres Mannes, während sich der Organist ins Zeug legte und Mendelssohns «Hochzeitsmarsch» mit freudvollem Donner durch die Kirche brauste.

Sie blieb nur ein paar Minuten mit Vincent auf den Kirchentreppen stehen, um sich fotografieren zu lassen und seine Familie und Freunde, die Bells und Oberin Lennox zu begrüßen, die zu diesem Anlaß extra aus Ripon angereist war.

Dann liefen sie unter Gelächter und Strömen von Konfetti und Reis zum Auto, das beim Kirchtor auf sie wartete. Vincents Onkel Phil fuhr sie zum Calpher House hinüber, wo Mr. und Mrs. Thomas Bell das Sektfrühstück ausrichteten.

Auf dem Rücksitz dicht an ihn gedrängt, lächelte Audra zu ihrem jungen Gatten empor und sah dann auf den Goldring an ihrem Finger. Sie hatte es nicht für möglich gehalten, daß sie jemals so glücklich sein könnte.

11

Der Mondschein hatte sie in eine silberne Statue verwandelt.

Sie stand reglos am Fenster und sah übers Meer hin, einen Arm auf den Fenstersims gestützt und mit schräg geneigtem Körper zum Raum hingewandt, das Gesicht im Profil. Es war das weiße Satinnachthemd, ein bloßer Hauch von Stoff, welches das Licht des Vollmonds einfing und hielt und im dunklen Zimmer Farbe und Glanz reinen Silbers angenommen hatte.

Etwas Ätherisches, Unwirkliches lag über ihr, als sie dort reglos stand. Vincent, den sie nicht sehen konnte, betrachtete sie von der Tür aus und konnte den Blick nicht von ihr wenden, wollte diesen Augenblick verlängern und dieses Bild von ihr unauslöschlich seinem Geist, seiner Erinnerung einprägen.

Sie erschien ihm als unwirklich, und es war, als sei sie Teil eines Traumes, den er vor langer Zeit geträumt hatte und nun wieder träumte. Er hatte das Gefühl, daß, wenn er sich bewegte oder etwas sagte, die ganze Szene zerfallen und sich auflösen würde, so wie es alle Träume taten, und daß sie dann auf ewig für ihn verloren wäre.

Als er sie so unverwandt betrachtete, stieg das Verlangen nach ihr in ihm auf, so tief und dringlich wie stets, wenn sie in seiner Nähe war. Er hatte noch nie eine Frau so sehr begehrt. Als sie hier im Victoria Hotel von Robin Hood's Bay am Samstag spätnachmittags ankamen, konnte er sich nicht mehr beherrschen. All die angestauten Emotionen, das Verlangen, das er in den vergangenen fünf Monaten immer unterdrückt und in Schach gehalten hatte, explodierte im selben Augenblick, da sie in dem Raum allein miteinander waren. Er hatte sie sofort zum Bett gezogen, bevor sie auch nur ihre Koffer auspacken konnten.

In fünf Tagen hatten sie das Zimmer kaum verlassen.

Er war ihr phantasievoller, erfahrener Lehrer geworden und hatte diese Rolle zutiefst genossen. Sie war die aufmerksame, begeisterte Schülerin, so eifrig und willig, ihm zu gefallen, ihn glücklich zu machen. Nach den ersten Tagen hatte sie angefangen, ihre sittsame Scheu ihm gegenüber abzulegen, und nun fühlte sie sich während ihres Liebesspiels ganz gelöst. Sie nahm alles ohne zu fragen hin, und ihre Verehrung für ihn stand ihr ins Gesicht geschrieben. Die Entdeckung, daß seine zart errötende Jungfrau eine ebenso tiefe Sinnlichkeit besaß wie er selbst, hatte ihn überglücklich gemacht, und es begeisterte ihn, daß ihre Leidenschaft nun der seinen gleichkam.

Oh, wie er sie liebte, diese warme, willige junge Frau, die nun ihm gehörte . . . auf ewig. Seine Frau. Seine Geliebte. Seine Gattin.

Das Wissen, sie auf jede Weise zu besitzen, war wie ein Aphrodisiakum, und wenn er sie bloß ansah, geriet er in Glut. Er ließ seinen Blick auf ihrer schlanken und doch wohlgeformten Figur ruhen, die sich ihm unter dem dünnen Satin, der sich so herausfordernd an ihren Körper schmiegte, offen darbot. Sie war zartknochig und zierlich – aber wunderschön kurvenreich. Ihre Brüste waren hoch und fest unter dem Satin. Er konnte ihre Brustwarzen erkennen, die sich deutlich abzeichneten.

Hitze durchströmte seine Lenden, und in seiner Leiste pulsierte ein dumpfer Schmerz. Plötzlich hatte er eine gewaltige Erektion. Er konnte sich nicht erinnern, jemals so hart gewesen zu sein, nicht einmal in den vergangenen fünf Tagen und Nächten mit ihr, die ihn mehr erregte als je eine Frau zuvor.

Er trat einen Schritt vor. Seine Bewegung ließ die Luft erzittern.

Sie drehte den Kopf zur Tür, erblickte ihn und lächelte schwach.

Er nahm ihr Gesicht in die Hände und sah ihr zärtlich und tief in die Augen. Diese waren im Dämmerlicht tintenschwarz. Er beugte sich vor, küßte ihre Stirn, Augen und Wangen und schmeckte ihre salzigen Tränen.

Verwundert fuhr er zurück und sah sie überrascht an. «Audra, was ist denn, mein Liebling? Bist du denn nicht glücklich mit mir?» Seine Erektion nahm wieder ab.

«O doch, Vincent, doch. Natürlich bin ich glücklich.» Sie rückte näher an ihn heran und schlang die Arme um seinen Rücken, ließ ihren Kopf an seiner glatten, nackten Brust ruhen. Ein tiefer Seufzer entrang sich ihr.

«Aber was ist denn? Warum bist du so traurig?»

«Ich bin nicht traurig, wirklich nicht.» Sie schmiegte sich enger an ihn, als hoffte sie, ihn durch ihre Körperbewegung wieder beruhigen zu können. Sie liebte diesen Mann so sehr, mit ihrem ganzen Herzen, ihrer Seele, ihrem Geist. Er sollte ihre Tränen nicht mißverstehen.

Langsam sagte sie dann: «Ich stand hier, wartete auf dich und genoß die Schönheit des abendlichen Meeres. Plötzlich mußte ich an die endlosen Meilen des Ozeans denken, die sich zwischen uns und Australien erstrecken. Und da vermißte ich mit einem Mal William und Frederick so sehr; es war wie ein beklemmender Schmerz in meiner Brust, eine schreckliche Enge. Mir war ganz elend zumute, und ich wünschte so sehr, daß sie hier in England wären. Irgendwo. Ganz gleich, wo. Das war nicht wirklich wichtig, solange sie unter demselben Himmel waren wie ich . . . und dann dachte ich an meine Hochzeit, und da mußte ich weinen. Ach, ich wünschte, sie wären hier gewesen, Vincent, und hätten uns bei unserer Hochzeit gesehen.» Sie seufzte wieder, aber es war ein leises, kaum hörbares Seufzen. «Es gab da einen Augenblick in der Kirche, kurz bevor uns der Vikar traute, in dem ich mir vollkommen allein und verlassen vorkam. Es war schrecklich.»

«Ja, ich verstehe», murmelte er sanft, streichelte ihre Haare und zog sie an sich. «Natürlich hast du deine Brüder vermißt und dich bei der Hochzeit nach ihnen gesehnt, das ist ja ganz natürlich.» Er küßte sie auf den Scheitel. «Aber in dem Augenblick, da wir miteinander verheiratet waren, warst du nicht mehr allein, Audra. Und du wirst nie wieder allein sein. Du hast ja jetzt mich.»

«Das weiß ich, Vincent. Und du hast mich.»

«Ich werde nie vergessen, wie du am Samstagmorgen in der Kirche ausgesehen hast, Audra. Mein Lebtag nicht, das schwöre ich dir. Du warst in deinem blauen Kleid so schön. Du solltest immer Blau tragen, es steht dir so gut, Liebes.»

Er spürte ihr Lächeln an seiner Brust. Er wußte, daß ihre Traurigkeit jetzt abnahm, und es machte ihn glücklich.

Sie sagte: «Vincent . . . sag mir das noch mal . . . du weißt schon, was du gestern nacht gesagt hast.»

Er lachte leise. «Ich habe gestern nacht ziemlich viel gesagt. Was meinst du denn?»

«Warum du mich geheiratet hast.»

«Weil ich dich liebe.»

«Und warum liebst du mich?»

Er mußte wieder leise lachen.

«Sag es mir», flüsterte sie ganz sacht und ließ ihre Finger über seine Schulterblätter wandern.

Die Bewegung ließ ihn erschauern. Sofort verlangte es ihn nach ihr.

«Weil ich es liebe, wie du aussiehst, den Klang deiner Stimme liebe, die Berührung deiner Hände. Ich liebe es, wie du dich unter meinen Händen anfühlst. Ich liebe alles an dir. O Audra . . . Süße.» Er bog ihren Kopf zurück, küßte ihren Hals, ihren weichen, nachgiebigen Mund. Sein Blut rauschte. Das Verlangen nach ihr überwältigte ihn.

Heiß erwiderte sie seine Küsse. Als sich seine Lippen den ihren näherten, öffnete sie den Mund ein wenig, so daß seine zärtliche, forschende Zunge eindringen und sich an ihre schmiegen konnte. Seine Umarmung wurde fester, und er küßte sie immer leidenschaftlicher, bis ihre Zähne aneinanderstießen.

Audra bewegte sich, und ihre Körper verschmolzen miteinander. Durch das dünne Satinnachthemd hindurch spürte sie seine Härte an ihrem Bauch, und sie erschauerte unwillkürlich. Eine heftige, plötzliche Hitze begann sich in ihrem Innersten auszubreiten, und die Schauer wurden heftiger, als sie sich vorstellte, was als nächstes passieren würde, daran dachte, wie es war, wenn er sie nahm. Als sie sich in ihrer Hochzeitsnacht zum ersten Mal liebten, hatte sie schon Angst davor gehabt, nackt vor ihm zu stehen. Er hatte sie zärtlich und vorsichtig geliebt, mit solcher Feinfühligkeit, daß der Schmerz nur einen kurzen Moment lang gedauert hatte und sie nun vollkommen zueinander paßten.

Plötzlich hörten seine Küsse auf.

Vincent trat zurück, streifte ihr die dünnen Träger des Nachthemds von den Schultern und zog diese über ihre Brüste herab. Wie von selbst glitt es zu Boden und lag als schimmernder Teich zu ihren Füßen.

Wieder schaute Vincent Audra tief in die Augen, und sie erkannte seine Liebe zu ihr. Er hob die Hand und streichelte ihre Wange. Nach einem langen Augenblick schaute er hinab und kniete vor ihr, legte den Kopf an ihren Bauch und schlang die Arme um sie. Er drückte die Hände gegen ihr Kreuz und ließ sie dann sanft über ihr Gesäß gleiten. Dann rückte er ihren Körper vorsichtig zurecht, so daß ihre Stellung ihm bequem war.

Sie erbebte unter seiner Berührung und war vom Verlangen nach ihm erfüllt. Ihr Blut raste, ihr Herz klopfte schnell, und ihre Haut prickelte vor Erwartung. Sie streckte die Hände aus und streichelte sein Haar, ließ sie dann auf seinen Schultern ruhen.

Ihren Bauch mit leichten, flatternden Küssen bedeckend, fuhr er fort, ihren Rücken, das Gesäß und ihre Schenkel zu streicheln. Dann bog er sich etwas von ihr weg, ging in die Hocke und bewegte seine Hände kreisend auf ihrem Bauch, glättete und streichelte ihre Haut. Schließlich hielten seine Hände in den weichen, seidigen blonden Locken inne, die den Hügel zwischen ihren Beinen bedeckten. Langsam und unendlich vorsichtig teilte er die zarten Blütenblätter und berührte die winzigen Falten warmer, feuchter Haut, die ihre Weiblichkeit beschützten.

Er küßte ihren Nabel und Bauch – lange, langsame, nachklingende Küsse, während seine Hände zwischen den nach Moschus duftenden Falten spielten, berührend und suchend. Er begann, sich an ihr zu reiben, sie zu küssen, und hörte dabei das leise Stöhnen, das sich ihrer Kehle entrang. Sie ergriff seine Schultern, bog sich ihm entgegen, und er brachte sie an den Rand der Ekstase.

Dann hielt er abrupt inne und machte sich von ihr los.

Sie hielt den Atem an. Ihre Augen waren weit geöffnet. Gebannt schaute sie ihn an.

Schnell griff er sie fest am Handgelenk und zog sie mit sich zu Boden. Dann befreite er sich ungeduldig von seiner Pyjamahose, streckte sich neben ihr auf dem Teppich aus, schlang seinen Körper um den ihren und drückte sie fest an sich. Wenn es ihn auch drängte, sie zu besitzen, wollte er ihr Liebesspiel doch noch etwas verlängern.

Er stützte sich auf den Ellbogen und sah zu ihr herab. Ihre Augen fanden sich in einem so von Leidenschaft erfüllten Blick, der so intensiv, so durchdringend in seiner Gefühlstiefe war, daß es sie beide fast versengte. Vincent glaubte in die Tiefen ihrer Seele zu blicken. Ihr Gesicht wurde von ihrer treuen Liebe und ihrer Sehnsucht nach ihm durchglüht. Und als Audra in die hellen grünen Augen sah, las sie brennendes Verlangen und Staunen in ihnen. Sie erkannte das Glitzern heller Tränen, so daß sich ihr Herz zusammenkrampfte und sie die Hand ausstreckte, um sein Gesicht zu berühren.

Schließlich war es Vincent, der den Blick unterbrach. Plötzlich fand er es unerträglich, sie auf diese Weise anzusehen, so gerührt war er und so von seinen Gefühlen bedrängt.

Er ließ die Augen über ihren Körper gleiten, der ausgestreckt vor ihm lag.

Wie durchsichtig sie aussah im Mondschein, der durchs offene Fenster hereinströmte. Sie ähnelte einem Stück vollkommen gearbeiteten Marmors, nur daß sie nicht aus kaltem Stein bestand. Sie war warm und aus Fleisch und Blut. Wie schön ihre rosigen Brüste waren, so rund und glatt, und ihre

Brustwarzen waren steif und hart wie kleine, aufplatzende Maiknospen.

«O Audra», keuchte er. «Meine Audra. Du bist so schön.»

Sie lächelte sacht, hob die Hand und ließ ihren Finger glättend über seine Lippen gleiten, dann zog sie eine bogenförmige Linie um seinen Mund.

Er fing ihre Hand ein, küßte die Innenfläche, beugte sich dann über sie und schob seinen Mund in die Spalte zwischen ihren Brüsten, küßte sie und genoß den Duft ihrer jungen, weichen Haut. Schließlich umfing er eine Brust und begann die Brustwarze zu liebkosen. Diese sprang empor und wurde fester und steifer als jemals zuvor unter seinen lockenden Fingern. Audra keuchte leise vor Lust, als sein Mund auf ihre andere Brust herabsank.

Sie drückte sich fest an ihn, fuhr über seinen Rücken, dann seinen Hals und schob ihre Finger in sein lockiges dunkles Haar.

«O Vincent, Vincent, ich liebe dich so», flüsterte sie heiser.

Als er seinen Namen, diese Zärtlichkeit hörte, erhob er sich hastig. Er stützte sich über sie auf die Hände.

Jetzt gab es keinen Grund mehr zu warten. Er konnte nicht länger warten.

Er nahm sie eilig, mußte mit ihr vereint sein, sie beide eins machen. Er stieß immer tiefer in sie hinein und genoß ihre rückhaltlose Umarmung, die ihn mit liebevoller Wärme umfing und ihn auf eine Weise ganz machte, wie er es zuvor noch nie gewesen war.

Selig schrie er auf, rief immer wieder ihren Namen, hielt sie die ganze Zeit so fest an sich gedrückt, als wolle er sie nie wieder loslassen. Er wußte, daß er sich nicht viel länger beherrschen konnte, daß er kurz davor war zu explodieren. Er hatte das Gefühl, er würde gleich ohnmächtig werden. Ihm war, als stürzte er aus großer Höhe herab . . . fiele immer tiefer, immer tiefer.

«Oh, jetzt», keuchte er, an ihre glühende Wange gepreßt. «O Audra. Nimm mich ganz. *Jetzt.*»

«Vincent!»

Sie bog ihren Körper dem seinen entgegen, so wie er es gern hatte, empfing seine Leidenschaft voller Liebe und bot ihm ihre dafür, hielt nichts zurück.

Immer neue Wellen reinen Glücks spülten über sie hin, und sie glaubte, in ihrer Lust und der seinen unterzugehen. Plötzlich ergriff sie ein unkontrollierbares Zittern, und sie trieb hoch oben auf den gleitenden Wellen, und dabei spürte sie, wie ihn ein großer Schauer überlief, und sie waren vereint in ihrer unglaublichen Erlösung. Dann fiel er gegen sie und lag erschöpft in ihren Armen; sie streichelte seine Haare, legte ihren Kopf an seinen und war von ihren Gefühlen ganz überwältigt.

Schließlich rührte Vincent sich. «Ich bin zu schwer», murmelte er, an ihren Hals gedrückt.

«Nein, es ist schon in Ordnung. Und außerdem spüre ich gern dein Gewicht auf mir», flüsterte sie. Dann schüttelte sie den Kopf. «Warum flüstere ich eigentlich?» fragte sie sich laut und redete jetzt mit ihrer gewöhnlichen Stimme.

«Ich habe keine Ahnung. Und es weiß kein Mensch, wieso wir hier auf dem Fußboden liegen.» Er fing leise an zu lachen.

«Was ist denn so komisch?»

«Ich bin komisch, Liebes. Seit Monaten konnte ich an nichts anderes denken, als wie ich dich in einem schönen, gemütlichen Bett lieben würde, und nun, wo wir eins nebenan haben, lasse ich das links liegen und nehme lieber den Fußboden. Ist das die Möglichkeit!» Er stützte sich auf einen Ellbogen und strich eine Haarsträhne aus ihrem Gesicht. «Aber es ist sowieso deine Schuld.»

«Wieso das?»

«Weil du eine kleine Verführerin bist, deshalb. Da standest du im Mondschein am Fenster, und mein Herz machte Purzelbäume. Ich konnte dir nicht widerstehen. Ich mußte dich haben. Gleich hier auf dem Fußboden.» Er lachte wieder. «Das ist so klar wie nur etwas, du bringst mich in Fahrt, machst mich richtig heiß, Schätzchen.»

Audra sagte nichts und sah weg.

Vincent spürte ihre plötzliche Scheu, ihre Verlegenheit.

Das war das Seltsame an ihr . . . sie bestand aus einer Unzahl von Widersprüchen. Von dem Augenblick an, da er sie zu der seinen gemacht hatte – in der ersten Nacht ihrer Flitterwochen –, war sie eine offene, großzügige Partnerin gewesen, hatte nichts in Frage gestellt und getan, was er wollte. Aber im Nachhall ihres Liebesspiels wollte sie nie über die Lust reden, die sie gerade gemeinsam genossen hatten, und sie mochte es auch nicht, wenn er davon anfing. Ihm war aufgefallen, daß sie dann stets in eine erstaunliche Zurückhaltung verfiel. Ein Schleier schwebte herab und schloß ihn aus. Ihre Haltung rührte wohl von ihrer Erziehung, ihrem Milieu her, vermutete er. Man konnte es machen, aber man sprach hinterher nicht darüber, wenn man eine Dame war. Na, egal. Solche Dinge waren auf lange Sicht nicht wichtig. Sie war sein, und er liebte sie.

Vincent stieß sich vom Fußboden ab und reichte Audra die Hand, zog sie auf die Füße. Nachdem er sie in einer mächtigen Umarmung fast erdrückt hatte, fand er ihr Nachthemd wieder, streifte es ihr über den Kopf und zog dann seinen Pyjama an.

«Ich weiß nicht, wie es dir geht, aber ich sterbe plötzlich vor Hunger. Laß uns doch etwas Obst essen.» Er ging zur Schale auf dem Tisch hinüber und hob sie hoch.

«Was für eine gute Idee», stimmte Audra ihm zu. «Ja, ich habe auch ein bißchen Hunger.»

Vincent schlang den Arm um sie und führte sie ins Schlafzimmer. Dort machten sie es sich mitten auf dem großen Doppelbett bequem und saßen im Schneidersitz da, aßen die großen, roten, saftigen Äpfel. Ein paar Minuten später kehrte Vincent zum angrenzenden Wohnzimmer zurück und holte die halbleere Weinflasche, die er mittags beim Zimmerservice bestellt hatte. Mit zwei Gläsern trug er sie zurück ins Schlafzimmer und schenkte ihnen ein. Er reichte eines Audra und stieg dann wieder zu ihr ins Bett.

Nachdem er sich ein Kissen in den Nacken geschoben und es sich gemütlich gemacht hatte, zündete er sich eine Zigarette an und sagte: «Erzähl mir doch noch ein bißchen von High Cleugh, über die Jahre, als du klein warst.»

«Mein Gott, du bist wirklich unersättlich, und meine Vergangenheit ist doch gar nicht besonders interessant», erwiderte sie und lachte leichthin. «Außerdem bist du jetzt dran.»

Er zog ein Gesicht. «Da gibt es nicht mehr viel zu erzählen ... du weißt schon alles über meine Jungenabenteuer mit meinem Freund Redvers Buller.» Er zwinkerte ihr zu. «Ich kann mir wirklich nicht vorstellen, daß du das alles noch mal hören willst, von all den Klemmen, in denen wir gesteckt und den Prügeln, die wir von unserem Schuldirektor bezogen haben. Das ist doch alles langweilig.»

«Aber du kannst so gut erzählen, Vincent.»

«Na, da bin ich mir gar nicht so sicher, Liebes.» Er nahm einen Zug von seiner Woodbine, blies einen Rauchkringel und warf ihr ein jungenhaft-verschmitztes Lächeln zu. Seine glitzernden grünen Augen hüpften vergnügt, als er sich vorbeugte und sie ansah. Dann bettelte er: «Ach Audra, erzähl doch noch was von deiner Mutter und Onkel Peter ... der schönen Edith Kenton und dem schneidigen Offizier. Ich muß zugeben, die beiden faszinieren mich.»

«Du bist ein waschechter Romantiker, Vincent Crowther.»

«Ich?» fragte er ungläubig.

«Ja, du.» Audra lächelte. «Ich könnte dir vom Geheimnis der verschwundenen Saphire meiner Mutter erzählen, soll ich?»

«Deine Augen sind wie Saphire, weißt du das?» Er warf ihr einen seelenvollen Blick zu und machte einen Kußmund.

«Willst du diese Geschichte nun hören oder nicht?»

«Doch, gern.»

Als sie zu erzählen begann, lehnte er sich zurück, nahm kleine Schlucke von seinem Wein und hörte ihr aufmerksam zu. Vincent war genauso fasziniert und beeindruckt von Audras Familie und Herkunft, wie er in sie verliebt war. Und so war es nicht ungewöhnlich, daß er gern von ihrer Kindheit erzählen hörte – ganz besonders liebte er den Klang ihrer melodischen Stimme, während sie so liebevoll von dieser Zeit sprach.

12

Mach die Augen zu», sagte Audra, «und halte sie geschlossen, bis ich dir sage, daß du sie wieder aufmachen darfst.»

«Sofort», entgegnete Vincent und tat, wie man ihn geheißen hatte.

Audra sah verliebt zu ihm auf. Ihr Glück kannte heute keine Grenzen. Sie griff nach der Hand ihres Mannes und zog ihn durch das Gras, sagte dabei: «Es ist alles in Ordnung, nichts liegt dir im Weg, trete ganz normal auf, wie du es sonst auch tust.»

«Das *mach* ich doch schon.»

Audra lächelte. «Es sind nur noch ein paar Schritte», sagte sie und führte ihn vorwärts. Dann hielt sie seine Hand ein wenig fester und sagte: «Dreh jetzt deinen Kopf zu mir, etwas mehr nach links.»

Vincent hob die Lider, blinzelte ein oder zwei Sekunden lang in der hellen Morgensonne und beschirmte dann seine Augen mit der Hand. Er kniff sie beim grellen Licht etwas zusammen und versuchte, scharf zu sehen.

«Sieh, dort drüben bei den Bäumen . . . in der Senke», sagte Audra.

Er folgte der Richtung ihres ausgestreckten Arms. Es verschlug ihm den Atem. «*Das* ist High Cleugh», sagte er mit ganz fremder Stimme und sah überrascht zum alten Herrenhaus hinüber.

«Ja.» Audra sah zu ihm empor und runzelte besorgt die Stirn. «Du klingst so überrascht, bist du enttäuscht? Findest du es nicht so schön, wie ich es habe klingen lassen?»

«Doch, doch», versicherte er ihr eilig, «aber es ist so groß,

Audra, und es sieht so umwerfend aus. Ich hatte keine Ahnung, das heißt, ich hätte nie gedacht, daß es so ein Haus wäre, verstehst du, ein *Herrenhaus.*» Er konnte die Ehrfurcht in seiner Stimme nicht unterdrücken. Er war offensichtlich beeindruckt.

Audra drückte seine Hand. «Es sieht viel größer aus, als es wirklich ist, Vincent.»

«Kann schon sein, aber es ist größer als alles, woran ich gewöhnt bin, Mädel. Und dann diese Gärten, Audra. Also die machen mich ganz sprachlos, wirklich.»

Audra strahlte ihn an. «Meine Mutter hat sie angelegt und gepflanzt, und das dort ist ihr Rittersporn, da drüben dicht am Ufer des Flusses. Immer, wenn ich irgendwo Rittersporn sehe, muß ich an sie und an High Cleugh denken.»

«Das kann ich gut verstehen, Liebes.»

«Wenn du ein bißchen flußabwärts schaust, nach rechts, kannst du die Trittsteine sehen, von denen ich dir erzählt habe. Dort sind wir immer über den Fluß gegangen, um hier Picknick zu machen . . . am ‹Ort der Erinnerung›. Natürlich hieß er damals nicht so. Ich habe ihn hinterher so genannt . . .» Sie brach ab, wandte den Blick fort, und es lag etwas wie Trauer in ihrer Stimme, als sie schloß: «Verstehst du, nachdem *sie* gestorben waren und meine Brüder fortgeschickt . . .»

«Ja», sagte er und legte ihr tröstend den Arm um die Schulter.

Sie schaute in sein Gesicht empor und lächelte schwach.

Er lächelte zurück, ließ sie nicht aus den Augen und hoffte, daß es sie nicht zu sehr aufgeregt hatte, hierherzukommen. Vor ein paar Tagen, als er sie gebeten hatte, ihm auf dem Rückweg von Robin Hood's Bay nach Leeds High Cleugh zu zeigen, war ihm gar nicht der Gedanke gekommen, daß dadurch Erinnerungen wachgerufen werden könnten, die sie vielleicht traurig machten. Schließlich hatte sie so schnell, sogar eifrig eingewilligt. Aber nun war es Vincent, als sei sein Drängen fehl am Platze gewesen, vielleicht sogar rücksichtslos. Ihre strahlenden, kornblumenblauen Augen sahen ihm verdächtig nach Tränen aus.

Vincent räusperte sich. «Bist du auch sicher, daß du hier picknicken möchtest, Audra?»

«Ja, so dachte ich es. Es ist so hübsch hier, und man hat so einen schönen Ausblick. Willst du denn nicht bleiben?» fragte sie und klang besorgt, wollte ihm wie immer alles recht machen.

«Jeder Wunsch von dir ist mir Befehl.»

Dann beugte er sich vor und küßte sie auf die Wange. Er ging zur Platane hinüber. Vor ein paar Minuten hatte er dort zwei Einkaufstaschen unter die breiten Äste gelegt, diese trug er nun zurück auf die höchste Stelle des Ufers über dem Fluß Ure, wo Audra stehengeblieben war. Aus einer Tasche nahm er eine große, karierte Decke, schüttelte sie aus und breitete sie vor sie hin.

Dann verbeugte er sich tief, voller Pathos, in der Manier eines Edelmannes aus alter Zeit.

«Mein Mantel für Eure Bequemlichkeit, edle Dame, nehmt doch gütigst Platz, so daß wir uns erfrischen können», sagte er mit übertrieben vornehmem Akzent.

Audra lachte fröhlich und revanchierte sich mit einem kleinen Knicks. «Aber, Sir Galahad, seid höchlichst bedankt.» Dann ließ sie sich so anmutig wie stets auf der Autodecke nieder.

Vincent stimmte in ihr Lachen ein, setzte sich neben sie und sagte: «Also wirklich, es war doch nett vom Hausdiener des Victoria Hotels, uns all dies Essen einpacken zu lassen, oder?» Während er noch sprach, holte er schon kleine Päckchen aus der anderen Einkaufstüte.

«Ja, unglaublich nett», stimmte Audra ihm zu und half ihm bei seiner Arbeit. «O sieh doch mal, der Küchenchef hat auch ein paar herrliche schottische Eier eingepackt», rief sie, wickelte das Butterbrotpapier ab und zeigte ihm die hartgekochten Eier, die in Wurstmasse eingehüllt waren.

«Also sie sehen ja genauso lecker aus wie bei Muttern», sagte er, und ihm lief schon das Wasser im Munde zusammen. «Und ich habe grade eingelegte Zwiebeln und eine Scheibe köstlichen Wensleydale-Käse entdeckt.» Er lächelte sie verschmitzt an. «Warum legen wir dann nicht gleich los, Audra. Ach, und hier ist ja deine Milchflasche, Kleines.»

«Danke, Vincent.»

Sie waren beide hungrig nach ihrer langen Fahrt von Robin Hood's Bay an der Ostküste entlang durch die sich weithin erstreckenden North Yorkshire Moors nach Ripon. Und so redeten sie wenig und sprachen den köstlichen Leckerbissen des Picknickkorbs zu, die ihnen das Hotel eingepackt hatte.

Es war ein außergewöhnlich schöner Junitag.

Der Himmel war strahlend blau und voller Sonnenschein. Nur ein Hauch einer erfrischenden Brise spielte in den Bäumen, und es gab keinen Laut außer dem leisen Gurgeln des fließenden Wassers, einem gelegentlichen Triller von Wildvögeln und dem Rauschen und Geflatter ihrer Flügel, wenn sie in die frische Sommerluft aufstiegen.

Weder Audra noch Vincent fanden jemals die stillen Pausen störend, die so oft zwischen ihnen eintraten. Sie genossen sie ebenso wie alles andere, was sie gemeinsam taten. Es machte sie einfach zufrieden, mit dem anderen zusammenzusein und zu wissen, daß man nicht ständig angestrengt Konversation treiben mußte. Sie hatten ein entspanntes Verhältnis zueinander; das war schon so gewesen, als sie sich im Januar kennengelernt hatten.

Audra blickte ihn verstohlen von der Seite an.

Es war der zwölfte Juni, und er war heute fünfundzwanzig geworden. Aber in ihren Augen sah er viel jünger aus. Vielleicht lag das an seinem frischen Teint und der Bräune, die er in den vergangenen Tagen bekommen hatte. Obwohl sie sich für einen guten Teil ihrer Flitterwochen in der Hotelsuite eingeschlossen hatten, hatten sie die Zeit an der frischen Luft doch gut genutzt. Sie waren viel spazierengegangen, und als Audra sich auf die steilen Klippen gewagt hatte, um von diesem Aussichtspunkt aus Robin Hood's Bay zu aquarellieren, hatte er unbedingt mitkommen wollen. Dann hatte er Zeitung gelesen, sich in die Renntabellen vertieft und sich anschließend neben ihr ausgestreckt, um sich zu sonnen.

Plötzlich fragte Audra sich, was Vincent sagen würde, wenn

sie ihm eröffnete, daß ihr der Hochzeitstag nicht sehr gefallen hatte. Genauer gesagt, hätte sie alles schrecklich gefunden, wenn er nicht dabeigewesen wäre. Audra mußte über diesen albernen Gedanken heimlich lachen. Logischerweise hätte es ohne Vincent Crowther überhaupt keine Hochzeit gegeben.

Ihm hatte seine Hochzeit jedoch Spaß gemacht. Ohne Einschränkung. Strahlend, lachend und Hände schüttelnd hatte er sich mit jedem wohl gefühlt. Ihr war seine sorglose Art aufgefallen. Er war geradezu nonchalant gewesen und hätte leicht der Hausherr von Calpher House sein können. Nicht, daß die Bells oder irgendwer sonst sein Auftreten als beleidigend empfunden hätten – nur beneidenswert, fand sie. Ihr dagegen war die meiste Zeit ziemlich unbehaglich zumute gewesen, obwohl sie sich bemüht hatte, dies hinter einem anmutigen Auftreten zu verbergen und einem strahlenden Lächeln, das nie zu verrutschen schien. Beim Empfang war ihr von Anfang an die gespannte Atmosphäre aufgefallen. Vincent hatte nichts bemerkt.

Zwischen den Thorntons und den Crowthers herrschte eine gewisse Steifheit, und sie hatte beobachtet, wie sich dies im Laufe der ersten Stunde zu einer verhüllten Antipathie wandelte. Ihr Unbehagen hatte sich zu einer Bedrückung gesteigert, und sie merkte, wie sie immer mehr verstummte; Vincent, ganz jovial, war nur noch überschwenglicher geworden.

Einmal war sie ins elegante Eßzimmer der Bells gegangen, um Vincent zu suchen. Dort hatten Mr. Agiter, Cora und Dodie das Frühstücksbüfett serviert, eine reiche Auswahl guter, für Yorkshire typische Speisen und alle möglichen Delikatessen aus Mrs. Jacksons üppig gefüllter Speisekammer. Sofort war Audra aufgefallen, daß Gwen mit Charlie in einer Ecke stand und sie die Köpfe verschwörerisch zusammensteckten. Gerade, als sie sich hatte abwenden wollen, bemerkte sie, wie die beiden Vincent anblickten, der in der gegenüberliegenden Zimmerecke mit Irène Bell redete. Sie musterten ihn verächtlich.

Wenn Blicke töten könnten, dachte Audra, würde er gleich umfallen, und eine Gänsehaut überlief sie. Dann wandte sie das Gesicht ab, trat eilig zu ihrem Mann hinüber und ergriff ihn fast beschützend am Arm.

Nachdem sie dann noch ein bißchen mit Mrs. Bell geplaudert hatten, entschuldigte sie sich und Vincent bei ihrer früheren Arbeitgeberin und sagte, daß sie Vincent gern mit Oberin Lennox bekannt machen wollte. Immer noch seinen Arm festhaltend, hatte sie ihn aus dem Zimmer geführt. Sie fühlte sich ganz krank. Und sehr verletzt.

Sie war erleichtert, ja froh gewesen, so frühzeitig wie möglich zu ihrer Hochzeitsreise aufbrechen zu können, ohne daß es unhöflich gewesen wäre oder die Bells gekränkt hätte. Diese hatten sich als so unglaublich großzügig gezeigt, und sie wollte nicht, daß man sie undankbar fand. Und natürlich wäre Vincent gern länger geblieben, so gesellig, wie er nun einmal war.

Audra drehte sich sacht auf der karierten Decke um und streckte ihre Beine vor sich aus. Dann nahm sie sich ein Stück Wensleydale-Käse, knabberte geistesabwesend daran und versuchte, nicht länger an Gwen zu denken. Aber es gelang ihr nicht.

Ihre beste Freundin mochte ihren Mann nicht.

Das war die traurige Wahrheit, und sie machte Audra sehr zu schaffen. Unglücklicherweise hatte Gwen schon Monate, bevor sie ihn wirklich kennengelernt hatte, eine Abneigung gegen Vincent genährt – ihre Worte am Abend des Freudenfeuers hallten Audra noch in den Ohren. Natürlich lag es an Charlie. Gwen hatte Vincent verurteilt, ohne sich erst die Mühe zu machen, ihn kennenzulernen, weil er an Stelle ihres Bruders erwählt worden war.

Wie unreif Gwen sich doch aufführt, dachte Audra. Sie war von ihr enttäuscht; sie hatte etwas Besseres von ihrer Freundin erwartet. So, wie sie ihre Freundschaft vom ersten Tag an hochgehalten hatte, beunruhigte es sie jetzt sehr, daß diese bedroht war. Aber es war Gwen, nicht sie, die sie in Gefahr brachte. Sie liebte Gwen und wollte sie nicht verlieren. Aber sie liebte auch ihren Mann. Wenn sie und Gwen sich weiterhin sehen wollten, würde diese freundlicher zu Vincent sein müssen. Er kam jetzt zuerst. Und Vincent, als merke er die Abneigung des Mädchens nicht, war immer freundlich und herzlich gegen sie. Audra fand, er habe eine bessere Behandlung von seiten ihrer langjährigen Freundin verdient.

Sie unterdrückte ein Seufzen und dachte scharf nach. Sie mußte sich etwas einfallen lassen, um Gwen deutlich zu machen, wie unfair sie sich aufführte. Ich werde diplomatisch sein müssen, dachte Audra und überlegte sich gleich, was sie sagen würde.

Vincent hingegen ließ seine Gedanken auf High Cleugh verweilen.

Seit sie auf der Uferböschung angekommen waren, hatte er es mit verstohlenen Blicken betrachtet. Das alte Haus lag jetzt direkt in seiner Blickrichtung, jenseits des Flusses, und er konnte es nicht lassen, wieder und wieder hinzuschauen. Dabei mußte er immer wieder an das kleine Haus denken, das er und Audra in Upper Armley entdeckt und vor einem Monat gemietet hatten.

Als sie zufällig darauf stießen, hatte er sich höchst glücklich geschätzt. Das Haus war stabil, in gutem Zustand und nicht weit von seiner Arbeitsstelle entfernt. Aber plötzlich hatte es jeden Reiz für ihn verloren. Wie klein und unbedeutend war es im Vergleich zu High Cleugh, wo seine Frau geboren und aufgewachsen war. Was er ihr zu bieten hatte, war soviel weniger.

Er wandte den Kopf und betrachtete sie anerkennend, mit einem Anflug von ungewohnter Objektivität. Wie hübsch sie in ihrem butterblumengelben Kleid aussah, so frisch und in jeder Hinsicht begehrenswert. Und sie hatte so viele lobenswerte Eigenschaften. Er war überzeugt, daß sie ihm die allerbeste Frau sein würde. Obwohl ihm Grübeln sonst nicht lag, verlor sich Vincent in Gedanken über Audra.

Wenn ihr Leben anders verlaufen wäre, hätte man ihr niemals gestattet, ihn zu heiraten.

Dieser unerwartete Einfall erschütterte Vincent zutiefst. Die Tatsache, daß *ihre* Familie etwas dagegen gehabt hätte, daß sie *ihn* heiratete, hatte er bisher nie bedacht. Aber er wußte, daß es stimmte, und dieses Wissen bedrückte ihn. Plötzlich erinnerte er sich der unheilverkündenden Worte seiner Mutter. «Damit handelst du dir Ärger ein, mein Junge», hatte sie gesagt, «kannst mir glauben. Wenn du sie heiratest, wirst du es bereuen.» Auch Laurette war gegen diese Ehe gewesen, obwohl sie Audra wirklich gern hatte. «Ihr stammt aus zwei verschiedenen Welten», hatte seine Schwester gesagt, als er ihre Meinung hatte hören wollen. «Es wird nicht klappen. Sie ist eine Dame.»

Um Laurette davon zu überzeugen, daß das nicht wichtig war, hatte er ihr von Audras hartem Leben als Stationshilfe erzählt und ihrer anstrengenden Plackerei als Krankenschwester im Fever Hospital. Ungläubig hatte sie ihn angestarrt: «Sei doch kein Narr, Vincent. Was hat das damit zu tun! Ihre Erziehung und ihre vornehme Herkunft werden immer Teil von ihr sein. Sie ist anders als du und ich, anders als *wir*, und glaube mir, dieser Unterschied ist alles, was zählt.»

Da es seine Art war, bei jeder Kleinigkeit heftig aufzubrausen, hatte er einen Wutanfall bekommen und war glühend vor Zorn aus dem Zimmer gestürmt. Noch Wochen war er seiner Lieblingsschwester böse gewesen. Vincent hatte seinen eigenen Kopf, und so hatte er das getan, was er für richtig hielt. Und er hatte es für das einzig Richtige gehalten, Audra zu heiraten – trotz des Widerstandes seiner Familie, von dem sie nichts wußte.

Vincent war immer noch überzeugt, daß seine Mutter und Schwester im Unrecht waren. Es konnte doch nicht so wichtig sein, daß er und Audra unterschiedlicher Herkunft waren. Sie liebten sich. Das war doch das Entscheidende, oder etwa nicht?

Audra, deren Blick auf Vincent ruhte, bemerkte eine Veränderung an ihm. «Fühlst du dich nicht wohl? Du siehst ein bißchen merkwürdig aus.»

«Doch, mir geht's prima, Liebes», erwiderte er und lachte dann ein wenig hölzern.

«Du sahst eben aber wirklich bedrückt aus. Bist du sicher, daß dir nichts Sorgen macht, Vincent?»

Er rang sich ein strahlendes Lächeln ab. «Mir ging es noch

nie besser», rief er und setzte dann hinzu: «Es tut mir einfach leid, daß dies der letzte Tag unserer Flitterwochen ist, daß sie vorbei sind.»

«Noch nicht ganz.» Sie küßte seine Wange, sah ihm ins Gesicht und betrachtete ihn liebevoll. «Wir haben immer noch heute und heute abend in Harrogate. Und das schöne Geburtstagsdiner für dich im White Swan. Es ist ein sehr hübsches Hotel, es wird dir gefallen.»

Audra lehnte sich zurück und fuhr mit schräg geneigtem Kopf fort: «Und auch, wenn unsere Flitterwochen morgen zu Ende sind, fängt unser gemeinsames Leben doch erst an, Vincent . . . und ich weiß, daß wir ein wundervolles Leben haben werden.»

«Ja», sagte er entspannter.

Audra wurde mit einem Mal lebhaft und gesprächig. Eine fast ungewohnte Munterkeit überkam sie, als sie ihr Picknick beendeten. Sie redete noch lange mit Vincent über ihre gemeinsame Zukunft und sah voller Begeisterung all die guten Dinge, von denen sie glaubte, daß sie vor ihnen lägen.

13

Siehst du hier irgend etwas, was dir gehört, Audra?» fragte Vincent und ließ seinen wachen, grünen Blick über den Salon von The Grange schweifen.

«Die beiden Ölgemälde zu beiden Seiten der Glastüren und das Aquarell an dieser Wand dort», sagte sie, «die sind von meinem Vater. Wenn du sie von nahem anschaust, wirst du die Signatur erkennen – Adrian Kenton.»

Vincent schritt durch das Zimmer und betrachtete die beiden schönen Landschaften, dann das Stilleben, und nickte. Dann drehte er sich zu Audra um, die vor dem Kamin stand. «Und was gehört dir noch?»

«Die meisten Holzmöbel hier . . . die Kommode mit der Einlegearbeit an der Tür, diese beiden kleinen Sheratontische und die Konsole da drüben – ach, und auch die Meißener Uhr darauf. Dann gibt es noch zwei Chippendale-Stühle, aber die müssen in einem anderen Zimmer sein. Sie hat auch noch das silberne King George-Teeservice von meiner Mutter, ein paar kleinere Silbersachen und drei weitere Bilder, aber von denen ist nur eins von meinem Vater.» Audra lächelte zuversichtlich und klopfte auf ihre Handtasche. «Ich habe meine Liste mit, auch die für den Schmuck, ich bin also gut gerüstet . . .» Audra brach ab und sah zur Tür, die sich gerade öffnete.

Vincent war schon ganz kribbelig vor Neugier auf die Frau, die er gleich kennenlernen würde. Er hatte von Audra ein bißchen über sie gehört, und das hatte ihm wenig gefallen.

Alicia Drummond blieb auf der Schwelle stehen.

Vincent musterte die Frau in mittleren Jahren genau und dachte: Kleinlich. Alles an ihr ist kleinlich. Die Augen, die Nase, der Mund, das Gesicht und der Körper. Er überlegte gar nicht erst, ob sie auch kleinmütig sei, denn das hatte er schon aus Audras Bemerkungen über sie geschlossen.

Audra, die ihre Verwandte seit sechs Jahren nicht mehr gesehen hatte, war überrascht. Sie fand, daß Alicia Drummond in dieser Zeit nicht nur ausgesprochen gealtert war, sondern auch krank aussah. Sie wirkte abgezehrt, geradezu hager, und ihre steinernen schwarzen Augen waren tief in die Höhlen gesunken. Das schüttere graue Haar hatte sie zu einem Knoten geschlungen, und sie trug ein tristes braunes Seidenkleid, das ihr nicht stand.

Alicia schloß die Tür hinter sich und kam mit ihrer üblichen steifen Förmlichkeit ins Zimmer geschritten. Reizbar sagte sie mit ihrer leicht schrillen Stimme: «Hallo, Audra. Als du mir vor zwei Wochen schriebst, hast du mir nicht mitgeteilt, daß du in Begleitung kämst. Ich habe dich allein erwartet. Ich war überrascht, als mir das Hausmädchen sagte, du seist mit . . .» Sie ließ ihren Blick über Vincent gleiten, die Augen voller neugieriger Mutmaßungen, und schloß mit den Worten: «. . . deinem Mann hier.» Es klang eher wie eine Frage als eine Feststellung.

Audra antwortete scharf: «Guten Tag, Tante Alicia. Darf ich dir meinen Gatten vorstellen. Dies ist Vincent Crowther. Vincent, dies ist die Cousine meiner Mutter, Alicia Drummond.»

Alicia, der es selten die Sprache verschlug, fehlten die Worte. *Gatte*, dachte sie überrascht. Dieser schick angezogene, gutaussehende junge Mann war mit der unscheinbaren, kleinen Audra verheiratet. Es war kaum vorstellbar.

Vincent trat vor und streckte ihr die Hand hin: «Wie ich mich freue, Sie kennenzulernen, Mrs. Drummond.»

«Ebenfalls», antwortete Alicia, wobei ihn ihre kalten Augen abschätzend betrachteten. Vincent hatte eine gepflegte Redeweise, und man hörte seinen Vokalen den breiten Akzent von Yorkshire nur wenig an, aber Alicia hatte es bemerkt. Also höchstwahrscheinlich Arbeiterklasse, dachte sie. Na, das erklärt alles.

Lässig machte sie eine Handbewegung auf das Sofa zu und

murmelte: «Nehmt doch bitte Platz, ihr beiden.» Sie selbst hockte sich auf eine Stuhlkante und richtete ihre Aufmerksamkeit auf Audra. «Warum hast du uns denn nichts davon gesagt, daß du heiraten wolltest?»

Die Frage übergehend, die sie unter den gegebenen Umständen albern fand, sagte Audra: «Wir haben unsere Flitterwochen in Robin Hood's Bay verbracht, und da ich wußte, daß wir auf unserer Rückfahrt nach Leeds hier vorbeikommen würden, dachte ich, es sei eine gute Gelegenheit, hereinzuschauen und dich zu sehen. Ich wollte auch, daß Vincent dich kennenlernt, da . . .»

«Das freut mich aber.»

«Da er nächsten Samstag wieder herkommen wird. Mit einem Möbelwagen, um . . .»

«Einem *Möbelwagen.*» Alicia klang überrascht.

«Ja. Er holt meine Sachen ab.»

«Sachen?»

«Ja, mein Eigentum, Tante Alicia. Oder vielleicht sollte ich es lieber die Hinterlassenschaft meiner Mutter nennen, die mir seit ihrem Tod gehört und die du hier . . . *aufbewahrt* hast.»

«Du meine Güte, Audra, du willst doch nicht sagen, daß du dir extra einen Möbelwagen mieten willst, um den ganzen Weg von – Leeds, hast du gesagt? – herzukommen und ein paar wertlose Möbel abzuholen.»

«Wertlos?» sagte Audra und sah sie scharf an. «So würde ich es nicht nennen.»

«Aber ich. Sie sind nicht viel wert.»

«Ganz gleich, wieviel sie wert sind, ich möchte sie haben. Ich möchte die Sachen meiner Mutter um mich haben. Außerdem gehören sie mir – und das schon seit langem.»

«Ich glaube kaum, daß ein paar alte Tische solche Umstände rechtfertigen», sagte Alicia höhnisch. Sie zog ein strenges, mißbilligendes Gesicht und wandte sich Vincent zu: «Einen Möbelwagen mieten, um ein bißchen Mobiliar abzuholen. Das ist lächerlich von Audra, finde ich. Welche Verschwendung. Sie werden mir sicher beistimmen.»

«Audra möchte ihr Erbe haben», sagte Vincent ruhig, aber

sehr entschlossen. «Und alles, was Audra möchte, wird sie bekommen, wenn es nach mir geht.»

«Ach so», sagte Alicia spitz und betrachtete ihn von oben herab.

«Und dann ist da noch der Schmuck, Tante Alicia. Den nehme ich gleich heute mit», verkündete Audra.

Alicia machte schon den Mund auf, schloß ihn aber sofort wieder, da sie die grimmige Entschlossenheit sah, die in Audras Augen glitzerte, und den unnachgiebigen Zug um ihren Mund. «Ich bin mir nicht sicher, ob der Schmuck hier ist», improvisierte sie rasch. «Wenn ich mich recht entsinne, hat meine Mutter ihn mit zu sich genommen, um ihn aufzubewahren.»

«Du bist dir nicht *sicher*», wiederholte Audra. Ihr Gesicht wurde härter. «Man sollte meinen, daß du mit dem Besitz anderer Leute äußerst sorgfältig umgingest. Es hat mich auch ziemlich gewundert, daß du dich nicht mit mir in Verbindung gesetzt hast, schon vor Wochen. Du wußtest doch, daß ich dieses Jahr einundzwanzig werden würde, also mündig, und deshalb auch vom Gesetz her ein Recht auf das habe, was mir gehört.» Audra lachte bitter. «Es gab eigentlich überhaupt keinen Grund, wieso ich nicht schon vor Jahren die Sachen meiner Mutter bekommen habe. Mein . . .»

«Vor Jahren warst du noch nicht verheiratet», unterbrach Alicia sie, als wolle sie sich verteidigen. «Und was hättest du mit den Möbeln machen sollen? Wo hättest du sie hingestellt?»

«Ich rede vom Schmuck meiner Mutter», rief Audra. «Und ich wollte gerade sagen, daß meine ehemalige Arbeitgeberin, Mrs. Irène Bell, vor ein paar Wochen genau dasselbe gesagt hat. Sie und Mr. Bell waren auch ganz erstaunt, daß du dich nicht Anfang Mai mit mir in Verbindung gesetzt hast, um herauszufinden, was ich mit meinem Besitz vorhabe. Mr. Bell ist ein in Leeds außerordentlich gut bekannter Rechtsanwalt, und rechtliche Angelegenheiten erregen immer sein Interesse.» Audra ließ ihre etwas zusammengekniffenen blauen Augen auf der anderen Frau ruhen.

Alicia wurde rot und fühlte sich unter dem festen, prüfenden Blick unbehaglich. Seit sie Audras Brief erhalten hatte, war sie wütend gewesen. Sie wollte die Wertsachen des Mädchens nicht herausgeben und hatte sich schon Tricks überlegt, sie behalten zu können. Aber nun überlegte sie es sich noch einmal. Sie wollte nicht mit einem Rechtsanwalt aneinandergeraten oder mit diesem Ehemann, der aussah, als könne er bei der geringsten Provokation schwierig werden. Bemüht, ihre Reizbarkeit zu verbergen, erhob sich Alicia. Dann räusperte sie sich und murmelte: «Es ist auch gut möglich, daß meine Mutter nur davon geredet hat, daß sie den Schmuck mit zu sich nehmen wollte, um ihn dort für dich aufzubewahren, aber dann doch nicht dazu gekommen ist. Mein Gedächtnis ist auch nicht mehr das, was es einmal war. Vielleicht ist er noch hier. Ich gehe mal nach oben und sehe nach.»

«Ja, das wäre wohl das beste», sagte Audra.

Alicia eilte hinaus, Audra im stillen verfluchend. Auf Rechtsanwälte und Ehemänner war sie nicht gefaßt gewesen. Das Mädchen hatte sie überrumpelt.

Sowie sie allein waren, sagte Vincent leise: «Das ist doch eine gerissene Hexe.»

«Ja – und sie versucht, mir meine Sachen zu stehlen», murmelte Audra, die auch ihre Stimme dämpfte.

«Mach dir keine Sorgen, das werde ich nicht zulassen. Und außerdem hat sie bestimmt Angst, daß du ihr Mr. Bell auf den Hals hetzt, wenn sie irgendwas Unrechtes macht. Ich hab gesehen, wie sich ihr Gesicht verändert hat, als du sagtest, er sei ein bekannter Rechtsanwalt aus Leeds.»

Audra lehnte sich im Sofa zurück und sah sich um, fand dies Zimmer genauso unsympathisch wie das ganze Haus und dessen Bewohner. Sie dachte daran, wie grausam Alicia Drummond zu ihr in der Vergangenheit gewesen war, und eine Kälte wie Rauhreif legte sich um ihr Herz. Unerwartet stieg das Bild ihrer Brüder vor ihr auf, wie sie sich von ihr verabschiedet hatten, als sie nach Australien fuhren. Die Erinnerung war so stark, daß sie erstarrte. Ein schreckliches Gefühl von

Verlust nahm sie gefangen. Sie preßte die Augen zu und fragte sich, ob sie sich jemals dieses bedrückenden Gefühls würde entledigen können. Bestimmt. Schließlich war sie nicht mehr allein. Sie hatte Vincent. Er war jetzt ihre Familie. Dann machte sie die Augen auf und drehte sich nach ihm um.

Er begegnete ihrem Blick und sah, wie das strahlende Blau ihrer Augen stumpfer wurde und sich eine Traurigkeit darüber legte. Dann preßte er ihre Hand und sagte: «Dieses Haus hier regt dich auf und läßt mich frösteln. Wir wollen von hier verschwinden, sobald du mit dem alten Drachen fertig bist.»

Audra nickte.

Schweigend saßen die beiden wartend auf dem Sofa nebeneinander und hielten sich bei den Händen.

Es dauerte nicht lange, bis Alicia Drummond zurückkehrte, die hölzerne Schmuckschatulle in der Hand. Sie trug diese direkt zu Audra und schob sie ihr heftig und ziemlich unhöflich hin. «Da ist sie», sagte sie bissig. «Du möchtest doch sicher alles überprüfen, damit auch nichts fehlt. Offen gesagt, mir wäre es nur recht. Ich erlaube nicht, daß man mich bezichtigt, deinen Besitz veruntreut zu haben – irgendwann später.»

Audra antwortete nicht.

Sie saß da und schaute verzaubert auf die Schatulle in ihrem Schoß. Wie vertraut sie war. Sie hatte immer auf dem Ankleidetisch im Schlafzimmer ihrer Mutter in High Cleugh gestanden. Als sie noch klein war und sich darin gefiel, die Kleider ihrer Mutter anzuziehen, hatte man ihr manchmal erlaubt, hineinzufassen und eine Anstecknadel oder Brosche oder einen Anhänger ein Weilchen zu tragen.

Nach einem Augenblick hob sie den Deckel hoch, erleichtert darüber, daß sie endlich diese persönlichsten Schätze ihrer Mutter besaß. Sie ging die einzelnen Stücke im Kästchen durch und befühlte jedes liebevoll. Dabei dachte sie an die Eleganz und Anmut ihrer Mutter und lächelte, als ihr eine Unzahl von Erinnerungen einfiel, jede von einem anderen Stein ausgelöst.

Sie nahm den Verlobungsring ihrer Mutter heraus, der mit drei winzigen Diamanten besetzt war, und betrachtete ihn. Meine Mutter hat ihn fast ihr ganzes Leben lang getragen, dachte Audra, und nun werde ich ihn tragen. Sie schob ihn sich auf den dritten Finger der rechten Hand und verspürte ein tiefes Gefühl von Zufriedenheit. Ihr war, als brächte der Ring sie ihrer Mutter näher, er schien ein Verbindungsglied mit der Vergangenheit zu sein. Es machte sie glücklich.

Audra brauchte die Inventarliste gar nicht zu Rate ziehen, sie kannte sie auswendig. Der Schmuck war vollständig. Man hatte nichts entnommen. Und ob Alicia Drummond ihn all die Jahre hindurch getragen hatte, war plötzlich ganz nebensächlich. Die Schatulle und ihr Inhalt gehörten jetzt ihr, und zwar rechtmäßig, und das war das einzig Wichtige.

Sie stellte die Schatulle zwischen sich und Vincent aufs Sofa, öffnete dann ihre Handtasche und nahm die andere Liste heraus. Den Blick auf Alicia gerichtet, sagte Audra: «Dies ist das Verzeichnis der Möbel, des Silbers und der Gemälde meiner Mutter, die sich in diesem Haus befinden. Ich lasse es dir da, damit du alles in Ruhe ordnen kannst. Vincent wird mit zweien seiner Brüder am nächsten Samstagmorgen herkommen und alles abholen. So gegen zehn Uhr. Ich hoffe, die Zeit paßt dir.»

Alicia konnte nur verdrießlich nicken.

Dann legte Audra den Zettel auf ein Sheraton-Beistelltischchen und fuhr fort: «Und ich glaube, wir sollten heute schon die Bilder meines Vaters mitnehmen. Wir sind ja mit dem Auto hier, und sie passen leicht hinten hinein.»

Vincent, der die Sache hinter sich bringen und Audra aus diesem deprimierenden Haus entfernen wollte, sprang auf und rief: «Ich kann sie ja gleich mal abhängen.» Dann sah er Alicia an und setzte erklärend hinzu: «Ich weiß, welche Bilder von Audras Vater gemalt worden sind, sie hat sie mir schon gezeigt.»

Alicia Drummond glaubte, zu Stein zu erstarren.

Sie konnte weder etwas sagen noch sich rühren. Sie starrte Vincent einfach an, sah starr zu, als er eines der Ölbilder abnahm, es gegen einen Stuhl lehnte, und dann zum nächsten hinüberging und die Hände danach ausstreckte.

In diesem Augenblick platzte etwas in Alicia Drummond.

Jahre der eisernen Selbstbeherrschung fielen von ihr ab. «Rühren Sie mein Bild nicht an! Wagen Sie nicht, es zu berühren!» schrie sie, sprang auf und rannte durch das Zimmer, ihre scheinbare Würde hatte sich in Luft aufgelöst. Heftig griff sie Vincent am Arm, stierte ihm ins Gesicht und schrie noch wütender: «Unterstehen Sie sich, irgendeins meiner Bilder anzurühren!»

Er war fassungslos über ihre Worte und ihr Benehmen. Dann schüttelte er ihre Hand ab, trat zur Seite und sah zu Audra hinüber, die noch auf dem Sofa saß. Sie wechselten einen überraschten Blick.

Audra sprang schnell auf und eilte hinzu. «Es sind nicht deine Bilder, Tante Alicia. Sie gehören mir», sagte sie in bestimmtem, aber beherrschtem Ton. Einen Moment lang überlegte sie, ob die Frau wohl den Verstand verloren hatte. «Falls du es vergessen haben solltest: Mein Vater hat sie gemalt. Und sie hingen immer in High Cleugh. Sie sind Teil des Erbes von meinem Vater und von meiner Mutter, und ich . . .»

«Deine Mutter!» schrie Alicia und drehte sich zu ihr. «Fang mir nicht von deiner Mutter an. Sie war nichts als eine Hure!»

Audra verschlug es die Sprache, und sie schreckte zurück.

Vincent glaubte, er hätte nicht recht gehört.

«Seien Sie vorsichtig», rief er. «So reden Sie nicht mit meiner Frau – das verbitte ich mir.» Er legte seinen Arm um Audra und warf Alicia einen wütenden Blick zu. «Was fällt Ihnen überhaupt ein, Audras Mutter zu beschimpfen?»

«Gefällt Ihnen das Wort Hure nicht? Dann suchen Sie sich doch etwas anderes aus – Schlampe, Nutte, Flittchen, Prostituierte! Paßt alles gut. Weil sie das *war*. Sie hat ihn mir weggenommen, sie hat mir meinen süßen Adrian weggenommen.» Alicias schrille Stimme sank zu einem Klagelaut ab. Den Tränen nahe, sprach sie hastig weiter: «Er gehörte mir. Wir verstanden einander. Wir wollten heiraten. Bis sie ein Auge auf ihn warf, ihm den Kopf verdrehte und ihn mit ihren Tricks und ihrem Getue in ihr Bett lockte.» Dann blieben ihr die Worte im Hals stecken. Alicia rang förmlich nach Luft und hielt die Hand an die Brust gepreßt, als hätte sie Schmerzen.

Audra war so entsetzt, so angewidert von dem, was sie gehört hatte, daß sie ihre Verwandte nur entsetzt anstarren konnte. «Das ist es also die ganze Zeit gewesen», sagte sie dann und schüttelte ungläubig den Kopf. «*O Gott*! Du hast meine Brüder und mich bloß bestraft, weil du eifersüchtig warst! Wie niedrig, uns deshalb als Kinder zu trennen. Wo meine Eltern doch schon tot waren, die Vergangenheit sowieso nicht mehr zählte. Du bist eine durch und durch schlechte Frau, Alicia Drummond. Und was dich und meinen Vater angeht . . .» Audra hielt inne und holte tief Luft: «Ich kannte meinen Vater kaum, aber soweit ich weiß, war Adrian Kenton ein guter, sensibler Mann. Ich glaube dir absolut nicht, daß er sich jemals für so eine wie *dich* interessiert haben soll.»

Voller Ekel wandte Audra sich ab. Dann sagte sie zu Vincent: «Bitte nimm die restlichen Bilder meines Vaters ab, und dann gehen wir.»

Audra ging zum Sofa hinüber, ergriff ihre Handtasche und die Schmuckschatulle.

All die Zwänge, die sich Alicia Drummond über die Jahre auferlegt hatte, lockerten sich mit einem Mal. Und all der alte Haß, den sie gegen Edith Kenton gehegt hatte und der nicht einmal vom Tod besänftigt worden war, stieg wieder in ihr auf. Er schien auf ihrem Gesicht zu erstarren, das sich zu einer häßlichen Grimasse verzerrt hatte.

Dann huschte sie über den Teppich, trat dicht an Audra heran und schrie: «Adrian Kenton war nicht dein Vater! War er nicht, hörst du? Du bist ein Bastard. *Peter Laceys Bastard*. Sie trieb es schon mit ihm, als Adrian noch am Leben war. Mein armer süßer Adrian, daß er das erleben mußte.»

Audra schüttelte wild den Kopf und stritt ab, was die Frau gerade gesagt hatte. «Es ist nicht wahr! Es ist nicht wahr!» rief sie.

«Ist es doch», zischte Alicia. «Deine Mutter war eine Ehebrecherin, du bist ein Bastard!»

«Und du bist eine Lügnerin, Alicia Drummond!»

Vincent wurde klar, daß er schnell handeln mußte.

Er griff Audra am Arm und zerrte sie fast in die Eingangshalle. Er schwang herum, ging schnell in den Salon zurück und nahm die drei Ölgemälde, die er abgehängt hatte, sah dann Alicia Drummond an.

Sie stand mitten im Zimmer und rang erregt die Hände. Es lag etwas Fiebriges in ihrem Gesicht, und ihre Augen waren wild. Er dachte, sie sei wohl verrückt geworden.

Dann sagte er: «Am Samstag komme ich wieder, um den Rest von Audras Sachen zu holen, und alles sollte in bestem Zustand sein, *sonst* . . .»

«Unterstehen Sie sich, mir zu drohen!»

«Ich drohe Ihnen nicht. Ich möchte nur ausdrücken, daß es mir ernst ist. Und das Gesetz ist auf unserer Seite, denken Sie daran, Mrs. Drummond.»

Audra stand noch da, wo er sie verlassen hatte, und drückte die Schmuckschatulle an ihre Brust. Ihr Gesicht war bleich, und sie zitterte.

«Nun los», rief er, «und halt mir bitte die Tür auf, Liebes, meine Hände sind voll.»

«Ja», erwiderte sie und bemühte sich, den Schwindel abzuschütteln, der sie ergriffen hatte. Dann folgte sie ihm eilig zur Eingangstür.

Sowie sie im Auto seines Onkels saßen und das Haus hinter sich ließen, atmete Vincent beträchtlich freier. Als er das Tor am Ende der langen Einfahrt erreicht hatte, wurde er langsamer und steuerte das Auto auf die Hauptstraße nach Ripon. Er fuhr ein paar Minuten in diese Richtung, weil er etwas Abstand zwischen sich und The Grange schaffen wollte; schließlich hielt er an und parkte unter einer hohen Hecke.

Audra und er sahen sich im selben Augenblick an.

Vincent hatte sie noch nie so blaß gesehen, und sie hielt die hölzerne Schatulle umklammert, als wolle sie ihr jemand entreißen. Aber zumindest zitterte sie nicht mehr. Er schmolz vor Mitgefühl, als er in ihre Augen sah. Sie waren von Schmerz überflutet. Er hätte Audra gern getröstet, wußte aber nicht wie.

Dann sagte er leise: «Es ist alles gut jetzt, Liebes. Und du mußt niemals mehr einen Fuß in jenes verdammte Haus setzen.»

Audra nickte. «Ja, ich weiß», sagte sie.

Es entstand eine kleine Pause, während der sich ihre Augen nicht losließen.

Schließlich fragte sie leise: «Du glaubst doch nicht, daß es wahr ist, Vincent, oder? Das glaubst du doch nicht, daß ich ... daß ich unehelich bin?» Ihre Lippen zitterten, und ihre Augen liefen über.

«Nein! Aber nein!» rief er, und sein Zorn hallte laut im kleinen Gehäuse des Autos wider. «Du hast es doch selbst gesagt, ihr ins Gesicht ... daß sie eine Lügnerin ist.»

«Aber warum sollte sie sich etwas so Schreckliches, Gemeines ausdenken?»

Über diese Frage verwundert, sah Vincent seine junge Frau von der Seite an und sagte: «Audra ... *Liebes* ... du bist doch nicht dumm, du weißt doch, wieso. Sie hat es dir gesagt.» Dann wurde seine Stimme schärfer und härter: «Sie ist ein verdammtes, altes Weibsstück, bitter und gehässig. Nicht ganz richtig im Kopf, diese Frau. Es würde mich nicht wundern, wenn man sie eines Tages abholen käme, sie in eine Gummizelle steckte.»

«Ja, vielleicht hast du recht», erwiderte Audra langsam, nicht recht überzeugt. Ihr Gesicht wurde nachdenklich, als sie sich mit Alicia Drummond beschäftigte. Die Frau war tückisch. *Böse.* Möglicherweise hatte es gar nichts mit Wahnsinn zu tun. Automatisch dachte sie an ihre Brüder und seufzte, erinnerte sich an ihre schweren Jahre und Sorgen, die sie in Australien gehabt hatten, und an ihre eigenen Schwierigkeiten, ihre Einsamkeit, nachdem man sie weggeschickt hatte. Es war alles so unnötig gewesen.

«Fühlst du dich etwas besser?» fragte Vincent.

«O ja», murmelte sie. «Ich habe nur daran gedacht ... Leute können so gemein sein, nicht wahr?»

«Ja, Liebling, das können sie», pflichtete er ihr bei und streckte dann die Hand aus, berührte sacht ihren Arm. «Versuche, dich zu beruhigen . . . niemand will dir deine Schmuckschatulle wegnehmen.»

Audra lächelte zaghaft. Sie lockerte ihren Griff, ließ den Schatz auf ihren Knien ruhen und sagte nach einer Weile: «Na, wir sollten dann auch mal weiterfahren. Wir können hier doch nicht den ganzen Tag lang sitzen.»

«Okay – aber wohin, Audra? Willst du immer noch deine Großtante besuchen? Oder sollen wir das lassen und statt dessen nach Harrogate fahren?»

Audra zögerte eine Sekunde, dann sagte sie: «Ich meine, wir sollten hinfahren und sie besuchen. Sie erwartet mich ja, und ich möchte auch, daß du sie kennenlernst.» Audra sah ihn beruhigend an. «Sie ist viel netter als ihre schreckliche Tochter, Ehrenwort.»

«Dann erkläre mir den Weg.»

«Wir sind gar nicht mehr weit entfernt. Fahr diese Straße entlang, ungefähr zehn Minuten lang, bis wir nach Cobbler's Green auf der rechten Seite kommen. Da müssen wir abbiegen. Bedelia Cottage liegt ganz am Ende der Straße.»

Keiner von ihnen sagte ein Wort, während Vincent zügig dahinfuhr, und erst als sie durch Cobbler's Green fuhren, bemerkte Audra: «Aber es *könnte* wahr sein.»

Vincent, der sofort wußte, was sie meinte, entgegnete rasch: «Vielleicht, aber wenn ich du wäre, würde ich mir nicht den Kopf darüber zerbrechen.»

«Und warum nicht?»

«Weil du die Wahrheit sowieso nicht herausbekommen wirst. Deine Mutter ist die einzige, die sie dir hätte sagen können, und sie ist tot.»

«Vielleicht hat sie sich Großtante Frances anvertraut; sie standen sich sehr nahe, das hab ich dir ja schon gesagt.»

«Du willst die alte Dame doch nicht etwa fragen, oder?»

«Hm . . . vielleicht doch.»

Aber schließlich fragte Audra ihre Großtante gar nichts.

Von dem Augenblick an, da sie im Bedelia Cottage angekommen waren, war es offensichtlich, daß die alte Dame sehr gebrechlich war. Obschon der Nachmittag zur Neige ging, war es doch noch ein schöner Tag, sonnig und warm. Aber die Fenster waren alle fest geschlossen, und sie saß vor einem enormen Feuer in ihrem vollgestopften Salon, einen Seidenschal um die eingefallenen Schultern gelegt und die Hände den wärmenden Flammen entgegengestreckt.

Audra geleitete Vincent durch den Irrgarten von viktorianischen Möbeln und Zierat, wobei der längst vergessene Geruch des Zimmers sie sofort überfiel. In der trockenen, staubigen Luft lag ein Hauch von überreifen Äpfeln, Möbelpolitur und Dufttöpfchen, so wie es in all den Jahren gewesen war, als Audra in ihrer Kinderzeit hierhergekommen war. Und als sie sich herabbeugte, um die trockene, alte Wange zu küssen, stieg ihr der schwache Duft von Mottenkugeln, vermischt mit Lavendelwasser und Pfefferminzbonbons, in die Nase, und sie empfand eine heftige Zuneigung zu Frances Reynolds. Auf einmal befand sie sich im Bann einer kurzen Nostalgie.

Ihre Großtante war überglücklich, Audra nach solch langer Zeit wiederzusehen und Vincent kennenzulernen. Wenn sie auch überrascht war, daß Audra mit einem Ehemann aufgetaucht war, fand sie doch sogleich Gefallen an ihm, wie es Audra schien. Sie zwitscherte drauflos wie ein kleiner, munterer Vogel und lächelte die beiden wohlwollend an. Von Zeit zu Zeit nickte sie und streichelte Audras Hand, und dann bestürmte sie die junge Frau mit unzähligen Fragen nach deren Leben.

Audra, die ebenso froh darüber war, ihre Großtante wiederzusehen, antwortete ihr nach Kräften, wobei sie die Achtzigjährige genau betrachtete. Diese sah so zart und durchscheinend aus wie die papierdünnen Porzellantassen, in denen der Tee serviert wurde, und es schien Audra, daß die alte Frau zerfallen würde, wenn man nur einmal kräftig atmete. Solange sich Audra erinnern konnte, war die Großtante silberhaarig und schmal gewesen, doch jetzt lag eine neue Zerbrechlichkeit über ihr, und Audra hätte sie gern in Watte gepackt.

Ein alter Leib, alte Knochen, die bald zu Staub zerfallen werden, dachte Audra stumm, und trotz der Hitze im Zimmer überlief sie ein kalter Schauer. Intuitiv wußte sie, daß sie ihre Tante wohl zum letzten Mal sah. Frances Reynolds war nun sehr, sehr alt; ihr Leben auf der Erde näherte sich dem Ende. In diesem Moment begriff Audra auch, daß es ganz verkehrt wäre, sie auf die Vergangenheit ihrer Mutter anzusprechen.

Das würde die sanfte alte Dame viel zu sehr aufregen, die ihre Mutter so geliebt hatte, immer herzlich zu Audra war und Vincent freundlich empfangen hatte.

Ja, Vincent hat recht, dachte Audra jetzt. Nur meine Mutter kannte die Wahrheit, und sie hat sie mit ins Grab genommen. Audra erkannte, daß es das Angedenken ihrer Mutter beflecken würde, wenn sie anfinge, über Ehebruch zu reden und ihre eigene Legitimität in Zweifel zu ziehen.

Und so schwieg sie.

Sie verbrachten beinahe zwei Stunden im Bedelia Cottage, und erst als sie Anstalten machten, sich zu verabschieden, erwähnte ihre Großtante Edith Kenton.

Sie schaute Audra aus ihren uralten Augen an und sagte mit schwacher Stimme: «Als mein Liebling Edith starb, hat Alicia all ihre Papiere von High Cleugh fortgebracht. Aber ich habe sie ihr wieder abgenommen, weil ich sie für dich aufbewahren wollte, Audra, bis du erwachsen warst.»

Dann hielt Frances Reynolds inne, lächelte sacht und schüttelte das silberne Haupt. «Ach mein liebes Kind, du schaust so gespannt drein, aber ich fürchte, es gibt da nichts Besonderes unter den Papieren deiner Mutter. Ein paar alte Briefe, ihre Geburtsurkunde, ihren Trauschein, einige alte Fotos – sonst nichts.»

Audras Gesicht sah jetzt enttäuscht aus, aber sie sagte: «Ich möchte sie aber trotzdem haben.»

«Selbstverständlich, meine Liebe, deshalb habe ich sie dir ja auch all die Jahre aufbewahrt.» Dann sah sie Vincent an. «Die

Papiere liegen in dem Aktenkoffer da drüben. Würden Sie so freundlich sein, sie zu holen?»

«Aber natürlich», sagte er und sprang auf. Gleich war er wieder zurück und hielt der alten Dame den Koffer hin.

«Nein, nein, geben Sie ihn Audra, die Papiere sind ihre, Vincent.»

«Danke», sagte Audra und nahm ihm den Aktenkoffer ab. Die Initialen ihrer Mutter, «EWK», standen neben dem Schloß, in Gold geprägt. Sie öffnete den Koffer, schaute hinein, berührte die zuoberst liegenden Papiere und beschloß dann, alles später genau anzusehen, in der Abgeschlossenheit ihres Hotelzimmers, nachdem sie den White Swan in Harrogate erreicht hatten.

«Vielen Dank, Großtante Frances, daß du mir die Papiere aufbewahrt hast – das weiß ich sehr zu schätzen.»

Die alte Dame nickte und sagte dann lächelnd: «Ich wußte, daß du Alicia aufsuchen würdest», ihre schwache Stimme bebte leise, «und ich nehme an, daß du das gemacht und den Schmuck deiner Mutter geholt hast.»

«Ja», antwortete Audra und hielt verlegen inne, denn sie fürchtete sich, noch mehr zu sagen. Dann sah sie zu ihrem Mann hin.

Vincent kam ihr zu Hilfe. «Alles ging prima, und meine Brüder und ich werden nächste Woche mit einem Möbelwagen hinfahren, um den Rest von Audras Sachen zu holen.»

Die alte Dame strahlte ihn an, und ihre Augen hatten plötzlich einen befriedigten, ja fast triumphierenden Ausdruck. Dann griff sie nach ihrem Stock. «Dann kommt mal mit, ihr beiden, wir wollen ins Eßzimmer gehen. Da sollt ihr euch ein Stück Silber für euer erstes Zuhause aussuchen.»

14

Bitte, Vincent, du mußt jetzt aufstehen», sagte Audra und rüttelte ihn an den Schultern.

Er rekelte sich, drehte sich auf den Rücken und machte die Augen auf, blinzelte gegen das Licht, das durch die duftigen Vorhänge fiel. «Warum?»

«Vincent, du weißt genau, warum», rief Audra so leichthin wie möglich, bemüht, ihren Ärger zu verbergen. «Gwen kommt doch zum Abendessen.»

«*Wenn* sie kommt.»

«Es war meine Schuld am letzten Sonntag», warf Audra hastig ein, «ich habe das Datum verwechselt.»

Er sah sie skeptisch an und schwieg.

«*Bitte*, Vincent», sagte sie, und ihre Stimme wurde lauter, «steh jetzt bitte auf.»

Anstelle einer Antwort streckte er den Arm aus und ergriff ihr Handgelenk. Dann zog er sie zu sich herab, schlang seine Arme um sie und drückte sie fest an sich. Gegen ihre Wange gepreßt, flüsterte er dann: «Komm auf eine halbe Stunde zu mir ins Bett.»

Audra wehrte ihn ab. «Ich kann nicht, du weißt doch, daß ich nicht kann. Wir haben gar keine Zeit.»

«Du willst sagen, daß du keine Lust hast», sagte er und ließ sie sofort los.

Audra erhob sich rasch, trat von dem Bett zurück und sah ihn an, die Lippen vorgeschoben. «Du bist schrecklich ungerecht.»

«Bin ich nicht. Du bist in der letzten Zeit so kalt mit mir.»

Sie errötete. «Das stimmt nicht. Du suchst dir nur immer die verkehrte Zeit aus!»

Er ließ seinen Blick zum Wecker auf dem Nachttischchen aus Bambus gleiten. «Was soll denn verkehrt sein mit einem Sonntagnachmittag um halb fünf. Ich finde es genau richtig.»

«Wir erwarten Besuch.»

«Ach ja. Die affige Miss Gwen Thornton.» Er sprach ihren Namen mit einiger Schärfe aus und setzte hinzu: «Ich verstehe überhaupt nicht, was du an ihr findest, warum du ihr hinterherläufst.»

«Das ist nicht wahr!»

«Ist es doch. Langsam kommt es mir vor, als hättest du sie lieber als mich.»

«Sei doch nicht lächerlich», rief Audra und sah ihn entgeistert an. «Du weißt doch, daß es nicht stimmt.» Plötzlich stieg eine Wut in ihr auf, und sie fuhr gereizt fort: «Und ich bin sowieso nicht in der Stimmung, zu dir ins . . . Bett zu steigen und dich zu lieben – nicht, wie du dich in der letzten Zeit aufgeführt hast.»

«Aufgeführt? Was zum Teufel willst du damit sagen?» Er setzte sich kerzengerade im Bett auf und funkelte sie an, wobei seine grünen Augen vor Ärger noch mehr glitzerten als sonst.

Audra schüttelte ganz langsam den Kopf, schluckte ihren Zorn hinunter, verstand plötzlich alles. «Du weißt anscheinend gar nicht, was du tust, Vincent.»

«Wie meinst du das?»

«O Vincent, Vincent, du bist unmöglich. Und du machst mich manchmal so wütend. Jeden Sonntag mittag verliere ich die Geduld mit dir. Du verschwindest mit deinen Brüdern im Pub und machst dir nichts daraus, weit nach zwei Uhr wieder anzukommen, nachdem du mir versprochen hast, spätestens um eins zurückzusein. Und dann bist du eklig zu mir, weil das Essen verdorben ist, als ob es meine Schuld wäre.»

«Ich war heute nicht eklig zu dir.»

«Warst du doch. Wirklich, Alkohol bekommt dir überhaupt nicht, er zeigt dich von deiner schlechtesten Seite, macht dich streitsüchtig und empfindlich.»

Er wollte diese Kritik mit Schweigen übergehen, da sie in der letzten Zeit oft an ihm herumnörgelte, überlegte es sich dann aber doch anders. «Fang nicht an, mir hier eine Gardinenpredigt zu halten», bellte er. «Das paßt mir nicht. Ich bin ein Mann, kein kleiner Junge. Und ich bin immer schon sonntags ins Pub gegangen, seit ich achtzehn bin, und habe nicht die Absicht, jetzt damit aufzuhören. Weder dir noch sonst jemandem zuliebe. Und außerdem geht jeder sonntags ins Pub, das ist eine alte englische Tradition.»

Nur bei der Arbeiterklasse, dachte sie und haßte sich sofort selbst für diesen Gedanken; sie hatte immer auf Leute mit Vorurteilen herabgesehen. Dann sagte sie: «Da ist noch etwas ... du hast mich *schon wieder* bei deiner Mutter warten lassen, während du dich mit deinen Brüdern im Pub amüsiert hast ...»

«Unser Bill hatte schließlich Geburtstag», warf er aufgebracht ein, sofort in Verteidigungshaltung.

«Ja, das stimmt, und ich gönne es dir ja auch, wenn du einen besonderen Anlaß zum Feiern hast. Aber letzten Samstag war nicht Bills Geburtstag, und am Samstag davor auch nicht oder davor, als du allein weggegangen bist.»

«Du hättest ja gestern abend nicht bei meiner Mutter bleiben müssen. Du hättest mit Laurette zum Tanz gehen können – schließlich hat sie dir das angeboten.»

«Ich bin nicht mit Laurette verheiratet, sondern mit dir.»

Er seufzte und verzog den Mund. «Ich hoffe nicht, daß du damit andeuten willst, ich würde nun für den Rest meines Lebens vierundzwanzig Stunden am Tag unter deiner Fuchtel stehen, denn das kann ich dir sagen, daraus wird nichts.»

Audra verbiß sich jede Erwiderung, weil sie selbst nicht wußte, warum sie sich ausgerechnet jetzt mit ihm stritt. Gwen würde in einer knappen Stunde kommen, und sie wollte dann eine friedliche Atmosphäre im Haus haben. Es fehlte ihr gerade noch, daß Gwen einen Streit zwischen ihnen mitbekam.

Sie trat an die Schlafzimmertür und sagte leise: «Ich habe noch ein paar kleine Sachen zu erledigen», lief dann treppab, ehe er ein Wort sagen konnte.

Dann schob sie ihre Sorge um die jüngsten Veränderungen in ihrer Beziehung beiseite und machte sich in der Wohnküche ihres Vierzimmerhauses in der Pot Lane zu schaffen. Nachdem sie den Holztisch in der Mitte mit ihrer besten Spitzendecke verschönt hatte, holte sie einige Teile des schönen Porzellanservices heraus, das ihnen die Bells zur Hochzeit geschenkt hatten, und deckte den Tisch zum Abendessen.

Sowie sie damit fertig war, sah sie zum Kamin in der Mitte des Yorkshire-Herdes und überlegte, ob sie schon Feuer anmachen sollte; diese Septemberabende konnten schon sehr kalt werden. Andererseits war es noch sonnig draußen. Beim Gedanken an das Wetter fiel Audra ein, daß sie noch frische Blumen für den Tisch und das Wandgestell im winzigen Wohnzimmer nebenan brauchte.

Sie ging eilig zum Arbeitstisch neben dem Ausguß am Fenster, fand die Schere in der Schublade, nahm den Blumenkorb und ging hinaus.

Das Haus hatte keinen Namen, nur die Nummer achtunddreißig, die weiß an die grüne Tür gemalt war, und es war eines von dreien in einer Sackgasse hinter The Towers in Upper Armley. Jedes Haus hatte seinen kleinen Garten, aber Audras war der schönste und prachtvollste, weil ihn die vorigen Mieter in all den Jahren gut gepflegt hatten. Auch Audra hatte fleißig im Garten gearbeitet, seit sie im Juni dort eingezogen waren, hatte neue Pflanzungen angelegt und einiges verbessert.

Die letzten Rosen des Sommers waren voll erblüht und neigten die schweren, üppigen Köpfe der dunklen Erde entgegen. Als Audra sich über die Stöcke beugte, sog sie ihren Duft ein. Er war intensiv und süß, leicht betäubend, und es wurde ihr ein bißchen schwindlig davon. Während sie die Rosen schnitt, war sie sorgsam darauf bedacht, die zarten Blüten nicht zu beschädigen. Sie wählte vorwiegend die blaßgelben und rosa Blumen, diese schienen schneller als die anderen zu verblühen.

«Du weißt gar nicht, wie hübsch du bist, Liebes», rief Vincent, der in der Haustür stand.

Sie sah auf.

Er lächelte sie strahlend und hinreißend an.

Sie lächelte zurück, begriff, daß er alles wiedergutmachen wollte. «Danke», murmelte sie. Dann stand sie auf, nahm den Blumenkorb und kam ihm auf dem gepflasterten Gartenpfad entgegen.

Seine Augen ließen sie nicht los. Als sie vor ihm stehenblieb, legte er liebevoll den Arm um sie und geleitete sie nach drinnen. Dann schloß er die Tür, nahm ihren Korb ab und zog sie in seine Arme, küßte sie heiß und mit wachsender Leidenschaft.

Audra hielt ihn fest umschlungen und erwiderte seine Küsse. Aller Groll, der zwischen ihnen entstanden war, fiel plötzlich, ganz unerwartet von ihr ab. Sie dachte: Ich liebe ihn, er liebt mich, und das ist doch das einzige, was wirklich zählt. Wir werden unsere Probleme schon gelöst bekommen. Irgendwie.

Dann hörte er auf, sie zu küssen, hob ihr Gesicht zu dem seinen empor und sah in ihre unglaublichen Augen. Es war ihm, als sei ihr strahlendes Kornblumenblau nun zu einem tiefen Violett geworden – und wie stets drückten ihre Augen ihre innersten Gefühle aus. Sein Blick war eindringlich, und schließlich fragte er sie mit heiserer Stimme: «Weißt du überhaupt, wie sehr ich dich manchmal begehre?»

«Ja.» Sie zögerte, dann flüsterte sie: «Mir geht es genauso.»

Vincent lächelte still in sich hinein, da er wußte, wie schwer es ihr fiel, solche Dinge auszusprechen. Dann fuhr er mit dem Finger über ihre Wange und sagte: «Bleibt Gwen denn lange?»

«Nein, ich glaube nicht. Morgen ist doch Montag.»

Vincnt schmiegte sich enger an sie und flüsterte ihr ins Ohr: «Dann wollen wir doch mal so verbleiben, daß wir heute früh zu Bett gehen, Mrs. Crowther.»

«Ja, gut.»

Er drückte sie an sich und gab sie dann frei. Er drehte sich um und ging zur Haustür. «Ich werde rechtzeitig zum Abendessen zurücksein.»

Überrascht fragte sie: «Wohin willst du denn?»

«Zu meiner Mutter.»

«Aber warum denn?»

«Ich habe Frank versprochen, ihm dabei zu helfen, seine Militärpapiere auszufüllen . . . Dad hat ihm schließlich doch erlaubt, in die Armee einzutreten, und er ist ganz aus dem Häuschen, unser Frank. Du weißt ja, wie gern er in ein Kavallerieregiment möchte und nach Indien. Und ich kann's ihm nicht verdenken. Nicht, wie es momentan in diesem verdammten Land aussieht.» Er zog ein Gesicht. «So viele Männer müssen stempeln gehen, und jeden Tag werden es mehr.»

Audra regte sich nicht. «Aber es geht doch gut bei Varleys, oder? Die haben doch nicht auch schon Probleme, Vincent?»

«Nein, natürlich nicht.» Er lächelte ihr beruhigend zu. «Wir sind gerade dabei, ein schönes, großes Haus für den alten Pinfold und seine Madam zu bauen. Und überhaupt solltest du dir nicht deinen kleinen Kopf über solche Sachen zerbrechen, laß das mal meine Sorge sein, ich bin schließlich der Herr im Haus.» Dann warf er ihr eine Kußhand zu und lächelte verschmitzt. «Bis dann, Liebes, mach's gut.»

15

Also habt ihr jetzt ein Sofa. *Endlich*», sagte Gwen und trat aus der Küche ins kleine Wohnzimmer hinein.

«Ja», erwiderte Audra, die dicht hinter ihr ging, und runzelte die Stirn.

Gwen ging schnurstracks auf dieses Möbelstück zu, das mitten im Zimmer gegenüber vom Kamin stand, und setzte sich gleich darauf. Sie schlug die Beine übereinander, lehnte sich in die Kissen und machte es sich gemütlich.

Audra stand vor ihr und schaute sie aufmerksam an. Ihr Gesicht war sanft wie stets und sah recht unschuldig aus. Und Audra wußte sofort, daß Gwen nichts Unfreundliches oder Hämisches mit ihrer Bemerkung bezweckt hatte, auch wenn die Art, wie sie *endlich* gesagt hatte, etwas boshaft geklungen hatte. Als ob sie sich vorher keines hätten leisten können.

«Wir haben uns das Sofa vor zwei Wochen gekauft», sagte Audra in ihrer üblichen ruhigen Art. «Nach diesem Modell haben wir schon eine ganze Weile Ausschau gehalten, sogar schon vor der Hochzeit.»

«Tatsächlich», sagte Gwen, wandte sich um und schob das Gesicht dichter an die Sofalehne, wobei ihre drei billigen Perlenketten klirrten. Sie schnüffelte daran. «Mmm. *Leder*. Das ist aber schön, Audra. Das muß ich dir sagen, ich schätze das Echte. Keine Imitationen für mich.»

Audra verbiß sich ein Lachen und ging zum Kamin hinüber. Was für eine unangemessene Äußerung, da Gwen doch so einen Hang zu falschem Schmuck hatte. Sie war immer von Kopf bis Fuß damit behängt und eine lebende Reklame für Tand. Heute hatte sie sich selbst übertroffen. Sie war mit einem seltsamen Sortiment von farbigem Straß und künstlichen Edelsteinen bedeckt und glitzerte wie ein Weihnachtsbaum außerhalb der Saison. Aber so ist meine Gwenny eben, dachte Audra herzlich, und die tiefe Zuneigung zu ihrer Freundin übermannte sie. Sie wäre einfach nicht dieselbe ohne ihre Perlenketten und Armbänder und baumelnden Ohrringe; sie sind ihre Wahrzeichen, und ich glaube nicht, daß ich sie ändern wollte, wenn ich es denn könnte.

Immer noch lächelnd, griff Audra nach den Zündhölzern auf dem Kaminsims. «Es ist direkt ein bißchen kühl geworden», sagte sie, hockte sich vor das Kamingitter und riß ein Zündholz an. Dann hielt sie die Flamme ans Papier und die Holzstückchen und fuhr fort: «Bist du sicher, daß ich dir keine Strickjacke geben soll, Gwen?»

«Nein danke, Schätzchen, mir ist ganz warm. Oder mir wird gleich warm werden, wenn du erst das Feuer anhast.» Gwen strich mit der Hand glättend über den Rock ihres roten Seidenkleids und sagte dann erklärend: «Ich hätte wohl etwas Wärmeres anziehen sollen, aber es ist ganz neu, und ich wollte es dir zeigen. Gefällt es dir, Audra?»

«Es ist ein wunderschönes Kleid und steht dir wirklich ausgezeichnet», sagte Audra ehrlich. Sie stand auf und betrachtete ihre Freundin wohlgefällig.

Gwen zupfte sich zurecht und strich sich über das blonde Haar. «Und wie findest du meine Locken?»

«Sie gefallen mir gut, ich spiele mit dem Gedanken, mir nächste Woche selbst solche machen zu lassen. Wie ist es, soll ich uns jetzt eine Tasse Tee machen? Oder hättest du lieber einen Drink?»

«Zu einem Glas Sherry würde ich nicht nein sagen.»

«Dann will ich dir gern Gesellschaft leisten», Audra ging zum kleinen Geschirrschrank in der Ecke hinüber, holte eine Flasche Amontillado und zwei Gläser hervor und nahm sie mit zum Mahagonitisch hinüber, der an der hinteren Wand stand.

Gwen drehte sich zu Audra um und sagte über die Sofalehne hinweg: «Wo wir schon Komplimente austauschen, muß ich dir sagen, daß du dies Zimmer wirklich hübsch eingerichtet hast, Audra, ehrlich. Die Bilder von deinem Vater sind wunderschön, besonders das über dem Kamin, und dann die Möbel deiner Mutter – also es sieht hier wirklich hübsch aus. Das Haus macht dir alle Ehre, Schätzchen.»

Audra strahlte sie an. «Danke, Gwen, es freut mich, daß es dir gefällt. Das Zimmer ist zwar klein, aber das macht es auch sehr gemütlich, findest du nicht?»

Gwen nickte und ließ dann ihre Blicke umherschweifen. «Und was hast du gesagt, wie dies komische Grün an den Wänden heißt?»

Audra lachte. «*Eau-de-Nil.*»

«Was für ein komischer Name.»

«Das bedeutet ‹Nilwasser› auf französisch, und es ist momentan eine sehr beliebte Farbe . . . in der Mode, meine ich.»

«Tatsächlich. Na so was. Na, du warst ja immer schon auf dem laufenden, was Kleider angeht, Schätzchen, nicht wahr? Ich sag Mum immer, daß du *die* Expertin für Schnitte, Stile, Stoffe und das alles bist. Du weißt ja, wie sehr ich deinen Rat schätze. Du hast den besten Geschmack von allen Leuten, die ich kenne.» Sie nahm den Drink von Audra entgegen. «Danke, Schätzchen», sagte sie.

Die beiden Frauen stießen an, und dann ging Audra zum Kamin herüber und ließ sich auf einem der Chippendale-Stühle nieder, die ihrer Mutter gehört hatten. «Das freut mich aber, daß du meinst, ich besäße Geschmack.»

Gwen lächelte ihr zu. «Und wo steckt Vincent?»

«Er ist zu seiner Mutter gegangen, wollte seinem Bruder helfen, irgendwelche Formulare auszufüllen. Aber er wird rechtzeitig zum Abendessen wieder zurück sein.»

Gwen nahm einen kleinen Schluck von ihrem Sherry und wagte nicht, etwas zu sagen.

Es kam ihr vor, als würde Vincent ewig zu seiner Mutter laufen, unter diesem oder jenem Vorwand, aber das wollte sie Audra nicht sagen. Seit ihrer angespannten Unterhaltung über Vincent, damals im Juli, hatte sich Gwen sorgsam jeder kritischen Bemerkung über ihn enthalten. An jenem heißen Sommertag, als sie in Bettys Café in Leeds saßen, hatte sie schnell begriffen, daß sie gefährlich dicht daran war, Audras

Freundschaft zu verlieren. Das hatte sie gewarnt und traurig gemacht.

Audra war Gwen unglaublich wichtig, und so hütete sie jetzt immer achtsam ihre Zunge. Aber im stillen war sie überzeugt, daß Vincent Crowther für ihre Freundin nicht gut genug sei, und nichts konnte sie vom Gegenteil überzeugen. Er hatte irgend etwas, das Gwen Thornton nicht gefallen konnte, obwohl sie, wenn man sie gefragt hätte, kaum in der Lage gewesen wäre, es zu benennen. Sie fand ihn emotional gefährlich, und ihr Instinkt sagte ihr, daß er Audra eines Tages sehr unglücklich machen würde.

Wieder fragte sie sich, warum er immer zu seiner Mutter lief, wenn das wirklich stimmte. Aber dann ließ sie den Gedanken fallen. Sie war froh, daß er nicht da war. An diesem Nachmittag wollte sie Audra ein Weilchen für sich haben. Sie hatte ihr etwas Wichtiges zu berichten, und dabei war es ihr lieber, wenn Vincent nicht anwesend war. Er konnte sehr voreingenommen sein. Und er verkündete seine Ansichten, ohne danach gefragt worden zu sein.

Audra begann die anhaltende Stille aufzufallen, sie beugte sich vor und sah durch das dämmrige Zimmer. Es war heute schnell dunkel geworden, und nur vom Feuer ging ein schwacher Lichtschein aus. «Du bist so still, Gwen», sagte sie. «Machst du dir irgendwelche Sorgen?»

«Nein, nein, absolut nicht», entgegnete Gwen rasch. Dann rückte sie ebenfalls näher und setzte mit ganz leiser Stimme hinzu: «Ich möchte nicht, daß du es irgend jemandem erzählst, nicht einmal Vincent – ich will heiraten.»

«Wie schön, meine liebe Gwen!» rief Audra, und dann runzelte sie verwundert die Stirn. «Aber ich dachte, Mike hätte noch zwei Jahre Medizinstudium vor sich. Im Frühling hast du mir gesagt, daß er in den nächsten zwei Jahren noch keine Frau unterhalten könnte.»

«Ich will ja auch nicht Mike heiraten.»

Im schwachen Licht konnte Audra sehen, daß Gwen sehr zufrieden mit sich dreinschaute, und das verwirrte sie noch mehr. «Aber du hast mir doch gesagt, daß du Mike Lesley liebst, und ihr beiden habt euch doch auch so benommen im vergangenen Jahr . . . ihr wart doch wie zwei Turteltauben», sagte Audra, «und wieso ist das nun alles ganz anders?»

«Sei doch nicht so schwerfällig, Audra», sagte Gwen und lachte leise, «offensichtlich muß ich wohl einen andern kennengelernt haben.»

«Wen denn?»

«Es ist jemand, den du kennst – so ein bißchen –, aber du wirst es nie erraten», verkündete Gwen triumphierend.

«Nein, ganz bestimmt nicht, also sage es mir schon.»

«Geoffrey Freemantle.»

Audra war sprachlos.

Sie machte den Mund auf und schloß ihn dann wieder, ohne etwas gesagt zu haben. Sie starrte Gwen bloß ungläubig an. Dann holte sie tief Luft und sagte schließlich: «Du meinst doch nicht *Doktor* Freemantle? Den, der eine Zeitlang am Fever Hospital gewesen ist . . . den kannst du doch unmöglich meinen.»

«Und wieso nicht?» fragte Gwen plötzlich eingeschnappt. «Natürlich meine ich ihn.»

«Oh.» Audra setzte ihr Glas etwas zittrig auf das Sheratontischchen. Wenn es irgendeinen Mann gab, der falsch für Gwen Thornton war, dann war das Geoffrey Freemantle. Er war kalt, arrogant, sarkastisch und ein Snob. Auf eine förmliche, steife Weise sah er gut aus, und er kam auch aus einer wohlhabenden Familie, aber er war ein pompöser und hochmütiger Mann und sicher vierzehn Jahre älter als Gwen. Audra war zutiefst besorgt und entsetzt. Sie konnte sich die heitere, lebenslustige Gwen nicht mit einem solchen Wichtigtuer vorstellen, der sich dem Rest der Menschheit überlegen dünkte.

«Ist das alles, was du dazu sagst – nur ‹oh›?» Gwens Stimme zitterte ungewohnt, sie war anscheinend verletzt.

«Nein, natürlich nicht», sagte Audra und streckte die Hand aus, drückte Gwens Arm. Dann legte sie eine Begeisterung in ihre Stimme, die sie kaum empfand, und sagte: «Wie glücklich ich für dich bin, Gwen, wirklich. Aber ich muß zugeben, daß mich das alles ein wenig überrascht – mit einer solchen Nachricht hatte ich heute ganz und gar nicht gerechnet. Wie ist es denn alles passiert? Erzähl doch, Gwen.»

Wieder etwas besänftigt, sagte Gwen mit fröhlicherer Stimme: «Na, nachdem Geoffrey Ripon verlassen hatte, ist er nach Northallerton gegangen, aber da hat er sich nicht besonders wohl gefühlt und sich im letzten Frühling ans General Infirmary von Leeds zurückversetzen lassen. Wir sind uns jedenfalls dauernd auf dem Flur begegnet und kannten uns noch von Ripon her. Er war immer sehr freundlich zu mir . . .» Gwen kicherte und hielt inne. «Schließlich wollte er Anfang Juli mit mir ausgehen. Und nach der ersten Verabredung war es soweit – einfach so!» Sie schnippte mit Daumen und Zeigefinger, so daß die Glasringe im Widerschein des Feuers aufblinkten.

«Das ging aber ein bißchen schnell», sagte Audra leise.

«Ja, das stimmt – genauso wie bei Vincent und dir.»

Da hat sie recht, dachte Audra und sagte dann: «Und was sagen deine Eltern dazu?»

Gwens Gesicht veränderte sich schlagartig; sie biß sich auf die Lippen und sah mit einem Mal besorgt und unglücklich aus. «Um dir die Wahrheit zu sagen, Audra: Ich bin ja so wütend auf Mum und Dad. Sie haben anscheinend nichts für Geoffrey übrig und sind überhaupt nicht glücklich. Sicher liegt es daran, daß Mike schon seit Jahren mit unserem Charlie befreundet ist und sie immer gehofft haben, daß ich ihn heiraten würde. Aber was soll ich denn machen? Geoffrey ist *der* Mann für mich, wirklich, Schätzchen.»

«Du bist also fest entschlossen, Gwen?»

«Ja, ich denke schon . . . nein, ich *weiß* es. Und mit ihm habe ich wirklich einen guten Fang gemacht.» Ihr Gesicht strahlte erneut und spiegelte den künstlichen Schmuck wider, den sie um den Hals trug, und sie schien sehr stolz auf sich zu sein. «Wir haben uns Häuser angesehen in Headingley, und ich glaube, wir haben genau das richtige gefunden. Es hat ein Eßzimmer, ein Wohnzimmer, ein Arbeitszimmer und fünf Schlafzimmer, gerade richtig, wenn wir eine Familie gründen wollen. Und nächste Woche geht Geoffrey mit mir zu Greenwood in Leeds, um einen Verlobungsring auszusuchen, einen *diamantenen* Verlobungsring, und die Verlobungsanzeige wird in der *Yorkshire Post* stehen.»

«Habt ihr schon einen Hochzeitstermin?» fragte Audra. Sie rang sich ein strahlendes Lächeln ab.

«Nicht direkt, aber Geoffrey möchte, daß wir im Frühling heiraten, weil er mit mir in den Flitterwochen nach Paris fahren will, und er meint, man müßte Paris im Frühling kennenlernen. Er wird mir dort auch eine Menge neuer Kleider kaufen, und wir werden im Ritz wohnen. Kannst du dir *das* vorstellen! Und danach fahren wir an die Riviera. Geoffrey sagt, die Mimosenblüte in Südfrankreich sei bildschön und man dürfe sie nicht verpassen, und so werden wir eine ganze Woche im Negresco in Nizza bleiben. Es ist sehr schick, weißt du, aber das ist das Ritz ja auch.»

Dann hielt Gwen schließlich inne, beugte sich erwartungsvoll vor und richtete ihren Blick auf Audra, wartete auf eine Reaktion.

Audra lächelte nur.

Gwens aufgeregtes Gesicht wurde ganz ehrfürchtig, als sie sich ihre glorreiche Zukunft ausmalte, und sie krampfte die Hände zusammen.

«Wenn wir uns erst in dem Haus in Headingley eingerichtet haben, das wir sicher kaufen werden, will Geoffrey vom Infirmary weggehen und eine Privatpraxis eröffnen. Er wird sich Räume am Park Place in Leeds mieten. Er will ein berühmter Arzt werden und die Adligen der Gegend und die Damen der Gesellschaft behandeln, und er wird sehr erfolgreich und wohlhabend werden – ich will ihm nach Kräften dabei helfen. Deshalb werden wir auch viel einladen, und dafür brauche ich eine Menge neuer Kleider. Geoffrey will, daß ich elegant aussehe.»

Audra konnte nur nicken, da sie immer betrübter wurde und ihr nichts mehr einfallen wollte. Die künstlichen Steine, die Gwen trug, glitzerten so hell in den tanzenden Flammen, daß sie ihre Aufmerksamkeit erregten. Den Bruchteil einer

Sekunde lang schienen sie echt, sahen aus wie Smaragde, Rubine, Saphire und nicht wie ein bißchen Glas aus dem Kaufhaus. Ihr Schmuck wird als erstes verschwinden, dachte sie plötzlich. Er wird sie dazu bringen, all das abzulegen, sobald sie verheiratet sind. Und Audra empfand eine plötzliche Trauer, als sie sich die Freundin ohne all ihren albernen, bunten Tand vorstellte, der dieser immer soviel bedeutet hatte.

Die arme kleine Gwenny, dachte Audra und versuchte, sich ihre Freundin vorzustellen, nachdem *er* sie umgemodelt hatte, sie angezogen, ausgestattet und zu der Mrs. Geoffrey Freemantle gemacht hatte, die *er* haben wollte. Vor ihrem geistigen Auge sah sie eine merkwürdig steife, kalte Frau, die Gwen Thornton in nichts mehr ähnelte. Aber von dem, was Gwen gerade gesagt hatte, hatte sowieso nichts länger mit dem Mädchen zu tun, das sie so gut kannte und so gern hatte.

Audra stand auf und schaltete die kleinen Lampen an, die auf den Sheraton-Beistelltischchen zu beiden Seiten des Kamins standen. Dann ging sie eilig zur Konsole hinüber, holte die Flasche Sherry und schenkte ihnen beiden nach.

Da sie wußte, daß Gwen nach ihrer plastischen Schilderung auf irgendeine Art von Kommentar wartete, murmelte Audra: «Also wirklich, das klingt alles so wundervoll, wirklich wundervoll.»

Nach dieser Bemerkung gab es für die Freundin kein Halten mehr.

Gwen, die ja immer gern redete, sprach in der nächsten halben Stunde ohne Pause über ihre bevorstehende Hochzeit, Geoffrey, seine Eltern, ihre Flitterwochen und das Leben, das sie nachher führen würden, und all das, ohne auch nur Atem zu schöpfen.

Audra hatte sich zurückgelehnt und trank in kleinen Schlucken ihren Sherry. Von Zeit zu Zeit nickte sie mit dem Kopf, undenkbar, daß sie im Moment zu Wort kommen würde. Aber sie hatte auch nicht den Wunsch, etwas zu sagen, hörte nicht einmal sehr aufmerksam zu.

Ihre Gedanken kreisten um Geoffrey Freemantle. Es war Audra vollkommen klar, warum er Gwen Thornton heiraten wollte. Sie war viel jünger als er und eine wunderschöne, kurvenreiche Blondine von lebhaftem, offenen Wesen und einer liebevollen Art. So war sie in jeder Hinsicht begehrenswert, und zwar für jeden Mann. Außerdem war sie Krankenschwester und Arzttochter und besaß so die ideale Herkunft für einen ehrgeizigen Arzt, was Geoffrey Freemantle zweifelsohne war. Ja, Gwen war für ihn eine lohnenswerte Investition.

Was Audra am meisten beunruhigte, war Gwen selbst. Warum wollte *sie* bloß seine Frau werden? Er war das völlige Gegenteil von Mike, und was Gwen jetzt auch über Mike denken mochte, wußte Audra doch, daß sie in Charlies besten Freund bis über beide Ohren verliebt gewesen war. Es gab nur eine Antwort: Gwen wollte Geoffrey Freemantle für all das, was er repräsentierte und was er ihr würde geben können – Prestige, gesellschaftliches Ansehen und Geld.

Sofort versuchte Audra, sich diesen unfreundlichen Gedanken auszureden, wenn sie letztendlich auch davon überzeugt war, daß sie recht hatte. Kein einziges Mal in der ganzen Zeit, da Gwen über Geoffrey Freemantle redete, hatte sie das wichtigste Wort erwähnt, *Liebe*. Wie soll denn eine Ehe ohne Liebe funktionieren, fragte Audra sich. Vielleicht sollte sie Gwen das sagen. Aber dann erinnerte Audra sich daran, wie sehr *sie* sich über Gwens überflüssige Kommentare zu ihrer Ehe damals geärgert hatte.

Außerdem irre ich mich vielleicht vollkommen, sagte sie sich. Vielleicht liebt sie ihn doch. Und dann dachte sie zu ihrer eigenen Überraschung: Aber wenn man einen Mann liebt, heißt das ja noch lange nicht, daß man glücklich ist, nicht wahr?

16

Im Verlauf des Abends, als sie fast mit dem Essen zu Ende waren, wechselte Gwen einen verschwörerischen Blick mit Audra. «Soll ich Vincent das Neueste erzählen?»

«Warum nicht?» fragte Audra lachend, die schon den ganzen Abend gemerkt hatte, wie Gwen förmlich danach dürstete, ihn in ihr Geheimnis einzuweihen.

«Was denn für eine Neuigkeit?» fragte Vincent und sah von der einen zur anderen.

«Nächste Woche verlobe ich mich», verkündete Gwen mit leuchtenden Augen und lehnte sich dann selbstzufrieden auf dem Stuhl zurück.

«Na, eine Überraschung ist es ja nicht», Vincent beugte sich zu ihr hinüber und küßte sie auf die Wange. «Gratuliere, Gwen, da hättest du Mike doch gleich mitbringen sollen. Ich habe ihn gern, er ist ein ehrlicher Kerl – mit ihm hast du eine gute Wahl getroffen.»

Eine kleine Pause entstand.

Dann sagte Gwen schnell: «Es ist aber nicht Mike, den ich heiraten will.»

«Nicht Mike», wiederholte Vincent ganz überrascht. «So was, jetzt bin ich aber platt! Und ich dachte, ihr wärt ein Herz und eine Seele! Also hast du jemand anderes gefunden.»

«Ja.»

«Da ist Mike doch sicher sehr traurig.»

Gwen spürte einen Kloß in der Kehle und konnte plötzlich nichts sagen. Sie nickte einfach.

«Ja, ich kann mir gut vorstellen, wie ihm jetzt zumute ist», sagte Vincent und sah Gwen hart an. «Mike hielt eine Menge von dir, Gwen, wirklich.»

Sie erwiderte: «Ich weiß, ich fand ihn auch sehr nett, aber offenbar nicht nett genug, wenn ich mich in einen anderen verlieben konnte.»

«Und wer ist der Glückliche?» fragte Vincent und begriff nicht, wie sie Mike für einen anderen hatte aufgeben können. Mike war ein ganz besonderer Mensch, und nun, da er einmal darüber nachdachte, fiel ihm ein, daß er so einen Mann gern für seine Schwester Laurette hätte.

«Er heißt Geoffrey Freemantle», sagte Gwen gerade und strahlte ihn zuversichtlich an. «Er ist Arzt im Infirmary von Leeds. Aber er stammt eigentlich aus Harrogate, da wohnen auch seine Eltern.»

«Und wann ist das alles passiert? Wir waren doch Ende Juni noch mit Mike zusammen, es kann doch erst in den letzten Monaten passiert sein, nicht wahr?»

«Ja, Geoffrey hat mich zum ersten Mal Anfang Juli eingeladen, aber ich . . .»

«Das geht doch alles ein bißchen schnell, Gwen, meinst du nicht?» fiel ihr Vincent herrisch ins Wort und sagte dann, ehe sie noch etwas entgegnen konnte: «Die Ehe, das ist eine komplizierte Geschichte, und ich hoffe, du bist wirklich sicher, was diesen Mann angeht. Ich meine, ich weiß *genau*, daß Mike ein guter Mensch ist, ein prima, aufrechter Kerl, und ich kann nur hoffen, daß dieser neue Typ genauso . . . *in Ordnung* ist. Ich möchte nicht, daß du einen großen Fehler – einen *schrecklichen* Fehler machst, Gwen.»

Diese hatte verärgert den Mund zusammengepreßt, und nun starrte sie Vincent wütend an. Typisch für ihn, so seine unerwünschten, ungebetenen Kommentare loszulassen. Kalt sagte sie: «Zufällig kenne ich Geoffrey schon lange – seit ich in Ripon gearbeitet habe. Und wie ich vorhin schon zu Audra gesagt habe – ihr beide habt den Hochzeitstermin auch nicht gerade verzögert. Und überhaupt geht dich das doch gar nichts an!»

«Es tut mir leid», murmelte er und zog wütend an seiner Zigarette.

Audra sah, daß sie schon wieder auf eine ihrer kleinen

Streitereien zusteuerten, und so sagte sie entschieden: «Nun hört aber auf, ihr beiden, und verderbt uns nicht den schönen Abend. Außerdem möchte ich euch auch etwas erzählen – ich habe auch eine kleine Neuigkeit.»

Vincent wandte sich ihr zu und zog fragend die Augenbrauen hoch. «Was für eine Neuigkeit denn, Liebe?»

«Ich hab mir eine Stelle besorgt und fange in zwei Wochen an.»

Vincents Unterkiefer sackte herab, und er sah sie entgeistert an.

Gwen war ebenso überrascht und rief: «Was für eine Stelle? Wo denn?»

«Im St. Mary's Hospital hier in Armley», sagte Audra. Nun war sie an der Reihe, zufrieden mit sich dreinzuschauen, und fuhr begeistert fort: «Als Krankenschwester natürlich. Mrs. Bell hat mich mit der Oberin bekannt gemacht, und ich freue mich schon sehr. Es ist eine wirkliche Herausforderung, denn ich werde auf der Entbindungsstation sein.»

«Wie konntest du nur so was Blödsinniges machen?» wollte Vincent aufgebracht wissen – seine grünen Augen funkelten, Hals und Gesicht waren von Zornesröte bedeckt. «Ich glaube, ich höre nicht recht!»

Audra war von seinem heftigen Ausbruch so überrascht, daß sie kurz die Fassung verlor. Aber dann richtete sie sich noch gerader auf und erwiderte: «Ich finde es überhaupt nicht blödsinnig! Ich finde es sehr *gescheit* von mir! Schließlich habe ich eine gute Ausbildung gehabt, es wäre doch ein Jammer, nichts damit anzufangen. Und Oberin Lennox hat immer gesagt, ich sei eine sehr begabte Pflegerin, warum soll ich dann keinen Gebrauch davon machen? Und davon ganz abgesehen, *will* ich auch arbeiten.»

«Das schlag dir aus dem Kopf! Meine Frau geht nicht arbeiten, Ende!»

Seine Geduld war jetzt aufs äußerste strapaziert, und er schüttelte heftig den Kopf. «Meine Güte, Audra, wie kommst du nur auf so etwas? Wie konntest du nur? Ich kann schon hören, was meine Kumpel sagen werden, und wie sie hinter meinem Rücken lachen, weil meine Frau arbeiten gehen muß, um uns zu ernähren.»

«Aber ich will doch nicht deshalb arbeiten!» rief Audra.

«Vielleicht nicht, aber das werden sie denken. Vergiß nie, daß ich hier der Mann im Haus bin und der Brotverdiener, daß ich die Hosen anhabe und die Entscheidungen treffe, nicht du.» Dann sah er zu Gwen hinüber und bat um ihren Beistand: «*Du* gehst doch bestimmt nicht arbeiten, wenn du erst verheiratet bist, oder? Würdest *du* weiter als Krankenschwester im Infirmary arbeiten?»

«Nein», sagte Gwen leise. Dann sah sie Audra entschuldigend an, streckte die Hand aus und berührte ihren Arm. «Tut mir leid, Schätzchen, aber hierbei muß ich Vincent wirklich zustimmen. Und warum willst du auch wieder im Krankenhaus arbeiten? Es ist doch solch eine anstrengende Arbeit und bringt auch nicht viel ein.»

«Ich möchte meine Kenntnisse anwenden und *nützlich* sein.» Fest entschlossen, sich von Vincent nicht unterkriegen zu lassen, warf Audra ihm einen erregten Blick zu. «Und was zählt das Gerede der Leute? Du bist doch wirklich albern . . .»

«Ich will nicht mehr darüber reden, Audra!» fiel er ihr ins Wort. «Die Sache ist erledigt!» Und dann schlug er mit der Faust auf den Tisch, heftiger, als er es beabsichtigt hatte, so daß das Geschirr klapperte.

«Vincent, sei doch nicht so störrisch!» Audra war über seine Haltung und sein Benehmen so entsetzt, daß sie sich kaum noch beherrschen konnte. «Nur, weil ich mit dir verheiratet bin, lasse ich mich noch lange nicht von dir herumkommandieren und beherrschen. Ich möchte meine Laufbahn als Krankenschwester fortsetzen, und es ist auch mein gutes Recht . . .»

«Nun geht das schon wieder los, Audra», lachte Vincent sarkastisch. «Es ist das verdammte Gerede von Mrs. Irène Bell, nicht von dir. In meinem Haus will ich nichts von ihren Frauenrechten und dem ganzen Suffragettenunsinn hören, Mädchen, das mußt du dir ein für allemal merken!»

Audra hielt die Luft an und bemühte sich um Beherrschung. «Du bist so ungerecht, Vincent», murmelte sie sanfter. Dann ergriff sie seine Hand in der Hoffnung, ihn beruhigen zu können, aber immer noch entschlossen, letztlich ihren Kopf durchzusetzen. «Du mißverstehst alles, was ich gesagt habe.»

Er warf ihr einen kalten, mürrischen Seitenblick zu und schwieg.

Schüchtern lachend, sah Gwen von Audra zu Vincent hinüber und sagte dann: «Ich kann es gar nicht leiden, wenn ihr beiden euch hier so streitet. Kommt, gebt euch einen Kuß und vertragt euch wieder.»

Audra wußte, daß Vincent dies niemals von sich aus tun würde, und da sie wegen Gwens Anwesenheit dem Streit gern ein Ende setzen wollte, schob Audra ihren Stuhl zurück und stand auf. Dann legte sie ihm den Arm um die Schulter, beugte ihr Gesicht zu seinem herab und küßte ihn auf die Wange.

«Also gut, du kriegst deinen Willen», sagte sie leise. «Nächste Woche gehe ich zum Krankenhaus und sage ihnen, daß ich die Stelle nicht antreten kann.» Aber dies war nur eine friedliche Geste. Sie meinte kein Wort von dem, was sie gesagt hatte, und war entschlossen, nicht nachzugeben.

17

Über der Ehe, die mit einer intensiven körperlichen Leidenschaft in der Hitze des Sommers angefangen hatte, lag im Dezember der Frost des Winters. Die Leidenschaft hatte sich beträchtlich abgekühlt.

Vincent und Audra lagen in den letzten Monaten des Jahres 1928 ziemlich oft über Kreuz, und ganz sicher war die Ruhe, die zu Anfang im kleinen Haus in der Pot Lane vorgeherrscht hatte, nun von ständigem Gezänk und stürmischen Auftritten abgelöst worden.

Seltsam daran war, daß sie sich in vielen Dingen glichen, und das war eine der Ursachen für ihre Schwierigkeiten. Beide waren störrisch, hartnäckig und unabhängig. Und so mußten sie zwangsläufig aufeinanderprallen. Auch waren beide immer der Ansicht, der andere sei im Irrtum und habe schuld. Sie waren jung und hatten kein Verständnis für die menschlichen Schwächen, und ebensowenig konnten sie Kompromisse eingehen, die vielleicht dazu beigetragen hätten, die Spannungen zwischen ihnen zu mildern.

Vincent war zu diesem Zeitpunkt seines Lebens noch allzu sehr mit sich selbst beschäftigt, um weiter sehen zu können als bis zu seinen eigenen Wünschen und Interessen, und er verstand Audra eigentlich kaum.

Und erstaunlicherweise war sie, die sonst Menschen so gut einschätzen konnte, selten dazu imstande, seine Reaktionen richtig zu deuten. Audras Bild von Vincent Crowther sollte immer unklar und etwas schief bleiben, so sehr wurde sie dabei von den heftigsten Gefühlen beeinflußt.

Meist war Audra seinetwegen ganz aufgewühlt und wurde von widerstreitenden Empfindungen bestürmt. Es gab Zeiten, da sie glaubte, sie würde ihn bis zum Wahnsinn lieben, und andere Zeiten, in denen sie meinte, nichts als Haß für ihn zu empfinden. Und Vincent ging es ebenso, und er war genausooft durcheinander, was Audra anging, wie sie es seinetwegen war.

Eine weitere Erschwernis der Beziehung war ihre jüngste Gewohnheit, sich über fast alles heftig zu streiten. Plötzlich konnten sie über nichts mehr ruhig und vernünftig sprechen, so daß am Ende keiner von den beiden länger wußte, was der andere wirklich dachte oder fühlte. Und die Zweifel, die sie beide an ihrer Ehe hatten, sowie ihre Unzufriedenheit mit dem anderen nahmen zu.

Manchmal gelang es ihnen, sich im Dunkel ihres Schlafzimmers wieder zu versöhnen, wenn sie – fast gegen ihren Willen – von der starken körperlichen Anziehungskraft bewegt wurden, die sie für einander ausstrahlten. Aber auch das wurde immer seltener, weil sich ihre Probleme immer häufiger dazwischenschoben, und weil besonders Audra ihren Ärger mit zu Bett nahm.

Seit September gab es eine ganze Reihe von Dingen, die sie Vincent übelnahm, und was sie am meisten erboste, war seine eiserne Weigerung, sie zur Krankenpflege zurückkehren zu lassen. Sie hatte mit ihm diskutiert, ihm geschmeichelt, mit ihm gestritten und gebettelt, um ihn die Dinge mit ihren Augen sehen zu lassen. Aber Vincent war ebenso unbeugsam geblieben wie an jenem Abend, als sie mit Gwen am Tisch gesessen hatten.

Schließlich war Audra diejenige gewesen, die nachgegeben hatte, da sie plötzlich begriffen hatte, daß er sie verlassen würde, wenn sie ihm Widerstand leistete und die Stelle im Krankenhaus anträte. Und sie konnte sich ein Leben ohne Vincent Crowther einfach nicht vorstellen, was immer sie auch für Probleme haben mochten. So hatte sie schließlich zugelassen, daß seine Wünsche vor ihren eigenen kamen, indem sie sich sagte, daß ihre Ehe wichtiger sei als ihre Arbeit. Und irgendwie hatte sie es auch geschafft, die meiste Zeit ein fröhliches Gesicht zu machen, das nichts von ihrer Enttäuschung und Wut über seine Dickköpfigkeit ahnen ließ.

Aber als Audra zum Calpher House gegangen war, um Mrs. Bell mitzuteilen, was sich zugetragen hatte, waren ihr die Tränen in die Augen gestiegen und all ihr Kummer plötzlich herausgekommen.

Irène Bell war mitfühlend gewesen, wie sie es Audra gegenüber stets war, und hatte ihr Bestes getan, um sie zu trösten. Und was immer Mrs. Bell auch über Vincents Haltung denken mochte, sie schwieg klug darüber. «Vielleicht wird er noch nachgeben», hatte Mrs. Bell gesagt und Audra aufmunternd zugelächelt.

Aber Audra wußte, daß er das nicht tun würde. Es lag nicht in Vincents Natur umzukehren. Oder zuzugeben, daß er im Unrecht gewesen war. Und wenn sie sich auch in vieler Hinsicht glichen, so teilte Audra diesen Zug nicht. Sie konnte immer erkennen und offen eingestehen, wenn sie sich geirrt oder falsch gehandelt hatte.

Und als sie an diesem rauhen Nachmittag zu Beginn des Dezembers die Pot Lane entlangeilte, sagte sie sich gerade, wie falsch sie alles gemacht hatte. Wie falsch es gewesen war, ihn überhaupt zu heiraten, und falsch, bei ihm zu bleiben, wie sie es getan hatte, immer im unklaren darüber, was sie tun sollte, immer unentschlossen. Sie hätte schon damals, als alles aus dem Lot geriet, damals im August schon, ihre Sachen packen und ihn verlassen sollen.

Nun, das holte sie jetzt nach. Es gab keinen Weg zurück.

Sie ergriff ihren kleinen Koffer und biß die Zähne zusammen, schob das entschlossene Kinn vor. Der Entschluß war gefaßt. *Endlich*. Sie hatte Vincent Crowther verlassen und nicht die geringste Absicht, wieder zurückzukommen.

Tief im Innersten wußte Audra, daß sie Vincent immer noch liebte. Sie nahm an, daß sie ihn wohl immer lieben würde. Aber sie war zu der Einsicht gelangt, daß Liebe nicht ausreichte, um eine Beziehung zu halten. Zwei Menschen mußten in der Lage sein, ein harmonisches Leben miteinander zu führen, wenn eine Ehe funktionieren sollte. Und offenbar waren Vincent und sie dazu nicht imstande. Sie zerrissen sich gegenseitig mit zornigen, verletzenden Worten, die sich hinterher nicht gut ungeschehen machen ließen.

Gestern nacht hatten sie einen besonders heftigen Streit miteinander gehabt, ihren schlimmsten bisher, der Audra verzweifelt und zitternd zurückgelassen hatte.

Vor einer Stunde hatte sie noch in der Wohnküche gestanden und das letzte seiner Hemden gebügelt, als sie plötzlich das Eisen mit einem Knall auf den Untersetzer fallen ließ, plötzlich sicher, was zu tun war. Dann hatte sie schnell die Bügelsachen weggeräumt, sich umgezogen, einen Koffer gepackt, ihre mageren Ersparnisse genommen und das Häuschen verlassen.

Als sie den Schlüssel im Schloß umdrehte, fiel ihr Blick auf die Nummer achtunddreißig, die an die grüne Tür gemalt war, und sie sah sie lange an und verspürte einen merkwürdigen Schmerz in der Brust. Dann legte sich eine ungeheure Trauer über sie, und sie lehnte den Kopf gegen die steinerne Einfassung der Tür, schloß die Augen und dachte an die vergangenen Monate in diesem Haus. Wenn es auch ganz einfach und gewöhnlich aussah, war dieses bescheidene kleine Haus doch ein Palast für sie gewesen. Es war ihr erstes eigenes Zuhause und enthielt nicht nur all die Dinge, die sie besaß, sondern auch gewissermaßen ihr Leben. Ihre Träume und Zukunftshoffnungen verbargen sich innerhalb dieser Wände. Sie hatte geglaubt, daß sich alle hier mit Vincent erfüllen würden, daß sie eine eigene Familie gründen, ein gemeinsames Leben aufbauen würden. Aber so sollte es nicht sein – zumindest kam es ihr jetzt so vor.

Dann unterdrückte Audra diese Gedanken, wagte nicht, sich ihnen hinzugeben. Nachdem sie den Schlüssel unter die Fußmatte gesteckt hatte, nahm sie ihren Koffer und lief fast aus der Sackgasse heraus auf die Straße.

Während sie auf die Straßenbahnhaltestelle von Whingate zuging, versuchte sie immer noch, jene Traurigkeit zu vertreiben, jene schreckliche Niedergeschlagenheit, die sie ergriffen hatte. Aber sie war machtlos dagegen. Ihre Träume waren zerbrochen, ihre Hoffnungen ausgelöscht und jenes Verlustgefühl, das sie von früher her sehr wohl kannte, hatte sich erneut gewaltig erhoben. Sie hatte wieder verloren. Ihren Mann verloren, ihr gemeinsames Leben verloren, ihre Zukunft verloren.

Audras Schritte wurden langsamer, und den Bruchteil einer Sekunde überlegte sie es sich beinahe anders und wollte wieder zum Häuschen zurückgehen. Aber irgend etwas in ihr sagte *nein*, und so marschierte sie entschlossen vorwärts.

Das Wetter, das den ganzen Tag lang schlecht gewesen war, verhieß nun Unheil.

Eine bleifarbene Lasur lag über dem Himmel, und die Landschaft ringsum war öde und bar jeglicher Farbe. Mit den vielen Grautönen ähnelte es einem Grisaille-Bild, und die nackten, schwärzlichen Bäume hoben sich scharf ab, standen wie Metallskulpturen vor dem niedersinkenden Himmel.

Es hatte angefangen zu nieseln. Das leise Dröhnen des noch fernen Gewitters hallte wie Kanonendonner über die nahen Felder, die sich in langer, fließender Linie bis nach Old Farnley erstreckten. Ein Sturm stand bevor, und der Wind peitschte über Hill-Top.

Audra stand gegen das Geländer des Charlie Cake Parks gekauert und suchte so gut es ging Schutz, während sie auf die Straßenbahn von Leeds wartete. Sie hatte sich schon lange verspätet.

Zitternd zog sich Audra den dicken Wollschal enger um den Hals und stampfte mit den Füßen, um sich warmzuhalten. Die Küche im kleinen Haus, mit ihrem den Kaminschacht hoch emporlodernden Feuer, war so kuschelig und gemütlich gewesen, daß sie vorhin gar nicht gemerkt hatte, wie unfreundlich es draußen war. Dann trat sie vor und sah über die Town Street hin. Die Hauptstraße war seltsam leer; die wenigen Fußgänger, die bei diesem Wetter unterwegs waren, hatten es offenbar eilig, ihr Zuhause zu erreichen, bevor der Sturm richtig losging.

Scheußliches Wetter, dachte Audra, paßt genau zu meiner

Stimmung. Seufzend zog sie sich in die Nische zwischen dem Parkgeländer und dem Unterstand des Polizisten zurück. Sie hatte sich dazu entschlossen, Vincent zu verlassen, und vermißte ihn schon. Wie verdreht ich doch bin, dachte sie und verstand sich selbst nicht mehr. Und dumm wie ich bin, kann ich mir über ihn immer noch nicht klarwerden. Aber ich habe die rechte Entscheidung getroffen. Das weiß ich. *Tatsächlich? Tatsächlich?*

Audra schlang ihre Arme um ihren Körper und versuchte, nicht an ihn zu denken oder sich sein Gesicht vorzustellen, wenn er heute abend heimkam, den Brief fand und merkte, daß sie gegangen war. Sie schob die Hände unter die Achseln, um noch etwas mehr Wärme abzubekommen, und trampelte weiter mit den Füßen. Die Kälte drang ihr bis in die Knochen, und sie spürte, wie die Feuchtigkeit durch ihren Meltonmantel zog.

Ungefähr zwanzig Minuten später hörte sie, wie die Straßenbahn ratternd auf der anderen Seite des winzigen, keilförmigen Parks hielt und bemerkte die Stimmen und Schritte der Aussteigenden. Erleichtert nahm sie ihren Koffer und eilte vorwärts, um hart mit einer jungen Frau zusammenzustoßen, die in halsbrecherischem Tempo um die Ecke bog.

Beide fanden ihr Gleichgewicht wieder, fingen an, sich zu entschuldigen und hielten mitten im Satz inne, als sie einander im trüben Spätnachmittagslicht erkannten. Audra starrte in das hübsche Gesicht ihrer Schwägerin, die ihre engste Vertraute innerhalb des Crowther-Clans war. Das Herz wurde ihr schwer.

«Audra! Was machst du denn hier?» wollte Laurette wissen und strahlte sie herzlich an.

«Muß die Straßenbahn kriegen», murmelte Audra und wollte sich davonschleichen.

Stirnrunzelnd entdeckte Laurette den Koffer. «Wo willst du denn hinfahren?»

«Weiß ich noch nicht», antwortete Audra wahrheitsgemäß und platzte dann heraus: «Irgendwohin, wenn es nur weit weg von Vincent ist.»

«Wie meinst du das?» Laurette sah sie scharf an, sie wurde hellhörig.

«Ich verlasse ihn.»

Laurette hielt den Atem an und rief dann: «*Nein*. Audra, sag das nicht. Du kannst ihn doch nicht verlassen.»

«Und ob ich das kann.»

«Aber wohin willst du denn gehen? Du weißt doch, daß du nirgendwohin kannst. Wir sind doch die einzige Familie, die du hast.»

Audra überging diese Bemerkung und improvisierte schnell: «Ich kann immer noch ins Fever Hospital von Ripon gehen.» Dann nickte sie in der Erkenntnis, daß dies richtig war. «Oberin Lennox wird schon etwas für mich finden. Ich bin mir ganz sicher.»

«Audra, hör mir doch mal zu! Bitte tue nichts, was dir hinterher vielleicht leid tut. Überleg es dir noch mal . . . zumindest für heute. Es ist schon vier, und das Wetter ist scheußlich. Bis du in Leeds bist, hast du den letzten Zug nach Ripon verpaßt. Komm, meine Liebe, laß uns zurück zum Häuschen gehen und über alles reden», bat Laurette und ergriff Audras Arm.

«Bitte laß mich los, Laurette.» Audra versuchte, die Hand ihrer Schwägerin abzuschütteln, aber Laurette hatte einen festen Griff. «Laurette, *bitte*! Das ist doch lächerlich. Ich werde bestimmt nicht zurück ins Häuschen gehen.»

«Dann gehen wir eben zu meiner Mutter . . . das ist doch nur fünf Minuten von hier. Los, Audra, sei doch nicht so stur. Du zitterst, dein Gesicht ist beinahe blau vor Kälte, und du wirst dir hier noch den Tod holen.»

«Aber was soll ich im Haus deiner Mutter? Ich habe meinen Entschluß gefaßt und werde ihn auch nicht wieder rückgängig machen. *Ich verlasse Vincent.*»

Laurette rückte dichter an sie heran und legte ihr den Arm um die Schultern – liebevoll, fast beschützend. Dann sagte sie leise und zutraulich: «Sieh mal, ich will gern zugeben, daß ich anfangs gegen eure Ehe war, aber nun, wo ihr verheiratet seid, finde ich, daß du und unser Vincent versuchen solltet, eure Schwierigkeiten zu bewältigen . . .»

«Wie kannst ausgerechnet du mir so etwas sagen!» explodierte Audra und betrachtete Laurette entgeistert. «Schließlich befindest du dich gerade mitten in einer Scheidung.»

«Ja, das weiß ich, aber das ist etwas anderes. Du und Vincent, ihr liebt euch. Jimmy und ich haben das nicht getan, nicht wirklich.»

«Liebe allein ist nicht immer genug.»

«Aber sie ist ein Fundament, auf dem man ein Leben errichten kann, Audra, wirklich.»

«Ich habe wochenlang über alles nachgedacht, und ich lasse mich hier nicht einfach zu etwas überreden, das ich gar nicht will.» Audra stockte plötzlich, als eine Glocke erklang und die Straßenbahn die Gleise hinabrollte, Leeds entgegen.

Verzweifelt sah Audra ihr nach, dann drehte sie sich zornig zu Laurette um. «Nun sieh dir an, was du angerichtet hast! Durch deine Schuld habe ich jetzt meine Straßenbahn verpaßt! Und es wird mindestens eine halbe Stunde dauern, bis die nächste kommt!» klagte sie und brach dann vor Ärger und hilfloser Wut in Tränen aus.

Die Fülle von Rosen an den Wänden, auf dem Fußboden und auf dem Porzellan im Geschirrschrank wirkte an diesem kalten Winternachmittag prächtiger denn je. Es war, als leuchteten sie so lebendig wie echte Blumen im Widerschein des Feuers, das wie ein Hochofen im Kamin dröhnte und eine unglaubliche Hitze verbreitete.

Eliza Crowthers Küche atmete eine willkommen heißende Wärme und Fröhlichkeit. Es duftete nach dem frisch gebackenem Brot, den Mincepies und den Teekuchen, die gerade auskühlten, nach den schärferen Aromen von Nelken, Zimt, Muskat und anderen indischen Gewürzen, die sich mit dem fruchtigen Geruch von Zitronat, Sultaninen und ägyptischen Datteln vermischten.

Eliza Crowther hatte gerade gebacken, was sie Freitag nachmittags meist tat, Sommer wie Winter. Aber heute war sie fleißiger gewesen als sonst. Es waren nur noch drei Wochen bis

Weihnachten, und sie hatte schon begonnen, die Festtagsspeisen für ihre große Familie zuzubereiten. Gewandt bewegte sie sich zwischen dem Tisch unter dem Fenster und dem Spülstein hin und her, wo sie jetzt gerade stand und ihre schmutzigen Rührschüsseln und Löffel hineinstellte und hinter sich saubermachte. Bald würde sie anfangen, den Tee für diejenigen ihrer Familienmitglieder zu bereiten, die noch zu Hause wohnten, und sie hatte es gern blitzblank in ihrer Küche, bevor sie eine neue Aufgabe in Angriff nahm.

Man sah Eliza, einer Frau von mittlerer Größe und Statur, jedes ihrer neunundvierzig Jahre an. Das lag besonders an der schlichten Art, wie sie sich kleidete und ihrer strengen Frisur – die Haare waren glatt nach hinten gekämmt und zu einem Knoten geschlungen. Auch hatte sie seit der Geburt ihres letzten Kindes Danny an Gewicht zugenommen. Aber ihr Gesicht war angenehm und sympathisch und ihre blaßblauen Augen hell und lebendig – und kühl abschätzend.

Und genauso, wie sich nichts Künstliches an ihrer Aufmachung fand, gab es auch nichts davon in ihrem Benehmen. Sie ließ sich von niemandem etwas vormachen und war stolz darauf, eine hart arbeitende Frau aus Yorkshire zu sein, die mit beiden Beinen auf der Erde stand. Sie redete schlicht und direkt, manchmal sogar etwas unverblümt, und hatte für beinahe alles im Leben ein Sprichwort oder eine Redensart parat, mit denen sie ihre Ansprachen freigebig würzte.

Nachdem sie ihre Kochgeräte gespült und abgetrocknet hatte, ging Eliza zum Ofen hinüber, um nach ihren Weihnachtskuchen zu sehen, den Dattelbroten und dem enormen Schinken-und-Ei-Auflauf, den sie zum Tee buk. Befriedigt stellte sie fest, daß alles sehr nette Fortschritte gemacht hatte, und kehrte dann zum Tisch am Fenster zurück, schraubte die Deckel der Gläser mit Trockenfrüchten zu, die sie gerade für die Kuchen benutzt hatte.

Da sie um diese Zeit niemanden erwartete, sah sie überrascht auf, als plötzlich die Eingangstür aufging.

Laurette kam hereinspaziert, gefolgt von Audra. Sie sahen eingefallen und verfroren aus und zitterten vor Kälte.

«Du bist ja früh zurück, Schatz», sagte Eliza zu Laurette. «Es ist doch nichts passiert auf der Arbeit?»

«Ach nein, Mam, es ist doch mein kurzer Freitag heute, hast du das denn vergessen?»

«Ach so, ja.» Eliza blickte zu ihrer Schwiegertochter herüber. «Hallo, Audra.»

«Guten Tag, Mrs. Crowther.»

Dann wandte Eliza sich wieder ihren Gläsern zu und schloß die letzten Deckel. Ihr war der Koffer aufgefallen, den Audra trug, aber sie beschloß, nichts zu sagen. Laurette schob diesen schnell in den Kleiderschrank, als wolle sie ihn verstecken. Da braut sich was für Vincent zusammen, dachte Eliza, sagte aber: «Wenn du deinen Mantel ausgezogen hast, Laurette, setze doch bitte eine Kanne Tee auf, und du, Audra, komm hierher ans Feuer und wärm dich erst einmal auf. Ihr seht ja ganz steifgefroren aus.»

Beide jungen Frauen taten schweigend, was man ihnen geboten hatte.

Laurette freute sich, daß es ihr gelungen war, Audra hierher mitzunehmen. Es war zwar nicht ihre Absicht gewesen, sie die Straßenbahn verpassen zu lassen, aber schließlich war es doch gut so. Zugänglich wie sie war, hatte Laurette Audra inzwischen sehr ins Herz geschlossen, und die Vorstellung, daß ihre Schwägerin in dieser bitteren Kälte durch die Straßen von Leeds irrte, war mehr gewesen, als sie ertragen konnte. Wenn sie heute nacht nicht in die Pot Lane zurückgehen will, kann sie in meinem Zimmer schlafen, dachte Laurette und machte sich mit der Teedose zu schaffen. Und dann werde ich mal ein deutliches Wörtchen mit meinem Bruder reden, sobald sich eine Gelegenheit bietet. Wir haben ihn zu sehr verwöhnt, Mam und Olive und ich. Und sogar die kleine Maggie tanzt immer nach seiner Pfeife. Bestimmt ist er kein einfacher Ehemann und das Zusammenleben mit ihm schwierig.

Audra saß zusammengekauert in einem der mit grünem Mokett bezogenen Armsessel und sah bedrückt ins Kaminfeuer. Erst war sie wütend darüber gewesen, daß sie Laurette nachgegeben hatte, aber nun mußte sie sich eingestehen, daß sie froh war, im Warmen sitzen zu können. Die Feuchtigkeit war ihr bis in die Knochen gedrungen, und sie fror immer noch schrecklich, trotz des großen Feuers.

Wie stets im Winter zischte und dampfte der Wasserkessel auf dem Kaminvorsprung, und Laurette füllte die große braune Teekanne mit kochendem Wasser, drehte sich um und stellte sie auf den Tisch, der mitten im Zimmer stand.

Dann setzte sie sich, sah zu ihrer Mutter hinüber und fragte: «Wo sind denn Maggie und Danny? Es ist doch schon nach vier, sie müßten doch inzwischen aus der Schule sein, oder?»

«Nein, heute nicht. Sie sind in den Gemeindesaal gegangen, um wegen des Märchenspiels der Sonntagsschule nachzufragen. Die beiden wollen so gern mitmachen, daß ich ihnen gesagt habe, sie dürften für die Rollen vorsprechen. Dies Jahr ist es *Aschenbrödel.*»

«So wie ich Maggie kenne, wird sie die Hauptrolle spielen wollen oder gar nichts», lachte Laurette. «Nun aber los, Mam, trink deinen Tee, ehe er kalt wird.»

Eliza setzte sich zu ihnen vor den Kamin.

Sie nahm im anderen Armsessel Platz, trank einen Schluck Tee und richtete dann ihre Aufmerksamkeit auf die Schwiegertochter. «Na, Audra, mein Mädel, was ist denn das jetzt alles? Ich habe den Koffer wohl gesehn, weißt du. Läufst du weg, oder willst du hierherziehen?»

Audra errötete und biß sich auf die Lippen. Dennoch schwieg sie, da sie sich Vincents Mutter nicht anvertrauen wollte.

Laurette kam ihr zu Hilfe. «Ich habe Audra an der Straßenbahnhaltestelle getroffen, Mam. Sie sah ganz aufgelöst aus und sagte, sie wolle Vincent verlassen und ginge zurück nach Ripon, um dort im Krankenhaus zu arbeiten. Aber während wir noch dastanden, verpaßte sie die Bahn nach Leeds, und da habe ich sie überredet, mit nach Hause zu kommen.»

«Aha.» Eliza richtete sich auf und sah ihre Schwiegertochter streng und stirnrunzelnd an. «Was ist denn das für ein Unsinn, Mädchen?»

«Es ist *kein Unsinn*!» rief Audra entrüstet, und bevor sie sich noch bremsen konnte, brach es aus ihr heraus: «Vincent hat sich *sehr schlecht* aufgeführt in den letzten Monaten! Er behandelt mich nicht anständig, und es gibt keinen Grund, warum ich noch länger bei ihm bleiben sollte!»

«Er hat dich bestimmt nicht geschlagen», sagte Eliza fest, da sie genau wußte, daß ihr Sohn niemals eine Frau schlagen würde, auch nicht, wenn man ihn ernsthaft provozierte. «Also was willst du damit sagen, Mädchen? Erklär uns das mal.»

Audra, die wußte, daß es jetzt kein Entrinnen mehr gab, holte tief Luft und sagte dann etwas ruhiger: «Er läßt mich in der letzten Zeit viel allein, das wissen Sie doch auch, Mrs. Crowther. Er sitzt dauernd im Pub mit seinen Brüdern oder Freunden oder wettet im Büro des Buchmachers, und ich finde das nicht richtig von ihm. Ebensogut könnten wir nicht verheiratet sein, so wenig, wie wir uns sehen.»

Eliza seufzte und schüttelte den Kopf. «Aber so ist das nun mal bei uns, so ist das in der Arbeiterklasse, Audra. Unsere Männer müssen hart arbeiten, körperlich arbeiten, und sie entspannen sich, erholen sich, indem sie auf ein Halbes in das Pub gehen, ein bißchen Darts spielen und mit ihren Kumpels ein paar Witze machen. Und was ist dabei, wenn sie ein paar Münzen auf irgendein Pferd setzen und ab und zu mal ein bißchen wetten? Du wirst Vincent doch nicht diese harmlosen Vergnügungen neiden.»

«Nein, natürlich nicht. Es ist bloß, daß ich gern meine Freizeit mit ihm zusammen verbringen würde, schließlich bin ich doch seine Frau. Aber er geht allein ins White Horse, mehrmals in der Woche, und am Wochenende verschwindet er auch immer. Er überläßt mich mir selbst, und ich fühle mich einsam.»

«Ja, das versteh ich schon, aber ich habe dir ja eben gesagt, daß es nun mal so ist und immer sein wird, nun, wo ihr zwei verheiratet seid. Wenn man sich kennenlernt, ist alles anders, da ist alles eitel Sonnenschein. Aber wenn ein Mann erst den Ehering auf deinen Finger gesteckt hat, ist er verändert, Audra, damit mußt du dich abfinden. Wirklich, Kleines. Alle Ehen sind gleich, und du wirst das alles nicht mehr so merken, wenn erst ein paar kleine Rangen an deinen Röcken hängen. *Die* werden schon deine Zeit mit Beschlag belegen, das kannst du mir glauben, und dann wirst du froh sein, wenn du Vincent ein bißchen los bist.»

Audra kniff gereizt den Mund zusammen. «Ich habe jetzt noch nicht die Absicht, Kinder zu bekommen, Mrs. Crowther. Ich möchte gern in die Krankenpflege zurückkehren, aber das ist ein weiteres Problem zwischen uns, weil Vincent nicht will, daß ich wieder arbeite.»

Eliza war entsetzt. «Das will ich wohl meinen!» rief sie entgeistert. «Wie konntest du ihm so etwas vorschlagen! Er würde sich gedemütigt vorkommen, wie ein halber Mann, wenn seine Frau arbeiten ginge. Was sollen denn die Leute denken? Und was würden seine Freunde sagen?»

«Das weiß ich nicht, und es ist mir auch egal! Und wir könnten das Geld, das ich als Krankenschwester verdienen würde, wirklich gebrauchen!» wehrte sich Audra, die ihren Zorn nicht länger bändigen konnte. «Gestern abend hatten Vincent und ich den schlimmsten Streit unserer Ehe. Es war wirklich schrecklich, fast handgreiflich. Und es ging um *Geld*. Ich habe festgestellt, daß wir Schulden haben, *eine Menge Schulden*, Mrs. Crowther, und das liegt an Vincent, nicht an mir, also schauen Sie nicht mich so vorwurfsvoll an. Er ist losgezogen und hat ohne mein Wissen Möbel auf Raten gekauft, bei Wigfalls in Leeds. Dazu hatte er gar nicht das Recht.»

«Was hat er denn gekauft?»

«Das Ledersofa, den Kleiderschrank und das Bett.»

«Und wieso tust du so überrascht? Du wußtest doch, daß ihr diese Sachen besitzt, sie stehen doch bei euch zu Hause, oder etwa nicht, Mädel?»

«Das schon, aber ich wußte ja nicht, daß er sie auf Raten gekauft hatte – ich dachte, er hätte sie bar bezahlt. Und ich weiß das überhaupt nur, weil Vincent ein par Zahlungen versäumt hat und Wigfalls uns einen üblen Brief geschrieben haben, den ich aufgemacht habe, als er gestern mit der Post kam. Und offenbar ist es nicht der erste Brief, den sie ihm geschrieben haben.» Audra schüttelte den Kopf, ihr Gesicht sah ratlos aus. «Wir brauchen das Geld so dringend, und trotzdem geht Vincent trinken und spielen, als hätte er gar keine Sorgen auf der Welt. Und er will nicht, daß ich zum Krankenhaus zurückgehe. Es ist einfach absurd . . . sein Stolz steht ihm überall im Wege, und das ist doch dumm von ihm.»

«Ich bin sicher, daß es einen guten Grund dafür gibt, daß er ein paar Zahlungen versäumt hat», verteidigte Eliza sofort ihren Liebling, ihren Sturmvogel. «Vincent hat Geld auf der Bank, das weiß ich genau.»

«Hat er nicht, Mrs. Crowther. Er hat seine Ersparnisse für die Hochzeitsgarderobe ausgegeben, für unsere Flitterwochen in Robin Hood's Bay und für andere Sachen im Häuschen. Ich habe ihm mein Erspartes angeboten und gesagt, daß ich gern etwas vom Schmuck meiner Mutter verkaufen würde, um dazu beizutragen, daß wir von unseren Schulden herunterkommen, aber er wollte nichts davon hören.»

«Weil er eben deine Hilfe nicht braucht», rief Eliza verärgert. «Er hat bestimmt noch irgendwo einen Notgroschen, und wie ich meinen Sohn kenne, wird er nur noch bockiger, wenn du versuchst, ihn festzunageln. Überlaß doch ihm diese Sachen, Audra, und misch dich da nicht ein. Schließlich ist *er* doch der Mann im Haus.» Eliza kniff die Augen zusammen und sagte: «Überhaupt bin ich sicher, daß du aus einer Mücke einen Elefanten machst, es ist immer dasselbe mit den Ehen, deine ist bestimmt auch nicht anders als die übrigen. Zumindest läuft er nicht anderen Frauen nach, und *dafür* solltest du dankbar sein. Nimm meinen Rat an, und gib dir ein bißchen mehr Mühe, versuche, Vincent besser zu verstehen.»

Vollkommen fassungslos sah Audra ihre Schwiegermutter an. Offenbar gab diese Frau ihr an allen Schwierigkeiten die Schuld und sprach Vincent frei. Plötzlich fühlte sie sich erschöpft und unverstanden. «Ich *habe* mir Mühe gegeben . . . ich weiß, daß Sie mich nicht mögen, aber ich bin kein schlechter Mensch . . .» Dann fing Audras Mund an zu zittern, und sie wandte den Kopf zur Seite, als ihr die brennenden Tränen in die Augen traten.

Eliza rief ganz überrascht: «Nein, Audra, mein Mädchen, sag doch so was nicht! Ich mag dich, hab dich immer gemocht, und ich finde, daß du eine prächtige junge Frau bist.»

«Tatsächlich?» Audra schluckte die aufsteigenden Tränen hinunter. «Aber Sie haben sich nie so verhalten, als ob Sie mich gern hätten, wirklich nicht, Mrs. Crowther. Und Sie waren doch auch gegen unsere Heirat, oder nicht?»

«Das ist richtig, das war ich», gab Eliza ruhig zu. «Aber nur, weil du aus einer anderen Welt als der unsrigen stammst. Ich war mir sicher, daß du und unser Vincent schließlich andere Dinge im Leben wollt, und da habe ich mich doch auch nicht getäuscht, oder?»

Audra biß sich auf die Lippen. «Ich weiß nicht, ich bin ein bißchen durcheinander.»

Eliza nickte. «Ja, das bist du, und grad deshalb solltest du nichts Übereiltes tun, womöglich unseren Vincent verlassen.»

«Aber wenn Sie auch meinen, daß unsere Ehe nicht funktionieren wird, warum wollen Sie dann, daß ich bei ihm bleibe?»

«Wir sind anständige Leute, und eine Scheidung in der Familie reicht», murmelte Eliza und sah aus den Augenwinkeln zu Laurette hinüber. Dann räusperte sie sich. «In Eile geheiratet, in Muße bereut, das hab ich unserem Vincent auch gesagt. Aber er wollte nicht auf mich hören, und du wohl auch nicht, auf deine Freunde, meine ich. Na, und da ständen wir nun. Ihr beiden habt euer Bett gemacht, und nun müßt ihr auch drin liegen, ob nun die Matratze uneben ist oder nicht.» Dann beugte sie sich vor und sah Audra scharf an: «Es ist immer die Frau, an der das Gelingen einer Ehe hängt, nie der Mann. Das darfst du niemals vergessen, Mädel.»

«Aber das ist doch nicht gerecht!» rief Audra, die ihre Empörung nicht länger verbergen konnte.

Eliza lachte wegwerfend. «Wer hat denn gesagt, daß ein Frauenleben gerecht ist? Bestimmt nicht für die Frauen aus meiner Schicht.» Dann lachte sie wieder und schüttelte den Kopf. «Ach, Audra, glaub mir, daß es mit Vincent und dir besser klappen wird, wenn sich Nachwuchs einstellt und du etwas Kleines hast, was du lieben und worum du dich kümmern kannst.»

«Aber ich möchte mehr mit meinem Leben anfangen, Dinge erreichen, glücklich sein . . .»

«*Glücklich*», rief Eliza heftig und schaute Audra an, als hätte diese eine Obszönität zum besten gegeben. «Das ist ein Wort, welches du besser vergißt, mein Mädel, und zwar schnell. Sei einfach dankbar dafür, daß du ein Dach über dem Kopf hast, was im Magen und einen guten Mann, der für dich sorgt. Glück, das ist nicht für solche wie uns, Audra, das ist was für den Adel, für die Reichen, die Zeit zum Glücklichsein haben und es sich leisten können. Wir können das nicht.»

Wie trostlos sie alles sieht, dachte Audra und wandte sich Laurette zu. Die beiden wechselten einen wissenden Blick, dann zuckte Laurette die Achseln. Sie richtete sich auf und zog die Luft ein. «Mam, brennt hier irgendwas an?»

«O Gott, das Weihnachtsgebäck und der Auflauf für euren Vater zum Tee!» Eliza sprang auf, griff ein Tuch und riß die Ofentür auf. Dann fing sie an, ihre Backformen herauszuziehen und rief Laurette über die Schulter zu: «Steh da nicht herum und sieh mir zu, Mädchen, hol dir ein Handtuch und hilf mir. Und Audra, du machst bitte etwas Platz frei auf dem Kaminvorsprung.»

Laurette und Audra kamen ihr zur Hilfe, und innerhalb von Sekunden waren die Weihnachtskuchen, die Dattelbrote und der Schinken-Ei-Auflauf zum Abkühlen ausgebreitet. Elizas kritischer Blick schweifte über sie hin, und dann nickte sie glücklich, als sie feststellen konnte, daß nichts angebrannt war.

«Ich bin's nur, Mam!» Die Tür flog auf, und Vincent kam hereingestürmt, wobei er sich die Mütze vom Kopf zog. Als er Audra entdeckte, zog er überrascht die Augenbrauen hoch. «Was machst du denn hier, Liebes?» fragte er mit der zärtlichsten Stimme und strahlte sie an.

Als hätte es die letzte Nacht nie gegeben, dachte Audra und sah ihn stumm an, staunte über seine Fähigkeit, alles abzuschütteln. Wirklich bemerkenswert, diese Lässigkeit. Es ärgerte sie.

«Sie trinkt hier grad einen Tee», sagte Laurette schnell. «Wir sind uns in der Town Street begegnet, und ich hab sie überredet, doch noch auf einen Sprung mit zu uns zu kommen.»

«Ach so.» Er fing an, seinen Mantel aufzuknöpfen und wollte zur Garderobe gehen.

Laurette kam ihm hastig zuvor. «Laß mich das machen, Vincent», sagte sie und nahm ihm den Mantel ab. «Geh schon ans Feuer und wärm dich auf. Du siehst ja ganz verfroren aus.»

Sie will nicht, daß er den Koffer entdeckt, dachte Eliza, die ihre Kinder beobachtete. Aber er muß ihn ja doch irgendwann sehen. Dann seufzte sie und ging zu ihren Kuchen zurück.

«Danke, Laurette», sagte Vincent, der sich die kalten Hände rieb, und schritt durch das Zimmer. «Ich hätte auch nichts gegen einen Schluck Tee einzuwenden.»

«Sofort», sagte seine Schwester und ging zum Geschirrschrank hinüber. Sie kam mit einer Tasse und Untertasse zurück, ergriff die Teekanne und goß ihm ein.

Einen Augenblick später flog wieder die Tür auf, und Danny rannte in die Küche, gefolgt von der gesetzteren Maggie, die sich an diesem Nachmittag sehr erwachsen und bedeutend vorkam.

«Wir haben die Rollen gekriegt! Wir haben die Rollen gekriegt!» rief Danny ins Zimmer, an alle gerichtet, und warf dann Mütze und Schal auf das Sofa. Sein Mantel kam hinterdrein, dann flitzte er zum Vogelkäfig in der Ecke. «Ich bin wieder da, Flyaway», gurrte er. Liebevoll blickte er den kleinen Vogel an, den Vincent für ihn gekauft und auch getauft hatte.

«Danny, häng sofort deine Sachen auf», rief Eliza ihrem Jüngsten zu.

«Ja, Mama, gleich.»

Maggie, die gerade ihren eigenen Mantel auszog, sagte: «Ach laß, das mach ich schon, Mutter.»

«Und was für eine Rolle hast du gekriegt, Knirps?» fragte

Vincent den Kleinen, als der einen Moment später an seinem Knie stand.

Danny sah zu seinem hübschen älteren Bruder empor und lächelte selig. «Ich werde ein Page sein. Ich brauche nichts zu sagen, aber ich muß ein schönes rotes Samtkissen tragen, auf dem der gläserne Schuh liegt.»

Vincent fuhr ihm durchs Haar. «Das ist ja großartig, mein Junge.»

Dann kam Maggie zu Laurette und Vincent an den Tisch, setzte sich zwischen sie und lächelte verschmitzt. «Aber *ich* hab eine Sprechrolle, eine große Rolle. Ich werde eine der häßlichen Schwestern sein.»

«Welch passende Besetzung!» rief Vincent und brüllte vor Lachen.

«Du bist ein Ekel, Vincent!» kreischte Maggie und stieß ihn hart an. «Und wenn ich häßlich bin, bist du's auch, denn alle sagen, wir sähen uns völlig ähnlich.» Sie stieß ihn noch einmal.

Er packte ihre Handgelenke und hielt sie eisern fest.

«Schluß ihr beiden, es reicht jetzt!» rief Eliza. «Euer Dad kann jede Minute nach Hause kommen, und dann will er ein bißchen Ruhe und Frieden nach seinem harten Tag.»

Eliza ging zum Schrank hinüber und nahm zwei der größten Servierplatten heraus. «Und ihr solltet dableiben, Audra und Vincent. Es ist genug da für alle. Zuerst gibt es Schinken-und-Ei-Auflauf, und gestern habe ich uns eine schöne Zunge in Aspik vorbereitet.» Sie sah zu Audra hinüber. «Wollt ihr hierbleiben?»

«Das soll Vincent entscheiden», murmelte Audra.

«Natürlich bleiben wir hier, Mam, warum denn nicht?» Er holte seine Woodbines heraus und steckte sich eine an.

Audra ließ sich dankbar in den Armsessel zurücksinken und sah mit abwesender Miene in die Flammen.

Lieber war sie hier als allein mit ihm im Häuschen, wo sie sich bestimmt streiten würden. In wenigen Minuten würden seine Brüder Jack und Bill von der Arbeit kommen, und dann würde es laut werden, wie meist, wenn sie alle zusammen waren. Doch wenn der Crowther-Clan auch manchmal rauhbeinig war, wußte sie doch, daß sie alle ein gutes Herz hatten.

Oft fühlte sich Audra von ihnen überwältigt, und manchmal bemerkte sie, daß man sie befremdet anschaute. Sie spürte, daß die Familie sie für arrogant hielt, und manchmal waren sie ihr gegenüber auch mißtrauisch. Aber nicht Laurette und Mr. Crowther. Die beiden waren ihre Freunde, und Audra war sicher, daß sie sie aufrichtig gern hatten, und sie erwiderte dieses Gefühl. Die zwei würde sie vermissen, wenn sie wieder in Ripon war. Denn trotz allem, was seine Mutter gesagt hatte, wollte Audra Vincent immer noch verlassen. Morgen wollte sie fahren.

«Wie konntest du nur? Wie konntest du meiner Mutter und Laurette was vorklatschen!» schäumte Vincent, sobald sie das Häuschen in der Pot Lane erreicht hatten.

Dann sagte er, wobei er sie wütend anstarrte: «Ich wollte meinen Ohren nicht trauen, als Laurette mich nach dem Tee mit ins Wohnzimmer nahm und mir erzählte, wie sie dich davon abgehalten hatte, wegzulaufen und mich zu verlassen. Es ist verdammt *peinlich*, weißt du das überhaupt!»

«Ich habe ihnen nichts vorgeklatscht», sagte Audra beherrscht und rührte sich kaum. Sie war fest entschlossen, sich nicht von ihm in Wut bringen zu lassen wie in der Nacht zuvor. «Laurette hat dir ja gesagt, wie es gekommen ist. Wenn ich ihr an der Straßenbahnhaltestelle nicht vollkommen zufällig begegnet wäre, hätten weder sie noch deine Mutter irgendwas erfahren.»

«Na, jetzt wissen sie es aber, und du hast mich wieder gedemütigt!»

«Was willst du damit sagen?» fragte sie, richtete sich zur vollen Größe auf, nun doch wütend geworden.

«Erst erniedrigst du mich vor Gwen mit deinem Gerede, du wolltest dir eine Stelle besorgen – als könnte ich dich nicht ernähren! –, und nun hast du dich bei meiner Mutter und meiner Schwester über mich beschwert. Man sollte meinen, ich sei der leibhaftige Teufel, so wie du dich aufführst.» Er lachte unvermittelt auf, und etwas Sarkastisches schwang in seiner Stimme mit, als er fortfuhr: «Und ich habe gedacht, *ich* würde *dir* Schande machen, wo du doch so eine große Dame bist. Aber es ist genau andersherum, scheint mir.»

«Du brauchst dir keine Sorgen mehr zu machen, Vincent. Ich werde dich nicht weiter beleidigen. Weil ich nicht mehr dasein werde. Ich gehe morgen. Für immer.»

«Mach, was du willst.» Er ging durch die kleine Wohnküche zur Eingangstür und nahm seine Mütze.

«Wohin gehst du?» fragte Audra.

«Zum Pub», erwiderte er und stürmte hinaus, ohne noch ein Wort zu sagen. Die Tür fiel krachend hinter ihm ins Schloß.

Aber Audra ging am nächsten Morgen nicht fort, wie sie es angedroht hatte. Sie konnte nicht einmal ihr Bett verlassen. Sie hatte einen rauhen Hals, ihre Augen tränten, und heftige Fieberschauer schüttelten sie.

Um elf Uhr war Vincent so besorgt, daß er nach Doktor Stalkley schicken ließ, dem praktischen Arzt in der Nähe, der ihn schon ans Licht der Welt befördert hatte.

«Leider eine Grippe, Vincent», verkündete der alte Arzt, nachdem er Audra untersucht hatte. «Ist momentan verbreitet in Armley. Achten Sie darauf, daß sie im Bett bleibt und viel zu trinken bekommt. Viel mehr können Sie nicht machen, mein Junge, ansonsten muß die Krankheit ihren Lauf nehmen.»

18

Irène Bell hielt an der Schwelle zum Eßzimmer von Calpher House inne. Ihr stockte der Atem.

Dieses Zimmer, das mit seiner dunkelvioletten Wollsamttapete und den alten englischen Regencymöbeln immer reizvoll war, besaß an diesem Nachmittag eine besondere Schönheit. Diese stammte von den Weihnachtsdekorationen, die überall prangten und die Audra in ihrer Abwesenheit geschaffen hatte.

Mrs. Bell war gerade von einer zweitägigen Geschäftsreise nach London zurückgekehrt, und sie verweilte noch einen Augenblick an der Tür, ließ alle Einzelheiten des Festtagsschmucks auf sich wirken.

Audra hatte Glitter und Glitzerkram vermieden und sich statt dessen der Natur als Grundthema zugewandt. Girlanden und Zweige von Tannengrün, Mistel und dem traditionellen Weißdorn beherrschten das Bild, waren mit burgunderroten Schleifen oder Bändern aus Goldlamé umwunden. Aus kristallenen Kompottschalen erhoben sich wahre Pyramiden aus Obst, Tannenzapfen und Nüssen, und auch diese waren mit strahlend bunten Schleifen geschmückt; überall standen Unmengen von weißen Kerzen, und zwei kleine Fichten hielten zu beiden Seiten des Kamins Wache. Diese waren mit Schleifen und Papierschlangen in allen Farben des Regenbogens bedeckt, und die Kübel waren nach viktorianischer Art in Goldlamé eingeschlagen.

Überhaupt lag über dem Ganzen etwas Altmodisches, Viktorianisches, und das war es auch, was Irène so reizend fand. Und wie stets war sie tief beeindruckt von Audras künstlerischen Fähigkeiten, die sie für außergewöhnlich hielt.

Wie kann ich mich nur erkenntlich zeigen für diese wunderbare Arbeit? überlegte sie und schaute sich noch einmal um, ehe sie den Raum verließ. Geld kann ich ihr nicht anbieten, das würde sie beleidigen. Sie ist eine so stolze junge Frau. Ich muß morgen ein besonderes Geschenk finden, neben den sonstigen Weihnachtsgeschenken für sie.

Irène Bell durchquerte die Eingangshalle so energisch wie stets und stieg die Treppe empor, da sie wußte, daß das frühere Kindermädchen des Kleinen mit ihm im Kinderzimmer sitzen würde, wenn sie nicht schon nach Hause in die Pot Lane gegangen war.

Die beiden saßen am Tisch vor dem Kamin, Malkasten und Zeichenblock vor sich, und schauten auf, als Irène hereinkam: «Hallo, hallo!»

Theophilus rief: «Mummy! Mummy! Du bist wieder da!»

Dann lief er durchs Zimmer und warf sich ihr freudestrahlend in die Arme. Irène beugte sich zu ihm herab und küßte seinen Scheitel, dann schaute sie hoch und lächelte zu Audra hinüber.

«Guten Tag, Mrs. Bell», sagte Audra und lächelte zurück.

«Wie ich mich freue, daß Sie noch hier sind, Audra. Ich habe gerade ins Eßzimmer geschaut und muß mich bei Ihnen für die wundervollen Dekorationen bedanken; das Zimmer ist jetzt so schön, *wunderschön.* Man muß Ihnen dazu gratulieren.»

Ein Ausdruck von Dankbarkeit trat in Audras blasses Gesicht. «Danke, aber ich hatte auch ein paar freundliche Helfer, wissen Sie.»

Irène runzelte die Stirn. «Tatsächlich?»

«Aber ja, Mrs. Bell. Theo und Dodie, ganz abgesehen von Cora.»

«*Cora.* Mein Gott, Sie sind aber mutig.» Irène schüttelte ihr glänzendes Haar. «Ich will ja nicht unfreundlich sein, aber es hat den Anschein, als würde das arme Mädchen von Tag zu Tag ungeschickter. Wie nett von Ihnen, Audra, sie auch mitmachen zu lassen – das war wirklich freundlich.»

Irène ging mit Theo zum Tisch hinüber, und die beiden setzten sich hin.

Audra sagte: «Aber Coras Begeisterung ist eine Menge wert, Mrs. Bell, und sie wäre auch ganz niedergeschlagen gewesen, wenn ich sie nicht gebeten hätte mitzumachen. Sie half Theo bei den Girlanden.»

«Das war eine sichere Sache, Mummy», verkündete Theo und schaute ernsthaft zu seiner Mutter empor. «Audra sagte, dabei gäbe es kein Risiko, weil Cora nur hier und da mal einen Zweig oder ein bißchen Draht zerbrechen könnte. Und außerdem habe ich ein Auge auf sie gehabt.»

«Davon bin ich überzeugt, mein Liebling», murmelte Irène und verbiß sich ein amüsiertes Lächeln. Dann wandte sie sich Audra zu und bemerkte: «Ich kann Ihnen gar nicht sagen, wie froh ich über Ihre Hilfe bin. Die Köchin war unpäßlich, Mr. Agiter hat die Grippe, und dann noch meine unerwartete Reise – ich war ganz verzweifelt zu Anfang der Woche. Ich weiß nicht, was ich gemacht hätte, wenn Sie mir nicht die Dekoration des Eßzimmers hätten abnehmen können, Audra. Wir haben so viele Essen geplant, und ich muß zugeben, daß ich wirklich keine Ahnung habe, wie wir Weihnachten ohne Butler überstehen sollen. Oje.» Irènes fröhliches, sommersprossiges Gesicht wurde ernst. Dann hellte es sich sofort wieder auf. «Na, es wird schon irgendwie werden. Man soll sich um solche Dinge nicht zu viele Sorgen machen. Irgendwie werde ich es schon schaffen.» Irène sah im Widerschein des Feuers zu Audra hinüber. «Ach, wie egoistisch ich bin, ich habe Sie noch gar nicht gefragt, wie Sie sich fühlen. Geht es Ihnen besser?»

«Aber ja, vielen Dank, Mrs. Bell.»

«Aber Sie sehen noch genauso hager aus wie am Montag, als ich Sie besucht habe.»

«Es geht mir wirklich gut, Mrs. Bell.»

Theo sagte: «Schau mal, Mummy, Audra hat mir gezeigt, wie man eine Landschaft malt.» Er schob ihr den Zeichenblock hinüber.

«Sehr schön, mein Liebling, wirklich sehr schön.» Dann glitt ihr Blick auf die linke Seite, wo Audra ihm eine einfache Landschaft als Vorlage gemalt hatte. Aber in ihrer Einfachheit lag eine absolute Vollkommenheit. Irène schaute sie lange an, tief beeindruckt von der zarten Schönheit, dem Licht, das sie auf dem Papier eingefangen hatte. Dann schaute Irène zu Audra empor und sagte: «Das ist *wunderbar* . . . habe ich so etwas Ähnliches nicht schon gesehen?»

«Ja, ich habe eine größere Variation vor Jahren einmal gemalt, sie hing in meinem Zimmer, als ich noch hier arbeitete.»

«Ach ja, natürlich. Und Sie haben ihr auch einen ungewöhnlichen Namen gegeben, wenn ich mich nicht irre.»

«Der Ort der Erinnerung», sagte Audra ganz leise, «und das Bild stellt die Platane auf dem Hang gegenüber von High Cleugh dar . . . wo meine Familie und ich immer Picknick gemacht haben.»

«Ja, jetzt erinnere ich mich.» Irène beugte sich vor und sagte dann mit ihrer tönenden, kraftvollen Stimme: «Sie sind eine sehr begabte Malerin, Audra, und ich begreife nicht, warum Sie Ihre Begabung nicht weiter fördern.»

«Ach, so gut bin ich doch gar nicht, Mrs. Bell, wirklich nicht», erwiderte Audra mit einem seltsamen Lachen, das wegwerfend und voller Selbstverachtung klang. «Es ist nur ein Hobby, das ist alles.»

«Es könnte eine Berufung sein.»

«Aber nein, Mrs. Bell, die Krankenpflege, das ist meine Stärke. Sie wissen doch, daß Oberin Lennox immer gesagt hat, ich sei eine wirklich begabte Krankenschwester, jemand, der heilen könnnte.»

«Ja», erwiderte Irène langsam. Ihr Blick wurde nachdenklich, und dann, nach einer kleinen Pause, gingen ihre makellos nachgezogenen Brauen fragend in die Höhe. «Vincent hat es sich doch nicht anders überlegt, er ist wohl immer noch dagegen, daß Sie wieder in die Krankenpflege gehen?»

«Ja, da ist er leider eisern.» Audra schlug die Augen nieder und sah dann weg.

«Verstehe.» Irène entschloß sich, das Thema sofort fallenzulassen, da sie spürte, daß sie sich auf gefährlichem Terrain bewegte. Sie fragte sich, ob es da irgendein Problem zwischen Vincent und Audra gab, etwas anderes als ihre Differenzen wegen ihrer Schwesternlaufbahn. Zu Anfang der Woche hatte das Mädchen so eigenartig ruhig und in sich gekehrt gewirkt. Aber vielleicht kam es daher, daß sie gerade eine Grippe überstanden hatte. Vielleicht war sie nur ein wenig erschöpft.

Audra sagte gerade: «Wo wir von meinem Mann sprechen – ich sollte wirklich in ein paar Minuten gehen, Mrs. Bell, Sie müssen mich entschuldigen.» Sie sah zur Uhr des Kinderzimmers hinüber. «Ach du meine Güte, es ist fast halb sechs. Vincent wird um sieben aus York zurück sein.»

«Warum ist er in York gewesen? Was hat er da gemacht?» fragte Theo, wie immer von einer unersättlichen Neugierde auf Vincent erfüllt, der ihn faszinierte.

«Also wirklich, Theophilus», ermahnte seine Mutter ihn, «du weißt doch, daß es sich nicht gehört, persönliche Fragen zu stellen.»

«Ach, das macht doch nichts, Mrs. Bell», sagte Audra, dann wandte sie sich dem Kleinen zu: «Er ist mit Mr. Varley gefahren – du weißt schon, der Mann, dem die Baufirma gehört –, und sie wollten sich mit Mr. Rowntree treffen . . . es geht um einen Anbau an eine der Schokoladenfabriken.»

«Oooh! Wie toll! Wenn ich doch nur in eine Schokoladenfabrik gehen könnte. Glaubst du, daß Vincent dir eine Schachtel ‹Black Magic› mitbringt? Das ist meine Lieblingssorte, Audra.» Hoffnungsvoll sah Theo sie an.

«Das weiß ich, Theophilus, aber ich glaube nicht, daß Mr. Rowntree Schokolade verschenkt», erwiderte sie mit leichtem Lächeln und erhob sich dann.

«O Audra, bitte geh nicht weg», bettelte Theo, «ich sehe dich in letzter Zeit viel zu selten.»

Audra streckte die Hand aus und streichelte seinen hellen Schopf voller Zärtlichkeit. «Das ist aber nicht wahr», sagte sie sanft, «und außerdem bist du jetzt ein großer Junge und gehst zur Schule, da brauchst du auch kein Kindermädchen mehr. Du bist schließlich schon sieben Jahre alt.»

«Das weiß ich . . . aber du hast mir versprochen, daß wir *besonders gute* Freunde bleiben.»

«Das sind wir doch auch.» Audra küßte ihn auf die Wange.

Theo legte seine Arme um ihren Hals und schmiegte sich einen Augenblick lang an sie.

Irène Bell sagte: «Nun führ dich nicht wie ein Baby auf, Theophilus. Du weißt doch ganz genau, daß Audra jetzt andere Pflichten hat, sie ist schließlich verheiratet.»

«Ja», murmelte er und ließ Audra widerstrebend los.

«Solltest du dich jetzt nicht fertigmachen, um die Aufführung im Grand Theatre von Leeds zu sehen?» fragte Irène, deren Augen vor Übermut funkelten.

«Mummy! Das ist die Überraschung für mich! Und ich habe schon so lange gegrübelt, was es wohl sein könnte!» rief der Kleine aufgeregt und sprang vom Stuhl auf. «Und ich freue mich so auf *Jack und die Bohnenranke.*»

«Dann lauf los und wasch dir die Hände und das Gesicht. Und zieh dir ein anderes Hemd an. Dies ist voller Farbspritzer», ermahnte ihn seine Mutter.

«Auf Wiedersehen, Theo», sagte Audra und warf ihm aus der Tür noch ein Kußhändchen zu.

«Auf Wiedersehen, Audra. Und vergiß meine Party morgen nicht, und bitte, *bitte,* bring Vincent mit. Versprichst du mir das?»

«Ich werde mein Bestes tun.»

Als sie gemeinsam die Treppe hinuntergingen, sagte Irène zu Audra: «Theo hat eine Menge für Vincent übrig, nicht wahr?»

«Ja, ich glaube, das ist bei Vincent ebenso.»

«Er scheint bei Varley ja prima zurechtzukommen, darüber müssen Sie sich doch sehr freuen.»

«Ja, das tue ich auch. Mr. Varley mag ihn, und natürlich hat Vincent einen großartigen Blick und einen hervorragenden Sinn für Perspektive, wenn es um Architektur geht. Ich habe ihm schon oft gesagt, daß er der geborene Baumeister ist.»

«Ich finde es vorbildlich, daß er jetzt auch Abendschulkurse besucht», sagte Irène und wandte sich Audra zu, als sie in der Eingangshalle stehenblieben. «Macht ihm das Zeichnen denn Spaß?»

«Ja, ja», murmelte Audra, die nicht zugeben wollte, daß Vincent nur darüber *gesprochen* hatte, den Kurs zu belegen, aber es nie getan hatte.

Irène Bell, die Audras Gesicht aufmerksam betrachtete, sah etwas im Hintergrund von Audras strahlendblauen Augen flackern. Sie ist eine junge Frau, die in einer Krise steckt, dachte Irène mit plötzlicher Intuition. Dann streckte sie die Hand aus und berührte Audra leicht am Arm. Ihre Stimme war leise und herzlich, als sie sagte: «Ist alles in Ordnung bei Ihnen, meine Liebe?»

Audra zögerte.

Sie war kurz davor, sich Irène Bell anzuvertrauen, doch dann überlegte sie es sich anders. Abgesehen davon, daß ihr Stolz und ihr Bewahren einer Intimsphäre ihr ein derartiges Verhalten verboten, sagte ihr der Verstand, daß Mrs. Bell ihr nicht helfen konnte. Niemand konnte ihr jetzt helfen.

Audra zwang sich zu einem unbeschwerten Lächeln. «Aber nein, es ist alles in Ordnung. Nett, daß Sie danach fragen, aber es ist alles bestens.»

«Und Sie sind auch wieder ganz gesund?» fragte Irène nachdrücklich, die noch immer nicht überzeugt war.

Es entstand ein kurzes Schweigen, bevor Audra nickte, fast zu eindringlich nickte.

«Sie sehen aber plötzlich unglaublich blaß aus», beharrte Irène und sah sie stirnrunzelnd an.

«Das sind nur die Nachwirkungen der Grippe, und außerdem bin ich momentan ein bißchen müde.» Dann machte Audra sich sanft los, eilte zur Garderobe hinüber, holte ihren grauen Meltonmantel und den pflaumenfarbenen Glockenhut. Während sie sich anzog und den Hut zurechtrückte, warf sie einen kurzen Blick in den Spiegel.

Als sie sich den Wollschal umwickelte und ihre Handschuhe überstreifte, fragte sie: «Wäre es Ihnen recht, wenn ich am Heiligabend ein bißchen früher käme? Vielleicht kann ich noch etwas bei Theos Party helfen, Mrs. Bell.»

Irène lachte leise. «Das könnten Sie sicher, Audra. Ich wäre Ihnen äußerst dankbar, wenn Sie ein Auge auf Theophilus und neun weitere kleine Ungeheuer haben könnten, zumindest bis das Marionettentheater beginnt.»

Kaum war die Tür hinter Audra ins Schloß gefallen, als sie wieder aufsprang.

Irène war schon halb die Treppe hinaufgestiegen.

Sie wandte sich um, und ihr Gesicht hellte sich auf, als sie ihren Mann sah.

«Thomas, mein Liebling!» rief sie, «du kommst heute früher, wie schön!» Dann eilte sie rasch treppab, lief durch die marmorne Eingangshalle und in seine ausgebreiteten Arme.

Nachdem er sie fest an sich gedrückt und auf die Wange geküßt hatte, sah er in ihr Gesicht. Seines strahlte vor Freude. «Hattest du eine angenehme Rückfahrt?»

«O ja, danke, Thomas, und ich werde dir gleich alle Neuigkeiten bei einem kleinen Drink erzählen, bevor wir ins Grand Theatre fahren. Aber zieh erst mal deinen Mantel aus, und dann zeige ich dir die Dekorationen, mit denen Audra das Eßzimmer verschönert hat.»

«Ich habe sie getroffen, als wir in die Einfahrt kamen», bemerkte Thomas und löste dabei seinen Schal. «Ich ließ Robertson anhalten und sagte ihr, er würde sie nach Hause fahren, wenn sie einen Moment warten wollte, bis ich ausgestiegen sei. Aber sie wollte nichts davon hören. Ist immer ein unabhängiges kleines Ding gewesen, nicht wahr?»

«Ja», stimmte Irène ihm zu.

Dann hakte sie sich bei ihrem Mann ein und führte ihn aufs Eßzimmer zu. «Audra sieht meines Erachtens zur Zeit gar nicht gut aus, und ich habe so ein Gefühl, als seien sie und Vincent nicht so glücklich, wie sie es mich glauben machen will.»

«Hmm. Ein gutaussehender Kerl, dieser Vincent Crowther. Wahrscheinlich verwöhnt, von seiner Mutter und diesen Schwestern, die ihn vergöttern – von anderen Frauen mal ganz abgesehen –, Frauen in der Vergangenheit natürlich. Nein, Irène, ich glaube nicht, daß es leicht ist, mit diesem jungen

Gernegroß zu leben. Und dann stammt er natürlich auch aus einer anderen Gesellschaftsschicht.»

«Thomas!» rief Irène und rückte etwas von ihm ab, sah ihn scharf an. Ihre Augen waren erschrocken. «Du weißt doch, daß ich so etwas verabscheue – Klassenvorurteile machen mich ganz wild.»

«Ja, aber damit wirst du auch nicht den englischen Nationalcharakter verändern . . . es ist hier nun einmal so. Und außerdem sind die niedrigeren Klassen genauso schlimm wie der Adel, wenn es um dieses Thema geht. Sind auch Snobs, auf ihre Art.» Er lächelte ihr etwas trocken zu. «Und du kannst sagen, was du willst, die Herkunft spielt eine große Rolle, Liebling. Audra ist eine Dame, und ihre Erziehung macht sich bemerkbar – bei allem, was sie tut. Und unglücklicherweise wird Vincent sie immer zurückhalten, unten halten, verstehst du.»

Thomas Bell zuckte die Achseln. «Aber sie sind verheiratet, und es geht uns eigentlich nichts an.»

«Nein, aber ich habe sie so gern, Thomas.»

«Ja», sagte er.

Dann blieben die Bells an der Schwelle zum Eßzimmer stehen. *«Voilà!»* rief Irène und machte eine umfassende Handbewegung.

Thomas Bell hatte es einen Augenblick lang die Sprache verschlagen. «Das sieht ja unglaublich aus», brachte er schließlich hervor, offenbar ebenso beeindruckt wie seine Frau zuvor.

«Sehr originell und ganz atemberaubend», sagte Irène und seufzte dann so schwer, daß Thomas sie neugierig anschaute.

Irène erwiderte seinen direkten Blick. Dann schüttelte sie den Kopf, und etwas wie Ratlosigkeit ging über ihr ausdrucksvolles Gesicht. «Audra glaubt, sie wäre zur Krankenpflege berufen, aber das ist sie nicht. Sie ist nur sehr gut, nicht mehr. Natürlich würde sie mir das nie glauben, weil Margaret Lennox ihr etwas anderes erzählt hat.»

Irène ließ ihren Blick wieder über das Eßzimmer gleiten und wies mit der Hand darauf. «Nein, ihre Begabung liegt ganz woanders – auf künstlerischem Gebiet. Sie ist eine außergewöhnliche Malerin, Thomas. Aber sie kann es nicht sehen, und ich kann nicht verstehen, wie sie so blind sein kann.» Wieder seufzte Irène tief. «O Thomas, was für eine Verschwendung von Talent. Das ist das Allertraurigste daran.»

«Vielleicht. Die arme Audra, sie hatte nie eine wirkliche Chance. Das Leben ging mit voller Wucht über sie hinweg, und sie war auch noch so jung damals . . .»

19

Warum habe ich bloß Mrs. Bell gesagt, mir ginge es gut? Mir geht es überhaupt nicht gut. Und ich bin gefangen. Was soll ich nur machen?

Diese Gedanken verdrängten alle anderen in Audras Kopf, während sie sich in der Küche im Häuschen in der Pot Lane zu schaffen machte, nicht lange, nachdem sie Calpher House verlassen hatte.

Ich hätte mich Irène Bell anvertrauen sollen, sagte sie sich und bedauerte plötzlich, daß sie ihre Sorgen in sich verschlossen hatte. Es tat immer gut, Probleme auszusprechen, besonders wenn der Zuhörer so mitfühlend und verständnisvoll war wie Mrs. Bell. Aber sie hatte geschwiegen, als sich die Gelegenheit bot, und nun war es zu spät.

Ich bin ganz allein auf mich gestellt, dachte Audra, wie ich es immer gewesen bin, seit ich vierzehn war. Ich kann nirgendwo hingehen. Niemanden, an den ich mich wenden könnte . . . ich hatte immer nur Oberin Lennox, aber selbst sie kann mir diesmal nicht helfen. Sie kann mir unmöglich eine Stelle als Krankenschwester beschaffen, jetzt, da ich schwanger bin.

Die Verzweiflung, die Audra schon seit Tagen mit sich herumgetragen hatte, stieg plötzlich zu einer Panik an, und als sie die Tassen und Untertassen auf den Tisch setzte, bemerkte sie, daß ihre Hände zitterten. Sie stellte sich ganz ruhig in die Küchenmitte und versuchte, sich wieder in den Griff zu bekommen. *Sei ruhig, sei ruhig*, sagte sie sich immer wieder und atmete tief durch, erinnerte sich daran, daß Panik noch nie geholfen hatte.

Wieder etwas ruhiger, sah Audra nach dem Lammschmortopf für Vincents Abendessen, der schon den ganzen Nachmittag im Ofen gebrutzelt hatte. Zufrieden stellte sie fest, daß er sich der Vollendung näherte, und dann machte sie sich eine Tasse Tee und nahm sie mit vor den Kamin, wo sie ein Weilchen saß und über ihre mißliche Lage nachdachte.

Während der beiden Wochen, die sie wegen der Grippe im Bett bleiben mußte, hatte sie schon den Verdacht gehabt, schwanger zu sein. Und in den letzten Tagen war sie ganz sicher geworden; eine Reihe von Veränderungen an ihrem Körper konnten nicht länger unbeachtet bleiben. Und als ihr zu Anfang der Woche die Bedeutung klarwurde, hatte sie zuerst an Flucht gedacht. Sie wollte an ihrem Plan, Vincent zu verlassen, festhalten.

Aber heute abend, als sie von Calpher House zu Fuß nach Hause ging, begriff sie, daß es eine unsinnige Tat wäre, nun sie in anderen Umständen war. Sie besaß weder Geld noch eine Stellung – und hatte auch keinen Ort, wohin sie sich wenden konnte. Laurette hatte es sehr prägnant zusammengefaßt: «Wir sind die einzige Familie, die du hast.» *Es war die Wahrheit.*

Aber bei Vincent bleiben? Wie sollte das möglich sein? Sie stritten und zankten sich nur. Nein, das stimmte nicht so ganz. Zumindest nicht im Augenblick. Er hatte sich sehr um sie gesorgt, als sie krank war, und war außerordentlich freundlich zu ihr gewesen, und seit sie wieder auf den Beinen war, hatte es kein hartes Wort gegeben.

Vor ein paar Tagen hatte er sie unerwartet und scheu gefragt, ob sie ihn immer noch verlassen wollte. Darauf hatte sie ja gesagt – sobald es ihr gut genug ginge, um das zu tun. Ein merkwürdiger Ausdruck war in sein Gesicht getreten, als er sich abgewandt hatte – jetzt, wo sie darüber nachdachte, wurde es ihr klar, daß er ernstlich traurig gewesen war. Und sie war sicher, daß etwas wie Bedauern in seinen Augen lag, daß es ihm leid tat wegen all der bösen Worte, ihrer heftigen Streitigkeiten, die zu nichts gut waren. Schließlich waren sie anfangs so voller Hoffnungen gewesen. *Warum kann es nicht mehr so sein, wie es zu Anfang war?* fragte sie sich. Dann lehnte sie sich im Sessel zurück, schloß die Augen und dachte an die glücklichen Tage ihres Kennenlernens, wünschte leidenschaftlich, diese würden zurückkehren.

Einen Augenblick später setzte sich Audra abrupt auf, aus ihren Gedanken gerissen von Schritten, die über den Plattenweg kamen. Dann flog die Tür auf, und Vincent trat schnell ein, ein großes Bündel Stechpalmenzweige im Arm.

Sein Gesicht hellte sich auf. Er war erleichtert, sie am Kamin sitzen zu sehen. In der letzten Zeit wußte er nie, ob er in ein leeres Haus kommen würde oder nicht.

«Hallo, Liebes», sagte er, legte die Stechpalmen auf den Fußboden und nahm seinen Schal und Filzhut ab.

«Hallo», erwiderte Audra, und sie konnte sich des Gedankens nicht erwehren, wie gut er doch heute abend aussah. Der kalte Wind hatte frische Farbe in seine Wangen gebracht, und seine grünen Augen funkelten munter unter den schwarzen Brauen. So ruhig wie immer fragte sie: «Und wie war deine Fahrt nach York?»

«Großartig, und sehr erfolgreich, kann ich dir sagen. Es sieht aus, als würden wir den Auftrag bekommen, ja, sicher sogar. Mr. Varley ist überglücklich und ich auch . . . das bedeutet nämlich, daß all unsere Jobs sicher sind, zumindest für den Augenblick. Und das heißt viel, wenn man sich so umsieht und feststellt, was momentan im Land los ist. Mr. Varley sagt, wir steuerten auf eine Wirtschaftskrise zu . . .» Er brach ab, kämpfte sich aus seinem Mantel heraus und hing ihn auf. «Und außerdem kannst du mir gratulieren.»

Audras Augenbrauen gingen in die Höhe. «Zu was denn? Was ist denn passiert?»

«Ich bin befördert worden. Mr. Varley hat mich heute nachmittag zum neuen Vorarbeiter ernannt. Wir hatten keinen, seit der alte Harry Watkins in Ruhestand gegangen ist.»

«Da ist ja eine Gratulation angebracht, Vincent, ich freue mich sehr für dich», sagte Audra begeistert und aufrichtig. «Du hast das sicherlich verdient, so hart wie du immer arbeitest.»

«Danke, Liebes.» Dann räusperte er sich, nahm die Stechpalmen hoch und kam auf sie zu. «Ich habe dies von einem Bauernwagen auf einer Landstraße gekauft, als wir zurückfuhren. Was soll ich damit machen? Muß man es nicht in Wasser stellen?»

«Das hat noch ein bißchen Zeit. Leg es doch dort auf den Kaminvorsprung. Möchtest du eine Tasse Tee?»

«Nein danke, Liebes.» Er zögerte, als sei er sich über seine nächste Handlung im unklaren, dann ging er zu ihrem Sessel hinüber, beugte sich herab und küßte ihre Wange. Schnell trat er wieder zurück und stellte sich mit dem Rücken an den Kamin, wärmte sich auf.

«Danke für die Stechpalmen, Vincent», murmelte Audra und sah mit einem unsicheren Lächeln zu ihm empor. «Das ist lieb von dir . . .»

«Ach, nichts zu danken . . . sag mal, haben wir noch Bier da?»

«Ja, da sind noch ein paar Flaschen in der Speisekammer.»

Er stand auf, um sich eine zu holen, und fragte: «Und wie geht es dem Kleinen?»

«Der ist ganz aufgeregt wegen seiner Weihnachtsparty, und das letzte, was er mir gesagt hat, ehe ich ging, war, daß du auch ganz bestimmt kommen sollst.»

«Ach, ich weiß nicht so recht . . .» Vincent kam zum Kamin zurück und setzte sich ihr gegenüber, machte ein nachdenkliches Gesicht.

«Theophilus wird bitter enttäuscht sein, wenn du nicht kommst.»

Vincent sah sie überrascht an, runzelte die Stirn, und es lag etwas wie Verwunderung in seiner Stimme, als er fragte: «Ist es dir *wichtig*, daß ich komme? Ich meine, *möchtest* du, daß ich mit dir komme?»

«Ja, und außerdem ist Theo so versessen darauf. Du weißt doch, daß der Junge dich vergöttert.»

Er nickte, nahm einen Schluck von seinem Bier und sagte dann zögernd: «Mal sehen . . . ich komme morgen früher von der Arbeit. Am Heiligabend macht Mr. Varley immer schon um zwölf Schluß.»

«Ah ja.» Audra schaute in die Flammen.

Vincent suchte in seinen Jackentaschen nach Zigaretten.

Eine Pause entstand.

Es war ein kameradschaftliches Schweigen, wie sie es in den Anfängen ihres Zusammenlebens oft geteilt hatten. Heute abend herrschte eine Harmonie zwischen ihnen, wie es sie seit Monaten nicht mehr gegeben hatte. Plötzlich spürte Audra seinen Blick und sah zu ihm auf. Sie hielt den Atem an. Es lag soviel aufrichtige Liebe in seinem Gesicht, daß ihr fast das Herz stehenblieb.

Sie öffnete den Mund, konnte in diesem Augenblick aber kein Wort herausbringen, eine verwirrende Vielzahl von Gefühlen stürmte auf sie ein. Sie schaute auf ihre Hände herab. Ihr Ehering glänzte im Widerschein des Kaminfeuers, so hell, so strahlend, das Symbol ihrer Träume – und ihrer Hoffnung auf die Zukunft. Sie dachte an das Baby, das sie trug. Dieses Kind *war* die Zukunft . . . ebenso wie es Teil der Vergangenheit war, ihrer Vergangenheit, geschaffen durch ihre Liebe und ihre Leidenschaft, ihrem Verlangen füreinander. Ihre Liebe zu Vincent bestand trotz allem unverändert fort, das war eine unausweichliche Tatsache.

Und als könne er ihre Gedanken lesen, warf Vincent seine Zigarette ins Feuer und stand auf. Er kniete neben ihrem Sessel nieder und ergriff ihre Hände, sah ihr tief in die Augen, die heute abend riesig waren und leuchtendblau in ihrem blassen Gesicht.

Er schluckte schwer und sagte mit schwankender Stimme: «Bitte verlaß mich nicht, Audra, bitte verlaß mich nicht. Als ich heute nach Hause ging, wußte ich nicht, ob du hier sein würdest oder nicht, und das Herz schlug mir bis zum Hals. So ist es momentan immer . . . ich weiß nicht, was mich erwartet. Und ich dachte, was mache ich bloß, wenn sie nicht mehr da ist? Wie kann ich ohne sie leben?» Er hielt inne, versuchte zu lächeln, aber es gelang ihm nicht. «Ich kann ohne dich nicht leben, und ich will es auch nicht. Verstehst du, Audra, ich liebe dich, ich liebe dich wirklich.»

Sie wußte, daß er jedes Wort ehrlich meinte. Es lag nicht nur

Aufrichtigkeit in seiner Stimme, sondern auch ein Hauch von Verzweiflung, und als sie seinen eindringlichen Blick erwiderte, sah sie auf dem Grunde seiner grünen Augen Tränen schimmern.

Einen Moment lang konnte sie nicht sprechen.

«Bitte laß mich nicht allein», bat er wieder mit leiser, leidenschaftlicher Stimme.

Audra berührte sacht sein Gesicht, und dann sagte sie zu ihrer eigenen Überraschung: «Ich erwarte ein Kind.»

Vincent fuhr zurück und starrte sie mit größer werdenden Augen an, dann riß er sie in seine Arme und drückte sie fest an sich. «O Audra, was für eine wunderbare Neuigkeit!» Dann ließ er sie gleich wieder los. Alle Angst war aus seinem Gesicht gewichen, und er lächelte schlau und jungenhaft. «Jetzt kannst du mich nicht mehr verlassen, das weißt du selbst! Und außerdem würde ich dich nicht gehen lassen. Du brauchst mich, damit ich mich um dich kümmere und für dich und das Baby sorge.»

«Ja», sagte sie. Sie wußte, daß er recht hatte.

«Unser gemeinsames Leben wird besser werden, das verspreche ich dir», sagte er ernsthaft. «Und ich verspreche dir, ein besserer Ehemann zu sein, Audra, wirklich.»

Zu Anfang hielt er Wort.

Die Herzlichkeit, mit der er sie während ihrer Grippe behandelt hatte, dauerte fort, und er war aufmerksamer zu ihr, als er – oder sonst jemand – es jemals zuvor gewesen war. Abends eilte er von der Arbeit nach Hause, um mit ihr zusammenzusein, und in seiner Freizeit wich er nicht von ihrer Seite, nicht einmal am Wochenende, da er sonst immer allein zu seinen Freunden gezogen war. Er bemühte sich um sie, verwöhnte sie und war ein vorbildlicher Ehemann und werdender Vater.

Ruhe kehrte in das Häuschen in der Pot Lane ein.

Audra empfand ein Maß an Zufriedenheit, wie sie es bis dahin niemals im Leben verspürt hatte, und sie war dankbar,

Ruhe und Frieden zu haben und auch etwas Erholung. Denn ihre Schwangerschaft erwies sich als problematisch. Die allmorgendliche Übelkeit war unerwartet heftig und hielt oft den Tag hindurch an; sie fühlte sich im allgemeinen nicht auf der Höhe und war immer schwach.

Zu Anfang machte Vincent sich Sorgen um sie und fühlte mit ihr. Aber es dauerte nicht sehr lange, daß seine Geduld in Reizbarkeit umschlug und, noch schlimmer, in Langeweile.

Kurz vor Weihnachten, als sie sich wieder miteinander versöhnt hatten, hatten sie liebevoll ihre eheliche Gemeinschaft wiederaufgenommen. Nun war das erneut vorbei. Mehr oder weniger verstand Vincent Audras Zurückweisung, denn er glaubte, daß eine schwangere Frau kein sexuelles Verlangen nach ihrem Mann verspüren könne. Aber was ihn wirklich verstörte, war ihr Mangel an Interesse für ihn und sein tägliches Leben. Er fand ihre Haltung ungewöhnlich und verletzend.

Und so wurde ihm, was bei seiner Veranlagung nicht weiter verwunderlich war, die häusliche Sphäre zu eng. Er liebte Audra und wollte mit ihr verheiratet sein, aber er sehnte sich auch nach dem Leben eines Junggesellen. Es ging nicht darum, daß er andere Frauen erobern wollte, sondern er vermißte die Geselligkeit unter Männern, vermißte es, mit seinen Freunden im Pub herumzulärmen und im Buchmacherbüro und auf der Rennbahn zu wetten. Er hatte das sein ganzes Erwachsenenleben hindurch getan und sah keinen Grund, warum er seine Gewohnheiten ändern sollte.

Er ging auch wieder oft zu seiner Mutter – weil ihm die turbulente Atmosphäre dort fehlte und das fröhliche Gefühl, zu einer großen Familie zu gehören, besonders zu einer, die von herzlicher Liebe zusammengehalten wurde wie die der Crowthers.

Und er fühlte sich deswegen keineswegs schuldig, weil Audra ja vollkommen mit dem kommenden Baby beschäftigt zu sein schien. Es kam Vincent vor, als hätte sie ihr ganzes Sein auf das Kind konzentriert, das sie trug, und sähe nichts anderes mehr.

Damit hatte er gar nicht einmal unrecht.

Das Baby bedeutete ihr so viel, vielleicht mehr, als er begreifen und verstehen konnte. Für Audra war das Baby nicht bloß die Frucht ihrer Liebe und ihr erstes gemeinsames Kind, sondern der Anfang einer eigenen Familie, nach der sie sich schon so viele Jahre lang gesehnt hatte.

Da sie große Angst hatte, das Baby irgendwie zu gefährden, achtete sie genauestens und fast besessen auf ihre Gesundheit, daß sogar Laurette manchmal ungeduldig mit ihr wurde. Wenn sie sich nicht um sich selbst, ihre Gesundheit und ihre Ernährung kümmerte, bereitete sie alles für das große Ereignis vor, als sei es das erste Kind, das Licht der Welt zu erblicken.

Das zweite Schlafzimmer im Haus achtunddreißig wurde zum Kinderzimmer umfunktioniert, wobei auf die kleinste Kleinigkeit viel Aufmerksamkeit verwandt wurde, sowohl was die Ausstattung anging wie auch die Hygiene. Audra spannte fast jedes Mitglied des Crowther-Clans mit ein und bestand darauf, daß sie ihr beim Schrubben, Saubermachen, Tapezieren und Streichen des Zimmers halfen. Und dann ging sie, nachdem sie eine kleine, diamantene Spange ihrer Mutter verkauft hatte, zu Harte's in Leeds und kaufte eine reizende, schön gearbeitete Kinderzimmerausstattung.

Vincents Schwester Olive war bei Familie und Freunden für ihre kunstvollen Stricksachen bekannt, und im letzten Jahr hatte sie Laurette dieses praktische Hobby beigebracht. Audra bat Olive, ihr beim Stricken zu helfen, und innerhalb kürzester Zeit hatte sie geschickt sowohl Olive als auch Laurette dazu gebracht, Sachen für das Baby zu stricken. Die drei jungen Frauen handarbeiteten, als hinge ihr Leben davon ab, und sie waren recht komisch anzusehen, wenn sie so zusammensaßen, ihre Nadeln klapperten, ihre Augen vor lauter Konzentration auf die Muster fast glasig waren und sie nichts um sich herum wahrnahmen. Häubchen, Babyschühchen, Strampelhosen, Strickjacken, Überjäckchen und Decken für Wiege und Kinderwagen waren das Resultat ihrer Bemühungen. Später nähte und bestickte Audra noch eine Reihe von anderen Babysachen und häkelte zwei wunderschöne Schals. So dauerte es nicht lange, bis eine herrliche Babyausstattung zusammen war. Und als Audra die winzigen Kleidungsstücke in die Kommode legte, tat sie sorgsam Seidenpapier zwischen jedes liebevoll gearbeitete Stück und war ganz stolz auf die erlesene Garderobe für ihr ungeborenes Kind.

Aber trotz all dieser häuslichen Aktivitäten und obwohl sie von unzähligen, oft lärmend-fröhlichen Crowthers umgeben war, gab es Momente, in denen sich Audra isolierter und einsamer fühlte denn je. Das lag zum einen an Vincents Abtrünnigkeit, zum anderen daran, daß sie keine eigenen Verwandten hatte. Wenn sie sich auch Mühe gab, ein engeres Verhältnis zu Eliza zu entwickeln, gelang ihr das nicht. Sie mißtraute ihrer Schwiegermutter immer noch und war vorsichtig in deren Gegenwart. Sie glaubte, daß Eliza an all ihren Problemen vor Monaten einzig Audra die Schuld gab, und daß sie in ihr immer noch die Verantwortliche sah, während sie Vincent von allem freisprach. Obwohl das nicht stimmte, hätte niemand Audra vom Gegenteil überzeugen können.

Andererseits hatten Laurette und Audra sich sehr gern, und Audra verstand sich auch gut mit Alfred Crowther, der meinte, sein Sohn habe mächtig Glück gehabt, so eine prächtige junge Frau zu finden. Alfred verurteilte Vincents Verhalten sogar und nahm auch kein Blatt vor den Mund, wenn er ihm das sagte, was immer häufiger vorkam. Es war Vincents Vater und seiner Lieblingsschwester zu verdanken, wenn Audra über einige schwierige Momente und eine Zeit der Prüfungen hinwegkam.

Seltsamerweise herrschte während der Schwangerschaft keine Bitterkeit zwischen Audra und Vincent, obwohl sie im Grunde getrennt voneinander lebten. Sie stritten sich nicht mehr heftig, und auch ihre Zänkereien hatten aufgehört. Es war, als sei ein Waffenstillstand zwischen ihnen ausgerufen worden. Sie gingen höflich, sogar herzlich miteinander um – und waren jeder vollkommen mit sich und den eigenen Problemen beschäftigt.

Der rauhe Winter machte dem schönsten Frühling seit Jahren Platz. Alle waren gut gelaunt durch den blauen Himmel und den strahlenden Sonnenschein. Dazu trugen auch die Bäume bei, an denen die grünen Knospen aufsprangen, und die ersten Narzissen und Krokusse, die früh erblühten und die dunkle Erde mit strahlendem Gelb und Lila übersäten.

Und plötzlich war es soweit, daß Gwen Geoffrey Freemantle heiraten sollte. Audra hatte Gwens Bitte abgelehnt, ihre Ehrendame zu sein, weil sie meinte, in ihrem Zustand plump auszusehen.

Aber gemeinsam mit Vincent nahm sie an einem sonnigen, frischen Samstagnachmittag in der ersten Aprilwoche des Jahres 1929 an der Hochzeitszeremonie in der St. Margaret's Church in Horsforth teil.

Audra hatte sich ein neues Umstandskleid genäht, dazu einen Mantel aus marineblauer Bouclèwolle gestrickt und sich einen lustigen kleinen Strohhut gekauft, den sie mit mitternachtsfarbener Spitze und dunkelblauen Rosen geschmückt hatte. Als Vincent sie in diesem prächtigen Kostüm erblickte, pries er laut ihre Schönheit, aber Audra sah ihn zweifelnd an, als sie hinter ihm das Häuschen verließ. Sie kam sich wie ein kleiner Walfisch vor und war ganz sicher, daß sie auch so aussah.

Als sie mit dem Auto von Onkel Phil, das sie sich zu diesem Anlaß ausgeliehen hatten, nach Horsforth fuhren, dachte Audra an Gwen und wie ihre Freundschaft begonnen hatte, sich während der Wintermonate aufzulösen. Neben ihrer Arbeit am Krankenhaus, dem Einrichten und Ausstatten des Hauses in Headingley und der Vorbereitung ihrer Hochzeit hatte Gwen wenig Zeit für sie oder für irgend jemanden sonst gehabt. Auch machten sich ihre sehr verschiedenen Lebensumstände in diesen Tagen langsam bemerkbar.

Es existierte noch eine weitere Schwierigkeit – Vincent hatte sich inzwischen eng mit Mike Lesley, Gwens ehemaligem Verehrer, angefreundet. Und deshalb wollte Vincent auch nichts mit Geoffrey Freemantle zu tun haben, den er immer den «Eindringling» nannte. Doch selbst, wenn das anders gewesen wäre, hätte der eingebildete Arzt – da war Audra sicher – auf Vincent herabgesehen.

Ich werde Gwen noch ganz verlieren, und alles wegen Geoffrey Freemantle, dachte Audra, als sie aus dem Autofenster blickte, und Trauer überkam sie.

Später, als sie mit Vincent in der Kirche stand und Gwen zusah, die am Arm ihres Vaters langsam den Gang entlangschritt, war es, als nähme ihre Traurigkeit zu, zusammen mit einem merkwürdigen Gefühl der Entfernung. Gwen sah so schön aus, schöner, als sie je zuvor gewesen war. Audra verschlug es einen Moment lang die Sprache. Dies war eine andere Gwen als das Mädchen, das sie gekannt hatte.

Sie trug ein Krinolinenkleid aus cremefarbener Spitze über cremefarbenem Satin, einen Schleier und eine lange Schleppe aus Alençonspitze; der Schleier wurde von einer Krone wächserner Orangenblüten an seinem Platz gehalten. An ihrer Kehle prangte ein Diamantherz an einer Perlenkette, und auch an ihren Ohren glänzten Diamanten. Sie trug ein Bukett weißer Rosen, deren Blütenblätter zart rosa überhaucht waren. Gwen war eine strahlende Braut, blond und blauäugig und genauso, wie sich jeder die typische englische Rose vorstellt. Es stand außer Frage, daß sie an diesem besonderen Tag in ihrem Leben absolut atemberaubend war.

Und ich habe sie schon verloren, dachte Audra wehmütig. Sie ist von mir fortgegangen. Gwen hat eine neue Welt betreten, die *ich* niemals kennenlernen werde. Plötzlich mußte sie mit den Tränen kämpfen und spürte einen merkwürdigen Schmerz in der Herzgegend.

Es gab eine Zeit in meinem Leben, als ich niemanden, nichts hatte. Ich hatte nur Gwen, dachte Audra. *Und sie ist so gut zu mir gewesen. Das werde ich ihr niemals vergessen. Ich werde sie immer lieben, und sie wird immer meine beste Freundin sein. Nicht einmal Laurette kann ihren Platz einnehmen, obwohl sie so lieb und warmherzig ist und immer zu mir hält.*

Nun war Gwen auf gleicher Höhe mit Audra angelangt und lächelte ihr warm und freudestrahlend zu.

Audra lächelte zurück und sah flüchtig, aber tief in jenes

hübsche Gesicht, und in der Stille ihres Herzens sagte sie ihrer Freundin Lebewohl. Sie wünschte Gwen nichts als Freude und Glück ihr Leben lang.

Auch wenn sie von einem Gefühl des Verlustes niedergedrückt wurde, gelang es Audra doch, auf dem Empfang einen unbeschwerten Eindruck zu machen. Dieser fand in The Meadow statt, und Audra freute sich, wieder einmal in dem Haus zu sein, in dem sie so viele glückliche Stunden verlebt hatte. Sie bemerkte deutlich, daß die Thorntons nicht so erfolgreich wie sie waren, eine gute Miene zu allem zu machen. Audra hatte selten eine so trübselig dreinschauende Familie gesehen.

Sie war noch nicht lange im Salon, als Mrs. Thornton sie in eine ruhige Ecke zog, um mit ihr allein zu reden. Und ohne weitere Einleitung vertraute Phyllis Thornton ihr an, daß sich in der Familie niemand etwas aus Doktor Freemantle mache. Audra versuchte, sie aufzuheitern, etwas Positives zu sagen, aber Mrs. Thornton ließ sich nichts vormachen. Traurig schüttelte sie den Kopf.

«In unseren Augen ist er ein furchtbarer Mensch, und du magst ihn doch auch nicht, Audra, da kannst du sagen, was du willst . . . unsere arme Gwenny, was hat sie nur getan?» Dann seufzte Mrs. Thornton tief, bevor sie auf einige Hochzeitsgäste zuging, die gerade angekommen waren.

Audras Blicke folgten ihr. Sie fühlte mit Mrs. Thornton, die immer so gut zu ihr gewesen war. Vincent gesellte sich zu ihr, und sie traten zum Büfett hinüber, an dem sie sich ein paar Sandwiches aussuchten und dann weitergingen. Ein paar Minuten später stieß Charlie zu ihnen und stellte ihnen seine Verlobte vor. Sie war ein zierliches Mädchen, das Rowena hieß und, wie Audra sofort erkannte, ein ähnlicher Typ war wie sie. Sie schmunzelte. Vielleicht stimmte es doch, daß Männer sich immer wieder in denselben Frauentyp verliebten. Aber sie war froh darüber, daß Charlie jemanden gefunden hatte, den er wirklich gern hatte. Denn es war ihm deutlich anzusehen, daß er über beide Ohren in Rowena verliebt war.

Nachdem alle miteinander bekannt gemacht waren, senkte Charlie die Stimme und sagte, Gwens Heirat sei ein schrecklicher Fehler. «Meine Eltern sind todtraurig darüber, und ich auch», vertraute er ihnen an. Dann nahmen er und Vincent den Doktor auseinander und entschieden einmütig, daß Gwen lieber den treuen, sympathischen Mike Lesley hätte heiraten sollen.

Warum müssen Leute immer so scheußlich auf Hochzeiten sein, fragte sich Audra plötzlich. Aber sie konnte darauf keine Antwort geben.

Gwens Hochzeit war der Höhepunkt des Frühlings und der ersten Sommermonate gewesen. Audra und Vincent machten weiter wie bisher, jeder ganz in sich selbst vertieft.

Audra war noch öfter allein, weil Vincent jetzt zwei oder drei Tage der Woche in York zubrachte. Varley baute den kleinen Anbau an Rowntrees Schokoladenfabrik, und Mr. Varley hatte Vincent mit diesem Projekt betraut. Aber weder Audra noch ihm machte seine Abwesenheit viel aus. Sie waren beide froh, daß er noch Arbeit hatte.

Immer mehr Männer wurden arbeitslos, und wenn Audra zum Calpher House ging, sah sie viele vor dem Arbeitsamt am Hill-Top stehen, und sie taten ihr herzlich leid. Sie sahen so hoffnungslos aus. Und sie dankte Gott, daß Vincent nicht zu ihnen gehörte.

Gegen Ende Juni waren die Bauarbeiten in York abgeschlossen, und Vincent arbeitete wieder in der Nähe und war immer zu Hause. Es war ein glühendheißer Samstagmorgen in den ersten Tagen des Julis, als Audra ihre ersten Wehen bekam. Vincent fuhr sie eilig mit Onkel Phils Auto zum St. Mary's Hospital, und mehrere Stunden danach kam ihr erstes Kind zur Welt. Es war ein Junge.

Sie hatten sich schon vor Wochen auf die Namen für ihn geeinigt. Er sollte Adrian Alfred getauft werden, nach den beiden Großvätern. Aber von Anfang an nannte Vincent ihn Alfie, und dies sollte sein Name bleiben.

Alle liebten Alfie.

Er war ein glückliches, lachendes und gutmütiges Baby mit

strahlendgrünen Augen, dunklem, seidigem Haar und einem Engelsgesicht. Er weinte fast nie und machte keine Probleme. Vincent und Audra schätzten sich äußerst glücklich. Der ganze Crowther-Clan verwöhnte und verhätschelte Alfie, besonders Eliza und Alfred, die in ihr erstes Enkelkind ganz vernarrt waren. Aber auch seine Tanten vergötterten ihn, und Audra wußte, daß ihr nie Babysitter fehlen würden, wann immer sie einen brauchen sollte.

Als die Monate vergingen, wurde Alfie nur noch niedlicher und glücklicher. Er gurgelte und lachte und strampelte viel, ob er nun in seinem Bettchen lag oder im Kinderwagen. Wenn Audra ihn die Town Street entlangfuhr, pflegten vollkommen Fremde sie anzuhalten, um verzückt das «schöne Kind» zu loben. Er war ein süßes Baby, das jeder gleich hochnehmen, an sich drücken und küssen wollte. Audra wachte bald achtsam darüber und versuchte, es zu verhindern, da sie Angst hatte, Alfie könne sich irgendwie anstecken.

Sie liebte ihr Kind leidenschaftlich. Manchmal hielt sie in ihrer Arbeit inne und ging in den kleinen Garten hinaus, um ihn anzuschauen. Und wenn sie in den Kinderwagen sah, war sie sicher, daß sein Gesicht bei ihrem Anblick aufleuchtete, daß etwas wie Erkennen in seinen lustigen grünen Augen lag, und das ließ ihr Herz höher schlagen. Sie hatte noch nie ein solches Glück verspürt, wie es ihr dieses winzige Menschlein gab.

Jeder erkannte sofort, daß Alfie im Aussehen Vincent nachkommen würde; seine lebhaften Farben waren genau die seines Vaters. Vincent liebte seinen Sohn ebenso wie Audra, und beide Eltern bemerkten, daß ihr kleiner Junge ungewöhnlich aufmerksam und intelligent war. Das zeigte er schon im Alter von nur sechs Monaten, und sie freuten sich sehr am kleinen Alfie und waren stolz auf ihn.

In gewisser Weise hatte das Kind sie wieder zusammengeführt.

Ihr Verhältnis hatte sich gebessert. Vincent war nun während der Woche mehr zu Hause, und wenn er Samstag abends ausging, begleitete Audra ihn oft. Das war vor allem Laurettes

Verdienst, deren Lebensumstände sich zum Besseren gewandelt hatten.

Vincent hatte erfolgreich den Kuppler gespielt.

Seine Lieblingsschwester und Mike Lesley waren nun ein Paar. Laurette lud Audra immerzu ein, und diese nahm freudig an. Die beiden Männer waren gern zusammen, und Vincent opferte freudig seine Samstagabende im Pub, um seine Frau mit dem anderen Paar auszuführen.

Die vier verband eine gemeinsame Liebe zur Musik, besonders zu den volkstümlichen Operetten von Sigmund Romberg und Victor Herbert. Da diese momentan der letzte Schrei waren, kamen regelmäßig Schauspielensembles aus London ans Grand Theatre von Leeds. Manchmal gingen sie zusammen tanzen oder sahen sich die neuesten Tonfilme an, aber was sie auch immer unternahmen, sie hatten meist viel Spaß dabei.

Im Sommer und Herbst des Jahres 1929 wurde dieses Quartett zu einer regelmäßigen Einrichtung, und sie freuten sich schon alle darauf, gemeinsam Weihnachten verleben zu können. Besonders Audra war außerordentlich glücklich in diesem Jahr. Plötzlich war ihre Ehe stabil, sie besaß eine eigene Familie, und in ihrem Zuhause herrschte Harmonie.

20

Langsam gingen Audra und Laurette in der einbrechenden Dämmerung des Januartages die Pot Lane entlang.

Es war die erste Woche des Jahres 1930. Der Anfang eines neuen Jahres und eines neuen Jahrzehnts.

Beide jungen Frauen waren gut gelaunt und glücklicher, als sie es seit Jahren gewesen waren. Trotz der sich verschlechternden Zustände in England, trotz der Weltwirtschaftskrise erschien ihnen die eigene Zukunft rosig – und endlich gesichert.

Audra war zufrieden mit ihrem Leben und mit Vincent. Und natürlich gab es Alfie, ihr süßes kleines Baby, das jeden Tag schöner wurde und die Freude ihres Lebens war. Vincent machte sich bei Varley weiterhin gut; er hatte eine Gehaltserhöhung erhalten, und sie waren endlich schuldenfrei. Noch nie war das Leben rosiger gewesen.

Und was Laurette anging, war sie voller überschäumender Begeisterung. Sie war sehr in Mike Lesley verliebt und er in sie, gestern abend hatten sie sich verlobt und wollten im Sommer heiraten.

Obwohl Mike immer noch in Leeds Medizin studierte, war sein unverheirateter Onkel kürzlich gestorben und hatte ihm eine kleine Erbschaft hinterlassen. Dieser unverhoffte warme Regen hatte ihre Heiratspläne beschleunigt, denn so war Mike in der Lage, eine Frau zu ernähren, bis er Ende des Jahres die Zulassung als Arzt erhalten würde. Laurette dachte nur noch an die Hochzeit, an ihre Aussteuer, daran, ein Haus in Upper Armley zu finden, wo sie wohnen wollten, und dem Mann, den sie so sehr liebte, ein gemütliches Zuhause zu schaffen.

Vorhin hatten die beiden jungen Frauen Laurettes Verlobung gefeiert.

Audra hatte darauf bestanden, ihre Schwägerin zu diesem feierlichen Anlaß zum Essen einzuladen. Da sie normalerweise immer zu Betty's Café in Leeds gingen, entschied Audra, heute einmal woanders hinzugehen. Es machte ihr Spaß, so richtig verschwenderisch zu sein. Es hatte sich schon allein wegen der freudigen Überraschung in Laurettes Gesicht gelohnt, als sie diese ins Turkish Delight hineinführte, das reizende, orientalisch anmutende Café bei Harte's.

Nach dem Essen waren sie in dem eleganten Kaufhaus herumgewandert und hatten ihr Lieblingsspiel gespielt, angebliches Einkaufen. Sie hatten sich die erlesenen Couture-Kleider und die Abendgarderobe im Modellraum angeschaut, hatten begeistert Fuchs-, Biber-, und Hermelinmäntel im Pelzsalon betrachtet, bei der Modistin schicke Hüte aufprobiert und sich am Parfümstand mit teuren französischen Düften übergossen. Sie hatten dieses harmlose kleine Phantasiespiel genossen, diese kurze Flucht aus ihrem Alltag.

Nachher waren sie zum Markt in Kirkgate gegangen, wie fast jeden Samstagnachmittag. «Mit einem Satz auf den Boden der Tatsachen zurück», sagte Laurette und lachte trocken, als sie zwischen den Marktständen hindurchgingen und nach günstigen Angeboten Ausschau hielten.

Audra hatte ebenfalls gelacht, als sie einen Blumenkohl hochhob und ihn kritisch betrachtete. Dann sagte sie leise: «Alle sehen uns an – vielmehr *schnüffeln* an uns. Wir müssen richtig *stinken*, nachdem wir uns mit soviel Parfüm besprüht haben.»

«Wahrscheinlich riechen wir wie ein chinesisches Bordell, wie unser Vincent sagen würde.»

Fröhlich kichernd wie zwei übermütige, unbeschwerte Schulmädchen, hatten sie sich durch die Menge gezwängt, ihre Einkäufe getätigt und den riesigen Markt mit schwerbeladenen Einkaufstaschen wieder verlassen.

Als sie jetzt die dunkler werdende Straße in Richtung auf Audras Haus entlangeilten, zitterten sie beide im eisigen

Wind, der sich erhoben hatte. Während der Woche hatte es viel geregnet, und der Wind trug den scharfen Geruch tropfnassen Laubs, feuchter Erde und modernder Blätter mit sich. Die Luft war klamm, und Nebel senkte sich herab, verhieß noch mehr Regen.

«Diese feuchten Blätter sind wirklich tückisch», rief Audra, «geh bloß vorsichtig, Laurette.»

«Ja, mach ich schon – und Audra, ich möchte mich bei dir für diesen schönen Tag bedanken. Es hat mir viel Spaß gemacht, besonders unser Lunch und das Herumbummeln bei Harte. Und nun freue ich mich auf eine gemütliche Tasse Tee. Plötzlich fühle ich mich fix und fertig.»

«Ja, ich bin auch ein bißchen müde», gestand Audra. «All diese Leute auf dem Markt – so voll war es noch nie.»

«Für heute habe ich genug von Menschenmengen ... ich bin ganz froh, daß wir heute abend nicht noch tanzen gehen, das würde ich nicht lange durchhalten.»

«Mir tun die Füße auch so weh», sagte Audra, als sie die Treppe zur Sackgasse herabstiegen.

Ehe sie noch das Ende des gefliesten Wegs erreicht hatten, ging die Tür von Nummer Achtunddreißig auf. Maggie stand im erleuchteten Viereck und schaute angestrengt in die dunkle Nacht hinaus. *«Audra? Laurette?»*

«Ja, wir sind's», sagte Audra und ging schneller. Da schwang ein eigenartiger Ton in der Stimme der Vierzehnjährigen mit, und in Audra leuchtete ein Warnsignal auf. «Ist alles in Ordnung?»

«Es geht um unsren Alfie», sagte Maggie ängstlich und machte die Tür weiter auf, trat beiseite, um sie hineinzulassen. «Es geht ihm nicht gut, Audra.»

Audra ließ ihre Einkaufstaschen auf den Fußboden fallen und lief durchs Zimmer, ohne erst den Mantel abzulegen. Sie beugte sich über die Korbwiege, die in einer Ecke der Küche stand, und schaute Alfie besorgt an.

Sie sah auf den ersten Blick, daß es dem Baby wirklich nicht gutging. Seine Augen waren glasig, er hatte offensichtlich Fieber. Sie streifte ihren Handschuh ab, streckte die Hand aus und berührte dann mit der Fingerspitze vorsichtig seine gerötete Wange. Sein kleines Gesicht glühte. Sie erschrak, aber es war nicht Audras Art, in Panik zu geraten. Außerdem war sie durch ihre Ausbildung als Krankenschwester, und weil Oberin Lennox so von ihren Fähigkeiten überzeugt war, ruhig und zuversichtlich, daß sie sich um ihr eigenes Kind kümmern konnte, wenn es krank war.

Sie richtete sich auf, zog ihren grauen Meltonmantel aus, warf ihn über einen Stuhl und eilte zum Spülstein hinüber, um sich die Hände zu waschen.

Dann sagte sie zu Laurette: «Hol mir doch bitte das Thermometer aus der Medikamentenschublade im Schrank neben der Speisekammer. Und dann räume bitte das Teegeschirr ab und lege ein sauberes Handtuch auf den Tisch. Ich möchte Alfie im Hellen untersuchen und ihn mit einem Schwamm abwaschen, ihn ein wenig abkühlen. Und könntest du mir auch sein Toilettenkörbchen bringen und seinen Waschlappen feucht machen, wo du gerade dabei bist, bitte?»

«Sofort.» Und Laurette eilte geschäftig in die Küche, um schnell Audras Wünsche zu erfüllen.

Nachdem Audra sich die Hände gewaschen und abgetrocknet hatte, spülte sie das Thermometer mit kaltem Wasser ab, legte es auf den Küchentisch und holte ihr Kind. Sie hob Alfie sorgsam aus der Korbwiege heraus und trug ihn zum Tisch, wo sie ihm Strickjacke, Strampelanzug und Hemd abstreifte und ihn von der Windel befreite. In all ihren Bewegungen lagen Vorsicht und Zärtlichkeit.

Dann maß sie Alfies Temperatur, sah zu Laurette empor und schüttelte den Kopf. «Er hat vierzig Fieber, aber das wundert mich gar nicht. Reiche mir doch bitte den Waschlappen, Laurette.»

«Und was meinst du, was er haben könnte?» fragte Laurette, die plötzlich ganz besorgt klang, als sie ihr Gesicht dicht an Audras schob.

«Ich weiß es nicht. Es könnte irgendeine der vielen Kinderkrankheiten sein – Masern, Windpocken, Scharlach. Aber ich kann gar keine Rötungen oder Flecke erkennen . . .» Sie beendete ihren Satz nicht und fuhr fort, seine dicken kleinen Beinchen und die rundlichen Füßchen abzuwaschen, danach puderte sie ihn. Und als sie ihn wieder anzog, sagte sie, ohne Laurette dabei anzusehen: «Aber er hat eine so *hohe* Temperatur. Ich überlege, ob ich ihm ein Mittel geben sollte? Aber – nein. Ich lasse lieber einen Arzt kommen.»

Laurette nickte. «Ja, das wäre wohl das beste.» Dann schaute sie zur Uhr. «Wenn Mike doch schon da wäre, könnte er Alfie untersuchen. Ich begreife gar nicht, wo Vincent und er bleiben.»

«Ich kann zu Doktor Stalkley laufen», bot sich Maggie an, wobei ihre Stimme schrill und ängstlich klang.

«Ja, mach das», sagte Audra leise, nahm Alfie hoch und trug ihn zur Korbwiege zurück. Dann wandte sie sich zu Maggie und sagte: «Aber vorher erzähle mir doch bitte alles, was du weißt. Wie sich Alfie heute nachmittag betragen hat, wann du gemerkt hast, daß es ihm nicht gutging, die Symptome, die dir aufgefallen sind, alles, was dir an ihm seltsam vorkam.»

Maggie war schon seit Stunden außer sich vor Sorge. Sie hatte Angst gehabt, mit Alfie zum Arzt zu gehen, weil sie seinen Zustand nicht verschlimmern wollte, und aus demselben Grund hatte sie es nicht gewagt, ihn allein zu lassen, um einen Arzt zu holen. Und nun war sie nicht nur nervös, sondern den Tränen nahe.

Mit bebender Stimme sagte sie: «Vincent und Mike sind so gegen eins zum Fußballspiel gegangen. Kurz danach fing unser Alfie an zu schreien. Er hörte gar nicht wieder auf und war quengelig. Das ist doch sonst nicht seine Art, er ist doch immer so lieb. Ich habe immer wieder nach ihm gesehen, Audra, ehrlich, um mich zu versichern, daß alles in Ordnung war. Aber seine Windeln waren trocken, und keine Nadel schaute heraus, die ihn hätte stören können. Dann später, so um drei, fiel mir auf, wie rot er wurde. Es war hier auch ziemlich heiß, und da hab ich ihn mit ins Wohnzimmer genommen, um ihn etwas abzukühlen. Wir saßen ein bißchen da. Ich schaukelte ihn auf meinem Schoß, sang ihm was vor, und da fing er plötzlich an zu brechen, und das sah so komisch aus, Audra . . .»

«*Wie* hat er sich erbrochen», unterbrach Audra sie und erstarrte.

«Kann ich nicht sagen, es ist so schwer zu beschreiben», jammerte Maggie und sah ihre Schwägerin an, die plötzlich so anders dreinschaute. Audras aufflackernde Angst hatte sich Maggie sofort mitgeteilt.

«*Versuche es.*»

Maggie schluckte und suchte nach den treffenden Worten.

Dann holte sie tief Luft und sagte: «Das Erbrochene kam ganz gerade aus ihm herausgeschossen. So, als ob ihm jemand einen Schlag ins Kreuz versetzt hätte. Und komischerweise mußte Alfie gar nicht würgen.»

Stoßhaftes Erbrechen, dachte Audra, und plötzliche Angst überkam sie. Das wollte Maggie sagen. O Gott. *Meningitis*. Es kann einfach nicht sein. Audra stand ganz still da. Sie mußte sich auf jeden Fall zusammennehmen, ruhig bleiben und einen klaren Kopf behalten. Um ihres Babys willen durfte sie es nicht zulassen, daß ihr Gefühl ihren Verstand und ihre Urteilskraft übermannte.

Sie schluckte ihre Angst herunter und wandte sich wieder Alfies Körbchen zu, schaute ihn an. Er sah teilnahmslos aus und war ebenso erhitzt wie vorher.

«Nun lauf schnell zum Doktor, Maggie», ordnete Audra an. «Sag Doktor Stalkley, daß Alfie krank ist und daß er sofort kommen soll.»

Maggie rannte durch die Küche und riß ihren Mantel vom Haken. «Und was glaubst du, was unser kleiner Alfie hat, Audra? Es ist doch nichts Ernstes, oder?»

«Ich bin mir nicht sicher, aber das hohe Fieber und das Erbrechen machen mir wirklich Sorgen.»

«Ich werde dem Doktor von beidem erzählen», sagte Maggie und drehte sich an der Tür noch einmal schnell um. «Und ich werde die ganze Strecke laufen, so schnell, wie ich nur kann.»

Sowie sie allein waren, fragte Laurette ängstlich: «Audra, was ist denn bloß? Du bist weiß wie die Wand geworden. Was ist denn bloß los mit Alfie? Du mußt doch irgendeine Vermutung haben.»

«Ich bin mir nicht sicher, wirklich nicht», erwiderte Audra, die sich bemühte, ruhig zu sprechen, und es nicht wagte, den Namen jener entsetzlichen Krankheit auszusprechen. Sie hatte zwei Kinder daran sterben sehen, als sie noch Schwester am Fever Hospital war, und ihr Leiden war schrecklich mitanzusehen gewesen.

Laurette erhob sich. «Also, du siehst gar nicht gut aus, und ich mache uns jetzt eine Kanne Tee.» Dann eilte sie zum Spülstein hinüber, um den Kessel zu füllen, froh darüber, etwas zu tun zu haben. Sie wünschte, Mike wäre hier. Seine Gegenwart war immer so beruhigend, und Audra vertraute seinem Urteil.

Diese richtete sich im Sessel etwas auf und dachte scharf nach. In der Vergangenheit hatte sie sich viel medizinisches Wissen angeeignet. Und plötzlich erstand vor ihrem geistigen Auge die Seite ihres Krankenhauslehrbuchs, auf der es um Meningitis ging. Sie saß da und starrte vor sich hin, konnte jedes Wort auf dieser Seite klar sehen, als hielte ihr jemand das Buch hin. *Meningitis: Akute Entzündung der Membranen des Gehirns und/oder des Rückenmarks. Auch «Fleckfieber» genannt, wegen der Unmenge Flecken, die die Haut in schweren Fällen bedecken. Symptome: Starke Kopfschmerzen, hohes Fieber, oft Versteifung von Hals und Rücken, auch Zuckungen und Krämpfe. Meist kommt schweres Erbrechen vor, stoßhaftes Erbrechen genannt, da das Erbrochene plötzlich weit herausgeschleudert wird; in schweren Fällen Flecken auf der Haut; Delirium, Koma.*

Wieder sprang Audra auf und lief zur Korbwiege hinüber. Auf der Suche nach den Symptomen glitt ihr Blick eilig über Alfie hin. Aber sie konnte nichts Ungewöhnliches entdecken. Das Kind war zwar immer noch erhitzt, aber es gab keine Anzeichen von Krämpfen, Zuckungen oder einer Versteifung des Halses. Und sicher hatte er keinen Hautausschlag gehabt, als sie ihn vor ein paar Minuten untersuchte.

Sie seufzte erleichtert. Natürlich ist es keine Meningitis, sagte sie sich. Wie könnte es auch? Alfie kriegt vielleicht nur eine Erkältung oder schlimmstenfalls eine Wintergrippe. *Aber sein hohes Fieber, wie erklärst du dir sein hohes Fieber?* fragte eine hartnäckige Stimme in ihrem Inneren.

Alfie begann zu schreien, und ihr Gedanke brach ab. Sie beugte sich über das Körbchen und streckte die Arme nach ihm aus.

«Schschsch, mein Herzchen, still, mein kleiner Liebling», murmelte sie und drückte ihn zärtlich an ihre Brust. Dann ließ sie die Hand über seinen dunklen Kopf und den kleinen Rücken gleiten und beruhigte ihn sanft. Sofort hörte Alfie auf zu schreien und schmiegte sich an sie. Audra ging mit ihm auf und ab, tröstete ihn, flüsterte ihm leise etwas ins Ohr, und es erfüllte sie eine so überwältigende Liebe zu ihrem Kind, daß sie glaubte, ihr müsse das Herz zerspringen.

Und sie fing an zu beten. *O Gott, bitte, laß meinem Baby nichts zustoßen. Beschütze meinen kleinen Alfie, halte deine Hand über ihn und mach, daß er wieder gesund wird*, flehte sie stumm. Und sie wiederholte diese Worte immer wieder, während sie darauf wartete, daß der Doktor kam.

21

Alfie starb.

Sein Tod war so unerwartet, kam so rasch, daß alle ungläubig und wie betäubt waren. Eben noch ein gesundes, stämmiges Baby, das in seinem Körbchen gegluckst und gelacht hatte, war er nun von ihnen gegangen.

An jenem schicksalhaften Samstagabend war Doktor Stalkley sofort ins Häuschen gekommen, kurz nach Vincent und Mike, die ein paar Minuten zuvor vom Fußballspiel zurückgekehrt waren.

Nachdem sie Alfie untersucht hatten, glaubten weder der Doktor noch Mike, daß er Meningitis hätte. Abgesehen von dem merkwürdigen Erbrechen am Nachmittag, das sich nicht wiederholt hatte, war das einzige Symptom dafür seine hohe Temperatur. «Das genügt noch nicht», hatte Doktor Stalkley gesagt. «Morgen früh komme ich wieder, aber behalten Sie ihn in der Zwischenzeit gut im Auge, Audra.» Dann ergriff er seine Arzttasche, schritt auf die Garderobe zu und gab Maggie einen Wink. «Na, meine Kleine», hatte der alte Schotte gesagt, «du kommst jetzt am besten mit mir in die Praxis, so daß ich dir etwas Medizin für den Kleinen mitgeben kann.»

Und weil der Doktor und Mike zuversichtlich waren, daß sich Alfie von seinem geheimnisvollen Leiden wieder erholen würde, schöpften Audra und Vincent Hoffnung. Sie folgten genauestens den Anweisungen des Arztes und wachten das ganze Wochenende hindurch über Alfie, ließen ihn keine Minute allein.

Audra hatte ihn oft abgewaschen, um ihm Kühle und Erfrischung zu verschaffen, sie hatte ihm zu den vorgeschriebenen Zeiten das fiebersenkende Medikament verabreicht und sich mit all der Sorgfalt einer gelernten Krankenschwester um ihn gekümmert. In all der Zeit hatte sie kaum ein Auge zugemacht.

Aber Audra war nicht nach Schlafen zumute. Für sie und Vincent gab es im Augenblick nichts Wichtigeres als Alfies Gesundheit. Am Sonntagabend war die gesamte Familie Crowther der Meinung, Alfie sei nun über den Höhepunkt seiner geheimnisvollen Krankheit hinweg. Seine Augen sahen nicht mehr so fiebrig aus, und jene Röte war von seinen runden Wangen verschwunden.

Aber am Montagmorgen, kurz vor Mittag, hatte das Kind einen Rückfall erlitten.

Audras schlimmste Befürchtungen hatten sich bewahrheitet.

Alfie hatte Zuckungen bekommen, und winzige Flecken, die wie knallrote Nadelstiche aussahen, hatten seine milchweiße Haut überzogen. Audra, die sich bemühte, die schreckliche Angst um ihr Kind zu unterdrücken, hatte ihn in mehrere Wolldecken gewickelt und war in die Arztpraxis gelaufen.

Doktor Stalkley hatte nur einen Blick auf Alfie geworfen und den Kopf geschüttelt. Nach einer schnellen Untersuchung hatte er dann Audra ins St. Mary's Hospital geschickt, das ganz in der Nähe lag. Er versprach ihr, nach Alfie zu sehen, sobald seine morgendliche Sprechstunde vorüber sei und er mit den Hausbesuchen in der Umgegend anfinge.

Während sie darauf wartete, daß man Alfie auf der Kinderstation aufnahm, hatte sie ihn in ihren Armen gewiegt, ihm leise etwas vorgesungen und ihre Tränen zurückgehalten. Es hatte ihr das Herz gebrochen, ihn dort zurücklassen zu müssen. Und sie hatte sich inbrünstig gewünscht, doch eine Schwester in St. Mary's zu sein, so daß sie sich um ihr geliebtes Kind selbst kümmern könnte.

Vier Tage später kehrte Alfie in einem kleinen Kiefernsarg zu ihnen zurück.

Gramgebeugt schleppte Vincent sich an jedes Fenster im Häuschen, zog die Vorhänge zu, damit bis zum Begräbnis kein Licht einfallen konnte. So war es Sitte im Norden.

Dann ging er hin, seine Frau zu trösten.

Audra war untröstlich.

«Warum konnte ich ihm nicht helfen?» fragte sie Vincent immer wieder, als sie am offenen Sarg stand, die Augen blind vor Tränen. «Oberin Lennox hat doch gesagt, ich sei eine hervorragende Krankenschwester», schluchzte sie, «warum konnte ich dann unser Baby nicht gesund machen?»

«Audra . . . *Audra, mein Liebling*, niemand hätte unserem armen kleinen Alfie helfen können. Es ist nicht deine Schuld, niemand ist daran schuld. Bei kleinen Babys verläuft Meningitis meist tödlich, hat mir Mike erzählt», sagte Vincent ruhig, «und das weißt du doch auch, Liebes.»

«Ich hätte ihn zu Hause behalten sollen, ihn selbst pflegen, ihn nicht Fremden überlassen sollen», weinte sie und hielt sich an Vincents Arm fest, blickte ihn leidenschaftlich an. «Wenn ich Alfie nicht ins Krankenhaus gelassen hätte, wäre er noch am Leben. Bestimmt, ich weiß es einfach!»

«Nein, Liebe, das stimmt nicht», sagte Vincent sanft, zog sie an sich und strich ihr das Haar aus dem erschöpften Gesicht. «Sie haben ihr Bestes getan im St. Mary's, und sie haben hart um Alfies Leben gerungen. Es sollte nun einmal nicht sein, Audra, Liebling.»

Vincent geleitete sie aus dem Wohnzimmer hinaus, in dem der Sarg stand, und führte sie in die Küche zurück. Dann nahm er sie in den Arm, versuchte sie zu trösten, und ihre Tränen durchweichten seine Hemdbrust. Gemeinsam trauerten sie um ihr Kind.

Eliza und Alfred kamen, um ihr totes Enkelkind noch einmal zu sehen, den Schmerz ihres Sohnes und ihrer Schwiegertochter zu teilen und ihnen, wo sie es vermochten, zu helfen.

Alfred, der ehemalige Hauptfeldwebel der Seaforth Highlanders, ein robuster und beherzter Soldat, brach zusammen und schluchzte vor aller Augen am Sarg. Er war von Alfies Anblick, sein Namensvetter, zutiefst gerührt. Im Tode war die Schönheit des Kindes noch bezwingender und wirkte in ihrer Wachshaftigkeit vollkommen. Alfie sah aus, als schliefe er bloß. Aber als Alfred sich über ihn beugte und die zarte Wange küßte, drang ihm deren ungeheure Kälte wie ein Messer durch die Brust, und er griff nach Elizas Arm. Sie bemühte sich, ihn zu trösten, war sie auch selbst ganz niedergeschmettert vor Kummer.

Kurz darauf traten sie zu Vincent und Audra in die Küche. Alfred sah wie betäubt um sich und fragte mit bebender Stimme: «*Warum*? Warum hat man das Leben unseres kleinen Alfie ausgelöscht? Er war doch erst ein Baby, nichts als die reine Freude . . . sagt mir doch, warum man ihn so grausam von uns genommen hat?»

Aber niemand vermochte Alfred zu antworten.

22

Es war ein goldener Tag gegen Ende Oktober, einer dieser wunderschönen Altweibersommertage, die so oft im Herbst aufleuchten, ehe der rauhe Winter einsetzt. Der Himmel war blau wie Ehrenpreis und schimmerte im Sonnenlicht, es wehte eine leichte, beinahe warme Brise.

Was für ein schöner Nachmittag, dachte Vincent und sah empor, den strahlenden Tag genießend. Hoffentlich hält es bis zum Wochenende. Er bog in der Town Street ab und beschleunigte seinen Schritt, als er die Kirchenglocke drei Uhr schlagen hörte. Hastig ging er die Ridge Road entlang zum Büro von H. E. Varley und Sohn, Bauunternehmer. Er wollte keinesfalls zu seiner Verabredung mit Mr. Fred Varley zu spät kommen.

Es war der Donnerstag einer außergewöhnlich anstrengenden Woche. Er hatte seine Leute unnachgiebig angetrieben, damit sie die Lagerhalle fertigbekamen, die sie an Pinfolds Wollspinnerei anbauten. Morgen mittag würde es vollbracht sein. Zweifelsohne war das der Grund, warum Mr. Varley ihn zu sehen wünschte – um ihm zu gratulieren; und es würde bestimmt eine schöne Gratifikation für ihn und seine Kolonne geben.

Bei dem Gedanken an das zusätzliche Geld fing Vincent an zu pfeifen und schritt schwungvoll daher. Dann legte er die Hand an die Mütze, lächelte und nickte, als er der Frau des Vikars in der Nähe des Pfarrhauses von Christ Church begegnete. Wenige Sekunden später betrat er das Büro des Bauunternehmers und begrüßte Maureen, die Sekretärin von Mr. Varley.

«Hallo, Kleine», sagte er, nahm seine Mütze ab und strahlte sie an. «Mr. Varley hat mich rufen lassen.»

«Hallo, Vincent», erwiderte Maureen und machte eine Kopfbewegung zur Tür hin. «Sie können hineingehen, er wartet schon auf Sie.»

Mr. Varley telefonierte gerade, aber als Vincent im Türrahmen erschien, verabschiedete er sich sofort, hängte ein und winkte Vincent, er solle eintreten.

«Da sind Sie ja, mein Junge, kommen Sie doch bitte herein, setzen Sie sich.»

«Danke, Mr. Varley.» Vincent ließ sich auf dem Stuhl gegenüber des Schreibtisches nieder. «Dieser Auftrag für Pinfold wird morgen mittag beendet sein», sagte er, «die Männer haben wirklich gut gearbeitet, Mr. Varley. Ich weiß, daß Sie zufrieden sein werden, wenn Sie die Lagerhalle sehen. Es ist wirklich solide gebaut, auch wenn ich das sage.»

«Davon bin ich überzeugt, mein Junge. Sie sind ja ein guter Arbeiter und ein guter Vorarbeiter, im Grunde der beste, den ich je hatte.» Fred Varley räusperte sich. «Deshalb fällt es mir auch so schwer, Ihnen das jetzt zu sagen . . . leider habe ich sehr schlechte Nachrichten für Sie, Vincent. Ich werde den Laden dichtmachen müssen.»

Vincent starrte ihn an, begriff im ersten Augenblick gar nichts. «Dichtmachen?» sagte er dann schnell und zog die Augenbrauen hoch. «Die Firma *dichtmachen*?»

«Ja, mein Junge – morgen schon.»

«O Gott!» Vincent war entsetzt. «Ich verstehe das nicht», fing er an und brach dann seinen Satz ab, als ihm die Reichweite des Ganzen aufzugehen begann.

«Ich muß Konkurs anmelden, mir bleibt gar nichts anderes übrig», sagte Varley.

«Aber warum denn? Wir hatten in den letzten Monaten doch eine Menge guter Aufträge . . .»

«Weiß ich, weiß ich, mein Junge», fiel ihm Mr. Varley ins Wort. «Aber einige dieser Gauner haben noch nicht gezahlt, und ich habe nicht die geringste Ahnung, wann sie es tun werden. Seit einer Ewigkeit arbeite ich mit Krediten, Vincent, und ich stehe bei der Bank so in der Kreide, daß ich mich nicht traue, noch mehr zu borgen – sie würden es mir wohl auch nicht geben, denke ich, wo ich so in Hypotheken schwimme.» Traurig schüttelte er den Kopf und sagte abschließend: «Es gibt keinen anderen Ausweg, ich muß einen Schlußstrich unter meine Verluste ziehen. Und das kann man nur auf eine Weise ... *den Laden dichtmachen.*»

«Verstehe, wie Sie's meinen», murmelte Vincent und sah besorgt über den Schreibtisch hinweg seinen Chef an. Er dachte nicht nur an sich, sondern auch an all die anderen Männer, die nun morgen arbeitslos werden würden. Außer Billie Johnson, dem Gehilfen des Klempners, waren alle verheiratet.

«Natürlich werde ich das den Jungens persönlich sagen. Morgen. Das würde ich nicht Ihnen überlassen, mich sozusagen vor meiner Verantwortung drücken. Ich werde die Gehälter dieser Woche noch auszahlen können, aber das ist auch alles. Keine Abfindungen, keine Gratifikationen, nichts von alledem.» Dann setzte Fred Varley noch hinzu: «Und wenn Sie morgen Ihre Karte bekommen, Vincent, würde ich gleich zur Unterstützung gehen und mich eintragen. So schnell das Stempelgeld abholen wie möglich.»

Vincent nickte finster.

«Hoffentlich kann ich bald Ordnung in dies Durcheinander bringen», bemerkte Mr. Varley und stand auf, offensichtlich wollte er diese heikle Unterredung jetzt beenden. «Und es wird sich sicher bald alles wieder einrenken in diesem Land. Die Wirtschaftskrise kann ja nicht ewig dauern. Dann will ich von vorn anfangen, wissen Sie, das wird gar nicht mehr lange dauern. Was ich damit sagen will, ist folgendes: Wenn ich das Geschäft wiedereröffne, wird auch für Sie ein Job dabei sein, Vincent. Ich hoffe, Sie kommen dann zu mir zurück.»

Nun erhob Vincent sich ebenfalls. «Danke, Mr. Varley, das würde ich gern. Sie sind immer sehr anständig zu mir gewesen, sehr fair. Und es tut mir leid, daß Ihr Unternehmen pleite ist.»

«Ja, mein Junge, mir geht's ebenso. Und es tut mir doppelt leid um Sie und die anderen Männer. Ich weiß, wie hart es jetzt für euch alle sein wird.»

«Also dann bis morgen, Mr. Varley, auf Wiedersehen.»

«Auf Wiedersehen, mein Junge.»

23

Vincent Crowther saß auf dem Sportplatz hinter dem Park an der Moorfield Road und rauchte eine Woodbine.

Er nahm den wunderschönen Spätsommernachmittag gar nicht mehr wahr, und all seine frühere Unbekümmertheit war wie weggewischt. Voller Sorge dachte er darüber nach, wie er nun seinen Lebensunterhalt verdienen sollte, um sich und Audra zu ernähren.

Erst gestern hatte er in der *Yorkshire Post* gelesen, daß in England eine Million neunhunderttausend Menschen arbeitslos waren. Und noch einer mehr, murmelte er vor sich hin, nun, wo es mich auch erwischt hat. Die Vorstellung, stempeln gehen zu müssen, stieß ihn ab. Aber ihm würde nichts anderes übrigbleiben, bis es ihm gelang, eine neue Anstellung zu finden.

Er fühlte sich, als hätte man ihm einen Tritt in den Magen versetzt. Vor zwanzig Minuten war er in den kleinen Park gegangen, um sich aus seiner Betäubung zu lösen und wieder Herr seiner Sinne zu werden, ehe er nach Hause ging. Aber er war immer noch fassungslos und etwas schwindelig. Er hatte immer gedacht, Fred Varley sei gerissen und erfolgreich, und hatte nie damit gerechnet, daß die Firma in Konkurs gehen könnte, daß ausgerechnet Fred Varley abrutschen würde. Aber das zeigt nur wieder, daß man eben nie wissen kann, dachte er.

Vincent hatte nicht die geringste Ahnung, wo er nun nach Arbeit suchen sollte – es gab einfach keine freien Stellen. Und er wußte ebensowenig, wie er Audra diese schreckliche Neuigkeit beibringen sollte.

Was für ein Schlag wird es für sie sein, dachte er, gerade, wo sie sich nach Alfies Tod wieder etwas erholt hat. Er seufzte laut und nahm einen langen, beruhigenden Zug von seiner Zigarette. Dann hielt er diese plötzlich etwas von sich fort, betrachtete sie stirnrunzelnd und fragte sich, wie lange er sich wohl noch seine Woodbines würde leisten können. Und sein Halbes. Und eine Wette auf die Klepper am Sonntagnachmittag. Eine finstere Stimmung überkam ihn. Die Aussichten waren trist. Verdammt trist.

Er wischte sich die Stirn, schloß die Augen und dachte an das Geld, das er in der Yorkshire Penny Bank liegen hatte. Nicht gerade viel. Seine Ersparnisse würden sie höchstens einen Monat lang über Wasser halten. Und was er an Stempelgeld zu erwarten hatte, wäre ungefähr ein Pfund die Woche für sie beide, vielleicht noch einen oder zwei Schillinge dazu. Augenscheinlich müßte er alles daransetzen, eine Stelle zu finden, ganz egal, was für eine oder wo. Er würde auch in den anderen Stadtteilen von Leeds suchen müssen – in Bramley, Stanningley oder Wortley – oder sogar noch weiter, bis nach Pudsey und Farsley.

«Na, wenn das kein eleganter Müßiggänger ist! Ich wünschte, ich hätte die Zeit, auf einer Parkbank am Sportplatz zu sitzen und mir faul den Nachmittag zu vertreiben – dazu noch mitten in der Woche!»

Vincent erkannte die tiefe, männliche Stimme seines Freundes und Schwagers und machte die Augen auf, schaute in Mike Lesleys freundliches, warmherziges Gesicht. «Ja, genau das bin ich jetzt, Mike», sagte er und lachte schwach, «ein eleganter Müßiggänger . . . seit ungefähr einer halben Stunde. Ja, ich bin zum Heer der Arbeitslosen gestoßen, wie all meine Kumpel und die Hälfte dieses geprüften Landes.»

Mike ließ sich schwerfällig nieder und sah seinen Freund stirnrunzelnd an. «Ich weiß, daß du keine Späße machst, Vince. Ich weiß, daß du über so was Ernstes niemals Witze machen würdest, aber was ist denn passiert? Ich dachte, Varley sei die eine Baufirma in der Gegend, der es gutginge.»

«Das habe ich auch gedacht – das haben *alle* gedacht. Aber der alte Varley hat's mir gerade selbst gesagt, vor einer halben Stunde. Er meldet Konkurs an.»

Mike schüttelte langsam den Kopf, schaute plötzlich ganz niedergeschlagen drein. «Es ist wirklich furchtbar im Moment. Ich habe von drei anderen Firmen gehört, die im letzten Monat pleite gegangen sind, und Gott weiß, wo das alles noch enden soll. Aber vergiß nicht, Vincent, du bist ein gut ausgebildeter Mann, du wirst doch bestimmt bald etwas Neues finden . . .»

«Nicht sehr wahrscheinlich», unterbrach ihn Vincent. «Auch Mr. Varley hat die Schrift an der Wand gesehen. Er sagte mir, ich solle mich sofort beim Arbeitsamt melden.»

Mike schwieg. Er verschwand noch tiefer in seinem Tweedmantel, und in seinen mitfühlenden, haselnußbraunen Augen stand die Sorge um seinen besten Freund geschrieben. Er fragte sich, ob er Vincent irgendwie helfen könnte, einen Job zu finden. Er glaubte es nicht.

Ein kurzes Schweigen trat zwischen die beiden jungen Männer, die sich sofort sympathisch gewesen waren. Und in den letzten Jahren war ihr Verhältnis nur noch enger geworden. Mike war jünger als Vincent, hatte aber viel Verständnis für Menschen. Wenn es jemanden gab, der diesen ungewöhnlich vielschichtigen Mann Vincent Crowther verstehen konnte, dann war das Mike Lesley.

Plötzlich sagte Vincent: «Und wie soll ich es bloß Audra sagen, daß ich meine Stellung verloren habe?»

«Du sagst es ihr genauso, wie du es mir gesagt hast – ganz direkt», antwortete Mike.

«Aber sie wird sich aufregen, und das ist noch milde ausgedrückt . . . ich könnte es nicht ertragen, wenn sie wieder in diese schrecklichen Depressionen zurückfiele. Wenn ich an den Frühling denke, als sie so krank war nach Alfies Tod, dann läuft mir ein kalter Schauer über den Rücken, Mike. Audra war so merkwürdig, sie war wie eine Fremde für mich.»

«Ja, es ging ihr wirklich sehr schlecht», räumte Mike ein. «Aber viele Frauen reagieren so, wenn sie ein Kind verlieren, besonders, wenn es das erste ist. Sie sind eine Zeitlang ganz verrückt. Ihr Verlust war schrecklich, und sie hat auch schon so viele andere Verluste in ihrem Leben erlitten.»

«Ja, das ist wahr. Die arme Audra.»

«Weißt du was, Vincent, ich setze ganz auf deine Frau. Sie hat mehr Courage in ihrem kleinen Finger als die meisten Leute im ganzen Körper. Sie ist eine Kämpfernatur, voller Mumm und Entschlußkraft. Ich bin sicher, daß deine Frau diese Nachricht hinnehmen wird, ohne mit der Wimper zu zucken.»

«Ich bete darum, daß du recht hast, Mike», sagte Vincent und erhob sich von der Parkbank. «Es hat wirklich keinen Sinn, das Ganze aufzuschieben. Ich werde nach Hause gehen und es ihr sagen.»

«Das solltest du.» Mike stand ebenfalls auf, und sie gingen gemeinsam über den Sportplatz.

«Willst du immer noch zu der Veranstaltung Samstag abend?»

«Natürlich!» rief Vincent. «Ich wüßte nicht, warum wir unsere Pläne ändern sollten. Schließlich haben sich Audra und Laurette schon lange darauf gefreut. Ich möchte sie nicht enttäuschen.»

«Nein, ich auch nicht», pflichtete Mike ihm bei.

Sowie er das Häuschen in der Pot Lane betrat, wußte Vincent, daß irgend etwas passiert war – etwas Besonderes.

Auf dem Grammophon im Wohnzimmer lag eine Platte, und die Klänge eines Gilbert-and-Sullivan-Liedes aus *Mikado* erfüllten das Haus. Mitten auf dem Tisch, der zum Abendessen gedeckt war mit einer Spitzendecke und ihrem besten Porzellan, stand eine Vase mit gelben und bronzefarbenen Chrysanthemen. Vincent überlegte, ob wohl jemand eingeladen war, sah aber sofort, daß nur für zwei Personen gedeckt war. Nun schaute Vincent sich noch interessierter in der Wohnküche um und erspähte eine Flasche Rotwein auf dem Kaminvorsprung. Ihm wurde der Mund wäßrig, als er den schwachen Duft seines bevorzugten Lammschmortopfs erkannte, der aus der Ofentür drang, die nur leicht angelehnt war. Er schob die Lippen vor und fragte sich ganz neugierig, was los war.

Er hatte gerade seinen Mantel ausgezogen und seine Mütze an die Garderobe gehängt, als sich die Tür zur Treppe öffnete und Audra in die Küche kam. Sie trug eine hübsche, ritterspornblaue Bluse, die zu ihren Augen paßte, und einen dunklen Rock – und lächelte so strahlend, wie er es schon eine Ewigkeit nicht mehr gesehen hatte.

«Du siehst sehr hübsch aus, Liebes», sagte er und betrachtete sie anerkennend, ein leichtes Lächeln im Gesicht. Er machte eine Handbewegung, die den Raum umschloß. «Was feiern wir denn? Ist dir ein unverhoffter Glücksfall zugestoßen?»

«Zwei Glücksfälle sogar . . .» Sie beendete ihren Satz nicht und lief auf ihn zu, um ihn auf die Wange zu küssen. Dann trat sie etwas von ihm zurück, lächelte ihn seltsam, fast selbstgefällig an und führte ihn am Arm zum Kamin. Dort nahm sie einen Briefumschlag vom Sims und schwenkte ihn vor seinen Augen. «Zum einen dies! Es ist ein Brief von der Anwaltssozietät in Ripon, du weißt schon – die mir im Juni geschrieben hatte, um mir mitzuteilen, daß Großtante Frances Reynolds gestorben sei und daß sie mir etwas in ihrem Testament hinterlassen hätte. Und du dachtest, es sei noch ein Stück Silbergeschirr oder diese chinesische Teekanne, die ich immer so bewundert habe, aber es ist keins von beiden. Es sind *fünfzig Pfund*, Vincent! War das nicht unglaublich nett von ihr?»

«Ja, Mädchen, das kann man wohl sagen», erwiderte er lachend bei dem Gedanken, daß Audras kleine Erbschaft zu keinem passenderen Zeitpunkt hätte kommen können. Er wollte das gerade sagen, ihr erzählen, daß er seine Stellung verloren hatte, sich dieser unangenehmen Aufgabe entledigen, als sie ihn daran hinderte. Sie warf sich ihm in die Arme und drückte ihn so fest, daß er ganz erstaunt war.

Aber er erwiderte ihre Umarmung und sah eindringlich in ihr Gesicht hinab.

Er sah, daß es voller Lachen war, ihre blauen Augen heller denn je strahlten und überhaupt etwas Leuchtendes von ihr ausging. «Was ist denn, Audra? Du siehst aus wie die Katze, die sich den Goldfisch geangelt hat. Überglücklich siehst du aus, mein Mädel!»

«Ja, das bin ich auch, Vincent. Ich bin heute morgen zu Doktor Stalkley gegangen, und er hat es mir bestätigt. Ich bin im zweiten Monat schwanger; wir werden ein Baby haben ... im Mai.»

Es war Vincent, als überschlüge sich sein Herz vor Freude. Er hatte gebetet, daß sie schwanger würde. Ein Kind könnte die schreckliche Lücke füllen, die Alfie hinterlassen hatte, für beide, nicht nur für sie. Seine Trauer war ebenso tief gewesen wie ihre, und er dachte immer noch voller Kummer an seinen Sohn.

Vincent zog Audra an sich, drückte ihren Kopf an seine Brust und streichelte den Scheitel ihres glänzenden Haares. «Du hättest mir nichts Schöneres berichten können, mein Liebling», sagte er. «Schon seit Monaten habe ich darauf gehofft. Kein Wunder, daß du so glücklich bist ... ich bin es auch.»

«Das wußte ich, Vincent.»

Anstelle einer Antwort schlang er seinen Arm noch enger um sie. Und er beschloß, ihnen nicht den schönen Abend zu verderben, den sie vorbereitet hatte, indem er ihr seine schlechte Nachricht überbrachte. Er würde ihr morgen erzählen, daß Varley in Konkurs ging. Das war früh genug.

Und zu seinem großen Erstaunen war er plötzlich optimistisch, was die Arbeitssuche anging. Das Baby war ein gutes Omen.

24

»Oh Audra, welch ein schönes kleines Mädchen!« rief Gwen mit strahlendem Gesicht, als sie sich über das Krankenhausbett beugte, um den neugeborenen Säugling in Audras Armen anzuschauen. «Sie ist einfach vollkommen.»

«Danke, Gwen, ich finde das zwar auch, aber da ich die Mutter bin, ist das wohl nur natürlich.» Audra lächelte zu ihrer Freundin empor, die ganz unerwartet im St. Mary's Hospital hereingeschaut hatte. Dann fiel ihr Blick auf den Nachttisch mit dem üppigen Strauß, den Gwen dort einen Augenblick zuvor hingelegt hatte. «Und danke für die Blumen, sie sind bezaubernd.»

«Na, du hast ja immer schon gelbe Rosen gemocht, Schätzchen. Und da ist auch noch etwas . . .» Gwen legte ein Päckchen auf das Bett. «Es ist für . . .» Sie brach ab, sah dann zum Baby hin und lachte. «Du hast mir noch nicht ihren Namen gesagt.»

«Du meine Güte, ich bin aber auch dumm. Wir werden sie Christina nennen. Gefällt dir der Name?»

«O ja, sehr.» Dann ließ sie sich neben dem Bett nieder, beugte sich vor und berührte das Geschenk. «Soll ich es für dich . . . und für Christina öffnen?»

Audra lachte. «Bitte, gern.»

«Hoffentlich gefällt es dir auch», murmelte Gwen, als sie die Schleife vom Geschenkkarton löste und den Deckel hochnahm. Dann nahm sie ein muschelrosa Kleidchen heraus, das auf der Brust gesmokt war, und hob es hoch, so daß Audra das Geschenk sehen konnte. «Es ist aus Seide und handgenäht.» Erwartungsvoll blickte sie Audra an.

«Gwen, das ist ja wunderschön, wie ich mich freue! Christina wird so hübsch darin aussehen, aber du bist wirklich verschwenderisch.» Audra beugte sich vor und drückte Gwens Hand.

Gwen strahlte vor Freude. Sie lehnte sich in ihrem Stuhl zurück und sah Audra nachdenklich an. «Ich muß schon sagen, du siehst gut aus. Viel besser als nach der Geburt von Alfie . . .» Sie brach verunsichert ab, da sie seinen Namen ausgesprochen hatte und sah ganz unglücklich aus. «Oh, es tut mir so leid . . .»

«Sei nicht albern, Gwenny, wir können doch gar nicht umhin, ab und zu Alfies Namen zu erwähnen, es regt mich auch nicht auf, wirklich nicht.» Audra lächelte ihr aufmunternd zu. «Ich habe mich jetzt von seinem Tod erholt, mein Kummer hat nachgelassen. Es tut nicht mehr weh. Natürlich werde ich Alfie nie vergessen und werde ihn immer lieben, aber ich habe ja jetzt Christina.»

Audra sah zu dem Kind in ihren Armen hinab und lächelte, dann sah sie wieder zu Gwen. «Ich fühle mich wirklich bestens. Es war eine leichte Geburt, wie es auch eine leichte Schwangerschaft war. Komisch, daß es mir so schlechtging bei Alfie. Aber ich wußte kaum, daß ich Christina trug, und die Entbindung war vorüber, ehe ich auch nur mit den Augen zwinkern konnte – jedenfalls beinahe.»

Gwen nickte mit ihrem modisch frisierten blonden Kopf. «Es ist wohl häufig so.» Fast geistesabwesend sah sie aus dem Fenster, und ein sehnsüchtiger Ausdruck ging über ihr Gesicht. «Du hast Glück . . . ich wünschte, ich könnte schwanger werden.»

«Wirst du bestimmt, laß dir doch Zeit.»

«Zeit!» Gwen lachte leise. «Wir haben jetzt 1931. Ich bin inzwischen schon zwei Jahre und einen Monat verheiratet.» Dann zuckte sie flüchtig mit den Achseln. «Aber Geoffrey sagt auch, ich sei zu sehr darauf versessen, zu angespannt, und ich müßte den Gedanken an ein Kind leichter nehmen.»

«Vielleicht hat er recht. Schließlich ist er Arzt. Und wie geht es ihm?»

«Gut, sehr gut.» Gwen sprang unvermittelt auf. «Die

Schwestern auf dieser Station sind aber nicht besonders pflichtbewußt. Diese Rosen sind halb verwelkt, ehe eine von ihnen auf die Idee kommt, eine Vase zu bringen.» Sie griff nach dem Blumenstrauß. «Ich werde sie mal eben in Wasser stellen . . . bin gleich wieder zurück.»

Audras Blick folgte Gwen, wie diese den Gang entlangschritt. Die Freundin hatte sich in den letzten beiden Jahren sehr verändert, wie Audra es schon vorhergesehen hatte. *Er* hatte sie geändert . . . ihre Kleidung, die Art, zu sprechen und sich zu bewegen, und vielleicht auch ihre Gedanken. Seit dem letzten Mal, da sie sich getroffen hatten, war sie erneut gewandelt. Etwas Merkwürdiges ging heute von Gwen aus, etwas, das Audra nicht genau festmachen konnte. Sie sahen einander inzwischen sehr unregelmäßig, da ihre Freundschaft sich auseinanderentwickelt hatte, nachdem sie beide verheiratet waren. Und so konnte Audra die geringste Veränderung an Gwen bemerken, wenn sie einander trafen. Sie war eine gute Beobachterin. Es hat irgend etwas mit ihrem Aussehen zu tun, dachte Audra jetzt stirnrunzelnd. War es ihre Kleidung? Die schwarze Jacke und das schwarze Leinenkleid wirkten ziemlich streng, so ohne jeden Schmuck. Und die dunkle Farbe zog alles Leben aus ihrem Gesicht. Aber nein, ihre Kleidung war nicht der Grund.

Ratlos ließ Audra ihren Blick auf Gwen ruhen, als diese mit der Rosenvase in der Hand ans Bett trat. Als sie näherkam, wußte Audra plötzlich, was heute so anders an ihrer Freundin war. *Aller Glanz in ihren Augen ist verlöscht.* Sie ist nicht mehr glücklich mit ihm, dachte Audra, falls sie es überhaupt jemals gewesen ist. Deshalb möchte sie nicht über ihn sprechen, deshalb ist sie aufgesprungen und fortgegangen, um die Rosen in Wasser zu stellen. O die arme Gwenny, sie hat so viele Hoffnungen auf diese Ehe gesetzt, sich ein wundervolles Leben an Geoffreys Seite ausgemalt, und ich bin sicher, es ist die reine Hölle.

«Danke», murmelte Audra, als Gwen die Vase auf das Nachttischchen stellte. Verstohlen musterte sie Gwen weiter. Diese hübschen, blaßblauen Augen waren traurig, und die

Freundin hatte den Mund etwas herabgezogen, ganz untypisch für sie.

Gwen unterbrach ihre Gedanken mit den Worten: «Das will ich dir nur sagen, ich habe der jungen Schwester mächtig Bescheid gegeben.»

«Das kann ich mir lebhaft vorstellen ... so ist es eben, Gwenny: Wenn man wieder auf der Station ist, will man alles in die Hand nehmen ... alte Gewohnheiten sind zäh, nicht?»

«Sicherlich.» Gwen nahm wieder Platz. «Wo wir gerade von der Krankenpflege sprechen – wirst du wieder für diese Frau in The Towers arbeiten, wenn du aus dem Krankenhaus kommst?»

«Du meinst Mrs. Jarvis ... ja, das habe ich ihr ja *versprochen*, und ich kann sie nicht sitzenlassen. Es geht ihr gar nicht gut, und außerdem brauchen wir das Geld.»

Gwen schaute mitfühlend drein und sagte: «Es muß schrecklich für dich sein, daß Vincent *immer noch* keine Arbeit hat.»

«Na ja, für ihn ist es schlimmer», erwiderte Audra leise, die aus Gwens Bemerkung Kritik heraushörte, und sah ihre Freundin aufmerksam an. «Daß er keine Arbeit finden kann, ist sehr deprimierend für ihn, das kannst du dir bestimmt vorstellen. Vincent ist kein Bummler oder Faulpelz, weißt du, und ...»

«Davon habe ich doch auch gar nichts gesagt!» rief Gwen und errötete leicht.

Audra beachtete diesen Einwurf nicht und redete betont ruhig weiter. «Heute nachmittag ist er wieder unterwegs und klappert die Gegend ab. Er ist sehr gewissenhaft und geht jedem Hinweis nach.»

«Das muß ihn doch jetzt ein bißchen ärgern», sagte Gwen leise. «Ich meine, weil er doch immer so dagegen war, daß du arbeitest.»

«Ja, und ich glaube nicht, daß er seine Meinung geändert hat – nein, hat er nicht. Aber so muß es jetzt eben sein.»

«Das weiß ich, Schätzchen. Als wir uns das letzte Mal sahen – im März, glaube ich –, erzähltest du mir, daß euer William geschrieben und euch vorgeschlagen hat, zu ihm nach Australien zu kommen. Ist daraus irgend etwas geworden?»

«Nein, und ich habe es auch nie erwartet. Vincent hat vielleicht mit der Idee auszuwandern gespielt, aber er kann England nicht verlassen, Gwen. Natürlich schimpft er über die Krise, über die Zustände momentan, und benutzt Regierung und Politikern gegenüber die scheußlichsten Schimpfworte, aber trotzdem liebt er sein Land.»

Audra schüttelte den Kopf. «Nein, er würde seine Mutter und seinen Vater und den Rest der Familie niemals verlassen – du weißt ja, wie sehr sie zusammenhalten, die Crowthers. Und es gab noch einen anderen Grund. Ich wollte auch nicht fahren. Natürlich würde ich gern William und Frederick wiedersehen, aber ich glaube nicht, daß ich in Australien leben möchte. Nicht mehr. Es ist so weit weg.»

Gwen verzog das Gesicht. «Ja, ich weiß, was du meinst – es kommt einem vor wie das Ende der Welt.» Dann fächelte sie sich mit der Hand Luft zu und rief: «Huh, ist das hier plötzlich eine Hitze – aber es ist ohnehin warm für die Jahreszeit, findest du nicht?» Sie streifte ihre Jacke ab und hängte sie über die Stuhllehne. «Hast du mir nicht erzählt, daß euer Frederick sich verlobt hat? Ist er schon verheiratet?»

Audra antwortete nicht.

Gwen schaute sie neugierig an. «Was ist denn los? Warum starrst du mich so an?»

«Was um Himmels willen hast du denn bloß mit deinem Arm gemacht?» fragte Audra, außerstande wegzugucken. Gwens schulterfreies Kleid gab den Blick auf einen stark angeschwollenen und mit dunklen, abheilenden Blutergüssen bedeckten Arm frei.

Gwen lachte kurz und verlegen. «Sieht es nicht scheußlich aus? Ich bin vor ein paar Tagen die Kellertreppe hinuntergefallen. Geoffrey war richtig wütend, daß ich so was Ungeschicktes tun konnte. Wir mußten noch zu einem Tanz an jenem Abend, und ich konnte mein neues Kleid mit den kurzen Puffärmeln nicht anziehen, wofür ich doch soviel ausgegeben hatte im Modellsalon bei Harte's. Geoffrey meinte, ich hätte mich umbringen können, und er war ganz aufgebracht, daß ich überhaupt in die Nähe der Kellertreppe gegangen bin.» Sie lachte ein wenig nervös.

«Das wundert mich nicht, daß er böse war, du hättest wirklich zu Tode fallen können. Ich erinnere mich noch, wie steil die Kellertreppe bei euch ist – das ist mir schon bei meinem ersten Besuch aufgefallen. Du mußt wirklich vorsichtiger sein», ermahnte Audra sie.

«Ja, ich weiß.» Gwen erhob sich, wirkte mit einem Mal rastlos, und trat ans Fenster. «Da kommen ja Mike und Laurette, zusammen mit Vincent. Ich sollte wohl besser gehen.»

«Aber sie würden dich alle gern sehen und dich begrüßen.»

Gwen druckste herum und gestand: «Also ich möchte Mike nicht gern begegnen, um ganz ehrlich zu sein.»

«Aber das ist doch albern. Ihr seid inzwischen beide verheiratet, da brauchst du dich doch nicht mehr zu scheuen.»

«Schon gut, aber sie gehören zu deiner Familie, und ich wäre bloß im Weg. Außerdem sollte ich jetzt nach Headingley zurückfahren. Ich habe noch ein paar Sachen zu erledigen . . . wir haben heute abend wieder eine Dinnerparty, und ich muß unser Hausmädchen immer sehr im Auge behalten.»

«Ich wünschte, du könntest noch hierbleiben.»

Gwen schüttelte den Kopf und lächelte schwach. «Nein, ich muß jetzt wirklich los.» Sie berührte leicht Christinas Scheitel und bückte sich, um Audra auf die Wange zu küssen. «Auf Wiedersehen, Schätzchen, bis bald.»

«Auf Wiedersehen, Gwenny», sagte Audra sehr ruhig und wußte, daß es lange dauern würde, ehe sie einander wiedersähen. «Und habe nochmals Dank für deinen Besuch.»

Audra sah ihrer ältesten Freundin hinterher, wie sie den Flur entlangeilte, und dachte: O Gwenny, du wirst im Eingang bestimmt mit Mike zusammenstoßen.

«Wie geht's meinen Mädchen?» fragte Vincent, beugte sich herab und gab Audra einen Kuß. Dann sah er seine Tochter an, die in ihren Armen lag.

«Uns geht es beiden blendend», sagte Audra lächelnd und schaute ihn schnell an. Aus seiner Miene las sie, daß er keine Arbeit gefunden hatte.

Laurette trat vor, um sie liebevoll zu begrüßen. «Mam schickt dir diesen kleinen Früchtekuchen, sie meinte, du würdest dich freuen.»

«Das tue ich auch, bitte richte ihr meinen Dank aus, Laurette.»

Vincent hockte sich auf die Bettkante und sagte: «Wir sind eben direkt in Gwen hineingelaufen, und sie ist den Weg entlanggeflitzt, als hätten wir die Pest.»

«Sie mußte rasch nach Hause», sagte Audra zu ihm. «Sie hat etwas von einer Dinnerparty erwähnt.»

«Mir kam es eher so vor, als wollte sie sich nicht mit Mike unterhalten», bemerkte Laurette und sah von einem zum anderen.

«Ja, vielleicht hast du recht», versetzte Vincent und nickte. «Ich bin sicher, daß dieser Wunsch auf Gegenseitigkeit beruht. Was könnte er *ihr* schon zu sagen haben?»

«Wo ist er überhaupt?» wollte Audra wissen.

«Er ist noch auf eine andere Station gegangen, um nach einem Patienten zu sehen. Wird gleich da sein», antwortete Laurette und fragte dann: «Darf ich Christina mal ein bißchen halten, Audra?»

«Natürlich. Hier, nimm sie mir mal ab, Liebe.»

Audra war froh darüber, ihre Lage etwas verändern zu können, sich ein wenig zu strecken. Ein paar Sekunden lang herrschte Stille zwischen den dreien, und Audra sah zu, wie Laurette das Baby wiegte, ihm leise etwas vorsang, es so liebevoll im Arm hielt. Dann sagte sie plötzlich: «Vincent und ich haben uns gefragt – eigentlich hoffen wir es –, ob du wohl ihre Patin werden möchtest, Laurette, und Mike ihr Pate.»

«Darüber würde ich mich sehr freuen!» rief Laurette ganz aufgeregt, «und Mike bestimmt auch.» Sie zögerte kurz und fragte dann: «Aber wer wird denn die andere Patin sein? Gwen, nehme ich an.»

«Nein, mir ist so, als würde das nicht klappen», erwiderte Audra und sah Vincent an. «Oder was meinst du?»

«Nein, aber das hab ich ja schon immer gesagt, und ich bin froh darüber, daß du es dir anders überlegt hast.» Er sah über die Station hin und verkündete: «Da kommt Mike ja endlich.»

Mike ging gleich auf Audra zu.

Nachdem er sie geküßt und sanft ihre Schulter gedrückt hatte, meinte er: «Es ist wohl überflüssig zu fragen, wie es dir geht. Für eine Frau, die erst vor zwei Tagen ein Baby bekommen hat, siehst du großartig aus . . . ich nehme an, daß alles in Ordnung ist, oder gibt es irgendwelche Probleme?»

«Nein, gar keine», Audra erwiderte sein Lächeln und dachte wieder, er sei der freundlichste Mann, der ihr je begegnet war. Sein Mitgefühl drückte sich in seinen klaren, warmherzigen Augen aus, und sie wußte, daß er ein erfolgreicher Arzt werden würde. Seine Anwesenheit, seine tiefe, herzliche Stimme, seine Sorgfalt schufen Vertrauen; alles war sehr tröstlich. Es ist ein Geschenk, dachte sie, diese Güte, die er besitzt. Kein Wunder, daß all seine Patienten begeistert von ihm sind.

Sie merkte, daß Mike immer noch über sie gebeugt dastand, als wartete er darauf, daß sie noch etwas sagte, und erzählte ihm: «Doktor Stalkley war vorhin hier, und er meint, daß ich in ein paar Tagen nach Hause kann.»

«Er weiß es am besten, aber übereile es nicht», ermahnte Mike sie und ging dann zu seiner Frau hinüber. Die Hand auf Laurettes Schulter gelegt, sah er auf das Baby in ihren Armen und sagte: «Sie wird ein bildhübsches Kind werden.»

«Wir möchten, daß du Christinas Pate wirst, Mike», eröffnete Vincent. «Laurette hat sich schon dazu bereit erklärt, ihre Patin zu werden. Was sagst du dazu?»

«Dazu sage ich ja», strahlte Mike sie an. «Da hast du deinen Paten, und wer soll die andere Patin sein?»

Vincent und Audra wechselten einen Blick, dann sagte Vincent: «Ich habe an unsere Olive gedacht. Wie fändest du das, Audra?»

«Ja, das ist prima . . . dann bleiben wir ganz in der Familie.»

Laurette meinte: «Olive wird ihre Pflichten als Patin bestimmt sehr ernst nehmen, genauso wie wir, versteht sich.»

«Ja», pflichtete Vincent ihr bei, «ich weiß, daß ihr alle eure Pflicht tun werdet.» Dann stand er auf, ging zu seiner Schwester hinüber und streckte die Arme aus. «Darf ich mir kurz mein kleines Mädchen ausborgen, Laurette? Ich hab sie heute noch gar nicht im Arm gehabt.»

Laurette übergab ihm das Kind, und er stand da und sah zu ihr herab, als er sie vorsichtig in seiner Armbeuge zurechtlegte und ihr Umschlagtuch geraderückte. Ihre Haut war glatt und rein, und ihre Gesichtszüge schienen ihm recht ausgeprägt. Sie war nicht rot und verschrumpelt wie Alfie bei seiner Geburt. Etwas wie Ehrfurcht überkam ihn, als er Christina länger betrachtete, und sein Herz schmerzte vor lauter Liebe zu ihr. Schließlich sagte er: «Sowie ich wußte, daß Audra ein Kind erwartete, hatte ich das Gefühl, daß dieses Baby ein gutes Omen sei. Und das ist sie auch, und sie wird was ganz Besonderes werden.»

«Ja, was ganz Besonderes», fügte Audra hinzu, «und ich werde ihr alles auf der Welt geben.»

Die anderen sahen sie überrascht an.

Eine seltsame Stille trat ein. Audras Worte hallten in dem Zimmer nach.

Laurette lächelte und biß sich dann auf die Lippen; sie wußte nicht, wie sie auf diese ungewöhnliche Bemerkung reagieren sollte.

Vincent ging mit dem Baby ans Fenster und sah hinaus, auffällig schweigsam.

Mikes besorgter Blick folgte ihm. An der Art, wie Vincent seine Schultern anspannte, konnte er sehen, daß er über Audras Bemerkung wütend war. Nun, es *hatte* besitzergreifend geklungen, und das war noch mild formuliert. Hätte sie nicht *wir* sagen können? fragte er sich.

Dann räusperte sich Mike und versuchte, den peinlichen Augenblick zu überbrücken. «Das ist ein schönes Gefühl, was du eben ausgedrückt hast, Audra.»

«Ich meine es aber ganz ernst!» konterte sie mit sehr lauter Stimme und bannte ihn mit ihren Augen.

Er hatte immer schon gewußt, daß sie sehr mutig und entschlossen war, aber nun entdeckte Mike etwas, das er noch nie zuvor bemerkt hatte. Um ihren Mund und das leicht vorgeschobene Kinn lag eine kalte Unerbittlichkeit, diese so außergewöhnlichen kornblumenblauen Augen blickten ganz schonungslos. Sie *meint* es nicht nur, mein Gott, sondern sie ist bereit, alles dafür zu opfern. Und Gott schütze jeden, der sich ihr in den Weg stellt – Vincent nicht ausgenommen.

25

Und so wurde es zum Hauptantrieb in Audras Leben – der Wunsch, Christina alles auf der Welt zu geben.

Sie dachte an nichts anderes mehr, und der Kampf auf dieses Ziel hin, der mehr als zwanzig Jahre dauern sollte, begann in jenem Sommer des Jahres 1931.

Sobald sie aus dem Krankenhaus entlassen wurde, ging Audra wieder zu Mrs. Jarvis, die sie vier Monate lang gepflegt hatte, bevor Christina geboren wurde. Sie hatte der alten Dame versprochen, daß sie nach ihrer Niederkunft ihre Pflichten wiederaufnehmen würde. Ganz davon abgesehen, waren sie dringend auf das Geld angewiesen. Vincent erhielt nur fünfundzwanzig Schillinge Arbeitslosenunterstützung und nun, wo sie ein Kind hatten, zwei Schillinge mehr die Woche. Es reichte kaum aus, sie alle drei zu ernähren.

Die Tätigkeit bei Mrs. Jarvis war weder kompliziert noch besonders anspruchsvoll – es war sehr günstig für Audra, daß die bettlägerige Frau in The Towers wohnte, nur ein paar Minuten vom Häuschen in der Pot Lane entfernt.

Aber Audra zog das Krankenhaus der privaten Pflege vor. Nach einem kurzen Monat, in dem sie sich um Mrs. Jarvis gekümmert hatte, sagte sie der alten Dame, daß sie sich um eine Stelle im St. Mary's bewerben würde. Und das tat sie dann auch Anfang Juli.

Im November wurde im Krankenhaus eine Stelle frei, die man Audra gab. Zu ihrer großen Freude kam sie auf die Kinderabteilung.

Audra wußte, daß sie diese begehrte Stelle nur bekommen hatte, weil Oberin Lennox einige Hebel in Bewegung gesetzt und wegen des Einflusses, den Mrs. Bell bei Oberin Fox geltend gemacht hatte. Aber das bereitete ihr nicht das geringste Kopfzerbrechen. Sie hatte die Stelle, und das war alles, was zählte.

Bis zum Frühling 1932 hatte sich Audra im Krankenhaus eingelebt und genoß ihre Tätigkeit. Oberin Fox hatte sie ins Herz geschlossen, sie war bei den Ärzten beliebt und glaubte, daß sie bald befördert werden würde. Die bevorstehende Beförderung schmeichelte nicht ihrer Eitelkeit – sie wußte nur, daß es ihr mehr Geld bringen würde, und deshalb wartete sie darauf. Geld für Christina . . . für ihre Kleidung, ihre Ausbildung, ihre Zukunft.

Obwohl sie im Augenblick keinen einzigen Penny für Christina zurücklegen konnte, hatte sie sich das für die nächsten Jahre doch fest vorgenommen. Audra hatte langfristige Pläne geschmiedet. Sie glaubte, dies sei die einzige Möglichkeit, bei den ihr zur Verfügung stehenden Mitteln zu siegen. Ihr war auch schon eingefallen, wie sie sich zusätzlich Geld verdienen könnte. Sie würde dieses Vorhaben durchsetzen, sobald sie im Krankenhaus richtig Fuß gefaßt hatte. Sie wollte in ihrer freien Zeit Kleider nähen.

Die Krankenpflege befriedigte Audra, und sie stürzte sich mit der ihr eigenen Begeisterung und Energie auf die Arbeit. Wenn sie so über die Stationen ging, lag ein neuer Schwung in ihrem Schritt und ein Lächeln auf ihrem Gesicht.

Aber zu Hause sah es nicht gut aus.

Es gab schon wieder Probleme zwischen Audra und Vincent, und ihre Ehe stand erneut auf wackligen Beinen.

In gewisser Weise war der Abgrund, der sich in der letzten Zeit zwischen ihnen aufgetan hatte, diesmal eher von Audra verursacht worden. Ihre ganze Aufmerksamkeit richtete sich auf Christina, die sie mit fast abnormer Leidenschaft liebte, vielleicht weil sie schon ein Kind verloren hatte.

Vincent liebte sein kleines Mädchen auch, aber er hatte sehr mit seinen eigenen, gravierenden Problemen zu kämpfen. Als junger, kräftiger Mann hatte er auch dringende Bedürfnisse. Er wollte eine Beziehung zu seiner Frau haben, die in jeder Hinsicht normal war. Unglücklicherweise war Audra nicht nur vollkommen von Christina und ihrer Arbeit in Anspruch genommen, sondern sie hatte auch nicht mehr das mindeste sexuelle Verlangen nach Vincent.

Sie hatte schon vor einigen Monaten aufgehört, mit ihm zu schlafen, und das fraß an ihm. Es erfüllte ihn mit einem Gefühl von Ohnmacht, arbeitslos zu sein und sich bloß um das Kind kümmern zu können. Und seine zunehmende Verbitterung wurde durch Audras Kälte und Zurückweisung noch verstärkt.

Eines Samstagabends im April, als Christina oben in ihrem Zimmer zu Bett gebracht worden war, entschloß er sich zu einer Aussprache mit Audra.

Er wartete, bis sie den Tisch abgeräumt und das Geschirr gespült hatte. Aber sowie sie es sich vor dem Kamin gemütlich gemacht und ihr Nähzeug ergriffen hatte, schaltete er das Radio aus und setzte sich ihr gegenüber.

«Warum machst du das?» fragte sie, ohne aufzusehen, ganz auf das Loch in seiner Socke konzentriert, das sie gerade stopfte.

«Ich möchte mit dir sprechen, Audra, und zwar ernsthaft», sagte Vincent, der sich angespannt vorgebeugt hatte, und richtete seinen Blick auf sie.

«Aha», erwiderte sie nur und ließ ihr Flickzeug niedersinken, da ihr die Strenge seines Tons sofort aufgefallen war. Sie lehnte sich zurück und ließ ihm ihre ganze Aufmerksamkeit zuteil werden.

Darauf hatte er nur gewartet. «Wir haben Probleme, Audra, du und ich, und es ist an der Zeit, daß wir sie mal auf den Tisch legen. Jetzt ist Schluß mit dem Unter-den-Teppich-Kehren, bloß weil du ...»

«Probleme?» unterbrach sie ihn und betrachtete ihn kühl. «Was meinst du damit, Vincent?»

«Audra, nun stell dich doch nicht dumm. Du weißt ganz genau, was ich meine. Unsere Probleme im Bett. Du wendest dich immer von mir ab. Liebst du mich nicht mehr?»

Wie immer, wenn er über geschlechtliche Dinge sprach, trat ihr eine leichte Röte in die Wangen. Nun rief sie leicht erzürnt: «Natürlich liebe ich dich.»

«Dann hast du aber eine seltsame Art, es zu zeigen. Ein Eisberg ist nichts gegen dich.»

«Du bist ungerecht, Vincent! Hör auf damit. Ich mag dich gern, liebe dich. Aber . . . also . . . ich habe Angst davor, wieder schwanger zu werden. Du weißt doch ebensogut wie ich, daß ein weiteres Kind einfach zuviel für unsere Mittel wäre. Wir haben so schon kaum genug Geld . . .»

«Es ist doch nicht meine Schuld, daß das verdammte Land am Ende ist!» fiel er ihr erhitzt ins Wort und warf ihr einen zornigen Blick zu. «Da mußt du Ramsey Macdonald und seine verdammte Regierung anklagen! Ich bin nicht der einzige Arbeitslose. Es gibt jetzt schon zwei Millionen und achthunderttausend davon. Und wir sind nicht bloß arbeitslos, sondern verzweifelt und in unserer Männlichkeit gekränkt, weil wir stempeln gehen müssen . . .»

«Du mißverstehst mich! Ich habe dir gar keine Vorwürfe gemacht, Vincent. Das würde ich nie tun. Ich *weiß*, daß es nicht deine Schuld ist, und ich weiß auch, wie sehr du dich jeden Tag darum bemühst, etwas zu finden. Aber wenn wir noch ein Kind hätten, würde das Christinas Aussichten ernstlich gefährden . . . stimmst du mir da nicht zu? Verstehst du das denn nicht?»

«Natürlich – es ist mir schon verdammt klar. Du planst ihr eine glänzende Zukunft, und sie ist noch nicht mal ein Jahr alt. Manchmal staune ich über dich, Audra, und ich frage mich, ob du noch bei Sinnen bist.»

Dann sprang er auf, von seinem Zorn übermannt, und ging zur Garderobe hinüber, riß seine Sportjacke vom Haken und warf sie sich über.

«Wohin willst du?» fragte sie, überrascht, daß er nun ihre wichtige Unterhaltung abbrach, doch auch etwas erleichtert.

«Zu meiner Mutter.»

«*Natürlich*. Und nachdem sie dich bemitleidet hat, dich verhätschelt hat, wird sie dir Geld geben, damit du in das Pub gehen kannst, wie immer.»

«Was sich zwischen meiner Mutter und mir abspielt, geht dich einen Dreck an», rief er mit funkelnden Augen. «Ich habe dich nie um einen einzigen Penny gebeten und werde das auch nie tun.»

Sie sagte nichts.

Er stürzte aus dem Haus, widerstand aber der Versuchung, die Tür hinter sich zuzuknallen. Er wollte sein Kind nicht wecken.

Als er zehn Minuten später die Town Street entlangging, begann Vincent sich zu beruhigen. Trotzdem fand er keine Entschuldigung für Audras Haltung, und in seinem Innersten verzieh er ihr nicht. Ja, er war sogar wütender auf sie als vorher. Er wußte nicht genau warum, wenn sie ihn auch heute abend so richtig auf die Palme gebracht hatte.

Wenn ich reich wäre, überlegte er, und mit einer kalten, gleichgültigen Frau wie Audra verheiratet, dann würde ich mir eine Geliebte nehmen. Diese würde schön, zugänglich und sehr zärtlich sein, und ich würde sie mit Geschenken überschütten. Leider bin ich nicht reich und kann mir keine Geliebte leisten.

Da kam ihm eine Idee. Er *konnte* sich Millicent Arnold leisten, die ihn nichts kosten würde außer guten Manieren, liebenswürdigem Geschwätz und ein bißchen von seinem einschmeichelnden Charme. Millie war nicht gerade eine Schönheit, aber sie hatte ein angenehmes Gesicht und ein sanftes Wesen. Und das wichtigste war, daß sie schon immer etwas für ihn übriggehabt hatte, schon seit Jahren, fiel ihm jetzt ein.

Es geht nichts über eine Frau, die sich richtig nach einem sehnt, dachte er. Und sofort änderte Vincent seine Pläne.

Er ging nicht zum Haus seiner Mutter. Und er schaute auch nicht im White Horse hinein, wo seine Brüder Jack und Bill Darts spielten und auf ihn warteten.

Statt dessen machte er sich auf den Weg, Millicent Arnold zu besuchen, eine erst fünfunddreißigjährige Witwe ohne Kinder, die ihn sicherlich sehr herzlich willkommen heißen würde.

Er eilte die Moorfield Road entlang und lief fast über den Sportplatz und durch das gegenüberliegende Tor, flitzte dann den Weg hinauf, der zum Rose Cottage führte. Dort lebte Millie ganz allein, seit Ted vor zwei Jahren gestorben war. Das Haus lag in einem versteckten Winkel von Armley, und das kam ihm sehr zupaß. Sollte er das Glück haben, ein häufiger Gast zu werden, war es besser, wenn ihn keiner kommen und gehen sah.

Nachdem er mehrmals geklopft hatte und niemand kam, wandte er sich ab, zutiefst enttäuscht.

Da sprang plötzlich die Tür auf, und Millie rief: «Hallo Vincent, was führt denn dich an einem Samstagabend hierher?»

«Also weißt du, es ist so», sagte er, drehte sich um und lächelte in die warmen, samtbraunen Augen, die zu ihm aufschauten. «Ich ging gerade über den Sportplatz, als mir einfiel, was du mir letzte Woche gesagt hattest, du weißt schon, als wir uns vor der Leihbücherei begegnet sind. Du hattest mir gesagt, daß du mit jedem Tag trauriger und einsamer würdest. Und weißt du was, Millie? Mir geht's ebenso . . . genauso.»

«Wirklich, Vincent?»

Er nickte, lächelte sein gewinnendstes Lächeln und lehnte sich gegen den Türknauf. Dann ließ er provozierend seinen Blick über sie gleiten. Es war ihm vorher noch gar nicht aufgefallen, was für einen üppigen Körper sie hatte. Plötzlich lachte er in sich hinein, wie er es schon seit Jahren nicht mehr getan hatte, und seine Augen tanzten.

«Ich wollte grade zum Pub gehen, um mich mit meinen Brüdern zu treffen, als du mir einfielst, Millicent. Ich dachte daran, wie einsam du doch bist und wie einsam ich bin.» Er hielt kurz inne. «Und da fiel mir ein, daß du vielleicht gern ein wenig Gesellschaft hättest, und vielleicht so gütig wärst, einem sehr durstigen Mann ein Bier anzubieten.»

Millicent schluckte schwer, sie konnte ihr Glück gar nicht fassen, daß er bei ihr vorbeigekommen war. Sie hatte ihn schon seit Jahren gewollt, schon als ihr Mann Ted noch lebte. Sie öffnete ihre feuchten Lippen, sagte aber nichts. Dann ergriff sie ihn einfach am Arm und zog ihn sanft ins Haus hinein.

«Ich habe soviel Bier, wie du trinken kannst», sagte sie schließlich und streifte ihre Brüste gegen ihn, zog ihn durch den Flur.

Dann blieb Millie unvermittelt stehen, drückte seinen Arm und sah zu dem schönen Antlitz empor, das auf sie herabschaute. Ein langsames, sehnsüchtiges Lächeln trat in ihr Gesicht. «Und vielleicht möchtest du auch eine Kleinigkeit zu Abend essen? Du kannst doch zum Abendessen bleiben, Vincent, oder?»

«Das kann ich in der Tat», sagte er und warf seine Schultern zurück, hielt sich aufrechter, fühlte sich wieder wie ein Mann.

Wie selbstverständlich legte er den Arm um ihre schlanke Taille und geleitete sie ins Wohnzimmer. Und als sie sich enger an ihn schmiegte, wußte er, daß er sich um den Abend keine Gedanken zu machen brauchte.

Vincents Alltag änderte sich nicht, obwohl er sich in eine Affäre mit Millicent Arnold gestürzt hatte.

Er war diskret.

Er mochte Millie, war gern mit ihr zusammen, sonnte sich in ihrer Zuneigung zu ihm und genoß es, wie sie ihm jeden Wunsch von den Augen ablas. Und sie fanden eine Menge Lust und Erlösung in ihren langen Stunden des Liebesspiels in dem großen, gemütlichen Bett im Rose Cottage.

Aber es war eine rein körperliche Beziehung.

Vincent wußte, daß es nicht lange anhalten würde, und Millie wußte das auch. So waren sie übereingekommen, die Sache einfach ihren Lauf nehmen zu lassen. Sie hatten abgemacht, sich gegenseitig keine Vorwürfe zu machen, wenn einer die Beziehung beenden sollte.

Davon abgesehen, war Vincent viel zu verantwortungsvoll, um das Kind zu vernachlässigen, das er so liebte, oder nur einer Romanze wegen nicht mehr so intensiv wie bisher nach Arbeit zu suchen. Er besuchte Millie einmal in der Woche, immer darauf achtend, daß ihre Freundschaft nicht außer Hand geriet, und war sehr vorsichtig. Er betrat das Rose Cottage nur im Dunkeln.

Und ansonsten plackte er sich ab wie all die Monate zuvor.

Er kümmerte sich morgens um Christina, fuhr sie gegen Mittag zum Haus seiner Mutter, wo er mit dieser und Danny einen leichten Imbiß einnahm. Meist überließ er Christina dann für den Rest des Tages seiner Mutter und holte sie gegen vier Uhr wieder ab.

Fast jeden Nachmittag kämmte Vincent die Stadt und ihre Außenbezirke auf der Suche nach Arbeit ab. Manchmal gelang es ihm, einen Gelegenheitsjob zu ergattern, aber nie für länger als einen oder zwei Tage. Er konnte nichts Festes finden.

Und als der Frühling und Sommer verstrichen und der Herbst dem Winter Platz machte, begann Vincent Crowther sich einzugestehen, daß er auch nichts finden würde. Die Regierung befand sich in der größten und längsten Wirtschaftskrise, die es je gegeben hatte. England stand am Rande des Abgrunds, ebenso wie der Rest der Welt, denn inzwischen war die Krise weltweit. Vincent wußte, daß sie einer langen Zeit der Not entgegengingen. Überall braute sich etwas zusammen; Aufstände und Hungermärsche wurden langsam alltäglich.

Leeds hatte es ebenso wie die anderen großen Industriestädte schwer getroffen. Die Heilsarmee machte Suppenküchen auf; andere Wohltätigkeitsorganisationen beschafften Kleidung und Schuhe für bedürftige Kinder und halfen denjenigen, welche die am schwersten betroffenen Gebiete verlassen wollten.

Vincent hatte noch nie so viele Männer auf der Straße herumstehen sehen – sie standen Schlange vor dem Arbeitsamt, standen in Grüppchen an den Straßenecken und schauten unzufrieden und mürrisch drein, bemitleideten sich gegenseitig. Über ihnen allen hing das Verhängnis. Und wenn er sich umsah, schob Vincent alle Gefühle von Hoffnungslosigkeit beiseite, die ihn in der letzten Zeit so oft bedrängten, und suchte verzweifelt nach einer inneren Kraft. Er wußte, daß er weitermachen und um seine Zuversicht ringen mußte.

Obwohl Vincent nie damit einverstanden gewesen war, daß Audra arbeitete, war er nun außerordentlich froh darüber, daß sie Krankenschwester im St. Mary's war. Er war auch dankbar, daß die anderen Mitglieder des Crowther-Clans alle noch eine Anstellung hatten; es war ein Trost zu wissen, daß es seinen Eltern besser ging als den meisten anderen.

Sein Vater arbeitete schon seit Jahren in der Transportabteilung der Leeds Industrial Cooperative Society, und sein Arbeitsplatz schien gesichert zu sein. Bill war in einer der hiesigen Leihbibliotheken als Bibliothekar beschäftigt, und Jack, der sich abends als Landschaftsgärtner fortbildete, war bei der städtischen Parkverwaltung von Leeds. Sogar Maggie war es gelungen, Arbeit in einer Schneiderei in Armley zu finden, wo sie Knopflöcher an Männerjacken fertigte.

Diese drei verdienten keineswegs soviel wie ihr Vater, aber ihre Löhne ergaben zusammen mehr, als den meisten Leuten zur Zeit zur Verfügung stand. Immer fand sich ausreichend gutes und nahrhaftes Essen bei seiner Mutter auf dem Tisch, und ihr Keller war voll Kohlen. Vincent wußte, daß Audra und Christina in keinem Fall hungern oder frieren würden wie so viele andere Leute in dieser schrecklichen Zeit.

Als das Weihnachtsfest des Jahres 1932 nahte, verdoppelte Vincent seine Anstrengungen, Arbeit zu finden. Über die Festtage wollte und mußte er unbedingt etwas für seine kleine Familie zusammenbekommen. Er wünschte, Audra zu beschenken, wenn es auch nur etwas Kleines sein sollte, und Christina ein Spielzeug und ein paar Leckerbissen auf den Tisch stellen zu können.

Anfang Dezember gab es mehrere große Schneestürme, und der Schnee blieb liegen. Viele Einfahrten waren blockiert, und schließlich hatte Vincent eines Freitagnachmittags Glück und fand einen Job. Er durfte bei einem der großen Häuser in der Nähe Schnee räumen. Da es schon dämmerte, sagte ihm die

Haushälterin, er solle am nächsten Morgen um neun Uhr wiederkommen.

Der Samstagmorgen kam strahlend, aber bitterkalt, und es peitschte ein beißender Wind. Aber Vincent kümmerte das nicht. Er war so aufgeregt, daß er ein bißchen Geld verdienen konnte, nichts hätte ihn zurückzuhalten vermocht. Audra, die an diesem Wochenende keinen Dienst im Krankenhaus leisten mußte, bestand darauf, daß er sich gut einpackte. Sie zwang ihn, zwei Pullover unter seiner Sportjacke anzuziehen, und als er seinen Mantel zuknöpfte, wickelte sie ihm einen dicken, wollenen Schal um und reichte ihm seine Handschuhe.

Er küßte ihre Wange und sagte: «Es sollte höchstens drei Stunden dauern, die Auffahrt von Fell House zu räumen, ich werde also rechtzeitig zum Mittagessen zurücksein, Liebes.»

«Am besten koche ich dir heute einen großen Topf Suppe, das wirst du brauchen können, nachdem du bei diesem Wetter draußen warst», sagte sie und ging mit ihm an die Tür. Ein eisiger Windstoß schlug ihr ins Gesicht, als er hinausging, und sie erschauerte. «Ich werde heute morgen nicht mit Christina spazierengehen, es ist viel zu kalt.»

«Nein, das sollst du auch nicht. Mach's gut, Liebes, bis später.» Er schritt den Weg entlang, drehte sich noch einmal um und winkte. Er war fröhlicher Stimmung.

Audra hatte den ganzen Morgen über viel zu tun; sie kümmerte sich um Christina, kochte die Gemüsesuppe und erledigte ihre häuslichen Pflichten. Die Zeit verging rasch.

Bevor sie sich dessen gewahr wurde, schlug es zwölf. Nachdem sie den Tisch für das Mittagessen gedeckt hatte, schaltete sie das Radio ein, nahm Christina auf den Arm und setzte sich an den Kamin, um sie zu füttern.

Als Vincent um ein Uhr noch nicht zurückgekehrt war, fragte sich Audra langsam, was wohl mit ihm passiert sei; um zwei Uhr machte sie sich ernsthafte Sorgen. Er verspätete sich zwar manchmal, wenn er mit seinen Brüdern oder Freunden im Pub war, aber nie, wenn er von der Arbeit kam. Dann kehrte er immer gleich nach Hause zurück, um eine Tasse Tee zu trinken, eine Kleinigkeit zu essen oder sich umzuziehen, wenn er hinterher noch weggehen wollte.

Sie legte Christina in ihr Bettchen, das in der Wohnküche stand, und füllte sich einen Teller mit Suppe. Aber sie merkte, daß sie keinen rechten Appetit hatte.

Von Zeit zu Zeit ging sie ans Fenster und zog die Vorhänge beiseite, hielt nach ihm Ausschau, doch es war nichts von ihm zu sehen.

Es war fast drei Uhr, als sie den harten, metallischen Tritt seiner Stiefel draußen auf dem Weg hörte.

«Ich habe mir schreckliche Sorgen gemacht», sagte sie, als er hereinkam und die Tür hinter sich schloß. «Ich konnte einfach nicht begreifen, wo du bleibst.»

«Da war eine ganze Menge Schnee zu schippen», sagte er, nahm die Mütze ab, wickelte sich den Schal vom Hals und zog langsam seine Handschuhe aus, die ganz steifgefroren waren. «Mehr, als mir lieb gewesen ist . . . die vordere Auffahrt, zwei lange Terrassen, der Weg zwischen den beiden Rasenstücken und der Hinterhof.»

«Was, so viel! Du mußt völlig erschöpft sein, Vincent, und du bist ja ganz blau vor Kälte. Komm zum Kamin, und wärm dich erst einmal auf.»

«Sie haben mir nicht mal eine Tasse Tee angeboten um zwölf . . .»

«Mein Gott, was sind das nur für Menschen!» Entsetzt starrte sie ihn an.

Er antwortete nicht.

Als er an den Kamin trat, sah Audra etwas in seinem Gesicht, das sie beunruhigte. «Vincent», fing sie an und zögerte dann. «Fühlst du dich wohl?» fragte sie und betrachtete ihn aufmerksam.

Er schwieg immer noch, stand mit dem Rücken zum Feuer und wärmte sich. Dann fuhr er mit der Hand in die Tasche und holte etwas heraus. Er wandte ihr sein eingefallenes, erschöpftes Gesicht zu und machte dann die zitternde Hand auf.

«Das haben sie mir gegeben», sagte er bitter und zeigte ihr die Münze in seiner Hand.

Einen Moment lang wollte Audra ihren Augen nicht trauen. «Sixpence!» Sie war zutiefst erschrocken. «Sie haben dir *Sixpence* gegeben für *sechs Stunden Arbeit*. Das ist doch ganz unglaublich . . . diese Leute . . .»

Sie konnte vor Zorn nicht weitersprechen.

«Ja . . .»

Nun holte Audra tief Luft, nahm sich zusammen. «O Vincent, Vincent, mein Liebling . . .» Dann sprang sie auf und eilte zu ihm hin, sah ihn besorgt an. Mit großer Zärtlichkeit nahm sie ihn beim Arm. «Ich laß dich nie wieder so was machen. Nie.»

Er schüttelte den Kopf und wandte den Blick ab. Dann sah er sie nach einigen Minuten wieder an. Sein Gesicht war trostlos.

«Es liegt ein Fluch über diesem Land», sagte er.

26

Happy birthday to you, happy birthday to you, happy birthday, liebe Mami, happy birthday to you.»

Sowie Christina ihren Gesang beendet hatte, flog sie durch das Zimmer, warf sich gegen Audra und riß sie bei der Umarmung fast um.

Dann sah sie ihre Mutter an und sagte: «Wir machen eine Geburtstagsparty für dich, Mam. Wir haben uns alles ganz allein ausgedacht, und es ist nur für uns drei. Eine Überraschung.»

Audra lächelte in das kleine, eifrige Gesicht, das zu ihr aufschaute. «Das ist ja ganz wundervoll, mein Liebling», sagte sie und strich der Sechsjährigen eine Haarsträhne aus dem Gesicht, wobei ihr auffiel, wie sehr diese doch heute ihrem Vater ähnelte.

Glich Christinas Haar und Teint auch Audra, so hatte sie doch Vincents feingemeißelte Züge und Laurettes rauchgraue Augen geerbt. Sie ist eher eine Crowther als eine Kenton, zumindest, was ihr Aussehen angeht, dachte Audra wieder. Diese Ähnlichkeit war immer schon auffallend gewesen, aber in der letzten Zeit schien sie stärker zu werden. Christina war sehr gewachsen und würde groß werden – auch das ein Merkmal der Crowthers.

«Herzlichen Glückwunsch zum Geburtstag, Liebes», sagte Vincent, kam zu ihr und küßte sie auf die Wangen.

Audra lachte zaghaft. «Und ich dachte, ihr hättet es vergessen.»

Er lächelte verschmitzt und zog an seiner Woodbine. «Wie könnten wir? Du hast ja in der letzten Zeit genügend Andeutungen fallengelassen», neckte er sie.

«*Mam, bitte* . . . nun komm schon, komm schon her! Hier hinein!» rief Christina, ergriff ihre Hand und zog sie von der Eingangstür weg. «Du mußt jetzt reinkommen, ins Wohnzimmer – und du auch, Daddy. Bitte kommt doch jetzt endlich!»

Lachend legte Audra ihre Handtasche auf den kleinen Tisch an der Tür und ließ sich von dem erstaunlich kräftigen und entschlossenen kleinen Mädchen durch den Flur und ins Zimmer ziehen.

«So», sagte Christina und versetzte ihr einen sanften kleinen Stoß, «setz dich dahin, Mam, da aufs Sofa, und du, Dad . . .» Sie sah Vincent über die Schulter an: «Du kannst da auf dem Sessel sitzen.»

«Selbstverständlich.» Und zu Audra gewandt, sagte er leise: «Ich glaube, wir haben da jemanden mit den Anlagen zu einem General.»

Audra nickte amüsiert. Sie lehnte sich zurück, glättete den Rock ihres sommerlichen Baumwollkleids und sah Vincent erwartungsvoll an.

Er erwiderte ihren Blick mit unbewegter Miene, der sie nicht das geringste ablesen konnte.

Christina eilte zur antiken Kommode in der Ecke und kam mit einigen Briefumschlägen zurück. «Das sind deine Geburtstagsgrüße, Mam; der Postbote hat sie gebracht, nachdem du heute morgen zum Krankenhaus gegangen warst. Ich werde sie dir einzeln geben.» Sie reichte Audra eine Karte, beugte sich dann etwas vor und sah ihre Mutter gespannt an. Christina versuchte, einen Blick auf die Karte zu erhaschen, die Audra gerade in der Hand hielt. Sie konnte ihre Neugier nicht länger zügeln und fragte: «Und von wem ist sie?»

«Von Tante Laurette und Onkel Mike», Audra zeigte ihr die Karte. «Drosseln, die auf einem Zweig sitzen, ist das nicht hübsch?»

Christina nickte. «Wenn du sie mir gibst, stelle ich sie auf den Kaminsims . . . danke, Mam.» Dann reichte sie Audra den nächsten Umschlag. «Diesen sollst du als nächsten aufmachen . . .»

Audra bemerkte die australische Briefmarke, erkannte Williams Handschrift. «Na, wir wissen ja alle, von wem die ist, nicht wahr?» rief sie und lachte ein wenig.

«Darf ich mal sehen?» Christina kam zu Audra hinüber, stand da, eine kleine Hand auf die Schulter ihrer Mutter gelegt, und betrachtete die Karte mit ihr zusammen. «Die ist ja auch hübsch, Mam, aber da sind noch eine Menge andere.»

Langsam wurden die Karten überreicht, geöffnet, begeistert besprochen und nebeneinander auf den Kaminsims gestellt. Auch ihr Bruder Frederick und dessen Frau Marion hatten ihr aus Sydney geschrieben; die verschiedenen Mitglieder des Crowther-Clans schickten ihr Geburtstagsgrüße und sogar Gwen, die immer noch diesen Tag in Erinnerung hielt.

Die letzte Karte des großen Stapels wurde von dem feierlich-ernsten Kind mit einer schwungvollen Geste präsentiert. Christina war ganz versessen darauf, diesen Tag für ihre Mutter besonders schön zu gestalten. «Und die ist von uns», flüsterte sie und lehnte sich dichter an Audra, berührte liebevoll ihre Wange. «Eigentlich hat Dad sie ausgesucht, aber er hat mich mit ins Geschäft genommen, und ich habe ihm geholfen.»

Audra riß den Umschlag auf und nahm die Karte heraus. Es war die teuerste von allen, aus Hochglanzpapier und mit einer gelben Seidenschleife. Das Bild vorn zeigte eine Schale mit gelben Rosen, die auf einem Tisch neben dem offenen Fenster standen, und über der Schale schwebte ein roter Schmetterling.

«Das ist ja wunderschön», sagte Audra und klappte die Karte auf, las den kleinen, gedruckten Vers. Darunter hatte Vincent geschrieben: *«Und wir wünschen dir noch viele glückliche Geburtstage – in Liebe, dein Mann und deine Tochter.»* Darunter hatte er seinen Namen gesetzt, und Christina hatte auch unterschrieben. «Vielen Dank, es ist die schönste Geburtstagskarte, die ich in meinem ganzen Leben bekommen habe.» Sie sah zu ihnen auf, lächelte erst Christina zu und dann Vincent.

Die beiden lächelten strahlend zurück.

Christina sagte: «Ich hol dir jetzt dein Geschenk, Mam.»

Sie rannte zur Kommode, nahm ein Päckchen aus der Schublade und brachte es ihrer Mutter. «Das ist von Dad und mir», sagte sie, lächelte bedeutsam und überreichte Audra das Geschenk.

Audra streifte Schleife und Papier ab und rätselte, was sie wohl für sie gekauft hatten. Ihre Freude, daß sie sich so viele Umstände um ihren Geburtstag machten, wurde immer größer. Sie war so gerührt, daß sie einen Augenblick lang gar nichts sagen konnte.

Dann hatte sie ein gerahmtes Aquarell in der Hand. Als sie es vorsichtig hin und her wendete, um es genauer zu betrachten, wurden ihre Augen größer, und sie hielt vor Freude und Überraschung den Atem an. Es stellte einen sommerlichen Garten bei Sonnenuntergang dar, und die Szene war in goldenes Licht getaucht. Regentropfen hingen noch an einigen Blättern, als sei ein kurzer Schauer niedergegangen, ehe der Künstler seinen Pinsel ergriffen hatte.

Das Aquarell war klein, aber recht gelungen, wenn es auch einige unbefriedigende Partien darin gab und noch intensiverer Arbeit bedurft hätte; eine Seite war unfertig und amateurhaft, und doch lag etwas ganz Besonderes über der Landschaft, etwas, das die Aufmerksamkeit erregte und fesselte. Wie faszinierend, dachte Audra, die das Bild lange betrachtete. Es sieht den Arbeiten meines Vaters erstaunlich ähnlich.

Aber Audra wußte, daß Vincent kein sehr frühes Aquarell von Adrian Kenton gefunden hatte.

In einer Ecke stand kühn und deutlich Christinas Name, aber selbst ohne diesen hätte sie es als Werk ihrer Tochter erkannt. Wenn das Bild auch in einigen Punkten ungeschickt und kindlich war, hatte Christina doch eins geschafft – das Licht auf dem Papier einzufangen. Sie hatte schon zuvor diese Fähigkeit gezeigt, und das war etwas ganz Beachtliches. Mit der neuen Arbeit hatte sie bewiesen, wie sie sich in der letzten Zeit weiterentwickelt hatte. Das Mädchen hatte seit ihrem vierten Lebensjahr ein bemerkenswertes Talent zum Malen und Zeichnen gezeigt, aber ihre jüngste Bemühung unterstrich, daß sie viel mehr als bloß talentiert war. Sie war außerordentlich begabt. Audra verspürte bei dieser Entdeckung eine prickelnde Erregung, sie war unglaublich stolz auf ihr Kind.

Aufblickend bemerkte sie die großen, grauen Augen, die sie besorgt betrachteten.

«Gefällt es dir nicht, Mam?» fragte das Kind mit zitternden Lippen.

«O Christie, natürlich gefällt es mir! Es ist einfach hinreißend, mein Liebling. Ich danke dir.» Audra nahm das kleine Mädchen in den Arm und drückte es fest an sich. «Verzeih mir, daß ich es nicht gleich gesagt habe, aber ich war so darin vertieft, es zu bewundern.»

Christina sah in die Augen ihrer Mutter, ihre eigenen strahlten vor Freude. «Ich hab's extra für deinen Geburtstag gemalt, Mam, und Dad hat es zu Mr. Cox in der Town Street genommen und es rahmen lassen. Deshalb ist es von uns beiden ... weil Daddy den Rahmen bezahlt hat.»

Audra lächelte ihren Mann herzlich an und sagte: «Vielen Dank ... es ist wirklich das Schönste, was ihr mir schenken konntet. Ich werde es immer in Ehren halten.» Ihre leuchtenden blauen Augen hielten seine fest. «Und es war doch das Rahmen wert, nicht wahr, Vincent?»

«Ja, das war es. Ich hab gleich gesehen, wie schön es ist, als unsere Christina es mir gezeigt hat.» Stolz lag in seinem Gesicht, als er sagte: «Du bist ein wirklich kluges kleines Mädchen, mein Liebling.»

Christina sah sehr zufrieden aus, dann wandte sie sich ihrer Mutter zu und fragte: «Wo wirst du es denn hinhängen, Mammy?»

«Laß mich mal überlegen ... eines ist klar, es muß einen Ehrenplatz haben in diesem Haus», versetzte Audra. «Wie wäre es denn mit dem Kaminsims? Zumindest fürs erste, meine ich.»

Während sie noch redete, erhob sich Audra, ging zum Kamin hinüber und lehnte das Bild an den Sims, mitten zwischen die Glückwunschkarten.

Dann wandte sie sich um und fragte ihre Tochter: «Und wessen Garten ist das? Wo hast du es gemalt?»

«Calpher House ... ich bin zu Mrs. Bell gegangen, um sie zu fragen ... ganz allein. Und sie hat ja gesagt, ich dürfe ihren Garten für dich malen, und so hab ich mir diese schöne kleine Ecke bei ihren Rosen ausgesucht ... sie kam immer heraus und sah mir zu. Sie war so interessiert. In der letzten Woche war es, Mam, und als es regnete, holte sie mich herein und gab mir ein Glas Milch und ein Stück Schokolade, nein *zwei*, und nachdem der Regen vorbei war, ging ich wieder hinaus und fing noch einmal von vorn an. Da gefiel mir der Garten noch besser ... er glitzerte so nach dem Regen.»

Audra nickte. «Du hast diesen Eindruck wunderschön bewahrt, es ist dein bestes Bild bis jetzt ... du hast sehr große Fortschritte gemacht.»

Die Kleine glühte vor Stolz.

Vincent sagte zu seiner Tochter: «Na, meine liebe Christie, wie sieht es denn mit unserer Teestunde aus? Ist es nicht Zeit?»

«Ach ja! Mam, komm jetzt, und Daddy, du auch!»

27

Es war die allerschönste Teestunde.
Audra durfte nicht helfen.

Sie saß am Tisch in der Wohnküche und sah ihrem Mann und ihrem Kind zu, wie sie geschäftig herumwirbelten. Es war ihr vorher schon aufgefallen, wie schön sich die beiden gemacht hatten; sie hatten ihren Geburtstag zu einem richtigen Fest gemacht, und sie mußte einfach darüber glücklich sein und sich geschmeichelt fühlen. Sie wünschte nur, sie hätte noch die Zeit gehabt, das Baumwollkleid abzustreifen, das sie zur Arbeit angehabt hatte, und sich etwas Hübscheres anzuziehen. Aber Christina hatte ihr keine Chance gegeben.

Wie gut Vincent aussieht, dachte Audra, als sie ihren Mann betrachtete, der in der Wohnküche auf und ab ging. Er trug ein strahlendweißes Hemd, eine burgunderrote Krawatte und dunkelgraue Hosen – ganz offensichtlich war er eilig von der Arbeit gekommen, hatte sich frisch rasiert und sich dann für die Teestunde umgezogen. Er war beim Friseur gewesen, und sein schwarzes Haar, das glatt zurückgekämmt war und den in die Stirn gezogenen Haaransatz erkennen ließ, war noch feucht.

Und Christina sah einfach reizend aus, dachte Audra. Ja, sie ist mein allerhübschestes Püppchen heute.

Ihre kleine Tochter hatte ihr bestes Festtagskleid aus blaßblauer Seide angezogen, das am Oberteil und am Rock mit einer schmalen Spitzenborte verziert war. Dazu hatte sie saubere weiße Söckchen angezogen und ihre feinsten Schuhe mit den Fußriemen aus glänzendem Lackleder. Sie hatte sich ein blaues Seidenband um den Kopf gebunden. Audra lächelte still vor sich hin. Vincent hatte die Schleife vorbildlich geknotet.

Dann ließ Audra sich in den Sessel zurücksinken und sah sich aufmerksam den Tisch an. Er war mit ihrer guten Leinentischdecke und ihrem besten Porzellan gedeckt, das sonst nur für Besuch verwendet wurde. Eine Leinenserviette war über jeden Teller gefaltet, und in der Mitte des Tisches stand ein Sträußchen gelber Rosen aus dem Garten in einer Glasvase. Wieder lächelte sie. Das hatte sich wohl ihre Tochter ausgedacht.

Vincent ging zum Kaminvorsprung und drehte den Kessel aus, der auf dem Gas pfiff. Er goß den Tee in der silbernen Kanne aus High Cleugh auf; Christina trug indessen Platten aus der Speisekammer auf.

Mit piepsender Kinderstimme sagte sie: «Diese klitzekleinen Sandwiches sind genau so gemacht, wie du es liebst, Mam, all deine Lieblingssorten . . . Frühstücksfleisch, Tomaten und Gurken, und dann hat Dad noch eine Dose Lachs gekauft, und davon haben wir auch eine Menge Sandwiches gemacht.»

«Sie sehen ganz köstlich aus», sagte Audra. «Du hast dir viel Mühe gegeben, nicht wahr?»

«Dad hat mir geholfen», sagte Christina und verschwand wieder. Dann kam sie mit Schokoladenkeksen, Rosinenbrötchen mit Zuckerglasur, Scones und Himbeermarmelade wieder. «Grandma hat die Brötchen und Scones gebacken», erklärte sie Audra und lief dann noch einmal in die Speisekammer zurück. «Erdbeeren, Mam!» verkündete sie und stellte den Teller vor ihre Mutter hin. «Ach, die Sahne! Jetzt habe ich die Sahne vergessen!»

«Nun laß mal, Christina, mein Liebling, und setz dich hin», sagte Vincent, trug die Teekanne zum Tisch und schenkte ihnen ein. «Wie es um meine Mädels steht, weiß ich zwar nicht, aber ich sterbe vor Hunger.»

Während des Tees unterhielten sich Audra und Vincent angeregt.

Sie erzählte von ihrem hektischen Tag im St. Mary's Hospital, an dem sie mittlerweile für zwei Kinderstationen sowie die Entbindungsstation verantwortlich war.

Er redete von dem befristeten Job, den er und Fred Varley hatten und bei dem sie an das Herrenhaus von Pinfold Ställe anbauten. Sie arbeiteten zusammen, Seite an Seite, da Fred Varley nach seinem Konkurs noch nicht wieder ein Geschäft aufmachen konnte, zumindest nicht im großen Stil. Varley übernahm kleine Bauarbeiten, wo er sie bekommen konnte, und meist stellte er Vincent an, ihm dabei zu helfen.

«Aber er wird wieder anfangen, bald sogar, und dann auf Dauer», sagte Vincent. «Bestimmt, da brauchst du dir keine Sorgen zu machen.» Audra nickte und faltete die Hände unter dem Tisch, betete, daß es so sein würde. Vincent liebte seine Arbeit, und sie verstanden sich viel besser, wenn er eine Stellung hatte, Geld verdiente und sie alle ernähren konnte. Langsam war ihr klargeworden, daß es seine Verzweiflung über die Arbeitslosigkeit war, die einige ihrer größten Schwierigkeiten verursachte.

Dann fing Vincent an, von seinem Bruder Frank zu erzählen, der bei den Ninth Lancers – einem Kavallerieregiment – stationiert war und sich mit der englischen Armee in Indien befand. Er wollte im Urlaub nach Hause kommen, und Vincent hatte beschlossen, daß der ganze Crowther-Clan bei Franks Heimkehr eine Party veranstalten sollte.

Christina spitzte die Ohren, wie sie es immer tat, wenn sie mit ihren Eltern zusammen war. Sie schaute von einem zum anderen, wobei ihren großen, grauen, weit geöffneten Augen nichts entging.

Aufmerksam horchte sie auf jedes Wort von ihnen, während sie ihre Sandwiches kaute. Manchmal sagte sie auch etwas, aber meist hörte sie nur zu. Sie waren beide so klug, ihre Mam und ihr Dad. Sie hörte ihnen so gern zu. Ihre Mam hatte so eine liebliche Stimme, weich und melodiös.

Sie genoß Momente wie diesen, wenn sie so freundlich zueinander waren und ihre Mutter viel lächelte, ihre Augen ganz blau und strahlend wurden; sie mochte es gar nicht, wenn sie sich zankten. Dann ging Vater weg und knallte laut die Tür hinter sich zu, kam nachts erst spät wieder, wenn *sie* schon fest schliefen. Ihre Mutter war jedesmal tagelang böse mit ihm und sah ihn immer so merkwürdig aus den Augenwinkeln an, mit zusammengepreßten Lippen.

Einmal im letzten Jahr, als sie noch klein war, noch nicht erwachsen wie jetzt, war ihre Mam nach einem Streit aufgeblieben und hatte auf ihren Vater gewartet. Sie hatten sich angeschrien, und ihre Mam kreischte: «Wenn du so darüber denkst, dann geh doch zurück zu deinem feinen Liebchen.» Sie hatte alles mitangehört, weil sie so überrascht gewesen war, ihre Mam schreien zu hören. Hatte sich aus dem Zimmer geschlichen und sich übers Geländer gebeugt, um zu lauschen.

Und noch Tage danach hatte sie Angst, daß ihr Dad fortgehen und mit der Frau leben könnte, die so fein war. Sie hatte sich gefragt, ob *sie* nicht fein genug für ihn waren. Vielleicht würde er dableiben, wenn sie sich feinmachten, hatte sie überlegt, aber sie wußte nicht genau, wie man das anfangen sollte.

Schließlich hatte sie ihre Großmutter gefragt, wie ein feines Liebchen aussähe. Ihre Großmutter hatte die Luft angehalten und sie angestarrt, sie dann gefragt, wo sie das gehört habe. Christina hatte geflunkert und gesagt: «In der Schule.» Nicht einmal jetzt war ihr klar, warum sie Grandma etwas vorgelogen hatte. Aber sie ahnte, daß sie über Dinge, die sich zu Hause abspielten, nicht sprechen durfte. Ihre Mam machte das jedenfalls nie, wenn *sie* bei Grandma war. In Großmutters Haus sagte sie kaum etwas und war überhaupt nicht wie *ihre Mam*. Irgendwie war sie dann anders.

Sie hatten sich am Ende doch nicht fein machen müssen, denn ihr Dad war geblieben. Kurze Zeit nach jedem schrecklichen Streit waren ihre Mam und ihr Dad immer wieder ein Herz und eine Seele, küßten sich auf die Wangen und nahmen sich in den Arm. So war es jedesmal.

Das plötzliche Lachen ihres Vaters brachte Christina in die Gegenwart zurück.

Sie sah ihn aufmerksam an.

Er schaute fröhlich drein, und seine grünen Augen glitzerten wie die Halskette, die Tante Gwen getragen hatte, als sie in ihrem Haus in Headingley zum Tee gewesen waren. Nur daß sie jetzt nicht mehr zu Tante Gwen gingen. Audra lachte auch, und ihre Augen hüpften und sprühten blaue Lichter, so daß Christina wußte, daß ihre Mutter heute glücklich war.

Die Tochter konnte nicht begreifen, warum ihre Eltern so lachten; sie hatte verpaßt, was ihre Mutter gerade gesagt hatte. Aber jetzt fing sie auch an zu lachen, wollte dabeisein, zu ihnen gehören, an ihrer Fröhlichkeit und Ausgelassenheit teilhaben.

Immer noch kichernd, meinte Vincent: «Ach, was ich noch sagen wollte, Audra: Mike hat Karten fürs Grand Theatre am Samstag gekauft . . . es gibt Noël Cowards *Kavalkade*. Er lädt uns ein, das ist eine weitere Geburtstagsüberraschung für dich, Liebes.»

«Wie nett er immer ist, und so umsichtig.»

Christina fragte: «Wird Tante Maggie auf mich aufpassen, wenn ihr Samstag abend weggeht?»

«Ja, mein Herz.»

«O toll, Dad. Es ist immer so lustig mit ihr, und sie läßt mich immer lange aufbleiben.»

«Was!» rief Audra.

«Es ist jetzt Zeit für die Erdbeeren, ich werde euch auftun», rief Christina und sprang vom Stuhl. «Und du kriegst am meisten, weil es dein Geburtstag ist.»

«Nun sei doch nicht lächerlich», sträubte sich Audra. «Wir bekommen alle das gleiche, in dieser Familie wird ehrlich geteilt.»

«Nein, *du* bekommst am meisten», beharrte Christina, während sie die Früchte vorsichtig in die Glasschälchen füllte, die sie von der Anrichte geholt hatte. Sie hatten schon lange keine Erdbeeren mehr gegessen, weil sie so teuer und so etwas Besonderes waren. Niemand sprach, während sie die Früchte langsam aßen und jeden Bissen genossen. Aber ihre Augen strahlten, und sie lächelten sich zu. Als sie fertig waren, fanden sie einstimmig, daß dies die allerbesten Erdbeeren waren, die sie jemals gegessen hatten . . . so süß und saftig.

Aber der Höhepunkt der Teestunde war der Geburtstagskuchen.

Christina und Vincent machten sich damit in der Speisekammer zu schaffen, bevor das Kind feierlich hereingeschritten kam und den Kuchen mit ausgestreckten Armen vor sich hertrug.

Im Chor riefen Vater und Tochter: «Happy birthday! Happy birthday!»

Christina blieb vor ihrer Mutter stehen und sagte: «Tut mir leid, daß da nur eine Kerze ist, aber das war alles, was von meinem Geburtstagskuchen übrig war, Mam. Die anderen waren schon so heruntergebrannt.»

«Das macht doch nichts, Christie, eine Kerze ist doch besser als nichts.»

«Das habe ich ihr auch gesagt», versetzte Vincent und nahm gegenüber von Audra Platz. «Und ich habe ihr auch gesagt, daß du eine Kerze bestimmt lieber hättest als dreißig.»

Audra lächelte ihn scheu und bedauernd an. «Ich kann es noch gar nicht glauben, daß ich tatsächlich dreißig Jahre alt bin. Vincent . . . wo sind bloß all die Jahre geblieben?»

Dieser schüttelte den Kopf. «Frag mich nicht, Mädel. Ich habe keine Ahnung. Und ich werde in neun Tagen vierunddreißig . . . oder hast du das vergessen?»

Bevor Audra etwas sagen konnte, rief Christina: «Wir müssen auch ein Fest für dich machen, Dad!»

Christina kniete nieder, um ihr Abendgebet aufzusagen.

Audra saß im Schaukelstuhl und hörte zu.

Sowie Christina das langwierige Ritual beendet hatte, für ihre Onkel in Australien und alle Mitglieder des Crowther-Clans zu beten, kletterte sie ins Bett und kuschelte sich zwischen die Laken.

Audra ging zu ihr herüber, glättete die Bettdecke und setzte sich dann auf den Rand. Sie ließ ihre Hand über die unschuldige Wange des Kindes gleiten und lächelte ihm zu. «Das war eine wunderschöne Geburtstagsfeier, Christie, ich danke dir dafür.»

Christina erwiderte ihr Lächeln. Dann fragte sie ängstlich: «Wir können doch auch ein Fest für Daddy machen, oder nicht?»

«Natürlich können wir das. Es wäre doch ungerecht, wenn wir's nicht täten . . . du hattest deine Feier letzten Monat, und meine war heute – also ist er als nächster dran.» Audra beugte sich vor und küßte ihre Tochter.

Zwei rundliche Ärmchen streckten sich nach ihr aus und schlangen sich um ihren Hals. Christina schmiegte sich an ihre Mutter, genoß den vertrauten Duft ihrer kühlen, frischen Haut und ihres Gardenienblütenparfüms, das sie sich hinter die Ohren getupft hatte. Dann flüsterte sie: «Ich hab dich lieb, Mam.»

«Mein Liebling – ich dich auch. So sehr. Und nun komm, kuschel dich zusammen und schlaf. Es ist schon sehr spät. Und träum was Schönes, mein Mäuschen.»

«Ja, Mam. Gute Nacht, Mam.»

Aber Christina schlief nicht sofort ein.

Sie lag im Bett und betrachtete durchs Fenster den Himmel. Die Eltern hatten sie lange über ihre gewöhnliche Schlafenszeit hinaus aufbleiben lassen, weil es ein besonderer Anlaß war, und nun war es draußen schon völlig dunkel.

Der Himmel war tintenschwarz und mit glitzernden Sternen bedeckt, die so weit weg waren. Der Mond war rund wie ein Halbes-Kronen-Stück und ebenso glänzend. Vollmond, hatte ihr Vater gesagt, ehe man sie ins Bett gesteckt hatte.

Wie lieb sie ihren Dad hatte. Und ihre Mam. Sie mochte es am liebsten, wenn sie nur zu dritt waren . . . ihre Mam und ihr Dad und sie. Ihr Dad hatte Tante Laurette und Onkel Mike zur Teestunde eingeladen. Aber sie war so froh, daß sie nicht kommen konnten. Nicht, daß sie die beiden nicht gern hatte. Sie hatte all ihre Tanten und Onkel gern, und ihre Grandma. Und Grandpa. Ja, besonders den. Sie liebte es, wie er nach Leder, Pomade und den Eukalyptuspastillen roch, die er ihr manchmal heimlich gab, wenn niemand zusah. Er setzte sie immer auf seine Knie und erzählte ihr Geschichten über seltsame Ereignisse. Es machte ihr nichts aus, daß sein großer, weißer und lockiger Schnurrbart sie kitzelte, wenn er sie küßte, oder daß er immer an seiner Pfeife zog, die Grandmas Küche mit Rauch erfüllte und ihre Augen tränen ließ. Die

Pfeife nannte er immer «meine gute Kalebasse» und erlaubte keinem, sie anzurühren, nicht einmal Tante Maggie, auf die er sonst nichts kommen ließ, wie ihr Dad sagte.

Aber sie liebte ihre Mam und ihren Dad am meisten. Mehr als alles auf der Welt. Und sie gehörte zu ihnen. Sie würde keine andere Mam oder einen anderen Dad haben wollen. Ihre waren etwas ganz Besonderes. Das wußte sie.

Sie schloß die Augen und driftete langsam in den Schlaf hinüber. Sie konnte das Gemurmel ihrer Stimmen hören ... leise, zärtliche, liebevolle Stimmen ... sie fühlte sich immer so geborgen, wenn sie ihre Stimmen hörte ...

«Sie ist ein außergewöhnliches Kind, Vincent», sagte Audra und ließ sich ins Sofa des Wohnzimmers sinken.

«Ja, sie ist sehr aufgeweckt.»

«Was sie besitzt, ist mehr als Aufgewecktheit, auch mehr als Talent ... sie ist außerordentlich begabt, Vincent.» Audra ließ ihren Blick auf dem Kaminsims ruhen, wo das Bild inmitten der Glückwunschkarten lehnte. «Vor dem Tee hast du gesagt, das Aquarell hätte dich sehr beeindruckt, so sehr, daß du es hast rahmen lassen.»

«Ja, das ist gar keine Frage, es hat mich sehr beeindruckt.» Vincent ließ seinen Blick auf dem Bild ruhen, das Audra vor Jahren vom «Ort der Erinnerung» gemalt hatte und schaute dann zur hinteren Wand, wo eine Landschaft von Adrian Kenton hing. «Unsere Christina hat es von dir und von deinem Vater, Audra – ihre künstlerische Begabung, meine ich.»

«Ja, das hat sie. Aber sie wird viel besser sein als ich, wenn sie erst groß ist ... und vielleicht wird sie auch besser als mein Vater. Die Anzeichen dafür sind vorhanden.»

«Du kannst jetzt eigentlich keine Zweifel mehr daran haben, wer dein Vater gewesen ist, Audra.» Er lächelte sie zögernd an.

«Nein, habe ich auch nicht, und ich weiß nicht, ob ich je welche hatte. Ich wußte ja, daß meine Mutter nie etwas getan hätte, was meinen Vater hätte verletzen können. Es lag nicht in ihrer Natur, irgend etwas Schäbiges zu tun. Ich glaube, ich habe es immer schon gewußt, daß sie und Onkel Peter erst viel später ein Paar wurden, als sie schon verwitwet war.»

Vincent nickte und griff nach seinem Bierglas. Er war erleichtert, daß sie diese alte Geschichte endlich geklärt hatten.

Beide schwiegen einen Augenblick, jeder in seine eigenen Gedanken versunken.

Der Juniabend war kühl geworden, und Vincent hatte das Kaminfeuer angezündet, während Audra Christina zu Bett brachte. Nun saß sie da und sah in die Flammen, dachte an das Kind, das oben lag und schlief: das hochbegabte Kind, von dem sie immer schon gewußt hatte, daß ihm eine glänzende Zukunft bevorstand.

Plötzlich beugte Audra sich vor und überraschte Vincent mit dem Ausruf: «Ja, wir müssen es tun!»

«Was denn?» fragte er und sah sie neugierig an.

Sie beantwortete seine Frage nicht direkt, sondern sagte statt dessen: «Ich habe ihr in den letzten Jahren so gut ich konnte geholfen, und ich werde das auch weiterhin tun, aber ich kann sie nur soviel lehren, wie ich selbst kann, und ich habe mir ja alles allein beigebracht.»

«Ja», erwiderte er.

«Sie muß zur Kunstakademie, wenn sie sechzehn ist. Im Leeds College of Art wird sie früher nicht angenommen. Und dann muß sie nach London gehen, um am Slade zu studieren – oder besser noch am Royal College of Art.»

«Und wie sollen wir das alles bezahlen?» fragte er, und seine Stimme schwoll an. «Wir werden so eine Ausbildung niemals finanzieren können, auch nicht, wenn die Wirtschaftskrise vorüber ist und ich eine feste Stellung bekomme. Es wird *Tausende* kosten.»

«Ja, das weiß ich, aber wir werden es tun», erwiderte sie entschlossen. «Das müssen wir einfach, Vincent!» Ihre Stimme war so erregt und begeistert, wie Vincent sie lange nicht mehr gehört hatte. «Christina muß jede Chance haben», fuhr Audra fort. «Ich will nicht, daß sie darum betrogen wird, bloß weil das Geld fehlt. Sie hat eine Begabung . . . und die muß ausgebildet werden. Sie wird eine großartige Malerin werden, eine große Künstlerin, Vincent.»

«Na», sagte er langsam, und seine Stimme wurde leiser, «also ich weiß nicht so recht . . .»

Audra richtete sich gerade auf und fixierte ihn mit einem ihrer durchdringenden Blicke. «Es darf kein Zögern von unserer Seite geben, Vincent, nicht das geringste. Wir müssen auf dieses Ziel hinarbeiten, wie groß die Opfer auch sein mögen. Christina muß diese Chance haben. Und ich für meinen Teil werde dafür sorgen, daß sie sie bekommt!»

28

Ich weiß wirklich nicht mehr, was ich mit Audra machen soll, Mike. Ich bin einfach ratlos», sagte Vincent mit bebender Stimme.

Dann sprang er auf und ging zum Fenster hinüber, stand da und sah mit blinzelnden Augen in die strahlende Aprilsonne hinaus.

Mike sagte: «Ja, ich weiß, wie viele Sorgen du dir in der letzten Zeit gemacht hast.» Der junge Arzt runzelte die Stirn, konnte den Kummer seines Freundes verstehen und auch seine ohnmächtige Wut darüber, noch immer arbeitslos zu sein. Vincent war in letzter Zeit sehr leicht reizbar und empfindlich. An der Art, wie er seine Schultern hielt, konnte Mike erkennen, wie angespannt und bedrückt er heute morgen wieder war.

«Alles, womit ich dir helfen . . .» fing Mike an, brach aber ab, als die Tür des Wohnzimmers aufging.

Laurette trat rückwärts ins Zimmer, ein Tablett auf dem Arm. Dann drehte sie sich um und ging zum Kamin. «Tut mir leid, daß es so lange gedauert hat mit dem Kaffee», sagte sie strahlend, «aber ich mußte noch nach dem Sonntagsbraten schauen und den Röstkartoffeln . . .» Laurette brach mitten im Satz ab, da sie Mikes besorgtes Gesicht und Vincents starre Haltung bemerkt hatte.

«Oh», sagte sie schnell, «störe ich? Dann will ich lieber meine Tasse nehmen und in die Küche gehen, euch in Frieden lassen.»

«Nein», sagte Vincent, wirbelte herum und trat zur Sitzgruppe beim Kamin zurück. «Es ist nichts, wovon du nicht wissen darfst.» Dann ließ er sich in einem Sessel nieder, holte seine Zigaretten heraus und zündete sich eine an.

Laurette reichte ihnen den Kaffee und setzte sich dann ebenfalls. Sie schaute Vincent neugierig an und wartete darauf, daß er weitersprach.

Vincent saß da und starrte trübselig ins Feuer, rauchte grüblerisch seine Zigarette.

Schließlich fragte Laurette, in der Hoffnung, ihren Bruder aufzutauen: «Und wo sind Audra und Christina heute hingegangen, was hast du gesagt?»

«Nach Fountains Abbey», erwiderte er, ohne aufzusehen. «Noch eine Mallektion im Freien, eine Exkursion, wie Audra es nennt.» Dann sah er Laurette an und fügte hinzu: «Du weißt ja, daß sie Christie immer mit nach draußen nimmt, damit sie malt, an ihren freien Sonntagen.»

«Ja, und ich finde es großartig, wie sie euer Kind mit Bildern bekannt macht in den großen Häusern wie Temple Newsam und Harewood. Audra gibt Christie ein gutes Fundament, Vincent, sie wird gut vorbereitet sein für die Kunstakademie.»

Vincent nickte, sagte aber nichts.

Mike sagte: «Du hast gerade gesagt, daß du nicht mehr weißt, was du mit Audra machen sollst. Also laß uns darüber reden ... es hilft einem immer, wenn man sich aussprechen kann, und darum bist du doch heute morgen hergekommen, oder?»

«Ja, das stimmt, Mike», Vincent räusperte sich. «Ich mache mir Sorgen um Audras Gesundheit. Sie hetzt sich mehr denn je in der letzten Zeit und geht bis an die Grenzen ihrer Kräfte. Ihr kennt beide ihren Tagesablauf ... sie arbeitet verflixt hart am Krankenhaus und macht noch zusätzliche Dienste, wann immer sich die Gelegenheit bietet, verdient sich was dazu. Und dann, wenn sie heimkommt, kümmert sie sich um uns, kocht, macht sauber, wäscht und bügelt. *Und* unterweist Christie in Kunst. Und wenn sie all das gerade nicht macht, plackt sie sich an der verdammten Nähmaschine ab, die ihr Mrs. Bell geschenkt hat, und schneidert für andere Leute. Von der Arbeit abgesehen, spart sie an jeder Ecke, gönnt sich selbst nichts, um jeden Penny für Christinas Ausbildung zurückzulegen.»

Beide schauten ihn aufmerksam und mitfühlend an.

Vincent schüttelte resigniert den Kopf. «Diese unablässige Jagd auf Geld macht mir Sorgen, und ich kann sie nicht bremsen. Ich bin vollkommen hilflos.» Erneut wurde seine Stimme unerwartet flatterig. «Ich wage nicht, mich da einzumischen, ein Wort zu sagen . . . wenn ich das früher gemacht habe, hat sie sich sofort auf mich gestürzt . . . ich hatte gehofft, *du* könntest mit ihr reden, Mike, als Arzt, weißt du . . . auf dich würde sie hören.»

«Das bezweifle ich, Vince», erwiderte Mike düster. «Natürlich will es gern versuchen, aber es wird vergebens sein. Und Laurette wird es ebenso gehen, obwohl sie Audra so nahesteht. Niemand und nichts wird sie bremsen können. Sie hat es sich in den Kopf gesetzt und ist dickköpfig.»

«Ja, das weiß ich nur allzu gut», murmelte Vincent. «Alles hat schon vor Jahren angefangen, als Christina zur Welt kam. Damals habe ich Audra gesagt, daß sie von einer schrecklichen Kraft in ihrem Inneren angetrieben sei, und ich hatte auch recht.» Er fuhr sich mit der Hand über das müde Gesicht. «Es ist völlig in Ordnung, wenn man ehrgeizig ist und das Beste für sein Kind will, das verstehe ich schon. Aber was Audra in den letzten Jahren gemacht hat – das ist einfach anomal, wenn ihr mich fragt.»

Laurette sagte: «Ich weiß nicht, ob anomal das richtige Wort ist, Vincent . . .» Dann stockte sie und suchte nach dem passenden Ausdruck, um zu beschreiben, was ihr gerade eingefallen war. Langsam und bedächtig sagte sie: «Was wir da beobachten, ist ein Willensentschluß, und zwar einer, dem so selbstlos und unerbittlich gefolgt wird . . . daß es geradezu ehrfurchtgebietend ist.»

«Verdammt abschreckend, willst du wohl sagen», versetzte Vincent rauh. Er holte tief Luft und bemühte sich um Beherrschung. «Sieh mal, Laurette, ich will das Beste für unsere Christie, das kannst du mir glauben. Aber es gibt Grenzen für Leute in unseren Verhältnissen. Audra will viel zuviel für das Kind. Und außerdem ist es auch nicht fair – Christie hat kaum Freunde, keinen Spaß. Ich liebe Audra . . .» Er hielt inne und räusperte sich. «Ich möchte nicht, daß sie zusammenbricht, krank wird. Ich versuche nur, sie zu beschützen.»

«Wie ich schon sagte, glaube ich nicht, daß sie auf einen von uns hören wird, aber ich werde trotzdem morgen mit ihr sprechen, Vince», versprach Mike. «Ich muß sowieso zum Krankenhaus, um nach einigen Patienten zu sehen, und da werde ich schon eine Gelegenheit finden, mit ihr zu reden. Ich werde darauf bestehen, daß sie sich mal gründlich untersuchen läßt, nur so routinemäßig. So brauchst du dir wenigstens keine Sorgen mehr zu machen.»

«Ja, das würde mich sehr beruhigen, Mike. Vielen Dank.»

Laurette lächelte ihrem Bruder zu und streichelte seinen Arm. «Sieh das doch nicht alles so verbissen, Schatz. Es wird schon wieder werden.»

Vincent nickte, steckte sich die nächste Zigarette in den Mund und riß ein Streichholz an.

«Willst du nicht zu unserem Sonntagsessen hierbleiben?» fragte Laurette. «Es gibt Lammbraten, neue Kartoffeln und frischen Kohl – das magst du doch so gern.»

«Nein, aber hab vielen Dank. Ich habe Bill und Jack gesagt, daß ich mich mit ihnen auf einen Drink im Traveler's Rest treffen würde, und dann gehe ich wohl mit ihnen zu unserer Mam und werde da essen.» Vincent sah seine Schwester aus den Augenwinkeln an und sagte betont: «Ich will nicht, daß du unserer Mam davon erzählst, aber unser Bill überlegt sich, ob er zur Handelsmarine gehen soll.»

Laurette starrte ihn mit aufgerissenen Augen an und sagte: «Das wird ihr gar nicht gefallen! Wo unser Frank schon bei der Armee ist.»

«Ich weiß.» Vincent wandte sich an seinen Schwager. «Es wird einen Krieg geben, Mike. Das ist ganz offensichtlich. Hitler befindet sich schon auf dem Marsch, ist im März in Teilen der Tschechoslowakei einmarschiert, und grade letzte Woche hat er Polen ganz unmögliche Forderungen gestellt . . .»

«Das habe ich gerade im *Sunday Express* gelesen, bevor du kamst», unterbrach Mike ihn. «Dieser Mann wird immer gieriger, was Land angeht – nun verlangt er sogar, daß die Freie Stadt Danzig an Deutschland gehen soll. Und es sieht aus, als hätten wir uns verpflichtet, Polen bei dieser neuen Krise zu unterstützen – ebenso wie Frankreich.»

Sie wechselten einen besorgten Blick.

«Ein unruhiger Frieden ist es, den wir zur Zeit haben, Mike, und er wird auch nicht mehr lange halten . . . bevor das Jahr zu Ende ist, werden wir gegen Deutschland Krieg führen, denkt an meine Worte.»

«Sag das nicht!» rief Laurette und sah von ihrem Bruder zu ihrem Mann. «Werdet ihr . . . werdet ihr beide gehen müssen, wenn es Krieg gibt?»

«Ja», sagte Mike.

29

Was für ein schöner Morgen es doch ist», sagte Audra und ging zur offenen Tür des Häuschens in der Pot Lane, blieb an der Schwelle stehen und sah hinaus. Dann schaute sie empor. «Und keine Wolke am Himmel, Vincent.»

«Ja, es ist wirklich ein schöner Tag», stimmte dieser ihr zu und stellte sich neben sie. Er folgte ihrem Blick. Dieser war auf das Ende des kleinen Gartens gerichtet, in dem Christina saß und zeichnete. Beim Anblick seines Kindes lächelte er vor Freude. «Viel zu schön, um drinnen zu bleiben . . . ich glaube, ich komme heut nachmittag mit euch . . . wenn ihr wollt, meine ich.»

Audra blickte ihn erstaunt an. «Aber du gehst doch Sonntag mittags immer ins White Horse –» Sie brach ab, ihre Augen leuchteten vor Glück. «Wir fänden es toll, wenn du mit uns kämst. Wir gehen nicht weit, nur bis nach Temple Newsam. Ich möchte, daß Christie sich einige der Bilder dort anschaut, besonders die alten Meister.»

Vincent legte den Arm um sie, drückte ihre Schulter und sah in ihr Gesicht herab. Er erkannte die Erschöpfung, die hinter ihrem augenblicklichen Strahlen lag, und er zuckte innerlich zusammen. Sie hetzte sich immer noch zu sehr ab, trotz Mikes freundlicher Ermahnung im Frühling, und er machte sich große Sorgen um sie. Aber sie wollte nicht auf ihn hören, seine Worte schienen keinen Eindruck auf sie zu machen. Sie mühte sich weiter ab wie bisher.

Hastig sagte Vincent: «Hör mir mal zu, Liebling, ich habe eine Idee, eine wunderbare Idee. Warum fahren wir nicht *jetzt gleich* nach Temple Newsam? So in einer halben Stunde. Verstehst du, daß es ein Tagesausflug wird. Wir könnten uns was zu essen mitnehmen ... dann bräuchtest du dich nicht über dem heißen Herd abmühen und ein Mittagessen kochen, bevor wir losgehen. Was sagst du dazu?»

Audra nickte selig. Es kam nicht oft vor, daß er sie bei diesen sonntäglichen Kunstexkursionen begleitete, und sie freute sich sehr darüber. Sie blickte über die Schulter zur Uhr auf dem Kaminsims. «Schon zehn nach elf ... aber du hast recht – warum eigentlich nicht?» Dann drehte sie sich zum Garten, beschattete die Augen mit der Hand und rief: «Christie, Christie, komm doch bitte herein. Dein Daddy fährt mit uns nach Temple Newsam, und wir wollen dort Picknick machen, da brauche ich deine Hilfe.»

«O toll!» rief Christina und sprang auf, freudig erregt, daß ihr Vater mitkommen wollte.

«Dann wollen wir mal zuerst die Sandwiches machen», sagte Audra und eilte geschäftig in die Speisekammer.

«Kann ich helfen?» fragte Vincent.

«Nein – aber du könntest das Radio anmachen, es wäre schön, heute morgen ein bißchen Musik zu hören.»

«Wird gemacht», erwiderte er, ging zum Gerät und drehte am Knopf. «Ah, hier ist ja schon Musik ... es ist tatsächlich die *Schöne Blaue Donau*, Audra. Stell dir das mal vor – der erste Tanz, den wir im Gemeindessal zusammen getanzt haben, vor all diesen Jahren.»

Sie drehte sich nach ihm um und warf ihm das zärtlichste aller Lächeln zu, dann runzelte sie die Stirn, als die Musik jäh abbrach. «Ach du meine Güte, sag nicht, daß das Radio schon wieder kaputt ist.»

«Wir unterbrechen das Programm auf Grund einer wichtigen Durchsage des Premierministers», sagte ein BBC-Sprecher gerade.

Vincent und Audra sahen sich erschrocken an, und keiner von ihnen bewegte sich, während die Stimme von Neville Chamberlain aus dem Lautsprecher klang und ihnen sowie dem Rest von England verkündete, daß Hitler in Polen einmarschiert sei und England sich nun im Krieg mit Deutschland befände.

«Gott schütze euch alle, und möge Er der gerechten Sache beistehen.» Die Stimme des Premierministers, die so streng und ernst geklungen hatte, wurde von der Nationalhymne abgelöst, und die vertrauten Klänge von «God Save the King» hallten durch die Küche.

«Heute ist der dritte September», murmelte Vincent und schaute Audra besorgt an. «Ich habe zwar mit einem Krieg gerechnet, aber er ist schneller gekommen, als ich dachte.»

«Ja.» Audra ließ sich auf den erstbesten Stuhl sinken; die Knie wurden ihr weich, als ihr die Tragweite der Worte des Premierministers aufging.

Christina sah ratlos von einem zum anderen. «Was hat das denn zu bedeuten? Was wird geschehen, Dad?»

«Wir werden gegen die Deutschen kämpfen, aber mach dir keine Sorgen, mein Herz, es wird schon alles gut ausgehen.»

«Und was machen wir jetzt mit Temple Newsam?» fragte Audra unvermittelt. «Vielleicht sollten wir lieber nicht dort hinfahren.»

«Ach Mam, bitte sag das nicht», rief Christina, «wo Daddy doch mitkommen wollte.»

Sie sah so unglücklich aus, und ihre Stimme klang so enttäuscht, daß Vincent einfach sagte: «Ach, zum Teufel damit, Audra, laß uns doch fahren. Es ist vielleicht für lange Zeit die letzte Gelegenheit, daß wir etwas zusammen unternehmen können.»

«Ja, das stimmt», sagte Audra zögernd.

Eifrig fragte Christina: «Gehen wir also doch, Mam?»

«Ja – lauf nach oben und zieh dich um. Dein Vater kann mir bei den Sandwiches helfen.»

«Soll ich mein gelbes Kleid mit dem Primelmuster anziehen?»

«Wenn du möchtest, mein Liebling.»

Als sie allein waren, sagte Vincent: «Ich weiß nicht, wann die Rekrutierungsbüros öffnen – morgen oder Dienstag, denke ich.» Er machte eine Pause. «Aber ich werde mich freiwillig melden, sobald sie aufmachen.»

«Ja», entgegnete sie, «ich wußte, daß du das tun würdest, sobald der Krieg ausbricht.»

«Wie jeder Engländer, der sein Pulver wert ist. Gott weiß, daß ich keinem von uns einen Krieg wünsche, es wird die Hölle sein, aber vielleicht kann ich mich nun aufrichten und ein Mann sein.»

Sie sah ihn erstaunt an. «Du bist für mich immer ein Mann gewesen, Vincent.»

Am Dienstag trat Vincent Crowther in die Royal Navy ein, und schon am Ende der Woche hatte man ihn zum großen Marinestützpunkt nach Harwich zur Grundausbildung geschickt.

Das Häuschen erschien ohne ihn still und leer. Zum ersten Mal seit ihrer Ehe waren sie getrennt, und bald merkte Audra, wie sehr sie ihn vermißte.

In mancher Hinsicht führten sie eine merkwürdige Ehe, sie gab das gern zu, aber trotz ihrer Auseinandersetzungen und Differenzen liebten sie sich. Und sie besaßen diese glänzende Trophäe, die Christina hieß und sie unauslöschlich aneinanderband.

Während sie im Krankenhaus und daheim ihre Arbeiten erledigte, dachte Audra an Vincent und machte sich Sorgen, wie er wohl bei der Royal Navy zurechtkam.

Bald kamen seine Briefe regelmäßig einmal in der Woche, sie und Christina saßen dann da und lasen eifrig, redeten liebevoll über ihn und konnten seinen ersten Urlaub gar nicht abwarten. Christina mußte jetzt tagsüber allein zurechtkommen, wenn Audra im St. Mary's arbeitete. «Das macht mir nichts aus, Mam, ich schaffe das schon, bestimmt», sagte die Kleine zu ihr, und sie hatte recht. Christina war ungewöhnlich reif für eine Achtjährige, dies lag an ihrer Intelligenz und der Unterweisung in Haushaltsdingen, die Audra ihr erteilt hatte, aber auch daran, daß sie bisher immer nur mit Erwachsenen zusammengewesen war.

Sie hatte ein besonders enges Verhältnis zu ihrer Tante

Laurette, und wenn Audra Nachtdienst hatte, schlief Christina im Haus ihrer Tante. Mike Lesley hatte sich als Militärarzt gemeldet, und da sie nun allein lebte, freute Laurette sich immer, wenn ihre Nichte bei ihr war. Als Mike wegging, hatte Laurette wieder angefangen zu arbeiten. Auch sie wollte ihr Teil zum Kampf um die gute Sache beitragen und nahm eine Stelle als Sekretärin des Generaldirektors einer Maschinenfabrik in Armley an, die jetzt Bomben herstellte.

Tagsüber ging Christina zum Mittagessen zu ihrer Großmutter, wie sie es von klein auf getan hatte, als ihr Vater sie noch im Kinderwagen dorthin gefahren hatte. Elizas fröhliche Küche mit ihrer Fülle von Rosen war immer vom Lachen und der Ausgelassenheit ihrer lärmenden Familie erfüllt gewesen. Aber nun war es totenstill.

Bill war zur Handelsmarine gegangen, Jack in die Armee, und Maggie war ins ATS eingetreten – die Bodenhilfstruppe. Zuerst hatte sie ihre einmonatige Grundausbildung in einem Ausbildungslager in der Nähe von Reading absolviert, dann wurde sie in ein riesiges Lager in Shropshire eingeteilt, wo sie lernte, mit Flugabwehrgeräten umzugehen. Olives Mann, Hal, befand sich bei der Luftwaffe, und nur Alfred und Danny, der gerade erst sechzehn war, waren noch zu Hause.

Die Crowthers waren plötzlich eine Familie von Frauen, von Alf und seinem jüngsten Sohn abgesehen, der ja auch gehen würde, sobald er alt genug war. Und während England für den Krieg mobil machte, rückte der Crowther-Clan enger zusammen als je zuvor.

Sperrballons und Scheinwerfer, Luftschutzsirenen und das Entwarnungssignal, Verdunkelungen an jedem Fenster, Ausweise, Luftschutzbunker und Gasmasken – alles wurde ganz alltäglich. Ebenso ging es mit den Essenszuteilungen und Kleidermarken, der Rationierung von Benzin und der Verknappung von beinahe allem, sowie den Luftschutzübungen, die von Angehörigen der Zivilverteidigung durchgeführt wurden. Mr. Trotter, der Luftschutzwart für die Pot Lane, wurde für Audra und Christina ein vertrauter und beliebter Anblick.

So schwierig und unangenehm diese Zeiten auch waren,

behielt Audra doch ihre jahrelange Routine bei und verlangte von Christina dasselbe. Neben ihren Schulaufgaben wurde sie weiterhin künstlerisch gefördert, und Audra erwartete von ihr, daß sie jeden Tag fleißig arbeitete.

Aber sie hatten auch ihre kleinen Freuden, und besonders viel Spaß machte es ihnen, sich die neuesten Filme aus Amerika anzuschauen oder die aus ihrem eigenen Land. Sie waren auch große Radiofans und hörten sich alles an von den Nachrichten bis zu Komödien und Musikprogrammen. Aber das Kino war ihnen doch das liebste, und sie besuchten es einmal in der Woche, manchmal auch zweimal, meist in Begleitung von Laurette.

Eines Samstagnachmittags gegen Ende Oktober im Jahre 1939 tranken Audra, Laurette und Christina gerade in der Küche des Häuschens Tee, bevor sie ins Lichtspielhaus gehen wollten, um sich den neuesten Robert Donat-Film anzuschauen, *Goodbye, Mr. Chips*.

Laurette las viel über Filme und Filmstars und hatte ihnen von diesem Film erzählt, sogar etwas von der Handlung verraten.

«Nun hör aber auf», rief Audra. «Sonst verdirbst du uns den ganzen Spaß.»

«Oh, das tut mir leid», entschuldigte sich Laurette; dann wechselte sie das Thema und fuhr fort: «Ich kann's ja gar nicht erwarten, *Vom Winde verweht* zu sehen. Ich habe im Filmmagazin davon gelesen, und es klang einfach wundervoll. Vivien Leigh sah so schön aus im Heft von der letzten Woche, und Clark Gable erst! Er ist einfach großartig!»

Audra schmunzelte. «Wenn Mike das hören würde, wäre er bestimmt eifersüchtig . . .» Dann sah sie sich um, weil es an der Haustür klopfte.

«Ich geh schon», rief Christina, rutschte vom Stuhl und lief dann nach vorn. «Hallo, Mr. Trotter», sagte sie und sah zum Luftschutzwart empor.

«Hallo, Kleine, ist die Mami da?»

«Ja, Mr. Trotter.» Christina machte die Tür weiter auf. «Bitte kommen Sie doch herein.»

Jim Trotter nahm seinen Stahlhelm ab und betrat das Haus. «Guten Abend, Mrs. Crowther», sagte er und lächelte Audra freundlich zu. «Tut mir ja so leid, daß ich Sie belästigen muß, wo Sie gerade beim Tee sitzen, aber ich wollte mit Ihnen kurz über Miss Dobbs vom Haus an der Ecke reden.»

«Was ist mit Miss Dobbs?» fragte Audra und blickte den älteren Mann neugierig an.

«Wissen Sie, es ist folgendes, Mrs. Crowther, sie kommt nie zu den Luftschutzübungen, und ich weiß nicht, was aus ihr werden soll, wenn es wirklich einen Luftangriff gibt.»

Audra runzelte die Stirn. «Dann wird sie zu uns in den Unterstand hinten im Garten kommen, Mr. Trotter. Mein Schwiegervater hat ihn für uns gebaut, und ich habe es da einigermaßen gemütlich gemacht und . . .»

«Sie will doch aber nicht in den Luftschutzbunker, Mrs. Crowther», unterbrach Jim Trotter sie aufgeregt. «Ich hab ja eben wieder mit Miss Dobbs darüber gesprochen, und sie hat mir ganz schön was erzählt, wo ich's doch nur gut gemeint hab, kann ich Ihnen sagen!»

«Oh», sagte Audra und sah ihn ratlos an.

«Sie können sich nicht vorstellen, was sie zu mir gesagt hat», fuhr Mr. Trotter fort.

«Nein, kann ich wohl nicht», sagte sie. «Was hat Miss Dobbs denn gesagt?»

«Na, sie hat mich so komisch angeschaut, als sei ich von einem anderen Planeten gekommen, und dann brüllte sie plötzlich: ‹Gehen Sie doch und setzen sich in das Loch da, hinten im Garten, *unter der Erde*. Aber ich nicht, mein Junge. Ich werde eine lange Zeit unter der Erde liegen, wenn ich erst tot bin, und solange ich noch lebe, bleib ich hier oben – und wenn ich von einer Bombe getroffen werde, dann werde ich von einer Bombe getroffen.› Genauso hat sie's gesagt, Mrs. Crowther.»

Audra konnte sich nicht zurückhalten, und auch Christina und Laurette fingen an zu lachen.

Jim Trotter sah sie mißtrauisch an und wandte sich dann zu

Audra. «Das ist nicht zum Lachen, Mrs. Crowther», sagte er beleidigt.

«Das weiß ich doch», sagte Audra atemlos, «aber ich kann sie ein bißchen verstehen, was das Gefühl angeht, dort unter der Erde zu sitzen.»

«Das will ich nicht hoffen!» Jim Trotter blickte nun völlig verstört. «Das würde mir schwer zu schaffen machen, wenn ich zwei in dieser Straße hätte, die *schwierig* wären.»

Audra nickte und biß sich auf die Lippen. Sie konnte ihm nicht antworten. Es fiel ihr schwer, das Lachen zu unterdrücken.

Trotter fuhr fort: «Und was soll ich nun mit Miss Dobbs machen? Ich bin doch für jeden in der Pot Lane verantwortlich.»

Audra, die plötzlich begriff, warum er gekommen war, sagte so ruhig wie möglich: «Ich werde mein Bestes tun, um Miss Dobbs mit in unseren Unterstand zu holen, wenn es einen Luftangriff gibt, Mr. Trotter. Aber ich kann es nur versuchen, ich kann niemanden gegen seinen Willen zwingen.»

«Haben Sie Dank, Mrs. Crowther, ich freue mich sehr über Ihre Hilfsbereitschaft. Auf Wiedersehen», sagte der Luftschutzwart und verabschiedete sich schnell.

Als seine Schritte auf dem Gehweg verhallten, gelang es Audra, sich wieder zu fangen. «Der arme Mr. Trotter . . . es war mir immer so, als hätte er mich gern, aber ich glaube, er wird nun nie wieder dasselbe für mich empfinden. Oje . . .»

«Sei doch nicht albern», unterbrach Laurette sie. «Du hattest ganz recht, als du sagtest, man müsse sich in dieser schrecklichen Zeit seinen Humor bewahren. Wenn wir das nicht täten, würden wir noch alle verrückt werden.»

Die Engländer hatten mobil gemacht, aber davon abgesehen hatte sich an der Heimatfront nicht viel getan.

Es lag eine Passivität in der Luft und über dem Land, so daß man diese erste Phase bald als den «Scheinkrieg» bezeichnete.

Zur See hatte der Krieg allerdings fast unmittelbar begonnen; im Oktober wurde das Kriegsschiff *Royal Oak* von Torpedos getroffen, als es im Scapa Flow angeblich sicher und vor deutschen Angriffen geschützt im Hafen lag. Und bis Mitte November beliefen sich die Verluste der britischen Flotte durch die gefürchteten, todbringenden Magnetminen auf eine Tonnage von 60 000.

Jedesmal, wenn Audra nach einer Zeitung griff oder das Radio anschaltete, überkam sie die Angst. Die Nachrichten über den Seekrieg waren immer katastrophal, und nun machte sie sich ständig um Vincent Sorgen, da er einem Zerstörer zugeteilt war und irgendwo auf hoher See schwamm. Jeder Brief von ihm ließ sie erleichtert aufseufzen.

Zu Weihnachten 1939 erhielt er keinen Heimaturlaub, aber er besuchte sie im Januar 1940 auf einem Zweiundsiebzig-Stunden-Kurzurlaub von Hull aus, wo sein Schiff nach einer Patrouille in der Nordsee vor Anker lag.

Audra hatte sich im Krankenhaus entschuldigt, damit sie die ganze Zeit mit ihm zusammensein konnte, und Oberin Fox hatte ihr die Pause gern bewilligt. Und so saß sie an jenem kalten, regnerischen Donnerstagnachmittag zu Hause und wartete auf ihn, hatte die ritterspornblaue Bluse angezogen, die er so gern an ihr sah, und dazu einen dunkelgrauen Rock.

Sowie er zur Tür hereinschritt, konnte sie merken, wie stolz er darauf war, in der Royal Navy zu sein, deren Uniform zu tragen. Er hielt sich sehr gerade, die Schultern zurückgeworfen, und sah größer aus denn je. Eine neue Selbstsicherheit ging von ihm aus, seine strahlenden grünen Augen schauten zuversichtlich.

Audra kam ihm entgegengeflogen, und er nahm sie fest in den Arm, hielt sie dann etwas von sich ab und sah ihr tief in die Augen. Dann küßte er sie lange und liebevoll auf den Mund.

«Es ist schön, wieder daheim zu sein, Liebes», sagte er und gab sie endlich frei.

«Und es ist schön, dich wiederzuhaben! Ich habe dich so vermißt, wir haben dich so vermißt.»

«Ja, mir ist es genauso ergangen.»

Ein paar Minuten später, als sie dasaßen und ihren Tee

tranken, berichtete Audra ihm das Neueste vom Crowther-Clan, von seinen Brüdern und Maggie, die alle im Krieg waren. Und dann gestand sie ihm leise, wieviel Angst sie all die Monate gehabt hatte.

«Ich habe über die Marine nur immer Schreckensnachrichten gelesen, Vincent. Werden wir denn nie siegen?»

«Wir haben doch schon gesiegt, im Dezember, Audra!» rief er und sah sie verärgert an. «Sag nicht, daß du's schon vergessen hast, wie drei britische Kreuzer das deutsche Kriegsschiff *Graf Spee* beim Gefecht am Platefluß versenkt haben?»

«Nein, das habe ich nicht, aber ich meinte etwas, das näher bei uns wäre.»

«Die *Graf Spee* ist der Navy schon monatelang durch die Lappen gegangen, und sie zu versenken, war ein enormer Triumph für uns . . . und glaub nicht, daß es etwa keinen demoralisierenden Effekt auf die Deutschen gehabt hätte – ganz im Gegenteil.» Vincents Gesicht glühte. «Winston ist sehr zufrieden, das kann ich dir sagen.»

Audra lächelte nachsichtig. «Sag mir nicht, daß du dich mit dem obersten Herrscher der Admiralität duzt», neckte sie ihn. «Weiß Mr. Churchill auch was davon?»

Vincent grinste. «Wir nennen ihn alle Winston, hinter seinem Rücken natürlich. Wir lieben ihn alle – das ist der Grund.» Dann beugte er sich eifrig vor: «Weißt du, wie die Admiralität seine Rückkehr kommentiert hat im letzten September – vor der ganzen britischen Flotte?»

Audra schüttelte den Kopf. «Nein, wie sollte ich?»

Er nahm einen langen Zug von seiner Zigarette und sagte dann: «Nur das: *Winston ist zurück!* Aber es war ein verdammt großes Kompliment . . . eine triumphale Begrüßung. Ja, er ist schon ein großer Mann, der Churchill, mein Schatz. Er müßte Premierminister sein. Wird er vielleicht auch bald werden, *alle* sind unzufrieden mit Chamberlain.»

«Würde es dir denn nicht sehr leid tun, *Winston* als ersten Admiral zu verlieren?»

«Ja, aber ich möchte lieber ihn am Ruder dieses Landes sehen als irgend jemanden sonst, das kannst du mir glauben . . .» Vincent unterbrach sich und drehte den Kopf, als er hörte, daß die Tür aufging.

«Daddy!» Christina ließ ihren Beutel fallen und rannte zu ihm, ohne erst Hut und Mantel abzulegen. Sie warf sich in seine ausgebreiteten Arme. Sie drückten sich, bis Vincent etwas von ihr abrückte und fragte: «Und wie geht es meinem Püppchen?»

Christina sah in sein vertrautes, so geliebtes Gesicht und brach in Tränen aus.

«Was ist denn, was ist denn los, mein Herzchen?» fragte Vincent, nahm sie wieder in seine Arme und strich sanft über ihr Haar.

Christinas Schultern zuckten, und sie rang nach Atem, während sie sich an ihn preßte. »Ich – ich – dachte, ich würde dich – nie – nie wiedersehn», schluchzte sie. «Ich hatte solche Angst, Daddy. Ich dachte, sie würden dein Schiff versenken.»

«Was bist du für ein dummes Häschen!» Vincent lachte und faßte ihr zärtlich unters Kinn. «Mir wird nie etwas passieren, kleines Täubchen. Und nun komm, zieh deinen Mantel aus und laß uns an den Tisch gehen und den schönen Tee trinken, den deine Mam bereitet hat. Nachher wollen wir deine Grandma besuchen.» Er rückte dicht an sie heran und flüsterte dann mit leuchtenden Augen: «Und morgen lade ich dich und Mam ins Kino ein. Was sagst du dazu?»

Christinas Augen strahlten.

Audra mußte lächeln, als sie die beiden zusammen sah. Er war Christina immer ein liebevoller Vater gewesen, das mußte sie ihm lassen.

Vincents Urlaub ging viel zu schnell zu Ende.

Am Sonntagmorgen stand Audra um fünf Uhr auf, um ihm Frühstück zu machen, während er sich anzog und rasierte.

Eier waren eine große Kostbarkeit und kaum zu bekommen, aber es war Audra gelungen, zwei zu ergattern. Am Tag zuvor hatte sie eines für Christina zum Tee gekocht, und nun briet sie das zweite für Vincent, zusammen mit einer Tomate und einer kleinen Scheibe Schinkenspeck, die Eliza ihr gegeben hatte.

Als Vincent das Ei auf seinem Teller erblickte, regte er sich gleich auf. «Das hättest du doch nicht tun sollen», sagte er stirnrunzelnd zu ihr. «Du hättest es für euch aufbewahren sollen. Aber nun komm und iß die Hälfte zu deinem Toast.»

Audra hinderte ihn daran, das Ei zu teilen. «Danke, aber ich habe keinen rechten Hunger. Bitte iß es doch, Vincent, du wirst auf Stunden nichts mehr bekommen. Du hast mir doch erzählt, daß die Züge so langsam sind und du keine Ahnung hast, wann du in Hull sein wirst heute.»

«Das stimmt.» Trotzdem aß er das Ei nur widerstrebend und wünschte dabei, sie hätte es für Christina aufgespart, wenn sie es selbst nicht essen wollte.

Keiner von ihnen sagte viel während des Frühstücks. Sie waren sich beide bewußt, daß er zurückging, um in einem Krieg zu kämpfen, und sie hatten nicht die geringste Ahnung, wann sie einander wiedersehen würden. Es konnten Monate oder sogar Jahre verstreichen bis dahin.

Als es sechs schlug, erhob sich Vincent. «Ich sollte besser gehen. Mein Zug fährt um sieben.»

«Ja.»

Als er seinen Marinemantel überstreifte, nach seiner Mütze griff und seinen Seesack zur Tür trug, sagte er: «Ich hab Christie geküßt, ehe ich zum Frühstück herunterkam . . . ich möchte nicht noch einmal nach oben gehen, da würde ich sie vielleicht aufwecken. Grüße sie von mir.»

Audra nickte nur, zu bewegt, etwas sagen zu können. Sie trat zu ihm an die Tür und stellte sich auf die Zehenspitzen, um ihn zu küssen. Er erwiderte ihren Kuß und hielt sie einen Augenblick lang fest an sich gepreßt.

«Bitte sei vorsichtig, Vincent», brachte sie schließlich heraus.

«Bestimmt, Liebes, mach dir keine Sorgen. Ich werde dir schreiben . . .»

Eine Sekunde später war er fort.

Sie stand allein in der Küche.

Sie lief ans Fenster, schob die Vorhänge beiseite und sah ihm nach, wie er im schwachen Licht der Januardämmerung eilig den Weg hinunterging.

Instinktiv legte sie die Hand ans Herz, ängstigte sich um ihn, bangte um seine Sicherheit. Komm zurück zu mir, flüsterte sie in der Stille des leeren Zimmers. Und noch lange nachdem er außer Sichtweite war, stand Audra am Fenster und stellte sich einer unwiderlegbaren Tatsache. Ihre Liebe zu Vincent Crowther dauerte unvermindert fort, trotz der vielen Schwierigkeiten und Probleme in all den Jahren.

30

Der Frühling kam und mit ihm das Ende des «Scheinkriegs».

Abends saß Audra wie gebannt vor dem Radio, während Christina ihre Hausaufgaben machte, zeichnete oder malte. Und je mehr Audra hörte, desto mehr sorgte sie sich um ihren Mann und die übrigen Familienmitglieder und Freunde, die gegen den Feind kämpften.

Die Ereignisse überschlugen sich, so daß sie kaum folgen konnte. Am 9. April marschierte Hitler in Dänemark und Norwegen ein. Dänemark fiel sofort, aber die wehrhaften Norweger kämpften heldenhaft und baten England um Hilfe. Ohne zu zögern, schickte man ihnen See- und Landstreitkräfte.

Drei Wochen lang taumelte Audra wie eine Schlafwandlerin umher und tat alles automatisch, als hätte man sie aufgezogen. Aus dem Radio wußte sie, daß Vincents Zerstörer zu den Schiffen gehörte, die man nach Norwegen entsandt hatte. Sie war ganz gelähmt vor Angst, und zum ersten Mal schien es, als habe sie ihr natürlicher Optimismus im Stich gelassen.

Die Nachrichten wurden mit jedem Tag finsterer; immer wenn sie eine Zeitung anfaßte, befiel sie eiskalte Furcht.

Die deutsche Luftwaffe hatte die britischen Streitkräfte fast völlig vernichtet, als diese vergeblich versuchten, den Norwegern zu helfen. Gegen Ende des ersten Monats hatte man die meisten Engländer evakuiert. Vincents Schiff schleppte sich schließlich in die britischen Hoheitsgewässer zurück; wunderbarerweise war ihm nichts zugestoßen. Die Verluste waren sehr hoch, und bald sahen Audra und die übrigen Inselbewohner ein, daß es ein verhängnisvoller Fehler gewesen war, nicht auf die früheren Warnungen von Winston Churchill zu hören.

«Gott sei Dank ist er endlich Premierminister», sagte Audra zu Laurette, als sie am Abend des dreizehnten Mai vor dem Radio saßen. An jenem Morgen hatte Churchill vor dem Unterhaus seine erste Rede als Premierminister gehalten. In wenigen Minuten sollte er sich an die Nation wenden.

«Vincent hat immer gesagt, daß Churchill der einzige ist, der uns aus diesem Dilemma herausführen kann, und ich weiß, daß er recht hat», sagte Audra.

Laurette nickte. «Ja, das glaube ich auch, aber trotzdem wird dieses Unglück noch lange dauern.»

«Aber wir haben jetzt einen *richtigen* Führer . . .» Dann brach Audra ab, tippte Christina auf die Schulter und machte eine Bewegung zum Radio hin, legte den Finger an die Lippen.

Alle drei saßen ganz reglos da und bemühten sich, jedes Wort mitzubekommen. Die großartige Stimme und Rhetorik von Winston Churchill begeisterte sie, der dem englischen Volk Anregung, Hoffnung und Mut zu geben verstand.

Audra und Laurette befanden sich an jenem Abend in Hochstimmung, aber als die Tage vergingen, merkte Audra, daß ihre Schwägerin recht gehabt hatte. Sie *gingen* äußerst schweren Zeiten entgegen, es würde lange dauern und gefährlich werden.

Zuerst kam die Hölle von Dünkirchen.

Tausende und Abertausende von englischen und alliierten Truppen waren an den Stränden Frankreichs gefangen, grausam zwischen den vorrückenden Deutschen und dem Meer eingeklemmt. England hielt den Atem an. Und dann wurden sie nur durch verzweifelte Bravourstücke gerettet, von einer kunterbunten Armada, die sich aus englischen Zerstörern, Kreuzern, Ausflugsbooten, Ruderbooten, Trawlern, Jachten und sogar Lastkähnen zusammensetzte. Zivilisten hatten auf Winston Churchills Bitte reagiert, daß jeder, der ein Schiff sein eigen nannte, einspringen möge und der Royal Navy helfen solle, die Männer vom Strand zu holen. Und so hatten sie unzählige Leben gerettet – und die Phantasie von ganz England und ihren Alliierten mit ihrem außergewöhnlichen Mut gefesselt.

Das große Epos von Dünkirchen gab allen neuen Auftrieb, und wenn Audra über die allgemeinen Stationen des Krankenhauses ging, die ihr nun oblagen, merkte sie, wie stark bei allen der Kampfeswille war. Männer und Frauen ergriffen ihre Hand und sprachen mit Tränen in den Augen von ihrem Stolz und ihrer Vaterlandsliebe, erwähnten Churchill mit ehrfürchtiger Verehrung.

Auch Audra setzte großes Vertrauen in Winston Churchill, diesen Mann, der ihnen erst einige Wochen zuvor gesagt hatte: *«Ich habe nichts zu bieten als Blut, Mühsal, Tränen und Schweiß.» Sie* begriff solche Worte nur zu gut, und sie wußte auch, daß Dünkirchen erst der Anfang war ... am 4. Juni hatte Churchill das englische Volk gewarnt, daß bald ein schrecklicher Sturm über sie hereinbrechen und sie alle auf die Probe stellen würde. Und so kam es auch.

Frankreich fiel.

Plötzlich stand England allein.

Im August warf sich die deutsche Luftwaffe mit ihrer ganzen Kraft auf das Land, und die Bombardements sollten monatelang anhalten.

Die Schlacht um England hatte begonnen.

Zuerst konzentrierten sich die Bombenangriffe auf London und die Grafschaften im Süden, aber bald wurden sie weiter gefächert und viele der Industriestädte und Flughäfen in den Midlands und im Norden stellten bevorzugte Ziele dar.

Eines Samstagnachmittags schnitt Audra gerade in ihrem Garten Rosen, als das Dröhnen von Flugzeugen und das harte, gnadenlose Rattern von Maschinengewehren die Stille des schwülen Tages durchbrachen.

Ruckartig schaute sie auf. Und als sie gegen das Sonnenlicht die Augen zusammenkniff, konnte sie einen verzweifelten Luftkampf erkennen, der im blauen Sommerhimmel direkt über ihrem Haus und ihrer behüteten kleinen Welt tobte.

Audra war erschreckt und schockiert von dem Anblick eines Nahkampfes zwischen der Royal Air Force und der deutschen Luftwaffe. Daß so etwas über England mitten am hellen Tag passieren konnte, machte sie sprachlos. Einen Augenblick stand sie wie angewurzelt da und starrte zum Himmel empor. Dann explodierte eines der Flugzeuge in einem Flammenwirbel und stürzte ab.

«Mam! Mam!» schrie Christina und warf Palette und Pinsel hin, kam den gepflasterten Pfad entlanggerannt.

Ihre Stimme riß Audra aus ihrer Starre und ließ sie schlagartig handeln. Sie griff nach Christinas Hand, lief schnell mit ihr den Pfad wieder zurück und in den Luftschutzkeller hinein.

«Es ist wohl besser, wenn wir uns hier ein Weilchen unterstellen, falls Trümmer herunterfallen», sagte Audra und warf der Neunjährigen einen beruhigenden Blick zu. Dann zwang sie sich zu einem optimistischen Lächeln. «Wir hätten wohl auch ins Haus gehen können, aber ich laufe in der letzten Zeit immer in den Keller.»

«Es war so ein schöner Nachmittag, und dann passierte es so plötzlich, nicht, Mam?»

«Ja.» Audra sah starr auf die Wellblechwand des Unterstands, und ein abwesender Zug trat in ihr Gesicht, als sie mit betrübter Stimme leise sagte: *«Friedvolle Herzen, unterm Himmel Englands.»*

«Das ist von Rupert Brooke, aus dem Buch, das deine Mutter dir vor langer Zeit geschenkt hat, nicht wahr, Mam?»

Audra nickte. «Ja, und als ich vor ein paar Minuten zu unserem schönen englischen Himmel emporsah, Christina, und diese Flugzeuge sah, die sich da bis zum Letzten bekämpfen, da fiel mir diese Zeile wieder ein. Ich fragte mich, wann wohl unsere Herzen wieder friedvoll sein dürfen.»

Etwas wie Angst flackerte kurz in Audras blauen Augen auf, als sie sagte: «Es hätte Theo sein können, da oben ... er ist so jung, erst neunzehn. Aber all unsere Burschen in der Air Force sind noch so jung. Ach, ich bete darum, daß Theo nichts passiert, Christie, ich bete jeden Tag für ihn.»

«Ja, Mam, ich auch, wenn ich für Daddy und Tante Maggie

und Onkel Mike bete, und für all meine Onkel und jeden, der für uns kämpft.»

Nicht lange nach diesem Vorfall verstärkten die Deutschen ihre Luftangriffe auf England, und wenn London auch die Hauptzielscheibe war, gehörte Leeds doch zu den Städten des Nordens, die unter heftigen Beschuß gerieten.

Audra und Christina fanden sich nun fast jede Nacht im Luftschutzbunker ein. Aber sie waren die einzigen Bewohner dort. Es war Audra nicht gelungen, die alte Miss Dobbs zu bewegen, mit ihnen zu kommen, und die Familie im dritten Häuschen der Sackgasse war während der Angriffe zu Freunden aufs Land gezogen.

War Laurette gerade zu Besuch, wenn das todverkündende Klagen der Sirenen ertönte, bestand Audra darauf, daß sie die Nacht bei ihnen im Bunker verbrachte. Sie ließ es nicht zu, daß Laurette während eines Angriffs nach Hause in die Moorfield Road ging, auch wenn der Himmel hell war vor Suchscheinwerfern. Audra hielt sich streng an die Vorschriften, von der Zivilverteidigung war Order ergangen, daß man nicht auf die Straße gehen durfte.

Der Luftschutzraum war gut ausgerüstet mit Feldbetten, Decken und Kissen, Kerzen, Paraffinlampen, einem Kerosinherd zum Heizen sowie einer Erste-Hilfe-Ausrüstung. Audra hatte Dosen mit Lebensmitteln gestapelt, und jeden Tag trugen sie und Christina Flaschen mit frischem Wasser zum Unterstand hin, um auf alles gerüstet zu sein.

Aber trotz der Bombenangriffe, der ständigen Angst, der Sorgen, die sie sich um Vincent und die übrigen Familienmitglieder und Freunde machte, der erschwerten Lebensverhältnisse, ging der Alltag weiter.

Die Zeitungen waren voll mit Spekulationen über eine deutsche Invasion Ende August, aber das englische Volk schien das mit der ihm eigenen Unerschütterlichkeit hinzunehmen.

Audra faßte die allseits verbreiteten Ansichten zusammen, als sie an einem der letzten Augusttage zu Christina sagte:

«Invasion ja oder nein, du fängst in Miss Mellors Privatschule für Mädchen an, wenn das Wintersemester im September beginnt. Denn du mußt ja eine Ausbildung haben, ob nun die Deutschen hier landen oder nicht. Und außerdem werden wir bis zuletzt gegen sie kämpfen, wie Winston Churchill gesagt hat, so daß keiner von ihnen übrigbleibt.»

«Willst du damit sagen, daß ich nun doch auf Miss Mellors Schule komme!» rief Christina aufgeregt und strahlte sie an.

Die beiden saßen im Oberdeck der Straßenbahn, die nach Leeds hineinfuhr, und Audra drehte sich zu ihr um und sah sie an. «Natürlich wirst du das. Warum bist du denn so überrascht?»

«Na, du hast eben in der letzten Zeit nicht mehr davon gesprochen, obwohl ich die Aufnahmeprüfung bestanden habe. Ich dachte, du hättest es dir anders überlegt.»

«Warum sollte ich es mir denn anders überlegt haben, Liebling?»

«Ich dachte, Grandma hätte vielleicht was zu dir gesagt, Mam.»

«*Grandma?*»

«Ja. Ich habe gehört, wie sie Grandpa gesagt hat, du solltest mich nicht auf eine Privatschule schicken, Christ Church sei gut genug. Sie sagte, du hättest große Rosinen im Kopf, was mich anginge, und damit würdest du dir bloß Ärger einhandeln. Ich dachte, sie hätte dir dasselbe gesagt und du hättest auf sie gehört.»

«Den Tag möchte ich erleben», entgegnete Audra mit einiger Schärfe. «Aber nur so aus purer Neugier – was hat denn Grandpa dazu gesagt?»

«Er sagte, es sei klug von dir, nach den Sternen zu greifen, daß er dich dafür bewunderte, und dann hat er ihr gesagt, daß ich eines Tages eine große Künstlerin sein würde.»

Audra lächelte in sich hinein. «Da hat dein Großvater ganz recht, Christie.»

Kameradschaftlich hakte Christina ihre Mutter ein. «Und fahren wir deshalb in die Stadt, Mam? Um mir eine Schuluniform zu kaufen?»

«Ja, genau. Und ich bin ganz aufgeregt, daß du nun bei Miss Mellor anfängst, Christie. Sie haben dort hervorragende Kunstkurse, und ich habe mich lange mit der Kunstlehrerin unterhalten. Sie ist mit unseren Plänen vertraut und wird dich gut auf das Leeds College of Art vorbereiten.»

«Und danach komme ich ans Royal College of Art in London, ja, Mutter?» Christina sah Audra an, die grauen Augen hell vor freudiger Erregung.

Audra konnte sich das Lachen nicht verkneifen. «Natürlich, das habe ich dir schließlich versprochen, nicht wahr? Aber sie werden dich nicht nehmen, ehe du zwanzig bist, weißt du. Wir haben noch einen langen Weg vor uns.»

Christina und Audra hatten immer ein enges Verhältnis zueinander gehabt, das nun in den Kriegsjahren noch inniger wurde. Da Vincent weit weg war, gab es nur sie beide, und obwohl sie Laurette mindestens einmal in der Woche sahen, waren sie meistens allein.

Audra war hauptsächlich mit der glänzenden Zukunft beschäftigt, die sie für ihr Kind geplant hatte. Wenn sie nicht gerade an jeder Ecke sparte, um Christinas Ausbildung bezahlen zu können, fand sie Mittel und Wege, den Horizont des Kindes in bildender Kunst und auf anderen Gebieten zu erweitern.

In Anbetracht des Krieges wurden im Theater von Leeds nicht sehr viele Stücke aufgeführt. Aber wenn etwas Neues Premiere hatte, bemühte sich Audra immer um Karten; sie nahm Christina auch mit in Konzerte klassischer Musik und in die Oper. Jedesmal wenn Ensembles nach Leeds kamen. Außer diesen Vergnügungen gehörten auch Bücher zu Audras Kulturprogramm, das sie für ihre Tochter entwickelt hatte, besonders die englischen Klassiker. So entwickelte Christina schon in jungen Jahren die Freude am Lesen.

Wie immer bildeten die Filme ihr Hauptvergnügen in den vierziger Jahren, und es war ein großer Spaß für sie beide, Samstag abend ins Kino zu gehen. Meist begleitete Laurette sie. Sie und Audra standen sich nun näher denn je, zusammengeführt durch so viele Gemeinsamkeiten und Familienbande, aber vor allem, weil sie sich so gern hatten.

Als sich die Kriegsjahre dahinschleppten, wurden die Heimaturlaube seltener und unregelmäßiger, und weder Vincent noch Mike kamen mehr als einmal zu Besuch zwischen dem Sommer 1941 und dem Winter 1942.

Beide Frauen machten sich endlose Sorgen um ihre Männer und den Rest der Crowther-Familie, der im Feld war. Aber sie waren tapfer und lernten, mit ständigen Luftangriffen, den Aufenthalten im Luftschutzbunker, Lebensmittelkarten, Engpässen und Schwierigkeiten zu leben, und mit der schrecklichen Angst, geliebte Menschen zu verlieren. Und so klagten sie nicht und bemühten sich immer, nach vorn zu schauen, zum Tag, an dem England den Krieg gewinnen und das Leben wieder normal werden würde.

Im Oktober 1944 ereignete sich etwas sehr Schönes für Audra. Margaret Lennox, die sie seit ihrer Zeit in Ripon immer verehrt hatte, wurde zur Oberin des Leeds Infirmary ernannt. Und fast umgehend rief sie Audra im St. Mary's an, um ihr die Stelle als leitende Oberschwester der Operationsstation anzubieten. Audra nahm gleich am Telefon ihr Angebot an, ohne darüber länger nachzudenken. Sie würde mehr verdienen als im Augenblick, und es war eine Herausforderung. Außerdem hatte Audra schon immer davon geträumt, wieder mit Oberin Lennox zusammenzuarbeiten.

Sie brauchte nicht lange, um sich im Leeds General Hospital einzuleben, auch wenn es dort riesig und hektisch war und lange nicht so gemütlich und intim wie im St. Mary's. Aber sie fand ihre Arbeit anregend und befriedigend, und während sie sich mit der ihr eigenen Verve darauf stürzte, merkte sie, daß es ihr auch dabei half, ihre Ängste zu vergessen.

Zu Audras großer Erleichterung brachte der Anfang des Jahres 1945 die gute Nachricht eines alliierten Durchbruchs in ganz Europa. Das Blatt wendete sich, und es war deutlich zu erkennen, wer den Krieg gewinnen würde. Alles war nur noch eine Frage der Zeit.

Bald griff Audra eher eifrig als ängstlich nach der Zeitung und schaltete das Radio gern an. Im Frühling war sie schon ganz optimistisch – so wie jeder Engländer –, und am 7. Mai unterzeichnete Deutschland in der französischen Stadt Reims die bedingungslose Kapitulation.

Plötzlich war der Krieg in Europa zu Ende.

Audra und Christina konnten es kaum glauben. Sie lachten und weinten abwechselnd, als sie sich im Häuschen in der Pot Lane fest in den Arm nahmen.

Zwei Tage zuvor hatte Christina ihren vierzehnten Geburtstag gefeiert, und nun sagte sie zu Audra: «Aber dies ist mein schönstes Geburtstagsgeschenk, daß ich weiß, daß es vorbei ist und Daddy nun in Sicherheit.»

«Ja, mein Liebling», Audra sah zur Sammlung gerahmter Fotografien hinüber, die dort nebeneinander auf der Anrichte standen: Vincent, ihr Bruder William in der australischen Uniform, Mike, Theo Bell, Maggie und Vincents Brüder Frank, Jack, Bill und Danny, und Olives Mann Hal. Wie schneidig und stolz sie alle aussahen in ihren verschiedenen Uniformen!

Dann wandte sie sich Christina zu und sagte sehr leise: «Sie sind jetzt alle in Sicherheit, Gott sei Dank! Welch Glück wir gehabt haben . . . mehr als die meisten anderen.»

31

Audra Crowther war in den nächsten Jahren so mit ihren Pflichten beschäftigt, daß sie kaum Zeit hatte innezuhalten, außer um ihre schöne und begabte Tochter anzuschauen. Aber eines Tages fand sie sich vor dem Spiegel ihrer Frisierkommode – und machte eine Bestandsaufnahme.

Es war ein warmer Julitag des Jahres 1951, und am späten Nachmittag würde Christie mit Auszeichnung vom Leeds College of Art abschließen. Dies war eine sehr wichtige Station im Leben ihrer Tochter, ebenso wie in ihrem eigenen und Vincents, und verständlicherweise wollte sie dafür so gut aussehen wie möglich.

Audra rückte dichter an den Spiegel heran und untersuchte ihr Gesicht.

Da waren ein paar schwache, verräterische Linien rund um die Augen, und die hartnäckige Entschlossenheit, die schon immer ihr Gesicht bestimmt hatte, schien ausgeprägter denn je. Doch von diesen kleinen Mängeln abgesehen – wenn man das so nennen konnte – und einem Hauch von Grau an den Schläfen, fand sie, daß sie gar nicht schlecht aussähe für ihre vierundvierzig Jahre.

Ihr hellbraunes Haar, das kurz geschnitten war und schmeichelnd ihr Gesicht umrahmte, war immer noch üppig und dicht; ihr cremefarbener Teint war ebenso makellos wie früher, und die Jahre hatten das strahlende Blau ihrer Augen nicht abzuschwächen vermocht.

Und ich habe meine schlanke Linie behalten, dachte sie und griff nach einem Fläschchen Fond de Teint. Normalerweise blieb ihr nur die Zeit, sich die Nase zu pudern und etwas Lippenstift aufzutragen, bevor sie sich hastig ins Leeds Infirmary aufmachte, wo sie immer noch arbeitete und nun schon zu den älteren Mitgliedern des Pflegepersonals gehörte. Aber heute würde sie sich Zeit lassen und sich richtig schminken, und dafür hatte sie sich von Christie deren Kosmetika geborgt.

Nachdem sie den Fond verteilt hatte, puderte sie ihr Gesicht, nahm Rouge, um ihre hohen Wangenknochen zu betonen, und tuschte dann ihre Wimpern mit brauner Maskara, bevor sie die Lippen mit rosa Lippenstift nachzog.

Mit dem zufriedenen Gefühl, ihr Bestes getan zu haben, lehnte sich Audra zurück und sah sich an. Im ersten Moment verwirrte sie ihr eigenes Spiegelbild. Das Make-up unterstrich all ihre Vorzüge und hob ihre Augen und ihren Teint hervor. Ihr Gesicht sah frischer aus, strahlender, lebendiger. Zufrieden mit sich kämmte sie ihre Haare, legte sie, und tupfte sich dann als Krönung des Ganzen etwas von ihrem bevorzugten Gardenienparfüm hinter das Ohr.

Dann stand sie auf und ging zum Kleiderschrank, nahm das taillierte, marineblaue Seidenkleid heraus, das sie sich in der letzten Woche genäht hatte. Es war die perfekte Kopie eines Nachmittagskleides von Christian Dior, das sie Anfang des Jahres in der *Vogue* gesehen und ausgeschnitten hatte, wie sie es immer tat, wenn sie einen Schnitt sah, der ihr gefiel, ob es nun für sie selbst oder für Christina war.

Nachdem sie das Kleid auf das Bett gelegt hatte, holte sie ihre marineblaue Handtasche heraus, weiße Stoffhandschuhe, den kleinen, marineblauen Strohhut, der mit einer einzigen weißen Rose geschmückt war, und die blauen hochhackigen Schuhe, die sie sich gestern gekauft hatte.

Sobald sie Kleid und Schuhe angezogen hatte, ging Audra zur Frisierkommode zurück und setzte sich. Dann rückte sie den Hut zurecht, legte die tropfenförmigen Ohrringe an, die Vincent ihr zu Weihnachten geschenkt hatte, den Verlobungsring ihrer Mutter und ihre Armbanduhr. Zuletzt zog sie die Schublade auf und holte die Schachtel heraus, in der sich Laurettes Perlen befanden.

Audra klappte den Deckel auf und sah sie an, bewunderte sie. Es war nur eine einreihige Kette, aber die Perlen waren von ausgezeichneter Qualität. Mike hatte sie Laurette bei Greenwood gekauft, dem besten Juwelier in Leeds, nicht lange nach dem Ende des Krieges, und ihre Schwägerin hatte diese Perlen über alles geliebt.

Audra seufzte, von einer plötzlichen, flüchtigen Trauer überkommen um ihre liebe Laurette, die vor drei Jahren gestorben war. Es war ganz unvermittelt geschehen; Audra hatte sich immer noch nicht vom Schock darüber erholt. Keiner von ihnen hatte das. Im Frühling des Jahres 1948 hatte Laurette noch so gut ausgesehen, aber im Sommer darauf wurde sie krank, und im November trug man sie zu Grabe. Es war Krebs gewesen. Audra war dankbar dafür, daß es schnell gegangen war, daß Laurette nicht lange hatte leiden müssen. Sie vermißte sie sehr. Da würde immer eine Lücke sein ohne Laurette – für sie alle.

Als sie daran zurückdachte, richtete Audra sich gerade auf. Dann nahm sie die Perlen aus der Schachtel und legte sie sich um ihren Hals, sah noch einmal in den Spiegel, berührte die Halskette sacht und lächelte sich zu. Und sie schüttelte die Trauer ab, verdrängte die schmerzlichen Erinnerungen an Laurettes Tod. Es wäre das letzte, was diese gewollt hätte, daß Audra an einem Tag wie diesem traurig war. Laurette war immer so unglaublich stolz auf Christina gewesen.

Dann stand Audra auf, ging zum Bett hinüber, nahm ihre Handschuhe und das Täschchen und eilte treppab. Sie ließ ihre Sachen auf den Flurtisch am Telefon fallen, sah zur Standuhr und fragte sich, was denn mit Vincent passiert sei. Er hatte gesagt, daß er bis halb zwei wieder zurück wäre, und nun war es schon viertel vor.

Abgesehen von all der Angst und Bestürzung, die sie bei Laurettes Tod empfunden hatten, war es den Crowthers in den letzten Jahren gut gegangen. Sie wohnten nicht mehr im Häuschen in der Pot Lane. Sie waren 1949 in dieses viel größere Haus in Upper Armley gezogen. Es lag nicht weit vom Charlie Cake Park entfernt und besaß drei Schlafzimmer, ein Eßzimmer, ein Wohnzimmer und eine große, gemütliche Wohnküche, in der sich wie stets alles zu versammeln pflegte. Die Zimmer waren geräumig, und im ganzen Haus herrschte eine helle, luftige Atmosphäre.

Audra liebte besonders den Garten. Sie hatte ihn mit Rosensträuchern, Rittersporn und einer Vielzahl anderer Blumen bepflanzt, und er war mit seinem glatten grünen Rasen, der sich hinten bis zu zwei schattigen Bäumen erstreckte, im Sommer ein wahres Paradies. Er machte Audra viel Freude, ebenso wie die kleine Gemüseecke, die sie hinten am hohen Zaun bei den Bäumen angelegt hatte.

Vincent war nun wohlhabender. Gleich nach seiner Entlassung bei Kriegsende hatte er eine Firma mit Fred Varley und dessen Sohn Harry eröffnet. Außerdem hatte er, nachdem er schon so viele Jahre lang davon geredet hatte, endlich den Abendschulkurs in Leeds belegt, um Architektur und Zeichnen zu lernen.

Er arbeitete nicht mehr im Freien auf der Baustelle, sondern leitete gemeinsam mit Fred die Firma; er erledigte das meiste an Planung, Entwerfen und Papierkram. Varley & Crowther war eine kleine Firma, aber sie hatten ausreichend Aufträge in der näheren Umgebung, und Vincent verdiente nun gut und konnte seine Familie ernähren. Das Geld, das Audra im Krankenhaus verdiente, kam für Christinas Ausbildung und Kleidung auf die Bank.

Der Krieg hatte Vincent Crowther verändert.

Seine Unruhe und Wildheit waren vom Anblick des Todes und der Zerstörung, der sich ihm in der Navy geboten hatte, gedämpft worden. Er ging am Wochenende immer noch gern in den Pub und wettete auch noch weiterhin auf Pferde, aber er ließ sich nicht mehr auf romantische Affären mit anderen Frauen ein.

Nicht, daß sich sein Verhältnis zu Audra gewandelt hätte. Aber nach ihren dreiundzwanzig gemeinsamen Jahren hatten sie sich aneinander gewöhnt.

Offenbar war es eine beständige Ehe, und sie hatten eines gemeinsam, das sie wirklich miteinander verband: den unglaublichen Stolz auf ihre Tochter, die etwas ganz Besonderes geworden war.

Audra dachte über Christina nach und die Kleider, die sie ihr noch nähen mußte, während sie die Teekanne füllte und mit zum Tisch hinübernahm. Es waren nur noch zehn Tage, bis sie nach London fahren und Christies kleine Wohnung einrichten würden. Aber bis dahin würde sie noch mindestens ein Kleid zugeschnitten und genäht bekommen. Der Rest von Christies Collegeausstattung würde ihr eben nachgeschickt werden.

«Tut mir leid, daß ich spät bin», sagte Vincent und stürzte zur Hintertür hinein. «So ein Verkehrschaos zwischen Pudsey und hier, ich dachte schon, ich würde es nie schaffen . . .» Dann unterbrach er sich und musterte sie erstaunt. «Was hast du denn mit dir gemacht, Audra?»

«Ich habe gar nichts gemacht», rief sie und versteifte sich, warf ihm einen abwehrenden Blick zu. Es hatte wie eine Kritik geklungen.

Er legte den Kopf schief und betrachtete sie nachdenklich. «Es muß der Hut sein, oder vielleicht auch das neue Kleid . . .»

«Mein Gott, es ist das Make-up!» murmelte sie heftig. «Ich habe mir ein paar Sachen von Christie geliehen.»

«Es gefällt mir», sagte er und grinste sie an. «Schön siehst du aus. Wirklich. Du solltest öfter Make-up tragen.»

Audra lächelte zaghaft und schaute schnell weg. Plötzlich, unter seinem ungewöhnlich forschenden Blick, wurde sie ganz verlegen. Er hatte sie schon seit Jahren nicht mehr so angesehen. Dann sagte sie: «Möchtest du vielleicht eine Tasse Tee? Oder lieber nachher, wenn du dich umgezogen hast?»

«Nachher. Ich bin gleich wieder da.» Eilig ging er hinaus.

Audra blieb am Küchentisch stehen, sah ihm nach und dachte, wie gut er doch ausschaute.

Vincent hatte sich im Laufe der Jahre kaum verändert, war kaum älter geworden. Im vergangenen Monat hatte er seinen achtundvierzigsten Geburtstag gefeiert, aber er wirkte viel jünger. Er hatte kein einziges graues Haar auf dem Kopf, und sein Gesicht hatte sich eine gewisse Jungenhaftigkeit bewahrt; die glatten Wangen und die Stirn sowie sein frischer Teint betonten seine Jugendlichkeit noch.

Sie ließ sich auf einen Stuhl sinken und wartete auf ihn, dachte über ihn nach, fragte sich, ob er wohl heutzutage noch Affären hatte. Vor Jahren hatte sie ihn verdächtigt, sich mit anderen Frauen zu treffen, obwohl sie keine Beweise hatte und es auch nie Klatsch gegeben hatte. Aber zeitweilig war ihr Verhältnis so schlecht gewesen, daß sie sicher war, er hatte in zärtlicheren Armen als ihren Trost für seine Wunden gesucht.

Ihr entrang sich ein tiefer Seufzer, und sie schüttelte den Kopf, leicht gereizt über sich selbst. Heute kamen ihr so seltsame Gedanken. Zuerst hätte sie beinahe geweint, als sie an Laurette dachte und sie vermißte, und nun brütete sie über alle möglichen Unwägbarkeiten, die Vincent betrafen. Als hätte das jetzt noch irgendeine Bedeutung.

«Laß uns schnell einen Tee trinken, Audra», rief Vincent und kam wieder in die Küche. «Wir haben nicht mehr viel Zeit.»

Er ließ sich ihr gegenüber nieder und griff nach der Teekanne. «Ist unsre Christie gut losgekommen?»

«Ja», erwiderte Audra. «Sie ist mittags gefahren. Sie sagte, sie müsse sich noch um ein paar Sachen in der College-Galerie kümmern – bei der Ausstellung, nehme ich an. Sie achtet immer so darauf, daß auch genau das richtige Licht auf ihre Bilder fällt – du weißt ja, wie penibel sie immer ist, alles muß ganz genau stimmen.»

«Genau wie ihre Mutter», sagte er lachend. «Und nun komm, Liebes, hol deine Sachen und laß uns losfahren. Wir wollen doch nicht die Feier verpassen. Darauf hast du dich doch schon die letzten zwanzig Jahre gefreut.»

Audra lächelte. «Das stimmt. Und du auch.»

Als sie in die Stadt hineinfuhren, legte Audra plötzlich Vincent die Hand aufs Knie und drückte es.

Er betrachtete sie aus den Augenwinkeln. «Was ist denn?»

«Ich weiß ganz bestimmt, daß Christina eines Tages genauso berühmt sein wird wie die anderen beiden großen Schüler vom Leeds College of Art, Barbara Hepworth und Henry Moore.»

Vincent nickte. Wie konnte er auch mit ihr streiten? Bis jetzt hatte sie immer recht behalten, was ihre gemeinsame Tochter betraf.

Christina
1951–1965

32

Christina liebte ihre kleine Londoner Wohnung.

Sie befand sich in einem großen engen Haus in der Chester Street, nicht weit vom Belgrave Square. Das Haus gehörte Irène Bell. Christina und ihre Mutter waren dort in der Vergangenheit schon öfter kurz abgestiegen, auf ihren Bildungsfahrten nach London, um die vielen Galerien und Museen zu besuchen. Und so kannte Christina sich schon gut aus.

Irène Bell vermietete Audra das Apartment für vier Guineen in der Woche. Audra meinte, es sei ein guter Handel, und das war es auch, aber Christina wußte, daß Mrs. Bell nur sehr ungern von ihrer Mutter Miete verlangte. Sie hätte ihr die Wohnung viel lieber umsonst überlassen. Aber wie sie Christina unter vier Augen gesagt hatte, wäre das nicht Audras Art. «Deine Mutter ist zu klug», hatte Irène Bell gesagt. «Wenn die Miete ihr nicht hoch genug erscheint, wird sie mißtrauisch.» Christina hatte dem zugestimmt, und so hatten sie sich eine angemessene Summe überlegt.

Die Wohnung befand sich im obersten Stockwerk, ein ausgebautes Dachgeschoß mit Wohnzimmer, Schlafzimmer, Badezimmer und Küche. Sie besaß einen separaten Eingang und bildete eine abgeschlossene kleine Einheit innerhalb des Hauses.

Ursprünglich hatte Irène Bell dieses Apartment oben im Haus für ihre Töchter ausbauen lassen, die dort in verschiedenen Abschnitten ihres Lebens wohnten. Erst war es ihre kleine Zweitwohnung gewesen und später die Theos, als er in Cambridge Jura studierte und manchmal die Wochenenden in London verbrachte. Theo, inzwischen dreißig Jahre alt und Anwalt, hatte vor kurzem geheiratet und wohnte mit seiner

Frau Angela im Stadthaus. Manchmal kam Irène Bell und besuchte ihren Sohn und ihre Schwiegertochter, aber nur selten. Sie war jetzt in ihren Siebzigern und machte seit dem Tod von Thomas Bell vor drei Jahren nur noch selten weite Reisen. Sie hielt lieber in Calpher House hof und ließ ihre Kinder und die vielen Enkelkinder dorthin zu Besuch kommen.

Am Tag, da Christina und Audra aus Leeds ankamen, war das Haus der Bells in Belgravia vollkommen verlassen. Theo und Angela machten Urlaub in Frankreich, aber Mrs. Bell hatte Audra die Schlüssel gegeben und ihr gesagt, daß sie es sich dort gemütlich machen sollten.

Das hatten sie inzwischen getan, und nun, zum Ende der ersten Woche in London, hatte Christina sich in ihrem neuen Zuhause unter dem Dach eingerichtet. Sie hatte die Staffelei, ihre Leinwandvorräte, Farben und Pinsel ausgepackt und weggeräumt, ebenso wie ihre Bücher, Kleider und übrigen Sachen.

Ihre Garderobe füllte den großen Schrank im Schlafzimmer ganz aus, und jedesmal wenn Christina hineinschaute, war sie aufs neue beeindruckt von der großartigen Auswahl an Kleidern, die ihre Mutter ihr genäht hatte.

Das Maßnehmen, Schneiden, Feststecken, Nähen und Bügeln hatte in den vergangenen acht Monaten kein Ende genommen, aber erst jetzt, da sie alles nebeneinander hängen sah, begriff sie, was für eine unglaubliche Leistung es von ihrer Mutter gewesen war, diese modischen Stücke anzufertigen.

«Ich werde das eleganteste Mädchen am Royal College of Art sein», sagte Christina zu Audra an einem ausklingenden Freitagnachmittag, als sie ein perlgraues Seidenkleid aus dem Schrank nahm, es sich anhielt und in den Spiegel schaute.

«Das will ich hoffen», lachte Audra verhalten, die sie von der Tür des Schlafzimmers aus beobachtete. «Ich habe hart genug dafür gearbeitet.»

«O Mummy, das hast du wirklich! Das weiß ich. Ich danke dir für all meine schönen Kleider, für all die Zeit und Mühe, die du darauf verwandt hast und für das Geld, das du dafür ausgegeben hast. Du bist wirklich phantastisch, Mutter.»

«Da bin ich mir nicht so sicher», sagte Audra und fegte hastig den Dank und das Lob beiseite. Aber trotzdem sah sie sehr erfreut aus, als sie ins Schlafzimmer trat und sich auf eins der beiden Betten setzte.

Christina wirbelte herum, das Seidenkleid immer noch an ihren biegsamen Körper gepreßt. «Wie fändest du dies fürs Theater heute abend, Mummy?»

Audra nickte zustimmend.

Christina strahlte sie an, hängte das Kleid an die Schranktür und sagte: «Dann will ich die passenden Schuhe und Handtasche dazu suchen ... werde wohl die schwarzen Lackleder-schuhe wählen. Und vielleicht auch den grauen Seidenschal von Dior, den mir Grandma zum Geburtstag geschenkt hat, falls es hinterher kühl wird.»

«Das wird kaum der Fall sein», erwiderte Audra. «Es ist schrecklich heiß heute. Ich glaube, uns steht dieses Wochenende eine Hitzewelle bevor.»

«Sag das nicht, Mutter», rief Christina und verzog das Gesicht. «Wir wollen doch am Sonntag einen Ausflug nach Windsor Castle machen. Ich habe nicht die geringste Lust, den ganzen Tag unter der glühenden Augustsonne herumzustolzieren.»

Audra lächelte und lehnte sich in die Kissen, sah ihrer Tochter zu, wie sie ihre Accessoires für den Abend zusammensuchte und dachte, wie großartig sie doch aussähe.

Das hellbraune Haar, das Christina als Kind gehabt hatte, war schon vor Jahren zu einem dunkleren, satten Kastanienbraun geworden, und im Sommer war es von der Sonne mit rotgoldenen Strähnen durchzogen. Die Ähnlichkeit mit ihrem Vater war auffällig, und wenn sie auch nicht direkt schön war, hatte sie doch ein faszinierendes Gesicht mit reinen, wie gemeißelten Zügen und einer genauso schönen Haut wie Audra. Ihre riesigen grauen Augen waren Laurettes, und sie maß 1,70 Meter. Das freute Audra besonders. Sie hatte es immer gehaßt, so klein zu sein.

Von ihrem attraktiven Äußeren und ihrer offensichtlichen künstlerischen Begabung abgesehen, hatte sich Christina auch in anderer Hinsicht zu einer außergewöhnlichen jungen Frau entwickelt. Das fanden alle. Und Grandma Crowthers Prophezeiungen, daß die Privatschule und Audras Flausen im Kopf nur Ärger bringen würden, hatten sich nicht erfüllt. Christina war nicht schwierig, aufsässig oder eingebildet geworden, und sie hatte sich auch nicht von ihren Eltern abgewandt und ihnen ihre Freunde vom College vorgezogen. Ganz im Gegenteil. Sie war eine liebevolle Tochter, die Audra und Vincent ebenso liebhatte wie die beiden sie. Nach wie vor liebte es die Tochter, mit den Eltern zusammenzusein und glaubte, *sie* seien etwas ganz Besonderes.

Audra Crowther hatte ihre Arbeit gut gemacht.

Sie hatte Christina nicht nur von allem das Beste gegeben, soweit es in ihrer Macht stand, sie hatte dem Mädchen auch das Wertvollste von sich selbst geschenkt. Sie hatte Christina die menschlichen Tugenden beigebracht und ihr Ehrgefühl, Pflichtbewußtsein und Strebsamkeit vermittelt. Sich ihrer eigenen vornehmen Erziehung entsinnend, hatte Audra Christina so erzogen, daß diese rücksichtsvoll anderen gegenüber war. Doch vielleicht war es das wichtigste, daß Audra Christina noch etwas anderes gezeigt hatte, etwas von unschätzbarer Bedeutung – Selbstwertgefühl.

Wenn Audra auch Vincent gegenüber oft verschlossen und reserviert gewesen war, was häufig den Grund für ihre Schwierigkeiten ausgemacht hatte, war es ihr bei ihrem Kind gelungen, ihre Liebe in Worte zu fassen und körperlich zum Ausdruck zu bringen. Doch war diese bedingungslose Liebe auch von Disziplin begleitet gewesen, und zwar von beiden Elternteilen. Vincent war oft streng zu Christina gewesen, besonders während ihrer Teenagerjahre, und immer wenn es sich um Jungen handelte.

Ja, sie besitzt eine gewisse Anmut, dachte Audra, als sie ihre Tochter beobachtete. Aber sie ist keinesfalls vollkommen – wer ist das schon? Christie hat Vincents leicht erregbares, ziemlich heftiges Gemüt geerbt, und seinen teuren Geschmack, seine Freude an Kleidungsstücken und an den schöneren Seiten des Lebens. Sie kann sehr ungestüm sein. Doch im großen und ganzen ist sie kein verwöhntes Kind. Audra lächelte. Wie oft hatte Eliza gesagt: «Du und Vincent, ihr verwöhnt das Mädel. Ihr werdet das noch bereuen . . . wer sein Kind liebt, der züchtigt es.» Die Stimme ihrer Schwiegermutter hallte in ihr nach.

«Du siehst so nachdenklich aus, Mummy. Ist irgend etwas passiert?»

Audra richtete sich abrupt auf. «Nein, nein.» Sie lachte trocken. «Ehrlich gesagt habe ich gerade an deine Großmutter gedacht. Sie dachte immer, meine Pläne für dich seien viel zu hochgesteckt und vermessen. Und überkandidelt . . . das war ihr Lieblingsausdruck für alles, was mit mir zu tun hatte, als du noch klein warst.»

«Weiß ich doch. Sie ist altmodisch und hat solche Klassenvorurteile, die Arme. Aber sie meint es gut, Mummy, und sie ist immer sehr liebevoll mit mir umgegangen.» Christina schmunzelte wissend. «Aber ich bin ja auch das einzige Kind ihres geliebten Sturmvogels.»

«Sturmvogel?»

«Ja, so hat sie Daddy nach seiner Geburt genannt und als kleinen Jungen. Hat sie dir das nie erzählt?»

«Nein. Aber deine Grandma und ich, wir haben uns nie sehr nahe gestanden, hatten selten die gleiche Meinung, und ihre Ansichten über die Rolle der Frau sind mir immer gegen den Strich gegangen.»

«Was willst du damit sagen?»

«Deine Grandma ist immer der Ansicht gewesen, die Frau solle dem Mann . . . hm, eben untertan sein. Lange bevor du zur Welt kamst, war sie ganz entsetzt, als ich sagte, ich wolle als Krankenschwester vorankommen. Sie sagte, es sei meine Pflicht, im Haus zu bleiben, Babies zu bekommen, nicht aus der Reihe zu tanzen und deinen Vater zu verwöhnen.»

«Das glaube ich, daß sie das gesagt hat, Mutter. Sicher hält sie es auch für falsch, daß ich nach London gegangen bin und nun das Royal College of Art besuche. Sie findet wohl, es sei pure Geldverschwendung. Als ich mich vor ein paar Tagen von ihr und Grandpa verabschiedet habe, schnalzte sie mit der

Zunge und sagte, es sei alles ein völliger Unsinn, da ich meine Kunst doch aufgeben würde, um zu heiraten und Babies zu bekommen, sobald ich dem ersten passenden jungen Mann begegnete.»

Audra lächelte verkniffen. «Das hört sich ganz nach Eliza an . . .» Nachdenklich richtete sie ihren strahlendblauen Blick auf Christina. «Weißt du was, Christie, ich bin stolz darauf, daß du ehrgeizig bist, daß du Karriere machen willst, daß du eine Menge vom Leben erwartest. Du kannst alles erreichen. Es gibt nichts, was du nicht schaffen kannst, wenn du nur hart genug dafür kämpfst, hart genug dafür arbeitest, dein Ziel nie aus den Augen verlierst. Und dir nie Grenzen setzt . . .»

Lächelnd unterbrach Christina sie: «Das hast du mir ja schon immer gesagt . . . ich kann mich noch gut daran erinnern, was Grandpa in jenem September äußerte, als du mich auf Miss Mellors Schule geschickt hattest und Grandma wie immer meckerte. Er sagte ihr, du hättest recht, *nach den Sternen zu greifen*. Er hat dich stets dafür bewundert, Mummy.» Dann klingelte das Telefon, und Christina ging zum kleinen Schreibtisch und nahm ab.

«Hallo, Daddy. Wie geht es dir?» Eine kurze Pause trat ein, in der sie aufmerksam lauschte, dann sah sie zu Audra hinüber und nickte lächelnd. «Ja, Daddy, ich verstehe.» Wieder eine Pause. «Ja, wir haben bei Fortnum gegessen und dann den Nachmittag im Tate verbracht, um uns die Turners anzuschauen.» Christina lachte über irgendeine Bemerkung, dann kam sie zum Ende. «Ich gebe dir jetzt Mummy.»

Audra erhob sich und ergriff den Hörer, den Christina ihr hinhielt. «Hallo, Vincent. Ist alles in Ordnung bei euch?» fragte sie und verstummte sofort, als Vincent sie mit Worten überschüttete.

Christina schlüpfte aus dem Zimmer. Sie ging über den winzigen Flur und betrat die Küche, die neben dem Wohnzimmer lag. Nachdem sie den Kessel aufgesetzt hatte, holte sie Endivien, grünen Salat und Tomaten aus dem Kühlschrank und fing an, das Gemüse zu waschen.

Ein paar Minuten später trat Audra zu ihr in die kleine, wie eine Kombüse eingerichtete Küche. «Ich möchte dir helfen», sagte sie.

«Es gibt aber nicht viel zu helfen», Christina sah über ihre Schulter und sagte dann: «Ehrlich, Dad ist so schrecklich umständlich in letzter Zeit. Momentan kann ich überhaupt nicht mit ihm reden, ohne daß er mir sagt, ich solle auf mich aufpassen, und er sagt immer: ‹Sei vorsichtig, Schätzchen, sei vorsichtig.› Ich weiß wirklich nicht, was in ihn gefahren ist.»

«Na, du bist eben nach wie vor sein kleines Mädchen, und er macht sich Sorgen, weil du jetzt ganz auf dich gestellt bist.»

«Mmm», antwortete Christina nur, während sie eine Tomate abzog. Dann kicherte sie plötzlich und sagte: «Wirklich, du wirst eine enorme Telefonrechnung haben, Mum, wenn du nach Hause kommst. Daddy hat den Hörer die ganze Woche kaum aus der Hand gelegt.» Sie lachte, und ihre Augen tanzten mutwillig. «Ich glaube, er macht dir ein zweites Mal den Hof.»

«Sei doch nicht so albern», rief Audra.

An jenem Abend lud Christina Audra ein, ihre Lieblingsschauspieler zu sehen – Vivien Leigh und Laurence Olivier.

Diese traten beim Festival of Britain auf, in Shaws *Caesar und Cleopatra* und Shakespeares *Antonius und Cleopatra*, was an aufeinanderfolgenden Abenden gegeben wurde.

Dies war Christinas große Überraschung für ihre Mutter.

Audra wußte, daß sie ins Theater gingen, aber sie hatte keine Ahnung, was sie sehen würden, und sie war freudig erregt, als Christina ihr es während der Busfahrt erzählte.

«Es hat keinen Sinn, das eine Stück ohne das andere zu sehen, also habe ich Karten für beide Abende gekauft, Mummy, wir gehen morgen noch mal.»

«O Liebling, du bist genauso extravagant wie dein Daddy», sagte Audra, aber ihr Gesicht strahlte vor Glück.

«Es ist *das* Theaterereignis, Mum. Ich weiß bestimmt, daß wir einen wundervollen Abend vor uns haben, den wir nicht wieder vergessen werden», versetzte Christina, so froh darüber, ihre Mutter einmal verwöhnen zu können.

Audra vermochte ihrer Aufregung kaum Herr zu werden, als sie ihre Plätze einnahmen. Sie drückte die Hand ihrer Tochter und flüsterte: «Danke, Christie, daß du dir diese wunderschöne Überraschung für mich ausgedacht hast ... das werde ich nie vergessen.»

Viel zu schnell ging Audras zweiwöchiger Aufenthalt in London zu Ende.

Für beide war es eine herrliche Zeit gewesen. Sie hatte es nicht nur Christina in ihrer Wohnung gemütlich gemacht, bevor diese im September ihre Kurse am Royal College of Art aufnahm, sondern sie konnten auch ein paar unbeschwert glückliche Tage miteinander verbringen. Neben weiteren Theaterstücken und Filmaufführungen, die ihnen immer Spaß machten, hatten sie Museen und eine große Zahl Kunstgalerien besucht.

Vincent hatte Audra etwas Geld mitgegeben und gemeint, daß sie dafür essen gehen sollten. Das hatten sie auch getan und einen Tisch in einem kleinen Bistro reservieren lassen, im Chez Jacques. An manchen Tagen machten sie sich nur in der kleinen Wohnung zu schaffen, spazierten im Green Park und The Mall entlang, bewunderten die Schaufenster in der Bond Street und stöberten bei Hatchard, Audras bevorzugtes Buchgeschäft. Mutter und Tochter hatten jede Minute genossen, und Audra würde ihre zwei Wochen mit ihrer Tochter zu diesem Zeitpunkt in Christinas Leben nie vergessen.

«Mein Aufenthalt hier in London war so schön», sagte Audra, als sie im Taxi zum King's Cross-Bahnhof saßen, Freitag morgen, am Ende ihrer zweiten Woche.

«Für mich auch, Mummy», erwiderte Christina und verstummte. Plötzlich wurde ihr klar, wie sehr sie ihre Mutter vermissen würde – und daß sie nun gänzlich auf sich selbst gestellt war.

Sie waren beide ein wenig traurig, als sie den Bahnsteig zum

Zug nach Leeds entlanggingen, und bevor die Mutter einstieg, nahm Christina sie in den Arm und sagte mit bebender Stimme: «Ich werde dir nie genügend danken können oder imstande sein, es wiedergutzumachen, was du alles für mich getan hast, Mummy. Du bist die beste und großartigste Mutter.»

Staunen trat in Audras Gesicht. «Aber ich habe doch bloß meine Pflicht getan», entgegnete sie.

Audra hatte Vincent gesagt, er bräuchte sie nicht vom Bahnhof abzuholen, und sparsam wie immer fuhr sie mit der Straßenbahn zurück nach Upper Armley.

Von dem Augenblick an, da sie das Haus betrat, war sie sich der Stille bewußt, ja sie war fast bestürzt darüber. Und als sie im Flur ihren Koffer abstellte und den Hut abnahm, fühlte sie, wie ihr die Tränen, die sie schon den ganzen Tag lang unterdrückt hatte, in die Augen stiegen. Jetzt ist aller Sonnenschein aus meinem Leben verschwunden, dachte sie und suchte nach einem Taschentuch.

Auch Vincent spürte Christinas Abwesenheit, als er abends von der Arbeit kam. Aber er sagte nichts davon zu Audra, da er ihren Kummer bemerkte. Statt dessen plauderte er über ihre Reise und bemühte sich, sie zum Reden zu bringen, um sie aufzuheitern. Und das gelang ihm auch für eine Weile.

Aber nach dem Abendessen, als sie vor dem Kamin saßen und Kaffee tranken, wurde Audra immer einsilbiger. Und so überließen sie sich ihren eigenen Gedanken.

Plötzlich glaubte Vincent, daß er mit ihr über seine Gefühle sprechen müsse. Er schaute zu ihr hinüber und murmelte: «Es ist seltsam, nicht wahr, unsere Christie nicht hier zu haben? So still, Audra, findest du nicht?»

«Ja.»

Vincent seufzte leise. «Na, mein Liebling, sie ist nun mal fort. Sie wird wohl nie wiederkommen – um hier zu wohnen, meine ich.»

Stirnrunzelnd sah Audra ihn an. «Das wünsche ich mir auch

gar nicht für sie, Vincent. Wenn sie das täte, wozu wäre dann alles gut gewesen?»

«Ja, da hast du recht. Als sie noch ein Baby war, damals im St. Mary's Hospital, hast du gesagt, du würdest ihr die Welt zu Füßen legen. Und das hast du auch getan, Schätzchen.»

Vincent trank langsam seinen Kaffee und holte dann seine Zigaretten heraus. Er spielte ein bißchen mit ihnen herum, ehe er sie auf den Kaffeetisch legte. Dann richtete er seinen Blick auf Audra. «Wir haben viel durchgemacht, du und ich.»

«Ja, das haben wir.» Sie hielt seinem Blick stand. Dann kam ihr eine seltsame Idee, und bevor sie sich bremsen konnte, sagte sie: «Wir sind geprüft worden, denke ich.»

Er sah sie aufmerksam an.

«Aber wir haben alles gut überstanden, nicht wahr, Vincent?»

Er nickte, dann räusperte er sich. «Was hältst du davon, am nächsten Wochenende mit mir einen Ausflug zu machen ... nun, wo wir allein sind, spricht doch nichts dagegen, oder?»

Audra war überrascht. «Wohin denn? Wo wollen wir hin?»

«Vielleicht nach Robin Hood's Bay?»

«Und warum?»

«Weil wir dort unsere Flitterwochen verbracht ...» Vincent brach ab und holte tief Luft. «Es ist doch noch nicht zu spät für uns, Audra, was meinst du? Vielleicht können wir noch einmal von vorn anfangen, als ob dies der Anfang sei?»

«Vielleicht ist es das», erwiderte sie.

33

Obwohl Christina ihre Eltern vermißte und oft Heimweh verspürte, gewöhnte sie sich bald an ihre neue Unabhängigkeit.

Der Trubel in London und all die Attraktionen begeisterten sie zwar, aber weil sie sich der unglaublichen Leistung bewußt war, die Audra erbracht hatte, um ihr dies alles zu ermöglichen, war sie eine fleißige Studentin.

Christina hatte nicht die geringste Absicht, sich schlechte Gewohnheiten zuzulegen, ihre Studien zu vernachlässigen und womöglich ihre Mutter zu enttäuschen. Aber sie war ohnehin von Natur aus strebsam und ehrgeizig.

Vom ersten Tag an waren ihre Kurse am Royal College of Art in Kensington Anregung und Herausforderung für sie, und sie machte sich mit der ihr eigenen Hingabe und Begeisterung an die Arbeit.

In dieser Zeit – Anfang der fünfziger Jahre – wurde das College langsam zum Mekka der Kunstszene. Es wimmelte nur so von begabten Leuten, ob es nun Lehrer oder Studenten waren, und das galt für alle Abteilungen, von der figurativen und der Landschaftsmalerei, der Bildhauerei bis hin zum textilen Design, der Kostümbildnerei und dem Bühnenbild.

Seit sich Christina um die Aufnahme ins College bemüht hatte, ihre besten Arbeiten eingereicht hatte, man sich mit ihr unterhalten und sie dann aufgenommen hatte, waren sich die Lehrer ihrer außerordentlichen Begabung für die Landschaftsmalerei bewußt. Schon seit ihrer Kinderzeit hatte Christina alles in der Perspektive des Lichts gesehen, und ihre Bilder schienen in Licht eingetaucht, ob es das goldene Licht eines sonnigen Sommertags war, das kalte, zinnfarbene

Licht des Meeres von Yorkshire bei einem winterlichen Sturm oder das strahlende Leuchten, von dem die Dales im Frühling überflutet wurden. Durch ihre Hingabe an die Malerei und die Qualität ihrer Arbeiten wurde Christina bald zu einer Lieblingsschülerin ihrer Lehrer, die in ihr die ideale Studentin sahen.

Als offene, freundliche und aufgeschlossene junge Frau war Christina auch unter ihren Kommilitonen beliebt, und nach den ersten Wochen am College hatte sie schon einige Freunde und Freundinnen gewonnen. Aber die eine, die sie am meisten anzog und ihr am meisten lag, war ein Mädchen gleichen Alters namens Jane Sedgewick.

Jane war überschwenglich, gutherzig und ein verwegenes Geschöpf. Hübsch und keß, mit flachsblondem Haar und fast violetten Augen, war sie das einnehmendste Mädchen, das Christina je begegnet war.

Eines Nachmittags im September saßen sie gerade in einem der großen Ateliers und malten, als Jane endgültig Christinas Zuneigung gewann.

Aus heiterem Himmel wurde Jane theatralisch. Sie nahm die Haltung einer Tragödin ein und rief mit gespielter Verzweiflung: «Meine Arbeit sieht neben deiner wie Geschmiere aus. Ach, wie weh ist mir.» Dann hielt sie inne, hob die geballte Faust zur Brust und verdrehte die Augen. «Es bleibt mir nichts als der Tod. Aber bevor ich diesem zarten, jungen Leben ein Ende setze . . . o gewähre mir eine letzte Bitte.»

«Und die wäre?» fragte Christina und ging auf ihre Schauspielerei ein.

«Komm mit mir nach dem Unterricht Kaffee trinken.»

Lachend nahm Christina die Einladung an. Kurz darauf schlenderten sie am Victoria and Albert Museum vorüber und unterhielten sich angeregt auf ihrem Weg zu einem Coffee Shop in der Nähe. Keine von ihnen ahnte, daß dies der Anfang einer außergewöhnlichen Freundschaft war, die ihr ganzes Leben lang anhalten sollte.

Bei mehreren Tassen Espresso lernten sie sich besser kennen. Nachdem Christina Jane etwas von sich erzählt hatte, war es nun an ihr zuzuhören, und das tat sie auch sehr aufmerksam. Fasziniert erfuhr sie, daß Jane die älteste Tochter von Dulcie Manville und Ralph Sedgewick war, einem Schauspielerehepaar, das auf seine Weise ebenso berühmt war wie die Oliviers. Sofort dachte sie: daher also ihre dramatischen Auftritte.

Die Sedgewicks waren in unzähligen Filmen der vierziger Jahre aufgetreten. Christina und Audra hatten sie alle im Lichtspielhaus von Armley gesehen.

Sie sagte zu Jane: «Herrgott, wird meine Mutter staunen, daß ich dich kenne. Sie ist eine große Verehrerin von deinen Eltern, und ich bin es auch. Als sie im August hier war, haben wir uns den *Zank der Liebenden* im Haymarket angesehen. Wir haben uns gekrümmt vor Lachen, es war einfach phantastisch, die beste Komödie, die wir seit Jahren gesehen haben.»

«Hättest du Lust, die alten Herrschaften kennenzulernen?» fragte Jane. «Komm doch dieses Wochenende mit zu uns. Wir würden uns alle sehr freuen.»

Christina sah sie überrascht an. «Aber bist du sicher, daß es auch passen würde? Es ist doch ein bißchen überstürzt, meinst du nicht auch? Für deine Eltern. Heute ist doch schon Donnerstag, Jane.»

«Ach, das macht gar nichts. Wir haben einen schön verrückten Haushalt. Sag doch ja. Es wird bestimmt sehr lustig, das Grundstück ist bezaubernd, und du kannst auch malen, wenn du willst. Es gibt nur ein einziges Problem . . .» Jane blickte säuerlich. «Meine Geschwister, diese kleinen Ungeheuer, sind einfach *widerlich*, aber ich denke, wir brauchen uns nicht um sie zu kümmern. Kommst du mit?»

«Äh – ja, vielen Dank auch», sagte Christina und lächelte, «das ist eine tolle Einladung.»

Am Nachmittag darauf fuhr Christina mit Jane in deren zerbeultem, knallgelb angestrichenen MG-Sportwagen nach Kent.

Die Sedgewicks besaßen ein altes Landhaus namens Hadley Court im hübschen Dorf Aldington. Kurz nachdem sie das Dorf hinter sich gelassen hatten, drosselte Jane das Tempo und zeigte auf ein wunderschönes Herrenhaus im Tudorstil. Von der Straße aus gerade noch sichtbar, lag es langgestreckt, niedrig und mit schönen bleiverglasten Fenstern hinter einem großen Eisentor.

«Das ist Goldenhurst, das Haus von Onkel Noël», erklärte Jane. «Er ist mein Patenonkel und ein ganz Lieber. Sonntag morgens gehen wir auf ein paar Drinks und ein tolles Festtagsessen zu ihm. Es geht da natürlich ziemlich verrückt zu; er hat immer die unmöglichsten, skandalösesten Leute zu Besuch. Aber wir können uns dann zumindest amüsieren und den *widerlichen* Ungeheuern auf ein Weilchen entfliehen.»

Christina warf ihr einen erstaunten Blick zu. «Was ist denn so furchtbar an deinen Geschwistern?»

«Sie sind eben Ungeheuer. Das wirst du schon merken.»

«Und wann fahren deine Eltern aufs Land?»

«Nach der Vorstellung, Samstag nacht. Sie flüchten noch mit Make-up aus dem Theater und rasen im Eiltempo hierher, so gegen Mitternacht kommen sie an. Dann wirst du sie kennenlernen, falls es dir gelingt, so lange wachzubleiben und um diese Uhrzeit mit ihnen Kaffee zu trinken und Sandwiches zu verspeisen.»

Jane lenkte den MG in eine lange Auffahrt, die sich in Windungen zum Haus erstreckte, und Christina verliebte sich auf den ersten Blick in Hadley Court. In gewisser Weise erinnerte sie die Architektur an High Cleugh, wohin ihre Mutter sie oft mitgenommen hatte, als sie noch klein war. Sie hatten Picknicks an den Hängen nahe dem «Ort der Erinnerung» gemacht, und ihre Mutter hatte ihr vom Haus erzählt, in dem sie aufgewachsen war. Später war sie zu dieser Stelle über dem Fluß Ure zurückgegangen und hatte High Cleugh als Geschenk für Audra gemalt.

Hadley Court war ein geräumiges altes Haus mit eigenartig geschnittenen Räumen, großen Kaminen, bauchigen Fenstern und viel Charakter. Das Gelände ringsum war romantisch und idyllisch mit seinen Trauerweiden, einem Lilienteich und hier und da angepflanzten Blumenecken, die etwas liebenswert Altmodisches ausstrahlten. Später, als Christina in den Gärten herumschlenderte, juckte es ihr in den Fingern, die neblige grüne Schönheit im sanften südlichen Licht von Kent auf die Leinwand einzufangen, die sie mitgebracht hatte.

Das Wochenende war lustig und kurzweilig, genau wie Jane es prophezeit hatte.

Aber Christina erlebte einige Überraschungen und entdeckte, daß ihre neue Freundin dazu neigte zu übertreiben.

Die widerlichen Geschwister, wie Jane sie genannt hatte, waren keineswegs so, und kleine Ungeheuer waren sie auch nicht. Hadley und Lyndon, die elfjährigen Zwillinge, waren flachsköpfige niedliche Jungen mit vielen Sommersprossen, die sich gut benahmen. Jane beharrte darauf, dies läge einzig an ihren ernsthaften Drohungen, mit denen sie die beiden eingeschüchtert hatte, damit sie sich an diesem Wochenende einigermaßen aufführten. Ihre neunjährige Schwester Poppy Louise war mit ihren riesigen, stiefmütterchenfarbenen Augen, die Janes glichen, und ihrem leuchtend rotgoldenen Haar von verführerischer Schönheit. Sie bezauberte Christina mit ihrem reizenden Lächeln und dem phantasievollen Kindergeplapper.

Und was Dulcie und Ralph Sedgewick betraf, waren sie sehr nett und liebenswürdig zu ihr und gaben ihr sofort das Gefühl, zur Familie zu gehören. Sie waren überhaupt nicht so, wie Christina sie sich vorgestellt hatte, affektiert oder angeberisch. Beide waren vornehm und geistreich. Besonders Ralph konnte alle zum Lachen bringen. Und Christina merkte gleich, daß Jane die Extravaganteste der Familie war.

Onkel Noël entpuppte sich schließlich als Noël Coward, und Christina war sprachlos, als sie am Sonntag ins Wohnzimmer von Goldenhurst schlenderte und Laurence Olivier und Vivien Leigh vorgestellt wurde.

Als es ihr endlich gelang, Jane in eine Ecke zu ziehen, flüsterte sie: «Was sollte das heißen mit den unmöglichen, skandalösen Besuchern? Du hättest mich vorwarnen können!»

Jane kicherte und verdrehte die Augen im Kopf. «Aber dann wär's doch kein Spaß mehr gewesen, wenn du gewußt hättest, daß Larry und Vic kommen.» Dann beruhigte sie sich, nahm Christina am Arm und sah ihr besorgt ins Gesicht. «Du bist mir doch nicht böse, oder? Das könnte ich nicht ertragen.»

«Nein, bin ich nicht, Janey», erwiderte Christina und lächelte sie beruhigend an.

Nach diesem ersten Wochenende wurde Christina ein regelmäßiger Gast in Hadley Court und eine häufige Besucherin des Apartments der Sedgewicks in Mayfair. Dulcie Manville Sedgewick hatte Christina in ihr Herz geschlossen und fand, sie sei ein hervorragender Einfluß auf ihre recht flatterhafte Tochter.

Als Einzelkind genoß es Christina, inmitten der liebevollen, lustigen Sedgewick-Familie zu sein. Begeistert lernte sie auf deren Parties die vielen gefeierten Berühmtheiten kennen – Leute aus dem Showgeschäft, Schriftsteller, Journalisten und Politiker.

Dennoch blendete diese aufregende und glänzende Welt Christina nicht übermäßig, und sie stand immer mit beiden Beinen auf der Erde und widmete sich wie zuvor ganz ihrer Kunst.

Und nach wie vor war sie ihren Eltern sehr zugetan, besonders Audra. Während der nächsten neun Monate kam ihre Mutter zweimal zu Besuch, und Christina fuhr oft übers Wochenende sowie in allen Ferien, wenn das College geschlossen war, nach Yorkshire.

Christina wußte, daß ihre Mutter für die Zeit lebte, in der sie zusammen waren, und daß es ihr unglaublichen Spaß machte, Anekdoten von den Sedgewicks und ihren Freunden zu hören, von den Parties und eleganten Diners, an denen sie teilnahm.

Audras Stolz auf ihre Tochter kannte keine Grenzen. Christinas Zeugnisse am Royal College of Art waren ausgezeichnet, und sie konnte sich auch über ihre Popularität und Beliebtheit in gesellschaftlichen Kreisen freuen. Sie wußte nun endlich, daß sie das Gelöbnis erfüllt hatte, das sie vor so vielen Jahren abgelegt hatte. Sie hatte ihrer Tochter ein schöneres Leben ermöglicht, als sie es selbst gehabt hatte. Und sie war zufrieden darüber, daß ihr Leben und alles, was sie für Christina getan hatte, nun gerechtfertigt waren.

Die ersten beiden Jahre in London waren für Christina voller Herausforderungen, neuer Erfahrungen und sehr produktiv. Es gab nur eines, was ihr Glück trübte – zu wissen, daß ihre Mutter immer noch arbeitete.

Obwohl Vincent jetzt Teilhaber bei Varley & Crowther war und es ihm gutging, verdiente er dennoch nicht genug, um für alle finanziellen Belastungen der Familie aufkommen zu können. Audra arbeitete vorwiegend deshalb weiter im Krankenhaus, um Christinas Leben in London zu bezahlen. Sie war es, die Christinas Studiengebühren und Miete bezahlte, ihr Taschengeld gab, die Stoffe für ihre Kleider und sonstige Ausstattung kaufte. Es war Christina schmerzlich klar, daß ihre Mutter ohne diese Verpflichtungen mit ihrer endlosen Schinderei aufhören und ein viel leichteres Leben führen könnte.

Deshalb machte Christina am Ende ihres zweiten Jahres am College zaghaft den Vorschlag, sich eine Nebenbeschäftigung zu suchen, um Audra zu helfen. Diese war hierüber ganz aufgebracht und weigerte sich hartnäckig, so etwas auch nur in Erwägung zu ziehen, da sie der Meinung war, es würde Christina ablenken und sie von ihren Studien abhalten. Aber sie hatte nicht mit der Dickköpfigkeit und Entschlossenheit ihrer Tochter gerechnet. Christina war ebenso stur wie Audra, und sie beschloß eisern, den Geldfluß von Leeds nach London einzudämmen.

Sie wagte nicht, einen Job anzunehmen, lebte aber von nun an bescheidener und verringerte ihre Mietkosten, indem sie mit Jane zusammenzog. Ihre beste Freundin hatte sie schon lange darum gebeten, doch mit ihr in der Walton Street-Wohnung zu leben, und da diese Janes Tante Elspeth gehörte, die seit ihrer Eheschließung in Monte Carlo wohnte, war die Mietsumme nur nominal. «Gib mir doch ein Pfund die Woche», sagte Jane zu Christina, als diese fragte, wie hoch ihr Anteil sein würde.

Außerdem beschloß Christina, sich ihre Kleider jetzt selbst zu nähen. Das würde zwar nicht unbedingt Geld sparen, aber ihre Mutter entlasten. Sie wurde darin von Jane bestärkt, die wußte, daß die Freundin eine geschickte Designerin war. Tatsächlich hatte Christina Audras Gewandtheit mit Nadel und Faden geerbt, darüber hinaus hatte sie jahrelang ihrer Mutter zugeschaut, wie sie sowohl für die eigene Familie als auch für andere Leute schöne Gewänder anfertigte. Im Handumdrehen hatte sie einige ihrer alten Kleider umgeändert und sich ein paar neue genäht und war unglaublich zufrieden mit sich selbst.

Audra weniger, aber sie gab schließlich zu, daß das Nähen nicht mit der Arbeit ihrer Tochter am Royal College of Art kollidierte, und mußte widerstrebend einräumen, daß die handbemalten Kleider und Jacken sowie die streng geschnittenen Kostüme Eleganz und Originalität besaßen.

Christina fand auch noch die Zeit, im Herbst des Jahres 1953 eine handbemalte Bluse für ihre Mutter zu verfertigen, die sie in den Winterferien mit nach Leeds nahm.

Audra war begeistert, als sie Weihnachten die Schachtel öffnete und freute sich sehr über die schöne Bemalung, wie sich das Ritterspornmuster mit der blaßblauen Seide des Untergrunds vermischte.

«Aber das hättest du doch nicht tun sollen», tadelte sie Christina sanft. «All diese Näherei hält dich doch von deinen Studien ab.»

«Nein, das tut es nicht», sagte Christina lachend und nahm sie in den Arm. «Ich wollte etwas Besonderes für dich, etwas, das ich gemalt und nur für dich gemacht habe, Mummy.»

Dieser Dezember war eine glückliche Zeit für die Crowthers. Sie feierten eine einfache Familienweihnacht, und im

Januar kehrte Christina nach London zurück, um ihre Studien am Royal College of Art wiederaufzunehmen.

Sie setzte zu einem großen Endspurt an, denn im August würde sie die Prüfungen ablegen. Und sie wollte nicht nur aus eigenem Ehrgeiz gut abschneiden, sondern auch ihrer Mutter zuliebe.

34

Vincent entdeckte Christina, ehe sie ihn sah.

Sie war am Ende des Bahnsteigs aus dem Londoner Zug gestiegen, und er konnte beobachten, wie sie sich zwischen den anderen Reisenden durchschlängelte, die nun zum Drehkreuz am Ausgang drängten.

Wie jung und reizend sie in dem Kamelhaarmantel und den sehr hochhackigen Schuhen aussah. Sie kam forsch daher, die Schultern zurückgeworfen, den Kopf hoch; es war etwas sehr Selbstsicheres an ihr, und das freute ihn.

Im nächsten Monat würde sie dreiundzwanzig werden. Er konnte es kaum glauben. Es kam ihm vor, als sei es erst gestern gewesen, da er sie in ihrem Kinderwagen spazierengefahren hatte. Sie war zu einem guten Mädchen herangewachsen, mit einem wachen Kopf auf den Schultern. Er vertraute ihr völlig. Als sie zuerst nach London gegangen war, hatte er sich Sorgen gemacht, hatte gebangt um ihre Menschenkenntnis, ihre Einschätzung von Situationen und besonders von Männern. Und dann hatte er sich eines Tages gefragt, warum er sich überhaupt sorgte. Sie hatten sie anständig erzogen, sie kannte den Unterschied zwischen Gut und Böse. Und sofort war er ruhig. Ja, auf ihre Tochter konnten sie stolz sein.

Plötzlich sah Christina ihn, winkte, lief schneller, strahlte sofort übers ganze Gesicht.

Vincent trat eilig vor, lächelte und winkte ebenfalls.

Sie blieben voreinander stehen.

«Hallo, Daddy!» rief sie und ließ ihren Koffer zu Boden sinken.

«Hallo, mein Liebling», sagte er glücklich und streckte den Arm nach ihr aus.

Sie umarmten sich lachend, traten dann zurück und sahen sich an. Es war der Nachmittag des Karfreitags, und sie hatten sich seit Weihnachten nicht mehr gesehen.

Er sieht ein bißchen müde aus, älter, dachte Christina verwundert. Man sah ihrem Vater selten das Alter an.

Sie sieht zufriedener aus denn je, dachte Vincent, und sein Herz zog sich unmerklich zusammen. Er wußte, daß sie sich aufregen würde, wenn er ihr von Audra erzählte. Er fragte sich, wann er es ihr sagen sollte. Na, auf jeden Fall, bevor sie zu Hause waren.

«Nun komm, Süße», sagte er, nahm ihren Koffer, reichte ihr den Arm und schritt rasch mit ihr vom Bahnsteig. «Deine Mutter wartet schon auf uns und kann es kaum erwarten, wie immer.»

«Ich kann es auch kaum erwarten. Wo steht denn dein Auto, Dad?»

«Direkt vor dem Bahnhof, wir sind gleich zu Hause.»

Und als Vincent sie die Stanningley Road in Richtung Upper Armley entlangfuhr, erzählte Christina ihrem Vater fröhlich über ihre Pläne für die Osterferien. «Ich wollte gern das Wochenende bei dir und Mummy zu Hause verbringen, und wenn ihr beide dann nichts dagegen habt, würde ich gern einen Ausflug machen und ein paar Tage lang malen.»

«Schön. Und wohin wolltest du?»

«Erst hatte ich an den Lake District gedacht, aber ich möchte die See malen und überlege, ob ich an die Ostküste fahren soll . . . Whitby, Scarborough, Flamborough Head, irgendwo dort. Was meinst du dazu?»

«All die Lieblingsplätze deiner Kindheit, was? Ich finde deine Wahl gar nicht schlecht, aber wie ist es denn mit der Gegend bei Ravenscar? Da gibt es einige dramatische Ansichten von den Klippen aus, und ganz in der Nähe ist ein nettes Hotel. Wir möchten gern, daß du es ein bißchen gemütlich hast bei deinen Exkursionen, weißt du.»

«Ihr verwöhnt mich viel zu sehr», sagte sie lachend. «Ich wünschte, Mummy könnte ein paar Tage vom Krankenhaus weg und mich begleiten. Das würde ihr bestimmt guttun, meinst du nicht auch, Daddy?»

Vincent schwieg. Dann fuhr er rechts heran und hielt, drehte sich zu seiner Tochter um. «Ich muß dir etwas sagen . . .»

«Was ist los?» rief sie und schnitt ihm das Wort ab, wußte sofort, daß es etwas Schreckliches war, weil seine Stimme so merkwürdig klang und seine lebendigen Augen so besorgt dreinschauten. «Es geht um Mummy, nicht wahr?»

Vincent nickte. «Leider ja, Schätzchen.»

Sie ergriff seinen Arm und sah ihm angstvoll ins Gesicht. «Was ist passiert?» wollte sie wissen.

«Deine Mam ist krank gewesen, schwer krank, Christie. Vor drei Wochen ist sie mit einer infektiösen Lungenentzündung zusammengebrochen. Sie war über zwei Wochen im Krankenhaus . . . zuerst gab es Komplikationen, die Ärzte machten sich Sorgen um ihre Lungen. Nun schau mich nicht so ängstlich an, Süße, jetzt geht es ihr gut. Sie erholt sich zu Hause.»

Christina war einen Augenblick lang wie betäubt.

Sie starrte ihren Vater an, dann rief sie in aufflammender Wut: «Und warum hast du mir nichts davon gesagt? Wie falsch von dir, Dad, mich nicht zu benachrichtigen. Ich hätte bei ihr sein sollen, zumindest in der letzten Woche, die sie zu Hause gewesen ist.» Ihr Blick wurde noch wütender, und fast schreiend fügte sie hinzu: «Das hättest du mir doch sagen müssen!»

«Ich habe nicht gewagt, gegen den Wunsch deiner Mutter zu handeln, Christie, mein Liebling», sagte Vincent ruhig. «Ich wollte sie nicht aufregen, und das hätte ich getan, wenn ich dich geholt hätte. Sie wollte nicht, daß du dir Sorgen machst. Du weißt doch, wie deine Mam ist.»

«Ich verstehe dich nicht, wirklich nicht», sagte Christina hitzig und schüttelte dann verständnislos den Kopf. «Wie konntest du nur auf Mummy hören. Und wer *hat* sich denn überhaupt um sie gekümmert, seit sie zu Hause ist?»

«Ich», sagte Vincent, ließ den Motor an und sah in den Rückspiegel, bevor er losfuhr. «Ich habe mir eine Woche Urlaub genommen. Wir haben nicht sehr viel zu tun im Moment, und ich hatte sowieso noch ein paar freie Tage.»

«Ich hätte doch letzte Woche schon kommen können», zischte Christina in unvermindertem Zorn. «Ich habe in London nur die Zeit totgeschlagen und darauf gewartet, daß ich heimfahren konnte. Ich hatte überhaupt keine wichtigen Kurse am College.»

Vincent sah ein, daß es klüger war, zu schweigen. Da sie sich so ähnlich waren, konnten sie sich sehr leicht in die Haare geraten, und das war das letzte, was er heute wollte. Er trat den Gashebel durch und konzentrierte sich auf die Straße.

Als sie die Hälfte der Ridge Road hinter sich gelassen hatten, sah er sie aus den Augenwinkeln an und sagte sanft aber fest: «Ich hoffe, du hast dich jetzt beruhigt, meine Christie. Ich will nicht, daß du streitsüchtig ins Haus gestürmt kommst und deine Mutter aufregst.»

«Meine Güte, Dad, manchmal bist du wirklich unmöglich. Wie kannst du mir so etwas zutrauen?»

Audras Augen sahen noch blauer und größer aus als sonst. Ihr Gesicht war eingefallen und kreideweiß, es spiegelte deutlich ihre Leiden in den vergangenen Wochen wider. Aber als sie Christina in der Tür stehen sah, leuchtete ihr Antlitz.

«Hallo, mein Liebling», sagte Audra mit schwacher Stimme und versuchte sich auf die Ellbogen zu stützen, als Christina an ihr Bett geeilt kam.

«O Mummy, liebe Mummy», flüsterte Christina, kniete nieder und nahm Audra zärtlich in den Arm, hielt sie ganz fest. «Du hättest Daddy erlauben sollen, mich zu holen», sagte sie leise ins Haar ihrer Mutter hinein. Dann gab sie sie frei, lehnte sich zurück und betrachtete sie genau, wollte ihren wahren Zustand ergründen.

Audra hob die Hand und berührte Christinas Gesicht. «Du mußt dich um deine Studien kümmern, sie sind jetzt wichtiger als alles andere.»

Obwohl Christina das nicht fand und ihr die Gesundheit ihrer Mutter näherlag, nickte sie. Dann stand sie auf, ging zum

Erkerfenster hinüber, zog einen Stuhl an Audras Bett und setzte sich.

Vincent kam herein und blieb am Fußende stehen. Er wandte sich an Audra: «Wie geht es dir denn, Liebes? Fühlst du dich wohl? Einigermaßen bequem?»

«Ja, danke, Vincent.»

«Dann werde ich mal Wasser aufsetzen», sagte er.

Christina beugte sich vor, als ihr Vater das Zimmer verlassen hatte, und sagte fröhlich: «Na, jetzt bin ich endlich hier, Mummy, und in der nächsten Woche werde ich mich um dich kümmern. Ich werde dich so verwöhnen und verhätscheln, wie du es verdienst.»

Audra runzelte die Stirn. «Weihnachten hast du mir gesagt, du wolltest eine Exkursion zum Lake District machen. Du hast es dir doch hoffentlich nicht meinetwegen anders überlegt.»

«Nein, nein», entgegnete Christina rasch. «Mein Studienberater meint, es sei nicht notwendig. Ich habe auch genügend fertige Bilder bei der Hand.»

«Das ist schön, dich eine ganze Woche lang hierzuhaben», murmelte Audra und lehnte sich in die Kissen zurück, das Gesicht plötzlich ganz zufrieden. «Und wie geht es Jane?»

«Gut wie immer, und sie läßt dich herzlich grüßen.»

«Ich bin froh, daß du sie zur Freundin hast und gut mit ihr zurechtkommst in eurer Wohnung in der Walton Street. Es ist dort so hübsch und gemütlich.» Wieder ging ein Lächeln über Audras mageres Gesicht. «Erzähl mir alles, was du so machst . . . du weißt, wie gern ich was von deinem aufregenden Leben in London höre.»

«Ja, das will ich gern tun, aber erst gehe ich nach unten und helfe Daddy . . . möchtest du vielleicht auch etwas essen zu deiner Tasse Tee?»

«Nein, ich habe keinen Hunger, mein Liebling, aber vielen Dank.»

Christina lief nach unten und wollte ihren Vater warnen, daß sie ihre Pläne geändert hatte, bevor er mit irgend etwas vor ihrer Mutter herausplatzen konnte.

Sie fand ihn in der Küche, wie er ein Stück Butter auswickelte. Er sah auf, als sie hereinkam. «Ach, da bist du ja, Schätzchen. Ich habe vorhin beim Bäcker ein paar Rosinenbrötchen gekauft. Ich werde eines für deine Mutter streichen.»

«Sie hat gesagt, sie sei nicht hungrig, Dad.»

«Das wird sie bestimmt essen», sagte er zuversichtlich. «Sie mag zu Ostern immer gern Rosinenbrötchen, das weißt du doch. Es ist eine Art von Tradition bei ihr, aus ihrer Kinderzeit in High Cleugh . . . Rosinenbrötchen am Karfreitag.» Er schnitt das Brötchen durch und strich Butter darauf. «Dir kommt deine Mutter vielleicht sehr dünn vor, aber es geht ihr schon viel besser, Christie, wirklich, sie ist jetzt über den Berg.»

Christina nickte. «Hör mal, ich wollte dich nur warnen, daß du ja nichts über meinen Ausflug zur Ostküste sagst. Ich bleibe die ganze Woche hier und kümmere mich um Mutter.»

«Das wird ihr aber gar nicht gefallen, sie wird sich aufregen . . .»

«Ich habe es ihr schon gesagt, Dad», unterbrach Christina ihn fest. «Also verrate bitte *nichts*. Ich habe ihr gerade erzählt, daß mein Studienberater die Exkursion unnötig findet.»

«Na gut.» Er sah auf, und die Liebe zu seinem einzigen Kind blickte ihm aus den Augen. «Du bist ein gutes Mädchen, Christie, und es wird deiner Mutter mächtig Auftrieb geben, dich mal für eine Weile hierzuhaben. Mehr als jede Medizin.»

Es war eine anstrengende Woche für Christina.

Sie übernahm zu Hause die Pflichten, machte sauber, kaufte ein, kochte und bügelte, und natürlich kümmerte sie sich sorgfältig und mit der größten Hingabe um ihre Mutter.

Als die Osterwoche zu Ende war, bestand sie darauf, daß ihr Vater wieder zur Arbeit ging, und das tat er auch, obwohl er sich bei ihrer Mutter lautstark über ihre herrschsüchtige Art beschwerte. Als sie eines Morgens an ihrem Schlafzimmer vorüberging, hörte sie, wie er zu Audra sagte: «Ich habe dich ja immer gewarnt, daß sie das Zeug zu einem General hat, und ich habe doch auch recht behalten. Sie hat es mir gerade bewiesen. Und ich will dir was sagen, *unter ihr* würde ich nicht gern arbeiten.»

Christina hatte lächelnd ihre Pflichten erledigt. Sie wußte ja ganz genau, von wem sie ihre herrschsüchtige Art geerbt hatte – von ihrem Vater.

Ihre Mutter zu pflegen, sie zu verwöhnen und ihr jeden Wunsch von den Augen abzulesen, gab Christina große Befriedigung. Aber als die Woche voranschritt, merkte sie plötzlich, daß ihre Mutter sich enorm angestrengt hatte, um vor ihr fröhlich und munter zu wirken.

Nun wurde es langsam offenbar, daß dies eine schreckliche Anstrengung für sie gewesen war. Am Ende der Woche sah Audra vollkommen erschöpft aus, und Christina machte sich immer mehr Sorgen.

Am Freitag, ihrem letzten Tag zu Hause, sah sie erschreckt, daß ihre Mutter vom Frühstück, das sie für sie bereitet hatte, kaum etwas aß. Sie hatte das Rührei mit Speck gar nicht angerührt, den Toast nur halb gegessen, den Pfirsich nicht einmal geschält.

«Mummy, du hast ja einen Appetit wie ein Spatz! Ich werde ja ganz krank vor Sorge sein, wenn ich weg bin.»

«Sei doch nicht albern, Liebling. Ich habe momentan keinen Hunger, das ist alles, und vergiß nicht, daß ich ziemlich krank gewesen bin, Christie. Mein Appetit wird schon zunehmen, wenn ich erst wieder bei Kräften bin, wenn ich aufstehen darf.»

«Ich will lieber noch eine Woche hierbleiben.»

«Das kommt gar nicht in Frage, das lasse ich nicht zu. Du mußt an deine Studien denken. Du darfst sie nicht vernachlässigen, es sind jetzt die letzten Monate.»

Christina seufzte, nahm das Tablett hoch und stellte es auf eine Kommode. Dann trat sie ans Bett heran, nahm die Hand ihrer Mutter. «Willst du denn nicht versuchen, den Pfirsich zu essen, wenn ich ihn für dich schäle?»

«Nein, danke.» Audra drückte ihr die Hand. «Es war wunderschön, dich hierzuhaben, Liebling, aber nun mußt du zurück zu deinem Londoner Leben, zum College, zu deinen

Freunden», sagte sie und lächelte ihrer Tochter eindringlich zu.

Christina lächelte zurück, wurde dann aber zunehmend ernster.

Im strahlenden Sonnenlicht des Aprilmorgens lag das Gesicht ihrer Mutter hell beleuchtet, und zum ersten Mal seit Jahren erblickte sie Audra mit bestürzender Nüchternheit. Als ihre Augen auf jenem blassen Gesicht ruhten, das ihr so teuer war, empfand Christina ein wahres Entsetzen.

Wie ist sie in den letzten drei Jahren doch gealtert, dachte sie. Obwohl noch keine siebenundvierzig, sieht sie heute aus wie eine alte Frau.

Sie sah das mühevolle, aufopfernde Leben ihrer Mutter plötzlich mit solch atemberaubender Klarheit vor sich, daß Christina von einem tiefen Schmerz erfüllt wurde. Ihr Herz schmerzte vor Zärtlichkeit und Mitleid für diese kleine, zerbrechlich aussehende Frau, die für sie riesengroß war.

Christina spürte einen Kloß im Hals, beugte sich vor und schloß ihre Mutter in die Arme, wollte nicht, daß diese ihre Gefühle sehen sollte, die sie unvorhergesehen überwältigt hatten.

Und während sie Audra liebevoll an sich drückte, verstand Christina. Sie konnte nicht zulassen, daß ihre Mutter so weiterlebte. Ich darf es nicht, ich darf es einfach nicht, sagte sie sich. All diese Arbeit, diese Opfer, dieser Kampf *für mich* müssen ein Ende haben.

Ich selbst werde dem ein Ende setzen.

35

Später an jenem Tag, als sie im Zug saß, der nach London zurückfuhr, gelang es Christina immer noch nicht, das erschöpfte Gesicht ihrer Mutter abzuschütteln.

Und sie wußte, daß es sie noch lange verfolgen würde.

Als sie trübsinnig aus dem Zugfenster schaute, fragte sie sich, was sie nun tun sollte. Eines war sicher ... sie konnte nicht zulassen, daß ihre Mutter sie weiterhin unterhielt, nachdem sie zum Ende des Sommers am Royal College of Art abgeschlossen haben würde.

Christina seufzte und lehnte den Kopf gegen das Fenster. Sie würde Jahre brauchen, sich als Landschaftsmalerin einen Namen zu machen, bis sich ihre Arbeiten verkauften und sie davon leben konnte. Das war ihr vollkommen klar, wie es jedem Künstler heutzutage klar ist.

Audra wußte das. Wie oft hatte sie in den letzten Jahren gesagt: «Mach dir keine Sorgen, Christie. Mal du nur deine schönen Bilder und überlasse es mir, mich um das Geld zu kümmern und woher es kommt.»

Als Christina sich dieser Worte erinnerte, überlief sie ein kalter Schauer, und sie erbebte unwillkürlich. Genau das war ihr Problem – oder zumindest ein Teil davon: daß ihre Mutter entschlossen war, *sie zu unterhalten*, bis sie berühmt war und man sich um ihre Bilder riß.

Christina bekam eine Gänsehaut. Ein rätselhaftes Entsetzen ergriff sie. Wollte ihre Mutter im Leeds Infirmary arbeiten, bis sie eine alte Frau war, nur um *ihre* Miete zu bezahlen, *ihr* Kleider zu kaufen, *ihr* Essen zu verschaffen und für alles zu zahlen, was *sie* in ihrem Leben brauchte?

Nein, sagte Christina sich. *Nein*. Ich lasse es nicht länger zu, daß sie sich für mich abrackert, für *mich* Geld verdient. Das kommt gar nicht in Frage. Ich werde dem ein Ende setzen, geradeso, wie ich es mir heute morgen geschworen habe. Aber wie? Und was soll ich bloß tun? Sie kuschelte sich in der Abteilecke zusammen und schloß die Augen. Was soll ich bloß machen? Wie kann ich aus dieser Sackgasse herausfinden?

Die Räder des Zuges drehten sich unablässig, und es schien Christina, als hämmerten sie ihr diese Frage ein. Als sie endlich in den King's Cross-Bahnhof einfuhren, hatte sie schreckliche Kopfschmerzen, und ihr war schwindlig. Sie überlegte sich, ob sie wohl nun eine Grippe bekäme.

Ein paar Sekunden danach, als sie den Bahnsteig entlangeilte, beschloß sie, ein Taxi zur Walton Street zu nehmen, auch wenn es jetzt ihre vordringlichste Aufgabe war, auf ihr Geld aufzupassen. Aber sie wollte unbedingt schnell in ihre Wohnung kommen. Sie sehnte sich nach deren friedvoller Einsamkeit. Sie wollte heute nacht scharf nachdenken und ein paar gewichtige Entscheidungen treffen.

Wenn sie sonst aus Yorkshire zurückgekommen war nach den Ferien, war Christina immer enttäuscht gewesen, wenn Jane nicht schon in der Walton Street war und auf sie wartete. Aber als sie heute abend aufschloß, war sie froh darüber, daß ihre Freundin nicht vor Sonntag abend von Hadley Court zurück sein würde.

Christina mußte mit ihren Schwierigkeiten ringen, eine Lösung für sie finden. Aber bevor sie sich ganz darin vertiefte, rief sie ihren Vater in Leeds an, um ihm zu sagen, daß sie gut angekommen war. «Wecke Mummy nicht auf», sagte sie, nachdem sie kurz mit ihm geplaudert hatte. «Nimm sie in den Arm und gib ihr einen dicken Kuß von mir.» Nachdem sie aufgelegt hatte, packte sie ihren Koffer aus und ließ sich ein Bad einlaufen.

Sie saß eine gute Viertelstunde lang in der Wanne, leerte ihren Kopf vollkommen aus, bemühte sich um Entspannung, und sobald sie merkte, daß sich ihre schmerzenden Muskeln lockerten, kletterte sie aus dem Wasser und trocknete sich kräftig ab.

In einen Bademantel gewickelt, lag sie zusammengerollt auf ihrem Bett und trank eine Tasse Kaffee mit Sahne und Zucker. Langsam ließ sie ihren Blick im Zimmer umherwandern ... an jeder Wand hing eines ihrer Bilder, und schließlich verweilte sie auf dem neuesten, das sie *Lilie bei Hadley* genannt hatte. Es war ein Ölbild vom Lilienteich bei Hadley Court, das von einer Unzahl von Grüntönen bestimmt war ... dem trüben Blaugrün des Teichs, dem helleren, weicheren Grün des feuchten Mooses und dem glänzenden, strahlenden Grün der schwimmenden Lilienblätter. Daneben stand das harte, klare Weiß der einzigen Lilie, deren Blütenblätter wundervoll konturiert und mit glitzernden, kristallklaren Tautropfen bedeckt waren, sowie die Farbe des Lichts – nur ein einziger schmaler Korridor von Strahlen, die im Hintergrund des Bildes das dschungelartige Blätterwerk durchschnitten. In diesem Licht lag ein Hauch von Gelb, so daß es aussah, als berühre es mit schimmerndem Sonnenschein das Wasser und breite sich dann fächerförmig und diffus über die Lilie aus.

Christina stellte ihre Kaffeetasse auf den Nachttisch und drehte sich auf die Seite, drückte das Gesicht ins Kissen. Plötzlich war es ihr unerträglich, dieses oder irgendein anderes Bild anzuschauen. Alle Freude, die sie an ihrer Kunst gehabt hatte, war plötzlich wie ausgelöscht, von ihrem Schmerz weggewischt.

Ein zu hoher Preis ist dafür gezahlt worden.

Audras Jahre der schweren, bedrückenden Arbeit ... ihre Gesundheit ... all die kleinen Annehmlichkeiten, aller Luxus, den sie sich sonst hätte leisten können ... ab und zu ein Urlaub ... ein neues Kleid.

Christina spürte ihre Tränen aufsteigen. Wie lange hatte sie ihre Mutter schon im selben blauen Matrosenmantel gesehen? Winter um Winter, jahrelang. Nun konnte sie den Tränenstrom nicht mehr aufhalten, und sie weinte um ihre Mutter und um all die verlorenen Jahre in Audras Leben, als sie sich abgeplackt hatte, um *ihr* eine Zukunft zu ermöglichen. Sie weinte, bis es schien, als hätte sich ihr Vorrat an Tränen erschöpft, dann schlief sie ein.

Es war Christina, als fiele sie . . . fiele in einen dunklen Raum hinein, und sie riß die Augen auf, schreckte hoch und wurde wach. Einen Augenblick lang wußte sie nicht, wo sie sich befand. Dann erinnerte sie sich, daß sie in ihrem Bett in der Wohnung in der Walton Street lag. Sie sah zum Wecker. Es war fast ein Uhr morgens. Sie hatte schon länger geschlafen, erschöpft wie sie war.

Sie knipste das Licht aus, fiel in die Kissen zurück und schloß die Augen. Wieder dachte sie an ihr Problem. Sicher wäre es nicht allzu schwierig, einen Job zu finden, während sie malte, aber darum ging es nicht. *Was zählte, war die Schuld, in der sie bei ihrer Mutter stand.*

Diese plötzliche Erkenntnis war so einleuchtend, daß sie sich aufrecht im Bett hinsetzte. Und als sie ins Dunkel des Zimmers schaute, verstand sie, was sie seit Stunden gequält hatte: *die Schuld, in der sie bei ihrer Mutter stand.* Genau das war es. Diese mußte sie abtragen.

Wenn mir das nicht gelingt, wird es mir alle Tage meines Lebens auf dem Gewissen liegen, dachte sie. Und das könnte ich nicht ertragen.

36

»Hör mal zu, Crowther, ich weiß doch, daß dich irgendwas schon wochenlang plagt, und heute abend werden wir darüber reden», verkündete Jane offensiv und schnappte sich Christina, sowie diese zur Tür hereingekommen war.

Christina guckte erstaunt, schloß die Tür und ließ sich dann von Jane bei der Hand nehmen und ins Wohnzimmer geleiten.

Nachdem Jane ihre beste Freundin sanft aufs Sofa geschoben hatte, nahm sie ihr gegenüber Platz. «Das stimmt doch, Christie, oder?» drängte sie. «Irgendwas ist doch passiert?»

«Ja», gestand Christina. «Ich habe mich mit einem Problem herumgeschlagen, eigentlich mehreren, und ich wollte auch mit dir darüber sprechen, mich aussprechen, aber . . .» Christina brach ab, schüttelte langsam den Kopf und schaute aus dem Fenster; ein abwesender Zug trat in ihre schönen Augen.

Jane saß da und beobachtete sie, wartete geduldig und wußte, daß Christina sich ihr nun endlich anvertrauen würde. Sie war sehr erleichtert. Ihre Freundin war in den letzten beiden Monaten nicht sie selbst gewesen, seit sie nach den Osterferien aus Yorkshire zurückgekehrt war. Sie war abwechselnd in sich gekehrt, geistesabwesend, reizbar und finster gewesen, und immer, wenn Jane auf sie zugekommen war, hatte sie gesagt, es sei nichts.

Schließlich raffte sich Christina auf. «Ich muß mich erst mal bei dir entschuldigen, Jane», sagte sie und sah sie freundlich an. «Ich weiß, daß es mit mir in der letzten Zeit nicht leicht gewesen ist und daß ich manchmal zickig war. Es tut mir leid . . . bitte verzeih mir.»

«Sei nicht lächerlich, es gibt doch gar nichts zu verzeihen. Aber wenn du dich dann besser fühlst – also ich verzeihe dir.»

Ein flüchtiges Lächeln ging über Christinas Gesicht. «Ich habe mich bemüht, ein paar Entscheidungen zu treffen, und ich wollte nicht eher mit dir sprechen, als bis ich mir selbst klar darüber war.»

Jane erwiderte Christinas langen, nachdenklichen Blick, sagte aber nichts.

«Ich habe beschlossen, mit der Malerei aufzuhören», sagte Christina leise.

«Das ist nicht dein Ernst!» rief Jane und sprang auf.

«Doch.»

«Das werde ich nicht zulassen!» bellte Jane.

Heftig schüttelte Christina den Kopf. «Du kannst mich nicht daran hindern. Und außerdem – *du* mußt ruhig sein. *Du* hast mir doch vor einem halben Jahr erzählt, daß du *deine* Kunst aufgeben willst, um als Bühnenbildnerin zu arbeiten. Ich erinnere mich noch gut, wie du mir gesagt hast, du hättest nicht die Absicht, in irgendeinem Dachstübchen zu verhungern, nur von der schwachen Hoffnung genährt, daß irgendwer eines Tages deine Bilder kaufen würde. Und du hast noch hinzugefügt, daß die Kunstliebhaber, die Geld hätten, ihr Geld nur für berühmte Künstler ausgeben würden – für Renoirs, van Goghs, Monets, Picassos und so weiter.»

«Aber du bist ja auch besser als ich!»

Christina überhörte diese Bemerkung. Sie sagte: «Mehrere aus unserer Klasse – Jamie Angers, Danielle Forbes und Patricia Smith – wollen auf andere Gebiete wie Textildesign, Innenarchitektur, Kostümbildnerei und Bühnenbild wechseln, genau wie du.»

Jane sagte wieder: «Aber *du* bist doch auch viel besser als wir.» Ihr violetter Blick schweifte durchs Zimmer, dann wies sie auf zwei von Christinas Bildern, die dort an der Wand hingen. «Sieh es dir an! Sieh es dir doch an! Wie kannst du *das* aufgeben?»

«Sehr leicht», sagte Christina leise, daß man ihre Stimme kaum hören konnte. «Wo sie doch das Leben einer Frau kosten.»

«Wessen Leben?» rief Jane unwillig.

«Das meiner Mutter.»

Christina gab Jane keine Gelegenheit, etwas zu erwidern. Sie sprach langsam und betont, erklärte Jane alles, erzählte ihr von Audras frühen Jahren, all der harten Arbeit und der Opfer um Christinas willen. Und als Christina schließlich zum Ende gekommen war, glänzten Tränen in Janes Augen.

Christina fügte hinzu: «Verstehst du, Jane, ich glaube einfach nicht, daß ich sie dazu überreden kann, mit dem Arbeiten aufzuhören, wenn ich Ende des Sommers fertig bin. Sie wird mich unbedingt weiter unterstützen wollen, bis sich meine Bilder verkaufen. Sie ist sehr störrisch, geradezu unbeugsam. Ich könnte mir einen Job besorgen, mich unterhalten, während ich male, und ihr das Geld wieder zurückschicken, das sie mir gibt. Und ich könnte sie wohl schließlich auch davon überzeugen, daß ich für mich selbst sorgen kann, so daß sie aufhört, sich kaputtzuarbeiten. Aber das reicht mir nicht, Janey.»

«Ich komme da jetzt nicht mehr so ganz mit, Christie.»

«Es reicht mir nicht, ihr bloß zu sagen: *Danke, ich kann jetzt allein zurechtkommen, Mutter.*» Christina schüttelte den Kopf. «Nein. Ich habe ein ungeheures Bedürfnis, ihr das Leben leichter und angenehmer zu machen. Ich möchte ihr den Luxus verschaffen, den sie nie gekannt hat. Und der Luxus, den ich im Sinn habe, der kostet Geld . . . einen Haufen Geld. Als eine Künstlerin, die sich durchsetzen muß, würde ich Jahre brauchen, bis ich genug verdiene, um ihr das zu geben. Und ich habe keine Zeit; ich möchte, daß sie das alles so schnell wie möglich bekommt, so lange sie noch jung genug ist, sich daran zu freuen.»

«Aber wie willst du all das Geld verdienen?» fragte Jane und sah sie verblüfft an.

«Ich werde ins Geschäftsleben einsteigen – da liegt das Geld . . . ich werde Modeschöpferin, eine reiche, berühmte Modeschöpferin – und zwar schnell.»

«Und wie willst du anfangen?»

«Eigentlich mit deiner Hilfe.»

«Mit meiner Hilfe?»

«Also mit der Hilfe deiner Mutter, wenn du mir erlaubst, daß ich sie mit diesem Projekt vertraut machen darf.»

«Natürlich kannst du mit ihr reden. Aber wie soll sie dir helfen?»

Christinas Augen funkelten plötzlich vor Begeisterung, der Kummer von eben war wie weggewischt. «Sie ist immer hinter mir her, daß ich ihr eines meiner handbemalten Seidenkleider machen soll, und sie hat mir erst vor ein paar Wochen gesagt, daß sie diese kinderleicht an ihre Freundinnen verkaufen könnte, wenn ich nur irgendwo einen geheimen Vorrat davon hätte. Sie lachte zwar, als sie das sagte – über ihre Freundinnen, meine ich –, aber ich bin mir sicher, daß einige von ihnen die Kleider gerne kaufen würden. Bei der Party, die deine Mutter für ihren amerikanischen Agenten gegeben hat, haben Polly Lamb und Lady Buckley meine handbemalte Seidenjacke bewundert. Sie wollten beide wissen, wo ich sie gekauft habe. Verstehst du denn nicht, Jane, meine handbemalten Abendkleider sind sehr originell, *mein* Design, und sie wären ein Anfang. Später könnte ich meine taillierten Kostüme fertigen . . . alle bewundern sie so.»

«Du hast recht!» rief Jane. «Du mußt unbedingt mit Mummy reden, dir ihre Maße geben lassen und dann das Kleid für sie entwerfen. Und ich bin sicher, daß sie nichts dagegen haben wird, wenn du dich an ihre Freundinnen wendest, besonders an die, die auf der Cocktailparty so großes Interesse bekundet haben.»

«Wie schön, daß du meiner Meinung bist! Aber da gibt es noch ein kleines Problem.» Christina warf Jane einen besorgten Blick zu. «Meinst du, daß deine Mutter mir die Hälfte des Geldes im voraus geben würde? Verstehst du, die Hälfte des Kleides bezahlt, ehe ich es ihr gebe? Und ihre Freundinnen, die Kleider bestellen, dazu bringt, daß sie es ebenso machen? Das würde mir sehr helfen. Ich könnte das Geld dazu verwenden, die Stoffe zu kaufen und die Spezialfarben, die ich brauche.»

«Klar zahlt Mummy im voraus, und sie wird die anderen schon dazu kriegen, es auch zu tun.» Jane lehnte sich zurück, sah ganz zufrieden aus und spitzte dann nachdenklich die

Lippen. «Aber das ist ja keine Lösung, Christie. Wenn du wirklich ins Modegeschäft einsteigen willst, ins *große* Geschäft, dann brauchst du Kapital.»

Christina lachte hohl. «Als ob ich das nicht wüßte ... aber leider habe ich keinen Pfennig.»

«Aber ich!» rief Jane triumphierend. «Ich habe die fünftausend Pfund, die Großmutter Manville mir hinterlassen hat, und das Geld liegt bloß bei Lloyd's auf der Bank und wirft ein paar jämmerliche Zinsen ab. Ich werde dir das Geld leihen!»

«Jane, das ist ganz phantastisch von dir, aber ich kann mir doch von dir kein Geld leihen», protestierte Christina.

«Du mußt es nehmen ... ich werde dich dazu *zwingen*. Wenn du ein bißchen anständiges Kapital in der Hinterhand hast, wird das Geschäft viel schneller wachsen. Du könntest dir auch eine Näherin leisten, vielleicht sogar zwei, und dir ein paar kleine Räume suchen.»

«Ja, du hast recht. Ich habe auch schon ein paar Pläne geschmiedet», versetzte Christina, stand auf und ging zum Kamin herüber. Sie fuhr sich mit der Hand über den Mund und dachte einen Augenblick lang nach. «Natürlich wollte ich nicht gleich so große Sprünge machen, erst nächstes Jahr, wenn ich schon ein bißchen Geld zusammenhab.» Christina richtete ihren festen, rauchgrauen Blick auf Jane. «Wenn du mir fünftausend Pfund leihen würdest, könnte ich es natürlich schon eher machen, das stimmt. Also nehme ich dein Angebot dankend an – es freut mich wirklich sehr, meine liebe Jane.» Sie ging zu Janes Stuhl hinüber, beugte sich zu ihr herab und umarmte sie.

Jane sprang sofort auf, nahm Christina in die Arme und strahlte sie an. Dann hielt sie ihr die Hand hin. «Schlag ein, Partner. Ich werde morgen als allererstes das Geld von meinem Sparkonto abheben, und dann – *voilà!* kannst du ins Geschäft einsteigen!»

Sie standen mitten im Zimmer, schüttelten sich die Hände und grinsten von einem Ohr zum anderen.

Jane sagte: «Und ich werde dir soviel helfen, wie ich kann, Aufträge besorgen ...» Jane brach ab, und ihr Gesicht verfiel.

«Was ist los?» fragte Christina.

«Wie um alles in der Welt willst du das deiner Mutter beibringen? Sie wird völlig vernichtet sein, wenn du ihr sagst, daß du die Malerei hinwirfst. O Gott, Christie, sie wird sich fürchterlich aufregen!»

«Ja, das weiß ich», stimmte ihr Christina zu und war plötzlich sehr ernst. «Glaub nicht, daß ich nicht schon wochenlang darüber nachgedacht habe. Und ich bin zum Schluß gekommen, daß ich ihr fürs erste lieber gar nichts erzähle. Wenn ich im August mit dem Studium fertig bin, laß ich sie in dem Glauben, daß ich weiterhin fleißig male, und vier, fünf Monate danach, sagen wir um Weihnachten herum, werde ich ihr sagen, daß ich einige Bilder verkauft habe und mich jetzt selbst unterhalten kann.»

«Und glaubst du, daß sie dir das abnimmt?» fragte Jane.

«Das hoffe ich inständig, Janey, das hoffe ich.»

37

Ihre künstlerische Begabung war nicht das einzige, was Christina von ihrer Mutter geerbt hatte.

Sie besaß auch Audras Hang zu schwerer Arbeit, ihr körperliches Durchhaltevermögen und ihre Energie, die Zähigkeit und Entschlossenheit, mit dem Erfolg zu haben, was sie machte.

All diese Eigenschaften wurden während der ersten sechs Monate, da sie ins Geschäft eingestiegen war, verlangt und waren verantwortlich für ihren außergewöhnlichen Erfolg, den sie in dieser relativ kurzen Zeit erreichte.

Christina entdeckte, daß sie Geschäftssinn besaß, und auch dieser spielte eine große Rolle bei ihrem Aufstieg zu den Gipfeln der Haute Couture.

Und ihre vielleicht größte Stärke überhaupt war die Fähigkeit, Kunst in Mode umzusetzen, in jene erlesenen, wundervoll handbemalten Abendkleider, Mäntel und Jacken, die ihr Markenzeichen werden und im Laufe ihrer Karriere immer sehr gefragt sein sollten.

Jane sagte eines Nachmittags zu ihr: «Fortuny wurde für seine Delphoskleider aus gefältelter Seide berühmt, Chanel für ihre Strickjackenkostüme, Dior für seinen New Look und Balenciaga für seinen perfekten Schnitt. Und *du* wirst für deine Umwandlung von Kunst in Mode berühmt werden, für deine unglaublichen Malereien auf Seide. Diese Kleider werden bald Klassiker sein, geradeso wie Poirets perlenbesetzte Abendkleider. Die Leute werden deine Kleider jahrelang aufbewahren, meine liebe Christie.»

Christina akzeptierte das Kompliment von ihrer Freundin und Geschäftspartnerin, da sie wußte, daß diese es ehrlich meinte. Dann fing sie plötzlich an zu lachen und rief: «Man wird sich meiner auch erinnern auf Grund dieser Fähigkeit, achtzehn Stunden am Tag zu arbeiten, sieben Tage in der Woche, und das Monat für Monat.»

«Ja, stimmt», fand Jane und lächelte ihr zu. «Du hast in den letzten Monaten wirklich wie ein Galeerensklave geschuftet, aber es hat sich doch auch gelohnt, meinst du nicht. Wir sind bis über beide Ohren mit Aufträgen eingedeckt . . .» Jane warf Christina einen amüsierten Blick zu. «Als ich zu Mummy sagte, du würdest dich momentan wie ein Bergarbeiter schinden, meinte sie, es sei immerhin eine Goldgrube! Und wo wir gerade von all diesen Aufträgen reden – sollten wir uns nicht noch eine weitere Näherin besorgen?»

Christina nickte. «Ja, ich habe das schon in die Wege geleitet. Elise und Germaine fragen ihre französischen Freundinnen, und ich bin sicher, daß sie bald eine finden werden.»

«Das will ich hoffen; sonst sind *wir* es nämlich, die an der Nähmaschine sitzen, von der Handarbeit mal ganz abgesehen. Und das könnten wir gerade brauchen, nachdem wir all diese verdammten Dinger schon bemalt haben!»

Christina sagte: «Weißt du, ich bin dir sehr dankbar, daß du mir bei diesen Mandarinärmeln an den beiden Chiffonkleidern für Mrs. Bolton hilfst.» Sie sah ihre Freundin amüsiert aus den Augenwinkeln an. «Du bist ganz voll rosa Farbe an der Nase . . . aber trotzdem malst du die schönsten Schmetterlinge in der ganzen Stadt.»

Jane kicherte und befühlte ihre Nase. «Ich helfe dir gern. Ich wünschte nur, ich könnte mehr für dich tun. Die meiste Zeit komme ich mir ziemlich nutzlos vor . . .»

«Sei nicht albern, Jane, du bist ganz unentbehrlich! Du kümmerst dich um die Buchführung, machst ein bißchen von allem, und außerdem würde es ohne dich überhaupt kein Geschäft geben. Vergiß deine fünftausend Pfund nicht.»

«Sie sind eine gute Investition, Crowther. Bin ich nicht gerissen, daß ich sie auf *dich* gesetzt habe.» Jane verdrehte schurkisch die Augen und ging dann in die kleine Küche neben dem Büro, um die Kaffeekanne auszugießen.

Christina sprang auf, reckte sich und ging zum Fenster hinüber, sah in den Hinterhof der «Fabrik» hinaus, wie sie ihre Räume nannte. Sie hatte diese im August entdeckt; kurz nachdem sie am Royal College of Art bestanden hatte. Das Gebäude, welches zuvor einem Obst- und Gemüsehändler als Wohnung und Ladengeschäft gedient hatte, lag am unteren Ende der King's Road, und ganz abgesehen von der vertretbaren Miete fand sie es aus mehreren Gründen perfekt für ihr Vorhaben.

Durch die Fenster strömte viel Tageslicht, das wichtig war zum Bemalen der Stoffe und Nähen der Gewänder, und der Raum war mehr als ausreichend, man konnte sogar noch etwas expandieren, da die Wohnung nebenan genügend Raum für zusätzliche Angestellte bot, falls dies nötig werden sollte.

Der Teil des Geschäfts, in dem noch vor kurzem Gemüse verkauft worden war, hatte sich in eine kleine Empfangsfläche verwandelt. Hier konnte man die Maße der Kunden nehmen und ihnen die Kleider anprobieren. Christina und Jane hatten alles weiß gestrichen, nur in den Empfangsräumen hatten sie die Wände mit einem weichen Perlgrau gefärbt und vor das Fenster, das zur Straße hinausging, einen Cafévorhang aus Seide mit ineinander übergehenden Grautönen gehängt. So konnten Passanten nicht hineinsehen, und die wartenden Kunden waren ungestört. Dulcie hatte ihnen einen Orientteppich geschenkt, mehrere Stühle, einen Tisch und eine Lampe, alles ausrangierte Dinge aus Hadley Court, und mit einigen Topfpflanzen und ihren eigenen Kunstwerken an der Wand hatten die Mädchen eine fröhliche Atmosphäre geschaffen.

Das Wohnzimmer hinter dem Geschäft hatten sie zum Büro umfunktioniert; oben war ein Schlafzimmer zum Nähzimmer geworden, das zweite, kleinere zum Anproberaum, während das dritte und größte Schlafzimmer jetzt Christinas Studio war. Hier bemalte sie die Stoffe für die Abendkleider, hier halfen Jane und einige frühere Klassenkameradinnen ihr manchmal dabei, die Ärmel zu bemalen. Da die hauptsächliche künstlerische Arbeit auf den Kleidern und Mänteln von

Christina signiert war, erlaubte sie niemandem sonst, diese auszuführen.

Als sie nun an diesem grauen Märznachmittag des Jahres 1955 aus dem Fenster sah, dachte sie an die handbemalten Stoffe. Sie drehte sich zu Jane um und sagte: «Ich weiß ja, daß wir eine Menge Geld machen mit der Abendgarderobe, aber ich finde, wir sollten auch andere Kleidungsstücke entwerfen und die Linie ausbauen.»

«Ich habe darauf gewartet, daß du das sagst . . . das Malen nimmt soviel Zeit in Anspruch, Christie. Ich denke, daß du die handbemalten Sachen immer machen solltest, schließlich sind sie dein Markenzeichen, aber vielleicht kannst du das ein bißchen einschränken.»

«Ja, und ich werde anfangen, die taillierten Kostüme und Kleider zu entwerfen, die deine Mutter so liebt . . . und sie weiß, was sich verkauft, Janey.»

«Ja, das stimmt. Und wo wir gerade von Mama sprechen – ich muß ganz schnell verschwinden», murmelte Jane und sprang auf. «Sie wird fuchsteufelswild sein, wenn ich zu spät zu meiner Verabredung mit ihr und Gregory Joynson komme, und ich muß erst noch schnell nach Hause und mich umziehen. Crowther, willst du mir nicht die Daumen drücken?»

«Natürlich tue ich das, und ich bin sicher, daß ihm deine Kostümentwürfe gefallen werden – sie sind ganz außergewöhnlich.»

Jane zwinkerte ihr schlau zu, während sie Handtasche und Mantel nahm. «Gut, daß sie dem Star gefallen, nicht wahr? Was für ein Glück, daß meine Mutter, die Schauspielerin, so viel von Vetternwirtschaft hält.» An der Tür hielt sie inne und sagte dann: «Und sitz hier nicht wieder die ganze Nacht herum, Crowther, du siehst jetzt schon müde aus.»

«Nein, ich mache heute nicht so lange. Bis nachher.»

Sobald sie allein war, ging Christina nach oben und drehte die taghellen Lampen an, die sie im großen Studio hatte anbringen lassen, damit sie nachts arbeiten konnte. Sie betrachtete den Stoff, den sie am Morgen fertig bemalt hatte, und nickte befriedigt mit dem Kopf.

Es waren weiße Callalilien auf schwarzem Chiffon, und sie hatte zuerst am unzugeschnittenen Stoff gearbeitet, bevor sie anfangen würde, das Kleid zu entwerfen. Das wollte sie morgen machen, und sie wollte das Kleid so entwickeln und zuschneiden, daß es zum gemalten Motiv paßte. Sie bediente sich oft dieser Methode; dann wieder entwarf sie das Kleid, das Abendgewand oder den Mantel, schnitt den Toile, fertigte Vorder- und Rückenteil und malte dann ihre Blumen innerhalb des vorgegebenen Rahmens. Sie beschränkte sich nie, blieb ihrer Kunst gegenüber immer offen, und in gewisser Weise ließ sie die Kunst den Stil des Kleidungsstückes bestimmen. Und deshalb gab es unter ihren handbemalten Kleidern keine zwei identischen Stücke.

Christina betrachtete noch andere Stoffe prüfend und ging dann wieder nach unten in ihr Büro zurück, wo sie sich an den Schreibtisch setzte. Dann nahm sie sich einen Bogen Briefpapier und begann, an ihre Eltern zu schreiben. Sie schrieb ihnen immer einmal in der Woche und telefonierte mit ihnen regelmäßig jeden Sonntag. Heute war ihr wöchentlicher Brief an der Reihe.

Sie seufzte leise, während sie die Seiten mit Lügen füllte ... Lügen über die Bilder, die sie verkaufte ... Lügen über ihre gesellschaftlichen Aktivitäten ... Lügen überhaupt. Sie mußte alles erfinden, weil sie momentan überhaupt kein Privatleben hatte und auch keinen Freund, da ihre letzte, ziemlich fade Romanze mit einem Kommilitonen einfach im Sande verlaufen war, wie all die anderen in den letzten Jahren.

Sie stützte den Ellbogen auf den Tisch, lehnte ihren Kopf in die Hand und überlegte verzweifelt, was sie ihrer Mutter Aufregendes mitteilen könnte. Audra liebte es so, von ihrem strahlenden gesellschaftlichen Leben mit Jane, den Sedgewicks und den anderen Berühmtheiten zu hören, denen sie auf den Parties begegnete.

Christina lehnte sich im Stuhl zurück, legte den Federhalter aus der Hand und dachte plötzlich an Dulcie Manville. Als was für eine gute Freundin hatte sie sich doch gezeigt, und wie nett war sie zu ihren Eltern gewesen, als sie zur Abschlußfeier der Kunstakademie nach London gekommen waren. Jane war aus dem Apartment in der Walton Street ausgezogen und hatte sich ein paar Tage im Haus ihrer Eltern in Mayfair eingenistet, damit Vincent und Audra bei Christina wohnen konnten. Sie hatten es sehr genossen, mit ihr zusammenzusein, und ihre Reise war ein großer Erfolg gewesen.

Die Sedgewicks hatten für Jane und sie eine Party gegeben. Dulcie schien etwas aus der Fassung gebracht, als sie mit Christinas Vater bekannt gemacht wurde, und Christina mußte in der Erinnerung an Dulcies Reaktion lächeln. Diese hatte sie beiseite genommen und gesagt: «Warum hast du mir nicht gesagt, daß dein Vater wie Robert Taylor aussieht, Christie. Du meine Güte – wenn er schauspielern würde, sein Gesicht wäre sein Kapital, meine Liebe.» Und nachher, als sie ihrem Vater diese Bemerkung hinterbracht hatte, sah er unglaublich geschmeichelt aus, aber ihre Mutter schien darüber wenig erbaut, sogar etwas wütend. So hatte sie erfahren, daß ihre Mutter schrecklich eifersüchtig auf Vincent war.

Diese beiden, murmelte Christina und griff wieder nach ihrem Federhalter. Man weiß nie, woran man mit ihnen ist – entweder springen sie sich gerade an die Kehle oder sie liegen sich in den Armen. Plötzlich überkam sie eine herzliche Liebe, als sie an ihre Eltern dachte. Sie liebte sie beide sehr, und sie hatte immer versucht, sich in der Mitte zwischen ihnen zu halten, in einem Balanceakt sich bemüht, keine Partei zu ergreifen, da sie keinen verletzen wollte. Und ich denke, es ist mir auch gelungen, setzte sie im Geiste hinzu, während sie ihren Lügenbrief beendete. Aber es sind ja nur Notlügen, dachte sie.

Es war neun Uhr, als Christina schließlich ihre Fabrik verließ und die King's Road in Richtung Sloane Square hinunterging. Sie dachte immer noch an ihre Mutter, als sie flott dahinschritt. Es war ihr gelungen, Audra davon abzuhalten, ihr weiter Geld zu schicken, indem sie immer wieder gesagt hatte, daß sich ihre Arbeiten nun gut verkaufen ließen. Aber Christina bedrückte, daß Audra immer noch im Leeds Infirmary arbeitete. «Sie will nicht auf mich hören, Mädel», hatte ihr Vater gesagt, als sie ihn während der Weihnachtsferien darauf angesprochen hatte. «Deine Mutter hatte schon immer ihren eigenen Kopf, und ich bin seit jeher der letzte gewesen, der sie von irgend etwas abbringen konnte.» Auf sie hatte Audra nicht gehört, und so hatte sie schließlich das Thema fallengelassen.

Na, zumindest weiß ich jetzt, daß sie das Geld für sich behält, das sie verdient, dachte Christina und warf den Brief in den Kasten beim Postamt am Sloane Square. Ich bin unendlich erleichtert, daß sie nicht mehr allein arbeitet, um mich zu unterhalten.

Seit sie sich dazu durchgerungen hatte, die Landschaftsmalerei aufzugeben, hatte Christina nicht mehr allzu oft über die Entscheidung nachgedacht. Für sie war der Entschluß unwiderruflich, und sie bedauerte es auch nicht. Sich einen Platz in der Modebranche zu erobern, und zwar einen bedeutenden, das war nun der stärkste Antrieb in ihrem Leben. Christina glaubte, daß sie nur durch viel Geld, sehr viel Geld, imstande sein würde, die große Schuld gegen ihre Mutter abzutragen, indem sie diese mit allem möglichen Komfort und Luxus umgab. Und sie hoffte, daß sie bald soweit sein würde.

Nun, da sie die Sloane Street entlangeilte und sich das Kopftuch fest umwickelte, um sich vor dem Märzwind zu schützen, dachte Christina an den großen Kleiderauftrag, den sie von der Schauspielerin Miranda Fowler bekommen hatte. Der Star würde in drei Monaten nach New York fahren, wo sie in einem Stück am Broadway auftrat, und sie hatte Christina darum gebeten, so viele Abendkleider für sie anzufertigen wie möglich.

Wie werde ich die bloß rechtzeitig fertigbekommen, fragte Christina sich, als sie ihr Apartment in der Walton Street aufschloß. Und bei einem Sandwich und einem Glas Milch fing sie an, sich Notizen zu machen und konzentrierte sich auf ihre Entwürfe.

In den nächsten Tagen war es Christina, als hätten die Musen sie geküßt.

Ihr Zeichenblock war bald voll von Ideen für die Garderobe von Miranda Fowler, und ihr kamen immer neue Einfälle, als sie sich die Kleider in ihrer reichen Phantasie vorstellte. Formen, Schnitte, Farben, Anordnungen von Blüten, Stoffe, Stickereien . . . all das kämpfte in ihrem Kopf um die Vorherrschaft. Innerhalb von zehn Tagen hatte sie unter ihren ersten Ideen und Skizzen eine Auswahl getroffen, die Entwürfe fertiggestellt und begonnen, die Materialien auszusuchen.

Einige Tage lang schwirrten Chiffons, Seiden, Satins, Brokate, Crêpes und Georgettes in einer schwindelerregenden Farbpalette um sie herum. Langsam sortierte sie auch diese aus, bis sie sich schließlich für Seide, Chiffon und Georgette für die Abendkleider entschied, schweren Satin für die Hosenanzüge und einen langen Abendmantel wählte und Brokat für zwei Jacken, die man zu den Seidenhosen tragen konnte.

Als die Schauspielerin schließlich kam, um ihre Maße nehmen zu lassen, war sie ganz begeistert von den Stoffen und Entwürfen. Christina erklärte ihr dann, daß sie, wenn sie ihr eine vollständige Abendgarderobe anfertigen solle, nicht alle Stücke handbemalen könnte. Ihre neue Kundin meinte, das sei schon in Ordnung.

Christina arbeitete rund um die Uhr, während die beiden französischen Mitarbeiterinnen wie die Besessenen nähten, um die Ausstattung für den berühmten Musicalstar fertigzubekommen. Mehrere Wochen nachdem Christina mit diesem Auftrag angefangen hatte, stellte sie eine weitere Französin ein, eine Freundin von Germaine, die Lucie James hieß. Lucie kam mit den besten Empfehlungen, und abgesehen davon, daß sie eine hervorragende Näherin war, genoß sie auch als Schneiderin einen guten Ruf, hatte vor dem Krieg im Salon von Balenciaga gearbeitet, ehe sie 1938 einen Engländer geheiratet hatte. Lucie war zuvor bei Mr. Michael, einem Couturier mit einem Salon am Carlos Place, angestellt gewesen. Es dauerte nicht lange, bis Christina erkannte, daß sie mit Lucie eine gute Wahl getroffen hatte. Lucie könnte ihr die Bürde abnehmen, die Kleider zuzuschneiden, so daß sie sich ganz dem Malen würde widmen können.

Für alle war es ungeheuer anstrengend gewesen und ein wahres Bravourstück, die Kleider für Miranda Fowler rechtzeitig fertigzubekommen. Christina war sogar ein wenig eher fertig, und an einem warmen Abend Anfang Mai nahm sie Jane mit nach oben, um ihr die Kollektion im Studio zu zeigen.

Sie drückte auf den Lichtschalter, zog das Tuch vom Kleiderständer und rief: «Dies ist die Enthüllung . . . *voilà!* Und bevor ich dir jede erlesene, hochelegante Schöpfung vorführe, will ich dir nur eines sagen . . . wenn Miranda Fowler gezahlt hat, kann ich dir endlich deine fünftausend Pfund zurückgeben. Ist das nicht großartig, Janey?»

«Ja, ja, aber es eilt doch nicht», erwiderte Jane, und dann brach sie in Begeisterungsrufe über die atemberaubend schönen Kleider aus.

Als die beiden Mädchen wieder im Büro waren, sagte Christina: «Ich führe heute abend meine drei Grazien zum Essen aus, eine kleine Feier für sie, weil sie so hart gearbeitet haben. Warum kommst du nicht mit uns, Janey? Du gehörst schließlich zur Familie.»

«Das ist ganz reizend von dir, aber ich bin total erledigt», sagte Jane. «Ich habe mich so abgerackert mit diesen Kostümen für die Aufführung, und heute abend muß ich noch das Problem mit diesen verdammten Halskrausen in den Griff kriegen. Sie wollen einfach nicht steif bleiben, und wenn man sie stärkt, sind sie zu kratzig am Hals der Schauspieler. Mein Gott, warum hat meine Mutter bloß das Bedürfnis, Elizabeth Tudor zu spielen?»

Christina lachte über ihren Gesichtsausdruck und beharrte dann: «Aber es würde dir vielleicht guttun, mit uns zu kommen . . . das würde dich von diesen Halskrausen ablenken.»

Jane schüttelte den Kopf. «Danke, danke. Aber ich muß noch ein bißchen arbeiten, mache mir ein Sandwich und gehe heute früh ins Bett.» Dann warf sie Christina einen säuerlichen Seitenblick zu, und ihr hübscher Mund verzerrte sich. «Wir leben beide mächtig romantisch zur Zeit, meinst du nicht auch?»

«Das werden wir aufholen, wenn wir erst reich und berühmt sind.»

«Darauf möchte ich wetten», sagte Jane und zog ein höhnisches Gesicht. «Und hör mal zu, Crowther, komm mir heute nacht nicht krachend die Wohnung heraufgestolpert. Ich meine es ernst, daß ich heute früh ins Bett gehen will.»

«Du kannst morgen ausschlafen – morgen ist doch Samstag.»

«Das möchte ich mal erleben», erwiderte Jane und nahm ihre Aktentasche. «Schönen Abend noch, Süße.»

Es war kurz nach elf, als Christina an jenem Abend die Walton Street entlangschritt, nachdem sie ihre drei Angestellten zum Essen ausgeführt hatte.

Plötzlich war sie ungeheuer müde.

Die letzten Monate waren hart gewesen. Zum ersten Mal seit langer Zeit hatte sie sich heute abend richtig entspannt, sich gehenlassen, und das üppige Diner im Ox on the Roof-Restaurant und der Rotwein zeigten auch ihre Wirkung. Sie konnte es gar nicht abwarten, sich auszuziehen und ins Bett zu fallen.

Sie erinnerte sich, daß Jane gesagt hatte, sie wolle heute früh schlafen gehen, und so fragte sie sich, wieso im Wohnzimmer alle Lichter brannten. Als sie vor ihrem Haus angekommen war, dessen oberstes Stockwerk sie bewohnten, blieb sie stehen, sah zu den Fenstern empor und runzelte die Stirn.

Sie hat wohl vergessen, sie auszumachen, dachte sie, schloß dann unten auf und stieg die steile Treppe hinauf.

Christina machte sich noch mit ihrem Schlüsselbund zu schaffen, als die Tür plötzlich aufflog.

Überrascht zuckte sie zusammen und starrte Jane an. «Also

ehrlich, du hast mich zu Tode erschreckt . . .» fing sie an, als Jane sie am Arm packte.

Diese zischte: «Deine Eltern sind da. Und deine Mutter ist *außer sich* . . . sie nimmt den Blick nicht von den Bildern, die hier an der Wand hängen.»

«O Gott», sagte Christina leise und wurde ganz blaß. «Was bin ich nur für ein Idiot.»

38

Die Kälte in den außergewöhnlich blauen Augen ihrer Mutter blendete sie.

Zögernd blieb sie im Türrahmen stehen. Alle Kraft verließ sie, und sie wurde von einem schrecklichen Zittern erfaßt.

Ihre Eltern saßen nebeneinander auf dem Sofa. Beide sahen aus, als seien sie zu Stein geworden.

Niemand sagte ein Wort.

Irgendwo hinter ihr im Flur machte Jane sich nervös zu schaffen.

Sie konnte weder vor noch zurück. Sie war ebenso erstarrt wie ihre Eltern.

Schließlich fand sie die Sprache wieder. «Hallo, Mummy – Daddy . . . das ist aber eine Überraschung.»

«Ganz offensichtlich», erwiderte Audra mit eisiger Stimme, die zu ihren Augen paßte.

Christina schluckte schwer.

Vincent funkelte sie wütend an.

Dann sprang Audra plötzlich auf und erschreckte sie alle.

Sie ging schnell im Zimmer auf und ab, hielt kurz vor jedem von Christinas Bildern an und sagte mit abgehackter, kalter Stimme die Titel auf: «*Ulmen im Winter . . . Himmel bei Gunnerside . . . Houghley Beck . . . Ediths Rittersporn . . .*» Sie brach ab und drehte sich auf dem Absatz zu Christina um, blickte sie zornig an: «Und durch deine offene Schlafzimmertür kann ich *Lilie bei Hadley* sehen. Du hast mir erzählt, du hättest all diese Bilder *verkauft*. Du hast mich angelogen, Christina. *Warum?* Und wovon lebst du? Wie bezahlst du deine Rechnungen? Irgend etwas ist faul an der Sache, ganz faul. Ich will jetzt sofort wissen, was hier gespielt wird. *Sofort, hörst du!*»

Christina trat vor, von den zornigen Worten ihrer Mutter verstört, aber sie wußte, daß sie nun das Ganze hinter sich bringen mußte.

Bei Audra blieb sie stehen. Dann holte sie tief Luft. «Mummy, ich muß dir etwas sagen, was ich dir schon lange sagen wollte . . .» Sie sah auf ihre Mutter, die nur klein und zerbrechlich aussah, und fühlte sich sofort von deren starker Persönlichkeit eingeschüchtert, von der Unnachgiebigkeit, die sich in ihren Zügen abzeichnete. Sie konnte nicht weiterreden. All ihr Mut hatte sie verlassen.

Audras blaue Augen nagelten die ihren fest. «Ich warte, Christina.»

Mit einem einzigen Wortschwall platzte Christina schließlich heraus: «Ich habe das Malen aufgegeben. Ich bin jetzt Modeschöpferin. Ich bin zum Entschluß gekommen, daß es sich nicht lohnt, sich als Künstlerin durchzuschlagen. Verstehst du, ich wollte Geld verdienen. Meine Kleider sind außergewöhnlich, wirklich sehr schön – du wirst sie bestimmt mögen . . .»

«Du hast deine Kunst aufgegeben, um *Schneiderin* zu werden!» rief Audra atemlos, bestürzt, entgeistert. Sie starrte Christina an. Alle Farbe war aus ihrem Gesicht gewichen, und ihre Augen waren steif vor Ungläubigkeit. «Du hast deine Kunst aufgegeben!» wiederholte sie. «Du hast dein großes Talent weggeworfen, Schönheit schaffen zu können, nur wegen eines . . . wegen eines Brotberufs. Ich glaube es einfach nicht! Ich kann es einfach nicht glauben!»

Audra schüttelte wild den Kopf, als suche sie, diese schreckliche Erkenntnis zu leugnen.

Dann rief sie plötzlich: «Und nach allem, was ich für dich getan habe! Nach allem, was ich getan habe, um dir deine Kunst zu ermöglichen! O Gott, wenn ich an meine jahrelange Schinderei denke und wie ich jeden Pfennig umgedreht habe, wie wir uns nichts gegönnt haben, um alles nur dir zu geben, und ich gab und gab und gab, bis ich nichts mehr hatte, und wie ich immer zuerst an dich gedacht habe, dich über deinen Vater gestellt habe, ihn vernachlässigt habe . . .»

Audra konnte nicht weitersprechen.

Sie sah Vincent an. In ihrem Gesicht stand ein schrecklicher Schmerz und eine überwältigende Traurigkeit. Ihre Augen waren von der Kränkung dunkel geworden und füllten sich mit Tränen. «Ach Vincent . . .» Blindlings streckte sie die Hand nach ihm aus, überließ sich ganz den Tränen, die ihr die Sicht nahmen.

Er war sofort an ihrer Seite.

Seine Arme umschlossen sie, und er hielt sie beschützend an sich gepreßt, streichelte tröstend ihre Schulter. Dann sah er zu ihr herab und seufzte ganz leise. Er hob wieder seinen Kopf.

Vincent richtete seinen Blick auf seine Tochter. Er sah sie an, als sähe er sie zum ersten Mal.

Christina wand sich unter seinem harten, kalten und prüfenden Blick. Ihr Mund fing an zu zittern.

Etwas wie Verachtung lag in Vincents schönem Gesicht, und seine Augen waren von einem stählernen, kompromißlosen Grün. «Du hast deiner Mutter gerade das Herz gebrochen», sagte er mit bebender Stimme.

Und ohne ein weiteres Wort drehte er Christina den Rücken zu und führte die weinende Audra aus dem Zimmer.

Sprachlos sah Christina ihren Eltern nach. Dann lief sie los und hielt sie auf dem Flur an: «Daddy . . . warte», rief sie, streckte die Hand nach ihm aus und ergriff ihn am Ärmel.

Er schüttelte mit einer abrupten Bewegung ihre Hand ab und sah sich kurz nach ihr um. «Nenn mich nicht Daddy», sagte er bissig. «Ich habe für heute genug von dir, Christina. Ich hätte nie gedacht, daß du deine Mutter jemals so verletzen würdest.»

Christina erschauerte bei seinen Worten und blieb wie angewurzelt auf dem Flur stehen, als ihre Eltern ins Treppenhaus traten und gemeinsam hinabgingen.

Hinter ihr flüsterte Jane: «Mein Gott, Christie, das war ja schrecklich. Bist du in Ordnung?»

Als Christina nicht antwortete, legte Jane den Arm um ihre beste Freundin und zog sie nach drinnen. Mit der freien Hand schloß sie die Eingangstür, führte Christina ins Wohnzimmer und schob sie aufs Sofa.

Diese begann unwillkürlich zu zittern und sah Jane hilflos an. «Ich muß ihnen nachgehen», fing sie an und brach dann sofort in Tränen aus.

«Süße, nicht doch, nicht doch», murmelte Jane tröstend, setzte sich zu ihr auf das Sofa und ergriff ihre Hand. «Du kannst ihnen jetzt nicht nachgehen, es würde heute abend auch sowieso nichts nutzen.» Dann umarmte sie die Freundin und eilte hinaus.

Einen Moment später kam sie mit einem großen Taschentuch wieder. «Hier, wisch dir die Tränen ab», sagte sie und reichte es Christina, «und ich werde uns jetzt einen Drink machen. Wir können wohl beide einen Brandy gebrauchen.»

Nachdem Christina sich die Augen getrocknet und die Nase geputzt hatte, nahm sie ihr Glas von Jane entgegen und trank einen großen Schluck. «Vielleicht sollte ich sie nachher anrufen. Sie sind bestimmt im Apartment bei Theo, da haben sie ja immer freien Zugang, wenn sie . . .»

«Nein, sie sind in einem Hotel», unterbrach Jane sie und verzog das Gesicht. «Ach verdammt, wie dumm ich doch bin! Ich hätte deinen Vater fragen sollen, in welchem Hotel, als er davon sprach.»

«O Jane.» Sie ließ sich ins Sofa fallen, nun noch niedergedrückter. «Ich war mir ganz sicher, sie seien im Haus in der Chester Street – nun werde ich sie dieses Wochenende niemals finden.»

«Vielleicht rufen sie dich morgen an», sagte Jane, und bei diesem Gedanken hellte sich ihr Gesicht auf. «Das werden sie bestimmt machen.»

«Das bezweifle ich. Mummy ist ganz verzweifelt, und mein Vater ist böse auf mich.» Christina rieb sich die müden Augen und sagte dann: «Nun erzähl mir doch mal, was heute abend passiert ist.»

«Sie sind so um viertel nach zehn gekommen. Ich war schon im Bett, aber das Telefon klingelte andauernd. Lauter blöde Sachen . . . erst Gregory Joynson, der sich darüber beklagte, daß eines meiner Kostüme für Mummy nicht zu einem Kissen des Bühnenbilds passe ... er ist so ein Idiot. Dann rief sie selbst an und machte sich wieder Sorgen um diese verdammten Halskrausen. Gerade hatte ich aufgelegt, als Harry Manderville anrief, um uns zu irgendeinem idiotischen Künstlerball einzuladen. Aus purer Verzweiflung hängte ich schließlich den Hörer ab. Dann schlief ich ein. Und als nächstes weckte mich das Haustelefon, das wie verrückt klingelte. Es war dein Vater, sie seien unten, sagte er. Und natürlich bat ich sie hinauf – was hätte ich auch sonst tun sollen? Außerdem war ich noch halb im Schlaf und dachte gar nicht an die Bilder.»

«Jane, ich mache *dir* doch auch gar keine Vorwürfe!» rief Christina. «Natürlich mußtest du sie hochbitten. Aber haben sie gesagt, warum sie in London sind? Normalerweise kommen sie doch nicht einfach so.»

«Deinem Vater war offenbar der glänzende Einfall gekommen, deine Mutter nach London zu bringen, damit sie dich sehen konnte – so als besonderes Fest. Sie wollten dich überraschen, deshalb haben sie dir nichts davon gesagt.»

«Hätten sie doch nur! Dann hätten wir die Bilder abhängen und sie in die Fabrik stellen können. Sie hätten nie etwas geahnt.»

«Ja, stimmt.» Jane warf Christina einen entschuldigenden Blick zu. «Aber ich muß zugeben, daß ich mich ein bißchen schuldig fühle. Hätte ich den Hörer nicht abgehängt, hätten sie mich erreichen können ... verstehst du, sie haben es vorher versucht. Und als immer besetzt war, sind sie irgendwo essen gegangen und wollten später wieder anrufen. Dann haben sie sich Sorgen gemacht und wollten vorbeikommen, als das Amt ihnen sagte, die Leitung sei unterbrochen. O verdammt, wenn ich nur mit ihnen geredet hätte – ich hätte sie beruhigen und sie erst morgen kommen lassen können, und ganz sicher hätte ich das Notwendigste erledigen und die Bilder abhängen können.»

«Ach Jane, nun mache dich nicht verrückt. *Bitte*. Wäre ich nicht mit meinen Frauen essen gegangen, hätte ich selbst hier gesessen. Das Leben steckt immer voller *Wenn* und *Aber* und *Vielleicht*. Das weißt du ebensogut wie ich.»

Christina ließ ihren Blick über das Wohnzimmer gleiten und sagte dann ruhig: «Meine Mutter hat die Bilder natürlich gleich entdeckt.»

«Das fragst du noch! Du weißt doch, daß ihr nichts entgeht, und wem würden diese auch schon entgehen? Sie sind überlebensgroß. Mir wurde sofort klar, wie dumm wir gewesen sind, und ich ging schnell in die Küche und setzte Teewasser auf . . . mir war ganz schlecht, und mir fiel nur noch ein, ihnen einen Tee anzubieten. Es war eine reichlich anstrengende Stunde, hier mit ihnen zu sitzen und auf deine Rückkehr zu warten.»

«Hat sie vielleicht gefragt – was ich jetzt mache?»

«Überhaupt nicht – und dein Vater auch nicht.»

Christina sah auf ihre Armbanduhr. «Ich sage mir immer wieder, daß sie anrufen werden, aber das ist bloßes Wunschdenken. Ich weiß, sie tun's nicht.»

«Bestimmt morgen, das wirst du schon sehen.»

Christina nickte, da sie wußte, daß Jane sie nur beruhigen wollte. Sie wußte auch, daß ihre Freundin sich irrte.

Christina konnte nicht einschlafen.

Sie versuchte es gar nicht erst. Sie lag im Bett, dachte an ihre Mutter und wartete auf den Morgen.

Um sieben Uhr knipste sie ihre Bettlampe an, zog sich das Telefonbuch heran und suchte Mike Lesleys Nummer. In den Stunden der Morgendämmerung war ihr eingefallen, daß, wenn es überhaupt jemanden gäbe, der wußte, in welchem Hotel ihre Eltern wohnten, es Onkel Mike wäre. Schnell wählte sie die Nummer in Leeds, jetzt, da es endlich eine vernünftige Zeit zum Telefonieren war.

«Doktor Lesley am Apparat», sagte er gleich und klang sofort hellwach.

«Hallo, Onkel Mike. Ich bin's, Christie.»

«Guten Morgen, Kleine.»

«Tut mir leid, daß ich dich so früh störe, aber ich dachte, du wüßtest vielleicht, in welchem Hotel Mummy und Daddy abgestiegen sind. Wir hatten eine kleine Auseinandersetzung gestern und . . .»

«Ja, dein Vater hat mir gerade davon berichtet.»

«Oh. Also weißt du, wo sie sind.»

«Ja, sie sind im Brown, Christie. Aber dein Vater hat mich vor einer halben Stunde angerufen, und da wollten sie gerade zurück nach Yorkshire fahren. Du wirst sie jetzt nicht mehr erreichen.»

«Ach verdammt», rief sie, «und ich hatte so gehofft, sie heute morgen noch sehen, alles erklären zu können . . .» Vor Enttäuschung konnte sie nicht weitersprechen.

Mike sagte: «Vielleicht ist es besser, daß sie jetzt weg sind, liebe Christie. Ich glaube, es wäre viel klüger, später mit deiner Mutter zu reden. In ein paar Wochen, wenn sie sich wieder beruhigt hat.»

«O nein, das glaube ich nicht, Onkel Mike. Ich muß möglichst *bald* mit ihr reden. Sie war so niedergeschlagen gestern abend, so verletzt. Hat Daddy dir alles erzählt?»

«Ja, Christie.»

«Du weißt also, daß ich meine Malerei aufgegeben habe, daß ich jetzt Modeschöpferin bin?»

«Ja.»

«Und du findest das auch nicht richtig?»

«Es ist dein Leben, Christina, und du mußt es leben, wie du es für richtig hältst . . . ich bin sicher, daß du deine Gründe hast, gute Gründe.»

«Ja, Onkel Mike, die habe ich, die habe ich wirklich. Und ich muß sie Mummy verständlich machen. Verstehst du, ich konnte es einfach nicht länger zulassen, daß sie mich finanziell unterhielt. Ich muß mich jetzt um mich selbst kümmern. Der Gedanke, daß sie sich immer noch im Infirmary abplackte, um mir Geld zu schicken, war einfach unerträglich für mich. Und ich habe Talent für die Mode und sah da eine Chance, erfolgreich zu werden und viel Geld verdienen zu können – nicht bloß Geld für mich, sondern Geld für meine Mutter. Ich möchte meine Schuld, in der ich bei ihr stehe, abtragen.»

«Aber Christie . . .» Am anderen Ende der Leitung trat ein

Schweigen ein, dann seufzte Mike schwer. Leise sagte er: «Deine Mutter hat all das nicht getan, weil sie eine Belohnung dafür haben wollte, Christie. Ihre Belohnung ist ihr Stolz auf dich.»

«Das ist vielleicht genug für Mummy, aber es ist nicht genug für mich, lange nicht. Ich möchte so viel mehr für sie – ich möchte, daß sie alles hat, das man für Geld kaufen kann, und ich werde nicht eher ruhen, bis sie es hat.»

«Nein, das wirst du wohl nicht», sagte er und verstand langsam, worum es ging. «Dazu hast du zuviel von Audra. Aber ich frage mich, ob sie jemals begreifen wird, daß du das Muster wiederholst.»

«Was willst du damit sagen?» fragte Christina und hielt den Hörer fest. «Ich verstehe dich nicht, Onkel Mike.»

Mike Lesley gab ihr keine direkte Antwort. Statt dessen sagte er: «Vor Jahren kam dein Vater zu mir, um über deine Mutter zu reden; er machte sich Sorgen um ihre Gesundheit, verstehst du, weil sie so viel arbeitete und an ihre Grenzen ging. Es war im Frühling 1939. Ich erinnere mich deshalb so gut an das Jahr, weil im September der Krieg ausbrach. Wie auch immer – dein Vater meinte, das, was deine Mutter anstelle, um dir eine glänzende Zukunft zu ermöglichen, sei anomal. Laurette erwiderte, anomal sei wohl nicht ganz das richtige Wort. Und dann sagte sie zu deinem Vater und mir, daß wir Zeugen eines Willensentschlusses seien. Eines Entschlusses, dem so selbstlos und unerbittlich gefolgt würde, daß es uns in ehrfürchtigen Schrecken versetzen müsse.»

Christina traten die Tränen in die Augen, sie blinzelte und wischte sie sich mit den Fingerspitzen fort. Dann sagte sie: «Und das war es doch auch, nicht wahr?»

«Ja, mein Herz. Und nun faßt du deinen eigenen großen Entschluß, und deine Mutter wird dich nicht hindern können, ebensowenig wie dein Vater sie jemals hat hindern können.»

«Aber warum glaubst du dann, daß sie es nie verstehen wird, Onkel Mike?»

«Weil sie nie akzeptieren wird, daß du deine Kunst aufgegeben hast, um deine Schuld bei ihr abzutragen. Sie wird das völlig absurd finden. Und wenn du ihr eröffnest, daß das der Grund dafür ist, wieso du ins Geschäftsleben eingestiegen bist, wird sie dir eine ganz einfache Antwort geben, Christie. Sie wird darauf bestehen, daß du wieder Bilder malst, weil sie gar nichts haben will, das man für Geld kaufen kann.»

Christina schwieg. «Ja», sagte sie nach einer kleinen Pause, «vielleicht hast du recht. Aber ich muß tun, was ich für richtig halte.»

Nun war es an ihm, zu schweigen.

Christina, die wartete, hörte ihn am anderen Ende der Leitung tief seufzen.

«So muß es wohl sein», sagte er schließlich. «Und Gott schütze dich, Christie.»

39

Ich möchte groß herauskommen – richtig groß herauskommen», sagte Christina. «Und zwar gleich. *Jetzt!*»

Jane blickte sie überrascht an, nahm ein paar Stecknadeln aus dem Mund und schwenkte diese Christina entgegen. «Ich wünschte, du würdest deine großen Ansagen nicht gerade dann machen, wenn ich dies hier zwischen den Zähnen habe. Ich hätte sie beinahe verschluckt.»

«Oh, das tut mir leid.»

Jane grinste. «Also du willst groß herauskommen. Ich bin ganz Ohr, erzähl mir mehr, Crowther.»

«Sofort.» Christina ging quer durchs Studio zur Ecke hinüber, in der Jane an einem Kostüm für Dulcie arbeitete.

Es war ein glühendheißer Julinachmittag, und um sich der Hitze zu erwehren, hatte Jane ihr rosa Baumwollhemd unter den Brüsten zusammengeknotet und zeigte ihre nackte Mitte, hatte den Rock gegen weiße Baumwollshorts vertauscht, Schuhe und Strümpfe ausgezogen und das lange, weizenblonde Haar hochgesteckt.

Christina dachte unwillkürlich, wie hübsch ihre Freundin doch aussah, trotz der etwas unordentlichen Frisur, des zerlaufenen Make-ups und dem abgeleckten Lippenstift. Bewunderung und eine tiefe Zuneigung zu Jane Sedgewick stiegen in ihr auf. Wie glücklich sie sich schätzen mußte, Jane zur Freundin zu haben.

«Was hältst du von einer Limonade?» fragte Christina, stellte das Tablett, das sie trug, auf den Tisch und schraubte die Flasche auf. «Du mußt ganz ausgedörrt sein, Jane, hier herrscht eine Bullenhitze.»

«Ja, ich weiß – wir müssen uns wohl einen zweiten Ventilator kaufen. Ich nehm gern einen Schluck von diesem Zeug.» Jane trat von der Schneiderpuppe zurück und betrachtete kritisch das Theaterkostüm im Tudorstil, an dem sie gerade arbeitete. Dann drehte sie sich um, ließ sich auf einem Hocker nieder und nahm das Glas Limonade von Christina entgegen. «Also schieß los», sagte sie, «weihe mich in deine Pläne ein. So wie ich dich kenne, ist alles schon druckreif.»

«So ziemlich», gestand Christina und hockte sich auf die Tischkante. «Wir sind jetzt zehn Monate im Geschäft und haben uns außerordentlich gut geschlagen. Aber wir würden doppelt so viele Kleider verkaufen, wenn wir sie nur herstellen könnten. Ich meine, wir sollten expandieren, richtig groß herauskommen, so wie ich gesagt habe.»

«Und wie?»

«Mehr Zuschneiderinnen und Näherinnen anstellen – auch mehr Büropersonal –, und Ausstellungsräume im Westend mieten.»

«Das kostet aber Geld. Auch wenn du meine fünftausend Pfund im Geschäft läßt, reicht das nicht, Christie.»

«Ich weiß. Ich brauche ungefähr fünfzigtausend Pfund.»

Jane pfiff durch die Zähne. «So viel! *Wahnsinn!* Aber ja, ich glaube, du hast recht.»

«Ich weiß, daß ich recht habe», versicherte Christina. «Ich habe alle Kosten und Möglichkeiten aufgelistet. Abgesehen von den Gehältern, müssen wir eine Menge Vorrat haben – Stoffe, andere Materialien, und dann ist da natürlich die Miete für die Ausstellungsräume. Ich habe mir letzte Woche einige angesehen, und sie sind wirklich teuer, besonders die in Mayfair, wo wir uns meiner Meinung nach ansiedeln sollten.»

«Du meinst auch groß, wenn du es sagst, nicht wahr?»

«Ja – und ‹edel› müssen wir sein. Was die Fünfzigtausend angeht, denke ich, daß wir sie uns von der Bank holen können, auch wenn keine von uns eine Sicherheit bieten kann: Falls deine Mutter für uns bürgen würde, verstehst du, die geliehene Summe oder den Überziehungskredit garantieren würde, was immer es sein wird.»

Jane schüttelte den Kopf, runzelte die Stirn und biß sich auf die Lippen. «Nein, ich finde die Idee nicht so gut – zur Bank gehen, meine ich. Ich würde mir das Geld lieber von Mummy leihen, und ich glaube, daß sie uns zumindest die Hälfte geben wird. Und ich weiß, daß Tante Elspeth den Rest herausrücken würde, denn sie hat mich einmal gefragt, ob du Geld für das Geschäft bräuchtest. Ich weiß, daß sie dir helfen wird, denn sie ist eine glühende Verehrerin von dir und deinen Kreationen.»

«Jane, das wäre traumhaft, wenn sie das machen ... meinst du wirklich, daß sie auf mich setzen würden?»

«Ja. Und außerdem ist es kein großes Wagnis, auf dich zu setzen, das wissen wir alle.»

«Ich möchte es gern als Darlehen haben, das natürlich verzinst zurückgezahlt wird, wenn es ihnen recht ist. Wir brauchen nicht allzu viele Geschäftspartner, nicht wahr?»

«Nein, da hast du bestimmt recht. Ich glaube zwar nicht, daß sich Mummy oder Tante Elspeth einmischen würden, aber trotzdem meine ich auch, daß es besser ist, wenn sie uns das Geld leihen.» Jane sprang vom Hocker herunter. «Laß uns doch gleich ins Büro hinuntergehen und Mummy anrufen», rief sie, ganz begeistert von Christinas jüngstem Projekt. «Ich weiß, daß sie zu Hause sitzt und ihre Rolle lernt. Und wenn wir erst mit ihr gesprochen haben, rufe ich Tante Elspeth in Monte Carlo an. Das ist alles so aufregend, Christie, und ich bin sicher, daß sie gleich Feuer und Flamme sein werden. Wart's nur ab ... nächste Woche werden wir schon in Geld schwimmen. Im großen Stil, wie du es gewollt hast, wir gehen auf große Zeiten zu.»

Jane flog und hüpfte durchs Studio, vollführte einen Freudensprung, als sie die Tür erreicht hatte und wirbelte dann treppab, wobei sie sang: «Wir gehn auf große Zeiten zu, Zeiten zu, Zeiten zu.»

Christina folgte etwas gesetzter, lachte über die Euphorie ihrer Freundin und drückte die Daumen, in der Hoffnung, daß Jane recht haben möge.

Sie hatte recht.

Dulcie Manville und ihre Schwester Elspeth D'Langer stellten das zusätzliche Geschäftskapital zur Verfügung, das Christina Crowther benötigte, um ihr Haute-Couture-Unternehmen zu vergrößern und ins Westend zu ziehen.

Vier Tage nachdem sie mit Jane telefoniert hatte, kam Elspeth aus Frankreich geflogen. Sie, ihre Schwester und die Mädchen hatten mehrere Sitzungen mit Dulcies Anwälten. Dabei beschlossen Dulcie und Elspeth, daß Christina noch mehr Sicherheiten benötigte, falls etwas Unvorhergesehenes dazwischenkommen sollte. Und so erhöhten sie das Darlehen auf hunderttausend Pfund, indem sie jede fünfzigtausend gaben.

Dies war die Summe, die Christina schließlich auf ihr Geschäftskonto überwies, ehe der Monat Juli vorüber war, nachdem alle nötigen Formulare unterschrieben und rechtmäßig von jedem unterzeichnet worden waren.

Gewissermaßen fing die härteste Zeit *nun* erst an.

Christina mußte sich zweiteilen.

Tagsüber war sie Geschäftsfrau. Sie ließ das Büropersonal zu Vorstellungsgesprächen kommen, ebenso wie Näherinnen, Zuschneiderinnen, Frauen, die nur Handgenähtes verfertigten und stickten, Büglerinnen, und wie stets stellte sie von allen nur die Besten ein. Lucie James, die sie zur Leiterin der Arbeitsräume befördert hatte, konnte gute Vorschläge und Anregungen geben. Sie besaß viele Freunde in der französischen Kolonie Londons, und sie war es, die Christina mit Giselle Roux bekannt machte und meinte, daß sie diese doch als erste *Vendeuse* der Ausstellungsräume einstellen solle. Giselle war wie Lucie mit einem Engländer verheiratet und lebte seit 1952 in London. Eine elegante und kultivierte Frau in den Dreißigern, war sie im Salon von Pierre Balmain in Paris *Vendeuse* gewesen und eine erfahrene und verantwortungsvolle Person. Christina überließ das Einstellen der anderen Verkäuferinnen Giselle, in vollem Vertrauen auf deren Urteil. Und wenn sie nicht gerade Einstellungsgespräche führte und Leute engagierte, sah sich Christina die in Frage kommenden Ausstellungsräume an, wanderte durch alle möglichen Gebäude im Westend von London und wurde immer mutloser.

Gerade als sie die Hoffnung aufgegeben hatte, jemals das richtige Haus zu finden, entdeckte sie zufällig ein kleines, aber elegantes Stadthaus in der Bruton Street in Mayfair.

Der Makler führte sie an einem unfreundlichen, feuchten Samstagvormittag gegen Ende August im Haus herum, aber trotz des Wetters bemerkte Christina auf Anhieb, wie hell und luftig die Zimmer waren, besonders in den oberen Stockwerken.

Sie mietete es unverzüglich, da sie erkannt hatte, daß es ganz ideal war. Außerdem befand es sich in gutem Zustand, man mußte nicht mehr viel daran tun.

In den sechs Stockwerken war ausreichend Platz vorhanden für die Büros, Arbeitsräume, das Studio für sie, und nicht zuletzt für zwei große Empfangsräume, die auf eine zentrale Eingangshalle hinausgingen und für Ausstellungen hervorragend geeignet waren.

Diese befanden sich im zweiten Stock – Zimmer mit hohen Decken, Kaminen, großen Glastüren, die auf kleine Balkons hinausgingen, im ganzen großzügig bemessen. Als Christina so zwischen den beiden lichtdurchfluteten Räumen auf und ab ging, stellte sie sich vor, wie reizend und elegant es aussehen würde, wenn man es ganz nach ihrem Geschmack mit weichen Grau- und Weißtönen eingerichtet hätte, mit dicken Teppichen und schimmernden Kristallüstern, die von den Decken schwangen.

Abends legte sie die Geschäftsfrau ab und war Künstlerin.

Lange nachdem alle anderen schon die Fabrik an der King's Road verlassen hatten, arbeitete Christina immer noch an ihren Entwürfen für die erste Kollektion unter ihrem Namen. Es war eine Sommerkollektion, und sie wollte diese der Presse und der Öffentlichkeit zu Anfang des Jahres 1956 vorstellen. Sie hatte nur noch fünf Monate, um die fünfundsechzig Gewänder zu kreieren, die sie vorführen wollte, und so war ihr klar, daß sie sehr hart arbeiten mußte. Es war ihre erste umfassende Kollektion, denn in den vergangenen zehn Monaten hatte sie den Kunden lediglich Entwürfe und Stoffe gezeigt und ihnen dann die Kleider nach ihren Maßen angefertigt.

Eine ganze Serie zu schaffen mit einem besonderen, allem zugrunde liegenden Thema, war eine unglaubliche Herausforderung für Christina, und es war die Erregung, der Überschwang so einer großen schöpferischen Anstrengung, die ihr immer wieder Kraft gab und sie täglich anspornte. Sie wollte nicht nur die Kleider entwerfen, sondern auch passende Accessoires. In ihren Augen war kein Kleid, Kostüm oder Mantel hinreichend, ehe nicht das Drumherum bis ins kleinste Detail gelöst war. Sie empfand es als eine Einheit.

Obwohl es Christina begeisterte, daß sie nun den großen Start versuchte, den sie gewollt hatte, und sie auch viel künstlerische Befriedigung aus ihrer Arbeit zog, gab es doch ein Haar in der Suppe. Und das war die Entfremdung von ihren Eltern.

Nach ihrem schrecklichen Zerwürfnis im Mai hatte sie oft mit ihnen telefoniert, war auch nach Yorkshire gefahren, um sie zu sehen, und hatte ihnen regelmäßig geschrieben. Ihr Vater war etwas aufgetaut, aber ihre Mutter immer noch ablehnend und distanziert, so daß Christina beschloß, Mike Lesleys Rat zu folgen. Daher gestand sie nicht den wahren Grund, warum sie ihr Leben als Künstlerin aufgegeben hatte – ihren großen Wunsch, ihr überwältigendes Bedürfnis, ihrer Mutter ein komfortables und bequemes Leben zu ermöglichen, um ihre Schuld bei ihr abzutragen.

Christina war fest davon überzeugt, daß sie und ihre Mutter bald wieder miteinander versöhnt sein würden. Sie wußte, daß Audra sie viel zu sehr liebte, um ihr lange böse sein zu können. Außerdem hoffte sie, daß ihr Vater ein Wort für sie einlegte.

Und in der Zwischenzeit tat sie, was sie konnte, damit sie stolz auf sie sein konnten.

40

Christina stand in der Eingangshalle, die beide Empfangsräume miteinander verband, und sah erst nach rechts und dann nach links.

Jeder Raum war das vollkommene Spiegelbild des anderen: perlgraue Wände und ein dazu passender Teppich, weißgestrichene Kamine, französische Kristallüster und Wandleuchter, antike venezianische Spiegel.

Die beiden Zimmer flossen aufs schönste ineinander, gerade so, wie sie es gewollt hatte. Sie nickte befriedigt, freute sich des kühlen, ruhigen Gefühls, das vom Perlgrau und dem Hauch von Weiß ausging. Dieser fast monochrome Rahmen wurde absichtlich von keiner anderen Farbe unterbrochen. Christina erlaubte nichts, das von ihren Kleidern ablenken oder mit ihnen in Konkurrenz treten könnte. Sogar Blumen waren aus diesen beiden Räumen verbannt und fanden sich im Haus in der Bruton Street nur in Foyer und Flur.

Christina drehte sich um und betrachtete das Blumenarrangement auf dem Louis-Seize-Wandschränkchen in der Eingangshalle. Es bestand gänzlich aus weißen Blumen, und wieder nickte sie, wußte, daß es so genau richtig war, perfekt an dieser Stelle.

Dann trat sie vor und ging eilig in den größeren der beiden Räume, sah sich zum wiederholten Male an diesem kalten Januartag darin um, überprüfte noch einmal jedes Detail.

Ein Laufsteg teilte das Zimmer in zwei Hälften, von kleinen vergoldeten Stühlen flankiert. Ein kleiner Schauer überlief sie, so aufgeregt war sie. In weniger als einer Stunde würde ihre erste Couture-Kollektion der Öffentlichkeit präsentiert werden. Sie holte tief Luft und preßte die Hände zusammen, plötzlich überaus ängstlich, als sie an die Kleider dachte, die sie entworfen hatte.

«Mademoiselle ...»

Sie drehte sich um und sah ihre erste *Vendeuse* in der Tür stehen, die zu den Ankleidezimmern führte, wo sich die Mannequins für die Vorführung fertigmachten, die um drei Uhr beginnen sollte.

«Giselle!»

«Ich bin gekommen, um Ihnen viel Glück zu wünschen, Mademoiselle. *Bonne chance*», sagte die Französin und strahlte sie an.

«Vielen Dank, Giselle», erwiderte Christina und lächelte ebenfalls, dann fragte sie ernsthaft: «Die Kollektion ist doch in Ordnung, nicht wahr?»

Die erste *Vendeuse* hob die Fingerspitzen an ihre Lippen und küßte sie, dann hauchte sie den Kuß in die Luft. «Nicht in Ordnung, Mademoiselle, superb, einfach *superb*. Als ich noch im Hause Balmain arbeitete, habe ich Monsieur immer gesagt: Wenn in den Arbeitsräumen große Aufregung herrscht, dann gibt es hinterher rauschenden Applaus ...» Sie hielt inne, zeigte auf die goldenen Stuhlreihen und fügte zuversichtlich hinzu: «Und im Hause Christina gibt es viel Aufregung – also wird die Begeisterung auch sehr groß sein.»

Ein junges Mädchen steckte den Kopf durch die Tür am anderen Ende des Raumes. «Tut mir leid, daß ich stören muß, Miss Christina, aber Madame Roux wird gebraucht.»

«Entschuldigen Sie mich, Mademoiselle», sagte die erste *Vendeuse* und ging eilig hinaus.

Christina ging zum Kamin hinüber und stellte sich mit dem Rücken dagegen. Sie schaute über den ganzen Raum hin, die Eingangshalle und das sich daran anschließende Zimmer, ließ ihren Blick über den ersten Laufsteg gleiten und dann über den zweiten. Und vor ihrem geistigen Auge sah sie die Mannequins dahinschreiten, sich drehen, herumwirbeln, halten, posieren und die Kleider so vorteilhaft wie möglich zur Geltung bringen. Sie liebte jedes Teil, das sie entworfen hatte, und konnte nur beten, daß es den anderen Leuten ebenso gehen möchte. Sie fragte sich, wie sie es überhaupt geschafft hatte, wie sie diese Kollektion in so kurzer Zeit herausgebracht hatte, und sie fand keine Antwort. Arbeit, Mühsal, Tränen und Schweiß, murmelte sie leise vor sich hin und entsann sich Winston Churchills bemerkenswerter Zeile aus den Kriegsjahren, als sie noch ein Kind gewesen war.

Dann drehte sie sich um und betrachtete sich im venezianischen Spiegel über dem Kamin. Sie hatte vorher geurteilt, daß sie müde und erschöpft aussähe, und deshalb mehr Rouge aufgelegt, als sie es sonst tat. Aber ihre Haut schien es vollkommen absorbiert zu haben. Sie war schon wieder blaß. Vielleicht kam es vom schwarzen Kostüm, das alle Farbe aus ihrem Gesicht zog. Sie benötigte immer mehr Make-up, wenn sie Schwarz trug.

Christina trat einen Schritt zurück, schaute sich an, hielt den Kopf ein wenig schräg und begutachtete das Kostüm. Wunderschön geschnitten und tailliert, war es ein Meisterwerk der Schneiderkunst. Sein einziger Schmuck war eine weiße Gardenie, die an eine Schulter geheftet war – die weiße Gardenie, die sie zu ihrem persönlichen Symbol erkoren hatte, zu ihrem Markenzeichen.

Sie hob die Hand und strich sich übers Haar.

Da erblickte Christina sie im Spiegel, wie sie in der Tür standen und sich unsicher umschauten.

Den Bruchteil einer Sekunde lang dachte sie, ihre Phantasie würde ihr einen Streich spielen. Aber natürlich war das Unsinn. Langsam drehte sie sich ihnen entgegen, machte den Mund auf, um etwas zu sagen. Aber es kam nichts heraus. Sie stand einfach da und sah sie an, konnte sich nicht rühren.

Ihre Mutter trat ein paar Schritte vor und hielt dann unvermittelt inne.

Audra sagte: «Wir mußten kommen . . . wir konnten nicht einfach wegbleiben. Nicht heute.»

«O Mummy.»

«Christie, mein Liebling . . .»

Beide Frauen bewegten sich gleichzeitig. Dann trafen sie sich in der Mitte des Zimmers.

Audra sah zu Christina empor und ihre strahlendblauen Augen füllten sich mit Tränen. «Ich habe dich so vermißt . . .»

Christina streckte die Hand aus, legte dann die Arme um ihre Mutter und hielt sie fest, als wollte sie sie nie wieder loslassen. «O Mam, du hast mir so sehr gefehlt; du kannst dir gar nicht vorstellen, wie sehr.»

Plötzlich trat Vincent zu ihnen, nahm sie beide in den Arm, und alle drei weinten ein bißchen und lachten dann. Schließlich trat Christina einen Schritt zurück und sah ihre Eltern an, und ihr Glück spiegelte sich in ihren strahlenden Augen, ihrem fröhlichen Lächeln.

«Ich bin so froh, daß ihr gekommen seid, so unglaublich froh. Es bedeutet mir so viel, euch hier zu haben.» Dann brach sie ab, betrachtete Audra eindringlich und flüsterte fast: «Hast du mir verziehen, Mutter?»

«Es gibt nichts zu verzeihen, Christie», entgegnete Audra mit sanfter, liebevoller Stimme. «Ich war zornig und aufgebracht über dich, unglaublich verletzt. Aber nun habe ich eingesehen, daß es falsch war, mich so von dir abzuwenden, wie ich es getan habe. Wie dein Onkel Mike es Daddy und mir vor kurzem richtig gesagt hat – du mußtest tun, was du getan hast.» Ein liebenswürdiges Lächeln verschönte Audras Mund. «Ich habe dir vielleicht die Möglichkeit verschafft, ein besseres Leben zu führen, aber ich kann dieses Leben nicht für dich leben. Das habe ich eingesehen, und ich wußte, daß ich mich nun wieder mit dir versöhnen mußte, Liebling.»

Christina beugte sich vor und küßte Audra auf die Wange. «Heute ist der allerschönste Tag für mich, da du und Daddy gekommen seid.»

Dann wandte sie sich zu Vincent, nahm seinen Arm, drückte ihn herzlich, stellte sich auf die Zehenspitzen und küßte ihn auf die Wange. «Danke, Daddy, daß du sie hergebracht hast, danke, daß du selbst gekommen bist. Ich liebe euch beide so.»

Vincent legte Christina den Arm um die Schultern. Dann sagte er: «Wir lieben dich auch, Christie, und als deine Einladung mit deinem kleinen Billett kam, da habe ich zu deiner Mutter gesagt, daß wir diesen wichtigen Tag in deinem Leben nicht verpassen dürfen.»

41

Christina Crowther wurde über Nacht zum Superstar im internationalen Modegeschäft.

Der Erfolg stellte sich so unvermittelt ein, die Aufträge brachen derart über sie herein, daß ihr innerhalb von vierundzwanzig Stunden klar wurde, daß sie sich größere Räume zulegen, weitere Leute einstellen und mehr Stoffe besorgen mußte. Und zwar sofort. Es gab keine Zeit zu verlieren.

Elise, Germaine und Lucie kümmerten sich um all diese Details schnell und geschickt, während Giselle Roux und ihr kleiner Ausstellungsstab sich mit den Kunden befaßten, die durch die Türen des Hauses in der Bruton Street strömten.

Christinas private Kundschaft kaufte großzügig Kleider aus der Kollektion, so wie unzählige neue Kunden. Daneben gab es auch einige gigantische Bestellungen von Kaufhäusern, was nicht nur Christina ganz aus der Fassung brachte, sondern auch die erfahrenere Giselle.

Die Einkäuferin von Bergdorf Goodman in New York war von den Kleidern so begeistert, daß sie fast die ganze Kollektion orderte, und ebenso ging es der Einkäuferin des Haute Couture-Salons von Harte's in Knightsbridge. Sie war es, die jedem verkündete, Christina sei *die* Modeentdeckung des Jahrzehnts, und darauf hinwies, daß es einen so sensationellen Erfolg wie diesen nicht mehr gegeben hätte, seit Christian Dior seinen Salon im Jahre 1947 eröffnete und den jetzt so berühmten New Look einführte. Giselle pflichtete ihr bei und sagte: «Ja, es ist genauso, *vraiment*, Mademoiselle, wirklich genauso.» Christina glaubte ihr.

Die Bestellungen standen für Hunderttausende von Pfund. Mit einem Satz war Christina ins ganz große Geschäft vorgestoßen, von dem ehemaligen Laden des Grünhökers in der King's Road zum eleganten Stadthaus in Mayfair. Es war ein Riesensprung.

All die Begeisterung und Aufregung drehte sich um die Kollektion, die Christina die «Blumenreihe» genannt hatte. Genau das war es auch, ein Blumenthema, das sich durch alle Teile zog.

Die Abendgarderobe war exquisit und außergewöhnlich. Sie beinhaltete alle möglichen Blumen von der exotischen Orchidee bis zu den einfachsten Sorten. Als Christina Monate zuvor ihre erste große Kollektion entworfen hatte, war ihr klargeworden, daß sie nicht jedes Kleid eigenhändig bemalen konnte. Das wäre viel zu zeitaufwendig. Und so hatte sie mehrere geschickte Künstler angestellt, die ihre Bilder kopierten, wobei sie auf perfekten Duplikaten bestand.

Sie hatte auch einige ihrer Blumenmalereien von Hand auf Stoff reproduzieren lassen, und diese Drucke auf romantischen, fließenden Gewändern aus Chiffon und Georgette waren ebenso eine Sensation wie die handbemalten Kleider. Abend- und Cocktailkleider, die man aus diesen Stoffen anfertigte, würden sich großartig verkaufen und immer beliebt sein, ihr im Laufe der Jahre Millionen Pfund Sterling und Millionen Dollar einbringen.

Andere Abendkleider aus schwereren Seidenstoffen trugen ein einziges, beherrschendes Blumenmotiv. Das befand sich manchmal auf dem Rock, hinten und vorn, auf dem Oberteil und einer Schulter; manchmal wiederholte es sich auch auf Rock und Oberteil. Aber diese einzige Blüte war immer von üppiger Juwelenstickerei umgeben und sah aus wie ein riesiges Schmuckstück. Auch um diese Abendkleider riß man sich sofort, ohne nach dem Preis zu fragen.

Sämtliche Abendkleider aus Christinas Blumenreihe waren luxuriös und sehr weiblich, und den meisten Leuten stockte der Atem, als sie ihrer zuerst ansichtig wurden. Die Farbskala reichte von Weiß und zarten Pastelltönen zu leuchtendem Rot, Gelb, Saphirblau und Rauchschwarz, das Christina immer schon favorisiert hatte.

Das Blumenthema war konsequent beibehalten worden und zeigte sich bei der Tagesgarderobe in der Form der Kleider.

Kostüme, Mäntel und Kleider zeigten einen schmalgeschnittenen Rock, die Oberteile dagegen besaßen eine leichte Fülle, die Schultern waren verbreitert, wenn auch abgerundet, nicht eckig. Und so dachte man beim Anblick dieser Kleidungsstücke an eine Blüte auf einem zarten Stengel.

Manchmal war die Tagesgarderobe eher streng, makellos geschnitten und tailliert, manchmal besaß sie auch etwas Architektonisches – immer aber war sie sehr chic.

Die Stoffe waren leicht und umfaßten Seide, Baumwolle, Leinen und leichte wollene Kreppstoffe. Die Farben waren klar, oft grell, mit vielen Rosés, Malventönen, lieblichen englischen Blaus und Grünschattierungen, die von leuchtendem Smaragd bis zum weicheren Limonengrün reichten. Und jedes Gewand, ob für die Tages- oder die Abendgarderobe, war mit den dazu passenden Accessoires versehen, um die Vollständigkeit vorzuführen, die Christina anstrebte.

Christina wurde nicht nur von der Öffentlichkeit gefeiert, sondern war nun auch der Liebling der Presse. Sie waren schlicht begeistert von ihr. Die Moderedakteurinnen von *Vogue*, *Harper's Bazaar* und *Queen* waren erfahrene Frauen, die alles schon einmal gesehen hatten. Keine von ihnen ließ sich leicht etwas vormachen, und sie konnten auf Anhieb Fassadenhaftes von wirklicher Begabung unterscheiden. Es war ihnen sofort klar, daß Christina keine Eintagsfliege war, sondern von Triumph zu Triumph schreiten würde.

Doch nicht nur die Modezeitschriften, auch die übrige Presse liebte sie.

Sie lieferte eine traumhafte Geschichte. Eine neue Entdeckung, die in aller Munde war – jung, unglaublich begabt, gutaussehend und aus bescheidenen Verhältnissen stammend, ein Mädchen aus der Provinz. Besonders die letzten beiden Punkte machten sie attraktiv für die Presse, da die Leser sich mit ihr identifizieren konnten – auf jeden Fall mit Vincent und Audra, die bei der Eröffnung ihrer Kollektion oft mit ihr zusammen fotografiert worden waren.

Christina genoß ihren Erfolg und sonnte sich richtiggehend darin. Aber sie blieb weiterhin mit beiden Beinen auf der Erde, wußte in ihrem Innersten, daß der schönste Teil ihres Erfolgs der Stolz war, mit dem ihre Eltern auf sie blickten. Sie würde nie deren Gesichter vergessen, als die schönen Mannequins den Laufsteg im hellen Scheinwerferlicht zu donnerndem Applaus entlangparadiert waren.

Und wie Jane später am Abend bemerkte, nachdem die drei Crowthers mit den drei Sedgewicks gespeist hatten: «Sie waren ganz außer sich vor Stolz und Glück, Christie. Ich dachte, sie würden während der Vorführung einfach platzen, und ich glaube wirklich, dein Vater hatte an einer Stelle Tränen in den Augen.» Christina hatte lächelnd genickt, und dann hatte sie Jane die schönen Worte ihrer Mutter erzählt, die noch Wochen später in ihr widerhallten.

Beim Champagnerempfang nach der Vorführung war Audra zu ihr gekommen, hatte etwas entschuldigend gelächelt und dann gesagt: «Das ist viel mehr als Kleider nähen, Christie. *Das ist Kunst.*»

Obwohl Christina Jane versprochen hatte, im Februar mit ihr in die französischen Alpen zu fahren, konnte sie am Ende doch nur ein langes Wochenende mit ihr verbringen. Im Modehaus stand zuviel Arbeit an, und sie konnte ihr florierendes Geschäft nicht vernachlässigen.

Aber die vier Tage, die sie mit Jane in Alpes d'Huez verbrachte, waren sehr erholsam, und die beiden Mädchen hatten ein Menge Spaß. Sie waren von einer Schar von attraktiven Bewunderern umgeben, die sie abends zu Cocktails oder Fondues und manchmal auch zum Tanzen in eine der rustikalen Bars ausführten.

Christina konnte nicht Ski fahren und wollte es auch nicht lernen, aber es machte ihr Spaß, die athletische Jane die Pisten hinunterfegen zu sehen. Ihre Freundin war eine hervorragende Skifahrerin und gute Schlittschuhläuferin. Und am Sonntagnachmittag, als Christina an der Freiluftbahn saß, folgte ihr

Blick gebannt und bewundernd Jane, die über das Eis schoß und ihre Pirouetten drehte.

Da kam Christina eine Idee ... ihr fiel ein, daß Frauen Kleider brauchten, die bequem und locker saßen, gemütlich waren und in denen man sich frei bewegen konnte. Unmittelbar kamen ihr ein paar neue Einfälle für die Winterkollektion. Diese Vorahnung, diese Fähigkeit, kommende Trends vorwegzunehmen, sollte sich als ein weiteres Geheimnis ihres Erfolges erweisen. Denn es war ihr Vorstellungsvermögen, das Christina Crowther aus den Reihen der bloß begabten Designer in die ferne Sphäre der wirklich Brillanten heraushob.

Als sie nach London zurückkehrte, wurden die Einfälle, die ihr an der Eisbahn in den Alpen zugeflogen waren, sofort auf das Zeichenbrett in ihrem Studio im obersten Stockwerk des Hauses in der Bruton Street übertragen. Christina mußte ihre Winterkollektion schon ab Mai produzieren lassen, wenn sie diese im September vorführen wollte. Und so arbeitete sie den ganzen Rest des Februars bis in den März hinein unermüdlich, genauso wie Jane.

Janes Karriere als Kostümbildnerin machte große Fortschritte.

Den Kleidern, die sie für ihre Mutter und die übrige Besetzung von *Elizabeth, die Königin* entworfen hatte, wurde viel Beifall gezollt, und man hatte ihr die Kostümentwürfe für eine weitere Westend-Produktion übertragen. Im Frühling des Jahres 1956 war sie damit beschäftigt, sämtliche Garderobe für einen Film anzufertigen, der bald in den Elstree Studios abgedreht werden sollte, und sobald sie damit fertig war, wollte sie einige Monate nach New York gehen. Sie hatte einen Vertrag unterzeichnet, die Kostüme für eine Broadwayshow zu entwerfen, ein Musical, das etwas ganz Sensationelles werden sollte. Es bedeutete eine große Herausforderung für sie, und sie freute sich auf ihren Aufenthalt jenseits des Atlantiks.

Trotz der vielen Arbeit gelang es den beiden Freundinnen, eine Vielzahl an gesellschaftlichen Aktivitäten zu pflegen, und in vieler Hinsicht war es der anstrengendste Frühling und Sommer, den beide bisher erlebt hatten.

Anfang Mai lud Ralph Sedgewick sie ein, mit in die Villa zu kommen, die er und Dulcie sich den Juni über in Südfrankreich gemietet hatten.

«Laß uns doch fahren», sagte Jane. «Wir sind beide urlaubsreif, du besonders, und es ist sehr schön in Beaulieu-sur-Mer. Und weißt du was, Crowther: nachdem wir uns ein paar Tage erholt haben, können wir uns ein Auto mieten und nach Grasse fahren, damit du dieser Parfümidee nachgehen kannst.»

«Ja, natürlich!» rief Christina. «Das ist wirklich eine großartige Idee, Jane. Ich würde das sehr gern machen. Morgen werde ich gleich deinen Vater anrufen und ihm sagen, daß wir seine Einladung dankend annehmen.»

In den nächsten Wochen konzentrierte sich Christina auf das Parfüm, das sie unter ihrem Markenzeichen herausgeben wollte. Ihr Name war inzwischen zu beiden Seiten des Atlantiks ein Begriff, und sie wußte, daß ein Parfüm eine sehr gute Idee war.

Diese verdankte sie eigentlich Giselle Roux, der das gleich nach dem großen Erfolg im Januar eingefallen war. «Sie müssen auch ein Parfüm haben, Mademoiselle», hatte die erste *Vendeuse* zu Christina gesagt. «So ist es immer Tradition gewesen bei den großen Couturiers . . . bei Dior, Chanel, Balmain, Balenciaga, Givenchy. Ja, das müssen Sie, unbedingt, es ist sehr wichtig, Mademoiselle.»

«Aber wie soll ich das denn machen?» hatte Christina sie gefragt. Die Sache hatte ihr gleich gefallen, und sie sah, wie viele Möglichkeiten darin steckten.

«Zuerst, Mademoiselle, müssen Sie über die Düfte nachdenken . . . welche Ihnen am besten gefallen . . . den besonderen Duft von *les fleurs*, von Ihren Lieblingsblumen. Vielleicht die Rose . . . das Maiglöckchen . . . der Jasmin. Und dann müssen Sie nach Grasse fahren, Mademoiselle, das Herz der französischen *Parfümerie*-Industrie. Dort wird man Ihnen Ihr spezielles Christina-*Parfüm* machen, Mademoiselle.»

Christina hatte sich bei ihrer ersten *Vendeuse* bedankt und versprochen, darüber nachzudenken. Aber sie war viel zu sehr mit den Entwürfen für die Winterkollektion beschäftigt, um das gleich zu tun, obwohl sie es im Gespräch mit Jane schon einmal kurz erwähnt hatte. Und sie hatte es ganz obenan auf die Liste ihrer zukünftigen Projekte gesetzt.

Da sich im Juni die Südfrankreichreise ergab, bat Christina Giselle nun, für sie einen Besuch bei einigen der Herren zu arrangieren, die die Düfte schufen und in Grasse arbeiteten. Und sofort schrieb diese einer Kontaktperson in Paris.

«*Gardenie!*» sagte Christina zu Jane, als sie in der zweiten Junihälfte im Mietwagen nach Grasse fuhren. «Die Gardenie muß es sein. Das ist der Duft, auf den ich immer wieder zurückkomme . . . der Erinnerungen hervorruft . . . vielleicht weil meine Mutter immer Gardenienparfüm benutzte, als ich klein war. Es hieß Gardenia Flower Essence, und Mrs. Bell kaufte es ihr immer bei Harrod's als Geschenk.»

«Ich mag den Geruch von Gardenien auch sehr gern», erwiderte Jane, «aber du mußt dir einen besseren Namen einfallen lassen. Du kannst es nicht einfach *Gardenie* nennen. Das ist zu prosaisch. Es muß eleganter klingen.»

«Blaue Gardenie», schlug Christina vor.

«Nein, da gab es doch mal einen Film . . .»

«Der hieß *Die blaue Dahlie*», konterte Christina lachend. «Hör zu, Janey, mir gefällt Blaue Gardenie wirklich gut. Es klingt so schön, und meine Mutter hat doch die blauesten Augen . . .»

Jane lächelte. «Dann muß es wohl Blaue Gardenie sein. Eigentlich gefällt es mir auch, besonders weil du es nach deiner wunderbaren Mutter nennst.» Jane sog plötzlich die Luft ein, die durch die Autofenster hereinströmte. «Du, ich kann die Blumen tatsächlich schon riechen. Wir sind wohl gleich da», sagte sie und fuhr langsamer.

«Ja», rief Christina. «Sieh mal, da in der Ferne liegt Grasse. Ich werde nach dem Hotel Ausschau halten, wenn wir in die Stadt kommen . . . wir steigen in einem ab, das mir Giselle empfohlen hat – Le Regent.»

Christina und Jane verbrachten drei Tage im schönen Städtchen Grasse, das hoch über Cannes in den Alpes Maritimes liegt. Es war ein reizendes Fleckchen, alt und überall von wundervollen Blumenfeldern und großartigen Rosengärten umgeben. Fragonard, der große französische Maler, war hier geboren worden, und es gab ein Fragonard-Museum, das die Mädchen natürlich bei erster Gelegenheit besuchten. Sie wanderten um die herrliche gotische Kathedrale herum und besuchten die vielen berühmten Gärten.

Aber die meiste Zeit verbrachten sie in verschiedenen Parfümerien, sogen Düfte ein und redeten mit den Chemikern. Schließlich entschied Christina sich für zwei Duftnoten, die man extra für sie herstellen würde und die im nächsten Jahr auf den Markt kommen sollten. Die eine hatte die Gardenie zur Grundlage, die andere Rosen, und sie würden *Blaue Gardenie* und *Christina* heißen.

42

Ich glaube nicht, daß ich Hadley Court schon einmal so schön gesehen habe wie heute abend», sagte Christina und wandte sich lächelnd Janes Vater zu. «Die Blumen und Kerzen im Haus wirken fast magisch, und die Gärten hier draußen . . . sie sind einfach *überirdisch* im Lichtschein, der aus dem Haus dringt.»

Der berühmte Schauspieler, hochgewachsen, schlank und wie ein Professor aussehend, folgte ihrem Blick über die Rasenflächen seines Landsitzes in Kent.

«Das stimmt, die Gärten sind schön, vor allem wenn man sie von dieser Terrasse aus sieht . . . heute abend ähneln sie einer Bühnenkulisse, fast schon zu vollkommen, um wirklich zu sein. Aber ich denke, es gibt sowieso nichts Hübscheres als einen englischen Sommerabend nach einem strahlenden Tag wie diesem», sagte Ralph, und seine einschmeichelnde Stimme erfüllte die warme Sommerluft.

Es war eine der gefeiertsten Stimmen der englischen Bühne, und Christina wurde nie müde, ihr zu lauschen.

Dann fuhr Ralph fort: «Du hast *magisch* gesagt, Christie, und ich meine auch, daß der ganze Abend etwas Magisches hat, alles hat so wundervoll geklappt. Und hier draußen ist es so mild, kein bißchen von dem schrecklichen Wind, den wir sonst so oft abbekommen. Ja, wir haben Glück gehabt – es ist das perfekte Juliwetter für Janeys Party.»

Er drehte sich jetzt ganz zu Christina um und sagte väterlich: «Hast du dich denn auch gut amüsiert, Kleine?»

«O ja, Ralph, danke der Nachfrage. Es ist einfach ein herrlicher Abend gewesen, aber ich bin ein bißchen traurig, daß Jane nun für vier oder fünf Monate nach New York geht

– ich werde sie schrecklich vermissen. Aber das klingt so egoistisch. Ich weiß, daß es dir und Dulcie ebenso gehen wird, wenn sie weg ist.»

«Ja», sagte er, «aber ich hoffe, daß wir am Broadway spielen können, während sie da ist. David Merrick wünscht sich uns für eine neue Komödie, hat uns unser amerikanischer Agent gesagt. Und wie ist es mit dir, Christie, wolltest du nicht auch einen Besuch in den Staaten machen im Oktober? Hat Dulcie mir nicht so was gesagt?» Es klang wie eine Frage. «Oder irre ich mich da?»

Christina verbiß sich ein amüsiertes Lächeln. Ralphs Geistesabwesenheit war ein Standardwitz in der Sedgewickfamilie, und Jane meinte immer, das einzige, woran sich ihr Vater erinnern könnte, sei seine Rolle in einem Stück.

«Nein, du irrst dich nicht, Ralph. Ich hoffe, daß ich im Herbst nach Amerika fahren kann», sagte Christie zu ihm. «Meine Kleider sind in New York gut angekommen, und Bergdorf Goodman haben mich eingeladen, meine Winterkollektion dort vorzuführen, natürlich erst, nachdem sie hier in London gezeigt wurde.»

«Gratuliere, Christie, das ist ja großartig.» Er strahlte sie mit seinen warmen, haselnußbraunen Augen an. «Also ich muß schon sagen, daß ich wirklich stolz auf dich und meine kleine Janey bin . . . ihr habt euch beide großartig entwickelt, seit ihr vom Royal College abgegangen seid und . . .»

«Da seid ihr ja!» rief Jane und schlüpfte durch die Glastüren auf die Terrasse heraus, wobei ihre Füße kaum den Boden berührten. Sie war unglaublich glücklich heute abend und sah großartig aus. Ihr Christina-Kleid war aus Tüll und Spitze gefertigt und hatte einen weitgebauschten Rock, der mit Schleifen in Silber und Perlen geschmückt war, und er schaukelte wie eine weiche, duftige rosa Wolke, die mit irisierenden Lichtern durchwoben war, um ihre Beine.

«Ich habe schon überall nach euch gesucht. Wie zwei Alte steht ihr hier und nippt an euren Drinks . . . und bestimmt *klatscht* ihr auch», sagte Jane. «Was ist mir denn entgangen?

Nein, sagt es mir nicht. Ihr solltet beide drinnen sein und über den Tanzboden wirbeln.»

Sie grinste sie an, hakte dann ihren Vater ein. «Also wirklich, Daddy, du hast eine Superband besorgt. Sie haben einen tollen Beat und bringen die Leute so richtig in Schwung. Und nun komm, laß uns hineingehen und das Tanzbein schwingen», sagte sie ausgelassen und ließ ihr ansteckendes, mädchenhaftes Lachen erklingen.

Ralph betrachtete sie nachsichtig. «Ich glaube, dazu bin ich ein bißchen alt», meinte er. «Und es ist auch so heiß da drinnen, deshalb sind Christina und ich hierhergegangen, um frische Luft zu schöpfen.»

Er drehte sich wieder zu den Gärten um, stellte seinen Cognacschwenker auf die Steinmauer der Terrasse, griff in die Tasche seines Smokings und holte ein goldenes Zigarettenetui heraus.

Nachdem er sich eine Zigarette angesteckt hatte, fragte er: «Und wo ist denn überhaupt deine Mutter? Sag mir nicht, daß sie da womöglich wie eine Verrückte herumspringt . . . nicht bei dieser Hitze, das will ich nicht hoffen, noch dazu in ihrem Alter.»

Jane kicherte. «Wirklich, Vater, du tust so, als sei Mutter steinalt. Sie ist doch erst einundfünfzig. Nein, sie tanzt nicht, sie unterhält sich mit Miles, der eben gekommen ist. Und dazu noch ganz *allein* . . .» Jane machte eine dramatische Pause, verdrehte die Augen und zog eine Grimasse.

«Miles ist da!» Ralph klang und sah außerordentlich erfreut aus.

«Das kann man wohl sagen», erklang eine amüsierte Männerstimme von der Terrassentür her.

«Miles, alter Junge! Wie schön, daß du es doch noch geschafft hast!» Ralph eilte mit ausgestreckter Hand auf ihn zu.

Die beiden Männer begrüßten sich und schauten sich erfreut an. Sie kannten sich noch nicht lange, hatten einander aber sofort sympathisch gefunden.

Miles sagte: «Tut mir so leid, daß ich es nicht rechtzeitig zum Abendessen geschafft habe, Ralph, aber man hat mich in der Stadt aufgehalten ... konnte da nichts machen ... *du* kennst das ja ... bei meiner Position.» Er ließ seinen Satz ausklingen, als wolle er andeuten, daß er von irgendeiner wichtigen Regierungsangelegenheit aufgehalten worden war, über die er hier nicht sprechen konnte. Geheime Staatssache oder ähnliches. Miles wußte, daß er sich für sein Zuspätkommen nicht zu entschuldigen brauchte. Politikern sah man diese kleine gesellschaftliche Sünde meist nach, wenn man ihnen nicht überhaupt alles nachsah.

Nun sah er zu Jane hinüber, die er schon im Haus begrüßt hatte und der er nun noch einmal leicht zunickte.

Ralph fragte: «Bist du sicher, daß du wirklich nichts essen möchtest? Am Büfett wird noch serviert. Aber ich muß dir einen Drink holen, Miles. Was möchtest du?» Ralph hielt inne, als er sah, daß Miles' Aufmerksamkeit auf etwas hinter seinem Rücken gerichtet war.

Entschuldigend drehte er sich um. «Mein Gott, wie unhöflich von mir, meine liebe Christina. Verkriech dich doch nicht da hinten. Komm bitte her und lasse dich mit Miles bekannt machen.»

«Ja, Sie müssen Miles kennenlernen», sagte Miles und trat auf die Terrasse vor.

Jane sagte: «Entschuldigt mich bitte, ich muß mir mal eben ein Gläschen Schampus besorgen.»

Christina trat langsam vor, sich dem blauen Leuchten jener Augen bewußt, die sie so intensiv ansahen. In ihrer Brust zog sich plötzlich etwas zusammen.

Während er sie nähertreten sah, dachte Miles Sutherland, daß er niemals eine anmutigere junge Frau gesehen hatte. Ihr kastanienbraunes Haar war auf den Kopf getürmt und formte eine Lockenkrone. Es war eine merkwürdige Frisur, die an die vierziger Jahre erinnerte, aber sie stand ihr gut. Sie trug ein einfaches Kleid. Chiffon. Blaßgrau. Griechischer Stil, eine Schulter entblößt. Eine enge Kette und dazu passende Ohrringe. Graue Steine, die jenen riesigen, leuchtenden grauen Augen glichen, die ihr Gesicht beherrschten. Opale? Mondsteine? Er war sich nicht sicher.

Dann lächelte er, spürte eine gewisse Schüchternheit an ihr, wollte sie beruhigen.

Ralph räusperte sich. «Christina, darf ich dir Miles Sutherland, einen unserer brillantesten Politiker vorstellen, von dem du sicher schon gehört hast. Miles, dies ist Christina Crowther, Janes beste Freundin und Mitbewohnerin, die für uns schon zur Familie gehört.»

«Sehr erfreut», sagte Christina.

Miles ergriff die kühle, spitz zulaufende Hand und hielt sie fest. Langsam verstärkte er den Druck seiner Finger, wollte sie nicht wieder loslassen. Er begehrte sie sofort. Er wollte sie haben.

«Wie es mich freut, Sie kennenzulernen», sagte er schließlich und gab ihre Hand widerstrebend frei, dann fügte er hinzu: «Ich habe schon viel über Sie gehört – von meiner Schwester. Sie trägt Ihre Kleider.»

«Ihre Schwester?» fragte sie und kam sich dumm vor, weil sie nicht wußte, wer seine Schwester war.

«Ja, Susan Radley», sagte er.

«Lady Radley?» fragte sie und kam sich noch dümmer vor.

Er lächelte, als ob ihn das amüsierte. «Ja.» Dann sah er zu Ralph hin und sagte: «Ich hätte wirklich nichts gegen einen Drink einzuwenden, alter Junge. Wenn du mir vielleicht die Bar zeigen würdest . . .»

«Nein, nein, bleib doch, wo du bist, Miles», beharrte Ralph. «Was möchtest du denn haben?»

«Scotch wäre schön, vielleicht mit einem Spritzer Soda, vielen Dank, Ralph.»

Ralph Sedgewick sah Christina an. «Du hast ja deinen Cognac überhaupt nicht angerührt, Kleine. Möchtest du vielleicht etwas anderes?»

«Bitte . . . ja, vielleicht ein Glas Champagner.» Plötzlich wünschte sie, Ralph würde nicht weggehen und sie mit diesem Mann allein lassen, der sie immer noch so eindringlich mit seinen seltsamen, hypnotisierenden Augen ansah.

Sie waren allein auf der Terrasse.

Miles lächelte träge und sah sie prüfend an, als beantwortete er sich eine Frage, dann holte er eine Schachtel Zigaretten heraus. Schweigend bot er ihr eine an. Sie schüttelte den Kopf.

Nachdem er ein Streichholz angerissen und einen Zug geraucht hatte, sagte er immer noch so amüsiert und überlegen wie zuvor: «Die Fotos in der Zeitung lassen Ihnen aber keine Gerechtigkeit widerfahren ... darauf sehen Sie viel älter aus ... erzählen Sie mir doch mal, wie kommen Sie mit unserer Presse zurecht? Ich finde sie häufig sehr lästig.»

Christina überging das indirekte Kompliment, das er ihr gemacht hatte, und sagte bedächtig: «*Ich* finde die Presse hier ... ganz ausgezeichnet. Sie sind sehr anständig mit mir umgegangen, aber ich bin ja auch kein herausragender Politiker, der ständig für Schlagzeilen sorgt.»

«*Touché.*» Er lachte, rückte etwas dichter an sie heran und lehnte sich betont lässig an die Steinbalustrade. «Diese Kette, die Sie da tragen ... sind das Mondsteine?»

«Nein, es sind nur graue Glasperlen, aber dieser milchige Glanz, den sie haben, hat mir gefallen und deshalb habe ich sie gekauft.»

«Tragen Sie auch manchmal Opale?»

Sie schüttelte den Kopf.

Er sah sie eindringlich an, mit einem nachdenklichen, abschätzenden und kühnen Blick.

Sie merkte, daß sie diesen starr erwiderte.

Dann sagte er leise und hastig: «Das sollten Sie versuchen, wissen Sie, Opale würden auf dieser herrlichen Haut wunderschön aussehen ... und zu diesen außergewöhnlichen Augen ...»

Christina war etwas aus der Fassung gebracht. Sie wußte nicht, was sie dazu sagen sollte. Die Knie gaben unter ihr nach. Sie setzte sich auf die Balustrade.

Miles Sutherland konnte den Blick nicht von ihr abwenden. Sie rührte ihn, wie schon seit Jahren niemand mehr, und er fühlte seltsame Regungen in sich wach werden. Er empfand ein heftiges körperliches Verlangen nach ihr.

Zu Christinas nicht unbeträchtlicher Erleichterung kam

jetzt Ralph auf die Terrasse heraus und brachte ihnen die Drinks.

Sie saß da und nippte an ihrem Champagner, lauschte dem Murmeln ihrer Stimmen, als sie sich ausgiebig über die englische Politik unterhielten. Aber eigentlich vernahm sie gar nichts. Sie betrachtete Miles Sutherland und versuchte herauszufinden, warum er sie so verunsicherte. Seine Persönlichkeit? Daß er ein so bedeutender Mann war? Sein Charisma? Sie wußte es nicht. Er war auch nicht der schönste Mann, dem sie je begegnet war, aber er hatte ein attraktives Gesicht, schmal, intelligent, aus unregelmäßigen Flächen und Winkeln zusammengesetzt. Sein Haar war von einem dunklen, blondschimmernden Braun, das an den Schläfen grau wurde. Er war schlank und vielleicht zwei, drei Zentimeter größer als sie.

Natürlich waren es seine Augen, die sie so in ihren Bann zogen. Sie waren von einem wunderschönen, klaren Blau, das sie an einen englischen Sommerhimmel denken ließ.

Die beiden Männer setzten noch eine Weile ihr Gespräch fort, und sie lauschte ihnen, ließ seine Stimme über sich hingleiten, nahm sie in sich auf, wollte sie sich einprägen. Diese war voller Nuancen und reich moduliert. Sie stellte sich vor, wie er im Unterhaus eine Rede hielt.

Und plötzlich stand Miles vor ihr und wünschte ihr eine gute Nacht.

«Es war reizend, Sie kennenzulernen», sagte er in gleichgültigem Ton.

Christina rutschte von der Balustrade herunter, ergriff seine Hand und schüttelte sie forsch. «Auch ich habe mich sehr gefreut», sagte sie mit erkünstelter Fröhlichkeit.

Und später, als sie im Bett lag, fragte sie sich, warum sie sich so enttäuscht und im Stich gelassen fühlte.

43

Jane rief: «Also, der hat ja mächtig Nerven, da einfach anzukommen und zu versuchen, mit dir anzubändeln!»

«Er ist nicht einfach angekommen», korrigierte Christina sie. «Er hat mich in der Bruton Street angerufen. Und er will auch nicht mir mir anbändeln.»

«Klar will er das.»

«Sei doch nicht kindisch, Janey ... beim Mittagessen etwa?» Christina fing an zu lachen.

«*Nach* dem Mittagessen», sagte Jane schrill. «Das nennen die Franzosen eine *Matinee*.»

«Wir sind in London, nicht in Paris, denk daran.»

Nervös biß sich Jane auf die Unterlippe. «Mein Gott, Mummy würde einen Anfall kriegen – sie wäre völlig wütend, wenn sie das wüßte. Schließlich hast du ihn bei uns in Hadley kennengelernt.»

«Du wirst es ihr doch nicht sagen?» Christina klang erschreckt.

«Nein, natürlich nicht.» Jane sah sie schräg von der Seite an. «Manchmal bist du wirklich einfältig, Crowther ... und ganz sicher bist du ausgesprochen dumm, wenn du mit Miles Sutherland ausgehst.»

«Und wieso?»

«Weil er gefährlich ist. Gefährlich fürs Gemüt. Das weiß ich einfach.»

«Jetzt benimmst du dich aber dumm und verstiegen. Wie soll er mir gefährlich werden?» wollte Christina wissen.

«Zum einen ist er verheiratet.»

«Sie leben getrennt. Das weiß jeder. Es ging schon vor Ewigkeiten durch alle Zeitungen.»

«Aber er hat sich nicht scheiden lassen, Christie.»

«Ich verstehe nicht, warum du hier so ein Theater aufführst, Jane. Miles macht einen netten Eindruck. Ich bin davon überzeugt, daß er anständig und ein Ehrenmann ist.»

Jane lachte schallend. «Ich bin sicher, er ist ein Schuft.»

Christina sah sie überrascht an. «Ich weiß nicht, was heute in dich gefahren ist, warum du solche Vorurteile verbreitest.»

Jane starrte ihre beste Freundin an. «Okay, dann wollen wir doch mal ein paar Tatsachen auf den Tisch legen. Ich will dir gern zugestehen, daß Miles Sutherland gut aussieht, charmant ist und auf Parties eine gute Figur macht. Aber wir wollen doch nicht vergessen, daß er auch im Unterhaus eine gute Figur macht und ein vielversprechender, ehrgeiziger Politiker ist.»

«Irgendwie kapiere ich nicht, worauf du hinauswillst, Janey.»

«Mein Gott, Christina, sei doch nicht so verdammt schwerfällig! Da ist zufällig schon eine Frau in seinem Leben, eine Frau namens Candida Sutherland, seine Gattin und Mutter seiner drei Bälger. Und zufällig ist sie die Tochter – das einzige Kind – von einem der größten Industriemagnaten Englands. Sie hat *Berge* von Geld und . . .»

«Das weiß ich doch alles.»

«Und du kannst verdammt sicher sein, daß Miles Sutherland weiß, wie der Hase läuft, meine Liebe. O ja. Wenn ein Mann Parlamentsabgeordneter ist und einer der Stars der Labour Party, mitten in einer großen Karriere, dann kommt ihm das Geld seiner Frau sehr zupaß. Glaubst du, er würde all das aufs Spiel setzen, um . . .»

«Jane, nun mach aber mal einen Punkt», rief Christina. «Du benimmst dich ja absolut lächerlich. So wie du redest, sollte man meinen, daß wir eine heiße Affäre hätten, wo wir doch . . .»

«Das will er doch bestimmt! Mir scheint Miles Sutherland mehr als interessiert.»

«. . . wo ich doch den Mann kaum kenne. Er hat mich doch bloß *zum Mittagessen* eingeladen.»

Jane sah sie streng an. «Wenn ein Mann wie Miles Sutherland eine Frau wie dich zum Mittagessen einlädt, denkt er nur an *eines* und nicht ans gute Essen.»

«Ich werde aber mit ihm essen gehen, Jane, da kannst du reden, soviel du willst», sagte Christina entschlossen.

«Wenn du doch bloß vernünftig wärst . . . du bist dem nicht gewachsen.»

«Was meinst du?»

«Seinem verdammten, tödlichen Charme, das süße Gerede und all dieser Kram. Vergiß nicht, er ist ein Politiker, und die sind nicht auf den Mund gefallen.»

«Ich kann schon auf mich aufpassen, Jane.»

«Kannst du nicht.»

Mit fester Stimme sagte Christina langsam: «Meine Mutter hatte einmal eine Freundin – Gwen. *Tante* Gwen habe ich sie immer genannt, als ich klein war. Sie standen sich sehr nahe als junge Frauen, als sie im Fever Hospital von Ripon arbeiteten. Aber Gwen hat nie viel von Daddy gehalten, darüber war Mummy natürlich wütend, und dann hat Gwen einen Blödmann namens Geoffrey Freemantle geheiratet, der auch zwischen sie trat, so wie mein Vater.»

Christina hielt inne und atmetete tief durch. «Und ich möchte nicht, daß es uns auch so geht, Janey. Das darf nie geschehen. Also laß uns einen Pakt schließen. Wir wollen schwören, daß nie ein Mann zwischen uns treten soll. Wir wollen uns bemühen, über so etwas erhaben zu sein. Wie findest du das?»

«Aber Christie, natürlich bin ich ganz deiner Meinung! Wir dürfen es nicht zulassen, daß die Männer, mit denen wir zusammen sind, auch nur eine einzige Unstimmigkeit zwischen uns schaffen.»

Einige Stunden danach gingen Christina und Jane ins Le Matelot im Belgravia zum Abendessen.

Beide hatten das kleine, zwanglose Bistro mit maritimem Flair sehr gern. Es erinnerte sie an ihre Südfrankreichreise vor einem Monat.

Als sie bedächtig von ihrem Weißwein nippten und auf den ersten Gang warteten, fragte Jane: «Und was ist aus ihr geworden?»

«Aus wem?» fragte Christina und sah sie ratlos an.

«Diese Freundin von deiner Mutter – Gwen.»

«Das ist eine traurige Geschichte. Sie ist mit ihrem Geoffrey nicht glücklich geworden. Er hat sie geschlagen.»

«Wie schrecklich!» rief Jane ganz entsetzt.

«Ja, das kann man wohl sagen.» Christina stützte die Ellbogen auf den Tisch: «Mummy schöpfte schon früh den Verdacht, daß dort irgend etwas nicht mit rechten Dingen zuging – zumindest hat sie es mir später so erzählt. Verstehst du, Tante Gwen hatte immer fürchterliche Unfälle . . . fiel die Kellertreppe hinunter und so was. Meine Mutter machte sich Sorgen. Zuerst dachte sie, Gwen sei krank – hätte vielleicht einen Gehirntumor –, und dann wurde ihr plötzlich alles klar. Sie sprach Gwen direkt darauf an, aber natürlich stritt diese alles ab. Und danach haben wir sie nicht mehr getroffen.»

«Und was ist schließlich aus ihr geworden?» frage Jane.

«Während des Krieges kam sie einmal zu Besuch. Ganz unerwartet. Ich erinnere mich noch so genau, weil sie mir ein paar hübsche Glasperlen mitgebracht hatte. Ich war wohl so zehn, elf damals. Jedenfalls kam sie zum Tee und blieb den Abend über da, und nachdem ich im Bett war, hat sie meiner Mutter alles erzählt. Sie war damals völlig am Ende. Und schließlich hatte meine Mutter sie davon überzeugt, zurück zu ihren Eltern zu ziehen, aber das kostete die Ärmste ziemliche Überwindung, glaube ich.» Christina lehnte sich zurück und trank einen Schluck von ihrem Wein.

«Weiter . . . ich bringe dich um, wenn du mir die Geschichte nicht zu Ende erzählst.»

«Meine Mutter hat dann mit Gwens Bruder geredet, mit Charlie», sagte Christina, «und der hat ihrem Mann gesagt, er solle sich bei Gwen nicht mehr blicken lassen. Und das hat er auch nicht getan.»

«Und da hat sie sich scheiden lassen.»

«Nein, aber Geoffrey starb im Krieg. Er war nicht in der

Armee, sondern geschäftlich in London, 1944, glaube ich, und während eines Bombenangriffs ist er umgekommen.»

«Und wo ist Gwen jetzt? Was ist aus ihr geworden?»

Christina lächelte, und ihr Gesicht hellte sich auf. «Ihre Geschichte hatte dann doch noch ein Happy-End, Janey. Sie heiratete meinen Onkel Mike im Jahre 1952. Er war verwitwet und sehr einsam. Meine Mutter hatte ihn dazu überredet, gemeinsam mit Gwen bei uns zu essen. Verstehst du, vor Jahren waren sie einmal ein Liebespaar. Und dann haben sie da wieder angeknüpft, wo sie abgebrochen hatten.»

«Das trifft es wohl nicht so ganz», entgegnete Jane lachend. «Aber ich bin froh, daß ihr Leben sich schließlich gewandelt hat . . . die arme Frau.» Nach einer kurzen Pause sagte sie dann: «Christie, noch was zu Miles . . .»

«Ja?»

«Wann gehst du mit ihm essen?»

«Freitag – übermorgen», sagte Christina.

Jane lehnte sich zurück und zog eine Grimasse, sah ihre Freundin besorgt an. «An dem Tag fahre ich nach New York, und da ich einen Flug um zehn gebucht habe, mußt du mich auf jeden Fall abends anrufen und mir erzählen, was passiert ist. Das muß ich unbedingt wissen!»

Christina fing an zu lachen. «O Jane, du bist einfach unmöglich. Nichts wird passieren . . . aber ich werde dich anrufen, um sicherzugehen, daß es *dir* gutgeht und daß du sicher im guten, alten Manhattan angekommen bist.»

«Findest du Miles wirklich so unwiderstehlich, Christie? Ich meine, zieht er dich unwahrscheinlich an?» bohrte Jane hartnäckig.

«Er ist attraktiv», murmelte Christina und bemühte sich, so nüchtern wie möglich zu klingen, da sie es nicht wagte, Jane ihre wahren Gefühle zu offenbaren.

Er sagte in der letzten Minute ab.

«Es tut mir unglaublich leid», sagte er entschuldigend, als er am Freitagmorgen mit ihr telefonierte, «aber ich kann mich heute nicht mit Ihnen treffen, so wie wir es geplant hatten ... mir ist etwas dazwischengekommen ... es ist alles sehr kompliziert. Bitte verzeihen Sie mir, Christina. Vielleicht auf ein anderes Mal?»

«Oh», sagte Christina nur und umklammerte den Hörer fester, als sie hinter ihrem Schreibtisch im Studio in der Bruton Street saß.

«Wissen Sie was, ich habe eine viel bessere Idee!» rief Miles, als ob ihm gerade ein genialer Einfall gekommen wäre. «Warum essen wir nächste Woche nicht gemeinsam zu Abend? Ich sehe gerade auf meinem Terminkalender, daß ich schon alle Mittagstermine verplant habe ... wie wäre es Dienstag abend?»

«Es wäre schön, Miles, aber leider kann ich da nicht», sagte Christina, die das aufrichtig bedauerte. «Ich fahre am Montag nach Paris.»

Er lachte ungläubig. «Paris im Juli. Sie werden feststellen, daß alle Pariser geflüchtet sind. Es gibt nur amerikanische Touristen.»

«Ich fahre geschäftlich», erklärte sie ihm leise, so enttäuscht über das abgesagte Treffen, daß ihre Kehle ganz eng war.

«Geschäftlich oder privat, es ist immer noch eine meiner Lieblingsstädte. Und wann kommen Sie zurück?»

«So in zehn Tagen.»

«Dann werde ich Sie wieder anrufen. . . so in zwei Wochen? Wäre Ihnen das recht, Christina?»

«Ja, Miles.»

Nachdem sie eingehängt hatte, starrte sie lange das Telefon an. Es machte sie unruhig, daß er so starke Gefühle in ihr wachrief.

44

Auch wenn sie nun keine Landschaften mehr malte, nahm Christina doch alles als Spiel des Lichts wahr.

Während ihrer ersten Woche in Paris schien es ihr, als sei jeder einzelne Tag von einem strahlenden, unglaublichen Licht erfüllt. Wenn sie vom Hotel Ritz, in dem sie abgestiegen war, zu ihren verschiedenen Terminen ging, sah sie auf und staunte über den schimmernden Himmel, der wie ein Baldachin aus blaßblauer Seide hoch über dieser schönsten aller Städte gebreitet war.

Das Wetter war prächtig, mild und sonnig, ohne jene Schwüle, die ihr London so verleidet hatte, ehe sie wegfuhr. Doch trotz ihrer Anerkennung für den strahlenden Himmel, den Sonnenschein, der sich auf der Seine spiegelte und durch die grünen Laubkronen der Bäume flimmerte, seinen sanften, goldenen Schimmer auf die breiten Boulevards und alten Gebäude warf, hatte Christina nicht den Wunsch, das, was sie sah, auf der Leinwand einzufangen.

An dem Tag, als sie ihre Malerei aufgab, hatte sie sich geschworen, daß sie ihr nicht nachtrauern, daß es ihr nicht leid tun würde, und daran hatte sie sich gehalten.

In gewisser Weise war es auch eine Erleichterung, nicht mehr darum kämpfen zu müssen, die berühmtesten Maler der Welt zu übertrumpfen, was ihre Mutter immer für möglich gehalten hatte. Es war aber unmöglich, William Turner zu überbieten, den größten aller englischen Landschaftsmaler des neunzehnten Jahrhunderts, der es so hervorragend vermocht hatte, Licht auf der Leinwand einzufangen. Oder van Gogh, Renoir und Monet, denen ähnliches gelungen war.

Und ihre Arbeit als Modeschöpferin machte Christina

wirklich viel Spaß. Es war eine ständige Herausforderung, und ihr gefiel die geschäftliche Seite daran ebensogut wie die schöpferische.

Verständlicherweise gab ihr die außerordentliche Resonanz auf ihre Arbeit viel Befriedigung, und Geld zu verdienen war mehr als angenehm – es war aufregend. Sie wußte, daß sie schon zum Ende des Jahres in der Lage wäre, ihr Darlehen bei Dulcie und Elspeth abzuzahlen. Aber das wichtigste für sie war, daß ihre Mutter endlich beim General Infirmary von Leeds aufgehört hatte und damit einverstanden war, jeden Monat einen Scheck von ihrer Tochter anzunehmen. Es war ein Kampf gewesen, aber sie hatte schließlich gesiegt, was nicht unwesentlich ihrem Vater zu verdanken war, der zwischen ihnen vermittelt hatte. Er hatte verstanden, wieviel es ihr bedeutete.

Und in dieser Woche, nachdem sie ihre Besprechungen mit den Parfümherstellern beendet hatte, Stoffe begutachtet und sich allgemein um ihre Geschäfte gekümmert hatte, war es ihr gelungen, Geschenke für ihre Eltern zu besorgen. Für ihre Mutter hatte sie weicheste Ziegenlederhandschuhe, einen Seidenschal und einige Blusen gefunden, für ihren Vater Seidenkrawatten, Voilehemden und ein elegantes Feuerzeug. Auch Jane hatte sie nicht vergessen, und sie kaufte ihrer besten Freundin eine umwerfende seidene Abendstola von Hermès in den hübschen Rosatönen, die Jane so liebte.

Christina schlenderte langsam über den Place Vendôme zum Ritz, früh am Freitag abend nach ihrer ersten Woche in Paris, und dachte an Jane. Es kam ihr unglaublich vor, daß Jane erst am letzten Freitag nach New York geflogen war. Es schien soviel länger her zu sein.

Sie vermißte sie schmerzlich, aber da sie in den vergangenen fünf Jahren unzertrennlich gewesen waren, war das wohl völlig normal. Jane war die beste Freundin, die sie jemals gehabt hatte, ihre einzige enge Freundin. Ihre Mutter hatte sie so viel mit Malen beschäftigt, daß sie, als sie klein war, nur wenig Zeit für Spielgefährten gehabt hatte oder für Freunde, als sie ein Teenager war. Immer nur Malstunden, Exkursionen, Museen und Galerien, immer wieder Kunst, Kunst, Kunst. Nun, da sie zurückschaute, stellte sie fest, daß sie die meiste Zeit als Heranwachsende mit Audra zugebracht hatte, ehe sie nach London aufs Royal College of Art kam.

Christina lächelte vor sich hin, als sie das Ritz betrat, und dachte etwas sehnsüchtig an das kleine Hôtel des Deux Continents, wo sie und Jane bei mehreren Parisreisen während ihrer Collegezeit abgestiegen waren. Welch ein Unterschied zu diesem eleganten Gebäude, in dem sich einst Hemingway die Zeit vertrieben hatte und wo Filmstars und Prinzen wohnten. Sie wünschte, Jane könnte bei dieser Reise dabeisein, hiersein . . . wieviel Spaß würden sie zusammen haben.

Ihre Suite befand sich auf dem anderen Flügel des Ritz, auf der Seite des Hotels, die auf die Rue Cambon hinausging, und sie mußte an einer langen Galerie von Geschäften vorübergehen, um die kleinere der beiden Eingangshallen zu erreichen. Sie hielt nicht inne wie sonst, um hier und da herumzustöbern; sie hatte es viel zu eilig, auf ihre Zimmer zu gelangen, die Schuhe abzustreifen und sich ein Kännchen Tee kommen zu lassen. Es war ein anstrengender Tag gewesen, und sie war viel gelaufen.

Der *Concierge* lächelte freundlich, als er ihr den Zimmerschlüssel reichte, und sagte, nein, es gäbe keine Nachricht, als sie ihn danach fragte. Sie erwiderte sein Lächeln, murmelte einen Dank und wollte zum Fahrstuhl gehen.

Da sah sie ihn.

Sie blieb wie angewurzelt stehen und starrte ihn an.

Sein Blick war auf sie gerichtet. Er erhob sich aus seinem Sessel und kam mit anmutigem, lässigen Schritt auf sie zu.

Sie war wie betäubt vom blauen Glanz seiner Augen.

Als er bei ihr angekommen war, sagte er nur: «*Hallo.*»

«Miles.» Nach einem kurzen Schweigen fand sie ihre Stimme wieder und brachte schließlich heraus: «Was machen *Sie* denn hier?»

Das kleine, amüsierte Lächeln, an das sie sich so gut erinnern konnte, zog einen seiner Mundwinkel etwas herab. «Ich bin hier abgestiegen», sagte er. «Ich steige immer im Ritz ab, wenn ich in Paris bin.»

«Ach so.»

Entschlossen schob er eine Hand unter ihren Ellbogen und geleitete sie zum Fahrstuhl. Ohne ein Wort fuhren sie hinauf. In ihrer Etage stieg er ebenfalls aus. Als sie bei ihrem Apartment angekommen waren, machte sie sich mit ihrem Schlüssel zu schaffen und ließ ihn aus Nervosität fallen.

Er hob ihn auf, steckte ihn ins Schloß, hielt die Tür auf und folgte ihr hinein. Dann lehnte er sich gegen den Rahmen und beobachtete, wie sie sich vor ihm bewegte, so geschmeidig und anmutig. Sie hatte wunderbare Beine. Warum war ihm das nicht schon eher aufgefallen? Aber wie sollte es? In Hadley hatte sie dieses lange griechische Gewand getragen. Aber eines wußte er: Es durchglühte ihn wieder, wie an dem Abend, als er sie zum ersten Mal gesehen hatte, zu Anfang des Monats. Und deshalb war er doch auch hier.

Er ging auf den Salon zu und lehnte sich dort gegen den Türknauf, beobachtete sie immer noch fasziniert. Er konnte es nicht erwarten, sie in die Arme zu nehmen, sie zu lieben. Das würde er gern jetzt gleich tun, in diesem Augenblick. Aber er wußte, daß er so etwas niemals tun durfte. Er war ein Gentleman, und er wollte sie nicht erschrecken, indem er sich dreist auf sie stürzte. Sie kam ihm naiv und unerfahren vor, zumindest, was Männer betraf. Und trotzdem brannte er danach, sie besser kennenzulernen, ihre Nähe zu kosten und genoß die Vorfreude, sie am Ende ganz zu besitzen.

Christina legte Handtasche und Diplomatenköfferchen auf einen Stuhl und drehte sich dann so plötzlich um, daß sie ihn erschreckte.

Sie sagte: «Es ist doch kein Zufall, oder?»

«Natürlich nicht, Christina.»

Dann schritt er ins Zimmer, trat neben sie und ergriff ihre Hand, hielt sie fest und drückte sie zwischen seinen Fingern. Er sah ihr tief in die Augen, sein Gesicht dicht an ihrem, ihre Augen auf gleicher Höhe. Dann sagte er: «Ich bin zu dem Entschluß gekommen, daß ich nicht zwei Wochen warten wollte, um Sie zum Essen auszuführen. Und deshalb bin ich hier . . . um mit Ihnen zu essen. Heute abend – darf ich hoffen? Sind Sie frei?»

«Ja.» Sie betrachtete prüfend sein Gesicht, zog die Brauen zu einem Stirnrunzeln zusammen. «Sie haben hier nicht geschäftlich zu tun? Ich meine, Sie sind doch nicht von London nach Paris geflogen, nur um mit mir essen zu gehen, oder?»

«Und ob ich das bin!»

«Oh.» Sie fühlte, wie ihr eine plötzliche Hitze ins Gesicht stieg, und da war wieder diese Enge in ihrer Brust. Sie wollte wegsehen, konnte es aber nicht. Seine Augen bannten sie ebenso wie damals in Hadley Court.

Miles lächelte ein seltsames, knappes Lächeln und ließ dann ihre Hand los, ging zum Fenster hinüber und teilte die Vorhänge, sah in die Gärten unten hinab. Dann drehte er sich zu ihr um und sagte beiläufig: «Wenn wir nicht Juli hätten und alles voller Touristen wäre, würde ich Sie heute abend zu Maxim führen, aber so . . . und da ich auch keinen Smoking mithabe, wie es den Herren freitags vorgeschrieben ist, schlage ich vor, daß wir hier in den Hotelgärten zu Abend essen.»

«Wo Sie möchten, Miles. Hier wäre es sehr schön, denke ich.»

«Dann treffe ich Sie unten in der American Bar um . . .» Er schob seinen Ärmel hoch und sah auf seine Armbanduhr. «Um acht Uhr? Ist Ihnen das recht? Dann hätten Sie noch eine Stunde Zeit, sich auszuruhen und umzuziehen.»

«Ja, das ist reichlich, vielen Dank.»

Er schritt durchs Zimmer, hielt vor ihr an und sah ihr zum zweiten Mal in den letzten Minuten tief in die Augen. Er nahm ihre Hand, küßte ihre Fingerspitzen und sagte dann: «Natürlich bin ich Ihretwegen nach Paris gekommen. Glauben Sie mir – es ist wahr. Verstehen Sie, ich mußte immer an Sie denken, seitdem wir uns in Hadley begegnet waren.»

Bevor sie auch nur ein Wort sagen konnte, war er verschwunden, hatte den Salon durchquert und die Suite verlassen. Er sah sich auch nicht noch einmal um, wie sie es eigentlich erwartet hatte.

Leise fiel die Tür hinter ihm ins Schloß.

Sie stand allein mitten im Zimmer.

Einen Augenblick lang außerstande, all das aufzunehmen, was sich in den letzten – höchstens fünfzehn Minuten ereignet hatte, blinzelte sie. Er war ihr, sobald er es irgend konnte, nach Paris gefolgt . . . er hatte heute abend in der Hotelhalle gesessen und auf ihre Rückkehr gewartet . . . und natürlich dachte er an mehr als nur an ein gutes Essen, wie Jane schon so richtig vorausgesagt hatte. Aber ihr ging es ebenso.

Sie hatte ihre Gedanken in den letzten zwei Wochen nicht von Miles Sutherland abwenden können, und ihre Enttäuschung über den abgesagten Lunch hatte noch tagelang angehalten. Sie schritt ins Schlafzimmer, knöpfte ihr schwarzes Leinenkleid auf und dachte über Miles nach.

Er war anders als alle Männer, die sie kannte. Und er *war* ein Mann, nicht wie die Studenten, mit denen sie sonst ausgegangen war, oder die jungen Männer, die in den letzten Jahren ihre Freunde gewesen waren.

Miles Sutherland war ein Mann von Welt. Ein kleiner Schauer überlief sie, als sie aus ihrem Kleid schlüpfte und zum Kleiderschrank hinüberging, wobei sie weiter an ihn dachte. Sie erschauerte wieder, erinnerte sich, wie intensiv und leidenschaftlich er sie angeschaut hatte, als er ihre Hand hielt und ihre Fingerspitzen küßte. Einen Augenblick hatte sie gedacht, er würde sie in den Arm nehmen, und ihr war ganz schwach vor Verlangen nach ihm gewesen. Ihre Aufregung und Vorfreude auf den heutigen Abend nahmen noch zu. Und als sie auf die Kleider vor ihr schaute, fragte sie sich, wie der Abend wohl verlaufen würde.

Ihre Hand hielt bei einem Cocktailkleid aus Chiffon inne, das in verschiedenen Lilas und Malventönen gehalten war, die ineinander übergingen und zu zartestem Grau verliefen. Es war ärmellos, hatte ein gerüschtes Oberteil, vorn und hinten einen tiefen Ausschnitt und einen weiten, bauschigen Rock.

Sie wußte, wie verführerisch sie darin aussah. Sie wollte für Miles Sutherland genauso unwiderstehlich sein wie er für sie.

Als sie sich ein paar Minuten später das Haar hochsteckte,

bevor sie in die Badewanne stieg, betrachtete sie sich kurz im Spiegel. Sie konnte sein Gesicht deutlich vor sich sehen und spürte seine Gegenwart so stark, daß es war, als stände er hinter ihr und sähe sie im Spiegel an.

«O Miles», sagte sie laut. «Ich mußte auch immer an dich denken.»

45

Bei ihrem Anblick schlug sein Herz schneller.

Sie stand ruhig am Eingang der Bar, trug ein Kleid in den Farben des Frühlingsflieders, das Halsband aus milchgrauen Glasperlen um den Hals und das Haar zu einer Lockenkrone hochgesteckt, wie an dem Abend in Kent, als sie sich zum ersten Mal begegnet waren.

Er sprang sofort auf und war schon halb durch die Bar geeilt, ehe sie ihn sah. Als sie ihn erblickte, erschien ein Lächeln auf ihrem Gesicht, und sie trat schnell vor – Miles erhaschte einen Hauch von ihrem Parfüm, das frisch und grün roch, bei dem man an Wiesen im Sommer denken mußte.

Keiner von ihnen sagte ein Wort. Sie sahen einander an, ihre Augen ließen sich nicht los.

Dann ergriff er sie am Arm und zog sie zu einem Tisch in der Ecke gegenüber, wo die Flasche Dom Pérignon schon in einem Eimer mit Eiswürfeln stand und seine Zigarette in einem Aschenbecher neben einem Glas guten schottischen Whisky schwelte, mit dem er sich gestärkt hatte, bevor sie kam.

Sie setzten sich einander gegenüber, er drückte die Zigarette aus und sah auf, lächelte sie zärtlich an.

Irgendwie war er direkt froh darüber, daß sie einen Tisch zwischen sich hatten. Dieser war ein willkommenes Hindernis, denn er verwehrte ihm, irgend etwas Törichtes zu tun, sie in die Arme zu nehmen, zu küssen und sich vor aller Augen danebenzubenehmen. Außerdem wollte er sie anschauen, sich ihr Gesicht einprägen, das Bild von ihr auffrischen, das er seit Wochen in seinem Gedächtnis trug.

«Sie haben Champagner getrunken in Hadley, deshalb habe ich uns eine Flasche kommen lassen», sagte er. Er hörte selbst, wie belegt seine Stimme klang, und das überraschte ihn. Die Anspannung, die ihn ergriffen hatte, seit er nach Paris gefahren war, war während der letzten Stunde, da er auf sie wartete, bis sie sich umgezogen hatte und zu ihm kam, noch unerträglicher geworden. «Das ist Ihnen doch recht?» fuhr er fort und versuchte, sich zu entspannen, machte dem Kellner ein Zeichen, daß dieser die Flasche öffnen sollte.

«Ja, danke, Miles, das ist wunderbar», sagte sie. «Ich trinke nur Weißwein oder Champagner, nie Hochprozentiges. Und außerdem ist Champagner so festlich, und dies ist doch ein festlicher Anlaß, nicht wahr.»

«Wirklich?» Er sah sie gespannt an.

«Auf jeden Fall.»

«Und warum?» fragte er, nach einem Kompliment heischend, und beugte sich unmerklich vor.

«Weil ich nicht oft von einem berühmten englischen Politiker zum Essen eingeladen werde . . . noch dazu von einem, der extra deshalb über den Ärmelkanal fliegt.»

Er sah die Fröhlichkeit in ihren Augen, das Lachen, das in ihr steckte, und er fühlte plötzlich selbst eine unbändige Heiterkeit in sich aufsteigen, merkte, daß sie ihn neckte, und dachte: Gott sei Dank hat sie Sinn für Humor.

«Der Flug hat sich gelohnt», erwiderte Miles und ließ einen anerkennenden Blick auf ihr ruhen, «bloß für die Aussicht, die ich von meinem Platz aus habe – ganz reizend.»

«Danke.»

Der Kellner schenkte jetzt den Champagner ein. Miles probierte und nickte, ihre Sektflöten wurden aufgefüllt. Miles hob sein Glas. Er stieß leicht mit ihr an und sagte: «Auf unseren ersten gemeinsamen Abend.»

«Ja – und auf unser Essen. Es wird wohl mit das teuerste sein, das Sie jemals bezahlt haben, wenn Sie den Flug und das Hotelzimmer hier dazurechnen. Außer wenn Sie derartiges öfter machen – dann ist es natürlich nichts Besonderes.»

Er sah sie scharf an und überlegte, ob sie damit irgend etwas sagen wollte, über andere Frauen, aber er konnte sogleich merken, daß sie es nicht böse meinte. Ihr Gesicht war arglos.

Sie lachte unbeschwert und amüsiert.

Miles sah ihr fröhliches Gesicht und ihre tanzenden grauen Augen und brach auch in unbeschwertes Lachen aus. Es half ihm, seine Anspannung abzubauen, aber nur kurz. Er hatte sich nun schon zwei Wochen lang nach ihr gesehnt, hatte sich so oft vorgestellt, wie sie sich lieben würden, daß er sich in einen schrecklichen Zustand hineingesteigert hatte. Und nun, da er endlich mit ihr zusammen war, hatte er sich so auf sie fixiert, daß sein Körper ganz starr war vor Verlangen, sie zu besitzen. Er wußte, daß er einfach platzen würde, ehe die Nacht vorbei war, wenn er sie nicht lieben konnte.

Christina trank kleine Schlucke von ihrem Champagner, betrachtete ihn versonnen und fragte dann: «Und was hätten Sie gemacht, Miles, wenn ich heute schon eine Verabredung gehabt hätte?»

Er lehnte sich zurück, nahm eine Zigarette; seine strahlendblauen Augen waren immer noch etwas zusammengekniffen vor Lachen. «An diese Möglichkeit habe ich auch gedacht, das muß ich zugeben.»

Dann beugte er sich vertraulich über den Tisch und sagte erklärend: «Ich hätte Sie morgen oder Sonntag eingeladen, und wenn Sie da abends auch immer schon vergeben gewesen wären, hätte ich Sie zum Mittagessen eingeladen oder vorgeschlagen, daß wir uns auf einen Drink treffen. Und schließlich hätte ich mich wohl mit einem Tee, einem Frühstück, einem Spaziergang im Park oder sonst etwas zufriedengegeben. Verstehen Sie, ich wollte Sie unbedingt näher kennenlernen, Christina, und ich kann sehr hartnäckig sein.»

«Ja, ich weiß.»

«Ja?» Er zog eine Augenbraue hoch. «Woher denn?»

«Aus dem, was ich in den letzten Jahren über Sie in den Zeitungen gelesen habe. Sie haben offenbar den Ruf, stur und entschlossen zu sein . . . und Sie heizen den Tories ja auch mächtig ein, lassen ihnen keine Ruhe im Unterhaus.»

Er grinste und zog an seiner Zigarette. «Das ist ja auch die Pflicht eines Mitglieds des Schattenkabinetts . . . die Gegner aus der Fassung zu bringen, verstehen Sie.»

Miles lehnte sich zurück und sah sie aufmerksam an. «Ich meinte das ehrlich, was ich Ihnen in Hadley gesagt habe, daß Ihnen diese Fotos in Zeitungen und Zeitschriften, die ich von Ihnen gesehen habe, gar nicht gerecht werden. Sie sind viel zu grobkörnig, besonders in den Zeitungen, und machen Sie älter.» Nach einer Pause sagte er: «Wie alt sind Sie eigentlich, Christina?»

«Ich wurde im Mai fünfundzwanzig.»

Er war überrascht. Er hatte geglaubt, sie sei siebenundzwanzig oder sogar achtundzwanzig. Nicht, daß sie danach aussah, aber er dachte an ihren unglaublichen Erfolg als *Couturière*; außerdem besaß sie eine gewisse Reserviertheit, eine Vorsicht, fast Besonnenheit, und das brachte er immer mit Reife in Verbindung. *Fünfundzwanzig*. Sie war noch so jung, fast noch ein Mädchen.

Miles sagte: «Ich bin viel älter als sie – achtunddreißig.»

«Vierzig.»

Er warf den Kopf zurück und brüllte vor Lachen.

Christina lehnte sich zurück, sah ihn an, ihre Augen funkelten vor Übermut.

«Na, das ist ja ein passendes Beispiel für männliche Eitelkeit. Woher kennen Sie mein richtiges Alter? Ich glaube nicht, daß es in der Zeitung stand, zumindest nicht in der letzten Zeit?»

Sie war in die Bibliothek gegangen und hatte etwas über ihn in politischen Nachschlagewerken gelesen, aber das wollte sie nicht zugeben. Statt dessen sagte sie: «Ich glaube, Jane hat es mir gesagt.»

«Ach ja, meine Schwester ist sehr eng mit Dulcie befreundet. Aber das wissen Sie schon. Denn Dulcie hat Susan mit Ihnen bekannt gemacht – und mit Ihren atemberaubenden Kleidern.» Er schenkte ihnen Champagner nach. «Sie haben eine unglaubliche Karriere als Modedesignerin gemacht und sind schon eine kleine Berühmtheit – und das in so kurzer Zeit. Ich bewundere Frauen, die erfolgreich und klug sind . . . ich möchte alles über Sie wissen und wie Sie es geschafft haben, Christina. Wollen Sie es mir erzählen?»

«Ja, wenn Sie es wirklich hören wollen.»

«Ganz bestimmt.»

Sie hielt ihre Aufzählung kurz, sprach von ihrer Kindheit in Yorkshire, wie sie Jane am Royal College of Art kennengelernt hatte, und dann erzählte sie ihm von ihrem Entschluß, eine *Couturière* zu werden. Aber sie sagte ihm nicht den wahren Grund, warum sie das Malen aufgegeben hatte, und ließ ihn im Glauben, die Mode sei ihre erste Liebe gewesen.

Fünfzehn Minuten später war sie fertig. «So, jetzt wissen Sie alles über mich.» Sie griff nach ihrem Glas und nahm einen tiefen Schluck Champagner.

«Es ist ein fabelhafter Aufstieg, ich muß Ihnen gratulieren», sagte er und sah sie mit ehrlicher Bewunderung an. Er hatte ihr gern zugehört. Sie besaß eine angenehme, melodische Stimme, und plötzlich fühlte er sich merkwürdig getröstet. Vielleicht aus dem Wissen heraus, daß sie in den nächsten Stunden ihm gehörte. In dieser Zeit konnte eine Menge geschehen.

Christina lächelte ihn an und sagte: «Und nun sind *Sie* dran, mir alles über *sich* zu erzählen, Miles.» In den Nachschlagewerken hatte nicht viel gestanden, und sie wollte soviel wie möglich von ihm wissen.

«Da gibt es nichts Umwerfendes zu berichten», sagte Miles und zuckte mit den Achseln, die Andeutung eines Lächelns im Gesicht. «Ich bin in London geboren, dort und in Suffolk aufgewachsen. Besuchte Eton, anschließend Oxford, studierte Jura und arbeitete kurze Zeit als Anwalt. Aber die Politik lag mir mehr, verstehen Sie. Ich habe meine erste Wahl gewonnen, als ich siebenundzwanzig war, wurde Parlamentsabgeordneter und habe meinen Wahlkreis in Manchester all die Jahre über halten können. Das sind treue Wähler. Meine Eltern leben noch, Gott sei Dank, und ich habe nur die eine Schwester. Keine Hobbies, eigentlich kaum andere Interessen als die Politik. Ich liebe sie, Politik ist im Grunde mein Leben.» Er drückte seine Zigarette aus und hob sein Glas: «Das ist *meine* Biographie in Kürze. Ein ziemlich langweiliger Kerl, meinen Sie nicht?»

Sie schüttelte den Kopf. «Ganz im Gegenteil», sagte Christina und dachte: Aber seine Frau hat er nicht erwähnt.

Und als hätte er ihre Gedanken gelesen, schob Miles seinen Kopf dichter an ihren, bannte sie mit seinem Blick und sagte mit leiser, plötzlich sehr eindringlicher Stimme: «Und außerdem lebe ich von meiner Frau getrennt.»

«Ja, das weiß ich.»

«Hat Jane Ihnen das gesagt?»

«Nein, ich habe eine Notiz in William Hickeys Kolumne im *Daily Express* gelesen – als Sie sich getrennt haben.»

«Aber das war doch schon vor zwei Jahren.» Er sah sie erstaunt an. «Ist das nicht merkwürdig – wir haben beide soviel übereinander gelesen und erinnern uns noch.» Dann brach er ab, um seinen Mund zuckte es vor heimlicher Belustigung. «Meinen Sie, daß es irgend etwas zu bedeuten hat?» fragte er schelmisch.

«Ja, daß wir beide ein ausgezeichnetes Gedächtnis für den Schund haben, den wir in den Klatschspalten lesen.»

Miles grinste, genoß ihre Anwesenheit noch mehr und streckte die Hand aus, um ihre zu berühren. «Nein, ich glaube, es ist mehr als das», sagte er.

«Wie meinen Sie das?»

«Werde ich Ihnen später erklären.» Dann winkte er den Kellner herbei, holte sein Portemonnaie aus der Tasche. «Wir sollten jetzt besser in den Garten hinausgehen zum Essen. Ich möchte den Tisch nicht verlieren.»

46

Die Anspannung, die ihn in der Bar etwas verlassen hatte, kehrte beim Essen zurück.

Sie überkam ihn so plötzlich, daß er selbst überrascht war, und erstaunt glaubte er, gleich würde seine Hand anfangen zu zittern. Er legte seine Gabel nieder, lehnte sich zurück und sah Christina an.

Zwischen ihnen stand eine Sturmlaterne auf dem Tisch, und im tanzenden Kerzenlicht hatte ihr Gesicht etwas Geheimnisvolles; als sie sich ein wenig bewegte, fiel ein Schatten auf ihren Mund. Er wollte diesen Mund küssen, ihn unter seinem eigenen zerdrücken, sie nehmen, und sie mit aller Kraft seines Körpers lieben. Er fragte sich, warum sie hier im Restaurant ihre Zeit verschwendeten.

Christina griff nach ihrem Glas Montrachet, nahm einen Schluck und betrachtete Miles über den Rand hinweg, empfand die Macht seiner Gegenwart stärker denn je. Von seinem Charisma einmal ganz abgesehen, war er ein elegant gekleideter Mann, und das gefiel ihr. Sie beobachtete ihn unauffällig und dachte, wie gut er doch aussah in diesem grauen, kalkweiß gestreiften Anzug und dem blaßblauen Hemd, das die Farbe seiner Augen betonte.

Plötzlich bemerkte sie, wie sich diese hypnotisierenden Augen wandelten, dunkler wurden, als ob ihn irgend etwas bedrückte, und etwas wie Reizbarkeit zuckte über sein schmales, intelligentes Gesicht, sein Mund preßte sich zusammen.

Was war denn los? Tat ihm sein Verhalten auf einmal leid? Bedauerte er es, nach Paris geflogen zu sein? Sie wurde ganz unruhig. Was, wenn er sich am Ende des Abends nur höflich von ihr verabschiedete und es dabei bewenden ließe? Vielleicht hatte sie sich jenen Ausdruck in seinen Augen in Hadley und vorhin in der Bar nur eingebildet. Vielleicht war es alles nur Wunschdenken. Sie wollte nicht, daß er sie nach dem Essen allein ließ. Sie wollte mit ihm zusammensein. *Sie begehrte ihn.*

Ohne zu überlegen, beugte sie sich vor und fragte: «Ist irgend etwas nicht in Ordnung, Miles?»

«Ganz im Gegenteil, wieso?» rief er, riß sich zusammen, verdrängte seine erotischen Gedanken. Er griff nach seinem Glas, trank und fragte dann: «Warum fragen Sie?»

«Sie sehen so bedrückt aus . . .» platzte sie heraus und hielt dann inne, sah die Belustigung in seinem Gesicht.

«Tatsächlich?» Er stellte sein Glas hin, holte eine Schachtel Zigaretten aus der Tasche. «Darf ich rauchen?» Er sah sie fragend an. Sie schüttelte den Kopf. Dann fuhr er fort: «Ich habe leider keinen großen Hunger.»

«Ich auch nicht.»

«Das habe ich bemerkt», murmelte er und warf einen Blick auf ihren Teller. Sie hatte mit den Kalbsmedaillons nur herumgespielt. Wie er hatte sie kaum einen Bissen gegessen.

Nun sah Miles hoch. Ihre Augen trafen sich. Und er sah etwas in ihren Augen, das ihn mit einem Schlag hellwach werden ließ. Sie entblößten ein anderes Verhältnis zu ihm und etwas Sexuelles. Er hatte schon immer gewußt, daß sie sich für ihn interessierte. In Hadley Court hatte er jene Neugierde vermischt mit Nachdenklichkeit in ihrem Gesicht aufblitzen sehen. Sollte sie etwa genauso empfinden wie er? Konnte es sein, daß sie ihn ebenso begehrte wie er sie?

Miles beugte sich vor und sagte ganz ruhig, ohne jede Vorrede: «Wenn Sie mich erst besser kennen, werden Sie bald merken, daß ich ganz hart und offen sein kann, aber zumindest wissen Sie bei mir immer, woran Sie sind. Ich möchte jetzt ganz offen zu Ihnen sein . . . wir wollen uns doch heute abend nicht wie Teenager aufführen. Wir sind beide erwachsen, und Sie wissen ebensogut wie ich, warum ich nach Paris gekommen bin.» Er streckte den Arm aus und ergriff über den Tisch hinweg ihre Hand. «Ich möchte mit Ihnen zusammensein,

Christie, Sie in meinen Armen halten, Sie lieben, möchte, daß wir uns lieben. Möchten Sie das auch?»

«Ja, Miles, ja», flüsterte sie.

«Dann sollten wir uns hier nicht länger herumquälen. Ich lasse die Rechnung kommen, und dann gehen wir.»

Er nahm sie in den Arm, sobald sie ihre Suite betreten hatten, und stieß die Tür mit dem Fuß zu.

Er zog sie heftig an sich und preßte seinen Mund hart auf ihren, küßte sie leidenschaftlich, öffnete ihre Lippen, schob seine Zunge in ihren Mund, begann, mit ihr zu spielen. Dann preßte er sie noch enger an sich, so daß sie seine wachsende Erektion spüren konnte, und ließ seine Hand über ihre Schultern, ihren Rücken und ihre Hüften gleiten.

Christinas Arme waren um seinen Hals geschlungen, sie erwiderte seine Küsse mit einer Glut, die der seinen gleichkam, und als sie ihre Zunge um seine gleiten ließ, fühlte sie, wie ihn ein Schauer überlief.

Christina glaubte, sie müsse mit Miles verschmelzen, Teil von ihm werden. Sie hielt ihn eng an sich gepreßt, fürchtete, ihre Beine würden unter ihr nachgeben. Dann riß er sich plötzlich von ihr los und hob sie hoch, trug sie ins Schlafzimmer.

Das Bett war riesig, und die Laken glänzten weiß im Lichtstrahl, der vom Wohnzimmer her einfiel. Er legte sie auf das Bett, zog sein Jackett aus, warf es über einen Stuhl und streifte seine Schuhe ab.

Als er zu ihr schritt, öffnete sie ihre Arme, und er sah die Glut, das Verlangen in ihrem Gesicht. Sein Herz machte vor freudiger Erregung einen Satz. Er streifte ihr die Sandalen ab, warf diese zu Boden und legte sich neben sie aufs Bett. Wieder öffnete sie ihm die Arme, und er umfing sie, drückte sie fest an seine Brust.

«Christie, o Christie», sagte er, gegen ihren Hals gepreßt, «ich begehre dich so. Ich will dich seit dem Abend, als ich dir auf Ralphs Terrasse begegnet bin.»

«Ich weiß, Miles. Und ich will dich auch, habe mich so nach dir gesehnt . . .»

Er stützte sich auf, sah in ihr Gesicht hinab, berührte sanft ihre Wange. Dann murmelte er: «Liebling, wenn du nur wüßtest, wie sehr du mich verfolgt hast.» Er küßte sie. Es war ein langer, langsamer Kuß. Sie gab sich ihm ganz hin. Er sog ihre Zunge in seinen Mund und spürte, wie die Erregung ihres langen Küssens in seine Magengrube fuhr. Jeder seiner Sinne drängte zu ihr. Sie zu besitzen war das einzige, was ihm in diesem Augenblick wichtig war.

Mit der einen Hand streichelte er ihr Gesicht und ihren Hals und ließ seine Finger am Ausschnitt ihres Kleides entlanggleiten. Er berührte ihre Brüste, und er erbebte vor Lust, als er spürte, daß sie keinen Büstenhalter trug.

Er beugte den Kopf über sie, zog den Ausschnitt weg, ließ seine Hand unter eine Brust gleiten und hob sie aus dem Kleid. Er nahm die steif werdende Brustwarze in den Mund. Gleichzeitig hob er ihren Chiffonrock hoch, strich mit der anderen Hand an ihrem Bein entlang, genoß das erotische Gefühl ihres seidenen Strumpfes. Schließlich lag seine Hand auf dem nackten Fleisch ihres Oberschenkels, er hob den Kopf, seufzte tief und preßte seinen Mund auf ihren. Als seine Hand sich zwischen ihre Beine vortastete, fühlte er ihre Erregung, wußte, daß sie sich ebenso leidenschaftlich nach ihm sehnte wie er sich nach ihr.

Er flüsterte ihr ins Ohr: «Zieh dein Kleid aus, Liebling.» Er stand auf und begann, seine Kleidung abzulegen.

Auch Christina schlüpfte aus ihren Sachen, sie war ganz unbefangen vor ihm. Zuerst fertig, legte sie sich aufs Bett und beobachtete ihn, wie er zu ihr kam. Miles hatte einen schlanken, sehnigen Körper ohne ein Gramm überflüssiges Fett, und sie spürte seine athletische Härte, seine Kraft, als er sie fest in die Arme schloß und seine langen Beine um sie schlang.

Seine Hände gruben sich in ihre Frisur, zogen die Nadeln heraus, und als ihre Haare frei um ihr Gesicht fielen, schob er noch einmal beide Hände hinein, hielt ihren Kopf fest zwischen ihnen, begann, ihr Gesicht, ihren Hals, ihren Mund zu küssen.

Unvermittelt hörte er auf und sagte mit einer Stimme, die vor Verlangen leise und belegt klang: «Ich muß dich jetzt haben, ich kann nicht anders. Ich kann einfach nicht länger warten, Christie.»

«Ja, ja, ich weiß.»

Er stützte sich über sie auf die Hände, sah auf ihr Gesicht hinab, empfand die überwältigendsten Gefühle für sie. Sofort erblickte er den Glanz in ihrem Gesicht, die Freude und das Verlangen nach ihm in ihren wundervollen Augen, und er wußte alles, was er zu wissen brauchte oder jemals wissen wollte.

Christina berührte sein Haar, ließ ihre Hand über seine straffe Wange gleiten und sah ihm tief in die Augen. «O Miles», seufzte sie, «o Miles.»

Er ließ sich auf sie sinken, schob seine Hände unter ihr Gesäß und zog sie dichter an sich heran. Als er in sie eindrang, fühlte er, wie eine ungeheure Hitze seinen ganzen Körper versengte, zu seinem Herzen, seinem Kopf aufstieg. Er bewegte sich tiefer in sie hinein, schnell und geschickt. Sie hob sich gegen ihn, und sie fanden sofort ihren Rhythmus. Und triumphierend dachte er: *Ich habe es gewußt. Ich wußte, daß es vollkommen sein würde mit ihr, daß wir füreinander bestimmt sind, daß wir eins werden würden.*

Und Christina, die sich an ihn klammerte, dachte: *Ich habe nie geahnt, daß es so sein könnte. Ich will alles von ihm, jeden Teil von ihm. Ich möchte ihm immer gehören, immer in seinen Armen liegen. Jetzt bin ich sein. Heute nacht hat er mich zu der Seinen gemacht. Unwiderruflich und vollkommen.*

Plötzlich spürte Miles, wie ihn eine riesige Welle der Kraft und Leidenschaft überwältigte, und er konnte sich nicht mehr beherrschen; außerstande, sich länger zurückzuhalten, rief er in ihre aufgelösten Haare: «Mein Liebling, Liebling, ich kann nicht mehr warten, ich komme, o bitte komm, Liebling.»

«Ja, Miles, ja! O Miles!»

«Christie, *jetzt*. Christie! O Gott!»

Das Streichholz leuchtete im Halbdunkel des Zimmers auf, als er sich eine Zigarette anzündete, den Rauch tief in sich einsog, sich dann zu ihr umdrehte und leise sagte: «Es tut mit leid, das war zu schnell. Das nächste Mal mache ich's besser.»

«Sei nicht albern, Miles . . . es war wundervoll, du bist wundervoll.»

«Ach, du bist voreingenommen, meine Liebe.»

«Ja natürlich, aber trotzdem stimmt, was ich gesagt habe.» Sie lächelte ihn an.

Miles lächelte zurück. Es war ein zärtliches Lächeln, und er legte seinen Arm um sie, zog sie dichter an sich heran, so daß ihr Kopf an seiner Brust ruhte.

«Darf ich dich etwas fragen, Miles?»

«Natürlich.»

«Wie hast du das gemeint, als du gesagt hast, daß es etwas Besonderes zu bedeuten hätte, daß wir beide über den anderen in der Zeitung gelesen und uns daran erinnert haben?»

«Vorhin in der Bar fiel mir plötzlich ein, daß wir vielleicht unbewußt aneinander interessiert waren, schon ehe wir uns auf Janes Party begegneten.»

Sie lächelte, an seine Brust gedrückt. «Ja, so ging es mir, glaube ich.»

«Und mir auch», gestand er.

Christina sagte offen: «Als ich dich da in Hadley auf die Terrasse heraustreten sah, tat es mir plötzlich in der Brust weh, so als kriegte ich keine Luft mehr, und mir wurde ganz schwindelig.»

Miles lächelte. Sie war so aufrichtig und unbefangen. Nur wenige Frauen hätten ihm gleich zu Beginn einer Beziehung so etwas gestanden. Aber er freute sich darüber. Es bestärkte ihn in seinem Eindruck, daß sie trotz ihres weltklugen Freundeskreises direkt und unschuldig war. Das gefiel ihm an ihr. Es freute ihn, daß sie noch nicht von anderen Männern verdorben war.

«Falls es dich erleichtern sollte, Christie – ich habe auch sofort sehr viel für dich empfunden. Ich wußte, daß ich dich unbedingt wiedersehen mußte.» Er zog an seiner Zigarette.

«Und ich habe mich wahnsinnig darüber geärgert, daß ich unser Essen in letzter Sekunde absagen mußte.»

«Genauso ging es mir . . . ich war so enttäuscht, Miles . . . und wann hast du beschlossen, nach Paris zu fahren?»

«Anfang der Woche. Am Freitag ist meist nicht viel los im Unterhaus, es geht da fast immer nur um Themen, bei denen man sich einig ist, und um Anträge von einzelnen Abgeordneten. Also wußte ich, daß ich früher gehen konnte, und habe einen Flug gebucht . . .»

«Und offenbar hast du auch in der Bruton Street angerufen, um herauszukriegen, wo ich abgestiegen bin.»

«So ist es.»

«Wundert mich aber, daß meine Sekretärin mir gar nichts davon gesagt hat.»

Miles lachte leise. «Ich habe gesagt, ich riefe für Susan Radley an, sie wollte dir Blumen schicken und bräuchte dazu den Namen deines Hotels in Paris. Und ich erklärte ihr, sie solle dir nichts davon sagen, weil es eine Überraschung sein sollte. Ich habe mich als der Florist ausgegeben.»

Christina lachte. «Mein Gott, bist du gerissen», neckte sie ihn. «Und warum sollte ich es nicht wissen, daß du nach Paris kommst?»

«Ich wollte dich überraschen.»

«Und woher wußtest du, daß ich mich hier nicht mit jemandem treffe? Einem guten Freund? Einem Liebhaber?»

«Ich hoffte und betete darum, daß das nicht der Fall sein würde.» Er drückte die Zigarette aus, beugte sich über sie, küßte sie auf die Stirn und flüsterte: «Freust du dich, daß ich gekommen bin?»

«Ja, Miles, sehr.» Sie schlang die Arme um ihn, und sie küßten sich schweigend, dann legte Christina die Hände auf seine nackte Brust und schob ihn sanft weg, sah zu ihm auf: «Bleibst du morgen auch noch hier?»

«Ja, natürlich. Ich bleibe das ganze Wochenende über hier. Erst Montag früh fliege ich wieder zurück, Süße.» Ein träges Lächeln ging über seinen Mund hin, als er sie an den Schultern nahm, sie auf die Kissen drückte. Er kniete über ihr und streichelte ihre Brüste, ihren Bauch, murmelte: «Und nun lieg ganz still, sag nichts, ich möchte dich auf ganz besondere Weise lieben . . .»

Um Mitternacht standen sie auf und gingen aus.

Miles liebte Jazz und nahm sie mit zu einem seiner Lieblingsorte, dem Mars Club dicht bei den Champs-Élysées. Es war dunkel, verräuchert und gemütlich dort, und sie saßen eng zusammengerückt auf einer roten Plüschbank, hielten sich an den Händen, er trank warmen Scotch und sie eiskalten Weißwein. Zwischen den einzelnen Stücken redete er über Jazz, erzählte ihr von Bix Beiderbecke, Charlie Parker und Fats Waller, von Django Reinhardt und Louis Armstrong. Ab und zu küßte er sie plötzlich auf die Wange oder drückte ihr Knie und lächelte sie an, und als die Minuten verstrichen, verliebte Christina sich immer mehr in Miles Sutherland.

Später gingen sie nach Les Halles, zu den alten Märkten, um in einem der kleinen Cafés die berühmte Zwiebelsuppe zu essen. Als sie diese hungrig in sich hineinlöffelten, das geröstete Brot und den zerlaufenen Käse aßen, der obenauf schwamm, erzählte er ihr von seiner Kindheit, wie er in jenem großen, alten Landhaus in Suffolk aufgewachsen war, das seit Jahrhunderten seiner Familie gehört hatte. Sie hörte ihm aufmerksam zu, genoß jedes Wort, freute sich darüber, etwas über seine Jugend, seinen Vater und seine Mutter zu erfahren. Es war fast sechs Uhr früh, als sie ins Ritz zurückkehrten, einander lachend bei den Händen haltend, immer noch hellwach und aufgeregt darüber, einander gefunden zu haben.

Miles machte dic Tür ihrer Suite auf und folgte ihr hinein.

«Du wirfst mich doch jetzt nicht hinaus?» fragte er und zog sein Jackett aus, lockerte den Schlips und streifte die Schuhe ab. «Ich darf doch bei dir schlafen, nicht? Bitte schick mich nicht weg . . .»

Ihre Antwort war ein Lächeln, ein tiefes Lächeln, und dann reichte sie ihm die Hand. Er ergriff diese, und sie gingen zusammen ins Schlafzimmer.

Miles schloß die Tür, drehte den Schlüssel um und nahm sie in die Arme, flüsterte immer wieder ihren Namen, als er sie hochhob und zum Bett hinübertrug. Und sie liebten sich noch einmal und schliefen ein und liebten sich wieder, und so ging es das ganze Wochenende lang.

47

Ganz ohne Frage», sagte Miles zu Christina am Sonntagabend, «mir steht eine schreckliche Woche bevor.»

Sie aßen gerade zu Abend im La Coupole am linken Seineufer, und sie sah zu ihm auf, legte ihre Gabel hin. Er hatte das ganze Wochenende über nicht ernsthaft geklungen, aber jetzt klangen seine Worte entschieden und etwas enttäuscht. «Was meinst du damit?» fragte sie und griff nach ihrem Weinglas.

Miles beugte sich vor. «Hugh Gaitskell wird sich auf Anthony Eden wegen des Theaters mit Nasser und dem Suezkanal stürzen, und ich werde eine harte Zeit haben mit meiner Opposition, besonders, da ich einer von Hughs Protegés bin. Aber ich denke, das ganze Schattenkabinett wird in die Schlacht ziehen müssen. Es ist alles so ein fürchterliches Chaos.»

«Du glaubst doch nicht, daß es Krieg geben wird im Nahen Osten?»

Miles nickte, und sein Gesicht sah bitter aus. «Doch, ich fürchte, ja – Ägypten, wegen dieser Kanalgeschichte. Aber darüber wollen wir heute abend nicht sprechen. Wann kommst du nach London zurück, Christie?»

«Nicht vor Samstag. Mein Rechtsanwalt Maître Bitoun braucht mich für den Vertragsabschluß mit den Parfümfabrikanten.»

Miles ergriff ihre Hand und sah sie schelmisch an.

«Soll ich nächstes Wochenende wiederkommen? Um hier bei dir zu sein?»

«O Miles, könntest du das?» Das Blut trat ihr in die Wangen, und ihre Augen glänzten. «Das wäre ja wundervoll.»

«Ganz meine Meinung», sagte er und lächelte verschmitzt.

Nach dem Essen gingen sie noch ein bißchen spazieren und bestiegen dann ein klappriges altes Taxi, das einzige, das sie finden konnten, und fuhren zurück zum Hotel. «Ich möchte darauf wetten, daß er sternhagelvoll ist», murmelte Miles ihr ins Ohr, als sie händchenhaltend auf dem Rücksitz saßen und der Fahrer sich durch den Verkehr von Paris schlängelte.

Als sie im Bett lagen, und er sie in seinen Armen hielt, sagte Miles mit seiner gedämpften, leidenschaftlichen Stimme: «Ich fürchte, daß ich dir langsam richtig verfalle, Christie.»

«Mir geht's ebenso, Miles.»

«Ich weiß, daß ich das nicht tun sollte, daß wir das nicht tun sollten, aber es sieht so aus, als könnte ich mich nicht bremsen, und dich auch nicht.»

«Und warum sollen wir uns nicht ineinander verlieben?» fragte Christie, rückte dichter an ihn heran, schlang ihren Schenkel um seinen Körper und schloß ihn fester in die Arme.

Ein tiefer Seufzer entrang sich Miles, und einen Moment lang schwieg er. Dann sagte er sehr ruhig: «Ich habe dir nichts zu bieten ... sie wird sich niemals von mir scheiden lassen ...»

«Das ist mir egal.»

«Vielleicht ist es dir eines Tages nicht egal, Christina.»

«Warum will sie das denn nicht? Sich von dir scheiden lassen, meine ich.»

«Das habe ich auch noch nicht herausgefunden, ehrlich. Verstehst du, sie will mich nicht, aber sie will auch nicht, daß irgendeine andere mich haben soll.»

«Habe ich das denn? Besitze ich dich denn? Einen winzigen, halben Zentimeter von dir?»

Er lächelte. Nun heischte sie nach Komplimenten. Er hatte das schon das ganze Wochenende über getan, auf alle erdenklichen Weisen, und manchmal war er sich so albern vorgekommen wie ein liebeskranker Schuljunge.

Miles sagte: «Ja, das hast du ... dir gehört ein winziger, halber Zentimeter von mir, gerade so, wie du's eben gesagt hast.» Er beugte sich über sie und küßte ihr Haar. «Aber du bist mir zu wertvoll, als daß ich mit dir herumspielen will,

Liebling. Ich will uns, will dich. Ja, verfluchterweise will ich, daß es weitergeht, was wir an diesem Wochenende angefangen haben . . . so egoistisch bin ich. Aber wenn wir weitermachen, wird es heimlich sein müssen. Und das ist unfair gegen dich. Wenn Candida es jemals herausfände, würde sie einen Riesenskandal machen. Und ich könnte mir das nicht leisten . . . ich habe eine politische Karriere zu verlieren, verstehst du.»

«Ja. Aber ich will auch, *daß es uns gibt*, Miles. *Ich will dich*. Wir können vorsichtig sein. Wir müssen nicht ausgehen . . . an die Öffentlichkeit treten. Es macht mir nichts aus, wenn es geheim bleibt.»

«Aber eines Tages wird es dir etwas ausmachen, Christie.»

«Nein, Miles.»

Er sagte nichts mehr. Er hielt sie fest in seinen Armen, und schließlich fielen beide in einen erschöpften Schlaf.

Am nächsten Morgen flog Miles nach London.

In der darauffolgenden Woche mußte er noch oft an diese Unterhaltung denken, als er von seiner Wohnung in Knightsbridge zum Unterhaus fuhr und sich um seine anderen Angelegenheiten kümmerte. Und immer wieder fragte er sich, ob er die Dinge nicht in die Hand nehmen und ihre Beziehung einfach beenden sollte. Miles Sutherland war ein verantwortungsbewußter Mann und hatte nicht die geringste Ähnlichkeit mit dem Schurken, den Jane Sedgewick sich so jungmädchenhaft zusammenphantasiert hatte. Er war das genaue Gegenteil. Er war ein Ehrenmann, ein engagierter Mann. Er sehnte sich danach, von seiner neurotischen Frau befreit zu werden, er interessierte sich überhaupt nicht für ihr oder ihres Vaters Geld, er hatte sowieso sein eigenes Vermögen.

Mach jetzt Schluß, bevor es dir über den Kopf wächst, ermahnte er sich immer wieder, aber dann rief er Christie abends im Ritz an, wie er es ihr versprochen hatte, und der Klang ihrer Stimme vertrieb jeden Gedanken an eine Vernunftlösung. Er begehrte diese Frau wie noch keine zuvor. Er war ihr rettungslos verfallen, ob er wollte oder nicht. *Er vermochte seine Gefühle nicht zu ändern.*

Und so flog er am Freitagnachmittag zurück nach Paris.

Sowie er die Suite betrat und Christina erblickte, tat Miles' Herz einen Sprung, und alles Schwere fiel von ihm ab, er wußte, daß *er* es niemals sein würde, der ihre Liebesbeziehung beenden würde. Christie war seine Luft, sein Licht, seine Sonne.

Sie hatte seine Gedanken erraten. Bevor er auch nur Gelegenheit dazu hatte, ihr zu sagen, daß er heute nicht auswärts essen wollte, teilte sie ihm mit, daß sie Räucherlachs, Brie, Baguettes und frisches Obst bestellt hatte und sie ein Picknick machen würden. «Im Bett», setzte sie fröhlich hinzu und lachte, als sie ihm ein Glas Scotch mit Eis und etwas Soda brachte, gerade so bereitet, wie er es gern hatte.

Nachdem sie langsam ihre Drinks getrunken hatten, griff Miles in seine Tasche und holte ein kleines Schmucketui aus rotem Leder hervor. «Die sind für dich, Christie. Opale . . . du erinnerst dich doch noch daran, wie ich am ersten Abend, als wir uns begegneten, sagte, du solltest immer Opale tragen?»

«O Miles, sie sind wunderschön», rief sie, «so kostbar.» Dann sah sie mit leuchtenden Augen zu ihm empor. «Ich habe noch nie etwas so glänzen sehen . . .»

«Ja, und sie werden großartig an dir aussehen. Komm, wir wollen es gleich ausprobieren.» Er führte sie zum Spiegel, sie machte die Ohrringe fest und bewunderte sie. Ihm gefielen die Steine, da sie diese trug. Beide waren überglücklich, wieder zusammenzusein. Dann lief sie ins Schlafzimmer und kam mit einem Päckchen zurück.

«Das ist für dich», sagte sie.

Er lachte vor Freude, als er das Geschenkpapier aufriß. «O Gott, das sollst du doch nicht!» Er schüttelte den Kopf und schaute auf das goldene Zigarettenetui von Cartier in seiner Hand. «Also wirklich, Mädchen . . .»

Sie brachte ihn mit einem Kuß zum Schweigen.

Viel, viel später, als sie sich liebten, kam es Miles vor, als hätte er sie noch nie zuvor berührt. Jeder Teil ihres Körpers kam ihm so frisch und neu vor, schöner denn je. Und in dem Augenblick, auf dem Höhepunkt seiner Lust, als er verzückt über ihr schwebte, rief er: «Ich liebe dich, Christie! Ich habe mich in dich verliebt!»

«Und ich liebe dich, Miles! Liebling, ich liebe dich so!»

Es war eine stürmische Liebesaffäre.

Sie waren ganz besessen voneinander. Die Frage, ob der eine den anderen mehr liebte, existierte nicht. Sie waren beide verrückt nach einander. Sie waren tief und leidenschaftlich verbunden. Es war Christinas erste ernsthafte Liebesbeziehung, und wenn Miles auch erfahren war und andere gehabt hatte, stellte er dennoch fest, daß es das erste Mal war, daß er wirklich liebte.

Irgendwann an diesem Wochenende fiel Miles ein, daß er jeden Freitag nach Paris kommen könnte. Er fühlte sich dort sicherer, vor neugierigen Blicken geschützt. Und so setzten sie ihre regelmäßigen Wochenendausflüge den August hindurch fort. «Aber wir müssen uns ein anderes Hotel suchen», sagte Christina gegen Ende des Monats. «Wir können nicht im Ritz bleiben . . . hier sind wir langsam ein Paar, in Anführungsstrichen. Die Leute werden auf uns aufmerksam.»

Und so wohnten sie im George V und im Prince des Galles, im Lancaster und im Raphael. Erst war es lustig, dann meinte Miles, sie sollten lieber damit aufhören, dauernd nach Paris zu fliegen, denn auch das würde langsam auffallen.

«Wir müssen uns irgendwo in England ein kleines Versteck suchen», sagte er zu Christie auf ihrem letzten Flug nach Paris. «Könntest du dich vielleicht nächste Woche mal darum kümmern, mein Engel?»

48

Es regnete in Strömen.

Ein kräftiger Wind peitschte den Regen gegen die Fenster, so daß es nach Hunderten von Nägeln klang, die aufs Glas schlugen.

Aber in der Bibliothek im kleinen Landhaus in den Cotswold Hills war alles Wärme, gedämpftes Licht und friedvolle Stille an diesem kalten Tag zu Beginn des Novembers.

Christina lag ausgestreckt auf dem Sofa und hörte dem Regen zu. Es war merkwürdig beruhigend für sie, und sie ließ sich von ihren Gedanken davontragen, genoß die Muße dieses faulen Sonntagnachmittags.

Dann warf sie Miles heimlich einen Blick zu, wie sie es immer machte. Sie liebte ihn so. Sie hätte es nie für möglich gehalten, daß man einen Mann so lieben könnte. Ihre Karriere war ihr wichtig, und sie arbeitete hart. Aber er war jetzt ihr ganzer Lebenssinn.

Sie lebte nur für die Wochenenden. Das war ihre beste Zeit . . . allein miteinander in diesem reizenden, abgelegenen Haus bei Cirencester, das sie zufällig Anfang Oktober entdeckt hatte. Es war für sechs Monate frei, und da es möbliert war, hatten sie nichts machen müssen als einzukaufen und einzuziehen.

Sie waren in eine geheime Liebesaffäre verstrickt. Aber das war ihr egal. Sie brauchte keine anderen Leute, nur Miles. Sie waren zusammen, wann immer er während der Woche Zeit hatte, aber sie konnten dann nicht ausgehen und blieben in der Wohnung in der Walton Street. Da er oft noch mit den Angelegenheiten im Unterhaus beschäftigt war, war es am Wochenende gemütlicher. Sie machten sehr wenig . . . lasen und unterhielten sich ... gingen spazieren ... es machte ihr Spaß, für ihn zu kochen, ihn zu umsorgen, seine Gedanken, Gefühle und ungewöhnliche Leidenschaftlichkeit mit ihm zu teilen. Und seine Zärtlichkeit. Er hatte so viele unterschiedliche Seiten.

Er saß ihr gegenüber im Sessel am Kamin und war ganz in den *Observer* vertieft. Die restlichen Sonntagszeitungen lagen zu seinen Füßen verstreut, beiseite geworfen, nachdem er sie mühsam durchgearbeitet hatte, wobei er vor sich hinmurmelte und leise fluchte, manchmal laut lachte oder «Verdammter Mist!» rief, ihr dann entschuldigend zulächelte, ihr etwas erklärte und alles mit ihr teilte. Immer ließ er sie an allem teilhaben.

Sein Gesicht wirkte in diesem Augenblick sehr angespannt. Sie wußte, daß er sich wegen der Lage im Nahen Osten Sorgen machte. Man hatte eine feindselige Haltung gegenüber Ägypten eingenommen, weil Präsident Nasser den Suezkanal annektiert hatte. England, Frankreich und Israel hatten Kairo bombardiert, und Miles war immer noch wütend darüber und versuchte, im Unterhaus seinen Standpunkt durchzusetzen.

Als fühlte er plötzlich ihren Blick auf sich ruhen, sah er über den Rand seiner Zeitung zu ihr hin und fragte: «Was ist los, Christie?»

«Nichts, mein Liebling», erwiderte sie, setzte sich auf und ließ ihre Füße auf den Boden gleiten. «Ich bewundere dich bloß.»

«Aha!» rief er und warf ihr einen verworfenen Seitenblick zu. «Wenn du mich so bewunderst, schlage ich vor, daß wir nach oben gehen und diesen ruhigen Sonntagnachmittag ein wenig versüßen. Was gibt es Schöneres, als sich an einem Regentag zu lieben?»

«Du bist ganz unmöglich, Miles.»

«Gestern nacht warst du aber noch anderer Meinung ... da hast du mir lauter Komplimente gemacht.»

Anstelle einer Antwort ging sie zu ihm hinüber, nahm ihm die Zeitung weg und setzte sich auf seine Knie. Sie küßte ihn auf die Wange. «Ja, du warst wirklich umwerfend gestern nacht.»

Er lächelte sein leichtes, halb amüsiertes kleines Lächeln, nahm die Hornbrille ab und rieb sich die Augen. «Ich glaube, ich habe jetzt wirklich genug von diesen Zeitungen . . . etwas frische Luft wäre das richtige. Wollen wir nicht einen Spaziergang machen? Du bist der einzige Mensch außer mir und scheinbar der Queen, der Landspaziergänge bei Regen genießt.»

«Ja, laß uns losgehen, Miles.» Christina sprang auf, reichte ihm dann ihre Hand.

Miles hielt sie in den Armen, sah auf sie herab, beobachtete das Spiel des Lichts auf ihrem Gesicht. Er liebte sie viel zu sehr, dachte er manchmal.

Christina schlug die Augen auf und schaute zu ihm empor. Sie lächelte. «Du verwöhnst mich zu sehr, Miles . . . immer liebst du *mich* . . .» Langsam ließ sie ihre Hand über seine Wange gleiten.

«Mmm, ja, das stimmt», sagte er und schob sie weiter nach unten, legte die Beine um sie. «Ich werde noch ein ganz selbstloser Typ, nicht wahr? Aber wir können das jederzeit korrigieren, das heißt, *du* kannst das. Ich stehe ganz zu deiner Verfügung.»

Er küßte sie langsam und zärtlich, bis die Hitze ihn durchströmte, sein Herz wie rasend schlagen und seine Leidenschaft aufflammen ließ. Er spürte ihre Hände in seinem Haar, im Nacken, fühlte sie über seine Schultern gleiten. Er wollte sie. Es war, als verlangte es ihn jeden Tag mehr nach ihr. Er konnte nie genug von ihr bekommen.

Seine Stimme war voller Leidenschaft, als er sagte: «Küß mich, Christie, bitte küß mich, mein Liebling.»

Sie setzte sich auf und kniete über ihm, sah wie gebannt in sein Gesicht. Sie hatte dieses Gesicht so lieben gelernt. Es konnte alles auslöschen, sein Bild sie so erfüllen, daß sie davon überwältigt war.

Sie ließ ihre Hände über seine Brust laufen und dann auf seinen harten, flachen Bauch. Seine Haut war glatt und trocken wie polierter Stein, glänzte hier und da wie blasses Gold, wo das Dämmerlicht auf die feinen blonden Haare seines geschmeidigen Körpers fiel. Sie bewegte sich und rutschte zwischen seine Beine, fühlte, wie ihn ein unwillkürlicher Schauer überlief, als sie seine Schenkel berührte.

Christina sah zu Miles hin und merkte, daß er sie betrachtete, seine Augen ein Spiegelbild der ihren, feucht vor Liebe und Verlangen. Ihre Kehle wurde eng, ihr Herz klopfte wie rasend, als sie sich ihm entgegenneigte und ihr Mund ebenso begierig das Zentrum seiner Leidenschaft suchte, wie seiner vor kurzem ihres gesucht hatte.

Er stöhnte auf, als ihr Mund seinen Körper berührte.

«Was machst du nur mit mir, Christie?»

Sie füllte ihren Mund mit seinem Geschlecht, zärtlich spielten ihre Lippen mit ihm.

Nun gehörte Miles ganz ihr, lag vor ihr ausgestreckt, reglos und außer Atem, bot sich ihr dar, eine Liebesgabe. Und sie besaß sein Innerstes, die Essenz seines Lebens, seine Seele. In diesem Augenblick gehörte er ihr ganz allein.

Er ließ die Finger durch ihr dichtes, zerwühltes Haar gleiten und streichelte ihre Schultern. Dann ergriff er ihre Hände, die sanft auf seinem Bauch ruhten. Sein Griff um ihre Finger verstärkte sich. Wie von Schmerz getroffen stöhnte er auf.

Sie blickte hoch und sah einen flüchtigen Schatten von Qual, der das strahlende Blau seiner Augen auslöschte, so daß sie dunkel flackerten.

Plötzlich bewegte Miles sich, legte seine Hände um ihr Gesicht und hob es an. Er preßte sie an sich, küßte sie zärtlich und zog sie sanft auf seine Höhe. «Ich möchte dich jetzt haben, Christie, möchte in dir sein. Ich muß von deiner wunderbaren Wärme umgeben sein, mein Liebling.»

Im nächsten Moment war er über ihr, schwebte über ihr, und sie ertrank im Mitternachtsblau seiner Augen. Er drang fast brutal in sie ein, und sie zitterte, als sie einen harten Stoß spürte. Sie schienen einander zu entzünden, sie bewegten sich in einem Rhythmus, der schnell intensiver wurde. Seine Leidenschaft schoß immer höher, und sie kam seinem Flug nach, stieg mit ihm auf, war eins mit ihm. Es gab keine Trennung mehr.

Miles machte die Augen auf und rief laut: «O Gott! O du!» Dann preßte er seinen Mund fest auf den ihren, verschlang ihre Lippen, ihre Zunge.

«Ich will dich ganz», flüsterte er, gegen ihre Halsgrube gedrängt. «Den Kern deines Seins, deinen Atem, alles!»

Christina war es, als hätte er die Hand nach ihrem Herzen ausgestreckt. Und dann, wie aus weiter Ferne, hörte sie, wie jemand seinen Namen rief. Aber es war sie selbst, die da schrie: «Miles! Miles! Ich liebe dich!»

Sie klammerten sich fast wie Verzweifelte aneinander, waren in einer Umarmung zusammengeschmiedet, die ursprünglich und voller Verlangen war. Kurz suchte er ihren Mund, und während er all ihre Kraft in sich einsog, verströmte er sich in ihrem Zentrum.

Und sie hörte ihn rufen: «Christie! Christie! Ich liebe dich, ich liebe dich, ich kann ohne dich nicht mehr leben, bitte verlaß mich nie, Liebling.»

Er lag reglos da, den Kopf an ihre Schulter gelehnt.

Christina war wie betäubt. Sie schaute auf sein lichtüberflutetes Gesicht herab und fühlte, wie ihr die Tränen kamen. Was war nur mit seinem Gesicht? Diesem Gesicht, das sie so bewegte, eine verborgene Sprungfeder ihres Gedächtnisses anrührte, die so schmerzlich intensiv war, daß sie manchmal geradezu weinen wollte.

Miles schlug die Augen auf. «Was geht nur mit uns vor, wenn wir zusammen sind?»

«Ich weiß es nicht. Ich spüre, wir schweben irgendwohin. Zumindest geht es mir so. Hast du das denn nicht an mir bemerkt, Miles?»

«Nein, aber ich bin ja auch da, wo du bist, Christie, wo immer das sein mag.»

«Warst du schon einmal dort? Mit einer anderen?»

«Nein.» Er räusperte sich und sagte dann leise: «Ich glaube, ich weiß, was mit uns passiert, Süße . . . wenn die körperliche Vereinigung so vollkommen ist wie bei uns, dann führt diese Kombination von der intensivsten körperlichen Lust und Ekstase zusammen mit einer vollkommenen geistigen und emotionalen Einheit zu einer transzendentalen Erfahrung. Wir werden auf eine höhere Bewußtseinsebene getragen.»

«Ja, ich glaube, so ist es, Miles.»

Er streichelte ihre Haare, drehte ihr Gesicht zu sich und murmelte: «Setze mich wie ein Siegel auf dein Herz und wie ein Siegel auf deinen Arm. Denn Liebe ist stark wie der Tod . . .» Stirnrunzelnd hielt er inne. «Nun habe ich alles verdorben, weil ich nicht mehr weiß, wie es weitergeht.»

«Und ihr Eifer ist fest wie die Hölle», sprang Christina ein.

«Ja, genau. Und was kommt dann?»

«Ich kann mich auch nicht mehr daran erinnern, aber ich weiß noch ein bißchen vom nächsten Vers. Daß auch viele Wasser nicht mögen die Liebe auslöschen, noch die Ströme sie ertränken. Du siehst, ich habe meine Bibel auch gelesen.»

«Ja . . .» Miles zögerte, dann sagte er: «Christie, da ist eine Sache, von der ich dir noch nicht erzählt habe . . . während du vor ein paar Wochen wegen deiner Vorführung in New York warst . . .»

Als er seinen Satz nicht beendete und da er so ernst, ja bedrückt klang, setzte sie sich schnell auf und sah ihn an. «Was ist passiert?»

Miles richtete sich ebenfalls auf, griff nach einer Zigarette auf dem Nachttisch und zündete sie sich an. Er nahm einen langen Zug, schaute ihr dann ins Gesicht und sagte langsam und bedächtig: «Ich habe etwas gemacht, das ich nie wieder tun wollte. Ich bin zu Candida gegangen. Um sie um eine Scheidung zu bitten.»

«Und?»

«Die Antwort war *nein*. Sie hat mir viele *Neins* an den Kopf geworfen, und dazu eine Menge Drohungen, daß sie einen Skandal machen würde, wenn ich noch einmal davon anfinge.» Er seufzte. «Ich bin zu ihr gegangen, weil ich dich heiraten will, Christie. Ich will diese Heimlichtuerei nicht mehr, daß ich mich nicht mit dir zeigen darf. Ich will dich zur Frau.» Dann schüttelte er traurig den Kopf. «Aber das soll wohl nicht sein.»

«Das ist mir gleich», rief sie und schmiegte sich in seine Arme. «Es ist nicht wichtig. Nichts ist wichtig, Miles, solange wir zusammensein können.»

49

Was ist denn los, mein Liebling?» fragte Miles und schlenderte durchs Wohnzimmer im Apartment in der Walton Street. «Gefällt dir die Kette nicht?» Er schaute auf sie hinunter, die Augen zusammengekniffen, und versuchte zu ergründen, warum sie so traurig aussah.

Christina legte die Hand an den Hals und berührte das feingesponnene Gewebe von zarten Goldketten, das mit Diamanten und Opalen besetzt war, dann senkte sie den Blick, um es zu betrachten. «Miles, es ist das schönste Geschenk, das ich je bekommen habe. Ich bin sehr glücklich darüber.»

«Und warum machst du dann so ein trauriges Gesicht, Christie?» Er ließ sich neben ihr auf dem Sofa nieder und ergriff ihre schlanke, feinnervige Hand. «Weil ich das Christfest nicht mit dir verbringen kann? Falls es daran liegt, werde ich irgendwie versuchen, mich freizumachen. Du, ich habe eine Idee – ich werde den Tag des heiligen Abends bei dir sein», improvisierte er rasch. «Dann fahre ich abends nach Suffolk, um mit den Jungen und meinen Eltern zu essen. Ich verbringe den ersten Weihnachtstag mit ihnen und komme dann am zweiten zurück zu dir . . .»

«Nein, Miles, ich werde es nicht zulassen, daß du dich so zweiteilst und in letzter Sekunde deine Pläne über den Haufen wirfst. Außerdem könnte ich unmöglich jetzt noch etwas ändern. Meine Eltern wären viel zu enttäuscht, wenn ich nicht zu ihnen nach Yorkshire kommen würde. Sie haben sich so darauf gefreut, und ich habe in der letzten Zeit nicht sehr viel von ihnen gesehen, das weißt du ja.»

«Candida wird nicht dort sein, wenn du das denkst. Sie fährt mit Monica nach Schottland. Sie wollen in der Jagdhütte ihres Vaters mit ihm Weihnachten feiern.» Ratlos schüttelte Miles den Kopf. «Ich werde wohl nie herausfinden, wieso sie plötzlich gesagt hat, ich könne die Jungen haben.»

Christina starrte ins Kaminfeuer.

Miles hob die Hand und sah sie an. «Das ist die aufrichtige Wahrheit, Liebling. Candida wird nicht in Broxley Hall sein.» Als sie immer noch nichts sagte, rief er: «Du glaubst mir doch, Christina, nicht wahr?»

Sie hörte die Angst in seiner Stimme und sah sein besorgtes Gesicht, dann drückte sie seine Hand. «Ja, Miles, ich weiß genau, daß du mich niemals belügen würdest, es liegt nicht in deiner Natur.»

Miles sah ihr gebannt ins Gesicht. Man konnte ihre Gefühle immer an ihren Augen ablesen. Sie sagten ihm meist alles. Er sah, daß sie nach wie vor bedrückt war, beschloß aber, sie im Moment nicht zu bedrängen. Sie würden sich eine Woche lang nicht sehen, so lange waren sie in den vergangenen sechs Monaten nie getrennt voneinander gewesen. Dies sollte ein ganz besonderer Abend werden, und er hatte nicht die geringste Absicht, ihn zu verderben.

Als hätte sie seine Gedanken erraten, rang sich Christina ein fröhliches Lächeln ab und sprang auf. «Lieber, leg doch noch ein paar Holzscheite nach und mach den Champagner auf, wir wollen mit unserem festlichen Abend anfangen. Ich werde deine Geschenke holen . . . schließlich ist das heute abend unser Weihnachten.»

«Genau», sagte er, stand auf und lächelte sie an. Dann zog er sie an sich, küßte ihre Halsgrube. «Ich liebe dich über alles.»

Sie machte sich sanft los und lief ins Schlafzimmer, drehte sich in der Tür noch einmal um. Er stand da und beobachtete sie. Sie warf ihm eine Kußhand zu.

Miles machte sich noch mit dem Korken zu schaffen, als sie zurück ins Zimmer geschwebt kam, die Arme voller Päckchen. «Die sind doch nicht alle für mich, oder?»

Sie lächelte ihn verschmitzt an und trug sie zum Kamin. «Noch ein Gang, das wär's dann.»

Er schüttelte den Kopf, lachte mit ihr, und das Herz floß

ihm über vor Liebe. Es gab auf der ganzen Welt keine Frau wie seine Christie.

«Du hast es dir gewünscht», sagte sie, kam auf ihn zu, ein großes, in Packpapier gewickeltes Paket im Arm. «Und ich wollte auch, daß du es haben solltest. Für dich, mein Liebling.»

Er nahm das Paket, wußte, daß es eins ihrer Bilder war. Da er sie alle liebte, wußte er nicht, welches. Er lächelte sie an. «Danke, Christie. An der Form sehe ich, daß es ein Bild von dir ist . . . bloß welches?»

«Mach es auf und sieh nach.» Sie stand mit dem Rücken zum Feuer, sah ihm zu, wie er das Paket zum Sofa trug und das Papier abwickelte. Als er das Bild in den Händen hielt, hob er es hoch und rief: «O Christie, *Lilie bei Hadley* . . . Christie, wie großzügig von dir, daß du mir gerade dies geschenkt hast. Ich weiß ja, daß es dein Lieblingsbild ist. Danke.» Er lehnte das Bild an das Sofa, kam zu ihr und schloß sie fest in seine Arme.

Christina sah, daß er sich freute, und das machte sie glücklich. «Es wurde erst mein Lieblingsbild, nachdem wir uns in Hadley Court begegneten . . . darum möchte ich, daß du es hast, weil es dich immer an mich erinnern wird.»

Sein Lächeln verschwand, stirnrunzelnd sah er sie an. «Willst du weggehen?»

«Nein, du Dummerchen, warum fragst du?»

«Weil du gesagt hast *‹es wird dich an mich erinnern›* . . . als hätte ich das nötig, wo du doch immer bei mir bist.»

«Natürlich bin ich das, Miles. Und wie steht es nun mit einem Glas Champagner, bevor du deine restlichen Geschenke aufmachst.»

Er schenkte ihnen ein. «Ich habe eine Weihnachtskarte und ein gekritzeltes Briefchen von Ralph und Dulcie bekommen. Sie bleiben wohl ein Weilchen in New York, weil dieser Film bald in Hollywood gedreht werden soll und sie eventuell auch in einem Stück am Broadway mitspielen. Und was hast du in der letzten Zeit von Jane gehört?»

«Sie beschwerte sich darüber, daß die kleinen Ungeheuer zu

Weihnachten nach New York kommen wollten, als sie mich gestern im Büro anrief. Aber sonst gibt es bei ihr nicht viel Neues. Sie wird die Kostüme für das neue Hal Prince-Stück am Broadway machen, und sie sagte, sie würde noch sechs Monate länger dableiben.»

«Gut für sie. Jane ist ein begabtes Mädel.» Miles brachte ihre Gläser, und sie stießen an. «Fröhliche Weihnachten, mein Liebling.»

«Fröhliche Weihnachten, Miles.»

Sie saßen vor dem Kamin, leerten langsam die Flasche Champagner, während Miles nacheinander seine vielen Geschenke auspackte, sich überschwenglich bei ihr bedankte und begeistert all die Bücher und Jazzplatten, Krawatten und den seidenen Morgenmantel bewunderte.

Aber am meisten beeindruckten ihn die Manschettenknöpfe mit den Saphiren. «Sie sind ganz unglaublich», rief er schließlich und hielt sie in der Hand, schaute sie an. «Du bist einfach zu extravagant.»

«Wer im Glashaus sitzt . . .», sagte sie und kniete neben seinem Sessel nieder, sah verliebt zu ihm empor. «Magst du sie wirklich?»

«Das weißt du doch.»

«Ich auch . . . sie sind wie deine Augen.»

Er lächelte, steckte die Hand in die Tasche und holte eine kleine Schachtel heraus. «Und hier ist noch ein Weihnachtsgeschenk von mir.»

Es war ein Ring, ein großer Opalring, der mit lauter Diamanten besetzt war. Er paßte zu der Kette, die er ihr zuvor geschenkt hatte, und war von ebenso erlesenem Geschmack.

«Vielen Dank, Miles. Wie schön er ist.» Sie ließ ihn auf ihren rechten Ringfinger gleiten und streckte die Hand aus, sah ihn an.

Miles bemerkte: «Das ist die falsche Hand, Süße.» Er zog den Ring ab und steckte ihn auf die linke Hand. «Da mag ich ihn lieber . . .» Er unterbrach sich und sah sie scharf an. In ihren schönen grauen Augen standen Tränen, und ihre Lippen zitterten. «Christie, was ist denn nur los?»

Sie schüttelte den Kopf, wischte sich mit der Hand über die Augen und schluckte. «Miles . . .»

«Ja, Liebling, was ist? Was ist denn passiert?»

Christina schaute ihn aufmerksam an. Ihr Blick hielt seinen fest. «Ich bin schwanger.»

Sie sah die plötzliche Freude, den Stolz in seinen Augen, das unwillkürliche Lächeln, das er nicht unterdrücken konnte und das soviel sagte. Dann wurde sein Gesicht ganz ausdruckslos. «O Christie», sagte er und schüttelte langsam den Kopf. «O Christie . . .»

Der bedrückte Tonfall konnte ihr nicht entgehen, der Schmerz in seinen Augen, die Sorgen, die ihn nun bedrückten. Sie kannte ihn viel zu gut. «Aber eben hast du dich noch gefreut!» rief sie und ergriff seine Hand. «Das weiß ich genau!»

«Natürlich habe ich das, aber . . .» Er konnte nicht weitersprechen. Miles schluckte, und in seinem Innersten wußte er, daß er sie noch nie so geliebt hatte wie in diesem Augenblick.

Sie sagte: «Ich wollte es dir heute abend nicht sagen. Wenn du nicht den Ring von meiner rechten Hand gezogen und auf die andere gesteckt hättest, hätte ich auch nichts gesagt.»

«Ich freue mich aber, daß du's getan hast . . . wir stecken doch beide darin. Du kannst so eine Last nicht allein tragen, Christie.»

«Ich wollte dir keine Sorgen machen, da doch Weihnachten vor der Tür steht. Ich wollte dir nicht das Fest verderben . . . du siehst ja so schon zuwenig von deinen Jungen.»

Er berührte ihre Wange. «Du bist imnmer so rücksichtsvoll, meine schöne Christie.» Dann lehnte er sich im Sessel zurück und sagte: «Da haben wir aber jetzt ein Problem, nicht wahr, Süße?»

Sie nickte. «Miles, ich möchte keine . . . Abtreibung machen lassen, ich möchte es einfach nicht. Es ist mir klar, daß ein Baby schwierig für dich ist, aber ich habe mir gedacht . . .»

«Christie, ein Baby ist nicht schwierig, es ist ganz *unmöglich*. Ich möchte auch nicht, daß du dich einer Abtreibung unterziehst.» Seine Stirn zog sich zusammen. «Ich weiß nur in diesem Moment nicht, was es sonst für eine Lösung geben soll.»

«Warum könnte ich denn das Baby nicht behalten, Miles? Wer wüßte denn, daß es von dir ist? Nur du und ich ... und finanziell bin ich unabhängig, ich kann allein zurechtkommen, und ...»

«Ich bin nicht sicher, daß das funktionieren würde», unterbrach er sie schnell. «Und was, wenn etwas durchsickern würde? Meine politische Karriere?»

«Ja, ich weiß, es gibt so vieles zu bedenken.»

«Seit wann weißt du es?»

«Seit vier Tagen.»

«Du hättest es mir früher sagen sollen, ich finde die Vorstellung ganz unerträglich, wie du dir Sorgen gemacht haben mußt, Christie. Es war falsch von dir, dich mir nicht gleich anzuvertrauen.»

«Ich wollte dich vor Weihnachten nicht aufregen.»

«Und wie schwanger bist du?»

«In der sechsten Woche.»

Er zog sie in seine Arme und hielt sie dicht an sich gedrückt, streichelte ihren Kopf. «Wir werden schon die richtige Lösung finden», murmelte Miles. «Mach dir keine Sorgen, Liebling. Wir werden uns nach den Feiertagen um alles kümmern.»

50

Obwohl Miles ihr gesagt hatte, sie sollte sich keine Sorgen machen, tat Christina wenig anderes in den darauffolgenden vierundzwanzig Stunden, als sie sich darauf vorbereitete, Weihnachten in Yorkshire mit ihren Eltern zu verbringen.

Sie machte sich Sorgen um Miles. Sie machte sich Sorgen um sich selbst. Sie machte sich Sorgen um das Baby. Oder, genauer gesagt, grübelte sie verzweifelt darüber nach, was aus dem Baby werden sollte.

Christina wußte, daß Miles Sutherland sie von ganzem Herzen liebte und nicht wollte, daß sie eine Abtreibung machte. In ihrem Innersten wußte sie auch, daß er das Baby haben wollte, *ihr* Kind haben wollte. Aber sie war eine zu pragmatische Frau, um nicht zu sehen, daß seine politische Karriere einen Schatten auf sie beide warf.

Einmal hatte er ihr gesagt – nicht in der Hitze der Leidenschaft, sondern auf einem ihrer langen Landspaziergänge: «Du bist mein Leben, Christie.» Aber das stimmte nicht ganz. Seine politische Laufbahn war sein Leben. Und sie würde ihn niemals darum bitten können, diese für sie aufzugeben. Um offen mit ihr zusammenzuleben. Um ihr gemeinsames Baby zu haben.

Wenn sie ihn darum bäte, würde er darüber nachdenken und es vielleicht sogar tun. Aber eines Tages würde es ihm leid tun und ihr noch viel mehr. Diesen Mann, den sie so verzweifelt liebte, darum zu bitten, für sie seine Karriere zu opfern, würde bedeuten, daß sie ihn überhaupt nicht liebte.

Miles Sutherland und die Politik waren zu sehr miteinander verbunden, als daß man sie je voneinander trennen könnte. Miles würde ohne seinen Wahlkreis verkümmern, ohne seine politischen Weggefährten, das Unterhaus und sein Leben in dieser aufregenden und kämpferischen Arena. Winston Churchill hatte einmal gesagt, er sei ein Kind des Unterhauses. Dasselbe galt für Miles Sutherland.

Ich stecke ganz schön in der Patsche, dachte Christina am nächsten Abend, als sie vom Modesalon in der Bruton Street um acht Uhr nach Hause kam. Miles war morgens nach Broxley Hall in Suffolk gefahren, ebenso liebevoll und besorgt wie in dem Augenblick, als sie ihm ihre Neuigkeit erzählt hatte. Dann hatte sie ihre Weihnachtseinkäufe erledigt und war ins Büro gegangen, um Schecks zu unterschreiben, Weihnachtsgeschenke zu verteilen und an der Weihnachtsfeier teilzunehmen, die Giselle für die Angestellten ausgerichtet hatte.

Und nun war sie hier und hatte nichts anderes zu tun, als sich Sorgen zu machen bis morgen früh, wenn sie den Pullman nach Leeds besteigen würde. Sie hängte ihren Mantel auf, entfachte das Feuer, das Mrs. Green, die Zugehfrau, schon aufgeschichtet hatte, und ging dann schnell in die Küche. Sie war zwar nicht besonders hungrig, wußte aber, daß sie irgend etwas essen mußte, also wärmte sie sich eine Tomatensuppe auf und bereitete sich mit dem Räucherlachs, der von gestern abend übriggeblieben war, ein Sandwich.

Zehn Minuten später trug Christina ihr leichtes Abendmahl ins Wohnzimmer und verspeiste es vor dem nun lodernden Kaminfeuer. Sie überschlug mehrere Möglichkeiten in ihrem Kopf. Sie könnte das Baby behalten auf die Gefahr hin, Miles zu verlieren. Sie könnte abtreiben. Sie könnte verschwinden, in ein anderes Land ziehen, das Baby bekommen und den Rest ihres Lebens in der Fremde verbringen. Miles könnte sie ab und zu einmal besuchen.

Sie sprang auf und begann, im Zimmer auf und ab zu laufen. Wie dumm ich doch bin, dachte sie. Das ist doch alles keine Lösung. Es gibt überhaupt nur eine Lösung: Miles muß Candida zur Scheidung zwingen, so daß wir heiraten können. Natürlich! Warum war ihnen das nicht schon gestern abend eingefallen. Bloß, weil sie so eingeschüchtert waren zu glauben, es würde nie eine Scheidung geben. Aber vielleicht konnte man sich schließlich doch arrangieren. Christina kehrte zum Sessel am Kamin zurück und entspannte sich zum ersten Mal seit mehreren Tagen.

Sie ließ die Hände auf ihrem Bauch ruhen und dachte an das Baby. *Ihr* Baby. *Sein* Baby. Der Gedanke, daß nun ein Teil von Miles in ihr lebte, war sehr aufregend. Sie würde das Baby bekommen. Sie würde Miles heiraten. Es würde alles gut werden.

Das Klingeln des Telefons ließ sie zusammenschrecken. Sie ging und nahm ab.

Er sagte: «Hallo, Süße, wie geht es dir?»

«Miles, mir geht es prima. Mir ist gerade etwas Großartiges eingefallen.»

Er lachte ins Telefon hinein. «Mir auch. Aber erzähle du zuerst.»

«Du mußt einfach *du weißt schon wen* noch einmal aufsuchen und sie dazu bringen, daß sie dir deine Freiheit gibt.»

«Na, ich wußte ja schon immer, daß es einen Grund gibt, wieso ich dich liebe, und das ist deine Intelligenz! Und große Geister kommen offenbar auf dieselben Ideen. Mir fiel heute abend dasselbe ein, und ich konnte es gar nicht erwarten, mit dem Abendessen fertig zu werden, um dich anzurufen. Ich *werde* wieder zu Candida gehen, Christie, sobald sie aus Schottland zurück ist. Wir werden alles richten, bestimmt.»

«Mir geht es plötzlich soviel besser. Nun ist Weihnachten überhaupt nicht mehr schwierig.»

«Nein, und nächste Woche werden wir wieder zusammensein. Aber hör mal, Liebling, bist du ganz sicher, daß ich dich in Leeds nicht anrufen soll?»

«Nein, lieber nicht. Ich möchte nicht erst erklären müssen, wer du bist. Du weißt ja, wie Eltern sind.»

«Ja, meine Süße. Ich liebe dich, Christie.»

«Ich liebe dich, Miles.»

«Wohin soll's gehen, Miss?» fragte der Taxifahrer, nachdem er ihren Koffer verstaut hatte.

«Nach King's Cross, bitte.»

«Wird gemacht, Miss.»

Christina lehnte sich zurück, strich ihren Mantel glatt und schaute aus dem Fenster. Es schneite. Nur kleine Flocken, aber sie schienen liegenzubleiben. Sie fragte sich, ob es wohl eine weiße Weihnacht geben würde, ob es in Yorkshire auch schneite.

Dann sah sie auf die Uhr. Sie hatte noch reichlich Zeit, um den Zug um halb elf zu erreichen, der nach Doncaster, Leeds und Harrogate fuhr. Es war der beste Morgenzug auf der Nordstrecke bis nach Edinburgh. Schottland, sagte sie sich, und dachte an Candida. Miles würde seine Freiheit bekommen. Sie würden heiraten. Sie würden ein gemeinsames Baby haben. Sie ließ ihre Hand über ihren Bauch gleiten. Er war flach. Noch konnte man nichts merken. Aber in ein paar Monaten würde sie schwanger aussehen. Sie würde sich Gedanken machen müssen über eine Umstandsgarderobe . . .

Weder der Taxifahrer noch Christina bemerkten den riesigen Lastwagen, der auf der glatten Straße ins Schleudern kam, die naß war von Schnee und Nieselregen. Der Lastwagen rammte mit voller Wucht die hintere Tür des Taxis, ließ den Wagen über die Straße schlittern und gegen einen Laternenpfahl krachen.

Christina wurde vom Sitz geschleudert. Sie schlug mit dem Kopf gegen die gläserne Trennwand vor ihr und fiel zusammengekrümmt zu Boden. Sie war bewußtlos, als man sie aus dem zerbeulten Taxi befreite und in einem Unfallwagen zum Middlesex Hospital fuhr. Gott sei Dank hatte sie nur leichtere Verletzungen erlitten, eine Gehirnerschütterung und Abschürfungen. Aber eine Stunde nachdem sie in die Notaufnahme gekommen war, verlor sie ihr Baby.

51

Noch Wochen später fühlte sich Christina leer und niedergeschlagen. Auch Miles war ganz vernichtet und behandelte sie liebevoll und gütig. Aber es dauerte lange, bis ihr Schmerz über das verlorene Baby abnahm.

Schritt für Schritt nahm sie die Fäden ihres Lebens wieder auf und schob ihre Trauer über die Fehlgeburt beiseite. Ihre Arbeit war anspruchsvoll und half ihr dabei weiterzumachen. Es war nicht nur der Verlust des Babys, der Christina zu Anfang des Jahres 1957 zu schaffen machte. Sie war auch zu der Überzeugung gelangt, daß sie und Miles immer von einer Ehefrau behindert sein würden, die sich weigerte, sich von ihm scheiden zu lassen. Unter normalen Umständen hätten sie einfach zusammenleben können, aber ein Politiker war viel zu verletzlich, besonders ein Mann wie Miles, und diese Lösung verbot sich ihnen für immer. Im Februar hatte er nochmals Candida aufgesucht, um sie um eine Scheidung zu bitten. Wieder hatte sie sich geweigert. Und er war ganz niedergeschlagen und gedemütigt in die Walton Street zurückgekehrt; er hatte Christina an jenem Abend sehr leid getan.

Während er langsam den Scotch mit Soda trank, den sie ihm gemixt hatte, sagte er: «Ich bin im wahrsten Sinne des Wortes auf die Knie gefallen und habe sie gebeten. Diese Frau ist hart wie Stein.»

Dann war gegen Ende des Monats die Bombe geplatzt. Seine Schwester hatte ihm gesagt, man habe sie in den Cotswold Hills zusammen gesehen. Plötzlich war auch ihr Wochenendhaus, ihre tröstliche Zuflucht, zu einem Gefängnis geworden. Sie mußten ihr Verhältnis immer noch heimlicher und vorsichtiger behandeln.

Zum ersten Mal begannen Miles und sie, sich zu streiten. Zugegebenermaßen kleine, unbedeutende Zänkereien, aber dennoch war die Harmonie, die Ruhe, die sie immer genossen hatten, aus dem Gleichgewicht geraten.

Im April wußte Christina nur dreierlei: Miles würde sich niemals von Candida befreien können, außer vielleicht durch den Tod; seine politische Laufbahn ging immer vor; sie konnte dieses Leben nicht länger ertragen. Ihr Leben war ganz auf ihn fixiert, auf seine Bedürfnisse, die Umstände seiner Arbeit und der Existenz, die er geführt hatte, ehe sie sich begegneten. Sie konnte unmöglich so weitermachen.

Im Juli jenes Jahres wurde es Christina klar, daß es nur eine einzige Lösung ihres Dilemmas gab. Sie mußte England verlassen und für längere Zeit in die Staaten gehen. Nur wenn sie eine Distanz zwischen sich und Miles legte, konnte sie je darauf hoffen, diese Beziehung zu beenden. Sie liebte ihn viel zu sehr. Wenn sie in London bliebe, hätte sie niemals die Kraft oder den Willen, ihn aufzugeben. Und sie mußte ihn aufgeben, um ihr eigenes Leben zu retten. Der Schmerz, unter dem sie litt, war ein zu hoher Preis für die paar gestohlenen Augenblicke. Und wie er es immer vorausgesagt hatte, wollte sie endlich ein normales Leben, einen Ehemann, Kinder . . . und Würde. Sie konnte es nicht länger ertragen, heimlich mit Miles herumzuschleichen.

Sie fragte ihn nicht um Rat und vertraute sich ihm auch nicht an. Sie wußte, daß er sie niemals gehen lassen würde. Wenn sie es ihm sagte, mußte es ein *Fait accompli* sein. Als erstes ernannte sie Giselle Roux zur Geschäftsführerin des House of Christina, vorläufig auf ein Jahr. Dann gab sie ihren Eltern die Schlüssel zum Apartment in der Walton Street und sagte ihnen, sie sollten es möglichst oft besuchen. Ihre Sekretärin Liz bekam ebenfalls Schlüssel, um sich um die Post und die anderen Alltagsangelegenheiten kümmern zu können, da Christina und Jane die Wohnung nicht aufgeben wollten. Außerdem verfolgte sie den Plan, in New York ein Zweiggeschäft des House of Christina zu eröffnen. Sie besaß genügend Geld, um dieses Projekt zu finanzieren, sowie eine lange Liste von treuen amerikanischen Kunden. Und schließlich war da noch ihre beste Freundin Jane, die ungeduldig auf sie wartete. Schon vor langer Zeit hatte Christina sich Jane anvertraut, und als sie beschloß, sich von Miles zu trennen, hatte sie ihre beste Freundin wieder eingeweiht.

Der letzte, dem sie es sagte, war Miles.

«Du bist so schön heute abend, Christie», sagte Miles, als er sich im Apartment in der Walton Street niederließ und aus ihrer Hand ein Glas Weißwein entgegennahm. «Von sprichwörtlicher Gelassenheit», sagte er und warf ihr einen Blick zu, der gleichzeitig liebevoll und anerkennend war.

Schnell ging sie unter dem Vorwand, Eis holen zu wollen, in die Küche, plötzlich von ihrer Liebe zu ihm überwältigt. Er sah gut aus in dem hellen, beigefarbenen Sommeranzug. Helle Farben standen ihm immer. Während sie den Eiskübel füllte, begriff sie, daß sie den Abend nicht mit ihm würde verbringen können, wie sie es sich zuvor ausgedacht hatte. Sie mußte es ihm sagen. Sofort. Ihr Zusammensein belastete sie zu sehr.

Als sie zurück ins Wohnzimmer trat, sagte er: «Ich habe Limonengrün immer an dir gemocht, Christie, aber du solltest meine Opale zu diesem Kleid tragen.» Er runzelte die Stirn. «Ich habe sie in der letzten Zeit gar nicht mehr an dir gesehen. Magst du sie nicht mehr?»

«Doch, Miles, ich mag sie sehr gern. Aber da sie so wertvoll sind, habe ich sie weggeschlossen.» Dann räusperte sie sich, ließ sich auf der Stuhlkante nieder und sah zu ihm hinüber. So ruhig sie es vermochte, gestand sie: «Miles, ich muß dir etwas sagen.»

Er bemerkte sofort ihren ernsten Tonfall und wußte, daß etwas Schreckliches passiert war.

«Ich werde weggehen, Miles. Ich kann nicht länger hier in England leben», sagte Christina. Er versuchte sie zu unterbrechen, sie aber hob die Hand. «Nein, Miles, bitte laß mich ausreden – *bitte. Du* kannst nicht weggehen, du bist Parlamentsabgeordneter, aber *ich* kann, und ich werde nach New York gehen. Morgen. Mindestens für ein Jahr.»

«Aber Liebling, warum denn, um Gottes willen?» fragte er wütend, ganz bleich, die Augen starr vor Schock.

«Weil unser gemeinsames Leben unerträglich geworden ist, Miles. Ich liebe dich. Ich liebe dich so sehr, Liebling, aber ich kann es nicht mehr aushalten. Ich muß Distanz zwischen uns schaffen, damit ich ein neues, eigenes Leben anfangen kann, verstehst du das denn nicht?»

«Ich werde Candida noch einmal fragen!»

«Das hilft doch nichts, Miles, das weißt du doch ebensogut wie ich. Sie wird niemals in eine Scheidung einwilligen. Ich muß mein Leben retten.»

Er sprang auf und kam durchs Zimmer gelaufen, zog sie vom Stuhl hoch und in seine Arme. «Ich liebe dich, Christie. Du bist mein Leben. Um Gottes willen, verlaß mich nicht.»

«Ich bin nicht dein *ganzes* Leben, Miles . . . nur ein Teil davon. Da ist deine politische Laufbahn, deine Kinder, aber vor allem deine Karriere. Es wird nicht leicht für dich sein, aber du wirst darüber hinwegkommen . . .» Nun konnte sie nicht weitersprechen. Sie glitt aus seinen Armen, ging zum Kamin hinüber.

Er starrte sie an. Es war ihm, als sei die Welt untergegangen. *Seine* Welt war untergegangen.

Christie sagte: »Miles, wenn du mich liebst, läßt du mich gehen, gibst du mich frei . . .» Ihr liefen die Tränen über die Wangen, sie konnte es nicht verhindern. «Wenn du mich so sehr liebst, wie du sagst, dann gibst du mir diese Chance, rufst mich nicht mehr an, triffst mich nie wieder. Dann läßt du mir meinen Frieden.»

«Christie», rief er verzweifelt, «bitte, mein Liebling, wir finden schon einen Weg, eine Lösung.»

Sie schüttelte den Kopf. «Es gibt nur einen Weg für uns, Miles. *Du mußt mich gehen lassen.*»

Millionen Gedanken überschlugen sich in seinem Kopf. So viele Dinge, die er ihr nie gesagt hatte, nie mit ihr geteilt hatte, so viele Liebesworte, die er nie ausgesprochen, so vieles, was er ihr noch zu geben hatte. Er liebte sie mit jeder Faser seines Ichs. Und weil er das tat, mußte er ihr diese Chance gewähren, um die sie ihn gebeten hatte. Es war zu spät, alles anders zu machen. Zu spät.

Miles machte einen schwankenden Schritt auf sie zu und hielt dann wieder an. Er konnte nicht zu ihr hingehen und sie küssen. Er wagte es nicht.

«Leb wohl, mein Liebling», sagte er und taumelte aus dem Zimmer. Und während er die Treppen hinablief, war er blind vor Tränen und wußte, daß er niemals wieder so lieben würde.

Sie weinte während des gesamten Atlantikfluges.

Jane holte sie vom Flughafen ab, warf einen Blick auf sie und verstaute sie in der wartenden Limousine.

«Was für ein Glück, daß es dunkle Brillen gibt», sagte Christie und bemühte sich, normal und lustig zu sein. Dann brach sie prompt in Tränen aus.

Jane nahm sie in die Arme, streichelte ihren Rücken und sagte, sie solle es alles hinausweinen. Christina schluchzte die ganze Fahrt nach Manhattan ohne Pause, während Jane liebevoll und mitfühlend auf sie einredete.

Ihre Tränen wollten nicht versiegen. Aber irgendwie gelang es ihr, sich um ihr Geschäft zu kümmern, sich in die Arbeit zu stürzen. Sie liebte ihre Arbeit, und sie half ihr, den Kummer zurückzudrängen. Sie trauerte um Miles. Irgendwo in den verborgenen Winkeln ihres Herzens wußte sie, daß sie immer um ihn trauern würde. Er war ihre erste Liebe, und sie waren einander so verfallen gewesen.

Aber als die Wochen zu Monaten wurden, gewann sie langsam ihre Selbstbeherrschung zurück, und eines Nachts konnte sie einschlafen, ohne eine einzige Träne zu vergießen.

Beim Frühstück sagte sie zu Jane: «Ich glaube, ich bin jetzt über den Berg. Ich habe mich gestern nicht in den Schlaf geweint.»

«Das freut mich sehr, Christie», sagte Jane ruhig. Sie hatte von Anfang an verstanden, daß Christie wirklich litt, daß ihr Herz gebrochen war, und so war sie freundlich zu ihr gewesen und hatte sie immer wieder aufgerichtet. Sie hatte auch nie etwas Abfälliges über Miles gesagt. Nun murmelte sie: «Aber es *hat* lange gedauert, weißt du.»

«Wie meinst du das?» fragte Christie, die gerade in ihrem Tee rührte, und warf ihr einen fragenden Blick zu.

«Wir haben jetzt die erste Dezemberwoche, und du bist im Juli hier angekommen. Sechs Monate unter Tränen! Mein Gott! Das muß ein Rekord sein!»

Christina fing an zu lachen.

Jane stimmte ein und sagte dann: «Nun weiß ich, daß es dir wirklich besser geht, Crowther. Und vielleicht kannst du mir jetzt bei meinen Vorbereitungen für die Weihnachtsparty helfen . . . unserer Weihnachtsparty.»

«Machen wir eine?»

«Allerdings . . . ich möchte, daß du diesen Schauspieler kennenlernst, Simon; hoffentlich magst du ihn, denn ich trage mich mit dem Gedanken, ihn zu heiraten.»

«Wie lange geht *das* denn schon?» rief Christina. «Habe ich den nicht schon mal gesehen?»

«Nein, er ist neu . . . und ganz hinreißend.»

«Schauspieler sind miserable Ehemänner, Janey.»

«Willst du meinen Vater beleidigen?» wollte Jane etwas pikiert wissen. «Das würde Mummy aber gar nicht gefallen.»

«Ralph ist anders», erwiderte Christina.

«Alex Newman auch.»

«Ich dachte, der hieße Simon.»

«Heißt er auch, Christie. Alex Newman ist für dich.»

Abwehrend hob Christina die Hand. «O nein . . . ich bin noch nicht wieder bereit für Männer!»

Aber sie hatte nicht mit Alex Newman gerechnet.

Vom ersten Augenblick an begriff sie, daß er wirklich eine Ausnahme bildete. Er besaß eine gewisse Würde, die ihn von anderen unterschied, und diese rührte nicht von seinem dunklen, attraktiven Aussehen oder seinem Charme her.

Jane stellte ihn Christina vor, und diese hatte, während sie seine Hand schüttelte, nicht die geringste Ahnung davon, daß er schon entschlossen war, sie zu heiraten, als er sie quer durchs Zimmer beobachtet hatte.

Er war den ganzen Abend über reizend zu ihr und kümmerte sich sehr aufmerksam um sie. Er brachte sie zum Lachen, sie freute sich an seinem trockenen Humor und merkte, daß sie Gefallen an ihm fand. Aber als er sie für den nächsten Abend um ein Rendezvous bat, schüttelte sie den Kopf. «Vielen Dank, aber ich möchte nicht.»

«Sind Sie noch nicht soweit?» fragte er ruhig.

Sie fuhr etwas zurück. «Wie meinen Sie das?» Sie fragte sich, ob ihm Jane irgend etwas von ihren Problemen erzählt hatte, darüber, wie unglücklich sie war, aber dann kam sie zur Überzeugung, daß ihre Freundin so etwas niemals tun würde.

«Schauen Sie doch nicht so ärgerlich drein», sagte Alex lächelnd. «Ich habe sofort gespürt, daß Sie vor kurzem verletzt worden sind. Von einem Mann. Und ich denke, vielleicht wollen Sie deshalb nicht mit mir essen gehen.» Er grinste ihr ziemlich jungenhaft zu. «Oder Sie mögen mich nicht.»

«Ich mag Sie, Alex, sehr», entgegnete Christina. «Gut, ich werde morgen abend mit Ihnen ausgehen.»

Er lächelte und holte ihnen einen weiteren Drink, dann saßen sie noch lange vor dem Kamin, sprachen über dies und das und fanden heraus, daß sie gemeinsame Interessen hatten.

Alex sagte: «Jane hat mir erzählt, daß das House of Christina Anfang nächsten Jahres eröffnet werden wird, also heißt das, daß Sie hierbleiben werden?»

«Das glaube ich nicht», sagte Christina schnell. «Das Haus in London braucht mich, ich werde wohl immer hin und her pendeln. Ich habe mir ein Jahr gegeben, hier alles in Gang zu bringen.»

«Ich verstehe. Aber Ihr hiesiges Geschäft wird doch größer werden, nicht wahr? So nach und nach. Ich würde denken, daß Sie bei uns doppelt soviel verkaufen könnten wie in London.»

Christina betrachtete ihn interessiert, da sie wußte, daß er ein Bankier war, und den Rest des Abends redeten sie über die Geschäfte. Als alle gegangen waren und sie Jane half, die Gläser und Teller wegzuräumen, stellte sie fest, daß sie über

Alex Newman und seine faszinierenden Marketing-Ideen nachdachte.

Während sie mit Jane das Kristall spülte, sagte Christina plötzlich: «Ich mag Alex. Du hattest recht, er ist ein sehr netter Mann und ganz etwas anderes.»

«Und reich», sagte Jane und grinste sie an. «Aber das interessiert dich ja nicht.»

«Nein. Und komme nicht auf seltsame Ideen, Janey Sedgewick, ich interessiere mich für ihn nur als Freund. Mir haben seine Ansichten übers Geschäft gefallen, und er sagt, er würde mir gern jederzeit behilflich sein.»

«Darauf möcht ich wetten», rief Jane und verdrehte lachend die Augen im Kopf. «Und er ist nicht bloß charmant, schön, reich und intelligent, er ist auch noch ledig.»

«Das klingt ja ganz großartig», versetzte Christina. «Und warum ist er nicht verheiratet?»

«Ich glaube, er ist geschieden.»

Christina schüttelte den Kopf, und es war, als wollte sie in die Wand verschwinden; dann wandte sie sich ab und ging ins Wohnzimmer.

Jane lief sofort hinter ihr her. «O Christie, Süße, es tut mir ja so leid. Ich wollte dich nicht aufregen.»

«Hast du auch nicht, Janey, wirklich nicht. Ich bin nur noch nicht bereit für andere Männer.»

«Aber geh bitte morgen mit Alex aus. Er ist so nett, und ich weiß, daß er dich mag. Bitte, tue es für mich.»

Und so aß Christina am Abend darauf mit Alex Newman im Le Pavillon. Sie wußte damals noch nicht, daß er derjenige war, der ihre Wunden heilen und sie wieder ganz machen würde.

52

Mommy, warum willst du mir nicht verraten, was wir Grandma zum Geburtstag gekauft haben? Ich möchte es wissen!»

Christina sah auf ihre sechsjährige Tochter hinab und sagte: «Psst, Kyle, schrei hier nicht so auf der Straße herum.»

«Aber warum sagst du es mir denn nicht?» jammerte Kyle.

«Weil du kein Geheimnis für dich behalten kannst und Daddy und ich es nicht wagen, dich einzuweihen, denn es ist ganz etwas Besonderes. Wir fürchten, daß du damit herausplatzt, und dann ist es keine Überraschung mehr für Gran.»

«O Mommy, ich sag bestimmt nichts», protestierte Kyle beleidigt. «Ich bin doch kein Baby mehr wie Tante Janeys Clarissa.»

Christina nahm das Kind fest bei der Hand und überquerte den Grosvenor Square in Richtung South Audley Street. Es war ein strahlender Junitag im Jahre 1965, und Audra würde in dieser Woche achtundfünfzig werden. Heute abend gaben sie und Alex ein kleines Essen für Audra in ihrer Wohnung am Eaton Square, und Kyle war ihr schon tagelang lästig gefallen, indem sie ständig nach dem Geschenk fragte.

«Bitte sag es mir, Mommy!»

«Gut, ich mache einen Pakt mit dir, Kyle», murmelte Christina und bezwang ihre Gereiztheit. «Wenn du hier auf der Straße nicht wieder davon anfängst, sage ich es dir, wenn wir wieder zu Hause sind – ist das was?»

«In Ordnung.»

Zu Christinas großer Erleichterung gingen sie schweigend weiter. Sie war in Gedanken bei ihrem Geschäft und überlegte, ob sie noch einmal in der Bruton Street hineinschauen und mit

Alex und Giselle über die neue Winterkollektion sprechen sollte, die gerade angefertigt wurde. Dann verwarf sie diesen Gedanken wieder. Ihre Eltern, die Sedgewicks und Janey mit ihrem Ehemann Simon würden gegen halb sieben Uhr kommen, und es war jetzt schon vier. Sie sollte lieber direkt zum Eaton Square zurückkehren.

Sie dachte gerade darüber nach, was sie heute abend anziehen sollte, als sie ihn sah, wie er vor ihnen aus einem Auto mit Chauffeur stieg.

Für den Bruchteil einer Sekunde zögerte sie, dann ging sie weiter, Kyles Schneckentempo angepaßt.

Er wandte sich vom Auto ab, drehte sich um und blickte die Straße entlang in ihre Richtung. Er sah sie sofort. Mitten auf der Straße blieb er stehen, stocksteif, wie von einem Schock gelähmt, und sie begriff, daß er auf sie wartete.

Dann kam er ganz langsam auf sie zu, die Augen unverwandt auf ihr Gesicht gerichtet.

Wie erstaunlich, dachte Christina, er hat sich in den acht Jahren überhaupt nicht verändert. Vielleicht ist da ein bißchen mehr Grau an den Schläfen, aber er sieht sonst noch genauso aus wie immer. Er war jetzt berühmt. Die Labour Party hatte die Parlamentswahlen von 1964 gewonnen, und er war jetzt Minister, bekleidete einen wichtigen Regierungsposten. Einige Leute meinten, er würde eines Tages noch Premierminister werden. Candida hatte sich vor sechs Jahren von ihm scheiden lassen, um irgendeinen verarmten, hochadligen Franzosen zu heiraten, einen Grafen oder Herzog, sie wußte es nicht genau. Manchmal sah sie seinen Namen in Verbindung mit irgendwelchen Frauen in den Klatschspalten, aber er hatte nie wieder geheiratet.

Als sie einander näher kamen, fing ihr Herz wie rasend an zu klopfen, und ihr Mund wurde trocken.

«Hallo, Christina», sagte er leise, als sie schließlich voreinander standen.

«Miles . . .» Sie brachte in diesem Moment nichts anderes heraus. Seine strahlendblauen Augen blendeten sie, das laute Geräusch in ihrer Brust machte sie taub. Schließlich sagte sie mühsam: «Wie schön, dir nach all den Jahren zu begegnen.»

«Ja . . . acht Jahre sind es her, Christie, eine lange Zeit.»

«Ja. Und herzlichen Glückwunsch, Miles . . . zu all deinen großartigen Erfolgen . . . daß du jetzt Minister bist.»

«Und zu deinen auch, Christina. Ich sehe deinen Namen überall – Parfüms, Kleider, Sonnenbrillen, Unterwäsche, Hüte . . .» Miles war überwältigt. Er hielt sich reglos, hatte Angst, daß er ihren Arm ergreifen, sie irgendwohin mit sich schleppen könnte, irgendwohin, wo sie allein waren, wo er sie in die Arme nehmen konnte und ihr sagen, wie sehr er sie immer noch liebte.

Keiner von ihnen konnte weitergehen, den Blick vom anderen abwenden. Für beide stand die Zeit plötzlich still.

Tausend Erinnerungen überfluteten Christina, und als sie ihn ansah, wußte sie, daß auch er sich an alles erinnerte.

«Mommy.»

Die Kinderstimme rüttelte sie wach.

Miles sah herab. Er räusperte sich. «Ich bin Miles. Und wie heißt du?» fragte er mit seiner wohltönenden Stimme und hielt der Kleinen die Hand hin.

Sie ergriff diese, lächelte zu ihm empor, Grübchen in den kleinen Wangen. «Ich heiße Kyle.»

«Und wie alt bist du, Kyle?»

«Sechs Jahre.»

Er hob den Kopf. «O Christie . . .»

Sie sah den Schmerz in seinen Augen und die plötzlich aufglänzenden Tränen. Und da war solche Sehnsucht in seinem schmalen, intelligenten Gesicht, daß sie wußte, er hatte nie aufgehört, sie zu lieben, und daß er an ihr Kind dachte, das sie verloren hatte. Und sie wußte, daß er ihretwegen nie wieder geheiratet hatte.

Ihr gingen die Augen über. «Miles, o Miles», sagte sie mit bebender Stimme.

«Nicht», sagte er und klang ebenso erschüttert wie sie, legte die Hand auf ihren Arm. «Bitte nicht, mein Liebling, es ist so schon schrecklich genug für mich. Paß gut auf dich auf, Christie ... leb wohl, Kyle.»

Er machte auf dem Absatz kehrt und ging zum Haus zurück, vor dem sein Auto stand, eilte die Treppe hinauf.

Und sie wartete, bis sich die Tür hinter ihm geschlossen hatte, ehe sie weiterging.

«Warum weinst du denn, Mommy?»

«Ich weine nicht.»

«Tust du doch.»

«Es ist der Wind in meinen Augen.»

«Da ist doch gar kein Wind, Mommy.»

«Ich bin größer als du, und hier oben ist es windig.»

«Ach so.»

«Komm, wir wollen uns ein Taxi suchen», rief Christina, strich sich mit den Fingerspitzen über die feuchten Wangen und schob ihre Tochter eilig vorwärts.

«Du hast mir versprochen, mir Grandmas Geschenk zu verraten, wenn wir zu Hause sind», sagte Kyle, sobald sie die Wohnung am Eaton Square erreicht hatten.

Christina sah zu ihr herab und nickte: «Ja, Kyle. Aber ich habe dir nicht gesagt, *wann* ich's dir verraten würde. Du wirst es erfahren, wenn Grandma es erfährt – heute abend.»

«Das ist aber nicht fair!»

In diesem Augenblick erschien Nanny Fraser, die reizende Schottin, die sich um Kyle kümmerte, im Eingangsfoyer, hob Kyle hoch und verfrachtete sie ins Kinderzimmer.

Christina ging den Flur entlang und betrat ihr Schlafzimmer. Dann ließ sie ihre Handtasche aufs Bett fallen und ging in das angrenzende Badezimmer hinein. Sie verschloß die Tür, drehte die Wasserhähne auf, fand ein Handtuch und vergrub ihr Gesicht darin. Dann lehnte sie sich gegen die Wand und schluchzte und schluchzte, bis sie keine Tränen mehr hatte. Sie weinte um das Kind, das sie verloren, um die Liebe, die sie verloren hatte. Und sie weinte um Miles, seine Einsamkeit und die tragischen Umstände seines Lebens, um alles, was er mit ihr nicht erlebt hatte.

Und als sie sich schließlich wieder beruhigt hatte, wusch sie sich das Gesicht und ging in ihr Schlafzimmer, um neues Make-up aufzulegen und sich für den Geburtstag ihrer Mutter umzuziehen. Vorhin hatte sie schon ein malvenfarbenes Seidenkleid bereitgelegt, dazu passende malvenfarbene Seidenschuhe und all die Opale, die Miles ihr geschenkt hatte. Sie paßten so gut zu violetten Tönen. Als sie den Schmuck in den Händen hielt, dachte sie daran, wie merkwürdig es doch war, daß sie ihn ausgerechnet heute abend tragen wollte und deshalb heute morgen aus dem Safe geholt hatte. Sie war Miles nie begegnet in all den Jahren, in denen sie zwischen New York und London pendelte.

Sobald sie sich angekleidet hatte, verließ Christina ihr Schlafzimmer und ging noch einmal eilig ins Wohnzimmer, um alles zu inspizieren, ehe die Gäste kamen. Im Eingangsfoyer hörte sie Kyles schrille Stimme aus Alex' Arbeitszimmer schallen und ging darauf zu, blieb in der Tür stehen. Kyle sagte gerade: «Und nachdem er weg war, fing Mommy an zu weinen.»

Alex schaute lächelnd auf. Aber seine Augen waren etwas verwundert, als er auf sie zukam. «Hallo, meine Chris-Chris», sagte er. «Wie schön du heute abend bist. Unglaublich schön.»

Sie ging ihm entgegen, streckte die Hände nach ihm aus, sah zu ihm auf, betrachtete ihn mit einem liebevollen Blick. Sie war so froh darüber, mit diesem Mann verheiratet zu sein.

Er küßte sie auf die Wange und wandte sich dann dem Kind zu. «Na, mein Püppchen, solltest du dich nicht auch umziehen? Grandpa und Grandma können jede Minute kommen.»

Sobald sie allein waren, nahm Alex sie in die Arme und hielt sie dicht an sich gepreßt. In ihr üppiges Haar hinein sagte er: «Also bist du schließlich doch noch Miles Sutherland begegnet, nach all den Jahren.»

«Ja.» Ein kleines Schweigen trat ein, dann sagte sie: «Er tat mir so leid, Alex. Deshalb habe ich geweint, nachdem er gegangen war – aus keinem anderen Grund.»

«Ich verstehe dich, Christie. Er ist wohl ein sehr einsamer Mann, trotz all der Macht und des Ruhms.»

«Ja.» Und dann murmelte sie: «Das war wirklich der einzige Grund, weißt du.»

Alex hielt sie etwas von sich ab und schüttelte den Kopf. «Glaubst du, ich wüßte nicht, woran ich mit dir bin, nach sieben Jahre Ehe?»

«War es Miles?» fragte Jane und schaute sie gespannt an. «Der Mann, dem du heute nachmittag begegnet bist?»

Christina nickte und schob die Lippen vor. «Also hat sie es dir auch erzählt, das kleine Äffchen . . . und deinen Eltern, denke ich.»

Jane drückte ihren Arm. «Sei nicht böse auf sie, Christie, mein Herz. Du weißt doch, wie Kinder sind, und außerdem hat sowieso niemand genau hingehört.»

Christina lachte ironisch. «Das glaubst du!» Sie zog Jane dichter ans Fenster und schob sie auf die Terrasse des Penthouse hinaus. «Vorhin kam meine Mutter zu mir und fragte mich, wem wir heute nachmittag begegnet seien, wer der Mann wäre. Und dann wagte sie, mich zu fragen, ob ich mit Alex glücklich sei.»

«Das bist du doch, oder?» Jane sah plötzlich besorgt aus. «Du trauerst doch Miles nicht mehr nach?»

«O Gott, Janey, wie kannst ausgerechnet du mich das fragen! Du weißt doch, wie ich Alex anbete. Ich habe die beste Ehe der Welt, von allem das Beste.» Christina nahm einen Schluck Champagner, sah Jane von der Seite an und sagte: «Aber nun bin ich an der Reihe zu fragen, und zwar wollte ich dich das schon seit Jahren fragen . . . was hattest du nur immer gegen den armen Miles? Du warst von Anfang an gegen ihn eingenommen.»

Jane lächelte ihr verlegen und beschämt zu. «Ich fand ihn wohl sehr anziehend und war wütend, daß er mir nie die geringste Beachtung geschenkt hat. Und als er dich hofierte, machte ich mir Sorgen, Christie. Ich dachte wirklich, er würde dir weh tun.» Jane senkte ihre Stimme. «Und das war ja auch der Fall.»

«Aber nicht irreparabel.»

«Gott sei Dank.» Jane trat an den Rand der Terrasse vor, sah auf die begrünten Gärten in der Mitte des Eaton Squares und drehte sich um. «Zwischen mir und Simon ist auch wieder alles in Ordnung, Christie. Es war nur ein Sturm im Wasserglas ... na, du hast mir ja gleich davon abgeraten, einen Schauspieler zu heiraten.»

Christina lächelte, ergriff ihren Arm und zog sie zur Glastür zurück. «Ich wußte, daß es sich einrenken würde. Und nun wollen wir lieber wieder hineingehen. Alex möchte, daß ich mein kleines Sprüchlein für Mummy aufsage, dann geben wir ihr unser Geschenk, und danach verfrachten wir die kleine Plaudertasche ins Bett.»

Alex räusperte sich und sagte: «Darf ich um Ruhe bitten? Christie möchte etwas sagen.»

Alle hörten auf zu reden, und Christina trat in die Mitte des Zimmers, Kyle an der Hand. Das Kind hatte eines seiner hübschesten Kleidchen an und hielt eine in buntes Papier eingewickelte Schachtel in der Hand.

Christina lächelte ihre Gäste an, dann ruhten ihre Augen auf Audra. «Im letzten Jahr hatte ich einen Einfall, Mummy, und ich habe Alex davon erzählt. Ihm gefiel er ebensogut wie mir ... es war eine Idee für ein Geburtstagsgeschenk für dich ... von uns dreien. Wir schenken es dir mit aller Liebe, und wir hoffen, daß es dir soviel Spaß macht, wie wir es uns vorgestellt haben, als wir es vor ein paar Monaten für dich kauften.»

Kyle sah zu ihrer Mutter auf, und Christina nickte. «Ja, Kyle, gib Grandma jetzt unser Geschenk.»

«Da hast du's, Grandma», sagte das Kind, hielt ihr die Schachtel hin und legte dann die Arme um Audras Hals, küßte sie auf die Wange. Sie schmiegte sich an ihre Großmutter und sagte: «Bitte mach schnell, Gran, und schau nach, was es ist ... sie wollten es mir nämlich nicht sagen ... Mommy meint, ich könnte nichts für mich behalten.»

Alle lachten.

Audra, deren Gesicht vor Freude glühte, löste die blaue Schleife, zog das knittrige Silberpapier ab und machte die Schachtel auf. Sie sah angespannt hinein und runzelte die Stirn. «Was ist es denn?» fragte sie und warf Alex und ihrer Tochter einen ratlosen Blick zu, während sie den alten eisernen Schlüssel herausnahm. Dann sah sie zu Vincent, der neben ihr saß. «Weißt du, was dieser Schlüssel zu bedeuten hat?» fragte sie ihren Mann.

Vincent schüttelte den Kopf, obwohl er es genau wußte. Er hatte das Geheimnis von Anfang an geteilt und hatte sehr viel damit zu tun.

Christina sagte: «Es ist der Schlüssel zu deinem neuen Haus, Mummy . . . deinem und Daddys. Alex und ich haben High Cleugh für dich gekauft – das ist dein Geburtstagsgeschenk . . . das Zuhause deiner Kindheit.»

Audra machte den Mund auf. Sie brachte keinen Ton heraus. Erst sah sie auf den Schlüssel in ihrer Hand, dann zu Vincent. Sie erhob sich leicht schwankend vom Sofa. Ihr Gesicht war blaß geworden, aber ihre Augen strahlten, als sie zu ihrer Tochter und ihrem Schwiegersohn hinüberging. Sie schüttelte den Kopf und schaute das Geschenk noch einmal an.

«Ich hätte mir nie träumen lassen, daß ich diesen Schlüssel noch einmal in der Hand halten dürfte . . . ich danke euch, Christie und Alex, ich danke euch dafür, daß ihr mir dieses Haus zurückgegeben habt.» Dann streckte sie die Hand aus und ergriff Christinas Arm. Sie fürchtete, die Beine würden unter ihr nachgeben. Tränen stiegen ihr in die Augen, sie umarmte ihre Tochter und flüsterte: «O Liebling, vielen, vielen Dank.» Dann trat ein Lächeln auf Audras Gesicht und blieb dort den ganzen Abend.

Christina legte den Kopf an Alex' nackte Brust und lauschte auf seinen leichten Atem, ließ ihre Hand über seinen Arm gleiten.

«Glaubst du, daß Mummy sich über ihr Geburtstagsessen gefreut hat und darüber, daß ihr jetzt High Cleugh gehört?»

Alex lächelte: «Ja, beides. Und ich würde sagen, ‹freuen› trifft es nicht so ganz . . . wie wäre es mit ‹überwältigt› oder ‹ganz aus dem Häuschen›?»

Christina lachte und schlang ihre Beine um ihn. «O Alex, es war ein wundervoller Abend, ich danke dir für deine Unterstützung.»

Er sagte nichts, streichelte ihr Haar, hielt ihren Kopf zärtlich an sich gedrückt. Er liebte seine Frau sehr. Das war vom ersten Augenblick an so gewesen, seit er sie das erste Mal getroffen hatte auf Janeys Party. Er hatte sie auf der anderen Seite des Zimmers stehen sehen, und sein Herz hatte einen Satz gemacht, er hatte gleich gewußt, daß er sie heiraten würde. Plötzlich wünschte er, sein Kind wäre ohne den Bericht über das Zusammentreffen des heutigen Nachmittags nach Hause gekommen. Er hätte lieber nichts davon gehört, daß Christina zufällig Miles Sutherland getroffen hatte. Das war alles schon so lange vorbei, aber der Gedanke, daß sie ihn wiedergesehen hatte, war ihm sehr unangenehm. Miles hatte ihr in der Vergangenheit großen Kummer bereitet. Dann machte er sich Vorwürfe, daß er so egoistisch war. Es war doch besser, daß er davon wußte, falls Christie darüber reden wollte. Sie hatte ihm nie viel von Miles erzählt, aber auf ihren Flitterwochen in Paris merkte er, daß dieser Mann einen tiefen Eindruck auf sie gemacht und sie ihn geliebt hatte. Er hatte vor Christie schließlich auch eine andere geliebt. Jeder besaß eine Geschichte und eine Vergangenheit. Nein, er glaubte nicht, daß Christie ihm viel über den englischen Politiker erzählen würde. Sie war immer sehr verschlossen, was Miles anging, wenn sie ihm auch sonst alle ihre Gedanken und Gefühle mitteilte. *Sie teilten* – das war einer der Gründe, warum sie eine so vorbildliche Ehe führten, deshalb konnten sie auch so gut zusammen arbeiten. Sie waren das allerbeste Team. Er hatte das House of Christina zu einem internationalen Geschäft ausgebaut, das Milliarden Dollar wert war. Sie besaß das künstlerische Talent, er die Geschäftstüchtigkeit, und indem sie ihren Namen als Patent angemeldet hatte, war sie größer herausgekommen denn je.

«Bist du mit mir glücklich?» fragte sie unvermittelt.

«Das weißt du doch, meine Chris-Chris.»

«Tut es dir leid, daß ich keine Kinder mehr bekommen kann? Hättest du gern noch ein Kind, Alex?»

«Nein, Kyle reicht mir», sagte er und stöhnte dann in gespieltem Entsetzen auf. «Stell dir zwei von der Sorte vor.»

«Sei ernst.»

«Das bin ich doch . . . ich finde alles wunderbar, so wie es ist, Liebling. Solange du glücklich bist, Christie. Und das bist du doch, oder?»

«Ja. Und tut es dir leid, daß wir keinen Sohn haben? Einen Erben, verstehst du?»

«Nein – und wir haben doch eine Tochter zur Erbin, das ist genug für mich.» Er spürte, daß sie lächelte, und beugte sich über sie, rückte ihren Kopf sacht zur Seite und schob sein Gesicht an ihres.

Er fand ihren Mund und küßte sie sanft, ließ seine Zunge an ihrer entlanggleiten. Dann fing er sanft und zärtlich an, sie zu lieben, berührte ihre Brüste und streichelte sie, ließ sie wissen, wie sehr er sie liebte und erzählte ihr mit tausend stummen Gesten, daß *er* sie niemals verletzen würde.

Zart und geschickt ließ er sie neue Höhepunkte der Leidenschaft erreichen, und als sie erschauernd kam, nahm er sie, drang schnell in sie ein und machte sie sich zu eigen. Nicht nur für diese Nacht, sondern für immer.

Epilog
Kyle, Audra und Christina
1978

Ich will nicht Kleider bemalen wie sie, ich möchte Bilder malen», sagte Kyle zu ihrer Großmutter.

Audra zuckte bei diesen Worten zusammen. Endlich kamen sie zum Kern der ganzen Angelegenheit, aber wie brutal diese jungen Leute doch sind! Dann sagte sie: «Ich weiß, daß du schon seit ein paar Jahren malen willst, eine Künstlerin werden möchtest, meine liebe Kyle, aber ich bin nicht sicher, ob du das deinen Eltern in der richtigen Weise nahegebracht hast.»

«Daddy sagt nichts, ihm ist es egal, ob ich in diese dumme Firma eintrete oder nicht. *Sie* ist es!»

«Nun hör mir mal gut zu, Kyle, ich lasse es nicht länger zu, daß du so über deine Mutter redest. Du bist sehr ungerecht.»

Kyle sah Audra halb entschuldigend an, aber dann verzog sich ihr Mund trotzig. «Ich weiß sowieso nicht, warum ich Daddy verteidige, er ist jedesmal auf ihrer Seite. So war das schon immer. Solange ich denken kann, waren sie zusammen und gegen mich . . . schon als ich klein war, fühlte ich mich ausgeschlossen. Sie waren das allerbeste Team. Das haben sie immer gesagt, und dazu gehörten eben nur sie beide, Gran, ich gehörte nie dazu.»

Audra sah Kyle erstaunt an und seufzte schwer. Sie hätte ihre Enkelin gern geschüttelt, und wenn sie sich nicht gerade im Restaurant des Carlyle Hotel befunden hätten, wo sie nach dem Essen Kaffee tranken, hätte sie es auch getan. «Da irrst du dich aber gewaltig, Kyle. Ich kann mich noch gut daran erinnern, wie du 1965 nach England kamst . . . du liefst herum und sangst immer: ‹Wir sind das allerbeste Team, das allerbeste Team, Mummy und Daddy und ich.› Ich erinnere mich noch so gut daran, weil es in dem Jahr war, als deine Eltern mir

High Cleugh kauften. Damals warst du sechs. Und deine Eltern haben dich nie ausgeschlossen. *Nie*. Du hast bei allen Dingen dazugehört. Sie sind wundervolle Eltern und lieben dich sehr.»

«Sie lieben einander mehr als mich.»

«Mach dich doch nicht lächerlich», bellte Audra, die jetzt wirklich wütend wurde. «Natürlich lieben sie einander – sie waren immer schon sehr ineinander verliebt, natürlich. Und dafür solltest du deinem Schöpfer auf den Knien danken. Was wolltest du denn sein? Das Kind einer gescheiterten Ehe?»

«So hab ich's ja nicht gemeint», erwiderte Kyle schnell und machte ein besorgtes Gesicht. «Ich bin doch bloß so verzweifelt, Grandma. Ich hasse diese Modebranche und alles, was damit zusammenhängt. Ich will keine Kleider entwerfen und hinter einem Schreibtisch sitzen, Modeschauen organisieren und mich mit schwachsinnigen Mannequins herumschlagen, die sich bis zur Magersucht abhungern und sich jeden Tag pfundweise klebriges Zeug ins Gesicht schmieren. Ich möchte malen.»

Ihr junges Gesicht hatte plötzlich alles Mürrische verloren, war strahlend lebendig, und all ihre Verstocktheit schien von ihr abzufallen. Kyle beugte sich energisch vor, und ihre dunklen Augen leuchteten. «Ich möchte Landschaften malen und die See, so wie im letzten Sommer, als ich mit dir in Yorkshire war, Gran. Das war wunderschön, in High Cleugh zu sein, nach Robin Hood's Bay und in die Dales zu fahren, mit meiner Staffelei dazusitzen – nur Stille um mich – und die Schönheit auf der Leinwand einzufangen, so wie ich sie sah ... mit eigenen Augen. Ich war so glücklich im letzten Sommer mit dir, Grandma. Glücklicher als je zuvor. Und dann mußte ich zurück nach New York fahren und mit Mom herumtouren. Diese idiotischen Modeschauen! Ich hasse sie. Und ich hasse die Ausbildung.»

Audra ergriff Kyles Hand. «Ich weiß, daß es in der letzten Zeit schwer für dich gewesen ist, Liebling.»

«Ich schaffe überhaupt nichts mehr, so genervt und unglücklich bin ich», Kyle holte tief Luft. «Das einzige, worum ich bitte, wäre die Erlaubnis, ein paar Jahre aufs Royal College of Art zu gehen und anschließend Landschaftsmalerin zu werden. Aber *das* begreift sie einfach nicht. Sie interessiert sich nur dafür, Geld zu scheffeln.»

Audra traten die Tränen in die Augen. «Aber das stimmt doch gar nicht, Kyle», sagte sie und hielt dann inne, griff nach ihrer Tasche auf der Bank, öffnete sie und suchte nach ihrem Taschentuch.

Kyle war erschrocken und drückte den Arm ihrer Großmutter. «Es tut mir leid, Gran, ich wollte nicht gemein sein. Es tut mir leid, wenn ich dich verletzt habe, sie ist schließlich deine Tochter.»

«Und deine Mutter, Kyle, die beste Mutter auf der Welt», rief Audra. «Das kannst du mir glauben. Sie will doch nur dein Bestes. Sie würde ihr Leben für dich hingeben. Ich war nun die ganze Zeit auf deiner Seite, aber das werde ich nicht länger sein, wenn du weiter das verzogene Kind spielst und von deiner Mutter so undankbar und ohne Respekt sprichst.» Audra ließ ihre durchbohrenden blauen Augen auf Kyle ruhen. «Hast du mich verstanden?» fragte sie streng und vorwurfsvoll.

«Ja, Gran», erwiderte Kyle eingeschüchtert. Sie hatte schon immer ein bißchen Angst vor Audra gehabt.

«Schön. Und nun hör mir zu, hör mir genau zu . . . vielleicht verstehst du die Beweggründe deiner Mutter besser, wenn ich fertig bin, verstehst *sie*, verstehst, warum sie ihr Geschäft so liebt. Abgemacht?»

Kyle nickte.

«Deine Mutter war eine Landschaftsmalerin, und sie hat ihre Kunst des Geschäfts wegen aufgegeben. Einst besaß sie genau das, wonach du dich so sehnst. Und sie war großartig, Kyle. Aber sie hat es alles *meinetwegen* aufgegeben . . . um Geld *für mich* zu verdienen . . . um *mir* all den Komfort und Luxus zu geben, den ich ihrer Ansicht nach verdiente.» Audra ergriff Kyles Hand, hielt sie fest. «Ich werde dir alles erzählen . . . Christie hätte es dir erzählen sollen, aber sie hat es nicht getan . . . also erzähle ich es dir jetzt.»

Kyle wandte ihrer Großmutter ihre ungeteilte Aufmerksamkeit zu, und als Audra fortfuhr, verschwand das meiste an Ärger und Reizbarkeit, das sich im letzten Jahr bei ihr gegen die Mutter angestaut hatte. Und als Audra zum Ende gekommen war, waren Kyles Augen ebenfalls feucht. «Wie außergewöhnlich, was Mom für dich getan hat, Gran. Wenn sie es mir nur gesagt hätte.» Kyle biß sich auf die Lippen. «Glaubst du, daß sie das Malen vermißt? Glaubst du, daß sie deshalb so wenig von ihren eigenen Sachen im New Yorker Apartment und im Haus in Connecticut aufgehängt hat? Ich meine, du hast doch das meiste in High Cleugh, und Tante Janey hat auch ein paar Bilder. Vielleicht will sie nicht allzusehr an das erinnert werden, was sie aufgegeben hat.»

Audra zuckte wieder zusammen. Kyles unerbittliche Offenheit war manchmal eine Qual. «Vielleicht vermißt sie es ... ich weiß es nicht. Wir sprechen nie darüber. Wir haben eigentlich nie darüber gesprochen, auch nicht zu Anfang. Aber das war falsch von mir, Kyle. Wir hätten darüber sprechen sollen, sie und ich.» Audra ließ sich auf die Sitzbank zurückgleiten und schaute nachdenklich drein. Ich hatte immer Angst, das Falsche zu sagen, sie aufzuregen, dachte Audra. Ja, das war nicht richtig von mir, und vieles andere auch nicht.

«Jetzt weiß ich gar nicht, was ich machen soll, Großmutter», murmelte Kyle. «Mir ist ganz scheußlich zumute. Ich war nun schon monatelang gemein zu Mom. Das muß sie sehr getroffen haben.»

Audra streichelte ihre Hand. «Du wirst keine Schwierigkeiten mit deiner Mutter haben ... ich kenne meine Tochter sehr gut. Sie liebt dich so. Sie wird deine Entschuldigung annehmen und dir verzeihen.»

«Meinst du wirklich, Gran?»

«Ich *weiß* es.» Dann neigte sich Audra näher zu ihr und lächelte zum ersten Mal seit Tagen. «Ich glaube, mir ist ein Kompromiß für euch beide eingefallen. Ich habe mir schon die ganze Woche darüber den Kopf zerbrochen, und nun hab ich's, glaube ich, gefunden.»

«Das wäre ja zu schön. Und was ist es?»

«Ich werde noch einmal mit deiner Mutter sprechen, wenn wir zurück sind. Falls sie immer noch darauf beharren sollte, dich ins Geschäft zu nehmen, werde ich sie darum bitten, daß sie dich einige Zeit freistellt. Aber Kyle, du mußt ihr versprechen, daß du später drei Jahre in ihre Firma gehst, wenn sie dir jetzt drei Jahre gewährt und dir gestattet, daß du nächste Woche mit mir nach London kommst. Wir bewerben uns dann gleich am Royal College, und in der Zwischenzeit, bis sie dich aufnehmen, kannst du bei mir in High Cleugh wohnen und nach Herzenslust malen. Was sagst du dazu?»

«Gran, das ist großartig! Einfach großartig!»

«Und wirst du dich auch an deinen Teil der Abmachung halten?»

«Klar! Klar!» Kyles Gesicht strahlte.

Nachdem sie das Carlyle Hotel verlassen hatten, gingen sie ein kurzes Stück die Madison Avenue entlang.

Es war ein schöner Samstagnachmittag Ende Mai, und das gute Wetter hatte viele Leute hervorgelockt, die jetzt in die Schaufenster der eleganten Boutiquen sahen und sich in den Kunstgalerien umschauten.

«Ich glaube, ich möchte lieber zur Park Avenue gehen und ein Taxi zurück nehmen», sagte Audra und griff nach Kyles Arm. «Es sind mir zu viele Leute unterwegs.»

«Fühlst du dich nicht wohl?» Besorgt sah Audra ihre Großmutter an.

«Ich bin ein bißchen müde.»

An der Park Avenue hielt Kyle ein Taxi an und half Audra hinein, und zehn Minuten später stiegen sie vor dem Apartmenthaus am Sutton Place aus, wo die Newmans wohnten.

«Und nun überlaß mir das Reden», sagte Audra bestimmt, als sie im Fahrstuhl nach oben fuhren. «Zügle einmal dein flinkes Mundwerk. Und wenn ich mein Sprüchlein aufgesagt habe, kannst du dich bei deiner Mutter für dein Benehmen in der letzten Zeit entschuldigen. Das mußt du tun, Kyle, was immer auch passiert. Verstanden?»

«Ja.»

Audra war enttäuscht, als sie die Tür aufschlossen.

Die riesige Wohnung war totenstill und machte einen verlassenen Eindruck. Sie wußte zwar, daß Alex eine Verabredung zum Lunch hatte, dachte aber, ihre Tochter sei zu Hause. Dann hörte Audra Schritte auf den Marmorplatten im Korridor, der zum Eingang führte.

Plötzlich stand Christina lächelnd vor ihnen. Sie sah unglaublich jung aus in ihren Bluejeans mit der weißen Seidenbluse und dem vielen schweren Goldschmuck. Und sie war strahlend guter Laune. Der Kummer, die Sorge und der Zorn, die in der letzten Woche ihr Gesicht verschattet hatten, waren wie weggewischt. Sie war wie ein neuer Mensch. Oder eher so, wie sie früher gewesen war.

«Hallo, ihr beiden», sagte Christina gutgelaunt und trat ihnen schnell entgegen, lächelte sie an. «Habt ihr schön gegessen? Euch gut unterhalten?»

«Ja, das haben wir, Christie, danke der Nachfrage.» Audra kniff die Augen zusammen und überlegte sich, was wohl diesen Wandel in ihrer Tochter bewirkt hatte.

«Das freut mich, Mummy», sagte Christina.

«Ich würde gern mit dir sprechen», verkündete Audra unvermittelt.

«Dann laß uns doch in mein Arbeitszimmer gehen.» Christina machte auf dem Absatz kehrt und schritt den langen Gang in Richtung Arbeitszimmer entlang.

Kyle warf ihrer Großmutter einen fragenden Blick zu. Audra beantwortete die schweigende Frage mit einem Achselzucken. Sie waren beide überrascht über Christinas offensichtliche Veränderung und gingen schnell hinter ihr her, ganz kribbelig vor Neugier.

Sie stand mitten im Zimmer und wartete schon auf sie. «Worüber willst du denn mit mir reden, Mutter?» fragte sie.

Kyle hockte sich auf die Sofalehne, und Audra ließ sich in einem Sessel nieder. Dann sagte sie: «Christie, ich glaube, mir ist eine Lösung eingefallen für Kyles . . .»

«Einen Moment», rief Christina und hob die Hand. «Bevor

wir damit anfangen, möchte ich dir von meinen Plänen für deinen Geburtstag in der nächsten Woche erzählen, Mummy. Dein einundsiebzigster Geburtstag . . .»

«Also wirklich, Christie», unterbrach Audra sie gereizt. «Ich interessiere mich jetzt nicht für meinen Geburtstag. Es gibt doch Wichtigeres heute nachmittag. Kyle ist . . .»

«Aber ich bestehe darauf, erst darüber zu reden», fiel Christina ihr ins Wort, wobei ihre Stimme entschieden und fest klang. «Und ich möchte dir auch heute schon zwei deiner Geschenke überreichen.»

Audra war erbost und hatte die Lippen zusammengepreßt. Aber sie war zu klug, um ihre Tochter zu unterbrechen.

Kyle ärgerte sich ebenfalls, hielt aber ihr heftiges Temperament unter Kontrolle. Was ihre Großmutter auch sagen mochte, ihre Mutter war unmöglich.

Christina trat an den Kamin und stellte sich dicht an ihn heran, ließ eine Hand auf dem Sims ruhen. Dann sagte sie langsam und bedächtig: «Mein erstes Geschenk für dich, Mummy, ist das, was du dir im Innersten am meisten wünschst . . . eine Enkelin, die in England wohnt und am Royal College studiert.»

Audra und Kyle starrten Christina fassungslos an. Ihnen fehlten die Worte.

«Ich habe eine Menge gegrübelt in den letzten Tagen, und ich weiß, daß ich im Unrecht war, was Kyle angeht.» Christina schaute ihre Tochter an und lächelte zärtlich. «Man muß Kyle die Gelegenheit geben, ihrem eigenen Stern zu folgen. Wie du es mir vor Jahren gesagt hast und gestern noch einmal, ist ein Kind einem bloß eine Zeitlang geliehen. Und so möchte ich, daß sie mit ihrem Leben das anfängt, was sie will . . . schließlich ist es ihres.»

Sprachlos starrte Audra ihre Tochter an.

«Mom! Mom! Meinst du das im Ernst?» schrie Kyle, sprang vom Sofa auf und lief zu Christina hin, griff sie am Arm.

«Ja, Liebling, ich meine das ernst. Ich hätte nicht versuchen sollen, dich gegen deinen Willen in die Firma zu drängen.»

«O Mom, ich bin ungezogen, grausam und scheußlich zu dir

gewesen. Das tut mir so leid. Kannst du mir jemals verzeihen, Mom?»

«Es gibt nichts zu verzeihen, Kyle. Ich möchte einfach, daß wir wieder Freundinnen sind, und ich möchte, daß du bekommst, was dich glücklich macht.»

«Mom!» Kyle stürzte sich in ihre Arme und küßte sie, und dann machten sie sich voneinander los und sahen sich an, lachten und fielen sich wieder in die Arme.

Audra beobachtete sie und dachte: Gott sei Dank, Gott sei Dank. Nun wird doch noch alles gut.

Dann sagte Christina: «Und nun dein zweites Geburtstagsgeschenk. Ich werde es eben holen.» Sie eilte durchs Zimmer.

«Warum hat sie es sich auf einmal anders überlegt, Gran?» fragte Kyle, sobald sie allein waren. Sie war erregt, durcheinander und konnte sich gar nicht mehr beruhigen.

«Ich habe keine Ahnung. Aber deine Mutter ist schon immer sehr praktisch gewesen, sehr vernünftig, und vielleicht hat sie schließlich eingesehen, ebenso wie ich damals, daß man nicht das Leben für jemand anderes leben ...»

«Hallo, Audra, mein Schatz.»

Bei der vertrauten Stimme wandte Audra sich abrupt um, und ihre Augen weiteten sich vor Erstaunen. Sie stand mühsam auf und ging zu ihm hinüber: «Vincent, du meine Güte! Wie kommst du denn hierher?»

«Mit der Concorde», entgegnete er und drehte seinen schönen Kopf Alex zu, der strahlend hinter ihm stand. «Unser Schwiegersohn hat sich um alles gekümmert. Er hat mich heute morgen vom Flughafen abgeholt und mich hier hineingeschleust, während du noch schliefst, und ist dann mit mir essen gegangen, als du mit Kyle weg warst.» Vincent lächelte sie an. «Alex und Christie wollten dich überraschen. Ich bin zu deiner Geburtstagsparty gekommen, mein Schatz.»

«Das ist wirklich eine Überraschung», rief Audra aus, stellte sich auf die Zehenspitzen und küßte ihn auf die Wange. Er lächelte sie an, und als er seinen Arm um sie legte, sie dichter an sich heranzog, murmelte Audra: «Wie schön, dich wiederzusehen. Ich habe dich so vermißt letzte Woche, Vincent.»

«Mir ging es genauso, Audra.» Vincent warf Kyle einen Blick zu. «Na, meine Süße, wie ist es mit einem Kuß für deinen Opa?»

Sie flog ihm entgegen. Sie umarmten sich mitten im Zimmer, und dann gingen sie eingehakt zum Sofa hinüber und setzten sich. Sie waren immer schon die allerbesten Freunde gewesen und hatten viel Zeit miteinander verbracht, als Kyle noch klein war und die Großeltern in England besuchte.

Audra wandte sich Alex zu. «Vielen Dank, daß du Vincent geholt hast, das war sehr lieb von dir. Wenn ich darüber nachdenke, wird mir klar, daß mein Geburtstag nicht dasselbe gewesen wäre ohne ihn, wirklich nicht . . . wir sind an diesem Tag immer zusammen gewesen.»

Alex legte einen Arm um seine Schwiegermutter, den anderen um seine Frau. «Es war Christies Idee», sagte er.

«Nein, war es nicht, es war deine», widersprach Christina ihm lächelnd, die strahlenden grauen Augen glänzten voller Liebe.

Alex beugte sich hinab, küßte Christina auf die Stirn und sagte: «Es ist ja auch ganz unwichtig, wessen Idee es war – Hauptsache, alle sind glücklich.»

«Ja, das stimmt», pflichtete Audra ihm bei.

Dann schaute sie zu Vincent und Kyle hinüber, die auf dem Sofa saßen, und ließ ihren Blick schließlich auf ihrer Enkelin ruhen. Sie drehte sich zu Christina um. «Kyle ist die Erfüllung unseres Lebens . . . deines und meines. *Sie* wird all das ernten, was wir einander geopfert haben, und das ist doch keine schlechte Sache, oder?»

Christina sah zu Audra. «Nein, das ist es nicht, Mutter, es ist ganz wundervoll.»

Dann ergriff Audra Christinas Hand, und ihre blauen Augen strahlten vor Glück, als sie sagte: «Und indem du sie hast ziehen lassen, hast du sie auf immer gewonnen.»

Lesefutter

John Barth
Der Tabakhändler (5621)

Barbara von Bellingen
Die Tochter des Feuers (5478)

Eberhard Cyran
Der König (5638)

Fanny Deschamps
Deutsch von Uli Aumüller und
Grete Osterwald.
Jeanne in den Gärten
528 Seiten. Gebunden und als
rororo 5700
Jeanne über den Meeren
560 Seiten. Gebunden und als
rororo 5876

Robert S. Elegant
Deutsch von Margaret Carroux.
Die Dynastie
790 Seiten. Gebunden und als
rororo 5000
Mandschu
607 Seiten. Gebunden und als
rororo 5484
Mandarin
720 Seiten. Gebunden und als
rororo 5760

Pauline Gedge
Die Herrin vom Nil
rororo 5360
Pharao
Deutsch von Margaret Carroux und
Ulla H. de Herrera.
576 Seiten. Gebunden (Wunderlich Verlag)
und als rororo 12335

C 2271/3

Literatur für Kopf Hörer

Produziert von Bernd Liebner

Eine Auswahl

Rowohlt Cassetten

Armin Müller-Stahl liest
Vladimir Nabokov
Der Zauberer
Deutsch von Dieter E. Zimmer
2 Tonbandcassetten im Schuber
(66005)

Walter Schmidinger liest
Italo Svevo
Zeno Cosini
Das Raucherkapitel
1 Tonbandcassette im Schuber
(66007)

Uwe Friedrichsen liest
Kurt Tucholsky
Schloß Gripsholm
3 Tonbandcassetten im Schuber
(66006)

Christian Brückner liest
John Updike
Der verwaiste Swimmingpool
Der verwaiste Swimmingpool,
Wie man Amerika gleichzeitig liebt und verläßt
Deutsch von Uwe Friesel und Monika Michieli.
1 Tonbandcassette im Schuber
(66004)

Christian Brückner liest
Jean-Paul Sartre
Die Kindheit eines Chefs
Deutsch von Uli Aumüller
3 Tonbandcassetten im Schuber
(66014)

C 2321/3 a